YEARBOOK OF LEGAL AID IN CHINA

中国法律援助年鉴

2009

司法部法律援助中心　编

中国民主法制出版社

图书在版编目(CIP)数据

中国法律援助年鉴·2009/司法部法律援助中心编.
—北京:中国民主法制出版社,2010.7
ISBN 978-7-80219-726-8

Ⅰ.①中… Ⅱ.①司… Ⅲ.①法律援助—中国—2009—年鉴 Ⅳ.①D926-54

中国版本图书馆 CIP 数据核字(2010)第 121315 号

图书出品人:肖启明
文案统筹:包　恒
责任编辑:逯卫光

书名/中国法律援助年鉴·2009
Zhongguo Falü Yuanzhu Nianjian·2009
作者/司法部法律援助中心　编

出版·发行/中国民主法制出版社
地址/北京市丰台区右安门外玉林里 7 号(100069)
电话/63055903(编辑部)　　63057714(发行部)
传真/63056975　63056983
E-mail:/MZFZ@263.net
经销/新华书店
开本/16 开　787 毫米×1092 毫米
印张/26.75　　**字数**/536 千字
版本/2010 年 9 月第 1 版　2010 年 9 月第 1 次印刷
印刷/北京友谊印刷有限公司

书号/ISBN 978-7-80219-726-8
定价/70.00 元

6月9日，第五次全国法律援助工作会议在北京召开

6月9日，中共中央政治局常委、中央政法委书记周永康
接见第五次全国法律援助工作会议代表

6月9日，国务委员、中央政法委副书记孟建柱
为受表彰的法律援助先进集体和先进个人代表颁奖

7月30日，全国人大常委会原副委员长、中国法律援助基金会名誉会长顾秀莲向参与
“1+1”中国法律援助志愿者行动的志愿律师颁发纪念奖牌

6月9日，司法部党组书记、部长吴爱英在第五次全国法律援助工作会议上讲话

6月9日，赵大程副部长在第五次全国法律援助工作会议结束时讲话

12月26日，赵大程副部长（前左二）在安徽省
合肥市法援中心调研时与受援农民工交谈

中国法律援助基金会张秀夫会长向受聘担任
形象大使的香港演员吕良伟先生颁发聘书

11月30日，中央纪委驻司法部纪检组组长韩亨林（左二）
在山西成诚律师事务所调研农民工法律援助工作

部法援中心贾午光主任在湖北省调研

部法援中心桑宁副主任在中央电视台接受采访

1月15日至16日，部法援中心召开2009年工作研讨会

2月2日至3日，部法援工作司组织召开部分省（区、市）
法律援助便民服务主题活动座谈会

3月5日，中加法律援助项目考察组在辽宁省本溪市考察

3月12日至13日，全国法律援助处长（主任）座谈会在南京市召开

3月17日，中加法律援助与社区法律服务项目座谈会在吉林省图们市召开

7月1日至3日，部法援中心首个“西部省份法律援助轮训计划”
宁夏回族自治区培训班在银川市举办

7月，部法援工作司王军益副司长一行在甘肃省勇盛律师事务所及
农民工法律维权工作站进行调研

7月9日，第七届全国城际间法律援助工作交流会在郑州市召开

7月22日至24日，部法援中心“西部省份法律援助轮训计划”
青海省培训班在西宁市举办

7月29日，部法援工作司组织召开制定法律援助类民办非企业单位登记管理办法座谈会

7月30日，“1+1”中国法律援助志愿者行动启动仪式暨新闻发布会在北京召开

8月4日至6日，部法援中心“西部省份法律援助轮训计划”
甘肃省培训班在兰州市举办

9月1日，部法援工作司高贞副司长一行在黑龙江省调研法律援助工作

8月24日，中国法律援助基金会接待来访的越南法律协会代表团

10月21日至11月2日，部法援中心"西部省份法律援助轮训计划"
云南省培训班在昆明市举办

11月4日至5日，部法援中心和部法援工作司在湖南省长沙市
共同举办2009年度全国法律援助研讨会

11月18日至20日，部法援中心“西部省份法律援助轮训计划”
广西壮族自治区培训班在南宁市举办

11月25日至27日，部法援中心在江苏省南通市召开
全国法律援助宣传工作经验交流会

12月4日，部法援工作司副司长高贞一行
在山西省调研法律援助工作

12月24日，部法援工作司在海南省三亚市组织召开
部分省（区、市）法律援助信息化建设研讨会

北京市司法局吴玉华局长、局政治部史立森主任
在北京义联劳动法援助与研究中心调研社会组织法律援助工作

天津市法律援助宣传月活动启动仪式在天津市各区县同时举行

天津市司法局高从善副局长等参与天津电台
“公仆走进直播间—法律援助”的节目直播

河北省司法厅李益民厅长做客河北电视台《阳光访谈》
并现场回答观众提出的法律援助问题

河北省石家庄市纪念法律援助工作开展十周年宣传活动

山西省召开全省法律援助工作会

内蒙古自治区、呼和浩特市及所辖四区法律援助中心联合举办法律援助宣传月活动

辽宁省召开法律援助工作会议并对法律援助先进集体和先进个人进行表彰

吉林省召开全省法律援助工作会议

吉林省暨长春市法律援助机构开展“维护老年人、残疾人合法权益，法律援助在你身边”主题宣传月活动

黑龙江省开展“法律援助龙江行”活动

上海市召开长三角地区法律援助协作会议

江苏省政协副主席、党组副书记张九汉（右一）与部分省政协委员
在常州市调研法律援助工作

江苏省召开2009年全省法律援助工作会议

江苏省召开全省法律援助新闻宣传工作座谈会

浙江省召开法律援助工作十周年座谈会

浙江省举行百家法律援助机构送法进军营启动仪式

浙江省陈加元副省长、司法厅赵光君厅长等出席浙江省庆祝第十八个“国际残疾人日”暨全省扶残助残法律援助专项行动启动仪式

安徽省法律援助中心为受伤农民工讨回公道

安徽省举行法律援助“江淮行”系列巡回公益活动启动仪式

福建省召开省法律援助中心成立十周年纪念座谈会

福建省召开全省法律援助工作会议

江西省举办全省申领《法律援助工作者证》培训班

山东省召开全省法律援助工作会议

河南省秦玉海副省长出席法律援助咨询热线启动仪式

河南省召开法律援助应援尽援工作会议

湖北省赵斌副省长在全省法律援助工作会议上
接见法律援助先进集体和先进个人代表

湖北省"12348"法律援助咨询电话摆上街头
接受当事人法律援助咨询

湖北省法律援助律师在街头接待残疾法律援助当事人

湖南省召开全省法律援助中心主任座谈会

湖南省司法厅唐云景副厅长参加湖南省政府门户网站“嘉宾访谈”视频直播节目就法律援助有关问题和网友交流

广东省召开纪念《广东省法律援助条例》颁布实施十周年座谈会

广东省召开法律援助经济困难标准专家论证会

广西壮族自治区召开全区法律援助中心主任会议

广西壮族自治区召开《广西壮族自治区法律援助条例》修改工作座谈会

广西壮族自治区举办全区法律援助公职律师业务培训班

海南省举行法律援助宣传月活动启动仪式

海南省召开全省法律援助工作会议

贵州省开展法律援助情倾民生宣传活动

云南省召开《云南省法律援助条例（草案）》听证会

云南省举办全省法律援助统计档案管理培训班

西藏自治区举办第二期全区法律援助业务技能培训班

陕西省开展赠送法律援助宣传年画活动

甘肃省召开全省法律援助工作会议

青海省委政法委李鹏新书记接受中央电视台主持人撒贝宁采访

青海省举行"法律援助便民服务主题活动启动"
暨"省法律援助便民服务大厅揭牌"仪式

新疆维吾尔自治区开展法律援助十周年宣传活动

新疆维吾尔自治区召开纪念新疆法律援助十周年座谈会

新疆生产建设兵团开展“保增长、保民生、保稳定”法律援助宣传月活动

《中国法律援助年鉴》
编委会成员

《中国法律援助年鉴·2009》编辑部编辑人员

主　　编　贾午光

副 主 编　桑　宁　高　贞

责任编辑　臧素平　郭　婕　易　宇

编 辑 说 明

一、《中国法律援助年鉴》是一部记载中国法律援助工作情况，反映法律援助工作全貌和各个年度法律援助工作发展和成就的综合性书刊。

二、《中国法律援助年鉴·2009》反映的是2009年度司法部及各省、自治区、直辖市法律援助工作情况。

三、《中国法律援助年鉴·2009》收录的资料，截至2009年12月31日。

《中国法律援助年鉴》编辑部

2010年6月

总 目 录

分 类 目 录

第一部分　全国法律援助工作概况

第二部分　各省、自治区、直辖市法律援助工作概况

第三部分 中国法律援助基金会工作概况

第四部分 领 导 讲 话

第五部分　工 作 部 署

第六部分　全国法律援助统计数据及分析

第七部分　法律援助工作大事记

第八部分　文 件 选 载

第九部分 理 论 研 究

第十部分 其 他

第一部分　全国法律援助工作概况

2009年是进入新世纪以来我国经济发展面临困难最大的一年，也是法律援助工作迎来大好发展机遇的重要一年。各级司法行政机关和法律援助机构全面贯彻落实党的十七大、十七届三中、四中全会精神，认真贯彻中央经济工作会议、全国政法工作电视电话会议和第五次全国法律援助工作会议精神，坚持以邓小平理论和“三个代表”重要思想为指导，深入贯彻落实科学发展观，以促进经济平稳较快发展为首要任务，加大力度，突出重点，突破难点，扎实推进法律援助各项工作。

一、学习实践科学发展观活动取得积极成效

根据中央要求和司法部统一部署，按照“党员干部受教育、科学发展上水平、人民群众得实惠”的总要求，各地司法行政机关和法律援助机构把学习实践活动作为重大政治任务，作为推动法律援助工作科学发展的重要契机，周密安排，扎实推进，圆满完成了各项任务。

通过学习实践活动，党员干部受到了一次深刻的科学发展观教育，思想观念有了新转变，工作作风有了新改进，制度建设有了新成果，法律援助工作服务科学发展、促进自身科学发展的水平进一步增强。一是进一步增强了贯彻落实科学发展观的自觉性和坚定性。通过学习实践活动，不仅加深了全体法律援助机构党员干部对科学发展观科学内涵、精神实质和根本要求的准确理解和全面把握，实现了科学发展观从理论武装向实践指南的飞跃，党员干部在事关法律援助工作科学发展的重大问题上形成了广泛共识。二是进一步推进了法律援助工作的改革发展。深入学习实践科学发展观，目的在于以科学发展观为指导，推动当前法律援助工作。在学习实践活动中，各地法律援助机构始终坚持统筹安排，协调推进，正确处理开展学习实践活动与做好法律援助工作的关系，一手抓推进开展学习实践活动，一手抓推进当前各项工作，通过开展学习实践活动推进法律援助工作改革发展，积极为困难群众提供优质便捷的法律援助，使人民群众切身感受到学习实践活动带来的实实在在的变化。三是进一步建立健全了推进法律援助科学发展的体制机制。认真落实中央关于深化司法体制和工作机制改革要求，细化了深化法律援助改革、完善法律援助制度的改革任务，初步确定了理顺法律援助管理体制的工作思路，研究提出了建立法律援助范围和标准动态调整机制、完善法律援助经费保障机制的意见。各地也从本地实际出发，注重制度建设，从加强制度保障入手，制定了多项工作制度和规范，进一步提高工作效率和管理规范化水平。

二、第五次全国法律援助工作会议成功召开为推动法律援助事业提供了强大动力

2009年6月，司法部召开了第五次全国

法律援助工作会议，这是法律援助事业发展历程中的一件大事。周永康、孟建柱等中央领导同志出席会议并作重要讲话，为在全面建设小康社会新的历史进程中正确认识法律援助工作的重要地位和作用、进一步做好新形势下法律援助工作、推进法律援助事业发展指明了方向，充分体现了党中央、国务院对法律援助工作的高度重视，对全国法律援助工作者的亲切关怀。各级司法行政机关和法律援助机构认真学习领会会议精神，扎实推进会议精神贯彻落实工作，出台的政策措施力度之大，工作措施之实前所未有，法律援助事业实现了新发展。一是地方领导对法律援助工作的重视支持力度进一步加大。各地党委、政府领导对贯彻“五次会议”精神高度重视，河南、宁夏、广东、甘肃、湖南、江苏、吉林、重庆、海南、贵州、江西等许多省（区、市）主要领导先后作出重要批示或指示，对全面贯彻“五次会议”精神提出明确要求，强调要继续加大对法律援助工作的支持力度，进一步加强和改进法律援助工作。湖北、湖南成立了由省政府分管领导为组长，法院、检察院、公安、财政、人事等部门为成员的省法律援助领导（协调）小组，研究解决法律援助工作的实际困难和问题，加强法律援助与相关职能部门的协调配合。地方各级领导对法律援助工作在全面建设小康社会和构建社会主义和谐社会中的职能作用有了更加深刻的认识，对法律援助工作的重视程度进一步加大，法律援助工作在经济社会发展中的地位显著提升。二是法律援助工作发展思路进一步明确。周永康同志提出的“四个切实”高度概括了法律援助工作的主要任务，“三个纳入”要求充分体现了法律援助是政府责任的定位，确立了当前和今后一个时期法律援助工作发展思路和总体要求。司法部下发了《关于加强和改进法律援助工作的意见》，对做好新形势下法律援助工作提出了明确要求。各地坚持用会议精神指导和谋划新形势下法律援助工作，一些省份召开全省（区、市）法律援助工作会议，省（区、市）委常委、政法委书记或分管省政府领导出席会议并作重要讲话，对推动法律援助工作又好又快发展提出具体要求；湖北、青海、甘肃以省委省政府办公厅名义制定下发加强和改进法律援助工作的意见，明确法律援助工作目标任务，对当前和今后一个时期工作作出安排部署。三是“三个纳入”要求贯彻落实力度进一步加大。各地积极争取党委、政府和相关部门的支持，努力把中央领导同志提出的“三个纳入”要求落到实处，为法律援助工作发展创造良好的政策条件。越来越多的省份将法律援助工作列为“为民办实事”项目或民心工程，湖南、山东、内蒙古三省（区）要求各级党委、政府把法律援助工作纳入全省社会治安综合治理暨平安建设工作考核范围；各地还结合实际，强化措施，积极发挥法律援助在党和政府主导的维护群众权益机制中的职能作用，努力为维护社会稳定、服务保障和改善民生、促进经济发展作出贡献。

三、法律援助服务困难群众成效显著

为深入贯彻落实中央关于保持经济平稳较快发展和“保增长、保民生、保稳定”的决策部署，司法部适应新形势、新任务对法律援助工作的新要求，紧紧围绕困难群众的法律援助需求，先后下发了《关于做好春节前后农民工工作的通知》、《关于做好2009年农民工工作的通知》和《关于认真履行职责进一步做好残疾人法制宣传法律服务和法律援助工作的通知》等文件，加大了对农民工、老年人、残疾人、妇女儿童等特殊群体的法律援助工作力度，努力满足了人民群众的新要求新期待。

为进一步加大法律援助服务保障和改善民生工作力度，维护困难群众合法权益，

2009年6月，司法部下发了《关于在全国开展“法律援助便民服务”主题活动的意见》，将开展“法律援助便民服务”主题活动、全面推行十项便民措施作为贯彻落实第五次全国法律援助工作会议精神的重要举措，紧紧围绕促进解决人民群众最关心、最直接、最现实的利益问题，扎实做好服务困难群众的各项工作。多个省（区、市）根据《意见》要求，制定了本地区活动方案或实施意见，进一步明确了新形势下做好法律援助便民服务工作的目标任务、工作思路和具体措施。在《意见》推出的十项便民措施基础上，各地不断完善各种便民利民惠民措施，着力服务困难群众，取得了明显效果，“法律援助便民服务”主题活动被中国平安网评为2009年政法工作十大亮点。一是法律援助覆盖面进一步扩大。各地认真贯彻落实中央有关“保增长、保民生、保稳定”的一系列决策部署，适应困难群众在民生权益保护方面的法律需求，将就医、就业、就学、劳动报酬、社会保障等与民生问题紧密相关的事项，纳入法律援助补充事项范围；越来越多的地方将经济困难标准调整至最低生活保障线的1.5—2倍，努力使法律援助惠及更多困难群众。二是法律援助窗口建设进一步加强。各地不断加强法律援助网络建设，依托乡镇街道司法所和工、青、妇、老、残、信访、高校、监狱、劳教所等部门设立法律援助工作站58031个，比2008年增长4.2%，困难群众就近申请法律援助更加方便。在健全法律援助工作网络建设的基础上，突出抓好窗口建设，在临街、一层等方便困难群众的地点设置专门接待场所，扩大咨询接待场所面积，完善无障碍配套服务设施，设置便民服务指示牌，统一法律援助标识，方便群众来访，把接待窗口建设成为真正的便民窗口。三是法律援助申请渠道更加畅通、审查程序更加简化。对老弱病残等有特殊困难的援助对象，推行电话申请、邮寄申请、上门受理等服务方式，设立流动工作站巡回受案，逐步推行网上受理申请。多数地方通过向特殊困难群众发放法律援助卡（证）的方式，免于审查他们的经济困难条件。还有些地方授权有条件的法律援助工作站和律师事务所直接受理承办符合免于审查经济困难条件的法律援助案件，困难群众获得法律援助更加高效便捷。四是法律援助服务质量和效率不断提高。以法律援助服务重点环节为着力点，努力在提高服务水平上下工夫，大力推行援务公开、规范接待咨询工作，缩短审批时限，创新指派方式，加强异地协作，探索建立案件质量评估制度，法律援助规范化、专业化水平有了明显提高。2009年，全国法律援助机构共办理案件641065件，提供法律咨询4849849人次，分别比2008年同期增长17.2%和12.2%；办理涉及农民工案件234849件，比去年同期增长22.8%；办理涉及残疾人、妇女、未成年人案件分别为46435件、144697件、86590件，有力地维护了困难群众合法权益。

四、法律援助管理体制改革积极推进

按照第五次全国法律援助工作会议有关加强组织机构建设的部署安排，积极推进管理体制改革，加强组织机构建设，切实履行法律援助监督管理职能。一是省级法律援助管理机构建设取得突破性进展。各地根据司法部“三定”方案精神和司法部要求，积极同编制、人事部门沟通协调，推动将省级法律援助管理机构纳入司法行政机关序列。河南、陕西、黑龙江、河北、上海、青海、内蒙古、安徽、湖北、甘肃、西藏、新疆等12省（区、市）司法厅（局）新设了法律援助工作（管理）处，截至2009年底，全国32个省级法律援助管理机构中，共有20个纳入司法行政机关序列。二是地市级法律援助管理机构建设逐步推进。部分省份的地市级司法行政机关结合本地实际,在积极探索和总结工作经验的基础上,新设了法律援助管理部门,增强了法律援助工作力量,法律援助监督管理职能得以更好地落实。各地以配齐配强工作人员为切入点,稳步推进法律援助管理部门组建工作,调配政治素质好、工作业绩突出、具有丰富法律援助工作经验的优秀人才从事管理工作,明确机构职能定位,建立健全工作机制,切实履行监管职责,为法律援助工作发展提供了可靠的组织保障。三是法律援助队伍建设取得新进展。各地把法律援助队伍建设作为一项长期任务,大力加强思想政治建设、业务能力建设、行风作风建设,法律援助人员的政治意识、大局意识、责任意识和服务意识不断增强,法律援助队伍综合素质和业务能力显著提高。积极推动部、省、市、县分级负责的四级法律援助教育培训体系建设;启动"西部省份法律援助轮训计划",先后在宁夏、青海、甘肃、云南、广西等5省(区)举办5期市(县)法援中心主任培训班,系统讲授法律援助管理理论与实务和法律援助信息管理系统使用技巧,受训人数达586人;在福建举办"全国法律援助信息网络管理技术培训班",各省(区、市)119名信息系统管理员参加了操作技能培训,法律援助人员的管理水平和业务水平进一步提高。按照"层级"培训原则,各地法律援助机构积极开展法律援助队伍教育培训活动,共举办法律援助培训班5392个,培训人员总数达219564人次,培训总学时达3670321小时,法律援助人员整体素质不断提高。中国法律援助基金会会同部律公司、法援司、法援中心、全国律协和团中央青年志愿者工作部,组织开展了"1+1"中国法律援助志愿者行动项目,选拔30名律师志愿者和70名大学生志愿者到西部13个省(区、市)的贫困县,从事法律援助工作,一定程度上缓解了中西部地区法律援助人才短缺问题。

五、法律援助工作管理水平进一步提高

牢固树立以管理促发展、以管理促质量、以管理促效能观念,突出管理重点,不断强化管理力度、优化管理水平,法律援助管理效能和管理水平不断提升。一是法律援助监督管理力度进一步加大。司法部下发了《关于进一步加强法律援助经费使用管理监督工作的通知》,对依法规范使用法律援助经费、加强对经费使用的监督检查、确保资金使用安全等提出明确要求。督促各地认真组织开展法律援助经费使用情况的检查活动,依法查处违法违规使用法律援助经费案件,确保做到法律援助经费专款专用。各地积极探索完善法律援助工作监督机制,通过开展法律援助案件质量专项检查、专题检查督导、加大投诉查处力度等方式,加强了对法律援助组织实施和办案质量的监管,法律援助组织实施规范化水平进一步提高。二是法律援助信息化建设有序推进。总结江苏、广东、上海、安徽等省市法律援助信息管理系统经验,推进全国法律援助信息管理系统项目建设。在海南召开部分省(区、市)法律援助信息化建设研讨会,就全面推广使用法律援助信息管理系统进行安排。下发《关于推广使用法律援助信息管理系统的通知》,对推广使用信息管理系统进行了统一部署。目前,全国已有22个省(区、市)使用信息管理系统,占总数的69%,实现了阶段性目标。三是法律援助案件质量评估工作顺利起步。宁夏、上海、山东、江西等地的司法行政机关和法援机构积极行动,主动开展试点,对如何制定案件质量标准和评估指标,如何建立科学合理的案件质量评估体系等进行了有益探索,取得了初步成效。在开展专题工作调研和各省提交调研报告基础上,就调研了解到的情况、存在的问题和如何启动案件质量评估工作、构建适合我国国情的案件质量评估体系等提出了政策建议和具体工作措施。四是“12348”法律援助专线工作升级改造工作进展顺利。在开展专线工作专题调研和各省提交调研报告基础上，研究提出了加强和规范“12348”专线工作的政策建议和初步发展计划。各地将该项工作纳入重要日程，积极推进，湖北省连续三年将“12348”法律援助专线列入为民办实事项目，完成了专线的升级改造。江西省已争取到用于开展专线工作的资金。北京、上海、重庆在已开通专线平台的基础上，正在研究进一步加强工作的措施。很多已开通“148”法律服务专线电话的地方也在积极策划对专线平台进行升级改造，没有开通的地方也在积极争取协调解决。浙江等地积极开展“12348”法律援助专线舆情分析工作，在接待群众来电来访和办案过程中及时发现规律性、倾向性问题，为党委、政府和有关部门评估社会稳定风险和制定政策提供参考，受到了当地党委、政府的充分肯定。五是法律援助理论研究取得新进展。组织召开了全国法律援助研讨会，围绕贯彻落实科学发展观、服务保障和改善民生等 6 个专题开展深入研讨，形成了供部领导决策参考的研究报告；编辑出版了 130 余万字的《党的十六大以来法律援助理论研究文集》，免费发放到各级法律援助机构；发表了一批有影响的研究论文，就法律援助工作的重大理论和实践问题进行了系统深入的研究，为提高法律援助工作的前瞻性、主动性和预见性提供了理论支持。六是法律援助国际项目交流与合作工作稳步发展。积极学习借鉴国外境外法律援助制度发展先进经验和对外宣传我国法律援助制度，为完善我国法律援助制度提供经验借鉴。完成了中加项目一期的项目总结、编写中英文项目画报工作和中加项目二期的考察、座谈、立项及规划、设计工作。积极组织实施与香港大学合作的内蒙古农村法律援助项目并酝酿筹划二期合作。首次派员赴新西兰参加国际法律援助协会年会并向部领导提交会议综述，报告了国际法律援助最新发展趋势。广泛收集、编译国外境外法律援助工作信息资料，已按季度编译三期《国外境外法律援助工作信息》。

六、法律援助制度化建设取得新进展

以提高法律援助工作规范化、制度化为目标，法律援助制度化建设进一步推进。一是制定司法部有关法律援助体制机制改革的工作规划，就扩大法律援助覆盖面、理顺法律援助管理体制、健全法律援助保障机制、完善法律援助制度提出意见。配合立法部门进行完善法律援助立法的论证工作。二是积极推进相关立法工作。召集部分省、市法律援助机构人员召开《法律援助程序规定》修改论证会，与民政部联合召开座谈会，研究起草《法律援助类民办非企业单位登记与管理暂行办法》，部门规章立法步伐不断加大。目前，两部规章已报部法制司审核。此外，有关法律援助人员违法违纪投诉处理办法、法律援助办案经费使用管理办法和法律援助志愿者管理办法等规范性文件也正在调研论证中，与《法律援助条例》配套的制度建设进一步完善。三是各地积极探索建立“三项标准”动态调整机制。各省（区、市）已把推动地方政府部门对“三项标准”进行动态调整作为重要工作提上日程，围绕调整现行标准组织开展调研论证，研究制定本地“三项标准”动态调整的建议和整体方案。四是法律援助地方立法及修订工作加快推进。全国先后已有广东、重庆、浙江、山东、云南、江苏、四川、陕西、青海、黑龙江、贵州、福建、河南、安徽、湖南、广西、湖北、山西、天津、辽宁、上海、新疆、宁夏、江西、河北、海南和北京等 27 个省（区、市）制定或修订了地方性法规或规章。各地法律援助工作管理和案件质量管理等工作制度进一步完善,保障了法律援助工作的顺利开展。

七、法律援助保障能力建设扎实推进

各地认真贯彻落实"三个纳入"要求,推动各级政府切实贯彻《法律援助条例》,进一步落实法律援助政府责任,促进解决制约法律援助工作发展的物质保障问题。一是法律援助经费保障水平进一步提高。各地继续落实将法律援助业务经费纳入财政预算,推动建立省级法律援助专项资金,提高法律援助保障水平。2009 年全国已有 2891 个法律援助机构业务经费列入财政预算,占机构总数的 88.3%。省、市、县三级财政对本级法律援助机构的拨款数额增长率均在 12% 以上;21 个省(区、市)建立了省级法律援助专项资金,其中重庆、江西、广东、江苏、浙江等 5 个省份的专项资金超过 1000 万元;广东、山东、湖北等省建立了死刑法律援助案件专项经费、农民工法律援助案件专项经费;中央财政在继续保留 6000 万元补助地方法律援助专款的基础上,在转移拨付司法行政业务经费中含拨付法律援助业务经费,为推进法律援助工作发展提供了有力的经费保障。2009 年全国法律援助经费实现了大幅增长,达到 7.57 亿元,比 2008 年增加 10.8%,其中财政拨款 7.48 亿元,同比增长 11.7%,法律援助经费保障能力进一步增强。二是基础设施建设水平进一步提高。各地加大与财政、发改委等相关部门协调力度,采取切实有效措施,解决法律援助机构业务用房紧张和基层法律援助办案设备紧缺问题。全国法律援助机构有专门接待场所的机构数为 2720 个,同比增加了 3.07%;平均办公用房面积由 2008 年的 63 平方米增加到 67 平方米;办案设备或主要设备配置齐全的机构数为 1581 个,增长了 7.3%,法律援助机构办公条件进一步改善。三是中央彩票公益金法律援助项目拓展了法律援助资金保障渠道。2009 年,经国务院批准,财政部从中央专项彩票公益金中安排法律援助项目资金 5000 万元,同时将 2010 年的 5000 万元纳入计划,专项用于开展农民工、残疾人、老年人、妇女家庭权益保障和未成年人的法律援助工作,每年至少办理法律援助案件 2.1 万件。在财政部原则上不新增彩票公益金支出项目的情况下,这对于增强法律援助经费保障能力,促进法律援助工作特别是中西部地区法律援助工作的发展具有非常重要的意义。

八、法律援助宣传工作成绩斐然

致力于提高法律援助工作社会影响力,采取多种形式,创新宣传形式,拓宽宣传渠道,不断增强法律援助宣传工作的针对性、实效性,努力营造有利于法律援助事业发展的社会氛围。围绕第五次全国法律援助工作会议召开和贯彻落实"法律援助便民服务"主题活动,协调中央电视台、法制日报等中央主流媒体播出、刊登反映法律援助工作动态的专题节目、文章,营造了良好的社会舆论氛围;推动各地分不同时段、选择不同主题开展"法律援助宣传月"活动,各地发放援助卡等 180 余万张、宣传资料和宣传品 780 余万件,法律援助社会影响力不断提升;与《法制日报》合作发起法律援助宣传品评选活动,与中央电视台合作开展法律援助广告征集活动、邀请央视著名主持人敬一丹、撒贝宁做代言并在央视播出,创制了主题为"法律援助便民服务　促进社会和谐稳定"的宣传画下发各地广泛张贴,法律援助品牌形象进一步树立;第一部公共法律援助教育宣传品——《农民工法律援助服务手册》和《农民工法律援助宣传折页》研制完成并印刷 50 万册免费发放给各地法律援助机构,公共法律援助教育工作取得初步成果。各地积极采取多种途径和形式加强舆论宣传工作,将开展法律援助常规宣传和主题宣传相结合取得明显效果，法律援助公众知晓率不断提高。黑龙江省的困难群众在遇到法律困扰时将寻求法律援助列为第一渠道的已超过70%；江苏、辽宁等省社会公众对法律援助的知晓率达到70%以上，其他省份也有不同程度的上升；内蒙古法律援助被评为2009年“年度内蒙古十大法制事件”，法律援助社会影响面进一步扩大。

第二部分　各省、自治区、直辖市法律援助工作概况

北京市法律援助工作概况

2009 年,北京市各法律援助机构在市司法局党委领导下,在全市各法律援助机构的共同努力下,深入学习贯彻党的十七大精神,以科学发展观为指导,按照市司法局工作部署,以全面贯彻落实《北京市法律援助条例》(以下简称《条例》)为主旨,结合"四个体系"建设的要求,认真抓好法律援助内部运行机制建设,完善、规范法律援助工作流程,进一步建立健全法律援助保障机制,不断满足困难群众的法律援助需求,为维护首都繁荣、稳定、和谐作出了积极贡献。

一、积极发挥法律援助作用,维护公民合法权益

2009 年,全市法律援助咨询数量有所攀升,承办案件数量呈下降趋势。1 月—12 月,全市法律援助机构接待(接听)来访来电法律咨询累计 220162 人次,同比上升 1.53%。受理法律援助案件累计 15147 件,同比下降 14.37%,其中,民事法律援助案件 10631 件,同比下降 10.13%;刑事法律援助案件 4508 件,同比下降 22.83%;行政法律援助案件 8 件,同比上升 52.94%。主要原因在于:一是《条例》出台进一步降低了法律援助门槛,而年度大规模的系统宣传活动,使百姓对法律援助知晓率大幅提高,从而使全市法律援助咨询量显著上升。二是全市农民工权益保护机制逐步建立、完善,农民工权益受损害情况逐步得以缓和,同时,在全球金融危机背景下,全市开工项目相对减少,离京返乡人员增多,全市农民工类民事案件明显下降。三是经过连续两年的"平安奥运"、"平安北京"工作,北京市犯罪率降低,刑事案件数量减少。

二、以贯彻《条例》为重点,加强全市法律援助规范化建设

(一)提高认识,确保《条例》顺利实施。《条例》正式实施后,3 月 2 日,局长办公会提出法律援助要作为本年度全系统保民生、保稳定的重要工作认真研究,加以落实。吴玉华局长要求各单位一把手保持高度的政治敏感性,安排好、处理好法律援助工作,特别是要把握好"人"和"资金"这两个核心问题,确保《条例》平稳、顺利实施,确保法律援助为全市保增长、保民生、保稳定的目标做出积极贡献。为落实会议精神,确保《条例》落到实处,北京市法律援助工作指导处以市司法局名义印发《北京市司法局关于贯彻〈北京市法律援助条例〉有关问题的通知》,要求各单位在人、财、物上对法律援助工作给予支持,改善法律援助机构工作条件,为有效处置突发性、群体性案件提供必要条件。

(二)完善法律援助工作程序和机制。

1. 认真做好规范性文件的清理、修订工作。清理《条例》颁布实施前制定的规范性文件，共废止3份与《条例》有抵触的文件，修正了包括《指派通知书》在内的法律援助格式文书29种，进一步规范了全市法律援助程序规则。2. 研究《条例》落实与相关部门衔接的具体问题。与市人民检察院、市公安局、市工商局、市劳动保障局、市民政局、市建委、市档案局等部门召开专门会议，就法律援助经济困难证明的出具、刑事诉讼法律援助工作、农民工追讨劳动报酬、工伤赔偿等案件的维权和执法方式进行了磋商和研究，积极落实解决措施。3. 做好三项标准相关工作。受司法部委托，草拟了《关于建立法律援助经济困难标准、事项补充范围和补贴发放标准动态调整机制的建议》，提出建立三项标准动态调整机制的配套措施。

（三）加强法律援助指导监督管理。一是加强业务监管。及时召开全市法律援助工作会议，对《条例》实施以来的新问题、新情况进行认真研究，对法律援助机构受理、审核、指派等环节进行检查，督促各级法律援助机构改进工作作风，改善工作执法方式等。在全市范围内开展法律援助执法专项检查工作，经过法律援助机构自查和市法律援助工作指导处抽查法律援助案件办理情况，在严格法律援助案件立卷归档，执法专项检查上取得了明显成效。同时，采取旁听、回访、征求意见等多种形式开展案件质量监督。二是以2009年公职律师年检注册为契机，加强对全市法律援助公职律师的注册、年检和办案工作的管理力度，严格把关，对不能胜任或不能承办法律援助案件的公职律师坚决予以暂缓注册和不予注册，对有法律援助管理、办案经验等的律师优先授予法律援助公职律师，保证了法律援助公职律师的服务水平。目前，全市已注册法律援助公职律师48人。

（四）采取多种形式宣传《条例》。1. 向公众广泛宣传《条例》。为了配合《条例》的实施工作，下发了《北京市司法局关于在全市开展〈北京市法律援助条例〉主题宣传周活动的通知》（京司发〔2009〕47号），以“贯彻落实《北京市法律援助条例》，维护困难群众合法权益”为主题，开展贯穿全年的法律援助宣传工作。就《条例》颁布召开新闻发布会，介绍并阐释《条例》颁布实施的重要意义；通过北京电视台、北京人民广播电台等多家媒体、多个栏目，对《条例》突出亮点作重要解读；精心编制了《条例》单行本十余万份以及法律援助服务手册、案例挂图、法律援助报纸及条例释义等宣传品，通过法律援助机构、街道（乡镇）司法所等不同渠道发放到社区居民手中；通过全市25条公交线路137辆车车内广告作为法律援助宣传的重要阵地，以郊区线路、西客站、长途汽车站等为重点路线，在车厢内刊载《条例》受援范围、受援条件、各法援中心服务热线等相关内容，主要面对京郊农民、农民工等法律援助受援对象开展宣传工作，便于群众寻求法律援助。2. 针对特殊群体开展宣传工作。分阶段开展以特殊人群为对象的宣传活动，岁末年初，开展了以农民工为主要服务对象的法律援助活动。与市文明办等20余家单位联合签发了帮残、助残的文件，并在妇女节、劳动节、助残日、建军节等特殊时间开展了以特定人群为帮助对象的主题宣传活动。

（五）围绕《条例》开展培训工作。年初，召开了全市各区县主管局长、法援中心主任会议，有针对性地对各级法律援助机构开展《条例》培训工作，对《条例》的立法背景、立法过程、立法精神作了详细介绍和深入分析，逐条进行解读，使法律援助工作人员全面了解《条例》内容和立法主旨。各区县司法局、法援中心也对一线业务人员、乡镇法律援助工作站人员进行了培训。市司法局还对西城、大兴、门头沟等区县的基层法律援助工作者进行了专门培训。

（六）开展广泛深入调研。以保障《条例》顺利实施为着眼点，结合《条例》实施后全市法律援助工作实际情况，市法律援助工作指导处先后到平谷、房山、门头沟等区县开展调研，形成《关于全市法律援助案件质量评估工作调研报告》、《金融危机下的北京市农民工法律援助情况报告》、《着眼民生需求 整合社会资源 积极引导社会力量参与法律援助》、《关于规范农民工请求支付劳动报酬群体性法律援助案件补贴发放办法的报告》等调研报告。总结了全市法律援助工作现状，并就案件质量评估、补贴发放标准、整合社会力量等方面提出了建议和措施。同时，市法律援助工作指导处还加强了各区县法律援助理论文章的征集工作，提高了法律援助人员分析、研究、解决问题的能力。

三、积极开展“法律援助便民服务”主题活动，全面贯彻落实第五次全国法律援助工作会议精神

（一）细化“法律援助便民服务”主题活动内容。结合第五次全国法律援助工作会议提出的在全国开展“法律援助便民服务活动”要求，市法律援助工作指导处将司法部提出的10项便民服务措施分解细化为30项，并制定了《关于贯彻落实司法部〈在全国开展“法律援助便民服务”主题活动的意见〉的实施方案》，在全市范围内公布，获得社会各方面的好评；召开专门会议，要求各级法律援助机构克服人员少、任务重的困难，采取多种形式，强化服务意识，努力为困难群众提供优质高效的法律援助服务；各法律援助机构积极响应，采取建立多种法律援助便民服务窗口、简化法律援助程序、优先受理等形式开展便民活动，得到社会各界认可。

（二）推广“法律援助信息网络管理系统”。根据法律援助工作的发展需要和司法部推进法律援助信息网络化建设的要求，为加快全市法律援助办公自动化、信息化，逐步实现法律援助工作标准化、数字化、网络化和智能化，市法律援助工作指导处在全市推广“法律援助信息网络管理系统”，针对区县特点编制专门教材，聘请专业人员就系统人力资源管理、咨询管理、案件管理和数据统计分析等模块举办专题培训班，讲解法律援助信息管理系统软件的操作和使用方法等。试运行半年后，又召开专门会议听取各法律援助机构的意见和建议，准备将系统加以改进。

（三）加强对社会团体法律援助工作的管理和引导。配合司法部第五次全国法律援助工作会议的召开，认真总结了全市社会力量参与法律援助工作的经验，对“工、青、妇、老、残”等事业团体法援分中心、法律援助类民办非企业、法律援助社会志愿者组织等各类社会力量进行了整合，引导他们根据自身行业特点和资源优势，拓展业务空间，合理定位，从定向的法律援助专业领域和特定的受援对象两个角度，为更多的困难群众提供法律援助服务。全市社会法律援助组织在法律援助工作中取得的成就得到了各级领导和社会各界的认可。5月5日，市委副书记，市政法委书记王安顺，市委副秘书长张建明、李伟等领导视察了全市第一家由区县司法行政部门依托社会力量组建的“昌平区农民工法律援助工作站”，充分肯定了该站在依法维护农民工合法权益方面做出的扎实工作。

按照“进一步完善社会力量参与法律援助工作机制”的工作思路，针对北京市农民工法律援助工作站申请注册为民办非企业单位的实际情况，根据《民办非企业管理办法》，及时注销了该站在此之前设立的“朝阳分中心”，正式更名为“北京致诚农民工法律援助与研究中心”。北京义联劳动法律援助与研究中心凭借自身的专业优势和影响力，成为了全市民办非企业社团法律援助机构的代表，并成为中国扶贫基金会执行“特困农民工资助项目”的非政府机构代表，负责在北京（及周边）地区为符合条件的300名特困工伤农民每人发放2000元、共计60万元的资助款。

北京市法律援助工作大事记

1月7日，为加大《北京市法律援助条例》宣传力度，市法律援助工作指导处负责人作客北京人民广播电台《城市零距离》栏目，对《条例》进行宣传。

1月12日至13日，市司法局在北京召开落实《条例》工作会暨年终总结大会。

1月16日，市司法局办公室下发《2009年北京市法律援助工作要点》，要求各单位根据全年法律援助工作整体要求，结合本地区特点，进一步贯彻落实《北京市法律援助条例》，切实维护好人民群众合法权益，为首都的和谐稳定作出贡献。

1月19日，市司法局与市相关部门就落实《条例》及法律援助与相关部门衔接工作召开座谈会，市人民检察院、市公安局、市工商局、市劳动保障局、市民政局、市建委、市档案局等相关部门负责人参加会议。

2月10日，为深入宣传《条例》，增强社会各界对法律援助工作的了解和支持，市司法局下发《关于在全市开展〈北京市法律援助条例〉主题宣传周活动的通知》，确定将2009年2月23日—27日定为“贯彻落实《北京市法律援助条例》维护困难群众合法权益”主题宣传周。

3月1日，市委政法委召开市政法机关保增长、保民生、保稳定工作会议，史立森同志代表司法局作题为“把握民生需求，维护社会稳定，努力将法律援助政府责任落到实处”的发言，向市委、市政府、市政法委汇报了全市法律援助工作的基本情况，并提出进一步发挥法律援助在保增长、保民生、保稳定工作中的作用及具体措施。

3月2日，市司法局局长吴玉华在局长办公会听取《条例》宣传工作汇报后提出，法律援助要作为2009年全系统保民生、保稳定的重要工作认真研究，加强落实。

3月3日，市司法局下发《关于贯彻〈北京市法律援助条例〉有关问题的通知》。

4月21日，为进一步贯彻落实《条例》，市局组织召开全市法律援助工作会议。

4月1日起，全市以郊区线路、西客站、长途汽车站等为重点路线的25条公交线路137辆车成为法律援助宣传的又一重要阵地。主要面向京郊农民、农民工等法律援助受援对象进行宣传，具体特点是站点多，线路长。车厢内刊载了《条例》受援范围，受援条件，各法援中心服务热线等相关内容，便于群众寻求法律援助。

5月5日，北京市市委副书记、市政法委书记王安顺，市委副秘书长张建明、李伟等领导视察了昌平区农民工法律援助工作站，了解了该站运用社会法律专业力量，依法维护农民工合法权益的情况。

5月13日，市司法局召开由市人大内司办、市财政局、市编办有关人员参加的专门会议，当面答复汤维建等人大代表提出的议案，并听取他对法律援助工作的意见和建议。市人大内司办袁芳副主任等参加会议。

6月22日，市司法局制定下发《关于贯彻落实司法部〈在全国开展“法律援助便民服务”主题活动的意见〉的实施方案》。

7月16日上午，司法部法律援助司司长孙剑英、副司长高贞就社团法律援助工作到全市农民工法律援助工作站进行调研、座谈。

7月21日，市司法局下发《关于推广使

用法律援助信息管理系统的通知》,要求区县司法局及各级法律援助机构合理使用信息资源,最大限度地发挥法律援助信息管理系统的作用。

8月4日至5日,市法律援助处举办全市法律援助信息系统培训班。区县法援中心主任、法律援助科科长以及业务一线的同志共60余名参加了培训。

8月10日,全国人大内务司法委员会由黄镇东主任委员带队,在市人大就全市贯彻实施《残疾人保障法》情况召开调研座谈会,市司法局政治部负责人汇报了北京市依法开展残疾人法律援助工作的情况。

9月7日,根据《北京市司法局关于成立北京致诚农民工法律援助与研究中心的批复》、《北京市民政局行政许可决定书》内容,市司法局作出《关于撤销北京市农民工法律援助工作站及朝阳分站的决定》,撤销了2005年11月29日成立的北京市农民工法律援助工作站及2007年1月22日设立的北京市农民工法律援助工作站朝阳分站。

11月10日,《北京市司法局关于局机关主要职责和内设机构调整的通知》规定:将本市"148"法律援助专线的事务性工作交给有关事业单位承担。原法律援助工作指导处("148"法律服务专线办公室)更名为法律援助工作处。其职能为拟定本市法律援助工作规划及相关政策;承担法律援助机构、法律援助工作人员的监督管理工作;指导社会组织和志愿者开展法律援助工作。

11月11日,市法律援助工作处召开落实"法律援助便民服务"主题工作会,听取各法律援助机构就开展"法律援助便民服务"活动情况和法律援助信息管理系统运行情况的汇报,进一步督查《关于落实司法部〈在全国开展"法律援助便民服务"主题活动的意见〉的意见》的执行情况,巩固阶段性成果。

12月21日,市法律援助工作处召开由市总工会、市妇联、市残联、市建委、市教育工会等单位参加的市社团组织法律援助工作协调会,向与会单位通报了第五次全国法律援助工作会议精神和全市开展"法律援助便民服务"主题活动和法律援助信息管理系统运行的情况。

(北京市司法局法律援助工作处)

天津市法律援助工作概况

2009年,天津市法律援助工作围绕全国法律援助工作要点和市司法局工作部署,以"一个扩大、三个加强"(即扩大法律援助范围、加强法律援助规范化建设、加强法律援助案件质量监督、加强法律援助工作宣传)为工作重心,认真落实法律援助民心工程项目要求,推动了全市法律援助工作扎实开展。

一、加强领导,形成有利于法律援助工作发展的良好格局

(一)市司法局领导专题研究法律援助工作。在党委会和局长办公会上,市司法局领导多次听取法律援助工作汇报,专题研究部署法律援助民心工程项目实施工作,解决工作中遇到的困难和问题,并给予了很大支持。罗昭局长要求市法援中心要紧紧围绕

“建立健全法律援助机构，扩大法律援助覆盖面”开展工作，抓紧抓好民心工程的落实。同时，要求全系统形成合力，上下齐心，相互配合，市法援中心要带头攻坚克难，迎难而上，把工作想细夯实，让法律援助工作再上新水平，使更多的百姓受益。

（二）市民心工程指挥部调研法律援助民心工程落实情况。根据市20项民心工程指挥部安排，市民心工程指挥部领导两次到市司法局就法律援助民心工程落实情况进行工作调研，就项目进展情况进行督查，并肯定了法律援助民心工程取得的成绩。

（三）召开全市法律援助工作会议。会议传达了第五次全国法律援助工作会议精神，总结交流了法律援助工作经验，研究部署了今后一个时期法律援助工作任务。市委常委、市委政法委书记散襄军要求法律援助工作要坚持高标准，追求高水平，努力实现四个显著提升，力争走在全国前列。即：一是法律援助覆盖面进一步扩大，更好地满足困难群体法律援助需求，服务能力显著提升；二是法律援助网络进一步健全，为困难群众提供优质高效的法律服务，服务质量显著提升；三是法律援助经费投入进一步增加，基础设施进一步完善，物质保障水平显著提升；四是法律援助队伍进一步壮大，整体素质、执业能力显著提升，推动全市法律援助事业又好又快发展，努力在服务科学发展、维护公平正义、促进和谐稳定上走在全国前列。

二、周密部署，推动法律援助民心工程项目顺利实施

（一）加强法律援助规范化建设

1. 下发文件指导各区县工作。3月18日，市司法局下发《天津市法律援助民心工程项目实施方案》及《关于落实法律援助民心工程项目的工作意见》，对民心工程项目作出总体部署和安排，为各项具体工作的顺利开展奠定了坚实的基础；4月16日，市司法局下发《关于开展法律援助规范化建设的意见》及配套的《天津市规范化法律援助机构评定标准》，对机构建设、队伍建设、制度建设、经费保障、业务工作、宣传工作、工作场所和办公设施等提出量化要求，要求各区县对照标准查找不足尽快改；为做好法律援助民心工程的宣传工作，下发了《关于加强法律援助民心工程宣传报道工作的通知》，要求区县报送新闻素材，加大宣传力度，扩大法律援助社会影响力。

2. 加大培训力度。4月17日，市法援中心举办了全市新任法援中心主任培训班，培训内容涉及与法律援助相关的法律法规、政策性文件以及实际工作中容易出现的各类问题等。同期还召开了全市19个区县法援中心主任座谈会。各区县法援中心主任介绍了落实民心工程项目的情况及目前工作中存在的困难和急需解决的主要问题。9月15日至17日，为贯彻落实司法部下发的《关于推广使用法律援助信息管理系统的通知》要求，举办了法律援助信息网络管理系统培训班，推进了全市法律援助信息化建设的步伐。

此外，东丽区、津南区等多个区县也举办了法律援助培训班，结合市司法局下发的文件精神，就法律援助扩大范围等事项对工作人员进行培训，提高了法律援助工作人员的业务能力。

3. 召开法律援助规范化建设检查部署会。11月27日，市法援中心召开了法律援助规范化建设检查部署会，动员部署检查阶段的工作任务，确保各项检查工作落到实处。根据法律援助民心工程项目实施进度安排，12月，市司法局坚持客观、公正、公平、公开的原则，采取自查、互查、抽查相结合的形式，通过听取汇报、查阅材料、实地考察等方式，对全市20家法律援助机构规范化建设进行检查。

（二）扩大法律援助范围

4 月 21 日，市政府办公厅下发《关于扩大全市法律援助范围的通知》，在《天津市法律援助若干规定》的基础上，将劳动纠纷、人身损害赔偿、家庭暴力和假种子、假化肥、假农药坑农等事关公民生存、生活、生产等事项纳入法律援助范围。特别是全面放宽了对残疾人、老年人、未成年人、妇女四类人群合法权益受到侵害申请援助的事项范围。这是继全市 2008 年放宽残疾人法律援助范围后，服务困难群众的又一重大举措。

法律援助范围扩大之后，更多的困难群众受益。通过与民政部门联系，借市民政局换发低保证、优抚证之机，通过全市民政系统向低保人群、五保户、优抚对象发放法律援助卡 13 万多张，基本做到了特困受援人群的全覆盖。

（三）加强法律援助工作宣传

1. 开展法律援助宣传月活动。按照司法部《关于开展法律援助宣传月活动的通知》安排，10 月，全市围绕"落实法律援助民心工程，保障困难群众合法权益"活动主题，开展了声势浩大的法律援助宣传月活动。10 月 10 日上午，全市 19 个活动现场统一悬挂"落实法律援助民心工程，保障困难群众合法权益"的宣传条幅，各级法律援助机构、律师事务所、妇联、残联、老龄委、公证处等多家单位参加了法律援助宣传月活动的启动仪式暨大型法律援助宣传咨询活动。

宣传月期间，多个区县创新宣传模式，收到良好的宣传效果。开发区将法律援助宣传月活动与"法律进社区"普法活动相结合，区司法局向社区代表赠送法律书籍和法制书报架，并在社区展出了 40 余块法律援助、劳动法、消费者权益保护法、婚姻法、房屋出租等法律常识图文展板，吸引了很多居民驻足观看。红桥区邀请书画名家到启动仪式活动现场，书画家们当场挥毫泼墨，通过"法律之剑"、"排忧解难"、"明德惟馨"一幅幅书法作品的展示，让法律援助制度更加深入人心。蓟县组织社区文艺团体表演了法制内容的文艺节目，在节目表演过程中穿插法律援助知识问答互动，现场群众热情参与，气氛活跃，受到群众的欢迎。

据统计，宣传月期间，各区县制作宣传展板共计 100 余块，向群众介绍法律援助制度和法律常识，发放宣传材料共计 20000 余份，发放印有各区县法律援助工作站联系方式的联系卡 10000 余张，接待咨询人数 2000 余人，当场受理了多件法律援助申请，形成浓厚的宣传氛围。

2. 依托媒体，大力宣传法律援助工作。（1）报纸有专栏。在《渤海早报》开辟了"法律援助在行动"专栏，由各级法律援助机构向记者提供素材和案例线索，每期刊登一个典型案例，介绍法律援助。3 月 20 日，《天津日报》"津报视点"以市法援中心提供的素材为基础，刊登了《让无力者有力　助困难者前行》一文。该文通过介绍典型案例、人物事迹等形式，全面介绍了全市法律援助工作在维护困难群众合法权益方面发挥的重要作用。为迎接全国第五次法律援助工作会议的召开，《法制日报》刊登了罗昭局长署名文章《践行科学发展观　开创天津法律援助工作新局面》及《扶贫助弱　应援尽援——天津市法律援助案例节选》，全面介绍了全市法律援助工作在维护困难群众合法权益方面发挥的重要作用。截至 10 月，全市多家报刊媒体刊登有关法律援助的文章 40 余篇，宣传效果显著。（2）电台有声音。天津电台经济广播对法律援助宣传月活动主会场的启动仪式进行了现场直播。活动现场采访了有关领导、受援人和法律援助律师，以真实案例宣传法律援助制度如何帮助弱势群体维护自身合法权益。10 月 28 日，根据市政府办公厅的安排，市司法局承办了新闻频道“公仆走进直播间”节目，主题就是“法律援助”，高从善副局长介绍了全市法律援助工作，解答听众的问题。此外，一些办案经验丰富的法律援助律师还多次走进直播间，通过热线电话为困难群众解答法律咨询，群众反响热烈。

(3)电视有影像。凡是法律援助的大型活动，天津电视台均派记者到现场采访，进行新闻报道。各区县也充分利用本区县的宣传阵地，在区县有线电视台播放法律援助公益广告、策划录制法律援助的专题片。汉沽区联合区有线电视台“法治时空”栏目制作了专题片《法律援助——为弱势群体撑起一片蓝天》，在电视台滚动播出。本片以农民工讨薪、追讨抚养费等法律援助案例为题材，通过采访当事人，介绍援助律师工作，宣传法律援助制度，提高了法律援助的公众知晓率。

三、整合资源，营造全社会关心支持参与法律援助的良好氛围

(一)加强与公、检、法等相关业务部门的联系和沟通。通过联席会议或座谈会，向其介绍法律援助，并就法律援助日常工作中遇到的问题进行沟通协商。和平区司法局定期与区法院召开协调会，法院对法律援助工作非常支持，对法律援助律师阅卷、复印案卷材料、会见当事人都给予一定协助。同时，区法院还会书面反馈法律援助案件的办案情况，包括承办人员工作态度、工作质量、案件文书情况和案件效果，有利于对法律援助案件的监督管理。

(二)加强与工青妇老残等部门的协调配合。成立了天津市工会法律援助工作站，进一步规范和加强工会法律援助工作，更好的维护企业职工的合法权益。7月，全市首家法律援助联合维权中心在津南区成立。该中心是由区司法局以区法援中心为依托，联合区财政局、教育局、老龄委、总工会、团区委、妇联、残联成立的，是法律援助工作深入发展中的一个创举。10月16日，天津市庆重阳老年维权法律咨询服务活动在天津市老年活动中心举办，市法援中心律师现场为老年人进行法律咨询，发放法律宣传材料。

(三)加强与高校的联系。积极参与天津师范大学法学院法援中心成立五周年暨法律援助与法学院学生素质及能力培养论坛活动，充分利用高校资源，挖掘法律援助工作潜力，共同促进法律援助工作发展。

(天津市法律援助中心)

河北省法律援助工作概况

2009年，在司法厅党委正确领导下，全省各级法律援助机构和从业人员认真贯彻落实第五次全国法律援助工作会议精神，深入学习实践科学发展观，认真开展干部作风建设年活动，紧密围绕“保增长、保民生、保稳定”开展法律援助各项业务工作，实现了新的进展和突破，法律援助事业科学发展的水平和质量跨上了一个新的台阶。

一、全力构建以办案服务为中心的新型工作格局

按照司法厅党委关于加快确立以办案服务为中心的新型工作格局的总体要求，各级法律援助机构切实把多办案、办好案摆在首要位置,积极整合调动多方面资源和力量,采取层层目标分解、实行分类指导、强化激励导向、严格兑现奖惩等措施和手段进一步加大办案力度,促进业务总量持续快速提升,涌现出一批基层办案实绩突出的单位和业务创新单位。据统计,全省共办理法律援助案件21074件,其中刑事案件5189件、民事案件15755件、行政案件130件,提供法律咨询223409人次,受援人数24169名,同比分别增长49%、23%、37%,完成主要业务数据增量和增幅再创全省历史新高。省委干部作风建设年办公室和《河北日报》向全省各地介绍了法律援助工作服务民生建设的情况和做法。

二、深入开展"法律援助便民服务"主题活动

根据司法部统一安排部署,各级法律援助机构认真开展"法律援助便民服务"主题活动,采取一系列实际措施狠抓落实,大力创新服务机制、制度和方式方法,使整个活动呈现出紧扣主题、特色鲜明、有序推进的发展态势,取得了阶段性成效。石家庄市在省会城区全力打造"半小时法律援助服务圈",邢台市举办"百名律师办百案,法律援助惠民生"大型公益活动,廊坊市大力推行"法律援助进三室(法院温馨调解室、劳动仲裁室、信访接待室)",衡水市开展"千人大回访活动",张家口市集中实施"法律援助服务窗口亮起来"工程,唐山市建立残疾人维权绿色通道,秦皇岛市成立农民工法律援助应急服务小分队,沧州市实行法律援助申请"一卡通"和服务"直通车"制度,承德市组织开展"法律援助进千村,入万户"大行动,形成了一套为偏远地区群众提供便捷服务的新模式。目前,全省93%以上的乡镇建立了法律援助工作站,80%的基层法律援助机构设立了便民接待场所、便民服务窗口和便民服务热线,同时普遍推行了服务公示制、首问首接负责制、一次性告知制、限时办结制、跟踪回访制,进一步提升了便民服务的效率、质量、水平和法律援助的知晓率、公信度和社会影响力,带动了法律援助各项工作的全面开展,得到了领导的好评。

三、竭诚运用法律援助手段维护困难群体合法权益

各级法律援助机构站在服务民生建设、促进社会和谐稳定的高度,积极参与"保增长,促发展"专项法律服务行动,大力拓展业务领域,延伸服务触角,充分运用法律援助手段维护困难群众的合法权益,取得了明显效果。一是普遍把请求交通、医疗、工伤事故、土地承包、征地拆迁、环境保护等涉及民生事项纳入援助范围,进一步扩大了法律援助覆盖面,最大限度地满足了困难群众多层次、多样化的法律援助需求。二是积极介入社会热点、难点问题,紧密围绕各级党委、政府中心工作和涉及基层群众生产生活的重点环节,着力强化法律援助为农民工维权、城镇面貌三年大变样、解决信访突出问题提供服务三条主线,共承办涉及维稳案件817件,参与解决信访问题1263件,防止群体性事件362件,并成功处理了一批有影响、有效应、广受社会关注的重大典型案件。三是着眼于维护公平正义,全力做好对特殊群体的法律援助。共办理农民工维权案件5762件、残疾人维权案件1533件、妇女及未成年人维权案件5288件,帮助各界困难群众挽回损失或获得利益14819万元。

四、全面强化法律援助社会宣传活动

为进一步提高法律援助知晓率,扩大法律援助社会影响,分别于6月、9月在全省范围内组织开展了法律援助集中宣传活动,累计举办现场咨询宣传活动100多场次,发放宣传资料3000多份,提供群众咨询4000多人次,现场受理案件600余件。期间,省司法厅先后与《法制日报》、《河北日报》联合开辟专版，以较大篇幅刊登了介绍法律援助知识和全省法律援助工作情况的专题文章，与河北电视台共同录制《阳光访谈》"我打官司有人帮"大型访谈节目，由司法厅领导出席，采取与现场观众互动交流的方式，详细介绍了全省法律援助事业取得的成绩、经验和各地的亮点工作，产生了广泛的社会影响。唐山市组织开展"迎国庆、保论坛，法律援助与你同行"宣传月活动，组成若干宣传团深入田间地头、城区街巷、企业车间和重点工程项目广泛宣传法律援助制度和公民维权知识。石家庄、保定、衡水、承德、邯郸等大部分市、县也都组织开展了形式多样、内容丰富、贴近老百姓实际需求的宣传活动，社会反响良好。

五、大力推进法律援助队伍建设和信息化建设

认真组织广大法律援助人员深入开展"干部队伍作风年"建设活动，重点加强法律援助队伍的正规化、职业化、专业化建设。7月中旬，省司法厅举办了全省法律援助业务培训班，以新颁五项制度为主，对全省各市及重点县、区主管局长、法援中心主任进行了专题培训。据统计，全年全省各地共举办各类培训班404个，累计参训人数达到14405名，进一步提高了法律援助专职队伍的整体素质和法律专业水平。及时部署启动全省法律援助信息化建设，分两批对全省各市、县、区微机操作员进行系统培训，加强硬件建设，优化网络配置。目前，各设区市已全部实行信息化管理，县、区网络开通率达到60%以上，为2010年上半年全省范围内普及推广网络管理系统、进一步提升法律援助监督管理信息化和现代化水平提供了有利条件。

河北省法律援助工作大事记

3月25日，全省工会定向职工法律援助工作现场经验交流会在邯郸召开，王大为副厅长出席会议并讲话。

5月7日，省司法厅下发《关于充分发挥法律援助职能积极服务信访工作的意见》，指导全省法律援助机构积极服务信访工作。

6月，省司法厅印发《〈关于开展"法律援助便民服务"主题活动的实施方案〉的通知》，组织引导全省各级司法行政机关和法律援助人员开展法律援助便民服务主题活动。

6月，省司法厅组织开展全省法律援助宣传月活动，活动期间，李益民厅长在《法制日报》发表题为"努力做大做强法律援助事业"、王大为副厅长发表题为"深入开展法律援助工作全力维护农民工合法权益"的署名文章。

7月16日至17日，全省法律援助业务培训班在秦皇岛举办，部法援中心桑宁副主任等出席并授课，各市司法局主管法律援助工作的副局长、法援中心主任及部分县(市、区)司法局局长和法援中心主任参加了培训。

8月9日，河北电视台播出由李益民厅长、王大为副厅长出席录制的《我打官司有人帮》大型访谈节目。

8月28日至29日，部法律援助工作指导司王军益副司长一行就贯彻落实第五次全国法律援助工作会议情况到廊坊、唐山市进行调研。

10月19日至23日，全省法律援助网络信息化建设培训班在邯郸举办，200名市、县网络管理员接受了培训。

12月，省司法厅对20家法律援助办案实绩突出县(市、区)法援中心和11家法律援助业务创新县(市、区)进行通报表彰。

(河北省法律援助中心)

山西省法律援助工作概况

2009年,全省各级法律援助机构和全体工作人员在司法部和省司法厅党委的正确领导下,深入贯彻党的十七大和十七届四中全会精神,坚持科学发展观,围绕中心,服务大局,勇于开拓,积极进取,充分发挥各项职能作用,积极开展各项法律援助工作。

一、深入贯彻落实第五次全国法律援助工作会议精神,进一步推动全省法律援助工作又好又快发展

为全面贯彻落实五次会议精神,按省司法厅党委要求,省法援中心一是以省司法厅名义向省委、省政府专题汇报第五次全国法律援助工作会议精神和全省法律援助工作情况,并制定了具体的贯彻落实措施;二是配合有关处室积极筹备召开全省法律援助工作会议,全面部署"法律援助便民服务"主题活动和当前及今后一个时期全省法律援助工作;三是起草《关于切实加强法律援助工作的意见》,就进一步扩大范围、降低门槛、畅通渠道、简化程序、扩大覆盖面以及落实政府责任,落实"三个纳入"等问题提出明确要求;四是根据司法部"全面开展法律援助便民服务主题活动"的要求,在广泛征求意见的基础上,结合全省实际,起草了《"法律援助便民服务"主题活动实施方案》,就组织开展全省"法律援助便民服务"活动进行全面安排并提出明确要求。8月18日,省司法厅召开全省法律援助工作会议,杜玉林书记和张建欣副省长作了重要讲话,对当前和今后一个时期全省法律援助工作提出殷切期望和明确要求。同时,会议对全省受司法部表彰的法律援助先进集体代表和先进个人进行表彰。会后,各市法援中心均及时向当地党委、政府汇报了会议精神,运城、晋中、忻州等地还专门召开了全市法律援助工作会议,有力地推动了当地法律援助工作的深入发展。

二、按照司法部和省司法厅安排部署,积极组织开展"法律援助便民服务"主题活动

深入开展"法律援助便民服务"主题活动是全省各级法律援助机构的一项重要任务。为此,省法援中心根据司法部和省司法厅安排部署,起草并以省司法厅文件下发了《"法律援助便民服务"主题活动实施方案》,明确了主题活动的指导思想、目标要求和实施步骤。在司法部规定的10项便民活动基础上,省法援中心根据全省各地实际情况,进一步完善细化了10项便民措施。各地接到通知后,积极组织广大法律援助人员认真学习讨论,并结合全年法律援助重点工作计划,开展了内容丰富、形式多样的便民服务活动。为切实推动"便民服务"主题活动扎实开展并取得实效,省法援中心先后下发了《山西省法律援助志愿者管理办法》、《山西省法律援助业务程序规则》,起草了《山西省司法厅2009年维护农民工权益行动计划实施意见》、《关于进一步加强残疾人法律援助工作的通知》等文件,以省司法厅名义下发各市执行。各市县法援中心积极采取便民措施,强化基层法律援助网络建设,广泛建立"一小时法律援助服务圈",进一步放宽经济困难标准,简化申请程序,不断扩大法律援助事项范围。太原市积极推行"代受理"

服务方式，全年共接待群众1700余人次，受理申请201件；晋城市指派律师积极参与政府法律顾问工作，对以农民工为主的重大项目工程提出法律建议，主动维护农民工的合法权益；阳城县法援中心开通了网络法律服务咨询，建立残疾人、农民工、低保户信息库，与交警队协作建立了交通事故受害者法律援助联系制度，与检察院协作建立了未成年人犯罪案件提前介入机制；长治市法援中心积极改进办公硬件设施，设立了一层接待大厅和室内LED显示屏，将法律援助相关制度上墙公示，通过电子显示屏滚动播放法律援助办理程序、受理范围等内容，便于受援人及时了解法律援助相关知识；城区法援中心在本区的政务大厅设置了专门的法律援助窗口，用于接待困难群众；和顺县以村民调解委员会为载体，按"一村一员"目标，发展法律援助工作联络员294名，并积极发挥其宣传员、调解员、信息员的"三员"作用；大同市法援中心在特殊教育学校设立了驻校残疾人法律援助工作站；广灵县法援中心积极响应县委县政府"保播种、保民生"的抗旱号召，组织人员深入旱情严重的乡村，在为村民拉水抗旱的同时，开展了法律援助宣传和便民服务活动；临汾市积极争取将全市法律援助机构纳入当地政府办实事单位，对工作站提出了"门前有牌子、墙上有公示、接待有场所、咨询有记录、办案有卷宗、工作有网络"的"六有"标准；吕梁市加强了节假日和正常轮流值班制度，确保困难群众在任何时候都可以获得法律服务，并积极为行动不便的残疾人、老年人提供上门服务。

三、紧紧围绕中央"保增长、保民生、保稳定"决策部署，充分发挥职能作用，积极开展各项法律援助业务

全省各级法律援助机构和全体法律援助工作者根据党中央提出的"三保"决策部署，按照省司法厅提出的"四再"、"三个意识"要求，以有效增加法律援助服务总量为根本任务，进一步改进工作作风，提高工作效率，努力扩大法律援助覆盖面和受援面，积极开展各项法律援助业务。为确保完成全年工作任务，省法援中心通过制定规范性文件，进一步加强业务指导。各市法律援助机构积极整合资源，组织各种力量全面开展各项法律援助业务。晋中、大同、运城盐湖区和长治平顺、潞城等地积极开展法律援助异地协作，实现了法律援助资源整合和优势互补，降低了援助成本，提高了工作效率；阳泉市法援中心与市残联建立了经费协作机制，有效弥补了残疾人法律援助经费的不足；太原市加强与各级法院、检察院的沟通联系，对接司法救助，畅通维权渠道；朔州市在社会主义新农村建设中不断加大农村法律援助工作力度，对全市80个村，1200多位农民开展了加强农业和农村工作中有关需求、方式、持续发展等方面的专题调研，为当地农村改革发展提供了理论依据；晋中市在办理农村、农民工和残疾人等案情简单、争议不大的案件时，根据受援人意愿选择有利于受援人的非诉讼调解方式解决纠纷，减轻受援人讼累；左权县司法局与县检察院联合下发了《关于加强民事行政检察暨法律援助工作的协作意见(试行)》。在努力扩大法律援助服务总量的同时，各地进一步强化案件质量检查，并积极参加政风行风评议活动，自觉接受社会监督；太原、晋城等市全面实行了法律援助"点援制"，在报纸、电台和司法局网站公布了投诉电话；长治市法援中心修订下发了《长治市法律援助案件质量检查制度》、《重大疑难及典型案件请示汇报》等一系列制度；临汾市法援中心进一步加大案前把关、案中监督和案后评估的工作力度，建立了案件质量监督长效机制，成效显著；吕梁市法援中心组织开展了法律援助案件质量评查活动，对案件质量监控起到了积极作用;运城市继续推行“三个一”工作制度,在全市先后开展了三次办案质量和工作任务落实督查活动,采取查看记录、走访当事人和召开座谈会等方式督促任务落实。省法援中心在各市开展案件质量监督的基础上,在第四季度开展了一次全省范围的案件质量检查,共检查各地上报的卷宗2400余份,要求存在问题的地方提出明确整改意见。同时,各级法律援助机构根据省司法厅要求,进一步加强网络机构建设,健全网络体系,积极发展法律援助志愿者,为确保完成全年工作任务发挥了重要的促进作用。据不完全统计,截至11月底,全省共办理各类法律援助案件16189件,完成了年初省司法厅提出的办案数量不低于15000件的全年工作目标。受援人总数(包括咨询、代书)达20余万人,共为受援人获得各类赔偿1.5亿元,有效地维护了广大受援人的合法权益。在全省26000多个农村行政村和街道社区建立了法律援助联络点,发展法律援助注册志愿者4500余人,在乡镇、街道和相关部门共建立各类法律援助工作站2600多个,进一步扩大了法律援助社会覆盖面。

四、扎实做好对市县政府和谐社会建设考评工作,不断加强政府责任落实

12月7日,省委印发了《山西省构建和谐社会主要工作及指标考评方案(试行)》。其中,每万人获得法律援助人数达到51人被明确为法律援助构建和谐社会的考评指标。《方案》下发后,省司法厅高度重视,迅速召开专门会议做出安排部署,成立了以分管厅长为组长的法律援助考评工作领导组,制定下发了《创建和谐社会法律援助工作考评实施方案》,明确了考评的内容、指标、分值、要求和考评步骤。3月至4月,省司法厅创建和谐社会法律援助工作考评组赴全省各地,通过听取当地政府对本地法律援助机构完成任务情况和自查情况的详细汇报、查阅法律援助案卷和接待咨询登记簿资料、打分排队等形式对11个市(每市抽查1个县区)进行了集中考评。通过考评,进一步加强了当地法律援助政府责任的落实。据各市统计,全年全省市县政府共拨付法律援助专项经费346.3万元,比上年增加22.45万元。在全省119个县区中,除7个县区没有法律援助专项经费外,其余112个县区均数量不等地获得了当地财政拨付的专项资金,为各地全面开展法律援助业务提供了比较充分的资金保障。

五、深入开展法律援助理论研究,进一步指导各地工作实践

积极组织开展法律援助理论与实务研究,运用理论成果指导各地工作实践,对于不断推动全省法律援助工作深入开展具有重要意义。为此,省法援中心在年初即提出明确要求,并切实加大了对理论研究工作的督促指导力度。各级法律援助机构结合工作实践,积极组织开展法律援助理论与实务研究,形成了一批研究成果,取得了明显成效。截至11月底,各地共撰写法律援助理论文章36篇,内容涵盖法律援助制度建设、队伍建设、经费保障、案件质量、扩大覆盖面、完善相关工作机制等各个方面。省法援中心在认真审核筛选的基础上,向部法援中心上报理论文章22篇,论文数量是全国报送最多的四个省市之一。11月初,部法援中心召开2009年度全国法律援助理论研讨会。全省共有9篇论文入选,入选数量与广东、辽宁和重庆并列第二。阳泉市法援中心主任张桃贵和长治平顺县法援中心主任郭玉生在会上作了交流发言。

六、广泛开展法律援助社会宣传,努力扩大法律援助社会影响

为进一步贯彻落实全省司法行政宣传工作会议和第五次全国法律援助工作会议关于宣传工作的具体要求,广泛宣传全省法律援助工作在保障司法人权、促进司法公正、维护社会稳定中发挥的重要作用，进一步争取党委、政府和社会各界对法律援助工作的重视和支持，全省各级法律援助机构按照司法厅提出的“理清宣传思路，明确宣传内容，突出宣传重点，搭建宣传平台，整合宣传资源，灵活宣传方法，活跃宣传形式，多掀宣传高潮”的要求，坚持贴近实际、贴近生活、贴近群众的原则，不断提高宣传技巧，活跃宣传形式，积极发挥法律援助工作站和联络点的作用，通过黑板报、图片、宣传栏、知识竞赛、普法讲座、小型节目表演和大型文艺晚会等多种形式，广泛组织开展法律援助宣传活动，为更充分发挥法律援助职能优势，开创法律援助工作新局面营造浓厚的舆论氛围。省法援中心进一步加大与新闻媒体的合作力度，在《山西法制报》登载全省法律援助工作重要信息 8 篇，刊登全省法律援助工作亮点和有关报道近 30 篇，在山西司法行政网上登载法律援助信息、简报 20 篇，报送《中国法律援助》、《山西司法》、《依法治省》等省级以上刊物各类文章 10 篇；晋中市法援中心组织工作人员在城区公园等晨练聚集地，向群众发放宣传资料，宣传法律援助知识，收到很好的效果；榆社县法援中心通过网络平台广泛发送法律援助知识信息，有效地扩大了法律援助的社会覆盖面；晋城市法援中心编写了《农民工法律援助案例选编》，并积极参加文化三下乡和法治晋城建设等活动；吕梁市开展了以“牵手外来民工”为主题的法律援助系列宣传活动；临汾市制作了印有“遵纪守法、共建和谐”及咨询热线的特殊宣传品 1 万余条向社会群众免费赠送；阳泉市坚持有节日就出动，有活动就参加，通过走进乡村、社区开展法制动漫电影放映和有奖问答活动等方式开展社会宣传，受到了广大群众的欢迎；运城市与市电视台联合开展了为期一个月的专题采访报道活动，为每个县拍摄制作了一辑法治新闻和《法治扫描》专题节目，编印了《运城市办一案、送一法、破一题法律援助案例选》，受到社会各界和老百姓的一致好评。通过开展形式多样的法律援助宣传活动，进一步提升了法律援助社会知晓率。

6 月，根据部法援中心《关于开展法律援助宣传月活动的通知》要求，在全省范围内组织开展了一次以“保发展、保民生、保稳定”为主题的大规模法律援助宣传月活动。各市结合各自的工作实际，围绕主题，突出地方特色，开展了内容丰富、形式多样的法律援助社会宣传。据不完全统计，在宣传月活动期间，全省各地共组织大型宣传活动 130 余次，通过电视台、电台播放宣传片 80 余篇，散发宣传资料 50 多万份，出动宣传车 60 余辆次，悬挂、张贴展版、挂图和横幅标语 240 余幅，发放《农民工维权知识手册》1 万册，现场接待咨询上万人次。11 月底，部法援中心召开全国法律援助宣传工作经验交流会，山西省在会上作了经验交流发言并展出了自制的宣传作品，省法援中心组织编印的《农民工维权知识手册》被评为全国法律援助文字类宣传品优秀奖。

七、积极开展法律援助工作调研，不断提高法律援助指导管理能力

为全面了解掌握全省法律援助相关工作情况，进一步指导各地工作实践，省法援中心根据部法援中心的要求，先后下发了《关于组织开展农村法律援助工作调研的通知》、《关于开展法律援助案件质量评估工作调研的通知》以及《关于在全省开展“148”工作调研活动的通知》等，于 2 月至 5 月组织各级法律援助机构在全省范围内开展了新形势下农村法律援助工作需求情况、法律援助案件质量管理与评估以及“148”法律援助专线情况等三项工作调研。各市、县（区）法援中心在接到通知后，认真按照调研提纲要求，通过发放调查问卷、深入基层、实地了解、听取汇报等方式展开深入细致调研。在广泛调研并认真研究的基础上，省法援中心下发了《关于进一步做好农民工法律援助工作 切实维护农民工合法权益的意见》，就加强农民工法律援助宣传，健全农民工法律援助服务网络，提供法律服务等项内容作出规定，确保农民工合法权益受到侵害时能得到及时有效的法律帮助。同时，总结了全省在法律援助案件质量管理与评估、"148"法律援助咨询服务中的做法，对存在的问题进行认真分析，并提出相应改进措施，为上级部门进一步加强和改进法律援助工作提供了决策依据。12月初，部法律援助工作司高贞副司长一行赴山西省开展了为期3天的法律援助相关工作调研，与太原、大同、运城、临汾、晋城等市法援中心主任进行了座谈交流，并听取了太原、阳泉两市法援中心负责人的工作汇报后，高贞副司长对全省开展农村法律援助工作、网络机构建设、队伍人员素质、农村普法以及法律援助与有关部门的协调配合等方面的工作给予高度评价。

八、组织开展法律援助业务培训，努力提高全省法律援助队伍的政治和业务素质

为认真贯彻落实第五次全国法律援助工作会议精神，积极推进全省法律援助工作信息化建设，省法援中心于7月26日至30日举办了全省法律援助信息管理系统业务培训。各市、县(区)法援中心参训人员共140余人。各市进一步完善市、县两级法律援助业务培训机制，晋中举办了以各县、区法援中心及乡镇街道法律援助工作站人员为主的业务培训，围绕法律援助工作站职责、业务操作规程以及工作站在办理非诉讼案件程序等内容进行了互动交流，参训人员达170余人。大同各县区法援中心对全市2200余名法律援助联络员、法律服务所主任进行了多期业务培训。吕梁市全年组织培训40期，共计408课时，有2264名联络员和志愿者参加。黎城县法援中心采取每月一例会，每季一培训、以会代训、巡回讲课、以案说法、疑难问题集中讨论、个别问题单独指导等方式，分9批对266名法律援助信息员进行了业务培训。临汾、忻州、阳泉等地也开展了针对基层法律援助工作者的轮训工作。据统计，全年全省大部分市、县法律援助机构均举办了业务培训，参加培训的法律服务人员、法律援助人员、法律援助志愿者和法律援助联络员总计达1万余人。通过培训，进一步提高了全省法律援助队伍整体素质，增强了服务基层、服务群众的责任意识，为全省法律援助工作不断迈上新台阶提供了坚实的队伍保障。

(山西省法律援助中心)

内蒙古自治区法律援助工作概况

2009年，全区各法律援助机构认真贯彻落实党的十七大和第五次全国法律援助工作会议精神，坚持以邓小平理论和"三个代表"重要思想为指导，深入学习实践科学发展观，按照全区司法行政工作部署，以"推动法律援助政府责任的落实，提高法律援助公众知晓率，扩大法律援助覆盖面"为重点，以满足困难群众法律援助需求为目标，着力加强法律援助“五种能力”建设，不断推动法律援助工作深入发展，为促进经济平稳较快增长、维护社会和谐稳定作出了积极贡献。

一、全面落实政府责任，增强法律援助保障能力

随着法律援助工作的深入发展，各地把法律援助工作作为政府的一项重要责任列入议事日程，纳入了经济社会发展的总体部署，党委、人大、政府、政协经常听取法律援助工作汇报，及时研究解决法律援助事业发展中的困难和问题。4月至5月，自治区人大组成检查组分别深入3个盟市、5个旗县（市区）对《法律援助条例》贯彻落实情况进行执法检查，就法律援助工作开展情况进行专题调研。检查组通过听取汇报、实地视察、查阅资料、召开座谈会等形式，详细了解了各级人民政府贯彻执行《法律援助条例》和各地法律援助工作开展情况。5月21日，自治区十一届人大常委会第八次会议专题听取了徐呼和厅长代表自治区人民政府作的关于法律援助工作情况的报告，对法律援助工作给予了充分肯定。12月15日，自治区人民政府召开全区法律援助工作会议，总结了近五年来全区法律援助工作，研究部署了今后一个时期的工作任务，表彰了在法律援助工作中作出突出贡献的先进集体和先进个人，出台了《内蒙古自治区人民政府关于进一步加强法律援助工作的意见》，进一步明确了法律援助机构性质，理顺了法律援助管理体制；明确了法律援助机构职能、职责；扩大了六类法律援助案件受案范围；修订了法律援助经济困难标准和办案补贴标准；对法律援助经费提出了明确要求，为进一步推进全区法律援助工作平衡、协调发展提供了政策保障。

各级法律援助政府责任全面落实，自治区、12个盟市、101个旗县（市区）法律援助经费全部纳入财政预算，保障水平大幅度提高，全年各级政府财政对法律援助经费投入达到1515.24万元，比2008年增长21.77%；获得中央补助地方法律援助办案专款125万元、部法援中心与香港大学法律学院内蒙古自治区农村法律援助项目资助50万元，2009年共获得法律援助经费1543.49万元。各有关部门和社会各界积极支持配合法律援助工作，工、青、妇、残、老龄委等社会团体和有关部门法律援助工作站进一步建立健全，旗县（市区）法律援助工作积极向苏木（镇）、街道办事处、农村牧区延伸，依托基层司法所人民调解组织全部建立了法律援助工作站、点，卓有成效地开展了法律援助工作，绝大多数旗县（市区）延伸到了嘎查（村）和社区，确定了法律援助联络员。截止到2009年底，全区建立法律援助工作站点1641个，注册法律援助志愿者2928名，形成了横向到边、纵向到底的五级法律援助工作网络。

二、切实加强规范化建设，提高法律援助管理水平

2009年是全区法律援助工作三年规范化建设活动的最后一年。为切实抓好2009年法律援助工作规范化建设活动，确保三年达标任务的顺利完成，年初，司法厅下发了《关于开展2009年度法律援助工作规范化建设活动的通知》，各级司法行政机关和法律援助机构认真按照司法厅统一部署和《内蒙古自治区法律援助工作规范化建设标准（试行）》规定的23项软硬件标准，周密部署，积极采取有效措施，加强组织领导，扎实有效地开展法律援助工作规范化建设达标活动。司法厅组成检查组对2009年度达标的2个盟市、17个旗县（市区）进一步加强检查指导，严格考核验收，不搞变通，一把尺子量到底，取得了显著成效。全区12个盟市、101个旗县（市区）全部通过了司法厅的统一考核验收，达标率达到了100%，其中有2

个盟市、41个旗县(市区)为优胜达标单位,优胜达标率为38.1%。通过三年法律援助工作规范化建设达标活动,法律援助组织建设、经费保障、业务管理、服务群众、社会影响等“五种能力”进一步增强,法律援助工作再上一个新的台阶。

三、进一步扩大法律援助覆盖面,提高服务能力和服务质量

各级法律援助机构以“应援尽援”为目标,积极开展“法律援助便民服务”活动,努力健全和完善便民服务措施,不断畅通申请渠道,扩大法律援助覆盖面。在规范化建设的基础上,积极创造条件,在临街、一层等方便困难群众的地点设立专门接待场所,设立公示栏,列明法律援助条件、范围、申请程序、服务承诺和监督投诉制度等内容。完善无障碍配套服务设施,为老弱病残等受援对象提供电话咨询、邮寄申请、上门受理等服务。做好法律援助接待咨询,实行首问责任制,把残疾人、老年人、农民工等特殊群体,列为重点范围,简化受理审查程序。对情况紧急或即将超过仲裁或诉讼时效的案件,先行受理,事后补办手续。根据各地经济社会发展水平和困难群众法律援助需求,降低援助门槛,把就业、就医、就学、劳动报酬、社会保障、土地草场承包等与民生问题紧密相关的事项纳入法律援助范围。同时,加强了对部法援中心与香港大学内蒙古农村法律援助项目的执行和管理监督,较好地完成了资助协议确定的各项工作,顺利通过了部法援中心和香港大学的评估验收。组织开展农村法律援助工作调研,广泛开展“为农民工讨薪”专项行动,共办理农民工案件5870件,挽回经济损失5033余万元。健全和完善了死刑二审律师指派制度,与自治区高级人民法院联合下发了《关于死刑二审辩护律师指派规定》,认真加以落实。各级法律援助机构进一步强化援助前、援助中、援助后各个环节的质量管理,实行全程跟踪,重大疑难案件重点督办,为受援人提供了优质、高效的法律服务。全年共提供法律咨询69548人次,办理法律援助案件12401件,比上年增长了20%,有效地维护了贫困群众的合法权益。

四、认真开展法律援助系列宣传活动,增强法律援助社会影响力

各级司法行政机关和法律援助机构认真贯彻落实司法部《关于进一步加强法律援助宣传工作的通知》要求,精心策划,加强领导,积极拓展宣传渠道,不断创新宣传形式,全方位、多层次、制度化地开展法律援助宣传工作。一是充分发挥工作信息的宣传功能,自治区法援中心全年编发《内蒙古法律援助工作信息》12期、《法律援助快报》5期,刊发各类工作信息170多条;各盟市、旗县(市区)法律援助机构都把法律援助宣传工作列入年度目标考核项目,切实加强信息宣传工作,编发法律援助工作信息510多条。二是广泛利用公众媒体进行宣传,各级法律援助机构在各类报刊发表宣传稿件650多篇,在广播电台制作蒙汉双语法律援助宣传节目300多期,在电视台播放法律援助宣传专题节目500多期、法律援助公益广告400多次。三是充分利用有利时机广泛开展宣传活动,利用《法律援助条例》颁布实施纪念日、公证律师义务咨询日、全国助残日、“12·4”法制宣传日以及民间活动集会等时机,在城乡繁华地区举办专题宣传活动520多场次,散发宣传材料90多万份,解答群众咨询1.4万余人次,现场受理法律援助申请400多件;积极开展法律援助宣传进社区、进工地、进农村、进学校、进军营、进监管劳教场所宣传活动,举办法律援助常识专题讲座,受到了广大群众的欢迎。四是大力开展法律援助宣传月活动,6月全区各级法律援助机构上下联动,开展了以“开展法律援助、构建和谐社会”为主题，形式多样、内容丰富的宣传活动，组织法律援助工作人员、社会律师、基层法律援助工作者3400余人次走上街头、广场开展法律援助宣传咨询活动，进一步扩大了法律援助社会影响。五是以正面典型引路，宣传全区法律援助工作成就。各级法律援助机构充分利用报刊、电视、广播等公众媒体广泛宣传法律援助先进集体、先进个人的模范事迹和各级法律援助工作成就，法律援助社会知晓率不断提高，2009年，法律援助再次被评选为“内蒙古十大法制事件”，法律援助连续4年被评为“内蒙古十大法制事件”，受到党委、政府的肯定和广大人民群众的赞誉。

五、大力加强法律援助业务培训工作，提高法律援助人员素质

全区各级法律援助机构分级分类制定培训计划和培训方案，加大法律援助培训经费投入，认真加以组织实施。3月，为保证部法援中心与香港大学内蒙古农村法律援助项目的实施，自治区法援中心与部法援中心、香港大学法律学院在呼和浩特联合举办了为期三天的培训班，接受资助的5个旗县（市区）80余名基层法律援助工作人员参加了培训。7月，自治区法援中心根据全区法律援助工作实际，举办了全区法律援助综合业务培训班，采取讲座、专题讨论、经验交流等方式，增强培训的针对性和指导性，强化培训效果，各盟市、旗县（市区）140多名法律援助工作人员参加了培训，达到了预期效果。为了加快推进全区法律援助电子信息网络化建设，8月下旬，自治区法援中心在内蒙古师范大学举办了全区法律援助信息管理系统培训班，130余名负责信息网络的专（兼职）工作人员参加了培训，建立和加强了法律援助信息管理员队伍，为2010年信息管理系统的全面实施打下了基础。各盟市、旗县（市区）法援中心根据各自实际分别举办了不同形式和内容的培训班90余期，培训各类法律援助工作人员4090多人次，培训课时69594小时，各级法律援助工作人员业务素质进一步提高。

内蒙古自治区法律援助工作大事记

1月7日，自治区司法厅决定，对托克托县法援中心等33个2008年“全区法律援助工作规范化建设活动优胜达标单位”和呼和浩特市法援中心等33个“全区法律援助工作规范化建设活动达标单位”予以表彰。

2月9日，赤峰市红山区法援中心被中华妇女联合会、全国妇女“巾帼建功”活动领导小组授予“巾帼文明岗”荣誉称号。

2月15日，由自治区人大、自治区法援中心联合开展的法律援助律师参与涉法群众来访接待工作，在自治区人大信访接待大厅正式启动。

3月2日，“香港大学法律学院与司法部法援中心内蒙古自治区农村法律援助项目”在包头市东河区河东镇举行启动仪式。

3月8日，自治区法援中心郭倩同志被自治区党委政法委、自治区妇联授予自治区“三八”红旗手称号。

4月13日至15日、5月5日至6日，自治区人大常委会调研组在自治区司法厅岩英副厅长陪同下到包头市、巴彦淖尔市、呼和浩特市调研法律援助工作。

4月25日至27日，香港大学法学院与部法援中心内蒙古自治区农村法律援助项目执行计划培训班在呼和浩特举办。全区5旗县（市区）分管法律援助工作的副局长和法援中心主任及基层法律援助工作人员共80余人参加了培训。

5月19日至6月8日，自治区法援中心组织大学生志愿者开展进农村、进社区宣传活动。

5月21日，徐呼和厅长受自治区政府委

托,向自治区十一届人大常委会第八次会议作了《内蒙古自治区人民政府关于法律援助工作情况的报告》。

6月1日至6月30日,根据司法部部署和要求在全区范围内开展了以“开展法律援助,构建和谐社会”为主题的宣传月活动。

7月6日至9日,自治区法援中心在呼和浩特市举办全区法律援助业务培训班。全区12个盟市101个旗县(市区)法律援助机构的专职律师和办理法律援助案件的骨干人员120余人参加了培训。

8月20日至23日,自治区法援中心在呼和浩特市举办全区法律援助管理信息系统培训班。各盟市法援中心主任及工作人员、旗县负责信息网络的工作人员130余人参加了培训。

9月1日,按照部法律援助工作司要求,全区各级法律援助机构试运行法律援助信息管理系统。

10月12日至13日,部法援中心、香港大学法学院对内蒙古自治区农村法律援助项目进行评估验收。

12月4日,自治区法援中心报送的林西县法援中心为26名农民工讨薪案例当选2009年度“内蒙古十大法治事件”。

12月15日,内蒙古自治区人民政府召开“第二次全区法律援助工作会议”,主要内容是贯彻第五次全国法律援助工作会议精神,总结全区五年来法律援助工作,表彰全区法律援助工作先进集体和先进个人,部署今后一个时期法律援助工作。自治区党委常委、政法委书记邢云、自治区人大常委会副主任柳秀、自治区政府副主席连辑等领导出席会议,连辑副主席作重要讲话,司法厅厅长徐呼和作工作报告。会议出台了《内蒙古自治区人民政府关于进一步加强法律援助工作的意见》。

(内蒙古自治区法律援助中心)

辽宁省法律援助工作概况

2009年,在司法部和省司法厅正确领导下,全省各级法律援助机构认真贯彻党的十七大精神和中央、省委的一系列重要决策部署,紧紧围绕全省司法行政机关为“保增长、保民生、保稳定”提供法律服务法律保障34项措施要求,以贯彻落实第五次全国法律援助工作会议精神为契机,采取多种有效措施,全力开展法律援助工作,推动全省法律援助事业深入发展,取得了良好的工作成绩。

一、以落实“便民服务”为重点,围绕中心,服务大局,积极开展和推进法律援助工作

按照司法部“便民服务”主题实践活动部署和要求,全省各级法律援助机构组织广大法律援助人员结合实际,因地制宜,推出各种便民利民服务措施。在全省法律援助机构实施义务延时服务工作制度,保证每天工作10小时以上。开通法律援助网站和“148”法律援助咨询热线电话,实现网上受理与审查、电话咨询等业务,对残疾人实行网上申请、电话预约、上门服务制度,省法援中心统一印制10万张法律援助联系卡,公告了全省三级法律援助机构、法律援助申请条件和范围,发放至各乡镇街道村屯社区及居民家中。进一步扩大法律援助范围,放宽对经济困难审查标准。为老年人、妇女、未成年人、农民工、下岗工人、待业大学生等申请法律援助开辟“绿色通道”，简化手续，快速受理、快速办结，全省共为上述群体提供法律援助 22587 件。健全法律援助网络，全省共建立 114 个法律援助接待大厅和 2267 个法律援助工作站，实现便民利民。在全省 255 家敬老院建立法律援助联系站点，提供“一站式”服务，保证老年人能够及时申请与获得法律援助。组织 9370 名法律援助工作人员定期深入到重点地区与部门进行走访 4000 多次。据统计，在“三保”活动中，全省通过网站和法律服务专线解答法律援助咨询 265181 人次，通过“绿色渠道”为各类特殊人群办理法律援助案件 25587 件，制定法律援助便民卡共计 116 万张。

各地紧密围绕当地党委、政府中心工作，抓住影响社会稳定和谐热点和难点问题，组织开展了一系列有特色、有力度、有实效的工作。一是进一步完善工作机制，扎实做好法律援助律师参与信访工作。以两办名义下发了《关于进一步完善法律援助律师参与信访工作的意见》，对扩大法律援助律师参与信访工作的覆盖面，并逐步向全省三级信访工作网络延伸提出了具体要求。2009 年，全省共接待上访群众 29066 人次，接待处理信访 13029 余件，提供法律援助 1910 件，出具法律意见书 851 件，息访案件 10828 件，依法维护了上访群众的合法权益，促进了全省信访秩序的好转。二是召开全省法律援助工作会议，推动政府责任的进一步落实。会议认真贯彻第五次全国法律援助工作会议精神，表彰法律援助先进单位和先进个人。总结和交流各地在开展基层法律援助工作方面的典型经验和做法，并为各地扎实、规范、有效地开展基层法律援助工作指明了方向。三是沈阳市积极配合国庆 60 周年，组织开展“服务民生、促进和谐、法律援助在沈阳”主题实践活动；大连市将法律援助工作纳入市政府为民办实事项目，并配套出台了 10 多项具体落实和保障措施；鞍山市组织开展了法律援助进千村活动，在社会上引起了广泛反响。抚顺市积极推进在行政村（社区）设立“法律援助工作点”工作，通过成立组织机构、建立援助队伍、加强业务培训、降低受理标准、发放案件补贴等形式，促进法律援助进乡村工作向纵深发展。阜新市组织法律援助人员开展多种形式的送法下乡活动，面对面地向农民宣传法律知识，解答农民提出的法律问题。朝阳市积极开展法律援助向基层延伸工作，在全市 7 个县（市）区的 173 家司法所全部建立了法律援助工作站，并统一了公示栏和工作标识。

二、树立以办案为中心工作格局，努力为困难群众提供优质、便捷的法律援助

为充分发挥法律援助在党和政府主导的维护群众利益机制中的重要作用，努力为困难群众提供及时、便捷、优质的法律援助，在省司法厅的指导下，各地法律援助机构普遍重视加强提供能力建设，加快构建以办案服务为中心的新型格局。据统计，全省共办理各类法律援助案件 31000 件，同比增长 46%，在上年首次突破 2 万件大关的基础上再创历史新高，进入全国先进行列，其中刑事案件 2826 件，民事案件 28100 件，受援人总数达 41495 人次，共为困难群众挽回经济损失约 13719 万元，全省接待来访、来信、来电 282949 人次。同时完成省法院死刑二审开庭指定辩护案件 204 件。为促进全省经济发展和社会稳定作出了贡献。一是适时调整扩大法律援助事项范围。各地普遍把请求交通、医疗、工作事故、环境污染等涉及民生问题权益保护事项纳入法律援助范围。进一步放宽经济困难审查标准，简化审批程序，使法律援助最大限度满足了困难群众生产生活的实际需要。二是进一步完善法律援助网络建设，法律援助触角向基层和偏远地带延伸。全省共建立各类法律援助工作站2267个，建站率达到90%以上，使群众申请法律援助能够“小事不出村，大事不出县”，既方便了群众，又节约了办案成本。三是进一步加强非诉讼法律援助案件办理力度。在抚顺召开“法律援助进乡村”现场会，在全省范围内开展非诉讼法律援助工作，取得了良好的社会效果。据统计，全省累计办理非诉讼法律援助案件近2万件。四是建立完善激励机制和经费保障机制。省法援中心在继续争取中央专项资金150万元基础上，积极协调中国法律援助基金会为全省争取中央专项彩票公益金法律援助项目资金190万元，利用中央和省级专项资金对部分办案数量大、存在资金缺口的86个县区进行重点扶持，起到了激励先进、鞭策后进的作用。同时，省法援中心联合省审计厅、计财等部门，对部分地区法律援助专项经费的管理和使用情况进行检查，督促各单位建立健全管理制度，完善经费保障机制，全省有85%的县区法律援助列入财政预算，同比增长10%，经费收入总额达到1083多万元。

三、开展规范化建设，提高法律援助整体发展水平

针对全省法律援助起步较晚，起点低、工作基层较为薄弱的状况，省法援中心坚持以抓基层、打基础为重点，把全省法律援助规范化建设摆在突出位置，采取多项措施加大工作力度，取得了明显成效，促进了法律援助事业整体水平的提高。一是全面开展基层法律援助机构规范化建设。从2008年开始，省司法厅先后下发了《辽宁省法律援助工作站规范化建设指导标准》、《辽宁省司法厅关于进一步加强全省法援中心镇法律援助工作站建设的通知》、《辽宁省规范化法律援助机构建设指导标准》等一系列规范性文件，对基层法律援助机构编制人数，经费保障、装备、办公设施、法律援助卷宗归档，法律援助人员职业道德与执业纪律、法律援助质量监督提出明确要求。从2009年下半年开始，组成多个工作组分赴40多个市县进行考核检查，并提出了加强和改进的意见和措施。经考核检查，全省共有41个县区法律援助机构达到规范化标准，有90%以上的乡镇、街道依托司法所建立了法律援助工作站，基本形成了覆盖城乡、一体联运的基层法律援助工作网络。各地在推进规范化建设过程中还紧紧抓住制约法律援助工作发展的编制、经费等难点问题，采取措施强力攻坚，推进了全省法律援助基层基础建设。二是健全和完善法律援助相关制度。省法援中心集中时间、集中力量，做好法律援助配套规章以及管理制度的制定和完善工作，先后制定并下发了《关于进一步完善法律援助律师参与信访工作的意见》，对扩大法律援助律师参与信访工作的覆盖面，并逐步向全省三级信访工作网络延伸提出了具体要求；《全省法律援助宣传工作考评办法》对各地法律援助宣传工作进行量化；《关于加强法律援助站点规范化建设的意见》对非诉讼法律援助办理提出建议；《辽宁省司法鉴定法律援助暂行办法》、《辽宁省公证法律援助暂行办法》保障经济困难公民获得必要的公证与司法鉴定服务；与省残联出台了《关于加强和做好残疾人法律援助工作的意见》，为深入开展残疾人法律援助工作提供了制度保证。这些规范性文件的出台，为法律援助事业的健康、规范、长远发展打下了制度基础。

四、加强组织建设，提高法律援助队伍正规化、专业化水平

2009年以来，各级司法行政机关和法律援助机构坚持以人为本，自觉把队伍建设提到重要议事日程，以提高正规化、专业化水平为抓手，严把入口关，把政治觉悟高、法律素质好、业务能力强，有办案经验的人才引进到法律援助队伍中，调整和优化队伍结构。大洼县、凌源市等司法局从全局机关为法援中心选拔人才，全部工作人员均具有律师资格或基层法律服务人员资格，综合素质和整体工作走在了全省前列。为了提高法律援助队伍的政治、业务素质，省法援中心及各地还组织了不同类型的培训班和研讨班，分层次、多渠道地对法律援助人员进行了以法律援助基本知识、基本技能，新颁法律法规和办案实务为主的专题集中培训，队伍的人员结构、知识结构、能力素质不断优化并呈良性发展。全省有专职人员 589 名，同比增长 3%。

五、加大宣传力度，提高法律援助社会影响力

为进一步提高法律援助的社会影响力和公众知晓率，按照司法部部署和要求，从 10 月 1 日至 10 月 31 日，在全省范围内深入开展了以“扶残助贫弱、法律援助伴你行”为主题的法律援助宣传月活动。省司法厅张家成厅长、国长青副厅长先后在《中国法律援助》、辽宁电视台发表重要文章和讲话，从理论和实践角度阐述了法律援助制度的重大意义、全省法律援助工作取得的成就以及今后发展目标和举措，产生了良好社会效应。各地在国庆 60 周年、“12·4 法制宣传日”期间，通过举办送法“进社区、进企业、进农村”等多种形式的活动，广泛宣传法律援助知识，大大提高了法律援助的社会知晓率和影响力。据不完全统计，全年全省各地通过开展社会宣传，累计接待法律援助咨询 100000 人次，在市级以上新闻媒体播放、刊发各类宣传稿件 1000 条，为法律援助工作开展创造了有利的环境和条件，省法援中心被部法援中心评为全国法律援助宣传月优秀组织奖。

六、积极参与对外合作，不断开拓法律援助工作视野

中国与加拿大法律援助与社区法律服务项目二期将辽宁作为项目合作备选省份，中外专家先后两次赴辽宁座谈考察，双方就法律援助合作项目的启动、管理、考核等方面达成共识，加拿大国际发展署法律援助设计团对辽宁省法律援助工作和省法援中心团队执行能力给予了高度评价，并将辽宁省确定为二期项目合作省份。

辽宁省法律援助工作大事记

1 月 17 日，全省司法行政工作会议在沈阳召开。省司法厅厅长张家成在会议上讲话，他指出：“全省法律援助工作扎实推进，有效体现了法律的公正性。全省法律援助机构不断推动政府责任的落实、适度放宽法律援助条件、简化办理手续、加强法律援助站点建设、积极参与各级政府接待群众来信来访、积极为农民工等社会弱势群体提供法律帮助，尽最大努力使社会弱势群体平等享受到法律保护。”

3 月 3 日至 5 日，加拿大驻中国使馆发展处项目官员及部法援中心有关领导一行四人到沈阳市、鞍山市、本溪县、盘锦市就中加法律援助和社会法律服务项目进行了为期 3 天的考察。

3 月 25 日至 27 日，全省法援中心主任会议暨业务工作培训班在大连召开。全省 14 个市、100 个县区法援中心主任及“148”法律服务专线负责人共计 130 人参加了会议。会议传达了全国法律援助南京会议精神，总结了 2008 年全省法律援助工作，部署了 2009 年工作任务，同时，开展了法律援助业务培训。省司法厅副厅长国长青出席会议并作重要讲话。

4 月，省法援中心被辽宁省维护妇女儿童权益暨平安家庭创建领导小组授予“辽宁省维护妇女儿童权益工作先进集体"荣誉称号。

5月3日至6日,加拿大国际发展署法律援助设计团和部法援中心一行7人赴辽宁省召开中加法律援助项目省级计划工作会议。加拿大国际发展署法律援助设计团与省法援中心就合作项目的工作启动、项目管理、绩效考核等内容进行磋商并达成共识,并确定辽宁省为项目合作省份之一。省司法厅党组书记、厅长张家成出席会议。

5月25日至26日,全省基层法律援助工作现场交流会在抚顺市召开。省司法厅副厅长国长青到会并讲话,各市主管法律援助工作的副局长、各市法援中心主任、县(区)司法局长代表共50余人参加了会议。会议总结和交流了各地在开展基层法律援助工作的典型经验和做法,为下一步做好基层法律援助工作有很大促进作用。

8月12日至13日,辽宁省法律援助信息网络管理培训班在锦州举办。全省14个市、100个县区法援中心主任、"148"法律服务专线主任及各市负责网络信息化的专业人员共百余人参加了培训,省司法厅副厅长国长青出席培训班并讲话。省法援中心专门聘请了法律援助信息网络系统研发单位南京擎天科技有限公司的专业人员就基本操作和使用技巧等进行了培训。

9月,辽宁省盘锦市法援中心在司法部组织的"法律服务和法律援助工作为构建社会主义和谐社会服务"主题实践活动中被评为先进集体。

11月10日,辽宁省法律援助工作会议在沈阳市召开。各市、县(区)司法局局长、各市法援中心主任、"148"法律服务专线负责人以及省直机关13家单位相关负责同志约150余人参加会议。会议内容为进一步贯彻落实第五次全国法律援助工作会议精神,总结近年来法律援助工作的经验,研究和部署今后一个时期全省法律援助工作,表彰了全省法律援助先进集体和先进个人。省委常委、政法委书记李峰、省人大常委会副主任王琼、省政协副主席程亚军出席会议,省委常委、政法委书记李峰同志在会上作重要讲话。

12月,根据省司法厅2009年年初下发的《辽宁省规范化法律援助机构建设指导标准的通知》,为了推动规范化法律援助机构建设工作,2009年下半年,省法援中心分别组成4个检查组对全省14个市及部分县区进行了系统专项检查,首批授予41家法援中心为辽宁省规范化法律援助机构。

12月,辽宁省首次对全省法律援助宣传工作进行年度考评,评选出2009年度法律援助宣传工作先进单位5家,先进个人15人。

(辽宁省法律援助中心)

吉林省法律援助工作概况

2009年,吉林省法律援助机构按照省委、省政府确定的保增长、保民生、保稳定的中心工作任务和全国、全省司法行政工作会议要求,围绕人民群众最关心、最直接、最现实的利益问题,积极开展法律援助工作。

一、法律援助"走进基层服务民生"活动成绩显著

（一）法律援助向基层延伸。全省各级法援中心依托乡镇法律援助工作站在村屯设立法律援助工作联系点6403家，联络员近38658人，其中省法援中心在9个市州分别设立9家工作联系点，有效地推动全省法律援助服务民生工作向更深领域发展。

（二）开展大走访爱民实践活动。全省各级法援中心根据省司法厅工作部署，结合部法律援助工作司关于开展农民工法律援助调研工作的要求，积极进行本地区农民工法律援助大走访工作，通过走访摸清底数，形成调研报告上报司法部，为全省开展农民工法律援助工作提供了依据。全省各级法律援助机构将大走访与社会维稳矛盾排查紧密结合，现场解答群众法律咨询、现场调解纠纷、现场受理案件，受到地方党委、政府，特别是基层广大困难群众的好评。吉林市、长春市此项活动开展得较好。

（三）为中小企业困难职工提供法律援助。全省各级法援中心根据省政府要求开展了为中小企业困难职工提供法律援助工作。每家法援中心均选择5家困难企业建立联系点，重点帮助困难职工解决企业拖欠工资问题，养老保险、医疗保险、失业保险等问题，努力维护困难职工的合法权益。共建立联系点432家，办理了大量困难职工维权案件，如长春市法援中心承办的某制药厂46名职工劳动争议案、某公司44名职工劳动争议案等，较好地维护了困难职工的合法权益。

（四）为老年人、残疾人等弱势群体提供法律援助。努力做好农民工、老年人、残疾人、未成年人等弱势群体的法律援助工作，切实解决困难群众请律师难、打官司难的问题。全年共办理农民工案件1036件、残疾人案件1097件、老年人案件1582件、未成年人案件1678件、妇女案件1199件。

（五）组织全省法律援助律师开展"千名律师解千难"活动。省法援中心根据省司法厅统一部署，与律师管理处共同组织开展"千名律师解千难"活动，各级法律援助机构积极组织法律援助律师参与信访案件。11月底，完成首批178个案件和第二批115个案件的办理工作，取得了阶段性成果。通过解答法律咨询，协助政府信访部门依法处理重大疑难信访案件，引导信访群众依法理性反映诉求，化解矛盾纠纷，维护了社会稳定。白山市、四平市法援中心办理的30件信访案件全部息访、息讼，全省各级法律援助机构成功承办了一批有影响的信访案件：延边州敦化市法援中心办理的幼童死亡家属进京上访案、吉林市法援中心先后成功办理的某农场400余名农民因征地纠纷上访案、吉林市某加油站37名职工因企业改制纠纷上访案、某药品包装厂223名下岗职工上访案、长春市法援中心承办的328户居民房屋拆迁安置合同纠纷集体上访案等多起重大疑难案件，较好地维护了社会秩序和职工的合法权益。

（六）为农村改革发展提供法律援助。省法援中心加大对全省农村法律援助工作指导力度，要求全省各地做到机构落实，人员落实，服务措施落实。在农村乡镇依托司法所或法律服务所建立法律援助工作站，在村屯依托当地调解组织设立法律援助联系点，确定法律援助联络员负责乡镇农村法律援助工作，取得了良好的工作效果。

继续做好农民工法律援助工作，重点办理拖欠农民工工资和工伤赔偿纠纷案件，共办理农民工法律援助案件1036件。全省各级法律援助机构围绕农村改革发展的突出问题扩大法律援助范围。把涉及农村土地承包、征地拆迁，土地流转纠纷案件，假种子、假化肥、假农药等坑农、害农案件，纳入法律援助范围，依法为农民提供法律援助，维护了农民的合法权益，促进了农村社会和谐稳定发展。

2009 年，全省共办理各类法律援助案件 11383 件（法律援助律师办理 5505 件、社会律师办理 2618 件、志愿者办理 851 件、基层法律工作者办理 2409 件），刑事法律援助案件 3147 件，民事法律援助案件 8165 件，行政法律援助案件 71 件。受援人总数达到 11432 人，其中：残疾人 1097 人、老年人 1582 人、未成年人 1678 人、妇女 1199 人、少数民族 85 人、贫困者 2949 人、农民工 1036 人、贫困者 2949，其他 1757 人。办案数量比上年增加 1036 件，增长 10%，超额完成了省司法厅下达的办案指标。

二、规范化创建活动扎实推进

自 2005 年开展创建规范化活动以来，全省各级司法行政机关和法援中心高度重视，全年又有 7 家法援中心经过考核达到规范化标准，年底，全省法律援助规范化中心达到 40 家，占机构总数的 57%。通过规范化法援中心的创建活动，使全省法律援助工作再上一个新台阶。

三、法律援助宣传力度不断扩大

2009 年，全省各级法援中心加大宣传工作力度，取得一系列成效。

（一）全省联动开展主题宣传活动。10 月，在全省范围内开展了"维护老年人、残疾人合法权益，法律援助在你身边"主题宣传活动。全省 9 个市州 69 家法律援助机构深入村屯、社区、厂矿、聋哑学校、福利院、敬老院 1103 处，解答法律咨询 1 万余人次，发放法宣传单 12 万张、各类维权知识手册 3800 余册、法律援助联系卡 5000 余张，悬挂、张贴宣传条幅 670 余条，当场受理法律援助申请 145 件。

（二）运用社会主流媒体宣传法律援助。省法援中心与省政府网站策划了"做好法律援助工作，维护社会稳定"厅长在线访谈，组织法律援助志愿者每天在吉林电视台都市频道为农村困难群众排忧解难。

（三）充分利用自身宣传阵地宣传。利用《吉林法律援助》简报贯彻上级精神，传播法律援助信息、交流工作经验、指导基层工作。为贯彻第五次全国法律援助工作会议精神，2009 年 6 月编发了吉林法律援助简报《贯彻第五次全国法律援助工作会议精神专刊》。通过吉林法律援助网，进一步实现了法律援助信息公开、资源共享，深受群众欢迎，一年点击率就达到 17.5 万人次，网上解答法律咨询 400 余人次，丰富了宣传内容，扩大了社会影响。全省宣传工作得到了司法部的肯定，在 11 月 25 日召开的全国法律援助宣传工作会议上，辽宁省作了经验介绍。

吉林省法律援助工作受到国家和地方多家媒体的关注。《中国法律援助》于 2009 年第 10 期以 3 版篇幅刊发了《吉林省以各类主题实践活动为载体，促进法律援助工作发展》，司法部《工作简报》刊登了《吉林省司法厅认真贯彻落实第五次全国法律援助工作会议精神》，《吉林日报》于 11 月 18 日在"平安吉林专栏"半版篇幅刊登了《扶贫助弱促和谐：我省法律援助主题实践活动巡礼》的专题报道。

四、经费保障能力明显提高

在全国经济形势非常紧张的情况下，全省又有 2 家法援中心办案经费被纳入财政预算，同比增长 3%。全省已有 59 家法律援助机构法律援助办案经费纳入了政府财政预算，占机构总数的 85%。

五、法律援助监督管理力度明显加强

（一）法律援助被纳入政府工作考评范围。全省各级司法行政机关把法律援助工作列入重要工作日程，纳入省、市、县各级政府工作绩效考评范围，纳入司法行政机关绩效考评范围，实行法律援助工作领导责任制，为法律援助工作提供了强有力的组织领导保障。

（二）法律援助调研工作得到加强。各级司法局的领导和法援中心主任积极深入基层调查研究，帮助解决基层法律援助工作的实际问题。

六、完成调研及其他工作

组织专门力量完成了司法部下达的三项调研工作任务：部法律援助工作司关于开展新形势下农村法律援助工作的调研、部法援中心关于开展法律援助案件质量评估工作调研、部办公厅关于开展“148”工作的调研，调研结束后，按要求形成调研报告如期上报。

此外，还完成了中加法律援助合作项目考察接待和法律援助信息管理系统在全省的推广工作。

吉林省法律援助工作大事记

4月7日，省法援中心召开全省法援中心主任会议，传达了全省司法行政工作会议精神，总结了2008年全省法律援助工作，研究部署了2009年工作，征求了《2009年法律援助绩效考评细则》的意见。

6月3日—4日，全省乡镇法律援助工作站现场会在靖宇县召开。部分司法局和全省各市（州）法律援助机构负责人、部分法律援助工作站工作人员等共130人参加会议。靖宇县司法局等6个单位介绍了工作经验。

7月24日，省司法厅召开全省法律援助工作会议。会议传达学习了第五次全国法律援助工作会议文件和司法部关于在全国开展“法律援助便民服务”主题活动的意见，根据省委、省政府关于“保增长、保民生、保稳定”的工作部署，提出当前和今后一个时期法律援助工作的任务和要求。

7月28日至30日，8月4日至6日，省法援中心分两批对全省69家法援中心的信息网络管理员进行了《法律援助信息管理系统》管理及操作技术培训，共有80余人参加了培训。

7月31日，省法援中心与吉林省人民政府网站共同策划了“做好法律援助工作，维护社会稳定”的厅长在线访谈，省司法厅党委书记、厅长刘振宇就法律援助工作如何维护稳定、如何服务民生接受了记者采访，并回答了网友的提问。

9月22日至10月30日，省法援中心对全省9个市州法律援助工作进行了年中检查督导。主要有两项内容：一是围绕“法律服务年”开展“走进基层服务民生活动”情况；二是围绕“保民生、保稳定”开展法律援助工作情况。

10月，在全省范围内开展了“维护老年人、残疾人合法权益，法律援助在你身边”主题宣传活动。全省9个市州69家法律援助机构深入村屯、社区、厂矿、聋哑学校、福利院、敬老院1103处，解答法律咨询1万余人次，发放法律宣传单12万张、各类维权知识手册3800余册、法律援助联系卡5000余张，悬挂、张贴宣传条幅670余条，当场受理法律援助申请145件。

10月27日，省政协提案视察组在省司法厅副厅长杜延华等同志陪同下视察“148”法律服务专线电话工作。视察组对“148”专线电话工作给予充分肯定。省政协提案委员会主任周建华在视察结束时表示，省司法厅是本次视察活动中提案落实最好的单位，“148”法律服务专线是惠及百姓的民心工程，应进一步做好这项工作，政协委员们将继续关注和支持“148”专线电话工作。

11月18日，《吉林日报》在“平安吉林专栏”以半版篇幅刊登了《扶贫助弱促和谐：吉林省法律援助主题实践活动巡礼》专题报道。

12月4日,省法援中心与吉林大学法学院联合发起了“温暖法律援助——2009法律关怀行动”。20余名大学生走进省法援中心座谈交流,吉林省法援中心工作人员向大学生介绍了法律援助知识以及法律援助的程序,以及外来务工人员、未成年人寻求法律援助的方式途径。

12月17日—18日,省法援中心召开全省法援中心主任会,全省9个市州法援中心主任汇报了2009年工作,省司法厅副厅长禹治洪到会讲话。

(吉林省法律援助中心)

黑龙江省法律援助工作概况

2009年,全省各法律援助机构在司法部及省司法厅的正确领导下,认真贯彻落实全国第五次法律援助工作会议和全省司法行政工作会议精神,以党的十七大精神为指导,深入学习实践科学发展观,围绕“四型”司法行政机关建设,对照《2009年全省司法行政系统重点工作任务责任分解实施意见》,狠抓重点工作落实,提升法律援助服务能力和实施能力,有力地推动了全省法律援助事业的发展。

一、以“服务年”活动为契机,深入开展学习实践科学发展观

省法援中心认真学习领会十七大精神,用科学发展观重要理论指导法律援助工作,坚持法律援助为民服务理念,认真贯彻落实《省司法厅党委深入学习实践科学发展观活动整改落实方案》,下发了《关于深入学习实践科学发展观,加强法律援助实施能力的通知》,要求全省法律援助机构努力提高法律援助实施能力,适度扩大法律援助范围,不断提高法律援助办案质量,增加办理法律援助案件数量,同时,结合全省司法行政系统开展“服务年”活动,向全省下发了《法律援助工作开展“服务年”活动具体实施办法》,把做好法律援助工作与落实科学发展观有机结合。鹤岗市在深入学习实践科学发展观中,结合“服务年”活动在全市开展了“法律援助大回访”活动,通过受援人面对面交谈及电话回访等方式,了解受援人对法律援助案件承办情况的意见,努力把科学发展观具体落实到“服务年”活动实践阶段的各项措施中。通过“服务年”活动,全省法律援助机构进一步强化思想认识,规范援助行为,完善制度机制,提高队伍素质,提高法律援助实施能力,努力做到应援尽援,积极为困难群众提供优质、高效、便捷的法律援助。

二、贯彻第五次全国法律援助工作会议精神,落实全省重点工作任务,加强和改进法律援助工作

(一)召开专门会议,部署落实工作。为了全面贯彻落实第五次全国法律援助工作会议精神,省司法厅召开了厅党委扩大会议,认真学习周永康、孟建柱同志的重要讲话和吴爱英部长的工作报告,要求把贯彻第五次全国法律援助工作会议精神作为当前和今后一个时期全省司法行政机关的一项重要任务,同时,结合全省实际,提出贯彻落实五次会议精神的具体措施,并将领导讲话、《黑龙江省司法厅关于学习贯彻第五次全国法律援助工作会议精神　加强和改进法律援助工作的通知》、《全省司法行政系统开展"法律援助便民服务"主题活动实施方案》直接印发各市、县区，供学习使用。

为了认真贯彻落实全省司法行政会议精神和2009年省法律援助工作任务，召开了全省法援中心主任座谈会，总结和部署了全省法律援助工作，讨论并修改了2009年全省法律援助工作目标责任制考核细则，进一步明确了司法厅党委对法律援助工作的总体要求和全省法律援助重点工作，并按时间要求提出了具体工作目标和工作措施。

（二）加强法律援助协调机构建设。为了加大对全省法律援助工作的指导与协调力度，利用大部委调整的有利时机，对黑龙江省法律援助委员会人员进行了调整，由孙永波副省长担任法律援助委员会主任。哈尔滨市加强各级党委、政府和相关部门的沟通配合，哈尔滨市法律援助委员会召开扩大会议明确将法律援助工作列入市惠民工程，明确了各区、县政府法律援助经费人均不低于0.20元，并全部列入当地财政预算。

加强了法律援助经费保障能力。全年全省法律援助业务经费为920万元，比上年提高11%，有效保障了法律援助工作的开展。法律援助经费的管理和使用已被纳入全省目标责任制考核项目之一。为了提高专项经费的管理水平和资金使用效益，省法援中心下发了《关于进一步加强法律援助专项经费使用管理监督工作的通知》，严格经费的使用管理，并组成3个工作组，对全省10个县进行抽查，逐本案卷进行单据核对，确保将法律援助有限资金管好用好。

（三）合理调配法律援助资源，有效缓解部分地区没有律师问题。全省共有5县11区没有律师事务所，如遇刑事法律援助案件无法在当地指派律师，严重影响了法律援助案件的办理，为了解决这个问题，省法援中心积极与中国法学会沟通，由中国法学会指派6名有律师资格的志愿者赴辽宁实习，同时明确要求各市地法律援助机构承担没有律师县区的刑事案件指派工作，采取这些措施既保证了司法程序的合法性，又维护了司法公正。

（四）创新务实，加大法律援助社会调研。针对金融危机形势下出现的新情况和新问题，为了更好地保障困难群众的合法权益，省法援中心组织各级法律援助机构开展多层次多角度的社会调研，一是对受国际金融危机影响返乡与滞留城市农民工法律援助潜在需求进行调研；二是对法律援助异地协作情况进行调研，了解农民工在索薪、工伤、合同纠纷等方面的运行情况，探索更方便快捷的为农民工提供法律援助的新机制；三是对"148"法律援助服务专线情况展开调研，认真分析"148"专线现状、存在问题和原因，提出加强和规范"148"工作的对策和建议；四是对法律援助案件质量评估进行调研，掌握全省法律援助案件评估工作情况。伊春市法援中心深入到公安、法院、教委、共青团、民政及部分学校和社区等对未成年人法律援助维权状况进行调研，了解未成年人的法律援助需求。

三、抓重点，积极推进法律援助机构建设

（一）继续加强县区级法律援助机构建设，着力解决编制、人员、经费、办公场所等重点问题。全省90%以上县和60%的区达到了单独列编、机构独立、人员专职、经费纳入财政预算。分层次抓好市及市辖区机构建设，合理配置法律援助资源是法律援助机构建设的重点，大庆、鹤岗市司法局会同编委下文为各区配备2名司法行政专项编制，从根本上解决了区级法律援助机构专职人员问题。鹤岗、伊春还将区级法律援助机构定为副科级单位，调动了法律援助机构人员工作积极性。鸡西市司法局把推进区级法律援助机构建设列为各区司法局局长“一把手”工程，在目标考核中作为重点考核。齐齐哈尔市司法局积极推进政府责任落实，市政府办公厅专门下发了《关于进一步加强法律援助工作的意见》，齐齐哈尔市龙沙区司法局按照文件要求，在区政府办公用房紧张的情况下，在政府一楼申请了三间法律援助办公用房，并将法律援助经费列入年度财政预算。

（二）加强法律援助工作站建设。全省各地积极调动法律援助资源，增强法律援助力量，搞好乡镇、街道司法所法律援助工作站建设。齐齐哈尔市铁锋区司法局专门为辖区内48个社区、12个行政村建立了法律援助工作室，并为法律援助工作室颁发了60块法律援助公示牌，便于辖区居民更好地了解区法律援助具体形式、内容、流程以及联系方式，极大地方便了辖区群众；为了充分发挥工作站的职能作用，齐齐哈尔市制定下发了《齐齐哈尔市乡镇（街道）法律援助工作站管理办法》，并且统一了工作站牌子、公示板、文书用纸和工作站簿册，既方便了群众，又便于管理。哈尔滨市道里区法援中心在道里区安全生产管理局建立了全省首个安监法律援助工作站，既为政府科学决策提供依据，又在第一时间为因安全事件、事故等造成人身伤亡、财产损失的特困家庭当事人及其家属及时提供法律援助。为因气象灾害造成人身死亡事故、外墙装修事故等提供法律援助十余件，受到政府和企业的高度赞扬。哈尔滨市道外区法援中心充分利用网络资源将下属26家法律援助工作站建为一个QQ群，在工作中遇到各种情况时能及时反馈到法援中心，工作方式更加灵活，佳木斯市法援中心在北方佳宾酒业有限公司设立了法律援助工作站，尝试性迈出了法律援助网络覆盖企业的第一步，同时，在某部队成立了“维护军人、军属权益法律援助工作站”，进一步延伸部队法律援助工作触角，中央电视台第七频道军事栏目对此拥军行为给予宣传报道。在归侨华侨联合会成立了归侨侨眷法律援助工作站，为特困归侨侨眷提供法律援助，扩大了法律援助的社会影响力；大庆市创新工作思路，在杜蒙县白音郭勒乡司法所建立了全省首家公证法律援助工作站，解决了边远地区农牧民公证法律援助的需求。法律援助工作站的建立将法律援助向基层延伸，向社会的各个领域拓展，提高了法律援助社会覆盖面，为打造全省“法律援助一小时服务圈”奠定了基础。

（三）继续抓好规范化法律援助机构建设。2009年，全省规范化法律援助机构目标为70%，各市地法律援助机构制定切实可行的计划，积极推进法律援助机构规范化建设。经规范化法律援助机构验收考评小组验收，12个申报机构符合条件，全省规范化法律援助机构已达108个，完成了年初制定的70%的创建目标。

四、充分发挥法律援助在解民困、暖民心、保民生中的作用，扩大法律援助覆盖面

（一）扩大法律援助范围，促进法律援助事业又好又快发展。为了强化法律援助服务民生职能，贯彻落实全省司法行政会议精神，要求全省各地适度放宽法律援助的受案范围和经济困难标准，加大了对老年人、未成年人、残疾人提供法律援助的力度；通过开展“便民服务”主题活动，不断加大法律援助工作力度，积极落实各项惠民政策和便民利民措施，将涉及劳动纠纷、社会保障、土地承包纠纷、坑农害农、环境污染等与民生问题相关事项逐步纳入法律援助范围，有效缓解了法律援助供需矛盾。哈尔滨市司法局和市民政局联合出台了《关于深化为城乡低保人员提供法律援助服务的实施意见》，全市各区、县均建立了低保人群法律援助数据库，为15万低保户发放了法律援助保障卡和维权手册，覆盖23万低保人群，对持有保障卡的人员申请法律援助不再审查经济条件；双鸭山市连续三年把法律援助工作列入政府利民行动实事之一，下发了《全市法律援助为民办实事项目的实施方案》；牡丹江市将法律援助工作作为政府工作一级目标，作出了对特定对象实施"特许援助"的社会承诺；鸡西市司法局把解决困难群众"打官司难"问题作为改善民生工作重要内容来抓，坚持"关注民生、以人为本"的服务理念，把法律援助工作者打造成政府民生工程的"建筑师"，最大限度的满足困难群众对法律援助的需求。

（二）加强法律援助机构窗口建设，简化法律援助受理程序。全省法律援助机构接待窗口设立了公示栏，公示法律援助条件、申请程序、受理流程、工作制度、服务承诺、监督电话等内容。同时，还优化窗口服务环境，完善无障碍配套服务设施，提供便民服务用品，实行人性化服务，为残疾人、老年人等特殊群体提供方便。

简化法律援助受理程序。根据司法部《关于进一步做好农民工法律援助工作的通知》，省法援中心制定了具体落实措施，采取便民措施，简化办理程序，保障农民工获得优质高效的法律援助。对农民工申请法律援助的快速办理，缩短审批时间。对因工致残和索取劳动报酬的农民工案件优先接待、优先审查、优先办理。对申请支付劳动报酬和工伤赔偿法律援助的，不再审查经济困难条件。对其他案件，在审查农民工经济状况时，适度放宽审批条件。双鸭山市充分发挥市总工会法律援助工作站作用，积极为下岗职工和农民工无偿提供法律援助，为下岗职工挽回损失27万元，真正成为下岗职工和农民工的贴心人。对于请求给付赡养费、抚养费、抚育费的，也不再审查经济困难条件，并为他们快速办理。为低保人群、特殊困难的残疾人、老年人发放法律援助联系卡，将特困企业职工、返乡农民工、生活困难的被征地农民以及新失业人员等纳入重点范围，简化审批程序。对情况紧急的群体性突发事件或即将超过仲裁或诉讼时效的和必须立即采取财产保全措施的法律援助案件，先行受理，事后补办手续。鹤岗市加大了对受家庭暴力侵害的妇女维权力度，对此案件不再审查其经济条件；伊春市大力推进"8小时法律援助便民日"，对特定群体案件，在8小时内完成受理、指派、调解或起诉，提高了法律援助工作效率。

全省继续加强与外埠法律援助机构的协作，将签署协作公约不少于5个城市作为目标责任制考核的一项内容，大庆市已与外埠40个城市建立了农民工协作关系。全省签约协作城市已达80余个，异地办理法律援助案件363件。

（三）积极参与涉法涉诉访处理工作，强化法律援助服务职能。全省多数法律援助机构的公职律师和法律服务工作者均参与政府信访工作，引导和帮助涉法信访群众进行合理法律诉求。大庆市法援中心派一名律师常驻市信访办调处中心，定期陪同市领导参与信访接待日工作，全年接访96次；双鸭山市法援中心律师轮流在市信访接待室值班，参与市领导接待信访15次，涉法信访21例，涉及信访群众300余人，对涉法上访群众依法进行解答，并提供法律帮助；大庆市和伊春市还在市中级法院设立了法律援助工作站，及时为困难群众提供法律援助。法律援助人员通过参与信访及时向政府部门提出法律建议，缓解了信访工作压力，化解了社会矛盾，促进了社会和谐，赢得了地方党委和政府的信任和重视，提高了法律援助在社会上的影响力。

（四）努力提高法律援助案件质量和案件数量，保证做到应援尽援。由于降低了法律援助门槛，放宽了审查条件，法律援助案件有所增加。全年全省共办理法律援助案件16155件，其中刑事法律援助案件2437件，民事法律援助案件13499件，接待群众法律咨询112593人次，诉讼法律援助指派案件比上年增加10%。大庆市为了有效维护未成年人合法权益，提高法律对未成年人的教育预防作用，从全市52个律师事务所中抽选百名素质高、业务强的律师组建了未成年人法律援助律师团，为未成年人提供法律援助和支持，帮助未成年人逐步建立法制观念；牡丹江市注重法律援助案件质量，由市法援中心组织专业人员对法律援助案件进行审查、评定，并将结论记入法律援助律师诚信档案；鸡西市成立了由主管局长、市法援中心主任和有经验的公职律师组成的法律援助案件质量监督领导小组，多次到法院全程旁听案件，并制成音像资料，会同公诉人和法官对法律援助律师当庭表现予以现场点评，作出综合评价，以此作为年终对律师参与法律援助工作综合考评的一项依据；组织人大代表、政协委员、劳动、工会、妇联、残联、老龄委等单位人员组成的监督队伍，通过采取走访或电话回访受援人、公诉人、办案人等多种形式，对法律援助案件质量进行监督检查，提高法律援助办案质量。

五、加强法律援助宣传，提高法律援助公众知晓率

全省各级法律援助机构通过各种渠道和途径宣传法律援助制度，省法援中心与省电视台法制频道共同举办第九届“法律援助龙江行”宣传月活动，以法律援助小分队的方式，由法律援助机构人员和律师深入到企业、社区、村屯、工地等基层单位，面对面的为群众提供法律咨询并现场受理法律援助案件。参与律师及法律援助工作人员315人，发放各类法律援助宣传品16000余份，现场解答群众咨询2500余人，受理法律援助案件21件；大庆市开展了以“关爱农民，法律援助在行动”为主题的宣传月活动，深入施工现场向农民工发放《农民工维权法律宣传单》、《法律援助常识宣传单》、《五五普法知识手册》、法律援助便民卡等宣传资料；依安县以连环画形式释解《法律援助条例》内容，把深奥的法律条文变成朴实的生活场景，通俗易懂，非常适宜农村地区的法律援助宣传；佳木斯市充分利用农村法律大集和城市法律广场，采取悬挂横幅、标语、宣传画，流动宣传车、法律咨询台等多种形式宣传法律援助制度，送法进军营、送法进农村、送法进校园、送法进社区等活动；鹤岗市在“三八”妇女节期间举办“妇女学法律，家庭创平安”现场法律援助咨询活动，与辖区内生活困难的群众签订了法律援助协议书，对符合法律援助条件的妇女现场受理法律援助案件；齐齐哈尔市开展“法律援助进万家”活动，采取设立宣传栏、宣传站、召开座谈会、研讨会、举办专题讨论等多种形式宣传法律援助制度。

黑龙江省法律援助工作大事记

1月，省司法厅授予通河县法援中心等18个法援中心为规范化法律援助机构。

1月，向捐赠人张桂兰女士汇报黑龙江省老年人法律援助基金项目实施情况。

3月，召开全省法律援助工作会议。

4月，在全省开展法律援助“服务年”活动，向全省下发《法律援助工作“服务年”活动的具体实施办法》。

4月，省法援中心组织法律援助工作人员参加由省政府主办，省农委等13家单位承办的全省扩大内需项目农村劳务对接会，开展法律咨询和法律援助宣传活动。

5月，组织落实司法部关于开展农民工法律援助工作和法律援助案件质量评估及

"148"法律援助咨询专线情况的调研。

6月，在全省开展"法律援助便民服务"活动，向全省下发《关于开展"法律援助便民服务"主题活动实施方案》。

6月，对绥化市的肇东、兰西、望奎三县及哈尔滨市的木兰、方正、延寿等法律援助工作薄弱县进行重点帮扶。

7月，省司法厅召开党委扩大会，研究贯彻落实第五次全国法律援助工作会议精神，并下发《关于贯彻落实第五次全国法律援助工作会议精神和加强改进法律援助工作的通知》。

8月，部法律援助工作司高贞副司长一行到本省调研法律援助工作。

9月5日至9月27日，深入7市9县区开展"法律援助龙江行"活动。

10月，为加强对中央转移支付法律援助专项经费的监督管理，向全省下发《关于进一步加强法律援助经费使用管理监督工作的通知》。

12月，开展全省各市、行署法律援助目标考评工作。

12月，省法援中心副主任张海燕被评为"全省十佳群众贴心人"，省法援中心办理的讨要被骗大学生学费案被评为"十大温暖事件"。

（黑龙江省法律援助中心）

上海市法律援助工作概况

2009年，全市各法援中心深入贯彻落实全国第五次法律援助工作会议精神，积极发挥法律援助"保民生、保增长、保稳定"作用，按照本市法律援助年度工作目标要求，积极推进各项工作开展，较好地完成了年度工作任务。市法援中心共接待咨询83256人次、"12348"法律援助咨询专线解答咨询118154人次，办理各类法律援助案件10497件，法律援助年办案量首次突破万件，同比增长16.93%，其中刑事法律援助案件4007件，同比下降8.72%，民事法律援助案件6490件，同比增长41.49%。全市法律援助机构共收到锦旗126面，感谢信82封。

一、认真贯彻落实"五次会议"精神，努力推进法律援助事业又好又快发展

全国第五次法律援助工作会议召开后，市司法局迅速行动，结合实际，采取了一系列贯彻落实措施：一是拟写了《关于第五次全国法律援助工作会议精神和贯彻落实意见的报告》，上报市委政法委，并抄报了市委和市政府办公厅，提出了本市贯彻落实"五次会议"精神的具体意见和建议；二是于6月18日召开全市法律援助工作会议，传达了"五次会议"精神和本市贯彻落实意见，要求各区县司法局立即向本区县党委、政府领导汇报，并抓好贯彻落实工作；三是根据"五次会议"精神和司法部有关工作要求，市司法局在深入调研基础上，制定下发了《关于加强和改进法律援助工作的若干意见》，对近期法律援助工作提出了具体要求；四是市司法局于11月2日召开区县法律援助工作座谈会，听取了各区县贯彻落实"五次会议"精神和市司法局《若干意见》的情况汇报，对近期工作进行了讲评。通过以上举措，有力推进了法律援助事业的发展，法律援助办案量和经费保障同比均有大幅增长。12月9

日,根据沪委办发〔2009〕38号文件,市法援中心被列入参照公务员法管理范围。市司法局新"三定"方案增设了法律援助工作处。

二、积极扩大法律援助受援面,不断满足困难群众的法律援助需求

为了进一步扩大法律援助受援面,使更多的困难群众受惠于法律援助,真正做到"应援尽援",本市法律援助机构采取积极措施,努力扩大法律援助覆盖面。

(一)出台了《关于对特殊困难、特殊情况对象提供法律援助的实施办法》,明确对于经济收入虽然未达到法律援助经济困难标准,但因病致贫、因灾致贫的对象可以提供法律援助,扩大了本市法律援助覆盖面,有效缓解了困难群众的法律援助需求。

(二)建立社区法律援助工作长效机制。年初,市司法局召开了"村居委会法律援助联络点示范点"现场会,制定下发了法律援助联络点工作职责和办事流程,积极指导社区法律援助工作的开展,既扩大了法律援助的社会影响,又方便了困难群众申请法律援助。全年通过联络点和工作站转交的法律援助案件数超过本市民事法律援助案件总数的20%。

(三)探索建立"长三角"协作办案联动机制。9月27日,市司法局召开"长三角地区"法援协作工作会议,苏、浙、沪三省市地市级以上法援中心主任均参加了会议。会议就如何做好新形势下法律援助工作、长三角地区法律援助工作一体化、农民工法律援助工作等议题进行了交流和讨论,提出了不少好的意见和建议。会议使长三角地区法律援助机构之间的合作与交流得到了进一步加强,标志着长三角地区法律援助一体化建设正式进入探索和实践阶段。部法律援助工作司王军益副司长出席会议并对"长三角"地区法律援助工作一体化建设给予高度评价。

三、积极开展迎世博活动,提高法律援助窗口服务水平

为了贯彻落实上级迎世博工作有关要求精神,法律援助机构组织开展了"擦亮窗口、迎接世博"活动,将迎世博工作作为提升全市法律援助服务水平的大好机遇,结合文明单位创建活动,适时推出了一系列措施和做法。

(一)营造法律援助窗口迎世博氛围。年初,市法援中心向全市法援中心发出开展"擦亮窗口、迎接世博"活动的倡议,向世博局联系购买了一批宣传画和宣传册,下发全市各法援中心,张贴在法律援助咨询接待和侯谈场所。各法援中心还通过悬挂宣传口号、发放宣传资料、购置世博吉祥物等,使来访者感受浓厚的全民迎世博的氛围。各法援中心还积极参与全市迎世博"三五"行动,有力配合了上海迎世博工作。

(二)践行《文明规范》打造服务名牌。为了提高窗口服务水平和服务质量,市法援中心下发了《法律援助机构迎世博接待服务文明规范》,组织评选了39名优质服务示范员和13家优质服务示范窗口,对《文明规范》的贯彻实施起到了良好的示范带头作用。在上级组织的迎世博窗口服务检查工作中受到广泛好评,全市共有5个单位、7名个人荣获迎世博立功竞赛奖项。

(三)落实便民措施服务贫弱群体。根据司法部组织的"法律援助便民服务主题活动"安排,制定了本市法律援助机构开展便民服务活动实施方案,明确了主题活动的时间、内容和方法步骤,并结合本市迎世博工作实际,充实了主题活动的内容,积极推动全市法律援助便民服务主题活动的开展。在开展便民服务活动中,各法援中心进一步完善了便民服务措施:严格落实公开、公示和服务承诺制度;对80岁以上和重病、重残申请人实行上门服务;对一时难以解答的法律问题提供预约服务；对符合经济困难标准的残疾人、老年人、农民工发放《法律援助证》；对70岁以上的老年人、残疾人、现役军人实行优先接待制度。另外，还在接待大厅放置了饮水机和一次性水杯，供来访群众免费取用，一系列的便民措施得到了群众的欢迎和好评。

（四）组织全市法律援助机构开展迎世博培训工作。为了促进各法律援助机构做好迎世博工作，为残疾人营造一个不仅设施无障碍、语言也同样无障碍的窗口环境，以更饱满的精神和更优质的服务迎接上海世博会，市法援中心联合手语教育学校举办了为期半个月的迎世博手语培训班，各法律援助机构分别派出1—2名工作人员参加了培训。培训分别从社交礼仪、咨询、旅游、购物、住宿、餐饮、银行、医疗、交通及安全检查等10个方面编排了100句与世博相关的手语，所有参加培训的法律援助机构学员均在培训后拿到了相关证书，考试合格率达100%。

四、坚持围绕中心服务大局，积极发挥法律援助职能作用

各法援中心在认真做好困难群众法律援助工作的同时，紧紧围绕党委、政府工作大局，将维权与维稳有机结合，较好地发挥了法律援助的职能作用。一是根据党委、政府要求，认真办理涉法涉诉访案件，积极引导信访当事人合理表达诉求，通过法律手段解决涉法纠纷，使许多信访案件得到了妥善化解，全年全市共受理信访件390件，均按时回复，并对信访问题给予了妥善处理；二是积极介入群体性涉法纠纷调处工作。各法援中心全年共受理群体案件171件，涉案3745人次，挽回经济损失5413万元；三是善于运用调解手段化解矛盾纠纷。在总结前两年试行"一般民事案件先调解后诉讼"办案机制经验的基础上，对该办案机制进行了进一步的完善和推广，全年全市通过非讼调解结案的案件已达1332件，占民事法律援助案件总数的33.24%，取得了良好的社会效益。

五、抓好基础建设，提升法律援助机构工作水平

（一）大力推进法律援助工作信息化建设。自2月上海法律援助信息管理系统试运行以来，全市所有法援中心均已实现了联网。11月，根据司法部要求，举办了司法部法律援助信息管理系统业务培训班，从12月开始，全市正式启用司法部法律援助信息管理系统，法律援助案件的受理、指派、跟踪、监督、结案、归档、付费等日常管理工作正逐步向信息化管理模式转变，工作效率得到了明显提高。

（二）完成了"148"专线设备更新改造工作。经过近一年的组织协调和施工，"148"专线升级改造工作已于11月底完成，新设备已投入使用。按照设计目标，"148"新设备可以实现30路电话同时接答，接答量提高50%以上，将有效缓解"148"专线电话难打的局面。

（三）法援中心接待和办公环境得到明显改善。在各级领导关心下，全市各法援中心结合迎世博工作，对接待环境进行了整治，取得明显成效。静安、卢湾法援中心已迁入交通更为便利的新址；嘉定和市法援中心接待、办公场所增加了面积，改善了工作环境；闵行法援中心对接待窗口进行了美化改造，受到了来访群众的好评。

六、积极开展法律援助宣传，扩大法律援助社会影响

根据部法援中心《关于开展法律援助宣传月活动的通知》要求，组织全市法律援助机构积极开展了法律援助宣传活动：一是和上海电视台《法律与道德》栏目以及东方卫视《回头释案》节目合作，从5月开始连续提供法律援助典型案例近百件；二是组织区县法援中心在《法制日报》刊登通讯报道，宣传上海法律援助工作开展情况，扩大了上海法律援助工作的影响；三是全市各法援中心印制了形式多样的法律援助宣传画、宣传册，在宣传咨询活动中向社会群众发放，从而扩大了法律援助的社会知晓率；四是市法援中心会同市残联联合印制了盲文版《迎世博法律援助宣传手册》，在12月3日国际残疾人日来临之际发至各区县法援中心及各乡镇、街道法律援助工作站，积极做好盲人残疾人迎世博和法律援助知识的宣传工作，得到了司法部的肯定和好评。

（上海市法律援助中心）

江苏省法律援助工作概况

2009年，全省法律援助机构围绕服务民生，以"争当司法行政工作排头兵"为目标，认真履行职能，不断创新机制，切实维护困难群众权利，取得了新的发展。

一、办案数量再创新高，服务困难群众成效明显

全省上下坚持"应援尽援"工作方针，不断扩大法律援助覆盖面，积极参与"双千百日"活动，促进了法律援助办案量大幅上升。全年全省立案办理法律援助案件52934件，同比增长33.8%，为受援人挽回经济损失约6.2亿元。省法律援助中心受理二审刑事指定案件115件，其中省高院改判2件，经最高人民法院核准发回重审3件。

二、有效发挥职能作用，加大对目标群体保护力度

积极做好"三农"法律援助工作。全年全省共办理农民法律援助案件33144件，同比增长36%。加大了对失业返乡农民工的援助力度，全省共办理追讨工资等涉及劳动者权益案件29595件，同比增长84.3%，办理农民工法律援助案件21957件，同比增长38.7%。加强与残联、妇联、共青团、老龄委等社会组织法律援助工作站的联系，加大对相应目标群体的服务力度。全省共援助妇女19464人、残疾人2603人、老年人6083人、未成年人3920人。

三、扎实开展主题活动，法律援助更加便民利民

一是降低经济困难标准的门槛，建立点援制，在律师事务所设立代办点、对特殊群体实行预约上门服务。全省共设置法律援助代办点950个，转送法律援助机构审查案件3601件，为老年人、病人、残疾人等提供上门服务5500人次。二是在全国率先建立了服务对象评价制度。全省共发放服务质量测评表25966套，通过上门、电话或信函征求意见20814人次，案件服务总体满意度达到99.8%。三是扩大了法律援助服务平台，延伸服务。新设社区法律援助工作站374个，新设法律援助联系点3842个。四是加强部门协助，完善异地协作机制。全省办理异地协作案件140件。

四、基本完成规范化建设工作，服务能力显著增强

全省90%的法律援助机构达到了司法厅提出的规范化建设指导标准，接待窗口临街便民，接待服务能力大幅提升。全省接待来访咨询案件120618件，接待来访人员364116人次，其中省法律援助中心接待来访咨询案件1993件，接待来访人员3481人次。以全省法律援助信息管理系统为基础，省法律援助中心完成了全国法律援助业务管理系统的开发任务，并派员对浙江、北京、上海等十多个省市信息管理操作人员进行了专门培训，促进了全省法律援助业务标准在全国的推广应用。

五、不断加大经费投入，保障能力明显提高

全省建立了以同级财政拨款为主、省专项财政支持、法律援助基金会为补充的法律援助经费保障机制。全年各级政府对法律援助的总投入为5084.94万元，同比增长17%。建立健全省财政转移支付制度，全年转移支付资金由500万增加到1000万元。省法律援助基金会拨出专款70万元资助年度法律援助宣传、案件办理和评优活动。

六、宣传工作亮点频现，公众知晓度大幅提升

一是宣传优秀法律援助案件。通过中央电视台新闻综合频道《共同关注》、法制频道《道德观察》、《中国法治报道》等栏目专题宣传法律援助典型案件。二是开展公益广告宣传。制作动漫宣传短片分发各地，分专题编印了20多万份宣传册向群众免费发放。三是开展大学生志愿服务活动和农村法律援助宣传月活动。全省法律援助公众知晓率达到73.4%，高于全国56.6%的知晓水平。四是配合省法律援助基金会和省文联开展“真情与正义”——江苏书画名家作品义捐活动。11月底，司法部在南通召开了全国法律援助宣传工作经验交流会，江苏省法律援助宣传工作得到了与会高度评价。

江苏省法律援助工作大事记

1月7日，司法厅对南京、无锡、镇江、南通、泰州、连云港、淮安、徐州、盐城、扬州等10市39家单位申报规范化法律援助机构检查情况进行了通报，有35个法律援助机构被确定为规范化达标单位。

1月，经请示省委同意，省法律援助基金会聘请原省委书记陈焕友同志担任名誉理事长。

2月9日，省法律援助中心下发通知，要求各地于2月至4月开展新形势下农村和农民工法律援助工作调研活动。

2月10日，省法律援助中心下发2009年全省法律援助工作要点。

2月11日至12日，司法部法律援助工作司王军益副司长在南京考察法律援助信息化工作。省法律援助中心翟洁君主任汇报了司法部法律援助信息管理系统委托开发情况。

2月，江苏、浙江、上海三省市法律援助中心正式签署《江浙沪省际法律援助交流协作协议》，建立起省际法律援助协作关系。

3月1日，正式启用统一的服务质量测评表，针对法律援助来访接待、受理审查、案件办理、结案等环节，由受援人等对法律援助服务进行评价。

3月12日至13日，全国法律援助中心处长(主任)会议在南京召开。各省、市、区法律援助中心(处、局)负责人参加会议。会议总结、部署了全国法律援助工作；观摩了江苏省法律援助信息管理系统现场演示活动；对做好第五次全国法律援助工作会议筹备工作和《法律援助程序规定》、《法律援助类民办非企业单位登记管理暂行办法》进行了讨论，提出了建设性意见。

3月31日，司法厅转发《司法部办公厅关于开展“148”工作调研活动的通知》。

3月，以“真情与正义”为主题的江苏省书画名家作品义捐义募活动正式启动，所得善款将全部用于法律援助事业。

5月5日，司法厅和省法律援助基金会联合召开新闻发布会，公布2008年度江苏省法律援助十大优秀案件和十大提名奖案件评选结果。

5月25日至26日，全省法律援助管理技能培训班在南京举办。全省法律援助机构负责人及“148”机构主要负责人参加本次培训。司法厅许同禄副厅长出席并主持培训班活动。

6月29日至30日，省政协副主席张九汉和部分省政协委员在常州市调研法律援助工作，并召开了提案督办会。两项重点督办法律援助提案主要涉及法律援助保障机制与农村法律援助工作，由司法厅、财政厅、省编办负责承办。

7月，省领导在省法律援助基金会调研组《关于南京、无锡、扬州、连云港四市法律援助工作调查报告》上作出批示。省长罗志军批示：“所做调研很有针对性，存在问题和工作打算分析也到位，望能不断推进。”省委常委、省委政法委书记林祥国批示：“调研报告所提今后工作打算和建议很好，有的是省政法系统能做到的我们要尽快做好，有的需要其他部门帮助做的，我们要主动协调有关部门力争做好。”省委常委、省委宣传部部长杨新力批示：“调研报告很好，可推荐办公厅有关简报摘发。新闻单位要给予支持，把这项具有社会意义的工作做好。”副省长李小敏批示：“这份调研报告很好，反映情况深入客观，分析问题具体透彻，所提建议很有参考价值。请司法厅认真研究，提出具体意见，抓好落实。”

7月7日，司法厅和财政厅联合对盐城、扬州、镇江等地省级法律援助专项资金使用管理情况等进行调查。

7月29日，全省法律援助工作会议在南京召开。会议传达了第五次全国法律援助工作会议精神。南通、无锡、淮安三市分别从加强服务管理、创新办案模式、推动经费落实等方面作了交流发言。

8月15日，省文联、省法律援助基金会在南京联合举办“真情与正义”江苏书画名家作品义捐仪式暨书画展开幕式。300多名书画家将332幅书画作品无偿捐赠给了江苏省法律援助基金会。

8月18日，司法厅转发《司法部进一步加强法律援助经费使用管理监督工作的通知》。

9月1日，司法厅向省委、省政府上报《关于全省法律援助知晓率和需求情况的调查报告》。

9月7日，司法厅向省政府上报《关于扩大法律援助事项范围的请示》，建议将七项与群众生产、生活相关的事项列入法律援助范围。

9月24日，省委常委、政法委书记林祥国在争当全国司法行政系统排头兵工作推进会上指出，法律援助既是一项传统工作，也是一项创新工作。司法厅厅长缪蒂生强调，要大力实施“民生工程”，切实保障困难群众合法权益，要坚持把案件数量作为主要指标列入考核，切实提高法律援助工作质量。

9月27日至28日，长三角地区法律援助协作会议在上海黄浦区举行。苏浙沪三省市法律援助中心及地级市法律援助中心负责人参加会议。司法部法律援助工作司王军益副司长出席会议并讲话。

11月4日至6日，重庆市司法局到省司法厅考察法律援助信息化建设和法律援助工作。

11月20日，司法厅下发《关于贯彻落实林祥国同志批示精神加强非诉讼调解法律援助工作的通知》。

11月26日至27日，全国法律援助宣传交流会议在南通召开。司法部法律援助管理司王军益副司长、司法部法律援助中心桑宁副主任、各省(市、自治区)法律援助中心主任等70余人参加了会议。

12月,1000万元省级法律援助专项资金拨付至58个县(市、区)。

12月9日,司法厅和省法律援助基金会在南京召开全省法律援助新闻宣传工作座谈会。与会代表探讨了新形势下加强法律援助工作的新思路、新举措,形成了加强法律援助新闻宣传工作会议纪要。

(江苏省法律援助中心)

浙江省法律援助工作概况

2009年,全省法律援助机构在省司法厅党委的正确领导下,以党的十七大和十七届三中、四中全会为指导,认真贯彻落实第五次全国法律援助工作会议精神和浙江省人民政府办公厅《关于进一步加强农村法律援助工作的意见》,围绕"保增长、保民生、保稳定"的工作中心,积极开展了以"应援尽援"为目标的"便民工程、为民工程、知民工程和强基工程"四大工程,较好地完成了2009年法律援助工作重点目标,切实维护了困难群众的合法权益,促进了社会和谐稳定。据统计,全年全省共办理法律援助案件37730件,同比增加19%,受援人44509人次,同比减少2%,挽回损失和取得利益44406万元,同比增长22.5%;接待法律咨询337417件,同比增长11%,受援人332639人次,同比增长11%。法律援助工作得到了省委、省政府和司法部等领导的高度重视,省领导先后15次对法律援助工作作出批示,肯定全省法律援助工作取得的成就。司法部就全省法律援助工作印发简报13期,其中有4期加了编者按,要求各地借鉴、参阅、参考。全省法律援助工作经验被纳入第五次全国法律援助工作会议议题,参与大会交流。农民工法律援助经验被国务院农民工工作办公室定为办公室主任会议内容,并作为浙江和本次会议惟一的法律援助经验参与会议交流。2009年,省法律援助中心先后被中央政法委员会、解放军总政治部联合授予"维护国防利益和军人军属合法权益先进单位",被省政法委员会授予"学枫桥、保平安、促发展"先进集体,被浙江省志愿服务工作委员会办公室、共青团浙江省委、浙江省志愿者协会授予"2009年度浙江省优秀志愿服务集体"。

一、围绕党委、政府中心工作,充分发挥职能作用,维护社会和谐稳定,促进社会经济平稳较快发展

为维护社会稳定和经济安全,根据省政府关于做好全球金融危机下预防和解决企业拖欠职工工资的要求,针对元旦、春节期间企业拖欠工资问题突出的状况,在全省部署开展了"农民工讨薪专项行动",把帮助农民工讨薪作为两节前后全省法律援助工作的重点,取得了良好社会效果。截至1月底,全省各级法律援助机构共受理农民工讨薪案件1590件,涉及农民工人数5122名,涉及欠薪2825.49万元,帮助农民工讨回欠薪1260.22万元,有效维护了农民工的合法权益。农民工法律援助工作得到了省委常委、省政法委书记王辉忠、副省长陈加元的肯定并作出批示,《法制日报》头版,《浙江法制报》、新华网、中国新闻网等多家媒体进行了报道。3月7日,根据金融危机下农民工大量返乡的问题,在全省启动了"法律援助百万农民工维权行动”，加强了对涉及农民工安全生产、劳动保护、失业救助、生活和医疗保障、工伤事故赔偿、社保金交纳和工资清欠等重点事项的法律援助，并切实做好返乡农民工在土地承包、土地经营权流转、征地拆迁安置以及生产经营等方面的法律援助工作。全年全省共办理农民工法律援助案件21498件，受援农民工人数25482人，讨回欠款和获得赔偿数额28782万元。12月，省司法厅与省总工会联合出台了《关于在全省开展法律援助农民工讨薪专项行动的意见》，再次部署开展全省2009年冬至2010年春农民工讨薪专项行动。

为了充分发挥“148”法律援助咨询专线的职能作用，在向群众提供法律帮助，消除不和谐、不稳定因素的同时，及时掌握社会动态，为党委、政府正确决策提供参考和依据，在全省各级法律援助机构建立了“148”舆情研判制度，形成了省、市、县三级舆情分析体系，定期将舆情分析报告上报当地党委、政府。其中，省司法厅上报省政府的三期舆情分析报告，都得到了省领导的批示。省委书记赵洪祝对舆情分析工作予以了充分肯定。

二、贯彻落实“五次会议”精神，全面部署“法律援助便民服务”主题活动，推动全省法律援助工作再上新台阶

“五次会议”后，省司法厅积极采取抓汇报、抓贯彻、抓组织、抓宣传、抓表彰等八项措施，做好会议精神的贯彻落实工作。在省领导大力支持下，“三定方案”明确省法律援助中心增挂“浙江省司法厅法律援助工作处”牌子。省财政转移支付法律援助专项经费从500万元增加到800万元，增幅达60%；全省全年法律援助业务经费达到2981.82万元，同比增长23.9%。11月13日，省政府在省人民大会堂召开了全省法律援助工作电视电话会议，省直有关部门负责人和各市、县（市、区）分管政法工作的领导参加了会议，省委常委、副省长葛慧君出席会议并讲话。会议要求各级政府认真做好把法律援助纳入地方经济社会发展整体规划、把法律援助纳入党和政府主导的维护群众权益机制、把法律援助经费纳入同级财政预算的“三个纳入”工作，全面部署了当前和今后一个时期的全省法律援助工作。会议还表彰了5年来对全省法律援助事业作出突出贡献的100个先进集体和先进个人，聘请了8名省法律援助专家律师，收到了良好效果。

为进一步方便困难群众获得法律援助，在全省部署开展了“法律援助便民服务”主题活动。一是下发《关于在全省构建“一小时法律援助服务圈”的意见》，进一步加强服务网络建设，合理布点，以乡镇司法所为依托，建立和完善了乡镇法律援助工作站，全省共建成乡镇法律援助工作站1504个；在村居、农民工集中的城乡劳动力市场、乡镇企业建立了近30000个法律援助联系点，形成了基本覆盖全省各地的法律援助网络。同时，明确法律援助工作站负责法律援助初审工作，帮助符合法律援助申请条件的当事人向县（市、区）法律援助中心递交报批手续，实行“一站式”服务，确保有需求的群众在一小时内找到法律援助机构，就地或就近获得法律帮助。全年，已有90%的县（市、区）在年内建成“一小时法律援助服务圈”，有近80%县（市、区）依托直派司法所建立了法律援助工作站，开展了“一站式服务”。二是优化服务，打造便民接待窗口。要求全省便民接待窗口实现“两个统一”：统一在临街一楼设便民接待窗口，门面装修实行统一标识，解决人民群众“门难找，门难进”的问题。全省已有86个市、县（市、区）建立了临街“落地”便民接待窗口，占总数的85%，极大地方便了困难群众寻求法律援助。为了进一步方便困难群众寻求法律援助，余杭等地还利用法律援助宣传车，设立“流动窗口”将法律援助送下乡；温州等地在农民工集聚地，设立了“法律援助接待点”，为农民工提供法律援助或解答法律咨询；省法律援助中心和杭州、温州等地在信访局设立法律咨询室，处理涉法涉诉案件，引导困难群众通过法律途径解决问题；宁波等地在法院设立法律援助受理点，实现司法救助与法律援助无缝对接。三是延伸职能，拓展“148”法律援助专线的服务空间。为了使“148”适应新时期社会发展需要，各级司法行政机关和法律援助中心不断探索新举措。全省有7个市和44个县(市、区)将“148”法律援助专线升级为咨询平台，增强了功能，扩大了容量，进一步提高了服务能力和管理能力。缙云等地推出了“法律援助无休息日接待”制度，实行24小时法律咨询服务。把“148”法律援助咨询专线作为法律援助工作的前置和延伸，使困难群众不用到法律援助机构，只要拨打“148”电话，就能了解申请法律援助的条件和相关手续，实现了“148”法律援助咨询和法律援助的无缝对接。四是统筹资源，进一步加强法律援助区域协助。出台了《浙江省法律援助区域协作规定》，在同一个地市区域内，实行法律援助资源统筹，科学、合理配置法律援助资源，让法律援助资源丰富的地方支援法律援助资源匮乏的地方，有效地解决了法律服务力量薄弱地方困难群众请律师难、打官司难的问题。

三、贯彻落实省政府办公厅《关于进一步加强农村法律援助工作的意见》，积极推进农村法律援助工作，着力维护农村基层社会稳定

各地积极采取多项措施，认真贯彻落实省政府办公厅《关于进一步加强农村法律援助工作的意见》(简称《意见》)。省司法厅下发了《关于转发省政府办公厅〈关于进一步加强农村法律援助工作的意见〉的通知》，要求各地抓住有利时机，积极推进农村法律援助工作；金华市政府召开了由各县(市、区)政府分管领导和市直属部门领导参加的“农村法律援助体系建设工作会议”；宁波、温州、绍兴等一些市、县政府结合当地实际制定出台了实施意见；杭州、宁波、嘉兴等一些经济较发达的乡镇把法律援助工作站经费列入乡镇财政预算。同时，各地按照《意见》要求，将农村五保、低保对象和残疾人、老年人、未成年人等特殊群体列入法律援助对象，将农村发生的土地承包经营权、相邻权、宅基地使用权纠纷，伪劣农药、种子、化肥坑农事件，环境污染造成种植、养殖业损害和其他人身损害，以及家庭暴力等涉及民生的事项，列入法律援助受案范围，不断满足农民群众的法律援助需求。据统计，截至12月底，全省办理新增类别法律援助案件1771件，其中土地承包经营权、相邻权、宅基地使用纠纷案件238件，伪劣农药、种子、化肥坑农事件40件，环境污染造成种植、养殖业损害77件，其他人身损害1058件，家庭暴力案件358件。有效维护了广大农民群众的合法权益，积极化解了农村基层社会矛盾纠纷，最大限度地减少了农村基层社会不和谐、不稳定因素。

四、有效整合社会资源，积极为特定群体提供法律援助，进一步加强行业部门法律援助工作站工作

为了充分调动社会各方面关心、支持法律援助工作，发挥有关行业部门在法律援助工作中的资源和行业优势，方便特定群体寻求法律援助，召开了“行业部门法律援助工作站座谈会”，出台了《浙江省行业部门法律援助工作站管理办法》，明确了行业部门法律援助工作站的定位、职责、制度、任务和要求，进一步加强了对这项工作的管理和规范。全省在工、青、妇、残联、老龄委、部队、监所、院校等行业和部门建立法律援助工作站972个，专门工作人员469人。各级法律援助机构进一步加大了对残疾人的维权力度，推出多项措施，通过简化办理程序、推进无障碍通道建设、向残疾人发放“法律援助卡”等措施，为残疾人提供便捷、优质、高效的法律援助服务。全年共为24015名残疾人提供了法律咨询，为1886名残疾人提供了法律援助，有效保护了残疾人的合法权益。上半年的残疾人法律援助工作得到了陈加元副省长的肯定。11月底，省司法厅与省残联联合发出通知，决定从2009年12月到2010年5月在全省开展为期半年的“扶残助残——法律援助专项行动”，并于12月3日“国际残疾人日”在省人民大会堂前举行了启动仪式和现场法律咨询服务，陈加元副省长出席了启动仪式。

同时，进一步加强了对军人军属合法权益的保护，省司法厅会同省军区政治部于“八一”、国庆期间在全省开展法律援助拥军维权活动。期间，各地举办法律知识讲座60余场次，向部队赠送电脑5台，送法律资料(书籍)15400余份(册)，解答法律咨询7000余人次，受理法律援助60余件，向军人军属发放“法律援助拥军卡”1000余份，制作宣传图板160余块；探索法律援助拥军维权新形式，向省武警总队推荐免费法律顾问；会同省军区政治部联合出台了《关于在驻浙部队团以上单位设立法律援助工作站的通知》，使法律援助拥军维权工作进一步系统化、制度化，使法律援助服务官兵及其家属更加便捷化、常态化。全年全省有12个单位和11位个人被省委、省政府、省军区授予维护国防利益和军人军属合法权益先进单位和先进个人。

五、着力加强法律援助管理信息化、规范化建设，进一步提高管理能力和管理质量

将法律援助管理信息网络建设作为提高工作效率和工作质量的重要抓手，下发了《关于做好法律援助管理信息系统建设工作的通知》，在全省全面推开信息化、规范化工作。司法厅分管领导专程带队到各地督促检查有关工作落实情况；省法律援助中心专门举办培训班，聘请专家对各地电脑操作人员进行培训，指定专人负责网络建设的日常维护和指导工作。各地对法律援助管理信息网络建设十分重视，金华、丽水、嘉兴、杭州等地努力克服人员不足和技术难关，认真按要求实施信息录入工作，走在了全省前面。10月27日召开的全省法律援助管理信息网络建设视频会议，对全省各级法律援助机构管理信息系统建设工作进行了总结点评，对今后工作进行了部署，推动了全省法律援助信息系统建设工作的进一步开展。

加强了法律援助工作的规范化建设和质量建设，制作了法律援助统一标识，建立、完善了案件质量监督卡，确立了案件卷宗抽查、疑难重大案件法律援助专家律师把关等工作机制，出台了《浙江省法律援助区域协作规定》、《浙江省行业部门法律援助工作站管理办法》、《浙江省法律援助工作规范化建设意见》、《在驻浙部队团以上单位设立法律援助工作站》和《关于使用〈给予法律援助决定书〉的通知》等规范性文件，抽查衢州、丽水、嘉兴三市非诉讼案件卷宗2478件。通过提高法律援助规范化水平，法律援助质量和法律援助服务能力得到进一步提高。

六、大力加强法律援助宣传工作，提高法律援助知晓率，努力营造全社会关心支持法律援助工作的良好氛围

围绕“应援尽援”的工作目标，大力开展法律援助宣传。一是突出重点对象，将经济困难群体和各级领导干部作为法律援助宣传重点：强化困难群众的法律意识，引导困难群众通过法律途径合理表达诉求；强化领导责任意识，使党委政府更好地关心、重视、支持法律援助工作。二是拓展宣传阵地，省法律援助中心创办了《浙江省法律援助信息》；改版升级了《浙江法律援助》杂志，印数从300份增加到3000份，向党委政府和有关部门发送；与浙江电视台经济台“王春说法”栏目合办了法律援助维权节目，定期说法；湖州、嘉兴、舟山等一些地方在当地主要报纸、电视台开辟了《今日说法》、《法律援助在行动》、《12348法律问吧》等栏目，宣传法律援助工作。三是丰富宣传手段，针对困难群众的行业分布、年龄结构、文化程度、主要特点、援助需求和了解信息的主要方式、渠道等实际情况，从省到市、县(市、区)、乡镇，各级法律援助机构开展了形式多样、内容丰富、生动活泼、针对性强、群众喜闻乐见的宣传活动。苍南县聘请法律援助形象大使，将大幅照片制成的大型法律援助公益广告牌设置在闹市区，进行形象化宣传；奉化市在高速公路边设立巨幅法律援助公益广告牌，宁波市在市区广场利用大型电子屏幕滚动播出法律援助知识等。四是举办法律援助宣传月活动。根据司法部统一部署，2009年5月，在全省开展了以“保民生、促发展、建和谐，法律援助在行动”为主题的宣传月活动。期间，全省举办各类宣传活动295场次，解答法律咨询105757人次，发放法律知识宣传单、法律书籍、法律援助联系卡等262600余张(册)，悬挂、张贴宣传条幅775条，制作法律援助宣传展板700余块；当场受理法律援助申请157件，受益群众10万余人次；百余家新闻媒体进行了报道，有各类宣传报道500余篇；法律援助工作者、律师、公证员、司法行政干警和志愿者3700余人参与了宣传月活动。此外，在浙江省开展法律援助工作十周年之机，召开了浙江省法律援助工作十周年座谈会，总结回顾和宣传十年来全省法律援助工作走过的历程和取得的成绩；拍摄制作了全省法律援助十年发展宣传片，下发到各地播放；设计制作法律援助统一标识，在全省临街“落地”便民接待窗口统一使用，强化社会对法律援助的感官认知；加大媒体法律援助宣传力度，2009年仅省法律援助中心就在《法制日报》、《浙江日报》、《浙江法制》报刊登文章、信息近30篇，其中《法制日报》头版2篇，《浙江法制报》头版5篇。在《中国法律援助》杂志刊登30余篇，司法部门户网、新华网、中新网、法制网刊登10余篇。司法厅门户网刊登全省法律援助信息187篇。通过宣传，营造了全社会重视、关心和支持法律援助工作的氛围。

浙江省法律援助工作大事记

1月6日，省司法厅出台《关于在全省构建“一小时法律援助服务圈”的意见》，要求在全省推行“一小时法律援助服务圈”措施，使“法律援助惠民工程”在实现司法公正、维护社会稳定、促进社会和谐等方面发挥更大的作用。

1月初，司法厅办公室出台《关于加强我省法律援助信息管理系统建设的通知》，要求各地加强软、硬件设施建设，确保法律援助管理信息系统运行通畅。

1月底，省政府办公厅出台《关于进一步加强农村法律援助工作的意见》。

2月初，为及时了解掌握各地贯彻落实省政府办公厅《关于进一步加强农村法律援助工作的意见》和构建“一小时法律援助服务圈”、打造“一站式服务”以及法律援助信息管理系统建设的情况，陈志忠副厅长带领省法律援助中心负责人一行四人到萧山区开展法律援助工作调研。

2月12日至13日，司法部法律援助工作司王军益副司长一行到杭州、嘉兴调研法律援助信息管理系统建设情况。

2月16日，省委常委、政法委书记王辉忠在《浙江省司法厅关于组织开展“法律援助农民工讨薪”专项行动情况的报告》上批示:“赵光君同志:‘专项行动’成效明显,要认真总结,同时要深入研究如何帮企业的问题。真正在源头上遏制类似问题的发生”。

2月16日,副省长陈加元在省府办《专报国办信息》第27期《浙江省组织开展“法律援助农民工讨薪”专项行动取得明显成效》一文上批示:“法律援助农民工讨薪专项行动,雪中送炭,急人所难,成效显著,既依法维护了农民工的合法权益,又有力促进了社会和谐稳定。望持之以恒,坚持下去”。

2月23日至24日,全省法律援助工作会议在杭州召开。各市司法局分管领导、法律援助中心负责人参加了会议。陈志忠副厅长出席会议并讲话,他肯定了2008年取得的成绩,同时对2009年工作提出了要求。

2月26日,副省长葛慧君在浙江省司法厅《关于2008年以来我省法律援助工作情况的报告》上批示:“2008年我省司法行政机关和法律援助机构围绕服务大局、服务民生,开展法律援助工作,援助面进一步扩大,援助工作体系进一步完善,工作做得是好的”。

2月下旬,浙江省志愿服务工作委员会办公室、共青团浙江省委、浙江省志愿者协会作出《关于表彰2008年度浙江省志愿服务工作先进集体和个人的决定》,对2008年度在抗震救灾、北京奥运会、残奥会服务、抗冰雪灾害、绿色环保、法律援助、为老服务、助残服务、社区建设、扶贫帮困等方面作出积极贡献的先进集体和个人进行了表彰。省法律援助中心作为省志愿者协会法律援助分会,下属金华市、宁波市、湖州市、嘉兴学院文法学院四个法律援助中心志愿者服务队荣获先进集体称号,另有4人荣获先进个人称号。

2月下旬,全省推出“四大工程”促进法律援助工作发展。一是全面贯彻落实省政府办公厅文件精神,以满足人民群众法律援助需求为目的,实施“便民工程”;二要努力学习践行科学发展观,以提升法律援助管理能力和工作质量为目的,实施“为民工程”;三要建立宣传工作长效机制,以提高社会对法律援助制度和法律援助工作知晓率为目的,实施“知民工程”;四要多管齐下,大力加强队伍建设,以夯实法律援助工作基础为目的,实施“护民工程”。

3月初,司法厅出台《关于在全省开展法律援助百万农民工维权行动的通知》,部署“千万农民工援助行动”。

3月25日至26日,陈志忠副厅长一行到温州市苍南县调研农村法律援助工作,并检查基层贯彻落实省政府办公厅《关于进一步加强农村法律援助工作的意见》有关情况。陈副厅长强调,法律援助是政府责任,政府应该加强人员配备、机构建设、经费保障、场地建设等法律援助基础性工作,为司法行政部门开展法律援助工作提供坚强后盾。

4月9日,省委书记赵洪祝在浙江省司法厅《关于组织律师在省信访大楼值班参与信访接待工作情况的报告》上批示:“律师参与信访接访工作,做法很好,多年来取得了成效。要坚持下去。省司法厅提出的建议,请李强同志研究”。

4月23日至24日,全省行业法律援助工作站会议在杭州召开。总工会、共青团、妇联、残联、老龄委、部队、院校和监狱、劳教等省直和各市部分行业法律援助工作站负责人,各市法律援助中心主任等近50人参加了会议。会议主要交流和探讨了行业法律援助工作站工作开展情况,对如何充分发挥行业工作站的职能优势进行研究。会议由省法律援助中心主任陈伟强主持,法律援助中心和行业法律援助工作站20余人在会上发言,陈志忠副厅长出席会议并讲话。

5月1日起，全省法律援助机构实行办案质量监督卡制度，以进一步加强法律援助案件质量管理，切实提高法律援助工作质量。

5月中旬，省委、省政府和省军区召开依法维护国防利益工作会议，宁波市维护国防利益法律援助站等12个机构和吴林勇等11名个人被授予省维护国防利益工作先进单位和先进个人，受到表彰。

5月，全省开展了法律援助宣传月活动。活动紧紧围绕“保民生、促发展、建和谐，法律援助在行动”的主题，由省法律援助中心统一协调，圆满完成了法律援助宣传月活动的各项工作任务。

5月19日至21日，全省法律援助律师和法律援助工作人员培训班在杭州举行，来自省、市、县（市、区）法律援助中心和部分乡镇法律援助工作站的律师和工作人员300余人参加了培训。

5月下旬，省司法厅出台了《行业部门法律援助工作站管理办法》。该《办法》明确规定，行业部门法律援助工作站不得从事有偿法律服务；不得以法律援助工作站的名义从事与法律援助无关的事务。要求行业部门法律援助工作站应当建立咨询接待登记、工作台账、档案管理、岗位责任和学习、会议等工作所需的各项规章制度，确保工作正常、有序开展。当行业部门法律援助工作站有组织开展有偿法律服务、经教育仍不纠正的，不服从法律援助中心管理或者工作站建立后长期不开展工作的，以及其他应当予以撤销的情形时，应当由建立该行业部门法律援助工作站的法律援助中心行使撤销的权力。

6月26日，世界禁毒日当天，省法律援助中心为配合禁毒宣传活动，组织了浙江励恒律师事务所、浙江裕丰律师事务所、浙江诺力亚律师事务所和浙江巨诚律师事务所等四家律师事务所共14人，赴浙江省良渚劳教所开展了“法律援助进监所，禁毒帮教送温暖”活动。

7月1日至2日，陈志忠副厅长带领省法律援助中心主任陈伟强等前往遂昌和衢江专题调研当地政府落实法律援助责任情况。陈志忠副厅长详细了解了两地法律援助机构的性质、编制数量、现有人数、便民接待场所建设以及近两年来案件的增长情况及专项经费增长幅度等。

7月3日，省委书记赵洪祝在浙江省司法厅《关于2009年二季度全省“12348”法律咨询专线舆情分析情况的报告》上批示：“对二季度全省‘12348’法律咨询专线舆情分析，很好。总量在增加，一是说明社会性问题在增多；二是说明公民对‘12348’、对政府信任。希望继续做好这项工作。特别是要做好咨询的问题协调处理工作”。

7月7日至9日，陈志忠副厅长到舟山和嵊州就法律援助政府责任落实情况展开调研。陈志忠副厅长主持召开了市、县两级分管局长和法律援助中心主任座谈会，广泛听取了政府在落实法律援助责任方面的情况汇报，并到法律援助便民接待窗口了解窗口人员和基础设施等软硬件建设情况。

7月22日，在全国维护国防利益和军人军属合法权益工作表彰会上，省法律援助中心和温州市法律援助中心主任吴林勇被中央政法委员会和解放军总政治部分别授予全国维护国防利益和军人军属合法权益先进集体和先进个人，获奖同志和省法律援助中心主任陈伟强受到中央政治局常委、中央政法委书记周永康，中央政治局委员、中央军委副主席徐才厚等领导的亲切接见。省法律援助中心是全国惟一被授予先进集体的省级法律援助中心。

7月29日，“浙江省百家法律援助机构送法进军营”启动仪式在省军区直属部队举行。仪式由南京军区浙江军事法院院长蒋明建主持，省军区政治部主任郭礼云少将、司法厅副厅长陈志忠出席并讲话。省法律援助中心主任陈伟强等和君安世纪、锦天城两家律师事务所律师参加了启动仪式。

8月初，为进一步加强法律援助案件质量管理，努力规范办案程序，不断提高办案质量，推动全省法律援助工作质量再上新台阶省司法厅从省直律师事务所和杭州市热心法律援助事业、政治业务素质高、服务好的资深知名律师中聘请了8名法律援助专家律师，其中首席专家律师2名，专家律师6名，聘期五年，由省法律援助中心负责日常联络和协调工作。

8月初，为贯彻落实第五次全国法律援助工作会议精神和司法部《关于在全国开展"法律援助便民服务"主题活动的意见》，进一步推进我省法律援助工作深入发展，省司法厅决定自2009年7月至2010年6月在全省深入开展"法律援助便民服务"主题活动。

8月初，为了树立典型，鼓励先进，在全行业营造讲服务、讲质量、讲贡献和争先创优氛围，省司法厅决定在全省评选近五年来为法律援助事业作出贡献的先进集体和先进个人。评选范围包括：县（市、区）司法行政机关；市、县（市、区）法律援助中心、律师事务所、基层法律服务所、乡镇法律援助工作站、行业部门法律援助工作站，共设定先进集体40个，先进个人60名。

8月初，为了解决法律援助资源匮乏地区困难群众"请律师难、打官司难"问题，《浙江省法律援助区域协作规定》出台，对全省法律援助资源进行了科学合理配置，促进法律援助资源丰富的地方支援法律援助资源匮乏的地方，共同推进全省法律援助事业又好又快发展。

8月24日至30日，由陈志忠副厅长带队的法律援助工作考察团一行6人先后到湖北、江西学习考察。期间，考察团与湖北省司法厅、十堰市司法局、江西省司法厅、吉安市司法局进行了工作交流，并实地考察了南昌市法律援助中心和吉安市法律援助中心。

8月24日，陈加元副省长在省府办《昨日要情》第158期《上半年我省残疾人法律援助工作成效显著》一文上批示："上半年我省残疾人法律援助工作成绩显著，各级司法行政部门和广大法律工作者做了大量卓有成效的工作。对此，表示祝贺和感谢"。

9月16日，全省法律援助工作十周年座谈会在省人民大会堂召开，省人大常委会副主任刘奇亲临座谈会并发表讲话。省人大内司委副主任委员钱中贤和省政协社会法制委常务副主任陈晓非等有关部门领导、专家、学者以及省内各大新闻媒体等50多人出席会议。座谈会由季培军副厅长主持，陈志忠副厅长回顾总结了全省法律援助工作十年的历程和取得的成绩。

9月18日，陈志忠副厅长到嘉兴专题调研指导法律援助"三级服务平台"建设。陈副长厅长详细了解并实地察看了嘉兴"三级服务平台"的具体工作流程及运行情况，随后，到联系点平湖市法律援助中心调研和检查法律援助工作。

9月，为了规范和统一法律援助标识，更好地方便困难群众寻求法律援助，进一步提高社会知晓率，省法律援助中心委托专人设计了法律援助专门标识，并经司法厅领导审定同意后正式启用。

9月27日，陈志忠副厅长率省法律援助中心主任陈伟强等一行15人前往上海市参加"长三角地区"法律援助协作年度会议。会议由苏浙沪三省市共同主办，上海市承办，部法律援助工作司副司长王军益出席会议并讲话。

10月27日，省司法厅召开全省法律援

助管理信息网络建设视频会议。陈志忠副厅长出席会议并讲话，省法律援助中心全体人员参加了主会场会议。各市司法局部分县(市、区)司法局分管领导、法律援助中心工作人员参加了分会场会议，金华、丽水、嘉兴三市法律援助中心负责人作了经验介绍。

11月3日，省法律援助中心会同省军区政治部军事法院深入驻浙部队某部一师炮团召开座谈会，了解部队对法律援助的需求和军人、军属当前面临的主要法律问题，征询官兵对在团以上单位建立法律援助工作站的意见和建议。

11月13日，省政府召开全省法律援助工作电视电话会议。省委常委、副省长葛慧君出席会议并讲话，司法厅厅长赵光君在会上宣读表彰决定。会议强调要从解决人民群众最关心、最直接、最现实的利益问题出发，扎实工作，尽心服务，努力推进全省法律援助事业又好又快发展。

11月中旬，陈加元副省长对全省积极开展法律援助拥军维权行动作出批示："法律援助拥军维权行动好，这是我省双拥工作的新发展、新亮点。请省双拥办阅研。"

11月中旬，省司法厅、省军区政治部联合下发《关于在驻浙部队团以上单位设立法律援助工作站的通知》，决定在驻浙部队旅、团级单位和师以上机关直属单位建立法律援助工作站。

12月初，省司法厅和省残疾人联合会联合发出《关于在全省开展扶残助残——法律援助专项行动的意见》，决定从2009年12月至2010年5月底，在全省开展为期半年的扶残助残——法律援助专项行动。

12月初，省司法厅与省总工会下发通知，决定在2009年12月至2010年春节前联合开展法律援助农民工讨薪专项行动。截至12月，全省共办理农民工法律援助案件21498件，占民事法律援助案件总数70%，涉及农民工人数25482人，挽回各类损失28783万元。

（浙江省法律援助中心）

安徽省法律援助工作概况

2009年，全省各法律援助机构按照年初工作部署，围绕办好案、多办案工作目标，充分发挥法律援助职能作用，积极为困难群众提供高效便捷法律援助。据统计，全年共办理各类法律援助案件24530件，同比增长21%，接待咨询15.3万人次。全省共建立法律援助机构123家，新增2家，依托乡镇司法所建立乡镇法律援助工作站1495个，建立村级联络点(员)一万多个，在工、青、妇、残、高校、部队、监狱、劳教等单位设立法律援助工作站592个，形成了省、市、县、乡、村(居)五级覆盖的法律援助网络体系。全省现有专职法律援助人员405人，其中专职律师241人。

一、积极开展"法律援助便民服务"主题活动，进一步增强法律援助服务能力

按照司法部统一部署，在全省开展了为期一年的"法律援助便民服务"主题活动。司法厅结合全省实际，详细制定了法律援助便民服务实施方案，对活动内容、形式、步骤及成效等作了明确规定。各法律援助机构积极创新，完善便民服务措施。一是按照新

修订的《安徽省法律援助条例》规定，各地积极扩大法律援助的覆盖面，将更多涉及就医、就学、就业、劳动报酬、社会保障等与民生问题紧密相关的事项纳入法律援助范围。二是充分发挥农民工维权工作站作用，建立健全农民工维权工作站值班制度、咨询接待制度，高效便捷为广大农民工维权。三是在健全省、市、县、乡四级法律援助网络的基础上，充分发挥乡镇法律援助工作站作用，积极推动在村（居）委会建立法律援助联系点，极大地方便了偏远地方困难群众申请和获得法律援助。滁州市建立并完善了村级法律援助联系点，阜阳市实现了法律援助“村村通”，马鞍山市等向困难群众发放法律援助联系卡等。此外，省法律援助中心还在省政府政务服务中心设立了法律援助申请受理点，合肥市则实行了“点援制”，并在市直律师事务所建立了法律援助联系点。

二、积极开展全省首次法律援助综合评价工作，进一步提高全省法律援助整体水平

为促进全省法律援助工作规范化发展，根据2008年《安徽省法律援助工作综合评价制度》规定，司法厅于第一季度组织开展了全省首次法律援助综合评价工作，对17个市的法律援助工作进行了客观、公正、全面、科学的评价。各市司法局和法律援助机构紧紧围绕综合评价内容，积极创造条件，加大工作力度，进一步加强法律援助队伍建设、基础建设、业务建设和制度建设等，全省法律援助工作取得了明显成效。为了充分运用法律援助综合评价结果，达到以综合评价结果推动全省工作发展的目标，省法律援助中心向各市下发了法律援助综合评价工作通报，总结了综合评价工作取得的成效，分析了工作中存在的问题，明确了将来工作的方向。为了充分发挥评价工作的激励作用，司法厅对获得年度综合评价前五位的市法律援助机构给予了通报表彰。

三、积极做好《安徽省法律援助条例》的修订和宣传工作，进一步扩大法律援助范围

经过多方积极努力，4月，安徽省第十一届人大常委会第十次会议审议通过了新修订的《安徽省法律援助条例》，并于7月1日起正式施行。新修订后的该《条例》内容有了较大修改、补充和完善。一方面降低了法律援助门槛，授权县级以上人民政府根据本行政区域实际情况调整公民法律援助经济困难标准，另一方面扩大了法律援助事项范围，在增加依法请求行政补偿等5类代理事项的同时，授权设区的市人民政府可以对规定以外的事项作出补充规定。该《条例》修订后，司法厅和各市司法局印制了《条例》单行本十余万册，发放给群众。同时，《安徽日报》、安徽电视台等省内多家媒体对《条例》进行了宣传报道，推动了新修订的《条例》的贯彻落实工作。

四、积极推动法律援助纳入政府民生工程，进一步落实法律援助政府责任

采取切实措施，争取将法律援助纳入省政府民生工程，以进一步推进法律援助政府责任的落实。一是对全省法律援助机构、人员和办案情况开展了专项调研；二是推动省辖市积极创造条件，努力将法律援助纳入当地政府民生工程。如马鞍山、铜陵和安庆已将法律援助纳入当地政府民生工程；三是在广泛调研基础上，分别向省政府和省民生工程协调小组办公室上报专题报告，就全省法律援助工作现状和纳入民生工程的重要性等作了详细汇报。

五、积极做好法律援助信息化建设工作，进一步提高全省法律援助工作管理水平

根据司法厅统一部署，全省法律援助综合管理系统在宣城市试点使用，取得了初步成效。为了做好法律援助综合管理系统在全省的推广工作，9月上中旬，省法律援助中心分别在宣城、合肥举办了两期法律援助综合信息管理骨干培训班，省法律援助中心及市、县(区、市)法律援助中心共140余人参加了培训。通过培训，使各法律援助机构信息管理员掌握了法律援助综合管理系统的使用方法。培训班结束后，部分市试运行了法律援助综合信息管理系统。同时，省法律援助中心积极协调做好全省法律援助管理系统与司法部法律援助管理系统的衔接问题。

六、继续加大宣传工作力度，进一步营造法律援助发展的良好社会氛围

一是积极挖掘全省法律援助典型案例和经验做法，通过新闻媒体及时报道。在司法厅宣传部门的支持下，在国家级媒体刊发有关法律援助文章和报道15篇，省级媒体刊发189篇，特别是针对为太和县6名被困俄罗斯的务工人员提供法律援助进行的跟踪报道和12月20日《法制日报》头版头条对滁州市法律援助便民服务经验的宣传报道，产生了较好的社会反响。同时，各地也通过各种途径报道法律援助工作。二是围绕新修订的《安徽省法律援助条例》开展宣传工作。4月，新《条例》颁布以后，省法律援助中心积极配合省人大召开了新闻发布会，主动向《法制日报》等新闻媒体介绍新《条例》的内容和特点。同时，各法律援助机构还分别印制新《条例》单行本和宣传页向社会发放，进一步扩大了法律援助的社会影响。三是集中开展法律援助宣传月活动。5月，按照司法部统一部署，全省统一开展了法律援助宣传月活动。活动期间，全省共举办各类宣传活动180余场次，设立法律援助宣传点1100个，解答法律咨询20000余人次，发放《条例》等各类宣传资料40万余份、便民服务卡16万份。全省法律援助宣传月活动覆盖面广、受益人数多、社会影响大。四是与省人大研究室、安徽电视台联合开展了“听取民声、法律援助、新闻聚焦江淮行”系列巡回公益活动，进一步扩大了法律援助的社会影响力。

安徽省法律援助工作大事记

1月至4月，全省首次开展了法律援助综合评价工作。司法厅法律援助综合评价工作领导小组办公室组成考评组对全省17个市2008年度法律援助工作进行了综合评价，评价结果经司法厅法律援助综合评价工作领导小组审核并报厅长办公会审定。滁州、合肥、蚌埠、马鞍山、淮南五市法律援助工作综合评价得分位列前五名，被评为优秀等次。为了表彰先进，激励队伍，司法厅决定对五市司法局通报表彰，并对获得前三名的滁州、合肥、蚌埠市司法局分别奖励5万元、3万元、2万元办案补贴。

4月16日，司法厅副厅长陈道喜主持召开司法厅法律援助综合评价工作领导小组会议，司法厅办公室、组织宣传处、纪委监察室、法制处、律师管理处、基层工作处、财务装备处、省律师协会和省法律援助中心等领导小组成员单位的主要负责同志参加会议。会议听取了司法厅法律援助综合评价工作领导小组办公室关于2008年度全省法律援助综合评价工作有关情况的汇报。

4月22日，省十一届人大常委会第十次会议通过了新修订的《安徽省法律援助条例》。

5月8日，省法律援助中心在芜湖市召开法律援助工作座谈会，各市法律援助中心主任参加会议。会议通报了全省首次法律援助综合评价工作情况，部署了修订后的《安徽省法律援助条例》的宣传、实施及开展法律援助宣传月活动等有关工作，并对如何贯彻全省司法行政系统信息化应用现场会精神作出具体安排。

6月22日至23日，全省法律援助工作会议在滁州市召开。司法厅厅长孙建新出席会议并作重要讲话，副厅长陈道喜主持会议，滁州市副市长黄秀生出席会议并致欢迎词，17 个市司法局分管副局长、各市、县（市、区）中心主任及省法律援助中心部分人员共 170 余人参加了会议。会议传达了第五次全国法律援助工作会议精神，总结了近年来全省法律援助工作，对今后一个时期法律援助工作进行了部署和安排。会议表彰了马鞍山市司法局、滁州市法律援助中心主任陈飚等第三届全国法律援助先进集体、先进个人。滁州市、寿县、黄山市黄山区先后在大会上作了经验交流发言，合肥、蚌埠、马鞍山和淮南等四市作了书面交流。会议还特邀省人大常委会法工委吴斌副主任系统讲解了《安徽省法律援助条例》修订的意义和主要内容。会议结束时，陈道喜副厅长作总结并就如何学习、贯彻孙厅长讲话和会议精神提出明确要求。

6 月 24 日，陈道喜副厅长在省法律援助中心陆勤玉主任陪同下，先后到凤阳县和蚌埠市法律援助中心调研，并看望了正在值班的法律援助律师和志愿者。

7 月 8 日，司法厅召开法律援助业务经费管理专题会议。会议就如何进一步加强全省法律援助业务经费使用的监督和管理进行专题研究。副厅长陈道喜主持会议。会议通报了对濉溪、泗县、霍邱、潜山和黟县 2005 年至 2008 年度法律援助业务经费管理及使用情况的检查结果，分析了突出问题，对下一步如何加强法律援助业务经费的监督和管理工作进行了讨论和研究。司法厅通报了检查结果，并向省财政厅提出建议，完善分配机制，并尽快出台相关指导性意见，进一步规范全省法律援助业务经费专款的管理和使用。

7 月 15 日，陈道喜副厅长在省法律援助中心陆勤玉主任陪同下到巢湖市专题调研法律援助工作。

7 月 28 日，按照司法部要求，司法厅制定了法律援助便民服务实施方案，对法律援助便民活动的内容、形式、步骤等作了明确规定，并要求各地按照实施方案积极创新，完善各项便民措施。

8 月 19 日，为认真做好法律援助综合管理子系统研发和在全省法律援助系统的推广应用工作，省法律援助中心陆勤玉主任一行专程到宣城市司法局，了解法律援助综合管理子系统的试运行情况。

9 月，为促进法律援助信息管理系统的推广应用工作，省法律援助中心先后在宣城和合肥举办两期法律援助信息管理系统骨干培训班，全省 140 余名法律援助骨干人员参加了培训。

11 月 4 日，省法律援助中心五位律师赴省未成年人劳教所，针对未成年劳动教养人员开展了以“解疑释惑共谱和谐”为主题的法律援助活动。9 月，司法厅决定在全省范围内开展首届“十佳法律援助工作者”的评选活动。经各市司法局考核推荐，12 月 31 日司法厅决定，授予陈洋等十名同志为首届全省“十佳法律援助工作者”称号，并予以表彰。

11 月 5 日—7 日，陈道喜副厅长和省法律援助中心陆勤玉主任陪同重庆市司法局局长助理吴孟嘉一行 6 人考察安徽省法律援助工作，并向考察组详细介绍了全省法律援助工作情况。双方就法律援助工作机制、队伍建设、基础保障及法律援助管理等进行了座谈。

11 月 8 日，适逢第十个全国记者日之际，省法律援助中心与新安晚报社联合在合肥市包河区九珑湾开展了法律援助进工地活动。

11 月 8 号，省人大常委会研究室、司法厅、安徽电视台《新闻聚焦》栏目在宿州市中心广场举办“听取民声 · 法律援助 · 新闻聚焦”大型法律服务公益宣传咨询活动。

12月30日，省法律援助中心在安徽农业大学人文社科学院举行了“安徽省法律援助中心安徽农业大学工作站”揭牌仪式。安徽农业大学副校长李恩年、省法律援助中心主任陆勤玉为工作站揭牌。安徽农业大学工作站的设立，是全省法律援助机构利用社会力量参与法律援助工作的新举措，也是安徽农业大学法学系致力于服务“三农”、服务安徽法治建设、服务安徽经济社会发展的新尝试和新探索。该站作为安徽省法律援助中心的派出机构，依照法律援助条例规定为受援人提供法律援助，也为安徽农业大学法学专业师生提供了实践的平台和参与社会公益活动的机会。

12月，根据有关通知要求，对全省法律援助案件质量进行抽查，重点检查收、结案登记，办案补贴发放及案件归档等情况。

（安徽省法律援助中心）

福建省法律援助工作概况

2009年，全省法律援助机构在司法厅党委领导下，围绕党和政府中心工作，按照“保发展、保民生、保稳定”的基本要求，认真贯彻落实第五次全国法律援助工作会议精神，积极学习实践科学发展观，认真开展法律援助工作，顺利地完成了既定工作任务和工作目标，取得明显实效。

一、加强法律援助机构基础性建设，保障可持续发展的工作局面

全省认真抓好以“人员、机构、经费”三条保障线为内容的法律援助机构规范化建设，事业性质的法援中心已基本列入参照公务员管理，县以上法律援助机构全部已有专职专人从事法律援助工作，且业务经费已全部列入财政预算；争取到中央转移支付经费150万元，同比增长11.1%，省级财政转移支付经费100万元。专项经费已全部拨付基层，有力地保障了县（区）法律援助机构办案业务的开展。

各地认真落实《福建省乡镇（街道）法律援助站管理办法》，完善法律援助网络建设，在2008年全省1104个乡镇（街道）建立法律援助站的基础上，健全了县、乡、村三级农村法律援助服务网络，推动了村（居）法律援助联络员制度的建立。截至11月30日，全省已在14993个村（居）委会设立法律援助联络员16614人，覆盖率达93.6%，超全年目标任务3.6%。

二、优化窗口服务，强化法律援助窗口建设

根据省司法厅《纠风工作实施意见》要求，认真部署开展行风政风建设，倡导建设“落地窗口”和设置残疾人无障碍通道，体现法律援助服务的人性化。莆田、南平市等法援中心将临街店面重新装修，设立了便民服务窗口投入使用。同时，各地还以民主评议政风行风活动为契机，向到法援中心咨询的群众发放服务态度、服务质量、服务效率等民主评议政风行风活动评议表，自觉接受群众评议和监督，使法律援助窗口成为政府放心、群众满意、社会信赖的便民、利民、为民的法律服务场所。为完善法律援助窗口建设，11月23日至25日，省法援中心召开了全省法律援助窗口建设座谈会，研究制定了

《福建省司法厅关于推动县(市、区)法援中心窗口建设的意见》,将窗口建设等工作纳入常规化管理,提高服务水平。省法援中心还着眼基层,力所能及地为基层解决问题,得到了基层的好评,在省机关效能建设领导小组办公室2009年上半年对司法行政系统十三个项目考核中名列第三。

针对全省法律援助系统窗口政风行风检查中发现的问题,省法援中心及时调查了解,就存在的问题要求相关法律援助机构提出整改方案和整改措施并抓好落实。同时,强化省法援中心窗口建设,对工作人员进行轮岗调配并建立了律师值班制度,聘请省直律师所律师在受理部接待窗口轮流值班,接待来访群众,提高咨询质量,以满足群众需求。

三、积极开展"三比"活动,确保全省法律援助案件数量和质量稳步提升

省法援中心继续推进比数量、比质量、比形象的"三比"活动,认真兑现"三必"承诺,把受援人是否满意作为衡量法律援助质量的标准。各级法援中心采取有效措施,落实能援则援,应援尽援的原则,根据经济发展水平和法律援助经费增长情况,进一步放宽援助条件,扩大法律援助的范围和覆盖面,继续推行农民、残疾人法律援助"绿色通道",简化和规范法律援助申请、受理、审查和指派程序,扎实开展工作,特别是做好农民工、残疾人、农村留守流动儿童等困难群体的法律援助工作,确保2009年全省法律援助案件数量比增5%。2009年,全省办理法律援助案件16434件,同比增长10.5%,超全年目标5.5%,其中民事案件12217件,刑事案件4160件,行政案件57件;受援人达19796人,其中:农民工6594人,残疾人1782人,农村留守流动儿童66人;为受援人挽回损失或取得利益19968.42万元;解答法律咨询168083人次。

四、扎实开展"法律援助便民服务"主题活动

根据司法部"法律援助便民服务"主题活动安排,省司法厅及时制定印发了《关于在全省开展"法律援助便民服务"主题活动的实施方案》,全面推行法律援助10项便民措施。省法援中心召开了全省法律援助工作会议,认真组织实施,落实部署便民措施,确保主题活动取得成效。各设区市司法局领导高度重视,分别召开了全市法律援助工作会议,认真制定本地区开展"法律援助便民服务"主题活动的实施方案,结合工作实际,突出本地区特点,对10项便民措施作出具体安排。福州市建立直接受理点和首个涉台法律援助点,创新服务方式,建立双向监督机制接受受援人监督;厦门市完善法律援助异地协作机制,降低群众维权成本;思明区设立"思明区台港澳侨法律援助工作站",开通台胞法律援助绿色通道;龙岩市把"法律援助便民服务"主题活动要求细化到法律援助规范化建设指导标准中。

五、认真组织培训,促进法律援助队伍素质整体提高

为提高全省法律援助干部队伍素质,省法援中心于6月1日至4日在永春县举办全省法律援助业务培训,各设区市和县(市、区)法援中心主任,省法援中心各社团法律援助站负责人等参加培训。培训内容一是解读《福建省法律援助服务标准及质量评估办法(试行)》;二是劳动仲裁与劳动合同相关问题理论与实践;三是法律援助管理技能和技能经验介绍。6月23日至27日,组织各设区市法援中心22名工作人员参加了全国法律援助信息网络管理技术培训班,为全省法律援助信息化管理系统建奠定了良好基础。

六、在全省推广使用法律援助信息管理系统

为规范法律援助指导、管理和监督职

责,实现资源共享,7 月 28 日至 29 日,省法援中心在福州市召开全省地市司法局分管领导和法援中心主任会议,及时部署推广使用法律援助信息管理系统工作。印发了《福建省司法厅办公室关于在全省推广使用法律援助信息管理系统的实施方案》。各地司法局和法援中心高度重视,相继成立了法律援助信息化领导小组,结合各地实际情况,制定推广使用法律援助信息管理系统的实施方案。各法援中心积极试用信息管理系统,为 2010 年全面实施做好充分准备。

七、加强调研,提高法律援助管理能力和水平

根据司法部要求,省法援中心先后部署了新形势下农村法律援助工作、法律援助案件质量评估工作、开展依托司法所设立的法律援助工作站有关情况的三个专题调研活动及征集法律援助理论研讨会论文工作。各地认真开展专题调研并组织本辖区法律援助机构管理人员、法律援助律师、相关社会组织人员、法学专家积极撰写论文。省法援中心组织人员到基层开展调研,综合各设区市法援中心的调研报告形成了《福建省农村法律援助工作调研报告》、《福建省法律援助案件质量评估工作调研报告》、《依托司法所设立的法律援助工作站有关情况调研报告》,并报送部法律援助工作司和部法援中心。11 月 3 日至 6 日,部法援中心和部法律援助工作司在长沙召开 2009 年度全国法律援助研讨会,全省共有 9 篇论文入选优秀论文,其中 5 篇论文入选大会发言。

八、加大宣传,提高法律援助公众知晓度

(一)认真部署开展“法律援助宣传月”活动。5 月,按照部法援中心统一部署,省法援中心及时对全省法律援助宣传月活动作了安排。各地法援中心积极行动,坚持贴近实际、贴近群众,提高针对性和实效性,确定宣传主题,有序开展法律援助宣传月活动。据不完全统计,宣传月期间,全省各市县司法局、法援中心共举办各类宣传活动 220 场次,解答法律咨询 44500 人次,发放法律知识宣传单、法律书籍、法律援助联系卡等 414850 张(册),悬挂、张贴宣传标语、条幅 470 条,展出法律援助宣传展板 1290 块,制作法律援助专题宣传墙报、板报 371 期,出动法律援助宣传车 150 台,当场受理法律援助申请 100 余件,受益群众达 20 万余人,取得了较好的宣传效果。

(二)结合省法援中心成立十周年纪念活动开展宣传。3 月 31 日,省司法厅在福建会堂五层会议厅召开省法援中心成立十周年纪念座谈会。省司法厅厅长陈义兴同志在会上讲话,对推进法律援助工作又快又好发展提出三点意见:一是必须充分认识做好新时期法律援助工作的重要性和必要性;二是必须坚持以科学发展观统领新时期法律援助工作;三是切实加强对法律援助工作的领导。省司法厅薛育卿副厅长对省法援中心成立十年来的工作进行了回顾与展望,省司法厅陈勇副厅长主持了座谈会。同时,通过电视、电台、报纸等媒体大力宣传全省法律援助工作典型事迹和先进人物。3 月 26 日、27 日在《法制今报》开辟法律援助宣传专栏,共四版,分别刊登了薛育卿副厅长的专访文章“用科学发展观统领法律援助工作”,全省法律援助业务十年发展情况,包括办案数量、受援人数、法律援助咨询数量、各类承办人员办案情况、全省法律援助十年十件大事、全省法律援助系统获得省部级以上表彰的单位(个人)及部分先进工作者先进事迹和典型案例等。3 月 30 日、3 月 31 日,在福建电视台《福建卫视新闻》栏目播出“福建省法律援助事业十年间快速发展”节目。

(三)与省妇联联合开展“2009 年度十佳妇女法律援助案件”评选活动。3 月 12

日,省司法厅、省妇联联合印发《关于开展2009年度十佳妇女法律援助案件评选活动的通知》,决定在全省开展“2009年度十佳妇女法律援助案件”评选活动,以宣传妇女法律援助维权领域的先进个人和典型事迹,推动妇女法律援助工作的更好开展。至11月30日,共收到各地上报的妇女法律援助案例57篇。12月23日,联合省妇联召开评选会,评出了“十佳妇女法律援助案件”。

(四)利用网络平台宣传法律援助制度。省法援中心在省司法厅司法行政网设立了法律援助版块,有要闻信息、政策法规、援助指南、援助案例等栏目,定期发布并更新各级法律援助机构的工作动态,交流经验,刊登“每月一案”,让更多人通过网络平台了解、参与法律援助。福州市等法援中心也建立了法律援助网站,充分利用网络资源,服务社会困难群体。

福建省法律援助工作大事记

1月22日上午,省司法厅陈义兴厅长在薛育卿、肖新建副厅长等陪同下视察省法援中心并致春节问候。陈义兴厅长对省法援中心2008年取得的工作成绩予以肯定,强调2009年法律援助工作要继续落实司法部、省司法厅部署:一要突出重点,解决难点,注重做好协调工作,继续扩大法律援助覆盖面,法律援助案件数要比上年增长5%。二要创造条件,特别是人员、经费方面,省司法厅要帮助做工作。司法部关于加强海西司法行政工作五条意见专门提到法律援助,法援中心要积极主动做好宣传工作,宣传法律援助工作的重要性,让党委、政府意识到法律援助工作的意义,以争取对法律援助工作的支持、重视。三是设备、设施配备方面,省司法厅要做好后勤保障,确保法援中心工作得心应手。

3月10日,省法援中心印发《关于开展法律援助宣传月活动的通知》,部署5月份法律援助宣传月活动。

3月12日,省司法厅、省妇联联合印发《关于开展2009年度十佳妇女法律援助案件评选活动的通知》,对2009年度十佳妇女法律援助案件评选范围、评选条件、评选程序、评选要求以及评选结果揭晓后的表彰和宣传作出规定。

3月31日,全省法律援助工作会议在福州市召开。

3月31日,省司法厅召开省法援中心成立十周年纪念座谈会。

4月14日至16日,省法援中心组织人员就“新形势下农村法律援助工作”课题进行调研。

5月11日至15日,省法援中心组织人员到福州、宁德开展法律援助案件质量评估工作调研。

6月1日至4日,省法援中心举办全省法律援助日常业务培训班,各设区市和县(市、区)法援中心主任、省法援中心各社团法律援助站负责人共90多人参加了培训。

6月23日至28日,全国法律援助信息网络管理技术培训班在福建省举办。来自各省(区、市)的法援中心100多名学员参加培训。部法律援助工作司副司长王军益出席培训班。

7月8日至10日,部法援中心到福建省对“148”法律援助咨询专线和法律援助办案质量评估工作进行调研,分别到泉州、晋江、丰泽区,厦门市及翔安区,漳州华安县实地调研。

7月28日至29日,全省法律援助工作会议在福州市召开。会议传达第五次全国法律援助工作会议精神,通报了全省上半年法律援助工作情况,省司法厅薛育卿副厅长出席会议并讲话。

8月28日,省司法厅陈义兴厅长到省法

援中心调研并亲切看望慰问工作人员。陈义兴厅长强调：法律援助工作非常重要，司法部和省司法厅历来重视法律援助工作，当前，要深入贯彻第五次全国法律援助工作会议精神，认真落实司法部、省司法厅部署，强化法律援助经费使用的管理监督、多办案，办好案，同时要发挥好业务部门职能作用，努力加强干部队伍建设。

11月23日至25日，省法援中心在龙岩上杭县召开全省法律援助机构窗口建设座谈会，讨论和交流了《福建省司法厅关于推动县（市、区）法援中心窗口建设的意见（讨论稿）》、2009年全省法律援助工作总结及2010年全省法律援助工作要点，并组织现场观摩了上杭县和武平县法援中心。

12月23日，省司法厅联合省妇联在福州市召开2009年度十佳妇女法律援助案件评选会，《外来女工诉某物流公司交通事故损害赔偿案》等被评为“2009年度十佳妇女法律援助案件”。

（福建省法律援助中心）

江西省法律援助工作概况

2009年，全省各级法律援助机构和广大法律援助工作者认真贯彻党的十七大和十七届四中全会精神，深入落实科学发展观，以实施法律援助民生工程为中心，以推动政府责任落实和满足困难群众法律援助需求为重点，积极构筑法律援助机构、人员、经费三条保障线，强化业务指导、完善工作机制、落实经费保障、加强机构规范四项建设，注重提高全省法律援助的组织建设、物资保障、管理工作、服务工作和社会影响五大能力，为维护社会和谐稳定、促进全省经济又好又快发展作出了新贡献。

一、大力实施法律援助民生工程，推进法律援助工作迈上新台阶

（一）层层动员部署，统一思想认识。省政府《关于印发2009年民生工程安排意见的通知》把“对困难群众实施法律援助”列入为民办实事项目之一。司法厅先后在鹰潭、南昌召开全省实施法律援助民生工程工作会议、实施法律援助民生工程视频动员大会和实施法律援助民生工程工作调度会，对实施法律援助民生工程进行动员部署，分析调度，统一了思想认识，明确了目标任务。史文清副省长在主会场出席视频动员大会并强调要大力实施法律援助民生工程，服务、保障和改善民生。市、县（市、区）司法行政机关也结合工作实际，及时召开了工作会议、动员大会和调度会。省、市、县（市、区）司法行政机关还分别成立了实施法律援助民生工程领导小组和办公室，形成了主要领导亲自抓、分管领导具体抓、班子成员共同抓、领导小组办公室具体组织实施的工作机制。各地积极推进政府责任落实，全省大部分设区市、县（市、区）已将法律援助工作纳入市县两级政府民生工程。

（二）层层签订责任状，明确目标任务。为了将法律援助民生工程各项目标任务落到实处，在5月14日召开的法律援助民生工程视频动员大会上，马承祖厅长代表司法厅与各设区市司法局局长签订了目标管理责任状。之后，各设区市司法行政机关分别召开会议，进行动员部署，并与县（市、区）司法行政机关签订了目标管理责任状,有的地方还将责任状签订到了乡镇,延伸了责任范围,形成了一级抓一级、一级对一级负责、层层抓落实的工作格局。

(三)制定实施方案,完善各项措施。为了全面提高法律援助服务民生的质量,经省政府批准同意,司法厅制定印发了《江西省法律援助民生工程实施方案》(以下简称《实施方案》),明确了指导思想、目标任务、实施步骤、工作措施和工作要求等内容。为了全面完成实施方案中提出的各项目标任务,司法厅制定印发了《2009 年全省法律援助工作要点》和《江西省 2009 年度法律援助民生工程绩效考核办法》。各地结合工作实际,制定了相应的实施计划、实施办法、实施细则等,确保了法律援助民生工程有条不紊地推进。

二、扩大覆盖面,法律援助工作更好地服务困难群众

据统计,全年全省共办理刑事、民事、行政等法律援助案件 20212 件,同比增长 55.81%;其中已结案 19141 件,占 94.7%;各类受援人总数达 24516 人(涉农民工 8251 人),同比增长 48.56%;挽回或避免经济损失 28914.22 万元,同比增长 131.11%;为农民工挽回经济损失 8000 余万元,同比增长 100%。办理其他法律援助事项(包括法律咨询、来信来访、代书等)192686 件/次,超额完成全年计划任务 15 万件的 28.45%。

(一)进一步放宽经济困难标准。为了确保困难群众合法权益受到法律保护,做到"贫者必援、弱者必帮、残者必助",《实施方案》中进一步放宽了法律援助经济困难标准,各地按照现行城乡最低生活保障标准 1.5 倍执行,对残疾人、老年人、妇女、未成年人和农民工按 2 倍执行。经济困难标准的进一步放宽,最大限度地满足了弱势群体对法律援助的需求,使更多的困难群众能够获得法律援助。

(二)进一步扩大法律援助事项范围。《实施方案》将农民工在劳务、返乡创业、就业中因签订、履行、变更、解除和终止合同导致利益受到损害,农民因购买劣质种子、化肥、农药、饲料等导致经济损失以及残疾人、老年人、妇女、未成年人因人身财产权益等受损事项纳入到法律援助范围,使更多的困难群众能够获得法律援助。有的法律援助机构对生活困难的群众,只要提出法律援助要求的,均做到有求必应、有困必解、有难必帮,及时提供法律援助。

三、大力推进法律援助机构规范化建设,努力构建法律援助"三条保障线"

各级法律援助机构按照"统一规划、标准规范、完善功能、运作高效"的要求,做到法律援助专职人员合理配置、经费保障落实到位、接待场所便利受援群众、办公设施齐全、规章制度配套,切实方便困难群众申请和获得法律援助。

(一)推进法律援助机构规范化建设进程。通过规范达标活动,理顺法律援助机构管理体制和工作机制,为法律援助机构配备必要的专职人员、业务经费、独立办公楼和临街一楼接待场所及其他办公设施等。

(二)推进法律援助工作向基层、乡村延伸。强化了县级法律援助机构的作用,健全了农村法律援助服务网络,整合了乡村法律援助资源,构建起了县(市、区)法律援助中心—乡镇(街道)法律援助工作站—村(居)委会法律援助联系点(联络员)三级法律援助网络,实现了法律援助"横向到边、纵向到底"的工作局面。全年依托所有乡镇(街道)司法所建立起法律援助工作站达、依托所有村(居)委会调解组织设立了法律援助联系点(联络员),实现了司法厅提出的法律援助"站、点(员)"布局的"双百"目标,方便了困难群众申请和获得法律援助。

（三）加强制度建设，提高法律援助管理能力和服务水平。制定印发了《法律援助行政处罚自由裁量参照执行标准》、《乡镇法律援助工作站管理办法（试行）》，从制度层面确保了法律援助管理能力和服务水平的提高。结合机关效能年建设活动，司法厅及时制定印发了《江西省法律援助服务承诺》、《法律援助工作首问责任制》和《法律援助工作限时办结制》，将具体承诺、工作职能、服务内容和对象向社会公示，接受群众监督。将法律援助的受理、审查、指派期限分别由7、5、3 个工作日缩减为 5、3、2 个工作日，以提高办事效率。

（四）加强调研，提高理论研究能力。配合司法部组织开展了加强农村法律援助工作、法律援助案件质量评估、“148”法律援助咨询专线调研，并形成了相应的调研报告。为了确保 1000 万元法律援助民生工程专项经费专款专用，保障困难群众的合法权益，5 月 11 日至 13 日司法厅会同财政厅对渝水区、上高县、万载县、铜鼓县、修水县、武宁县六个县（区）法律援助机构的法律援助经费保障及支出情况进行了深入细致的调研，并形成了专题调研报告。

（五）加强教育培训工作，提高队伍素质。司法厅先后举办了申领法律援助工作者证、法律援助工作者证年度注册和法律援助专职律师培训班，共有 320 余名来自全省各级法律援助机构的工作人员参加了培训。各市、县（市、区）法律援助机构也开展了相应的培训教育活动，加强了对县（市、区）法律援助中心和乡镇、村法律援助工作站、联系点人员的培训，逐步形成了“层级”培训工作机制。据统计，全年全省各级法律援助机构共举办培训班 176 期，培训法律援助工作人员 8137 人次（同比增长 196%），培训授课 4491 课时，累计达 68680 学时，提高了法律援助工作人员的政治业务素质和工作水平，增强了服务能力。

四、创新工作机制，不断增强法律援助服务和保障民生能力

（一）简化和规范法律援助程序。进一步规范了法律援助申请、受理、审查和指派的具体要求。积极推行首问责任制、错案追究制、一站式服务制、服务承诺制、限时办结制。做到了程序公开，制度上墙，公示法律援助的条件、业务范围、服务形式、工作流程，自觉接受社会和群众监督。

（二）完善便民利民措施。进一步畅通农民工法律援助绿色通道，为全省外出农民工发放便民联系卡，为农民转移就业和返乡农民工创业、就业提供便捷高效的法律援助，积极指导农民工输出地和输入地建立健全法律援助协作配合机制。为符合法律援助条件的低保人群和经济困难的残疾人、老年人、农村留守儿童发放法律援助证。改进为残疾人服务方式，通过提供上门服务、印发法律援助盲文版资料、提供手语翻译等方式，努力为经济困难的残疾人获得无障碍法律援助。全省大部分设区市、县（市、区）法律援助机构在临街一楼设立了法律援助便民服务窗口，有的地方克服困难租赁店面设立服务窗口，方便困难群众申请和获得法律援助。有的地方积极打造“半小时法律援助服务圈”，为困难群众及时提供法律援助。

（三）积极推进法律援助信息化建设。科学整合“148 法律服务热线”，为充分发挥其为困难群众提供及时快捷法律咨询和方便困难群众申请法律援助的作用，正式建立全省统一的“148 法律援助咨询热线”。进一步推进了全省法律援助信息管理系统建设，推行网上申请法律援助及远程查询方式，不断提高法律援助的管理能力和工作效率。

（四）整合资源，形成合力。加大了与公、检、法、财政、信访、民政、人力资源和社会保障等职能部门的沟通协调力度，确保法律援助与相关部门在为困难群众提供服务方面协作顺畅。充分发挥工会、妇联、残联、高等院校等社会组织和法律援助志愿者利用自身资源参与法律援助的积极性,发挥他们为特定目标群体提供法律援助的作用。为加大法律援助民生工程工作力度,按照司法厅统一部署,全省县级以上司法行政机关组建了113支由法律援助人员、律师、公证员和基层法律服务工作者组成的"法律援助民生工程服务团",人数达1804人。"服务团"成员积极办理法律援助案件,尽职解答法律援助咨询,通过送法进社区、入企业、下农村等方式,为困难群众、困难企业提供方便快捷、优质高效的法律援助服务,真心实意为群众办实事、做好事、解难事。"服务团"成立以来,共办理法律援助案件10761件,受援人19505人,接待咨询91053人次。

(五)充分发挥非诉讼方式在法律援助中的作用。在化解基层社会矛盾中,各级法律援助机构积极探索法律援助与人民调解等的衔接机制,努力降低法律援助成本,以更加符合和谐社会建设要求的方式,化解矛盾纠纷。据统计,在已办法律援助案件中,通过非诉讼方式结案率达38%左右,充分发挥了非诉讼方式在法律援助中的作用。

五、开展多种形式宣传,不断扩大法律援助的社会影响力

各地紧紧围绕法律援助民生工程主题,充分利用报纸、杂志、电视、互联网等新闻媒体,结合先进典型和案例,广泛宣传法律援助工作,做到"电视有影、报上有字、广播有声、墙上有图"。全年媒体累计报道全省法律援助工作394篇次,其中:《中国法制报》、新华网等国家级媒体刊登报道9篇次;江西卫视、《新法制报》、《江西日报》、江西政法网等省级媒体刊登报道103篇次;电台、电视台制作专栏、专访91期,共播出646次。4月至5月,全省还集中组织开展了法律援助民生工程宣传月活动,共发放宣传资料和便民服务卡226700份,解答咨询32967人次,受理案件725件,制作标语2742幅、展板257块,出动宣传车74台,及时把省委、省政府对困难群众的关爱落到实处,送到千家万户,不断扩大了法律援助的社会影响力,为实施法律援助民生工程营造了良好环境。

(江西省司法厅法律援助工作处)

山东省法律援助工作概况

2009年,全省各法律援助机构按照司法厅党委总体部署,紧紧围绕全省法律援助工作会议确定的目标任务,突出"强化经费保障、增加办案数量、提高公众知晓率、完善管理工作"四项工作重点,着力解决影响和制约法律援助发展的突出问题。

一、积极争取将法律援助工作纳入全省综治考核范围

第五次全国法律援助工作会议召开之后,省法律援助中心及时研究贯彻落实措施,起草了《关于第五次全国法律援助工作会议精神及贯彻意见的报告》,向省委、省政府作专题汇报。积极争取省综治委同意,正式将法律援助工作纳入全省社会治安综合治理暨平安建设工作考核内容,由司法厅组织考评打分,率先在发达省份实现了将法律援助纳入综治考核范围。年底,省法律援助中心根据省综治委的统一部署,对法律援助工作进行了检查考核。从检查情况看,各地对法律援助工作的重视程度大幅度提高,一些长期影响制约法律援助工作发展的突出问题得到有效解决。

二、积极落实政府责任,提高法律援助经费保障水平

紧紧抓住经费保障环节,积极推动政府责任落实。经过多次努力,争取省财政设立省级法律援助专项资金 175 万元,建立起对贫困地区法律援助的财政转移支付制度,为破解法律援助发展瓶颈,促进全省法律援助工作均衡发展提供了有力保障。协调财政厅将死刑二审刑事法律援助案件办案补贴由 60 万元增长到 100 万元,保证了办案经费的足额到位。针对经费未列入预算的县(市、区),通过建立工作台账,明确了这些县(市、区)法律援助中心主任分工负责制,并对这些县区经费落实情况进行拉网式检查督导。全年全省 96% 以上的县(市、区)已将法律援助经费列入财政预算,同比增长 14%。未将法律援助经费纳入财政预算的县区由 2008 年的 25 个减少为 5 个,彻底消灭了经费零投入县。全省业务经费达到 1680 万元,同比增长 23%。业务经费 5 万元以上的县(市、区)达到 106 个,占 76%,同比增加 24 个,增长了 29%。

三、积极开展法律援助便民服务,提高法律援助服务能力

全省各地结合本地实际,推出了许多便民新举措。济南市开展了"迎全运、促和谐,法律援助献爱心"主题实践活动,组织全市 10 个县市区法律援助机构、律师、基层法律服务人员开展咨询宣传受理活动;青岛市在城阳区挂牌成立维护农民工合法权益法律援助工作站,与市残联联合开展"关爱残疾人,法律援助卡进万家"活动,为农民工、残疾人等特殊群体开通法律援助绿色通道;泰安市委、市政府把法律援助工作纳入为民办实事项目,实施老年人、残疾人等百万特殊对象法律援助活动,向特殊群体发放"法援绿卡";菏泽市在全市范围内开展了"防治手足口病医护人员爱心法律顾问"活动,积极参与解决医患涉法问题。全年全省共办结法律援助案件 2.4 万余件,连续四年实现案件数量增长 20%。

四、不断加大工作力度,法律援助规范化建设取得新进展

指导各市根据"实有人员 5 人以上、业务经费不低于 5 万元、年度办案数量不低于 100 件、办公面积不少于 60 平米、无违纪投诉"的新规范化建设标准,不断加大工作力度,切实加强软硬件建设水平和文明服务水平。济宁市投入近 30 万元,建设了 200 平方米的法律援助服务大厅,做到咨询、援助、服务、矛盾纠纷调解一体化,最大限度地方便困难群众申请法律援助。青岛市组建了专业化的法律援助律师团,并全面推行法律援助案件质量评议制度,有效地保证了办案质量。全省达到新规范化建设标准的县(市、区)由 75 个县增加到 101 个,达标比例为 72%,比 2008 年新增 26 个,同比增长 18%。济南、青岛、枣庄、威海、日照、莱芜、德州 7 个市的县级法律援助机构全部达标,比 2008 年增加了 4 个。

五、法律援助宣传工作有了新起色

联合中央电视台法治频道,录制了"平阴县孤儿孙某某土地承包权纠纷案"和"胶州市死刑犯周某经法律援助辩护无罪释放案"两期节目,在央视第 12 套黄金时段播出。5 月,在全省范围内开展了以农民工劳动关系权益保护为主题的法律援助教育宣传月活动。各市紧紧围绕宣传主题,突出地方特色,采取有效措施,加大宣传力度。济宁市制作了两期"宣传活动专题节目"在市电视台《说法》栏目黄金时间连续播放,《济宁日报》就法律援助工作专访司法局局长,济宁市法律援助中心派人做客广播电台解答群众咨询,宣传法律援助知识;日照电视台"社会零距离"栏目录制播放了法律援助典型案例宣传片,市司法局局长在《日照新闻》栏目上专题介绍法律援助工作,《黄海晨刊》对宣传活动进行了跟踪报道;东营市结合深入学习实践科学发展观活动和帮千企、走千村、访万户活动,向群众深入宣传法律援助知识;滨州市电视台将10岁儿童王某触电致残法律援助案件制成专题片,在该台《民生关注》栏目分期播放,在社会上引起强烈反响。据统计,宣传月活动期间,全省共出动宣传车431台次,设立宣传站点558个,播发宣传报道500余次,发放各类便民联系卡3万余张,解答法律咨询7.8万余人次,代写法律文书333件,现场受理案件268件,取得良好效果。

山东省法律援助工作大事记

1月7日,省十一届人大常委会第八次会议书面印发了省人大内务司法委员会《关于贯彻实施〈山东省法律援助条例〉情况的调研报告》。

4月9日至10日,山东省法律援助工作会议在济南召开。司法厅齐延安副厅长出席会议并讲话。他总结了2008年工作取得的成绩,客观分析了存在的问题,确定了全年法律援助工作目标任务,并提出五项具体要求。于荣双主任通报了2008年全省法律援助考核情况。

5月6日,省法律援助中心业务科科长刘趁华等六位同志参加了在济南召开的山东省自强模范和助残先进表彰大会,被表彰为山东省扶残助残先进个人。

5月10日,省法律援助中心于建军副主任等四位工作人员,参加由《齐鲁晚报》和省法律援助中心联合主办的"法援在线"活动。现场接听热线,就法律援助有关问题回答读者的提问。

9月7日至18日,省法律援助中心成立五个督导组,分赴枣庄、菏泽、聊城、德州、滨州五市督促指导工作。各督导组对法律援助工作进行了实地走访和座谈,听取了各地法律援助中心的汇报,并对工作中存在的问题进行调研督导。

10月10日,省社会治安综合治理委员会办公室制定了《2009年全省社会治安综合治理暨平安建设工作检查考核办法》,首次将法律援助工作列入省综治委专项工作考评内容,由司法厅考评打分。

11月3日至5日,省法律援助中心在济南举办了全省法律援助信息管理系统培训班。各市法律援助中心分管负责人、管理员,省法律援助中心全体人员共五十余人参加了培训。

(山东省法律援助中心)

河南省法律援助工作概况

2009年,全省各级司法行政机关和法律援助机构认真贯彻落实第五次全国法律援助工作会议和省委常委会议精神,围绕"保增长、保民生、保稳定"工作大局,以实现应援尽援为总体目标和根本要求,着力加强和改进法律援助工作,有效扩大法律援助覆盖面,切实提高法律援助工作领导能力、管理能力、服务能力、宣传能力和创新能力,努力增强法律援助服务民生、构建和谐社会能力,推动了全省法律援助工作实现跨越发展。

一、法律援助工作受到各级党委、政府高度重视和支持

2009年6月,司法部召开第五次全国法律援助工作会议,河南省司法厅在会上作了典型发言,司法部对此给予高度评价,吴爱英部长明确要求,司法部以各种形式在全国宣传推广河南法律援助及其他工作经验。会议结束后,河南省委常委会听取了司法厅法律援助工作专题汇报,充分肯定了全省法律援助工作取得的成绩,明确将法律援助列入2010年省委省政府民生工程项目,在经费、编制、机构等有关问题上给予积极有效的支持。原省委书记徐光春、省长郭庚茂、常务副省长李克、政法委书记李新民就做好法律援助工作分别作了重要批示。省委政法委专门召开会议部署全省法律援助应援尽援工作。省人大常委会将省人大代表提议的《开展法律援助应援尽援工作的建议》列入重点议案,由省人大常委会主管副主任和省政府主管副省长负责督办。

法律援助工作纳入各地经济和社会发展总体规划工作取得新进展。各省辖市市委、市政府领导均听取法律援助专题汇报,16个省辖市人民政府下发加强法律援助工作的文件。安阳市将法律援助工作列为2009年市委、市政府重点工作;鹤壁市把法律援助应援尽援工作列入市委民生工程;新乡市、南阳市把法律援助应援尽援工作列入市委市政府为民办十件实事项目;许昌市开展了法律援助暖民心工程。各省辖市党委政府领导就开展法律援助应援尽援工作分别做出重要批示,对深入开展法律援助应援尽援工作提出明确要求,漯河等省辖市党委政府主要领导在听取汇报后专程到法援中心视察工作。

二、司法行政机关将法律援助应援尽援工作作为重点工作、亮点工程列入重要议程,强力推进

司法厅历届党委都高度重视法律援助工作,尤其是新一届司法厅党委成立后,将对法律援助工作的重视提升到一个全新高度,率先在全国提出了应援尽援目标并迅速启动实施。2009年,省司法厅将法律援助便民主题实践活动和法律援助应援尽援工作作为"一把手"工程,以法律援助应援尽援工作为平台,以开展便民主题实践活动为内容,全面加强法律援助各项工作。

年初,在法律援助应援尽援试点工作基础上,在全省全面推进应援尽援工作,4月30日,省委政法委召开全省法律援助应援尽援工作会议,安排部署全省法律援助应援尽援工作,省委常委、政法委书记李新民、部法律援助工作司副司长高贞出席会议并讲话,各省辖市政法委书记参加会议并表态积极支持应援尽援工作。省政府办公厅就出台《河南省人民政府关于加强法律援助工作的意见》广泛征求了20多家省直单位意见,为开展法律援助应援尽援工作提供政策支持。省司法厅修订印发了《河南省法律援助应援尽援工作操作指南》,指导全省规范开展应援尽援工作。王文海厅长为解决法律援助工作机构设置、人员经费、工作布局等重大问题,召开党委会专题研究,亲自向省委、省政府主要领导、主管领导汇报,亲自与省直有关部门协调,不懈努力,成效显著,制约法律援助发展的瓶颈问题基本得到解决。

各省辖市迅速行动,制定应援尽援工作方案,积极向市委、市政府和市政法委汇报。14个省辖市召开了本市法律援助应援尽援工作会议进行动员和部署,全省法律援助应援尽援有序开展,标志着河南省法律援助工作步入了发展黄金期。

三、法律援助保障水平全面提升，法律援助综合实力进一步增强

法律援助机构建设有了新进展。在省直机关机构改革中，省司法厅增设了内设管理机构法律援助工作处，是省政府机构改革中省直机关新增的五个处室之一。洛阳、平顶山、开封市司法局也经编办批准内设了法律援助科，保留了法援中心。全省法律援助专职人员989人，较上年有所提高。全省新增编制30人，一些地方也为法律援助机构调剂充实了工作人员。

法律援助经费大幅增长。全省法律援助经费预算总额达2153.19万元(含中央和省级扶持590万元)，比2008年增长20.6%。2009年中央和省财政补助全省法律援助办案专款590万元，比2008年增加40万元。市级法律援助经费总额592万元，较2008年增加172万元，增幅达41%，县级法律援助经费达到868万元。郑州、焦作、漯河三个省辖市市本级法律援助预算超过50万元。全省97%的县法律援助经费预算在3万元以上，53%的县法律援助经费预算在5万元以上，16%的县法律援助经费实际到位10万元以上。

全省共有12个省辖市和30个县(市、区)经费有了较大幅度的提高。郑州市由66万元加至106万元，漯河市由30万元增至50万元，焦作市由33万元增至51万元，新乡市由12万元增至36万元，开封市由15万元增至35万元，平顶山市由20万元增至35万元，鹤壁市由8万元增至20万元。新乡市辉县、长垣县由3万元增至20万元。

四、深入开展“法律援助便民服务”主题活动，法律援助便民工作逐步机制化

在深化和推进便民利民措施方面，各地按照司法部要求，全面落实“建立健全法律援助便民服务窗口、拓展法律援助申请渠道”等10项便民措施，为困难群众提供优质高效的法律援助服务。

(一)法律援助门槛不断降低，法律援助范围进一步扩大，更多的困难群众的合法权益得到维护。全省各级司法行政机关在认真贯彻国务院《法律援助条例》、《河南省法律援助条例》和《河南省政府办公厅转发省司法厅关于确定全省法律援助范围和经济困难标准的通知》精神的基础上，进一步扩大法律援助的覆盖面。省司法厅和许昌、濮阳等地司法局将民事再审听证案件。纳入法律援助事项范围，保障当事人行使诉讼权利，从而有效维护实体权利。漯河市将涉及当地稳定大局的群体性事件、信访事件和留守儿童民事、刑事案件纳入法律援助范围；鹤壁市将农村土地承包权、宅基地使用权纠纷、假农资、农具及生活用品侵权事项纳入法律援助范围。焦作市、新乡市结合当地驻军多的实际情况，将军人、军属维权事项纳入法律援助事项；开封市将遭受灾害要求赔偿等事项列入法律援助范围。全年全省共办理法律援助案件39469件，较上年增长26%，其中民事案件31072件，刑事案件7917件，行政案件480件；受援46420人；接待来访咨询22万人次。漯河、鹤壁、周口三个省辖市的县(市、区)案件量全部在200件以上。

(二)法律援助服务网络更加健全，困难群众获得法律援助更加便捷。法律援助机构服务设施得到极大改善。开封、安阳司法局新建200平方米法律援助接待大厅，郑州、濮阳、许昌、南阳市司法局将法律援助接待室搬至临街一楼。平顶山、新乡已为法律援助接待室选定了新地址。全省在司法所和部分律师事务所及部分社会群众团体设立法律援助受理点3352个，将法律援助服务端口前移，直接受理公民法律援助申请，使全省法律援助申请受理点由各级法律援助机构扩展至3500余个网点，遍布城乡，极大地方便了群众了解和申请法律援助。许昌市在城乡推进区、项目建设所在地、矛盾多发村设立102个个人法律援助工作室，使百姓在家门口就可以了解、咨询法律问题。

同时，各地简化手续，开设“绿色通道”，快捷办理公民申请。省法援中心缩短受理审查期限，审查受理时间由原来的3天变为当天，并建立困难群众申请法律援助免审查经济条件制度；漯河等地为符合条件的困难群众发放法律援助证，对持证人员申请法律援助免审查经济条件；鹤壁市、焦作市建立困难群众法律援助资料库，发放法律援助卡，所有在库或持卡群众申请法律援助时均可免审查经济状况；郑州等地对群体性案件优先受理；许昌市针对全市创业户、困难户发放法律援助温情卡，持卡人到法律援助机构申请法律援助均不需审查经济条件，直接进入法律援助绿色通道。

（三）法律援助服务方式更加多样化，人民群众对法律援助的需求得到进一步满足。4月10日，省司法厅举行了全省统一的法律援助咨询电话“148”开通仪式，秦玉海副省长出席并亲自开通电话。“148”法律援助咨询电话面向社会所有公民开放，打破了以往法律援助机构通常只为上门求助的群众提供咨询服务的局限，提高了咨询接待能力和服务空间，使法律援助化解矛盾纠纷、维护困难群众合法权益的职能得到进一步发挥。从而大大提高了法律援助社会知晓率，使法律援助真正走进群众、贴近群众。“148”电话开通以来，共来电17.2万人次，“148”真正成为法律援助应援尽援的一个重要载体。

郑州、鹤壁、焦作、开封、三峡、平顶山等地司法局组建了法律援助志愿者队伍，培养法律援助专门实施力量。法律援助志愿者队伍迅速壮大，全省志愿者人数达4316人。漯河市、郑州市金水区等推行法律援助“点援制”，让受援人选择案件承办律师，进一步满足了受援人的需求，提高了服务质量。各地结合法院调解年活动，法律援助律师在办理案件过程中，实行调解优先原则，通过调解活动，既节约社会成本，又弘扬了中华文明“以和为贵”的精神，既打开了当事人法结，又打开了当事人心结。

（四）农民工省际协作机制有效运行，农民工合法权益得到进一步维护。全年全省共办理农民工法律援助案件9987件，追回拖欠工资款和取得人身损害赔偿金8427万元，受援农民工人数达12885人。接待农民工咨询2.92万人次。7月，省司法厅印发了《关于做好2009年农民工工作意见》，要求扩大农民工法律援助事项范围，放宽经济困难条件，进一步简化程序，优先受理，快速办理，做好农民工法律援助应援尽援工作。在农民工请求支付劳动报酬、工伤赔偿和人身损害赔偿申请法律援助免审查经济条件的基础上，增加了农民工请求医疗事故、交通事故赔偿或因家庭暴力、主张见义勇为行为产生的民事权益事项申请法律援助免审查经济条件，直接予以受理。对于案情简单、事实清楚的案件，根据农民工意愿，尽量采用调解方式结案，快速解决纠纷。郑州市法援中心主办了全国城际间法律援助工作交流会，36个城市的法律援助机构派员参会。会议签署了《全国城际间农民工法律援助工作郑州协议》，承诺参加会议的法律援助机构互通绿色通道，在提供证明材料、调查取证等方面提供无偿协助；突出对受援人有利的原则，情况紧急可以先办理、事后补办手续，为外出农民工维权提供便利。新乡市、信阳市为赴新疆摘棉民工派出维权律师团，并向广大农民工发出《法援中心致摘棉工的一封信》，工作细致，效果较好。

（五）法律援助宣传形式丰富多彩，法律援助知晓率进一步扩大。按照“有规模、有声势、有特色、有成效”要求，注重宣传造势，积极部署，认真组织，宣传活动切实有效开展。全年省、市、县三级法律援助机构共在各级报刊杂志、电台、电视台等宣传法律援助2728次。制作条幅、展板3028幅，发放《农民工法律援助明白卡》、法律援助联系卡等宣传资料41.6万份，接待咨询3.2万人次，受理法律援助案件717起。在媒体发稿及报道351篇，其中省级以上媒体报道及发稿123篇，报纸发稿为151篇，包括《人民日报》1篇、《法制日报》7篇(头版4篇)；电视台、广播电台播出69次。其中河南卫视、河南电视台法制频道共播出3次；中国平安网、中国法学网等网络报道131篇。在司法部召开的全国法律援助宣传工作交流会上，河南省司法厅作了典型发言，6件宣传作品获奖，是获奖作品最多的省份。

全省法律援助应援尽援工作会议召开后，《法制日报》、《河南日报》、《大河报》、《河南法制报》及河南电视台等媒体进行了现场采访和广泛报道，并对18个省辖市政法委书记进行了访谈，中央、省级主流媒体对应援尽援工作进行了集中、有力的宣传。利用“148”全省法律援助统一咨询电话开通之际，协调主流媒体进行了深度报道。按照司法部部署，开展法律援助宣传季活动。制定印发了《河南省法律援助宣传季活动方案》，精心组织，周密计划，形成上下联动、部门互动、齐抓共管的宣传局面，掀起了法律援助宣传工作的高潮。各省辖市也进行了形式各样的宣传活动。郑州、焦作、三门峡、信阳、许昌、安阳、南阳等地在电视台、电台黄金时段播放法律援助专题片或公益广告。洛阳市司法局与移动公司、联通公司协调，开通了法律援助公益短信群发平台，与市委组织部电教中心联合，通过农村党员干部现代远程网络开展法律援助宣传工作；安阳启动“双千”工程，在全市3400余个行政村(千村)安装由市法援中心统一制作的法律援助提示栏；鹤壁市成立了法律援助巡回宣传队，深入工矿企业、农村社区、学校及困难群众相对集中的地区；焦作市印制应援尽援知识和法律援助承诺10万张，分发到行政村或社区，发挥大学生村官的作用，走村入户宣传，在每个村或社区刷一条法律援助标语或张贴宣传画；济源市向全市中小学生发放法律援助联系卡13万张。各地通过广泛宣传，使法律援助成为家喻户晓的免费法律服务代名词。

(六)法律援助工作不断创新，法律援助服务领域得到进一步拓展。

1. 继续深入探索实施法律援助值班律师制。新增值班律师办公室两个，全省值班律师办公室数量达到22家，其中设在法院19个、看守所2个、公安局1个，涉及8个省辖市、20个县区。全省值班律师办公室共接待咨询10451人，比上年上升38%，进行诉前指导2181人次，出具法律意见书278件，化解信访事件153件，群访事件30件，协助申请法律援助650件。为犯罪嫌疑人提供法律咨询283人，比上年上升162%，为犯罪嫌疑人办理法律援助案件20件。全省法律援助值班律师服务方式和领域进一步拓展，为公民提供了即时有效法律咨询、诉讼指导帮助。

2. 开展职工法律援助工作。4月，省司法厅与省总工会联合下发了《关于进一步加强职工法律援助工作的意见》，进一步规范全省职工法律援助工作，专门就政府法律援助范围外、各级工会为困难职工、农民工提供法律援助事项范围等事项作出规定，明确工会法律援助是政府法律援助工作的补充，应接受司法行政机关的业务指导和监督。

3. 监所法律援助工作。8月份，省司法厅印发了《关于在全省监狱劳教所开展法律援助工作的意见》和《河南省监狱劳教所法律援助工作实施办法》，决定在全省所有监狱、劳教所开展针对在押服刑人员、劳教人员的法律援助工作，为其提供法制宣传、法律咨询和法律援助案件受理；加强对监所法律援助的业务指导，明确了监所法律援助工作规则；全省统一了监所法律援助工作站名称、标牌、公示内容，各监所法律援助工作有序开展。

（七）继续加强法律援助培训工作。在省司法厅连续11年举办法律援助专职队伍培训的基础上，4月举办了全省第十二期法律援助培训班，增加了心理疏导等授课内容，共培训业务骨干393人。8月，省法援中心连续举办了3期法律援助管理信息系统操作技能培训班，培训信息系统管理员170余人。全年全省共举办各类、各层次培训班354个，培训人数8312人次，法律援助律师接受培训419人次、其他工作人员接受培训1398人次，加强了法律援助队伍建设。

五、不断加大法律援助监督管理力度，进一步提高法律援助规范化水平

（一）进一步完善制度建设。省法援中心制定了《法律援助受理点管理暂行规定》，明确了受理点设立程序、工作职责、受案范围、基本工作制度和监督管理等内容，加强了法律援助受理点建设，规范和引导受理点开展工作；制定了《河南省监狱劳教所法律援助工作实施办法》，加强了对监所法律援助工作的指导管理；修订了《河南省法律援助案件材料立卷归档办法》，进一步规范了法律援助案件立卷归档工作，加强对案件办理过程和卷宗的管理监督，使其更符合法律援助案卷管理工作需要；转发了《司法部关于进一步加强法律援助经费使用管理监督工作的通知》，不断完善经费管理制度，形成机关纪检监察、审计部门定期检查审计，各省辖市司法局对中央、省级扶持经费、本级财政经费进行自查的监督机制，确保法律援助资金安全。

（二）加强对"148"法律援助咨询电话的监督管理。省法援中心把规范"148"电话运行作为重点管理工作，将其作为法律援助的名片进行打造，提出"把每一个来电都当成监督电话接听"的口号。全年共抽查各地接听情况1000余人次，督促提高各地法律援助咨询服务质量和水平。省法援中心组织了四次电话普查、抽查，对电话接听率、使用礼貌用语规范程度、回答是否依法准确及服务态度等进行了综合评价。各地加强对电话运行监管，能够做到电话畅通，充分发挥法律援助咨询在化解矛盾纠纷、维护困难群众合法权益中的积极作用。

（三）开展全省法律援助保障情况调查工作。6月，以司法厅办公室名义印发了《关于核实法律援助保障工作相关情况的通知》，由各省辖市司法局对市县两级法律援助机构的性质、人员身份、经费保障情况、办案补贴发放情况是否符合应援尽援工作要求进行调查核实，凡不符合规定的，一律要求纠正。7月，省法援中心又与省律师协会联合印发了《关于开展法律援助办案补贴发放情况调查的通知》，对法律援助机构发放办案补贴情况、社会律师领取办案补贴情况进行调查，促进了法律援助办案补贴正常发放。

（四）加强法律援助管理信息化建设和办案质量建设。全省启用了司法部法律援助管理信息系统，利用互联网对法律援助业务信息进行管理，并实现数据即时更新，极大方便了上级对下级法律援助工作整体情况的掌握和管理监督。各地积极开展省级优秀法援中心创建活动和第五届河南省法律援助十大精品案件评选活动，推进法律援助机构规范化建设，提高服务质量和规范化水平，适应困难群众权益保护工作需要。年初，以省司法厅名义通报了全省法律援助机构2008年办案情况和经费情况;11月至12月,组织开展了全省法律援助工作检查活动,对18个省辖市、34个县(市、区)法律援助应援尽援各项目标任务措施的落实情况、经费使用情况、案件卷宗进行了检查,共检查全省法律援助案件卷宗17208卷,归档率较2008年明显提高。各地提高对案件的抽查率、旁听率和回访率,省辖市对自身受理案件的旁听、回访均在15件以上,对所辖各县(市、区)卷宗抽查率均在其受理案件数的10%以上。开封市制定了《法律援助案件质量检查和评估办法》,成立了案件质量检查和评估委员会,加强了对案件质量的监督管理;郑州市面向社会,从省市两级人大代表和政协委员、新闻记者和群众中聘请10名法律援助社会监督员,抽查卷宗、听取受援人反馈意见、听取社会各界和困难群众对法律援助工作的意见和建议、配合和参与法律援助各项监督检查工作。

(五)开展民主评议政风行风工作。省法援中心与司法厅纠风办联合印发《法援中心2009年度民主评议政风行风工作考核细则》,对全省法律援助机构政风行风建设工作进行量化管理,细化为坚持法律援助公益性和无偿性、为受援人提供的法律援助援助服务及时合格、法律援助办案补贴及时足额发放、便民利民措施体现法律援助为民宗旨、"148"法律援助咨询电话畅通等6项考核项目,17项考评内容,实行百分考核,并于11月对各省辖市进行检查考核。通过省政府纠风办征集的群众意见和省司法厅对全省司法行政系统政风行风明察暗访结果看,不存在有偿服务的现象。针对省政府纠风办征集的群众提出的五条意见建议,省法援中心及时制定措施进行整改。征集到法律援助案件一条线索,并及时与案件线索提供人进行联系,妥善处理并解决了该问题,当事人非常满意。全年共办理投诉事项3起。

河南省法律援助工作大事记

1月7日至9日,省法援中心在郑州市召开全省法律援助主任会议,会议总结了2008年法律援助工作,部署了2009年全面开展法律援助应援尽援工作。省司法厅党委委员、副厅长周济生同志出席会议并讲话。

2月,郭庚茂省长在2009年召开的河南省第十一届人民代表大会第二次会议上作的《政府工作报告》中强调:"积极开展法律援助"。省政府办公厅发出《关于明确政府工作报告提出的2009年重点工作责任单位的通知》,将积极开展法律援助列为省政府重点工作,并明确责任单位,加强督促检查,狠抓工作落实,要求重点工作责任单位每季度向省政府办公厅报告工作进展情况。

3月,省人大常委会从省第十一届人民代表大会第二次会议上人大代表提出的建议中选择12件作为督办的重点建议,其中"关于开展法律援助应援尽援工作的建议"被列为重点议案,由省人大常委会副主任和省政府分管副省长负责督办。

4月10日,全省法律援助统一咨询电话"148"开通仪式在郑州举行,秦玉海副省长出席仪式。省司法厅党委书记、厅长王文海,副厅长、监狱局局长王有仁,河南联通公司副总经理赵趋出席仪式,仪式由省司法厅副厅长周济生主持。"148"法律援助咨询电话在全省正式开通。

4月30日,省政法委主持召开的全省法律援助应援尽援工作会议在郑州隆重举行。会议的主要任务是:总结近年来全省法律援助工作,研究和部署全面推进全省法律援助应援尽援工作。省委政法委常务副书记李承先同志主持会议,省委常委、政法委书记李新民,部法律援助工作司副司长高贞出席会议并讲话，各省辖市市委常委、政法委书记参加会议并作表态发言，同时接受了媒体访谈。

5月，省总工会和省司法厅成立了“河南省总工会职工法援中心”，印发了《关于进一步加强职工法律援助工作的意见》，将职工法律援助工作纳入全省法律援助工作整体规划。

5月13日，省委“讲树促”教育活动领导小组办公室宣传组组长李宪林到省司法厅检查指导工作，与法援中心全体党员干部进行座谈。省法援中心负责人报告了法援中心教育活动开展情况、工作开展情况、存在的问题以及努力方向。李宪林组长充分肯定了法援中心在活动开展过程中所取得的成绩并提出希望。

6月26日，省委常委会议听取省司法厅厅长王文海同志关于第五次全国法律援助工作会议精神和贯彻落实意见的汇报。省委常委会议研究决定，把法律援助列入2010年省委、省政府为民办十件实事的内容，在经费、编制、机构等有关问题上给予积极有效的支持。省委组织部、省编办、财政厅、人力资源和社会保障厅主要负责同志列席会议，听取了工作汇报。

7月3日，司法部吴爱英部长在司法厅《关于第五次全国法律援助工作会议精神和贯彻落实意见的报告》上批示：“感谢徐书记、郭省长等省委领导同志对法律援助工作的关心、重视和大力支持，请办公厅发情况反映。”7月8日，司法部以《河南省委召开常委会议研究法律援助工作》为题，编发了《情况反映》上报中共中央政治局常委、政治局委员、书记处书记等中央领导同志。7月13日，省委徐光春书记在司法厅上报的《关于司法部吴爱英部长重要批示的情况报告》上批示：进一步做好这件事，真正取得实效。7月10日，郭庚茂省长批示：请李克同志组织协调，尽快提出意见。

7月13日，省委常委、常务副省长李克批示：请二处与司法厅联系，有需协调服务的请报来。

8月至10月，省司法厅制定下发了《关于在全省监狱劳教所开展法律援助工作的意见》，明确了监狱和劳教所法律援助工作的任务；印发了《河南省监狱劳教所法律援助工作实施办法》，规范了监所法律援助工作具体操作规则。同时，省法援中心为全省监所法律援助工作站统一制作了标牌，设计了统一制式的法律援助公示内容以及监所法律援助工作格式文书。

9月16日，省司法厅向李克常务副省长提交《关于法律援助列入2010年省委省政府为民办实事有关问题的报告》。

10月22日至23日，全省法律援助应援尽援工作座谈会在郑州召开，会议的主要任务是：总结2009年全省法律援助应援尽援工作进展情况，研究解决工作中存在的问题和不足，安排部署今后一个时期法律援助应援尽援工作。18个省辖市法援中心主任参加会议，省司法厅党委委员、副厅长周济生出席会议并讲话。

11月至12月，省司法厅组成三个法律援助应援尽援工作检查组，通过听取汇报、座谈、实地察看、查看卷宗等方式，对18个省辖市、34个县（市、区）、137个受理点开展法律援助应援尽援工作情况进行了检查。检查结束时对检查情况进行了口头反馈，检查工作全部结束后，以司法厅名义对各省辖市一一进行了书面反馈。

（河南省法律援助中心）

湖北省法律援助工作概况

2009年初,省政府确定"加大为困难群众和农民工办理法律援助案件工作的力度,保障弱势群体的合法权益"为民办实事项目的目标任务是:为困难群众和农民工办理法律援助案件1.6万件以上,其他法律援助事项17万件以上。一年来,作为这项实事项目的主要责任单位,省司法厅按照省委、省政府要求,举全系统之力,认真落实目标责任,扎实推进法律援助为民办实事项目,取得了明显成效。2009年,全省共办理各类法律援助案件22142件,办理其他法律援助事项186980件,法律援助受援人数210648人次,共挽回各类经济损失2.5亿元。其中为农民工办理法律援助案件4144件,为农民工挽回经济损失1.2亿元,超额完成了省政府法律援助为民办实事项目目标任务。

一、加强组织协调。成立了由副省长赵斌任组长,法院、检察院、公安、民政、司法、财政、人事、劳动和社会保障等相关部门领导为成员的湖北省法律援助工作协调小组,并适时召开了两次全省法律援助工作协调小组会议。会议听取了各阶段全省法律援助工作进展情况,讨论通过了有关工作制度,研究了贯彻落实周永康、孟建柱等中央领导同志重要讲话和第五次全国法律援助工作会议精神的意见。李鸿忠省长、李宪生常务副省长等省领导分别就法律援助工作作出重要批示,要求认真贯彻落实第五次全国法律援助工作会议精神,进一步加大工作力度,按计划圆满完成各项工作任务。

二、精心组织实施。一是层层签订目标责任书。在年初召开的全省司法行政工作会议上,省司法厅与各市、州司法局签订了目标责任书,分解了目标任务。各市、州也相继召开了法律援助工作专题会议,与所辖县(市、区)司法局签订了目标责任书,将法律援助为民办实事项目指标分解落实到各县(市、区)司法局,将工作任务细化到乡(镇)司法所、法律服务所及律师事务所,进一步强化了工作责任。二是层层制定实施方案。为圆满完成省政府法律援助为民办实事目标任务,省司法厅提出了"五个进一步"的工作措施和"六个进一步"的工作要求,对全省项目实施进行了周密的计划和安排,做到一年有计划,每月有安排,按照计划精心组织实施。各市、州以及县(市、区)司法局紧密结合实际,制定了相应的《实施方案》。三是层层实行领导班子成员包片挂点责任制。实行省、市(州)、县(市、区)三级司法行政机关党委(党组)领导班子成员包片挂点责任制,分片包干、分类指导,形成了主要领导亲自抓,分管领导具体抓,班子成员共同抓,一级抓一级的工作格局。四是层层督办抓落实。为抓好目标责任制落实,省司法厅建立了每季度一次的情况通报制度,同时,每季度向省政府政务督查室作一次专题汇报。省司法厅法律援助为民办实事项目工作领导小组对各地法律援助工作实行分片指导、挂点督办。领导小组已先后三次对各地的实施进展情况进行了实地调研和督办。

三、突出重点对象。一是加大农民工法律援助宣传力度。各地按照《省司法厅关于春节期间开展农民工法律援助活动的通知》

要求，利用春节期间农民工返乡、外出高峰期，有重点、有针对性地集中对农民工进行宣传。二是加强法律援助异地协作。在认真落实省司法厅《关于加强省内农民工法律援助异地协作的通知》要求的基础上，实施以武汉城市圈9个城市为代表的省内农民工协作，保证了全省农民工法律援助异地协作的规范有序。3月6日，司法行政工作服务武汉城市圈"两型社会"试验区建设指导协调工作领导小组在黄石召开专题会议，就进一步建立健全武汉城市圈以农民工为重点的法律援助协作工作机制进行了安排和部署。会后，省司法厅制定下发了《关于进一步加强武汉城市圈"两型社会"建设综合配套改革试验区法律援助协作的指导意见》。三是加强农民工法律援助业务培训。6月中旬，省司法厅举办了全省法律援助专职律师培训班，各市州司法局法律援助中心主任（处长）、2009年拟注册的法律援助专职律师及去年5月前办理了法律援助实习证的律师共计300余人参加了培训。省法律援助中心与武汉大学法学院联手，以农民工法律援助业务为重点，分别在宜昌、恩施举办了2期法律援助实务培训班，对7个县（市、区）的127名乡镇（街道）法律援助工作站站长以及部分专职律师进行了培训。各市、州也高度重视业务培训工作，采取以会代训、业务研讨、专业培训等方式，对专职人员普遍进行了轮训，有效提高了法律援助工作人员的政策水平和业务能力。全年共为农民工办理法律援助案件4144件，为农民工挽回经济损失1.2亿元。

四、强化便民服务。一是认真部署开展"法律援助便民服务"活动。及时转发了司法部《关于在全国开展"法律援助便民服务"活动的意见》，制定下发了我省《关于开展"法律援助便民服务"活动的实施方案》，不断加大法律援助便民利民措施的实施力度。二是充分发挥"12348"法律援助专线自动化平台功能。全省分区域设立的29个"12348"法律援助电话咨询自动化平台，工作时间有专人值班，负责解答人民群众的法律咨询和疑难问题；非工作时间一律转入自动解答系统，为群众提供24小时不间断服务。10月，在荆州召开了全省"12348"法律援助专线现场会暨经验交流会，总结并部署了工作，交流了经验。2009年以来，该平台共人工或自动解答法律咨询56100人次，直接受理法律援助案件103件。三是拓展服务领域，降低受援门槛。为切实使法律援助惠及更多困难群众，各地根据实际情况，在拓展服务领域、降低受援门槛方面做出了新的尝试。十堰市将"三农"案件、交通事故、医疗事故、家庭暴力、虐待、遗弃和暴力干涉婚姻自由案件、重点项目建设涉法涉诉法律事务等列入了法律援助范围。这些便民利民措施的逐步实施，一方面使法律援助的社会覆盖面得到明显延伸，另一方面，使更多的社会弱势群体在维护自身合法权益的同时，享受到法律援助带来的实惠，感受到党和政府的温暖。

五、加强工作宣传。与省残联密切配合，有组织、有规模地开展上街为残疾人提供法律服务，共接待残疾人法律咨询400余人次。省司法厅和省残联在湖北卫视《有奖有法》栏目播出的内容产生了较好的社会影响。积极开展法律援助公益广告宣传，制作了一批纸杯、雨伞、文化衫等法律援助文化宣传用品，发放给困难群众、农民工等弱势群体。其中部分法律援助文化用品被评为三等奖。各地高度重视法律援助宣传工作，以法律援助受理范围、条件、办理程序等为重点，以利用节假日开展的"3·8"、"3·15"等专项活动为载体，采取普遍宣传与个案宣传、日常宣传与集中宣传相结合等方式，大张旗鼓地开展法律援助宣传工作，增强了法律援助工作的社会影响力。

2009年,全省法律援助办案成本补贴专项资金共计495万元,其中中央财政专项资金250万元,省财政专项资金245万元,现都已下拨到位。

湖北省法律援助工作大事记

3月26日,省政府办公厅印发《省人民政府办公厅关于成立湖北省法律援助工作协调小组的通知》,湖北省法律援助工作协调小组正式成立,确立了协调小组组成单位及人员。

4月23日,湖北省法律援助工作协调小组发出《关于成立湖北省法律援助协调小组办公室的通知》,确立办公室组成人员。5月、9月两次召开法律援助协调小组会议。

法律援助工作连续三年列入省政府为民办实事项目,得到司法部的肯定。在6月9日司法部召开的第五次全国法律援助工作会议上,汪道胜厅长表作经验交流。

7月上旬,省政协领导带队对全省农民工法律援助工作进行了专题调研,并向省委省政府建言献策。

8月下旬,政府法制办领导与司法厅分管领导就《湖北省法律援助条例(草案)》的修订赴荆州、荆门进行立法调研。

9月3日,赵文斌副省长在省委办公厅《议政建言》中"关于农民工法律援助的调研报告"上批示:"该调研报告深入、细致、翔实。既客观总结了法律援助三年来所取得的成绩,又实事求是地分析了存在的问题,同时提出了很好的对策建议。请省司法厅认真研究,将建议转化为下一步的实际工作步骤。先把通过我们自身努力能够做的事情做好,如完善相关法律制度,健全部门协作机制,加大法制宣传教育力度等。关于增加人员、加大投入等问题,积极向党委、政府汇报,争取支持,逐步解决。"

9月18日,省政府常务副省长李宪生在省法律援助工作协调小组"关于第五次全国法律援助工作会议主要精神及贯彻落实意见的报告"上批示:"拟同意,建议中涉及法律援助补贴的内容,可考虑按照分级负责原则,由本级财政研究解决。"省长李鸿忠批示:"同意宪生同志意见。"

11月26日,赵文斌副省长在省人民政府办公厅《督查通报》中"关于今年前三个季度省政府十件实事工作进展情况通报"上批示:"道胜厅长:今年的法律援助工作又前进了一大步,值得认真总结。希望明年将这项工作做得更好。"

(湖北省法律援助中心)

湖南省法律援助工作概况

2009年,湖南省法律援助机构在司法部和省司法厅党委的正确领导下,以贯彻落实第五次全国法律援助工作会议精神为主线,以实施"法律援助暖民心工程"为载体,全面提升法律援助服务能力、保障能力、管理能力、宣传能力,较好地完成了全年的各项任务,省法援中心被省文明办评为"湖南省文明窗口单位"。

一、以实施"法律援助暖民心工程"为载体,切实维护困难群众的合法权益

为使"法律援助暖民心工程"有的放矢,取得实效,年初,省法援中心先后到省劳动和社会保障厅、省民政厅、省农民工办公室、残联等部门摸清全省农民工、困难企业职工、五保低保对象、残疾人等需求法律援助群体的状况，广泛搜集信息，了解当前社会热点、难点问题，为活动开展掌握第一手资料，做到底细清楚、决策科学。

（一）周密安排、层层部署，确保活动有序开展。3月，省法援中心召开市州法援中心主任座谈会，对活动的目标任务、工作重点、实施步骤以及措施办法进行了具体安排；7月，召开活动中期讲评会议，对上半年工作成绩和问题进行了讲评，对下半年主要工作进行了部署，确保活动重点突出、主题鲜明。年初，省市县法援中心均确定了全年的目标任务，各级法律援助机构根据人口数量、队伍力量、经费保障等因素，将办案数量、机构网络建设等可以量化的任务逐级分解到机构、到人，形成各级法律援助机构各个有任务、层层有压力，一级抓一级，层层抓落实，统一安排部署，统一检查考核的工作格局。为及时掌握和通报活动开展情况，省市县三级机构都安排了专职信息联络员，活动开展情况一月一小结、办案情况一季一上报。仅上报有重大影响的典型案例就超过百例，收集到有关专项活动信息600余条。全省分季度先后三次通报了各地办案数量、活动措施、工作进度等情况，以鼓励先进、鞭策后进，促进全省工作平衡发展。省法援中心还加强了对工作开展情况的督促检查。在事先不打招呼的情况下，以查阅案卷、个别询问、实地走访、集体座谈等形式，先后到长沙、株洲、湘潭、郴州、益阳、常德、怀化、张家界、湘西等9个市州法援中心及30个县（市、区）法援中心了解督查办案、机构网络建设、宣传、培训、经费保障及使用等情况，及时提出整改意见。做到检查不护短、不遮丑，从难从严、即知即改，确保活动有序开展。

（二）突出重点、强化服务，力求活动取得实效。一是紧扣工作重点，服务保民生。始终把困难企业职工、返乡农民工、滞留城市失业农民工作为法律援助重点对象。全年全省共办理法律援助案件23188件，同比增长21.2%，办案数量首次突破2万件，完成了年初确定的目标任务，受援人数达到25075人次，创历史最高水平。受援人因免交律师代理费而从中受益近5000万元，为受援人挽回或避免经济损失4.5亿余元。各地办案量均有不同程度增长，其中长沙、湘潭、郴州、岳阳、邵阳、怀化等地方办案数量处在全省前列。在办理的案件中，涉及农民工的8022件，同比增长31%，涉及困难企业职工3357件，同比增长32.2%，涉及低保五保对象的2147件，同比增长22.4%。全省全年共接待来信、来电、来访咨询或上访人数11.9万人次，同比增长19%，为引导群众依法理性有序表达诉求，舒缓社会矛盾作出了积极贡献。

二是围绕党委政府工作大局，服务保稳定。准确把握当前经济社会在金融危机背景下出现的阶段性特点，始终把握围绕中心、服务大局，积极服务保稳定。全年全省各级法律援助机构共办理两年以上的积案161件，办理涉及4人以上的群体性案件170件，办理党委、政府交办的案件145件，有效地为党委、政府分忧，为民解困。汨罗市法援中心化解一起涉及40名残疾职工的劳资纠纷案，株洲市法援中心成功化解一起跨省区、跨年度，涉及56名伤残民工身体权纠纷案等等。此外，各地还根据当地实际出台了一系列服务大局措施。长沙市服务“两型”社会建设，将因环境污染、公共卫生、安全生产产生主张民事权益纠纷案件纳入法律援助范围；湘潭市与环保部门形成联动机制，为因环境污染而产生的民事权益纠纷的案件建立受理“绿色通道”；醴陵市在当地受金融危机影响较大的劳动密集型、外向型陶瓷企业设立法律援助工作站,为企业员工提供免费法律咨询,引导被侵权员工依法有序表达诉求。

三是简化程序,积极推动法律援助各项便民举措落到实处。全省依托司法所或经机构人事编制部门批准建立乡镇(街道)法律援助工作站2464个,建站率达到98%,建立村(社区)法律援助联络点3.5万个,建点率达到70%,工作站、联络点的普遍建立不仅为广大人民群众申请法律援助提供了方便,更加大了对法律援助制度的宣传,提高了法律援助知晓率。为使困难群众得到及时有效的法律援助,各级法援中心为申请人简化办事程序,提高办事效率,对于一些特殊群体案件先行受理并指派律师办理,后补办手续。便民活动开展以来,全省各级法律援助机构共向低保五保对象、残疾人、困难企业职工、返乡农民工等困难群体发放法律援助卡片45万份,持卡人在省内任何一家法律援助机构申请法律援助可免除经济困难审查。此外,省法援中心还通过省总工会与周边及泛珠三角10个省份建立了农民工法律援助异地协作机制,降低了农民工维权成本。由于法律援助在服务"三保"中发挥的重要作用,省法援中心多次参加全省社会救助、农民工办、老龄委召开的会议并做典型发言,介绍司法行政部门为困难群体提供法律服务的经验和做法。

(三)树典型、抓宣传,力促活动效果显现。4月,中央电视台对临湘市法援中心成功办理的为黄某讨回工资一案进行了专题采访,并制作了专题片《与死神赛跑的辩论》和《追溯希望》在《社会与法》栏目中6次滚动播出。5月、6月,省法援中心在全省组织开展了"法律援助宣传月"活动。6月,结合司法部开展的"法律援助便民主题活动",省法援中心负责人做客湖南人民广播电台"为民热线"直播栏目,就法律援助范围、申请途径、便民服务措施等与听众进行了交流。7月,唐云景副厅长做客省政府门户网站"嘉宾访谈"直播节目,着重就第五次全国法律援助工作会议精神、"法律援助暖民心工程"开展情况、政府责任落实等情况和网友进行了交流,并向省内主要媒体进行了通报。此外,还举办了《湖南法律援助工作动态》,全年共出刊八期,及时提取工作亮点、总结工作经验、通报工作情况,准确、全面反映全省专项法律服务活动开展情况。据不完全统计,近年来全省共设立法律援助宣传咨询点157个,共接待咨询1.3万人次,现场受理法律援助案件213件,发放法律援助宣传资料5万份,共在省级平面新闻媒体发布有关法律援助报道61篇,在各地电视台、广播制作播放法律援助节目164期次。

二、以贯彻第五次全国法律援助工作会议精神为契机,提升法律援助工作水平

"五次会议"召开后,司法厅党组高度重视会议精神的贯彻落实,并就如何贯彻提出了明确意见。8月,在全省市州司法局长暨发挥职能服务"三保"现场经验交流会上,夏国佳厅长还专门就"乘势而上,进一步推动法律援助工作发展"发表讲话,为推动全省法律援助工作向纵深发展指明了方向。全省法律援助工作借助"五次会议"精神传达贯彻的东风,在解决涉及法律援助发展及深层次问题方面已经取得了一些突破性进展。

一是成立了全省法律援助工作领导小组。9月下旬,经多方协调,省政府成立了以刘力伟副省长为组长,18个职能部门负责人为成员的省法律援助工作领导小组,为研究解决法律援助工作遇到的困难和问题以及协调与相关部门的关系提供了平台,同时,也推动了市州、县(市区)党委政府对法律援助工作的进一步重视和支持。二是以省委办公厅、省政府办公厅名义出台《关于进一步加强和改进法律援助工作的意见》。就法律援助经费保障、管理体制、扩大法律援助覆盖面、完善法律援助便民措施及如何加强组织领导等方面作了明确要求，为今后一段时间法律援助工作的发展指明了方向。三是经省政府同意，为进一步降低门槛，扩大法律援助覆盖面，出台了《关于扩大法律援助事项范围和调整经济困难标准的意见》，使更多困难群众在更广泛的事项范围中获得法律援助。四是将法律援助工作列入省政府"为民办实事"项目。经省政府常务会议研究同意，省政府为民办实事项目办公室调研、论证并公示，省政府已将法律援助纳入 2010 年省政府为民办实事项目。这一举措为市、县法律援助工作纳入同级党委、政府的重要议事日程，进一步推动法律援助工作发展创造了平台。同时，也将极大激发全省司法行政机关特别是法律援助机构工作的积极性和创造性。五是法律援助经费有了根本性保障。经多方协调，省财政加大了对法律援助办案经费的投入力度，市县法律援助办案经费都纳入了中央和省财政政法业务办案经费转移支付，经费数量由过去每个县(市区)的几万元增加到几十万元，为及时足额支付法律援助办案补贴奠定了基础。

三、加强理论调研，进一步完善法律援助的体制机制

为适应当前法律援助工作新需求，进一步扩大法律援助覆盖面，让更多群众受益，省法援中心提出了《关于扩大法律援助事项范围和调整经济困难标准的意见》。同时，为解决基层法院与法律援助机构工作衔接过程中出现的问题，省司法厅拟与省高级人民法院联合出台《关于完善法律援助工作协调机制的意见》，着力解决民事法律援助与司法救助相衔接以及工作协调机制等方面的问题。

此外，在调研基础上，省法援中心先后向司法部提交了《农村法律援助工作调研报告》、《乡镇法律援助工作站调研报告》、《全省"148"法律援助专线调研报告》、《法律援助办案质量评估调研报告》等调研文章。11 月上旬，全国法律援助研讨会在长沙召开，省法援中心选报的《对农民工法律援助案件异地协作的几点思考》、《运用人民调解开展法律援助》两篇论文入选优秀论文并在研讨会进行发言交流。

四、加强队伍建设，不断提高法律援助服务能力

为提高信息化管理水平，促进法律援助工作规范化建设，4 月，按照司法部推广使用信息管理系统的要求，省法援中心组织了全省市州、县(区)法援中心 160 余人就信息管理系统应用等进行了专门培训。全省已有 91% 的机构开始使用信息管理系统，系统的应用推广工作处在全国前列。7 月，省法援中心组织市州司法局分管领导、法援中心主任及部分县(区)司法局主要负责人就法律援助管理业务进行了培训，通过培训澄清了一些模糊认识，开拓了视野，明确了法律援助发展方向。此外，市州、县(市、区)法援中心纷纷组织法律援助律师、乡镇(街道)法律援助工作站人员进行办案技能、专业知识的培训共计 1200 人次，使全省法律援助人员的业务素质进一步提高。

此外，作为司法厅机关与群众百姓打交道最多的部门，省法援中心进一步端正服务理念、改善服务态度，一如既往地开展"三个一"服务模式，即"一张笑脸迎进、一把椅子请坐、一杯热茶请喝"，并将这一服务方式向基层延伸，使各级法律援助机构服务理念更具人性化。对老上访人员，省法援中心及时进行心理援助，缓和矛盾，引导其依法有序理性表达利益诉求。一年来，省法援中心共接待来信、来电、来访群众 800 余人次，接待解答基本做到了让群众满意。年底省政法委政治部及省文明办对省法援中心文明窗口单位创建情况进行了检查考核，认为省法援中心达到了省级文明窗口单位的标准。

湖南省法律援助工作大事记

1月5日，省法援中心制定下发《2009年法律援助工作要点》，对全年工作作出安排。

1月7日，省司法厅下发《法律援助暖民心工程方案》，对工程目标任务、工作步骤及措施做出安排，并提出工作要求。

3月30日至31日，全省法援中心主任座谈会在长沙召开。司法厅党组成员、副厅长唐云景、全省14个市州法援中心主任和省法援中心全体同志参加会议。

4月28日至29日，省法援中心在湖南司法警官职业学院举办全省法律援助信息化管理系统操作骨干培训班。全省市州、县市区法律援助机构共计160人参加了培训。

4月，为及时反映全省法律援助工作开展情况，省法援中心恢复编印《湖南法律援助动态》，全年共编印8期。

6月16日，司法厅党组听取第五次全国法律援助工作会议精神汇报并研究贯彻落实意见。

6月17日，省法援中心负责人做客湖南人民广播电台新闻频道《为民热线》直播节目，就法律援助范围、申请程序、“法律援助暖民心工程”活动等问题与听众进行交流。

7月10日，唐云景副厅长走进省政府门户网站“嘉宾访谈”视频节目直播间，就全省“法律援助工作便民服务主题活动”的开展以及全国第五次法律援助工作会议精神的贯彻情况和网民进行热线交流。

7月22日至23日，全省法律援助工作讲评会暨法律援助管理人员业务培训班在湘潭举办。唐云景副厅长出席，并就贯彻落实第五次全国法律援助工作会议精神发表讲话。

7月28日，省法援中心和省律协联合下发《关于法律援助人员申请律师执业实习管理的通知》。

8月23日，夏国佳厅长在全省市州司法局长会议上重点部署法律援助工作，并就“乘势而上，进一步推动全省法律援助工作发展”发表讲话。

9月22日，省政府成立法律援助工作领导小组，副省长刘力伟任组长，省高院、检察院、司法厅等18个单位负责人为成员。

9月，省司法厅草拟了《关于进一步加强和改进法律援助工作的意见》，并征求省人事厅、省编办、省财政厅等部门意见提请省委办公厅、省政府办公厅印发。

11月3日至6日，2009年度全国法律援助研讨会在长沙召开。部法援中心主任贾午光、副主任桑宁、法律援助工作司副司长王军益、省司法厅副厅长唐云景及全国各省（市区）法律援助机构负责人和发言代表80余人出席会议。

12月14日，经省政府同意，省司法厅下发《关于扩大法律援助事项范围和调整公民经济困难标准的意见》。

12月24日，省司法厅发文表彰2007年至2009年度全省法律援助工作先进集体和先进个人，共有32个单位和40名个人受到表彰。

（湖南省法律援助中心）

广东省法律援助工作概况

2009年，全省法律援助机构围绕贯彻党的十七大、十七届四中全会和第五次全国法律援助工作会议精神，按照司法厅党委统一部署，积极推动法律援助政府责任落实，加强法律援助五项能力建设，不断开拓创新，提升服务质量，充分发挥了法律援助在构建和谐社会中的积极作用。据统计，全年共办理法律援助案件46457件，受援人57522人。9个先进机构和4个先进个人分别获省部级以上表彰，其中东莞市法律援助处获全国“文明单位”荣誉称号，省法律援助处被司法厅记集体二等功。

一、认真贯彻落实第五次全国法律援助工作会议的精神

（一）及时传达会议精神，研究推进全省法律援助事业发展的对策措施。第五次全国法律援助工作会议召开后，省法律援助处向司法厅党委汇报了会议精神，并根据司法厅党委会议的精神形成了全省贯彻第五次全国法律援助工作会议精神的意见。司法厅还召开全省法律援助工作视频会议，研究部署全省当前和今后一个时期法律援助的工作任务，要求各地把思想和行动统一到党中央、国务院对法律援助工作的要求上来，以争当排头兵的姿态，做好法律援助巩固、提高、发展这篇文章。

（二）积极向党委、政府汇报，争取党政领导对法律援助工作的关心和支持。司法厅及时将第五次全国法律援助工作会议精神及司法厅贯彻实施意见情况专门向省委、省政府分别作了书面汇报。黄华华省长在司法厅报告上作出重要批示：“第五次全国法律援助工作会议精神很重要，我们要认真贯彻落实。同意司法厅的贯彻实施意见。关于加强法律援助机构基础建设问题，请容根同志协调省有关部门研究。”李容根副省长批示：“学亮同志按华华省长批示抓好落实，关于‘法援’机构基础设施建设，组织调研提出具体方案。”

（三）以第五次全国法律援助工作会议为契机，推动法律援助政府责任的落实。围绕中央领导在第五次全国法律援助工作会议上提出的“四个切实”、“三个纳入”的要求，积极推动省编制部门做好省法律援助处的更名工作。8月18日，省政府办公厅印发了《广东省司法厅主要职责内设机构和人员编制规定通知》，将广东省法律援助处更名为“广东省法律援助局”，明确了机构职责、编制及领导职数，理顺了全省法律援助机构管理体制。根据黄华华省长、李容根副省长关于“法律援助机构基础设施建设”重要批示精神，司法厅向省政府办公厅提出了《关于加强我省法律援助机构基础建设工作的意见和建议》。11月10日，司法厅进一步向省政府办公厅汇报了全省法律援助工作存在的困难和问题，并与省政府办公厅就有关问题进行沟通协商。

二、夯实基础建设，完善便民措施，积极开展法律援助便民服务主题活动

（一）思想高度重视，积极组织部署。司法部《关于在全国开展“法律援助便民服务”主题活动的意见》下发后，司法厅领导高度重视，制定下发了活动方案，牵头成立了全省“法律援助便民服务”主题活动领导小组，由司法厅陈伟雄厅长任组长，指导和监督主题活动的开展。深圳、广州、佛山、汕头、茂名等地司法行政机关和法律援助机构也迅速行动起来，结合当地实际，积极采取便民措施，确保主题活动按照司法部要求扎实推进。

（二）夯实基础建设，完善便民措施。一是进一步健全法律援助组织网络和办公设施。积极争取以省政府办公厅名义下发加强法律援助机构基础建设的意见，以便为解决全省法律援助机构的定性、人员编制、业务用房和办公设施建设、专项业务经费等问题创造有利条件。各地以第五次全国法律援助工作会议为契机，健全网络和办公设施。广州市海珠区拨付40万元专款启动法律援助基层网点建设，形成区街社区三级法律援助网络，共有119个法律援助工作站覆盖了全区90平方公里、98个社区、2个专业批发市场，平均每平方公里就有1.3个工作站，实现了"10分钟法律援助工作圈"；梅州市大埔县作为经济欠发达山区县，通过积极争取上级支持，抓好镇级法律援助工作站硬件建设，全县14个镇级法律援助工作站都有独立的办公场所，全部配备了摩托车、计算机、打印机、复印机、传真机等设备，所辖茶阳、高陂、湖寮等三大中心镇还配备了专门的公务用车，有力促进了法律援助工作的开展。二是进一步加强法律援助经费保障力度。继续争取各级财政支持，推动解决少数县区法律援助业务经费尚未纳入当地财政预算的问题。全年全省共有21个市和115个县区法律援助业务经费纳入了当地财政预算，10个尚未纳入当地财政预算的县区也争取到数量不等的财政拨款。全年全省法律援助经费共计8432.94万元，同比增长11.1%。此外，还协调省财政厅拨付办案补贴300万元，保证了死刑二审刑事法律援助办案经费的足额到位。

三、强化工作职能，努力提高法律援助服务民生、改善民生的能力

据统计，全年全省共组织办理法律援助案件46457宗，同比下降1.22%，其中民事法律援助案件33217宗，同比增加0.69%，刑事法律援助案件13136宗，同比下降5.67%，行政法律援助案件104宗，同比下降12.61%，受援群众57522人，同比下降20.59%。

（一）突出做好农民工法律援助工作。一是及时转发有关农民工法律援助工作文件。以司法厅名义转发了司法部《关于切实做好春节前农民工工作的通知》和《关于做好2009年农民工工作的通知》，指导各地开展农民工法律援助工作；二是积极参与"南粤春暖行动"，作为省农民工工作联席会议办公室成员单位，积极组织全省参与"南粤春暖行动"，并将全省司法行政系统开展"南粤春暖行动"的情况以每月次形式向省农工办公室作书面汇报。三是组织召开珠三角法律援助主任座谈会，并将会议纪要下发各地，指导各地做好金融危机影响下由于部分企业关、停、并、转导致的劳资纠纷法律援助工作。四是积极为农民工提供法律援助。据统计，全年各法律援助机构共组织办理农民工法律援助案件30208件，占全省法律援助案件总数的65.3%，其中，刑事案件5562件，民事案件24590件，行政案件56件；接受农民工法律咨询172799人次。

（二）认真做好死刑二审案件的指定辩护工作。一是与省高院联合下发《关于实施〈最高人民法院、司法部关于充分保障律师依法履行辩护职责确保死刑案件办理质量的若干规定〉的意见》，确立了层级对应的指派制度和由法律援助机构指派到律师个人的直接指派机制。二是以司法厅名义下发《关于建立省和地级以上市法律援助机构死刑案件指定辩护人名录的通知》，明确死刑案件被指定辩护人的资格要求，建立指定辩护人名录。省法律援助局和 21 个地级以上市全部建立了死刑案件指定辩护人名录。省法律援助局建立的死刑第二审案件指定辩护人名录共录入符合条件的律师 1123 人，并对该名录进行动态管理，及时、准确掌握和更新列入名录的律师信息。三是制定下发了《广东省司法厅支付办理死刑第二审指定辩护案件补贴办法（暂行）》，进一步提高了死刑第二审指定辩护案件的补贴标准，确保死刑二审指定辩护案件的承办质量和效率。四是制作《刑事指定辩护人审查表》、《受理刑事指定辩护复函》等 11 份文书、表格，确保死刑二审指定辩护案件的指派程序和办案程序规范有序。五是组织召开死刑二审案件指定辩护工作座谈会，及时与法院协调、沟通，确保指定辩护工作的顺利开展。省法律援助局共收集完成全省 2007 年 7 月至 2009 年 6 月省高院指定辩护案件 911 件，并与省高院核对、结算辩护费，支付办理法律援助案件补贴 277 件。

（三）参与突发性、群体性事件处置，全力维护社会稳定。各地法律援助律师在参与处理群体性上访、突发性事件及参与信访活动中，积极依据法律法规和相关政策规定，引导群众合法维权，疏导矛盾，减少了缠访、乱访现象，为政府排忧，为群众解难，得到了群众和党委政府的充分肯定。湛江、江门、中山、茂名等市相继成立了维稳律师团，积极引导群众合法维权。韶关市法律援助处参与处理“6 · 26”某厂员工群体斗殴严重治安事件，及时稳定员工情绪，依法引导员工解决矛盾纠纷；广州市南沙区法律援助处参与某职业中学清退学生事件的处置工作，与广州市教育局、南沙区教育局、南沙区黄阁镇政府等部门，研究清退方案，避免矛盾激化，防止了突发群体性事件的发生；深圳福田区法律援助处参与福田保税区某公司 2000 余名员工怠工停产群体性事件的处理，指定 2 名工作人员和 7 名执业律师在公司现场召开由各相关职能部门参加的“福田区司法局法律援助处答疑会”，最终促成公司方同意向员工发放工资和支付经济补偿金。11 月 30 日，东莞市某电子有限公司和某科技制品有限公司 1223 名员工集体上访游行，要求用人单位发放所欠工资并支付经济补偿金，东莞市法律援助处塘厦办事处深入游行员工中间宣传法制，现场回答员工提出的法律问题，及时稳定员工情绪，并作为上访员工的代理人，多次与两公司协商，及时启动诉讼程序，在东莞市第三人民法院主持下，促使双方达成调解协议，并下达了民事调解书，最终两公司向 223 名员工支付经济补偿金合计 13745212. 54 元。该 1223 名员工劳动合同争议案件在一个月之内顺利办结，做到了维稳与维权相统一。省法律援助局派员参加省人大组织的涉及租户 200 多人的佛山“百花总汇”群体性上访案件的研究会，提出的法律意见得到了省信访局与会领导认可；省法律援助局派员参与省信访局处理涉及 300 多户承租户的东莞虎门服装城租赁纠纷上访案，通过律师耐心细致地解答，使上访案件得到圆满解决。

（四）进一步扩大法律援助覆盖面，满足更多低收入群体的法律援助需求。一方面在对法律援助事项范围不作任何限制的基础上，积极推动省政府尽快出台《广东省法律援助经济困难标准规定》，该《规定》已被列入省政府法制办 2009 年度立法预备项目。该《规定》的出台将覆盖全省 20% 低收入以下的经济困难人口，而且可根据经济社会的发展，适时调整经济困难标准。另一方面，在深圳市先行实施辅助性法律援助的基础上，拟在珠三角试行辅助性法律援助和当事人分担费用制度，将更多的低收入群体纳入法律援助范围。同时，各地司法行政机关针对困难群众生产生活等方面出现的新情况新问题，积极推动当地政府及时放宽法律援助经济困难标准，进一步降低法律援助门槛。深圳市法律援助处正牵头拟定《深圳市法律援助条例》相关配套文件，着力推动“辅助性法律援助”、“经济困难标准”等便民措施的落实；广州市在10月1日起施行的《广州市法律援助实施办法》中建立了法律援助经济困难标准动态调整机制，将经济困难标准与居民最低生活保障标准相挂钩，力争不断扩大法律援助的覆盖面。

（五）进一步健全法律援助便民服务窗口，加强法律援助接待场所的规范化建设。各地司法行政机关和法律援助机构积极创造条件，在临街、一楼等方便群众来往的地点设置专门的接待咨询场所，全省已有130个法律援助机构设有专门接待场所。各地还按照广东省《关于法律援助工作规范化建设实施意见》的要求，不断完善无障碍配套服务设施，方便残疾人、老年人等行动不便的群体前来咨询。有条件的地方，在服务大厅增设了空调机、饮水机、洗手间等设施。中山、深圳、广州、珠海等地在服务大厅启用液晶电视滚动公开援务信息，打造规范舒适的咨询环境，方便来访群众及时了解法律援助的条件和程序。有的地方对接待场所进行人性化布局，如深圳罗湖区设置了隐私专用咨询室，为婚姻家庭纠纷当事人和其他涉及隐私权保护的当事人提供独立的私密空间；深圳龙岗区设立了法律援助调解室，便于法律援助律师促成双方当事人和解解决纠纷；不少地方还设置了导援服务台，指派专人指引援助申请人办理相关手续，指导文化程度较低的申请人填写法律援助申请材料等。

（六）进一步拓宽法律援助申请渠道，实现法律援助服务窗口前移。在三级政府法律援助机构全部建立、镇街法律援助工作站挂牌运作、与社团组织建立工作联系制度的基础上，进一步完善法律援助申请渠道，实现了法律援助窗口前移，方便群众在第一时间申请和获得法律援助。佛山市在市中级法院、基层法院和派出法庭均设立了法律援助接待室，将法律援助窗口前移到法院，为涉诉困难群众寻求法律援助提供了便利条件；深圳、肇庆、珠海等地在劳动仲裁立案大厅设立了劳动仲裁法律援助工作站，方便困难群众在提起劳动仲裁的同时申请法律援助；深圳市在劳动就业大厦设立法律援助咨询窗口，方便弱势群体获得有关就业和劳动合同等方面的法律咨询；广州海珠区、深圳龙岗区等在外来员工聚集的地方设立农民工法律援助工作站，为农民工提供便捷的诉讼指引和法律帮助；广州、茂名等地在律师事务所设立法律援助工作站，经授权接受并初审来访者提出的法律援助申请；汕头市建立法律援助律师与农民结对联系机制，方便农民和农民工随时与法律援助律师取得联系并获得法律援助。各地还针对老弱病残等特殊受援对象，发放法律援助卡，推行电话申请、邮寄申请、上门受理等服务。此外，还开通了法律援助数据信息管理平台，广州、河源等地开始探索网上咨询、网上受理法律援助申请，方便困难群众获得在线服务。

（七）进一步做好法律援助接待咨询工作，引导人民群众理性表达利益诉求。据统计，全年全省法律援助机构共接待群众来电来访咨询326891人次，其中，接待来访群众160597人次、接听来电咨询161361人次、处理群众来信4933件。各地已普遍实行咨询接访轮值制度，确保每个工作日都有律师和法律援助工作者值班，使来访、来电群众都能得到接待和解答。要求值班人员必须做好咨询解答记录，对能够当场解答的问题，应当依法即时予以回答；对疑难、复杂的问题，可以实行预约解答，并及时向有关领导请示汇报。在接待咨询时，对符合法律援助条件的，各地均及时给予法律援助；对不属于法律援助职责范围的，详细做好解释工作，并指引到相关部门处理。

为进一步引导群众依法表达利益诉求，各地还采取了以下措施：东莞、深圳等地实行节假日值班制度，解决外来员工在节假日无法申请法律援助的困难；茂名市实行24小时电话值班制度，保证困难群众随时随地都可以获得法律咨询和法律援助服务；广州市、深圳市罗湖区开通了法律援助咨询热线语音提示功能，方便群众在工作时间外获得法律援助相关资讯，并推出个性化服务，为不懂使用普通话的外来劳务工指派同乡律师解答咨询；河源、揭阳等地开通了法律援助短信互动平台，以短信咨询、短信回复方式为广大群众提供法律引导。此外，各地法律援助机构还赴部队、监狱、劳教所为特殊人员上门提供法律咨询服务。省法律援助局每周指派律师到省委、省人大、省政府信访部门参与涉法涉诉案件的接访处理工作，全年共安排本处律师参与信访接访120个班次，较好地发挥了化解矛盾纠纷、引导群众依法解决利益诉求的积极作用。

（八）进一步简化法律援助受理审查程序，提高法律援助工作效率。各地在受理审查法律援助申请时，尽量简化审批程序，缩短审核期限。对涉及农民工的法律援助案件、突发性法律援助案件、10人以上的群体性事件，绝大多数法律援助机构通常不再审查经济困难条件，并优先、快速审查案件工作，提高法律援助工作效率。如深圳市龙岗区对一般的法律援助案件做到当天完成审批，疑难复杂案件不超过3个工作日。中山市对拖欠工资的案件，实现当天审批，当天指派。广州市对农民工申请法律援助案件也实现了在一个工作日内完成受理、审查、指派等工作。对群体性、突发性事件，如情况紧急或即将超过仲裁或诉讼时效的，各地均采用先行受理，事后补办手续的方式，取得了较好的社会效果。

（九）进一步健全法律援助异地协作机制，方便困难群众异地申请和获得法律援助。一方面加强省际间异地协作。在10省区签订《农民工法律援助合作协议》基础上，省法律援助局与宁夏回族自治区，广州、深圳、佛山等市与北京、天津、重庆等市，东莞市与重庆铜梁县、湖北十堰市、贵州省遵义市，佛山市与江西吉安市，中山市与遵义市都签订了有关农民工法律援助异地合作协议，进一步推动农民工输出地和输入地政府法律援助机构间的联系与合作。另一方面加强省内城际协作。一是推行珠三角法律援助一体化，推进法律援助范围一体化、信息共享一体化、资源整合一体化、异地协作一体化、规范化建设一体化，构建法律援助大格局；二是广（州）佛（山）实现法律援助同城化，针对跨区域的重大、敏感、群体性法律援助案件，双方互相协助，共同办理，并建立了法律援助案件转委托制度，减轻当事人的经济负担和奔波劳碌之苦；三是珠三角与对口扶持的山区市交流合作，如广州市与梅州市，深圳市与河源市对口交流，有的区县还签订了异地合作协议。有的市则加强本辖区内的交流与合作，如广州市白云区与从化市、花都区、萝岗区签订了协议，在辖区内实现资源共享，降低维权成本。

（十）进一步建立受援人联系告知制度，充分保证受援群众的知情权。一是实行一次性告知制度，各地在接访咨询过程中均一次性告知申请人，在规定时间内要提交的材料和应完成的手续，避免申请人多次往返补充材料。二是实行风险告知制度，各地法律援助机构除明确告知受援人在法律援助过程中的享有的权利与义务之外，如果法律援助机构为受援人提供诉讼代理服务的,应提示其可能产生的法律风险,以便受援人准确判断其诉求的合理性,避免受援人对承办律师作出不恰当的投诉。三是实行案件查询制度,各地法律援助机构在组织承办法律援助案件过程中,均及时向受援人通报办理法律援助事项的进展情况,受援人也可以向法律援助机构查询,以便受援人及时了解和掌握案件情况。

(十一)进一步创新法律援助服务模式,选择有利于受援人的服务方式。一是逐步推广法律援助诉前、庭前调解的服务模式,以最少投入、最短时间、最低成本、最大限度地维护弱势群体的合法权益;对证据不足,诉讼风险较高的,采取调解方式处理。二是建立多种援助形式并用的纠纷解决机制,合理采取咨询、代书、调解等非诉讼援助形式并用的方式,或者采取调解、仲裁、诉讼等非诉讼援助形式和诉讼援助形式并用的方式解决纠纷。三是建立情、理、法并用的纠纷解决机制。在全力化解群体性事件、突发性事件过程中,各地还积累了一些办案技巧和谈判技艺,包括认真听取当事人提出的要求,多关心当事人以争取当事人对法律援助服务人员的信赖和认同;耐心解释法律法规政策,站在当事人立场理性分析法律问题;积极提供法律援助,引导和帮助群体性事件参与者通过法律途径解决纠纷等,从而形成情、理、法并用的纠纷解决机制。四是将法律援助服务与社会工作相结合,建立法律援助社工服务机制,如深圳市法律援助处在市福彩中心支持下,聘用4名具有法律、心理、社会学教育背景的社会工作者,利用其专业知识帮助受援人走出心理阴影,填补法律援助工作前端和末端服务空白,为困难群众提供多方面的服务。

(十二)进一步健全完善法律援助指派模式,提高法律援助服务质量。一是逐步推广点援制指派方式,在传统轮流指派方式的基础上,逐步试行点援制,如广州、珠海、佛山、深圳等地,由法律援助处组织辖区内的律师自愿报名,登记律师专业特长、籍贯、执业年限等基本信息,形成专门律师库。在指派时各地一方面会根据案件类型,指派擅长该领域的律师承办案件,充分发挥律师的专业特长,走专业化道路;另一方面根据涉案群众的籍贯,指派相同籍贯的律师承办,方便承办律师与涉案群众的交流与沟通。二是逐渐形成了当事人自主选择承办律师的制度。佛山三水区、深圳龙岗区,允许法律援助案件当事人从律师库中自由选择承办律师,增进当事人对承办律师的信任,密切相互之间的配合。三是逐步形成承办律师准入制度。部分地方对承办法律援助案件的律师提出具体的准入条件,如深圳市要求承办法律援助案件的律师须具有三年以上执业经验,韶关市禁止实习律师单独办理法律援助案件等,从源头上确保法律援助案件的承办质量。

(十三)进一步健全法律援助监督管理机制,主动接受受援人和社会的监督。为保证法律援助案件质量,从援助前、援助中、援助后等各个环节强化办案管理,实行全程跟踪,建立了法律援助监督管理机制:一是建立庭审旁听制度。大多数地方定期选择有代表性的案件在开庭时旁听,如实记录承办人员庭前准备和庭上表现情况,督促承办人员提高办案质量。二是建立专人跟案制。由法律援助机构安排专人负责对案件办理情况的监督、检查,监督人员与办案人员和受援人保持日常联系,了解案件进展情况,检查办案人员是否完成必需的调查取证、会见、阅卷、调解、诉讼等工作,听取受援人对办案人员工作的意见和建议;监督分析办案人员提交的无罪辩护申请、诉讼文书、代理词、辩护词,检查所陈述的事实是否清楚,适用法律是否正确等。三是建立案件回访制。大多数地方在案件办结后，会通过电话或书信及时回访当事人或承办案件的仲裁员、法官、公诉人等，做好回访记录，收回《法律援助案件征询意见表》，进一步了解受援人和法院等对办案人员工作的评价意见，检查办案人员在办理法律援助案件过程中有无违规行为。四是建立案件公示制。中山市制定了法律援助案件质量公示办法，对已办法律援助案件适宜公开的，定期进行公示。此外，佛山市等地方法律援助机构在人大、公安、法院等相关单位及各镇（街）的村（居）委聘请了法律援助联络员，对法律援助工作和法律援助案件进行外部监督，每年定期召开座谈会，征求联络员对法律援助工作及案件质量的意见，进一步加强和改进法律援助工作。

四、加强管理协调，提高法律援助的指导管理能力

（一）积极推动《广东省法律援助经济困难标准规定》的立法工作。《广东省法律援助经济困难标准规定》已列入省政府法制办2009年立法预备项目，为促进《广东省法律援助经济困难标准规定（草案）》尽早通过，省法律援助局通过司法厅法规处向省直相关部门、各地级市司法行政部门征求意见；专门与省法制办、国家统计局等有关部门就该项工作进行沟通协调；组织召开了广东省法律援助经济困难标准专家论证会，论证采用低收入户作为广东省法律援助经济困难标准核心指标的可行性，明确低收入户的认定指标、相关概念、内在联系及可操作性，对征求的意见进行分析、采纳，进一步修改完善《规定（草案）》。历经十二稿修改后，通过司法厅法规处将《规定（草案）》及相关文件提交省政府法制办审查。

（二）答复省政协、人大的提案、议案，草拟相关文件，提出相关意见。完成省政协十届二次会议第129号和第34号提案的答复，围绕如何预防和处理群体性事件、促进社会和谐稳定以及《劳动合同法》实施后本省劳动争议法律援助案件办理情况认真答复政协委员的提案；完成对省人大代表议案的答复工作，重点完成对“完善欠发达地区法律援助机制”的建议进行回复。针对省人大法工委《中华人民共和国农村土地承包经营纠纷仲裁法（草案）》、省人大内司委关于《广东省流动人员服务管理条例（修订草案）》提出修改意见。此外，根据司法部法律援助工作司要求，省法律援助局草拟了《关于建立法律援助“三项标准”动态调整机制的意见（草案）》、《关于加强和改进法律援助工作的意见（草案）》，并对《法律援助程序规定（草案）》提出修改意见。对省人大、省政协的议案、提案及司法厅法规处、司法厅办公室转来的共20多个法规、规范性文件的征求意见稿提出修改意见和建议。

（三）完成年度法律援助律师年审注册工作。全省年审注册的法律援助律师436人，同比上升4.56%，其中专职法律援助律师250人，同比上升18.5%，兼职法律援助律师186人，同比下降9.7%。

五、加大宣传力度，提高法律援助的社会影响力和群众知晓率

（一）组织开展法律援助宣传月活动。结合司法部法律援助中心《关于开展法律援助宣传月活动的通知》要求，9月，在全省范围组织开展了以“维护困难群众合法权益保障社会公平正义——纪念《广东省法律援助条例》颁布实施十周年”为主题的“法律援助宣传月”活动。据不完全统计，宣传月活动期间，全省各法律援助机构共举办现场法律援助咨询活动342场次，提供法律咨询170353人次；现场受理法律援助申请138件；举办法律援助知识讲座33场次；悬挂宣传横幅、宣传画、海报1351幅；发放《广东省法律援助条例》、《农民工法律援助指南》、《法律援助知识小册子》、《劳动合同法》、《劳动法》、《法律援助知识》等法律援助宣传资料283500多份；制作法律援助宣传展板500余块；电视报道、公益广告34次；电台报道3次，新闻报刊和网络报道124期（次）；网上宣传广告点击数为36621次；网上咨询1226人次；发送宣传短信63万条；发放调查问卷3000多份。

省法律援助局宣传月活动主要围绕"六个一"，即一次座谈会、一场法律咨询、一期报刊专版、一部电视专题片、一条电视专题新闻（宣传短片）、一本法规汇编进行。以司法厅名义组织召开了"纪念《广东省法律援助条例》颁布实施十周年座谈会"，省委政法委、省人大、省政府、省法院、省检察院、公安厅、司法厅、省直有关单位、社会团体、高等院校和省法律援助局约50人参加了座谈会；与广州市法律援助处、白云区法律援助处联合举办了"纪念《广东省法律援助条例》颁布实施十周年宣传咨询活动"，省、市、区三级法律援助机构约20名法律援助律师参加、现场接受群众咨询1000人次、派发各种宣传资料5000份，派人与韶关、梅州、阳江等地的法律援助机构联合举办法律援助宣传咨询活动，司法厅马军港副厅长亲自下基层参加了咨询活动；结合十周年纪念活动，《南方日报》专版报道了全省10年来贯彻落实《广东省法律援助条例》，开展法律援助工作的主要情况。

（三）积极参与对外交流宣传活动，利用媒体宣传法律援助工作。协助省依法治省办提供拍摄《法治之路》纪念片的有关资料，派员参加了广东学习论坛第六十二期报告会、北京市司法局赴广东调研座谈会等，江苏南通召开的全国法律援助宣传工作经验交流会、省律协公益法律事务委员会赴河南省考察活动等，向香港《大公报》提供了有关法律援助采访材料等。

配合第五次全国法律援助工作会议的召开，向会议提供图文资料，在《法制日报》上专版报道了本省农民工法律援助工作开展情况，并介绍本省各地开展农民工法律援助工作的八大亮点，取得很好的宣传效果。《法制日报》还报道了广东省如何创新机制，在确保死刑二审指定辩护案件办理质量和效率方面取得的明显成效等。中央电视台《今日说法》栏目就广东省法律援助工作专门采访了陈伟雄厅长，在国庆特别节目"小撒印象——广东法援"播出，专题介绍广东开展法律援助工作的新动向和新举措。深圳、广州、佛山、东莞、中山等市法律援助工作也持续受到各大新闻媒体的广泛关注。据统计，全省电台电视台开展法律援助宣传活动1524次，报刊杂志刊登法律援助宣传信息650次。

（四）组织做好信息、案例的编辑、发布工作。各市法律援助机构利用法援工作信息及司法行政网站宣传法律援助，交流工作经验，汕头、佛山等市编印了案例汇编。省法律援助局编辑出版了6期《广东法律援助》，扩大了刊物的发行范围；编印了《广东省法律援助案例汇编（一）》，收录2006年至2008年6月全省21个市报送的151宗法律援助案件，展现了广东省法律援助工作人员的精神风貌和办案技能；通过司法厅门户网站、广东省法律援助网发布400多条宣传法律援助的最新动态信息、典型案例，全面宣传各地法律援助工作的有益经验和做法，扩大了法律援助的社会影响。

六、加强调查和理论研究，为做好法律援助工作掌握全面、翔实的第一手资料

（一）完成年度法律援助专项调研任务。根据司法部法律援助工作司、司法部法律援助中心及司法部办公厅的通知要求，组织全省开展相关专题调研活动，到部分有代表性的市、县(区)调研,写出专题调研报告。如新形势下农村法律援助工作、法律援助案件质量评估工作、“148”法律援助专线工作、创新法律援助工作体制机制、依托司法所设立法律援助工作站等专题调研文章,为推动法律援助工作健康发展提供了科学依据。

(二)完成珠三角法律援助一体化研究论证和制定方案工作。根据司法厅党委贯彻落实《珠江三角洲地区改革发展规划纲要(2008—2020)》“法律援助先行先试”的精神,组织珠三角各市法律援助机构做好研究论证工作,到东莞、惠州等市调研,根据珠三角各地提出的意见和建议,制定并下发各地实施了《珠江三角洲地区法律援助服务和保障〈规划纲要〉实施的工作方案》。

(三)参加省委政法委的专项调研活动。派员参加省委政法委关于对欠薪逃匿涉及犯罪的专项调研,通过到深圳、东莞、珠海等地考察及邀请澳门专家学者座谈的形式调研,完成了调研报告,草拟了《关于打击欠薪逃匿涉及犯罪适用法律的若干意见》。

(四)组织全省各地撰写理论研讨文章。根据司法部法律援助中心的要求,组织全省法律援助机构工作人员撰写理论研讨文章20篇,成为研讨会提交论文最多的省份,其中9篇文章入选,一篇被列为研讨会发言文章。

广东省法律援助工作大事记

1月5日,省法律援助局组织召开了“珠三角地区法律援助处主任座谈会”,围绕如何做好金融危机影响下农民工法律援助工作,维护社会稳定进行了交流。

2月12日,省法律援助局负责人陪同中央电视台海外节目中心英语国际频道记者到宝安区法律援助处,就金融危机下农民工权益保护及法律援助现状进行采访。

2月27日,司法厅马军港副厅长赴东莞市司法局开展专题调研活动,了解掌握东莞市做好新形势下农民工法律援助工作的情况、珠三角法律援助一体化初步设想、参与实施法律援助过程中存在的困难和问题等。

3月20日,省法律援助局副主任黄小川参加东莞市法律援助处全国文明单位挂牌仪式。

3月24日—27日,省法律援助局负责人率调研组到梅州、河源市,专题调研新形势下农村法律援助工作和法律援助案件质量评估工作。

3月30日,省法律援助局因参与处理并圆满完成“齐二药”事件协调理赔工作,受到省委、省政府的充分肯定,荣立集体二等功。

4月17日,北京市司法局到广东调研,省法律援助局律师详细介绍了面对金融危机所采取的法律援助措施。

4月24日,省法律援助局派员到省高级人民法院参加工作协调会,就执行《广东高级人民法院、广东省司法厅实施〈最高人民法院、司法部关于充分保障律师依法履行职责确保死刑案件办理质量的若干规定〉的意见》过程中有关问题进行沟通协调。

5月14日,省法律援助局完成珠三角法律援助一体化研究论证工作。

6月1日,司法厅制定的《广东省司法厅支付死刑第二审指定辩护案件补贴办法(试行)》开始实施。

6月3日,《法制日报》专版报道广东省开展农民工法律援助工作情况。

6月至9月,省法律援助局负责人到粤西、粤东、粤北等7市就创新法律援助体制机制专题进行调研。

6月18日,省法律援助局组织召开死刑二审案件指定辩护工作座谈会。会议就进一步加强和完善死刑二审案件指定辩护工作,保障和提高死刑二审案件辩护质量进行了讨论。

7月3日，司法厅召开全省法律援助工作视频会议，主要内容是贯彻落实第五次全国法律援助工作会议精神，研究部署广东省当前和今后一个时期法律援助的工作任务。全省设1个主会场21个分会场。会议由司法副厅长马军港主持，厅长陈伟雄讲话。

7月8日，省法律援助局负责人参加广州市法律援助信息工作会议，并就如何写好信息和新闻报道进行专题授课。

7月29日，黄华华省长和李容根副省长到司法厅调研。黄华华省长对广东省法律援助工作给予充分肯定，并提出殷切希望。

7月29日至31日，省法律援助局副主任罗召元等到佛山市、江门市、中山市所辖镇街司法所就依托司法所设立法律援助工作站有关情况进行调研。

7月，省法律援助局与广东电视台合作拍摄法律援助专题片《和谐春雨》。

8月18日，省政府办公厅在《广东省司法厅主要职责内设机构和人员编制规定的通知》中明确提出，广东省法律援助处正式更名为“广东省法律援助局”。

8月31日，《法制日报》报道了广东省创新机制，在确保死刑二审指定辩护案件的办理质量和效率方面取得的新成效。

8月31日，为纪念《广东省法律援助条例》颁布实施十周年，《南方日报》专版报道了广东省开展法律援助工作的情况。

9月1日，司法厅组织召开“纪念《广东省法律援助条例》颁布实施十周年座谈会”，来自省委政法委、省人大、省政府、省法院、省检察院、公安厅、司法厅、省直有关单位、社会团体、高等院校和省法律援助处人员约50人参加了座谈会。

9月1日，中央电视台《今日说法》栏目撒贝宁记者专访司法厅厅长陈伟雄，围绕广东省法律援助工作的新动向和新举措、法律援助需求和法律援助资源之间存在的困难和对策、《广东省法律援助条例》出台背景及修订等问题作了专访。9月27日，国庆特别节目“小撒印象——广东法援”播出专访活动。

9月1日至30日，省法律援助局组织各法律援助机构开展以“维护困难群众合法权益保障社会公平正义”为主题的“法律援助宣传月”活动。

9月1日，为纪念《广东省法律援助条例》颁布实施10周年，省法律援助局与广州市法律援助处、白云区法律援助处共同组织20多名律师在外来农民工聚居的白云区新市街举办大型法律援助宣传咨询活动，拉开了广东省法律援助宣传月活动的序幕。

9月9日至11日，省法律援助局在广州组织召开了广东省法律援助经济困难标准专家论证会，国家统计局广东调查总队、省政府法制办、司法厅法规处等负责人应邀出席会议。会议论证了采用低收入户作为广东省法律援助经济困难标准核心指标的可行性；论证了低收入户的认定指标、相关概念、内在联系及操作性；修改完善了《广东省法律援助经济困难标准(草案)》。

9月17日，省法律援助局与阳江市法律援助处、江城区法律援助处举办大型咨询活动，司法厅副厅长马军港到进行现场指导。

9月23日，省法律援助局、韶关市法律援助处和始兴县法律援助处共同在始兴县九龄公园举行宣传咨询活动。

9月23日，省法律援助局、梅州市法律援助处和五华县法律援助处共同在五华县边远革命老区长布镇举办法律援助宣传咨询活动。

10月12日，司法部法律援助工作司组织的五省(区)法律援助工作汇报会在广州召开，司法部法律援助工作司副司长高贞、司法厅副厅长马军港、副巡视员蒲皆祐，湖南、江西、广西、福建以及广东五省(区)法律援助处（中心）负责人参加会议。

12月9日，省法律援助局制定了《珠江三角洲地区法律援助服务和保障〈规划纲要〉实施的工作方案》。

（广东省司法厅法律援助工作处）

广西壮族自治区法律援助工作概况

2009年，全区各级法律援助机构在各级党委、政府的正确领导下，坚持以邓小平理论和"三个代表"重要思想为指导，全面贯彻落实科学发展观，以维护司法公正、促进社会和谐为目标，以法律援助工作法制化、规范化、制度化建设为重点，创新工作机制，积极开展法律援助工作，充分发挥法律援助在扶贫困、暖民心、保民生，服务科学发展中的重要作用，切实依法维护弱势群体的合法权益，真正让困难群众感受到党和政府的温暖。全年全区共办理各类法律援助案件1.6万余件，接待群众来访、来电、来信咨询9万余人（次），法律援助服务能力和服务质量明显提高。

一、加强政治理论学习，积极参加深入学习实践科学发展观活动

按照自治区司法厅党委关于深入学习实践科学发展观分析检查阶段有关工作的通知要求，广西壮族自治区法律援助中心紧紧围绕司法厅"抓班子、带队伍、促改革、强基层、创亮点、保稳定"的主题开展学习实践活动。通过开展学习调研、广泛征求意见、召开座谈会等形式，进一步分析了近年来全区法律援助工作的发展状况，查找存在的突出问题，理清工作思路，制定解决措施。全区法律援助机构通过认真组织学习党的十七大和十七届三中全会精神，努力践行科学发展观，使法律援助人员的政治素质进一步提高，工作作风进一步转变，法律援助工作能力进一步增强。

二、积极贯彻落实第五次全国法律援助工作会议精神

第五次全国法律援助工作会议结束后，司法厅党委于6月16日召开专题会议，及时传达学习了会议精神，研究贯彻落实措施。一是加快《广西壮族自治区法律援助条例》（以下简称《条例》）的修订进程。修改《条例》是全区2008—2009年立法项目之一。广西壮族自治区法律援助中心认真做好《条例》修订相关工作，积极推进《条例》的修订进程。1月至2月，组织召开了《条例》修订第一次专家评审会和修订工作座谈会，并形成《条例》正式送审稿报送自治区法制办；3月，召开《条例》立法座谈会和第二次专家评审会；4月，自治区法制办办公会议正式通过《条例》（修订草案）；5月28日，自治区人民政府常务会议通过了《条例》（修订草案）；11月，自治区人大常委会对《条例》进行了第一次审议。《条例》的修订将进一步降低法律援助门槛，扩大法律援助范围，完善法律援助与司法救助之间的衔接机制，使更多的困难群众获得法律帮助。二是进一步理顺法律援助工作管理体制。按照周永康同志在第五次全国法律援助工作会议上指出的"三个纳入"精神，全区各级司法行政机关积极加强与自治区编制、人事、财政等部门的沟通与协调，努力将自治区法律援助中心定性为司法厅的内设机构，增加人员编制，争取将全区法律援助经费全部纳入当地财政预算,并随着经济社会发展逐年增加。三是开展法律援助经费管理使用大检查。为了提高法律援助经费的使用效益,防止出现挪用、挤占、滥用法律援助经费等违法违纪情况,司法厅下发了《关于对法律援助专项经费管理使用情况进行检查的通知》,要求各市于7月到8月进行自检自查自纠,并提交自查报告。从自查情况看,各法律援助中心专项经费使用情况良好,但仍存在一些问题,如没有建立独立账户、款项拨付不及时到位等。四是积极开展"法律援助便民服务"主题活动。通过积极修订《条例》,进一步降低法律援助门槛,扩大法律援助覆盖面;筹建全区统一的"148 法律援助热线"电话平台,科学整合"148"法律援助专线与各法律援助中心现有法律援助咨询工作,拓宽法律援助申请渠道,方便群众及时获得法律援助咨询和异地申请法律援助;加强自身监督检查,主动接受受援人和社会监督,不断提高法律援助服务质量。通过开展主题活动,进一步强化了服务意识,改进了工作作风,提高了服务质量。

三、完善法律援助机构建设,着力提高法律援助服务能力

2009 年,全区已建立法律援助机构 126 个、法律援助专职人员 437 人。同时,通过加强乡镇法律援助工作站和社会团体法律援助工作站建设,努力使法律援助工作向基层延伸。全区共建立工、青、妇、老、残、学院、监狱、劳教、电台各类工作站 1756 个,其中广西壮族自治区法律援助中心直属工作站 17 个。为提高法律援助服务能力。一是加大对重点对象的援助力度,扩大法律援助覆盖面,积极为农民工、残疾人及其他困难群众提供法律援助。二是始终把农民工维权作为法律援助工作的切入点和着力点。与公、检、法、财政、劳动就业保障、民政、工、青、妇等部门协商,为农民工申请法律援助开辟绿色通道,简化程序,快速办理;对群体性农民工维权案件,先行指派法律援助人员提供法律援助,事后补办审批手续;对农民工申请劳动报酬和工伤赔偿法律援助的,不再审查经济是否困难。三是加强接待咨询和便民服务工作,维护社会稳定。每天安排一名社会律师提供值班咨询服务。进一步加强信访接待工作,畅通法律援助申请渠道,增强工作透明度,运用公示板、便民服务手册、网络等媒介将法律援助申请条件、范围和程序向群众公示,公布法律援助咨询电话,方便群众前来寻求帮助。

四、积极做好法律援助管理相关工作

(一)召开全区法律援助中心主任会议。为贯彻全区政法工作会议和全区司法行政工作会议精神,3 月,在玉林市召开了全区法律援助中心主任会议。司法厅厅长蒙平友,玉林市委政法委书记黄铭福出席会议并讲话。全区 14 个市司法局分管领导、法律援助机构负责人等共 36 人参加了会议。会议总结了 2008 年全区法律援助工作,并研究部署了 2009 年法律援助工作任务,取得了预期效果。

(二)开展法律援助宣传月活动。为贯彻落实全国司法厅(局)长会议精神,着力增强法律援助宣传教育效果,组织全区各法律援助机构围绕"保增长、保民生、保稳定、保广西发展良好势头"工作大局,突出"农民工法律援助"重点工作,4 月开展了一系列法律援助宣传活动。通过制作专栏、发放宣传材料、展示宣传版面、解答法律咨询、设立宣传咨询点等形式向广大群众开展"法律援助"相关知识宣传活动。据不完全统计,全区 126 个法律援助机构共举办各类宣传活动 150 场次,解答法律咨询 37700 余人(次),发放各种法律援助宣传资料 35 万余份,出动法律援助宣传车 363 台(次),悬挂、张贴宣传条幅452条。通过法律援助宣传月活动，提高了法律援助知晓率。在部法律援助中心与法制日报社共同发起的法律援助宣传作品征集评选活动中，自治区法律援助中心制作的“开展法律援助建设和谐广西”宣传画荣获图片类一等奖。利用“12·4”法制宣传日，自治区法律援助中心负责人到广西人民广播电台卫星广播和自治区残联参加法律热线服务节目、讲解法律援助知识，解答群众法律疑难问题，并到自治区未成年人管教所为服刑人员进行法律援助知识讲解，帮助服刑人员认罪伏法、安心改造。为落实全区“党组织服务年”要求，积极组织参与“党员奉献日”、“党员法律服务进企业”、“党员法律维权服务进农村”等活动，先后到良庆区、南化集团、马山县古寨瑶族乡民乐村摆放宣传板报、发放宣传资料、开展法律咨询，有效扩大了法律援助知晓率，提高了法律援助社会影响力。

（三）加强法律援助业务培训工作。为提高法律援助工作人员的整体业务素质，培养一支政治强、业务精、服务好、作风硬的高素质法律援助队伍，建立健全法律援助网络体系，保障法律援助办案质量，更好地履行法律援助职责，各法律援助机构开展了形式多样的法律援助培训班。据统计，全区共举办各类培训班193场次，培训人数达9480人（次）。11月中旬，部法律援助中心“西部省份法律援助轮训计划”广西培训班在南宁举办，部法律援助中心及江苏省、湖北省等兄弟省市的法律援助专家，围绕法律援助管理、法律援助信息管理系统建设与应用、法律援助案件管辖和受理、公共法律教育、法律援助异地协作、建立法律援助案件质量评估体系初步构想、英国法律援助同行审查制度、法律援助培训创新与组织管理等进行了培训，全区各市、县（区）法律援助中心负责人130余人参加了培训。11月底，为规范新形势下法律援助公职律师执业行为，自治区法律援助中心组织举办了全区法律援助公职律师业务培训班，全区140余位公职律师参加了培训，这是广西首次专门针对公职律师开展的培训。培训班由广西法律援助专家和资深律师授课，重点讲解了法律援助公职律师职业道德和执业纪律及其法律责任、法律援助审查决定、民事诉讼活动、死刑政策、未成年人刑事案件办案技巧、劳动关系及人力资源管理与法律等内容。通过各类培训，进一步提高了法律援助职业道德水平、管理能力和服务水平。

（四）深入开展调研活动。自治区法律援助中心组织各法律援助机构开展了两项规模较大的调研活动：一是就如何做好新形势下农村和农民工法律援助工作，解决城乡经济和社会发展面临的新情况和新问题，研究提出针对性的政策措施，更好地服务农村改革发展和农民（农民工）合法权益保障进行深入调研；二是为了加强和规范“148”法律援助专线工作，丰富法律援助咨询形式，充分发挥法律援助咨询在化解矛盾纠纷、维护困难群众合法权益中的积极作用，就“148”法律服务专线工作开展了专题调研。两项调研历时近五个月，通过加强与劳动、民政、法院、工商、公安、工会等部门的协调配合，积极开展调查研究，形成书面调研报告，为科学决策提供依据。

（五）公职律师更换律师执业证。全区有法律援助公职律师190人，根据自治区司法厅工作安排以及关于做好新版律师执业证书换发工作方案有关规定，自治区法律援助中心负责全区换发法律援助公职律师工作证的审查工作，通过重新收集各地法律援助机构及人员相关信息，对每一名律师的申报材料进行仔细核对，严格把关，确保了全区法律援助公职律师换发新证工作的顺利进行。已经通过审查并移送司法厅有关部门办理的法律援助公职律师工作证为170本。同时,核实新办法律援助公职律师工作证37本,办理政府法律援助者执业证3本。

(六)认真配合参与法律援助监督检查工作。4月,为了规范全区法律援助办案专项资金使用管理工作,保证中央下拨和自治区财政划拨的办案专项资金落实、使用到位,做到专款专用,自治区审计厅、司法厅组织了由自治区审计厅、司法厅、自治区法律援助中心人员参与的三个检查小组,分别到桂林、柳州、河池、百色、钦州、防城港等六个市以及下辖2至3个县进行专项检查。经检查,法律援助办案专项资金使用基本符合要求,做到了管理规范、台账清楚、专款专用,但也存在个别不严格按规定使用年度资金、不及时发放律师办案补贴的情况。对此,检查组要求各地要高度重视,对存在问题认真加以整改,严格执行中央补助地方法律援助办案专项资金的使用规定,专款专用,设立专户,建立一案一结、一案一补贴制度,并强化监督检查。

5月6日到16日,自治区法律援助中心检查组分别到贵港市、贺州市、桂林三市10个县(区),对法律援助规范化建设情况进行督促检查,重点检查法律援助机构贯彻实施国务院《法律援助条例》和广西《法律援助条例》情况和法律援助机构办公场所、人员配置、资金配套落实及管理使用情况。通过督促检查,进一步推动规范化建设工作开展,要求配足配强专职人员,增加必要的业务经费,改善办公条件,保证法律援助机构依法履行职责。

(广西壮族自治区法律援助中心)

海南省法律援助工作概况

2009年,全省各级法律援助机构坚持围绕中心、服务大局,坚持以人为本、服务为民,认真履行职责,扎实开展工作,法律援助工作取得了新进展。据统计,全年全省共受理法律援助案件6953宗,其中:刑事案件852宗;民事案件6063宗;行政案件38宗,受援人总数8965人,受理案件比上年增加2023宗,增幅为41%。“12348”法律咨询共接待来电、来访41125人次,其中来访19407人次、来电21681人次。

一、深入学习实践科学发展观,积极贯彻五次会议精神

按照省委政法委和司法厅统一部署,精心组织,周密部署,继续深入开展学习实践科学发展观活动,认真学习十七届三中、四中全会、中央经济工作会议、农村工作会议精神以及省委五届四次全会、海南经济工作会议、全省政法工作会议精神,把法律援助工作与中央和省委关于应对当前经济形势的一系列决策部署紧密结合起来,取得了重要成果。一是全省法律援助人员高举中国特色社会主义伟大旗帜的自觉性和坚定性得到增强,法律援助工作的政治方向进一步坚定。二是坚持以科学发展观指导法律援助工作,以人民群众满意与否作为工作最终目标的自觉性得到加强。三是精心谋划部署全年法律援助工作任务,立足当前新形势,制定下发了《海南省法援中心2009年工作要点》,使法律援助工作更加符合科学发展观的基本要求和基本规律。四是根据《中共海南省委司法厅委员会学习实践科学发展观整改方案》和《中共海南省司法厅委员会关于印发深入学习实践科学发展观活动整改落实“回头看”工作方案的通知》要求，省法援中心认真组织学习，深入研究法律援助工作中存在的突出问题，提出解决思路和措施，采取措施整改落实。

为贯彻落实第五次全国法律援助工作会议精神，总结前一阶段全省法律援助工作情况，全面部署下一阶段的工作任务，8月11日，全省法律援助工作会议在海口顺利召开。海南省省委常委、省委政法委书记肖若海出席会议并讲话。省高级人民法院副院长、省人民检察院、省人事劳动保障厅、省民政厅、省财政厅负责人，各市县政府分管领导，省律师协会、省公证员协会、省基层法律工作者协会会长，各市县司法局局长及法律援助处（中心）主任。共计70余人参加会议。会上还印发了《关于加强和改进法律援助工作的意见》（征求意见稿），提出要重点落实“三个纳入”，扩大与民生问题紧密相关的法律援助事项，逐步降低法律援助门槛。在第五次全国法律援助工作会议上受到表彰的海南省先进集体和先进个人代表作了经验交流发言。

二、管理体制机制进一步理顺。经费保障能力进一步增强

一是进一步加强法律援助机构组织建设。紧紧抓住司法部成立法律援助工作司的有利时机，积极向省司法厅汇报、沟通，理顺和解决好全省法律援助机构定性、人员编制问题，争取有关方面的重视和支持，努力推动市县法律援助管理机构列入司法行政机关内设机构。二是工作制度逐步完善。为了加强法律援助案件质量监督和档案管理工作，规范法律援助案件质量监督的内容、形式、机制和案件档案的收集、整理、归档、保管等，根据《海南省法律援助规定》，省法援中心草拟了《海南省司法厅法律援助案件质量监督办法（试行）》和《海南省司法厅法律援助案件档案管理规定》，2009年第五次厅长办公会议予以通过，现已实施。

各级政府对法律援助支持力度的不断增强，财政投入力度的不断加大，有效保证了全省法律援助工作的正常开展。2009年中央下拨补助地方法律援助办案专款130万元，比上年增长4%；省级财政预算中专项经费50万元，比去年增长了25%；省级财政转移支付经费20万，保持了去年的水平。各项经费严格按照有关规定分配下拨，90%用于补助法律援助办案支出，10%用于宣传培训、会议等支出。

三、采取措施，积极开展“法律援助便民服务”主题活动

根据司法部“法律援助便民服务”主题活动要求，结合工作实际，制定了《海南省“法律援助便民服务”主题活动实施意见》，提出了四个方面10项措施，特别要抓好两项措施的落实：一是拓宽法律援助申请渠道。继续扩大基层法律援助服务网络覆盖范围。密切与相关部门的协作。通过各种便民利民方式受理公民的法律援助申请，探索代为受理公民申请的工作机制等。二是简化法律援助受理审查程序。为低保人群、零就业家庭、有特殊困难的残疾人、老年人发放法律援助卡（证），对持卡（证）人和申请支付劳动报酬和工伤赔偿案件的农民工免除经济困难审查。对情况紧急或者即将超过仲裁或诉讼时效的法律援助案件，可以先行受理，事后补办手续。海口市、三亚市、五指山市、琼中县等市县均制定了相应便民措施，并在逐步加以落实。

为充分发挥法律援助在教育改造服刑人员和劳教学员中的功能作用，8月下旬，省法援中心组织全省监狱、劳教所法律援助工作站与9家律师事务所签订了第三期法律援助合作协议书，明确了律师志愿者为服刑人员和劳教学员提供法律援助的义务、援助

范围和援助方式等内容。协议书有效期两年,

四、法律援助宣传工作取得丰硕成果

一是法律援助宣传月活动成效显著。4月,按照部法援中心《关于开展法律援助宣传月活动的通知》要求,由省法宣办、省司法厅牵头,省法援中心主办,上下联动,创新宣传形式,突出宣传重点,全方位、多层次地在全省范围内展开了声势浩大的法律援助宣传活动。4月6日上午,全省宣传月活动启动仪式在海口市明珠广场隆重举行。启动仪式由海口市人民政府副市长刘庆声同志主持。省司法厅、海口市司法局组织法律援助机构,律师事务所,以及省、市两级工会、共青团、妇联、残联、老龄办、公检法、海口地区各监所等60家相关单位工作人员,134名法律援助志愿者共600人左右参加了仪式。海南省人民政府副省长李国梁、部法援中心副主任桑宁以及省司法厅厅长李言静、副厅长孙书南等领导应邀出席了并发表讲话。据不完全统计,法律援助宣传月活动期间,全省各级法律援助机构共开展法律咨询70场次,解答法律咨询17653人次,现场受理法律援助案件44件,印发各种法律援助资料150000余份,出动法律援助宣传车48台(次),悬挂标语、广告牌402幅,上报信息、简报等40期。二是加大新闻媒体的宣传力度。中央电视台12频道报道海口市司法局为伤残农民工维权案例;海南电视台采取全程直播、跟踪报道等形式,报道了宣传月活动和海口四个区组织开展的法律援助进社区活动,收到较好的效果。《海南日报》、《海口晚报》、《南国都市报》、《法制时报》等报刊,深度报道了法律援助宣传活动开展情况。《法制时报》开展了法律援助环岛行活动。《司法周刊》三期专版报道了法律援助进监所的经验文章。三是《海南省法律援助规定》宣传工作继续深化。向全省司法行政机关印发了《关于学习宣传〈海南省法律援助规定〉促进和规范法律援助工作的意见》,成功举办了《海南省法律援助规定》颁布实施座谈会。

海南省法律援助工作大事记

2月19日,新修订的《海口市法律援助办法》由海南省第四届人民代表大会常务委员会第七次会议通过并公布实施。

3月5日,《海南省法律援助规定》颁布实施座谈会在海口召开。

3月6日,符跃兰副省长对全省法律援助工作进行调研。

6月16日,海口市法援中心负责人携农民工接受中央电视台12频道《今日说法》节目组采访。

8月11日,海南省法律援助工作会议在海口召开。副省长符跃兰主持会议,省委政法委书记肖若海出席会议并讲话。

10月21日至23日,全省法律援助信息管理系统培训班在琼海市举办。

12月21日至24日,部分省(区、市)法律援助信息化建设研讨会在三亚市召开。

(海南省法律援助中心)

重庆市法律援助工作概况

2009年,全市法律援助工作在紧紧围绕中心,服务大局,以"保增长、保民生、保稳定"为己任,以持续实现"应援尽援"和"西部领先,全国一流"为目标,进一步深化实施法律援助"民心工程",在便民、利民,促进地方社会经济稳定发展上取得了新成绩,超额完成"为困难群众办理法律援助案件2万件,其中办理农民工法律援助案件5000件"的目标任务。

一、进一步强化组织领导

市委、市政府一直高度重视法律援助工作,连续第7年将法律援助列入全市八大"民心工程",有力地推进了法律援助工作创新发展。2009年,又采取了三项重大举措:一是将法律援助纳入建设平安重庆的重要目标。市委、市政府作出的《关于建设平安重庆的决定》明确提出:对符合条件、有援助需求的困难群众法律援助面保持100%,确保困难群众都打得起官司;要扩大法律援助范围、逐步放宽受援条件、持续实现法律援助"应援尽援"。二是出台了进一步加强法律援助工作的意见。自2008年7月司法部发出《关于学习重庆市构筑法律援助"三条保障线"加强法律援助基础建设工作的通知》以来,市司法局深入开展"全国学重庆,重庆怎么办"大讨论活动,经过深入调研后提出了进一步加强法律援助工作的一系列建议,得到了市委、市政府的批准。2月16日,市委办公厅、市政府办公厅下发《关于进一步加强法律援助工作的意见》,对扩大范围、降低门槛、简化程序、规范管理、提高质量和完善法律援助的考核、协作、激励和保障机制等提出了新的要求。三是召开了全市法律援助工作会议。为抓好第五次全国法律援助工作会议精神的贯彻落实工作,市委、市政府于7月下旬召开了全市法律援助工作会议,市人大、市政府、市政协有关领导出席会议,刘学普副市长作了讲话。会议对进一步做好法律援助工作作出了全面部署。

二、进一步落实法律援助惠民政策和便民措施

按照市委、市政府和司法部工作部署,在全市开展了为期一年的"法律援助便民服务"主题活动,全面推行法律援助便民措施。一是进一步扩大法律援助范围。为因土地流转、林权改革和交通、医疗事故受损害赔偿等事项提供法律援助,对残疾人主张侵权赔偿、农民因假冒伪劣生产资料损害请求赔偿的,免予审查经济困难条件,以满足群众的新要求、新期待。二是进一步完善便民服务窗口。指导区县在交通方便的地点设置法律援助接待场所,在政府服务大厅设立法律援助服务窗口,在醒目位置设立便民指示牌、公示栏,配备无障碍服务设施,为老年人、残疾人等特殊群众提供方便。三是进一步完善法律援助工作网络。指导区县加强在乡镇、街道和工会、团委、妇联、残联、信访、劳动保障、法院等与困难群众联系密切的部门全面建立法律援助援助工作站,依托人民调解组织建立村居法律援助联系点,方便群众就近、及时申请法律援助。四是进一步畅通法律援助申请渠道。积极推行电话申请、邮寄申请、上门受理、律师事务所代为接受公民申请等服务方式,并逐步推行网上

受理申请的服务，升级改造“148”法律援助咨询专线，努力达到法律援助“申请不出乡镇，咨询不出家门”。五是简化受理申请程序。指导区县建立经济困难人员和残疾人、农民工法律援助对象信息档案，不断简化经济困难审查。对情况紧急或者即将超过仲裁或诉讼时效的案件，可以先行受理，最大限度地为实现这些困难群体的合法权益争取时间。将经济困难审查及作出法律援助决定的时限，从10天缩短为5个工作日。六是进一步完善异地协作机制。加强与劳务输入集中地区的联系协作。7月在郑州与北京、上海、济南、广州、宁波等35个城市签订了城际间农民工法律援助工作协作协议。方便农民工在异地申请并获得法律援助。对应在外省市申请法律援助但无力前往的申请人，可在本市申请，降低群众维权成本。七是建立与特殊群体联系制度。指导各地法律援助机构在困难群众集中的区域建立联系点，在有组织的外出务工人群中建立联络员，加强对困难群众法律援助需求的调查了解，增强法律援助的主动性。八是选择有利于受援人的服务方式。充分尊重当事人的意见，尽量采取调解方法结案，减轻受援人的讼累。九是进一步提高法律援助服务质量。对区县不再下达办理案件的具体指标，纠正部分地方片面追求办案数量的倾向。着力推行首问负责制、服务承诺制、限时办结制，完善跟踪指导制度、检查公布制度、投诉处理制度、责任追究制度，提高庭审旁听率、回访率，确保案件质量合格率达到98%以上，受援群众满意率达到95%以上。十是进一步畅通群众监督渠道。指导各地完善法律援助服务和监督电话，设立公开网络邮箱，发放质量监督卡，制定和公布法律援助“五个严禁”规定，接受受援人和社会的监督。

三、进一步加强法律援助基层基础工作

一是加强基层法律援助经费保障。推动区县政府将法律援助经费列入财政预算，按照司法行政机关标准落实法律援助机构公用经费保障，提高保障水平，并协调市财政局对区县预拨法律援助办案经费530万元，促进各地法律援助工作协调发展。二是加强法律援助队伍建设。在法律援助队伍中开展深入学习实践科学发展观和“大学习、大讨论”活动，在市级刊物发表法律援助学习实践科学发展观理论文章，加强了社会主义法治理念教育。狠抓业务学习培训，上半年全市共举办法律援助培训班108期，培训对象覆盖到各乡镇法律援助工作站，培训人数达到3181人次。三是认真推进法律援助信息化建设。开展专项调研，全面了解全市法律援助机构计算机及网络设备配置情况。组织人员参加司法部组织的法律援助信息网络管理系统操作培训，建立信息网络管理系统师资力量。下半年，组织部分区县到江苏、安徽等地考察学习外省市网络建设经验。进一步完善和推广黔江区法律援助网上审批工作经验，着手建立全市法律援助信息化平台。四是加强工作调研和理论研讨。围绕法律援助案件质量、农村法律援助、“148”法律援助专线、法律援助执业证使用情况等问题，多次开展调查研究，形成了系列调研报告。围绕法律援助管理体制、法律援助覆盖面、法律援助资源调配及基层法律援助资源整合等重大理论和实践问题，组织开展了法律援助理论研讨活动，共征集论文72篇，经组织专家评审，对优秀论文给予奖励，其中9篇论文被部法援中心采用。通过理论创新促进法律援助事业改革发展。积极总结全市法律援助工作发展成果，制定了全市法律援助工作“五项制度”，即“重庆市法律援助程序”、“法律援助服务人员执业规范”、“法律援助服务质量监督管理暂行办法”、“法律援助办案经费支付办法”和“法律援助案件档案管理办法”。五是加大了法律援助宣传力度。围绕平安重庆建设和“爱民月”活动以及相关纪念日，开展了维护公平正义、保障群众权益、促进平安建设为主题的“法律援助在您身边”系列宣传服务活动，提高了法律援助的覆盖面和影响力。

据统计，全年全市共办理法律援助案件31347件，超额完成“办理法律援助案件2万件”的年度目标任务。共为受援人挽回和取得经济利益40703万元，其中为农民工挽回和取得经济利益13007万元。为群众提供法律咨询和代书100681人次，引导和帮助群众以合法理性方式解决利益冲突；全年共办理农民工法律援助案件13098件，促进了农民工就业和增收；通过扩大法律援助范围，办理了涉及土地流转、林权改革等方面的新型法律援助案件5944件，促进了“三农”问题解决，促进了城乡统筹发展，促进了社会和谐稳定。

重庆市法律援助工作大事记

2月5日，向市委报送《关于进一步加强法律援助工作的意见》的请示。

2月20日，市委办公厅、市政府办公厅发出《关于进一步加强法律援助工作的意见》，对进一步扩大法律援助范围等作了明确规定。

1月至4月，在全市组织开展农村法律援助调研。调研内容为、城市农民工情况调查、推进农村改革发展有关情况调查、新形势下农村和农民工法律援助需求变化及相关情况预测分析、新形势下加强农村和农民工法律援助工作的对策措施和意见建议。并形成《关于开展新形式下农村法律援助工作调研》报送部法律援助工作司。

3月至7月，草拟了《重庆市法律援助案件档案管理办法》、《重庆市法律援助办案经费支付办法》、《重庆市法律援助程序规定》、《重庆市法律援助人员执业规范》、《重庆市法律援助服务质量监督管理办法》、《重庆市法律援助工作规范化建设标准》六项制度报市司法局法制处审核。

6月2日，向重庆市干部大走访攻坚行动领导小组办公室报送《2009年法律援助工作情况报告》。

6月25日，向市委、市政府报送《重庆市司法局关于第五次全国法律援助工作会议精神的报告》。

7月27日，市委市政府组织召开全市法律援助工作会议，主要内容为贯彻落实第五次全国法律援助工作会议精神。

7月28日，组织开展西部基层法律援助志愿者培训。

12月22日，向各区县(自治县)、市法援中心下发《重庆市司法局关于推广使用法律援助信息管理系统的通知》。

12月25日，向市政府报送2009年“八大民心工程”项目完成情况以及2010年“八大民心工程”项目申请。

（重庆市司法局法律援助工作处）

四川省法律援助工作概况

2009年，全省各级法律援助机构紧紧围绕党委、政府中心工作，以中央“保增长、保民生、保稳定”和省委、省政府“两个加快”的决策部署为立足点，以化解社会矛盾纠纷为主线，以贯彻落实第五次全国法律援助工作会议精神、开展“法律援助便民服务”主题活动为载体，努力克服灾后重建和经济危机给法律援助工作带来的困难，积极开展工作。全年全省共接待法律援助咨询 435588 人次，办理法律援助案件 37494 件，案件数比 2008 年增加 2723 件，同比增长 8%，受援人 47930 人，为困难群众挽回和避免经济损失近 5 亿元。法律援助工作取得了良好的社会和经济效益，得到党委政府充分肯定和广大群众的好评。

一、党委、政府高度重视，政府责任进一步落实

法律援助是政府的责任，省委省政府高度重视和支持法律援助工作。10 月 27 日，省委省政府召开全省法律援助工作会议，省委常委、省委政法委书记王怀臣出席会议并做讲话。会议总结了成绩，交流了经验，明确了任务，全面部署了“把法律援助事业纳入各地经济和社会发展规划，把法律援助纳入党和政府主导的维护群众权益机制，把法律援助经费纳入同级政府财政预算，确保法律援助事业与经济、社会协调发展”（“三个纳入”）的贯彻落实工作。市州司法局迅速行动，切实抓好全省会议的传达贯彻。一方面及时向党委政府作专题汇报，另一方面纷纷争取以党委政府名义召开会议、印发文件等形式抓全省会议精神的贯彻落实。有 7 个市州的市委常委会专门听取了法律援助工作汇报。成都、宜宾、南充、阿坝、广安等地先后以市委、市政府名义召开了全市法律援助工作会议，遂宁、德阳、资阳等地以市委、市政府两办名义下发了《关于进一步加强法律援助工作的意见》，从提高服务能力、加强自身建设等方面对当地法律援助工作进行安排部署。

继续加大了对市州法律援助工作的指导、监督力度，把法律援助是否纳入民生工程列入了年度全省司法行政工作综合考评指标。全省共有成都、绵阳、乐山、广安、遂宁、雅安等 10 个市将法律援助纳入了当地党委政府的民生工程。各地以民生工程为突破口，明确工作重点，制定实施意见，细化目标任务，加强检查督促，较好地实现了法律援助机构在人员编制和经费保障方面的突破，缓解了长期制约全省法律援助工作发展的瓶颈性问题。全省 21 个市州，除 5 个地方是行政性质的法律援助机构外，有 15 个市州法律援助机构全部纳入了参公管理，全面解决了相关人员的身份、待遇问题，极大地稳定了队伍，保证了法律援助队伍的健康发展。全省法律援助经费保障明显加强，全年经费收入 3163.75 万元，比上年增加 315.23 万元，同比增长 11%；其中业务经费 1953.12 万元，比 2008 年增加 201.28 万元，同比增长 11.5%。

二、实施“便民服务”主题活动，切实服务困难群众

（一）进一步扩大法律援助覆盖面。各地根据当地经济社会发展水平和基层困难群众实际需求，积极采取措施降低门槛、扩大覆盖面，更好地满足困难群众不断增加的法律援助需求。对受援人群规模小的地区，提高经济困难标准，适当扩大法律援助覆盖面；对受援人群规模大的地区，侧重于根据权利保护的优先顺序，适时地将涉及就业、就学、收入分配、社会保障、农村土地流转等与民生问题紧密相关的、困难群众迫切需要得到帮助的事项纳入到受案范围。成都、攀枝花等地将大学生创业就业法律纠纷纳入援助范围，乐山、广安、自贡等地将农民工交通事故纳入援助范围。各地积极争取多办案、办好案，全省共办理案件 37494 件，比上年增加 2723 件，同比增长 8%。

（二）继续抓好重点人群和重点领域的法律援助工作。一是做好农民工、返乡农民工、妇女儿童、残疾人等重点人群的法律援助工作。各级法律援助机构积极采取措施保障农民工、返乡农民工、妇女儿童、残疾人等重点人群及时获得法律援助。开通绿色通道，简化手续，快速办理。与相关部门联手在外出农民工主要聚集地设立农民工法律援助维权联系站（点），与其他省、市、区签署《外出农民工法律援助合作协议》，方便农民工案件的受理、办理工作。对农民工欠薪、工伤案件实行100%援助，并在全省组织开展了为农民工讨薪的专项活动。进一步抓好“预防和制止家庭暴力”法律援助工作，维护妇女儿童合法权益。采用电话预约、上门服务等便利方式做好残疾人法律援助工作，消除他们在获得法律援助方面面临的物质障碍、语言障碍和信息障碍。全年共办理农民工法律援助案件13711件，受援人达17616人；妇女儿童案件13985件，受援人达17763人；残疾人案件3576件，受援人达3874人。二是做好涉法涉诉信访法律援助工作。各地充分发挥法律援助化解信访纠纷的特殊作用，建立健全了法律援助参与涉法信访工作体制，定期安排援助律师参与信访值班，选派优秀律师参与党委政府开展的“大接访”活动，挂牌督办有重大社会影响的信访案件，最大限度减少不和谐因素，取得了良好社会效果。

（三）做好刑事法律援助工作。各地认真抓好刑事法律援助工作，组织法律援助人员积极履行辩护和代理职责，为刑事案件嫌疑人、被告人、受害人及其家属提供法律服务，维护了法律的正确实施，促进了案件的公正审理，充分保障了当事人的合法权益。全年全省通过法律援助提供刑事辩护的案件为6654件（其中，法院指定辩护的5881件，当事人申请的773件）。法律援助承担的刑事辩护工作占全省刑事案件总数的20%。

（四）做好重大典型案件的办理工作。各地十分重视抓好重大法律援助案件的办理工作，对于党委政府交办的或广大群众高度关注的、有重大社会影响的案件，司法行政部门和法律援助机构积极调配精干力量，亲自指挥督办。各地成功地办理了一大批重点案件，如，省法援中心与相关市州联办的“1·29贵遵高速公路特大交通事故案”、“223名赴俄民工维权案”、“泸州市江阳区部分赴皖务工人员患矽肺病维权案”、“伍蓉成修建板房工伤案”等。全省办理重大法律援助案件工作成绩突出，张作哈副省长分别在“1·29贵遵高速公路特大交通事故案”和“泸州市江阳区部分赴皖务工人员患矽肺病维权案”上作出批示：“对受害者家属给予法律援助，取得重大阶段性效果，很好”，“职业病的鉴定和伤残评定工作复杂、艰难。司法厅高度重视此事，周密组织安排，依法维护农民群众权益，平息矛盾纠纷，维护稳定。望总结经验，更好维护农民群众合法权益”，充分肯定了全省法律援助工作。

三、加强监管职责，规范法律援助工作健康发展

3月，全省法律援助工作会上明确提出“援助业务和监督管理并重”的要求，并对强化管理作出具体安排。各地认真贯彻落实，全年法律援助工作形成了思路清晰、任务明确、指导有力、工作扎实、规范有序的良好态势。一是开展法律援助工作检查，强化监督管理。省法援中心在年初和年中对开展检查工作作出全面部署，先后派出了12个工作组分赴绵阳、广安、泸州、宜宾等地进行法律援助专项检查。各地按照省司法厅要求，结合自身实际，通过多种形式对工作目标、案件质量、经费管理等方面进行全面检查。通过检查，总结了成绩，找出了问题，改进了工作。二是制定规章制度，加强规范化工作。成都、德阳、甘孜等地制定了《法援中心工作人员职责》、《法律援助申请审批程序》、《民事法律援助案件工作规范》等制度，绵阳、乐山、自贡等地制定实施了《法律援助细则》、《经费管理制度》等制度，进一步规范了工作流程和服务行为，提高了服务质量和水平。三是积极推广信息管理系统，提升管理水平。按照全省工作部署，各市州相继成立了法律援助信息化领导小组，积极做好组织、人员、设备三方面的准备工作。省法援中心准备专项资金60万元帮助县区解决设备短缺问题，并举办了全省法律援助信息管理系统操作人员培训班，为推进法律援助信息化建设奠定了良好的基础。

四、加强机构和队伍建设，实现工作新突破

一是在全国首创了法律援助机构首席律师制度。为了提高律师参与法律援助工作的积极性，打造法律援助专家队伍，推动法律援助管理和服务水平的提高，在省、市(州)以及部分有条件的县区法律援助机构建立首席律师制度。首席律师通过指导承办诸如"泸州市江阳区部分赴皖务工人员患矽肺病维权案"、"伍蓉成修建板房工伤案"等一批重大法律援助案件，或积极参加法律援助重要活动，充分发挥其专业优势，产生了积极的社会效果。二是实现了全省事业性质的法律援助机构参照公务员法管理。在司法厅党委的高度重视下，在人事、编制等部门的积极配合下，经省人事部门批准，全省15个地区的事业性质法律援助机构全部纳入参公管理。除5个行政性质机构外，全省只有一个市未纳入参公管理。此举有效稳定了法律援助队伍，激发了工作人员的积极性和创造性。

五、强化培训和宣传工作，提高服务能力和法律援助公众知晓率

各地十分重视培训教育工作。通过专题培训、集中授课、以会代训、大会交流发言、现场观摩、以案说法等多种方式，本着缺什么补什么、干什么练什么、差什么学什么原则，确定培训内容，对法律援助人员队伍进行不同层次的培训教育，提升管理水平和业务能力。省法援中心围绕法律援助管理、宣传工作、办案技巧、管理信息系统操作等方面的内容组织了3期培训，培训干部400余人。全省共开展各种形式的培训61期，368课时，培训3640人次，与往年相比有了显著增幅。

各级领导高度重视法律援助宣传工作。司法厅刘作明厅长接受省政府门户网站专访，宣传法律援助工作。省司法厅陈昌斌副厅长作为中央电视台《"12 · 4"法律服务动车行》栏目嘉宾，介绍全省法律援助工作。各地党委政府领导通过电视讲话、发表署名文章等宣传法律援助制度。司法行政部门和法律援助机构积极行动，采取多种形式广泛、深入地开展法律援助宣传，取得了较好的社会效果。一是积极开展专题宣传活动。3月，省法援中心在全省范围内组织开展了声势浩大的法律援助宣传月活动。各地还利用"3 · 8妇女维权日"、"3 · 15消费者权益日"以及农民工返乡等时机，通过召开座谈会、举办培训班，上街开展宣传咨询活动等形式开展了丰富多彩、形式多样的宣传活动。据统计，全省共组织宣传活动635场次，发放各类宣传资料598048份，现场解答群众法律咨询94851人次，现场受理法律援助案件723件。二是围绕重点工作和典型案件开展宣传。各地加强和电视、广播、报纸、互联网等宣传媒体的沟通和协作，及时宣传法律援助工作中好的做法及典型案例。中央电视台四次专题报道"瞿燕援助案"、大学生创业、农民工工作站、法律援助志愿者等方面的内容。乐山、内江等地与电视台联合开办的《现场说法》栏目，社会影响好，被中国广播电视协会评为第三届"记录 · 中国”银奖。

此外，积极开展调查研究工作。省法援中心顺利完成省政府2009年度重点政务调研课题《进一步加强农民工的法律援助和法律服务》，并组织开展了“新形势下农村法律援助工作”、“法律援助案件质量评估”、“依托司法所建立法律援助工作站”等一系列专题调研，为掌握全省法律援助工作基本情况，确定下一步工作重点提供参考依据。积极参与司法部理论调研活动，报送11篇论文。其中5篇被选入《2009年度法律援助理论研究成果文集》，两篇文章在全国法律援助理论研讨会上作交流发言。

四川省法律援助工作大事记

3月4日至6日，省法援中心在成都召开全省法律援助工作暨管理干部培训会议。会议规划了全年的工作发展方向和具体目标，开展了法律援助法律法规、法律援助宣传、办案技巧等方面的专职培训，各市州分管局长、中心主任，省级法律援助工作站负责人参加了会议。

3月16日，省法援中心下发《关于转发司法部法援中心〈关于开展法律援助宣传月活动的通知〉的通知》，要求4月至5月在全省开展以“构建和谐社会”为主题的宣传月活动，掀起法律援助宣传工作高潮。

4月11日，省法援中心组织的由乐山、资阳、遂宁三地律师组成律师团办理的涉及资阳、乐山、遂宁等多个地区的223名赴俄罗斯民工涉外劳务争议一案得到圆满解决，挽回经济损失193.9万元。

4月17日，省司法厅决定由省法援中心牵头，由省、市、区三级法援中心共同组织法律援助律师团办理46名农民工到安徽省凤阳县石英砂企业务工患矽肺病维权案，经过与凤阳县政府的多次协商，历时6个月，患职业病的农民工获得300万元赔偿款，得到了张作哈副省长的表扬。

6月4日，省法援中心在成都召开首席律师新闻发布会。省司法厅和省律协领导出席会议，省法援中心、省司法厅律师工作管理处、省律师协会秘书处等部门的负责同志以及被聘任为首席律师的各位律师，新华社四川分社、《法制日报》等新闻单位参加了新闻发布会。

7月10日，省司法厅向省委、省政府汇报了第五次全国法律援助工作会议精神。

7月20日，省司法厅下发《关于在全省开展“法律援助便民服务”主题活动的实施意见》，按照司法部部署，在全省范围内全面启动了“法律援助便民服务”主题活动。

8月5日，省司法厅下发《关于在全省推广使用法律援助信息管理系统的通知》，对人员、设备等提出具体要求，分阶段安排了推进法律援助信息系统相关工作。

10月20日，部法律援助工作司在成都召开四省市贯彻第五次全国法律援助工作会议情况及信息化建设推广情况片区会议。四川省、湖北省、贵州省、重庆市法律援助机构负责人参加会议。

10月27日，省委省政府在成都召开全省法律援助工作会议。省委常委、省委政法委书记王怀臣出席会议并讲话。省级21个部门的负责同志、市州政府分管领导、司法局局长和法援中心主任参加会议。

11月6日，省法援中心配合省监狱管理局开展“千名服刑人员社会帮教日”活动，活动的内容为法律咨询、法制宣传和法律援助受理等工作。

（四川省法律援助中心）

贵州省法律援助工作概况

2009 年,全省各法律援助机构认真贯彻党的十七届三中、四中全会以及省委十届四次全会精神,深入贯彻落实科学发展观,牢固树立社会主义法治理念,认真贯彻落实周永康同志“着力扩大法律服务和法律援助的范围”重要批示精神,紧紧围绕省委、省政府工作大局,坚持以人为本、司法为民理念,着眼金融危机形势下弱势群体法律服务需要,拓展工作思路,创新工作方法,积极开展法律援助工作。全年全省各法律援助机构共办理各类法律援助案件 16225 件,其中:刑事援助案件 5204 件,民事援助案件 11380 件,行政案件 41 件,解答各类法律咨询 63466 人次。

一、以法律援助宣传月活动为载体加大法律援助宣传力度

4 月,省司法厅下发了《关于开展法律援助宣传月活动的通知》,全省各级司法行政机关和法律援助机构以各种形式积极开展以“扬社会正义,助弱者维权”为主题暨庆祝《贵州省法律援助条例》(修正案)颁布实施和维护妇女、未成年人合法权益,保障社会和谐稳定的法律援助宣传月活动。5 月 8 日,司法厅、省法律援助中心、贵阳市司法局、市法律援助中心等开展了“法律援助情倾民生”大型公益咨询活动。副省长黄康生,省政协副主席武鸿麟在司法厅厅长刘伟陪同下,到广场看望了参加《贵州省法律援助条例(修正案)》法律援助咨询活动的法律服务工作者,与农民工、社区群众、下岗工人等就法律援助热点、难点问题进行了广泛交流。

省人大常委会通过《贵州省法律援助条例修正案》,将法律援助事项范围扩大到:(一)因工伤和交通、医疗事故或者其他人身伤害事故受到人身损害的;(二)因合法劳动权益受到损害的;(三)因遭受家庭暴力、虐待、遗弃等行为受到损害的;(四)因征地、拆迁使合法权益受到损害的;(五)因假劣种子、农药、化肥以及环境污染使合法权益受到损害的;(六)需要申请法律援助的其他事项。

4 月 16 日,由省人大主办的《贵州省法律援助条例(修正案)》新闻发布会在省人民政府会议大厅举行。副省长黄康生,省人大常委会副主任傅传耀出席会议并讲话。

宣传月期间,各地坚持“贴近实际、贴近生活、贴近群众”原则,利用广播、电视、宣传横幅、宣传单、咨询台、咨询点等宣传形式,扩大法律援助影响,积极向广大群众宣传法律援助制度,促使广大群众依法维护合法权益。据不完全统计,各法律援助机构共发放国务院《法律援助条例》、《贵州省法律援助条例》、《法律援助手册》、《农民工维权手册》、《法律援助心连心卡》、《农民工外出务工明白卡》等宣传资料 50 多万册(份),出动法制宣传车 400 余台(次),悬挂标语、展板、横幅 1500 余幅(块),法律咨询 30000 余人(次)。

此外,各级司法行政机关和法律援助机构积极将“千万农民工援助行动”法律援助专题宣传活动、“3 · 8”法律援助维权宣传活动、“安全生产贵州行(6 月 12 日)”、“《人民调解委员会组织条例》实施 20 周年纪念日(6 月 17 日)”、“反对拐卖妇女儿童(6 月 18 日)”等各项宣传活动有机结合起来,达到了较好的宣传效果。

二、认真开展“法律援助大回访”活动

年初，司法厅党委经研究决定在全省范围内开展以“回访、服务、促和谐”为主题的“法律援助大回访活动”，成立了以司法厅厅长刘伟为组长的活动领导小组，制定了《贵州省司法厅关于开展“法律援助大回访”活动的实施意见》，旨在通过回访民事法律援助受援人，进一步宣传法律法规和党的方针政策，积极帮助受援人解决问题，维护社会稳定，增强社会和谐因素。

“法律援助大回访”活动开展以来，全省各级司法行政机关积极研究落实措施，迅速开展活动。贵阳市人民政府新闻办、司法局召开了“法律援助倾情百姓”暨启动“法律援助大回访”新闻发布会，集中开展大型宣传活动，市、区（市、县）司法局均在本机构所在地或繁华地段设置宣传标语，发放宣传资料；遵义市司法局与遵义市电信股份有限公司共同开设“96188—12348”法律援助、法律服务热线电话咨询平台，安排律师事务所律师及志愿者律师参与一周七天、每天9:00—18:00的值守热线活动，为群众提供法律咨询服务，同时，成立了遵义市法律援助回访、宣传流动队，深入基层，走村入户开展法律援助回访、宣传活动，接待村民提出的法律咨询，发放宣传资料；安顺市司法局采取八个方面的措施，大力推进“大回访”活动的开展，一是迅速研究部署；二是加强组织领导；三是多次广泛动员；四是明确目标要求；五是精心组织实施；六是强化报道；七是及时反馈信息；八是搞好督促指导。铜仁地区司法局召开全区法律援助大回访座谈会，交流经验做法；有的地方通过举办“法律援助大回访”现场会，与受援人互动交流，发放“法律援助大回访”案件联系卡，请受援人对法律援助工作进行综合考评，重点对申请法律援助是否方便、法律援助人员在办案中是否有收受财物和吃请行为、服务态度等情况进行考证；许多地方还突破了司法厅规定的市、州、地司法局回访25名受援人，县（市）、区、特区回访10名受援人的回访范围，对2008年度受援人进行了回访。同时，各地注重解决在回访中反映出来的问题。回访中受援人反映较多的是执行问题，如有的受援人遭受人身损害，因为判决后得不到赔偿，自己还要筹钱治病疗伤，致使本来就贫困的家庭经济状况更加恶化，家庭基本生活受到较大影响，个别家庭还因此造成了子女辍学等情况。为此，刘伟厅长要求，法律援助工作管理处进行专门调查了解，争取采取有效措施化解执行难问题。

截至11月底，各地上门回访民事法律援助受援人1587人，其中司法厅回访55人，地、县级司法局回访1532人，均超额完成年度回访任务。通过大回访活动，有效提升了法律援助知晓率，使法律援助成为了困难群众找得到、信得过的“贴心人”。大回访活动开展以来，各地已上报各类简报、信息、调研文章等100余期（篇），司法部网站、法制生活报网站、西部法制维权网、省人民政府网站、贵阳电视台、安顺日报社、安顺电视台、都匀电视台等新闻媒体对大回访活动进行了深入的宣传报道，有效提升了法律援助工作的影响力。

三、积极开展法律援助调研和办案质量评估工作

按照司法部开展法律援助调研工作的要求，结合实际情况，积极开展法律援助调研活动。一是积极组织全省各法律援助机构开展农村法律援助工作、法律援助案件质量评估和“148”法律援助咨询专线情况等调研活动，草拟并上报了《依托司法所设立的法律援助工作站相关情况调研报告》、《贵州省法律援助案件质量评估工作情况报告》、《贵州省“148”法律服务专线调研报告》等调研报告；二是结合学习实践科学发展观活动，开展了以实践科学发展观为主题的调研活动，各地深入基层一线，对如何为人民群众提供优质高效的法律服务和法律援助进行了专题调研。

按照司法部要求，对法律援助办案质量进行评估。通过制定规章制度，采取把好入口关、分类监管、派员参加法庭审判活动、派员参加庭审旁听活动、落实法律援助案件补贴等做法，加强了对法律援助办案质量的监管工作。针对法律援助人员整体素质不高，法律援助经费紧张，补贴标准偏低，办案补贴的激励作用较弱，导致办案人员工作责任心不强、"走过场"等问题，向司法厅党委提出了加强法律援助办案质量的建议。

四、积极推进村级法律援助联络站规范化建设试点

根据司法厅 2009 年工作安排，结合全省各地开展法律援助工作以及法律援助人员资源分布情况，确定贵阳市南明区、遵义市余庆县、安顺市平坝县、黔南州都匀市、黔东南州三穗县、铜仁市、毕节市、六盘水市六枝特区、黔西南州望谟县、兴仁县十个县市区为全省开展村级法律援助联络站规范化建设试点县（市），并对试点工作提出明确要求。在试点工作中，要求试点县（市）充分整合资源，加强工作指导，为村级法律援助联络站开展工作创造必要条件，积极探索法律援助与人民调解、信访工作衔接机制，深入推进法律援助进村寨工作，夯实基层基础。在每个村级法律援助联络站悬挂标牌，明确负责人，做到联络站有办公场所、宣传栏，将联络站工作职责、法律援助申请条件、事项范围和审批流程等上墙公开。要求试点县（市）每村至少张贴一条永久性法律援助宣传标语并附上县法律援助中心电话号码。要求试点县（市）每个村民组或自然村指定有法律援助信息员，为联络站开展工作提供相关信息，协助联络站负责人开展工作。试点县司法局年内要举办一次联络站负责人培训班。

（贵州省司法厅法律援助工作处）

云南省法律援助工作概况

2009 年，云南省各级法律援助机构认真贯彻党的十七届四中全会精神和第五次全国法律援助工作会议精神，深入学习实践科学发展观，按照中央和省"保增长、保民生、保稳定"决策部署，围绕中心、服务大局，充分发挥法律援助职能作用，圆满完成了年初确定的各项工作目标任务，为保障困难群众合法权益、维护公平正义、促进社会和谐稳定作出了积极贡献。

一、认真学习贯彻第五次全国法律援助工作会议精神，切实增强责任感和紧迫感

第五次全国法律援助工作会议召开后，省司法厅高度重视贯彻落实工作，紧密结合云南省法律援助工作实际，向省委省政府报送了《云南省司法厅关于第五次全国法律援助工作会议精神及贯彻意见的报告》，坚持以五次会议精神统一思想，指导实践，推动工作。同时，还将学习贯彻五次会议精神与学习贯彻党的十七届四中全会精神相结合，与学习贯彻省委八届七次全会精神和省委开展的"个人形象一面旗，工作热情一团火，谋事布局一盘棋"的"三个一"活动以及省政府提出的责任政府、阳光政府四项制度相结合,筑牢思想政治基础,不断增强在新形势下做好法律援助工作的责任感和紧迫感。

二、积极开展"法律援助便民服务"主题活动,提供优质高效的法律援助服务

根据司法部"法律援助便民服务"主题活动的部署,省司法厅及时制定下发了《关于在全省开展"法律援助便民服务"主题活动的实施意见》,结合工作实际,围绕努力扩大法律援助覆盖面、建立健全法律援助便民服务窗口、做好法律援助接待咨询等10项便民措施要求,积极指导各地开展便民服务。8月20日,省司法厅通过省政府信息公开网站、云南省司法厅网站、《云南法制报》、等媒体,向社会公告了全省16个州市、129个县(市、区)法律援助机构的名称、负责人、办公地址、邮编、电子邮箱、法律援助咨询电话及监督投诉电话等信息,并依托省农民工法律援助工作站开通两条农民工法律援助咨询专线,方便群众咨询和监督。昆明市继续深化拓展盘龙经验,在全部乡镇便民服务中心设立法律援助窗口,又以市委市政府两办名义印发了《昆明市法律援助网络体系联动机制工作方案》,提高法律援助工作效率和质量,更好地为受援人服务。昭通市因地制宜,将辖区建设大型水电站淹没区内搬迁户民事纠纷、矿区民工纠纷等重点民生事项纳入法律援助范围,为当地党委政府分忧,为广大困难群众解难。玉溪市组织工作组对辖区市县区主题活动开展情况进行督促检查,推动十项便民措施落到实处。全年全省共计接待咨询106000人次,办理法律援助案件2万件和接待咨询,有效维护了困难群众的合法权益。

三、努力推进地方性立法和规范性文件制定工作

积极配合省法制办、省人大做好《云南省法律援助条例》立法工作,先后完成了《条例(草案)》起草、省内外立法调研、部门座谈、专家论证等工作。作为全年省阳光政府重大决策听证制度施行以来首例立法听证事项,3月25日,《条例(草案)》听证会在昆明成功举行,受到了社会各界的广泛关注。11月27日,十一届人大常委会第十四次会议对《条例(草案)》进行修改并给以充分肯定和好评。针对基层法律援助工作实际需要,省司法厅出台了《云南省非诉讼法律援助工作暂行规定》、《云南省乡镇法律援助工作站管理办法(试行)》等制度,与省检察院联合下发了《关于在办理民事行政申诉案件中加强法律援助的协作意见(试行)》等规范性文件。临沧市制定了《临沧市法律援助机构办理刑事辩护案件工作细则》、《临沧市法律援助机构办理民事诉讼案件工作细则》。楚雄州制定了《楚雄州办理法律援助案件程序规则》、《楚雄州法律援助事项补充范围、公民经济困难标准和办案补贴标准》。丽江市制定了《丽江市法律援助受理、审查、指派规则》、《丽江市法律援助案件考核办法》。文山州结合本地实际制定了《文山州办理法律援助案件程序规则》等规章,全省法律援助制度建设有了新的发展,制度化、规范化水平进一步提高。

四、认真开展专项经费检查工作,加大经费使用管理和保障力度

根据司法部要求和省司法厅年初工作安排,组织开展了对中央补助法律援助办案专款及省财政配套资金管理使用情况的专项检查工作。在各州市自查基础上,省司法厅组成三个检查组,分赴昆明、昭通、曲靖、玉溪、楚雄、大理六个州市进行重点抽查。从各地自查和省司法厅重点抽查情况看,各地能认真按照中央和省法律援助经费管理有关规定,拨付法律援助经费,支付办案补贴,自觉接受财政、审计部门的监督。曲靖、昭通等绝大多数州市县区法律援助专项资金的使用管理情况总体上是好的,做到专款专用、规范有效，取得了良好的使用效益。但在经费检查中，也发现少数州市县区司法局对中央和省补助法律援助办案专款的使用管理监督不够，存在专款性质认识不清、管理不严、使用不当等问题。针对存在问题，省司法厅及时发出通知，对其中较为突出的个别司法局违规使用中央法律援助办案补贴专款现象进行了通报批评。

在加大经费管理力度的同时，各地争取中央专项补贴530万元，比上年增加30万元，位居全国前列。截至2009年底，16个州市、127个县市区将法律援助经费纳入了财政预算，占应纳数的98.6%。云南省法律援助基金会已获得省司法厅批准登记注册，即将择日召开成立大会筹集社会资金，法律援助经费保障又有了新的保障来源。

五、加强宣传工作，法律援助社会影响力显著提升

4月，按部法援中心安排，全省成功开展了以“服务民生、共建和谐，法律援助进千村万户”为主题的法律援助宣传月活动。活动期间，全省各级法律援助机构共发放宣传资料112万余份，张贴宣传画、悬挂宣传标语35812幅，制作宣传展板、黑板报、墙报1074块，出动宣传车400余车次，举办法制讲座2021场，现场提供法律咨询60318人次，现场受理法律援助案件361件。50多家新闻单位对宣传月活动情况进行了宣传报道。“盘龙法律援助掠影”获司法部法律援助优秀宣传奖。此外，利用世界人口大会在昆明举办的有利时机，积极参加“金色热线”节目，进一步扩大了法律援助的社会知晓率。

六、积极争取项目支持，推动法律援助工作深入开展

经省司法厅积极争取，云南省被确定为中加法律援助合作二期项目三个示范省之一。在加方资金和先进经验的促进和带动下，全省法律援助公共宣传教育、培训等工作必将迈上一个新台阶。此外，云南省还参与了七月启动的“1+1”中国法律援助志愿者行动，通过积极争取，得到了四个志愿者名额。来自济南和北京的两名主任律师带领两名大学生志愿者深入到德宏州梁河县和临沧市镇康县开展志愿服务，先后建立了两个“1+1”中国法律援助志愿者行动工作站，协助当地办理法律援助案件，为当地法律援助发展出钱出力，无私奉献，推动了边疆落后地区法律援助工作的发展。

按照司法部要求，上半年组织全省法律援助机构完成了新形势下农村法律援助工作、法律援助案件质量评估工作和“148”三项调研工作；下半年，陪同部法律援助工作司、部法援中心、中国法律援助基金会的领导和调研人员深入到保山州市县区，对贯彻落实第五次全国法律援助工作会议精神、经费使用、便民活动开展、信息化建设以及“1+1”法律援助志愿者等工作进行调研指导，对当前法律援助工作面临的新任务、新形势有了清醒的把握。此外，按照司法部《关于推广使用法律援助信息管理系统的通知》要求，全省法律援助机构认真开展了信息化专项培训、统计和档案培训等，提高了法律援助工作人员的管理能力和水平。

（云南省法律援助工作管理局）

西藏自治区法律援助工作概况

2009年，在司法部和自治区司法厅党委的正确指导下，全区法律援助机构紧紧围绕自治区党委、政府中心工作，认真贯彻落实《法律援助条例》，经过全体法律援助人员的共同努力，法律援助各项工作取得了一定成绩。

一、认真学习贯彻第五次全国法律援助工作会议精神，加强法律援助规范化工作

通过认真学习贯彻第五次全国法律援助工作会议精神，进一步增强了做好新形势下法律援助工作的责任感和使命感，进一步牢固树立了以人为本、服务为民的理念，坚持把维护人民权益作为法律援助工作的根本出发点和落脚点。根据司法部《关于加强和改进法律援助工作的意见》，结合全区实际，在充分调查研究的基础上，制定了西藏自治区《关于进一步加强法律援助工作的意见》，明确将法律援助工作列入为民办实事项目，将法律援助工作纳入综合治理目标管理，将法律援助经费列入财政预算等内容。

为了进一步规范法律援助工作，在充分征求意见的基础上，先后制定了《律师、法律援助人员岗位责任制》、《法律援助中心服务承诺制度》、《法律援助中心主任职责》、《法律援助受案标准》等21项规章制度。加强了与相关部门的联系，组织人员认真讨论自治区高级法院起草的《重大刑事案件办理程序》，并提出了修改意见。

二、认真办理各类法律援助案件，积极维护受援人合法权益

一是按照司法厅“3·14”刑事案件辩护工作指导协调小组办公室的统一安排，以围绕中心工作、服务大局为工作出发点，自治区法律援助中心选派两名律师办理“3·14”案件3件；二是自治区法律援助中心积极安排人员和律师参与司法厅重大工作任务。包括安排人员参与专案工作，安排律师支援昌都地区法律援助办案工作等；三是各法律援助机构继续将办理各类普通法律援助案件，维护困难群众的合法权益作为工作重点，积极办理各类法律援助事务。全年全区各级法律援助机构共办理刑事诉讼案件300件，民事诉讼案件348件，非诉讼案件191件，代写法律文书764份，解答法律咨询6515人次。日喀则地区法律援助中心一次就为80多名农牧民工挽回经济损失高达47万多元。通过法律援助工作，维护了困难群众的合法权益，消除了不安定因素，维护了社会局势的稳定，促进了社会和谐。

三、开展“法律援助便民服务”主题活动

为贯彻落实司法部《关于在全国开展“法律援助便民服务”主题活动的意见》，司法厅及时印发了《关于在全区开展“法律援助便民服务”主题活动的通知》，对开展“法律援助便民服务”主题活动作出部署。各地(市)司法处(局)认真贯彻落实《通知》精神，结合当地法律援助工作实际，制定了开展“法律援助便民服务”主题活动实施方案。拉萨市司法局成立了拉萨市法律援助便民服务领导办公室，并采取切实措施，简化法律援助受理审查程序，制作“法律援助便民一卡通”(试点)，发放到符合法律援助经济困难条件的群众手中，持卡群众对符合法律援助范围的事项可凭卡直接申请法律援助，

不再审查经济困难条件。日喀则地区法律援助中心制作了法律援助服务承诺书,将法律援助质量监督管理工作纳入到承诺书中,并向社会公开科室责任人姓名和投诉电话号码,力求提高法律援助工作效能。

四、深入开展法律援助宣传活动

根据部法律援助中心《关于开展法律援助宣传月活动的通知》,自治区法律援助中心下发了《西藏法律援助宣传月活动的实施方案》,对全区8月"法律援助宣传月"活动做出统一安排。各地也分别制定实施方案,并结合各地实际,开展了形式多样,声势浩大的宣传活动。宣传月期间,共举办各类宣传活动110场次,解答法律咨询3000余人次,悬挂、张贴宣传标语、横幅100余条,展出法律援助宣传板50余块,当场受理法律援助申请10余件,发放各种法律援助资料20000余份。充分利用了电视、广播、报纸等媒体对法律援助进行广泛宣传。西藏电视台对法律援助进行了连续专题报道,《西藏日报》民主法制版对全区法律援助进行了整版综合报道,9月和12月,西藏人民广播电台两次邀请自治区法律援助中心主任鲁生作为特邀嘉宾,进行电台直播专访。此外,4月、7月、9月以及12月,组织自治区法律援助中心律师及工作人员围绕"军警民共建"、"平安西藏日"等主题,4次上街宣传法律援助并提供现场咨询服务。

五、认真开展调研和理论研究工作

4月,自治区法律援助中心组成调研工作组,赴拉萨市、日喀则和那曲地区的13个县(市)开展调研工作,撰写了《关于开展新形势下农村法律援助工作调研报告》、《关于开展"148"工作的调研报告》、《关于开展法律援助案件质量评估工作调研报告》、《关于扩大法律援助范围和放宽经济困难标准的调研报告》以及《西藏自治区法律援助中心调研情况报告》等,并以司法厅文件向自治区政府上报了《关于法律援助工作情况的报告》。认真开展理论研究工作,组织人员撰写了《西藏的和谐稳定与法律援助》一文,并被选送到自治区政法委。

六、继续加大培训力度,不断提高法律援助队伍素质

6月下旬,举办了第二期全区法律援助业务技能培训班。培训班历时8天,来自拉萨市、山南地区、昌都地区以及林芝地区的60名学员参与了培训活动。培训内容以法律援助组织实施、法律援助监督管理、劳动合同法、刑事辩护实务等为主。此外,山南地区法律援助中心举办了一期法律援助工作者培训,全地区共有13名法律援助工作者参加了培训。通过培训,全区又有30名法律援助工作人员领取了《法律援助工作者证》,截至12月底,全区共有119名法律援助工作人员领取了《法律援助工作者证》。

七、积极推进法律援助信息化管理工作

为了适应法律援助信息化管理的需要,自治区法律援助中心选派两名同志参加了司法部法律援助信息管理系统培训班,为做好全区法律援助信息化管理打下基础。根据司法部《关于推广使用法律援助信息管理系统的通知》要求,向自治区财政厅上报了《关于申请解决法律援助信息管理系统所需经费的请示》。12月22日至23日,成功举办了全区法律援助管理信息系统培训。各地(市)法律援助机构负责人、业务骨干以及自治区法律援助中心工作人员共24人参加了培训。

(西藏自治区法律援助中心)

陕西省法律援助工作概况

2009年，全省各法律援助机构认真贯彻司法厅党组“改革创新、勇创一流”的工作理念，开拓创新，扎实工作，取得了显著成绩，充分发挥法律援助工作在“保增长、保民生、保稳定”中的职能作用。全年共办理法律援助案件9757件：其中涉及农民工案件3212件。受援人员15600人次，受理法律援助咨询12万人次，开展各种法律宣传和服务活动440余次。

一、建立健全各级服务网络，完善法律援助工作机制建设

全省在省、市、县（区）均设立了法律援助机构。各级法律援助机构在工会、共青团、妇联、残联、老龄委、乡镇、街道办事处（社区）等建立法律援助工作部（站、点）2118个。乡镇法律援助工作站在办理简单民事法律援助案件中，坚持从实际出发，坚持调解为主，尽力办好农民工工伤、欠薪法律援助案件，在化解基层矛盾、维护基层稳定、服务农民群众方面发挥了重要作用。法律援助工作站还在村民小组、社区建立了法律援助联络员或信息员，形成了省、市、县、乡、村“五位一体”，以法援中心为主导、法律服务队伍为主体、社会志愿者为补充的工作网络，使法律援助真正延伸到基层，达到了“横向到边、纵向到底”的要求。西安市在建立了四级法律援助网络基础上，开展了在市中院、市看守所、市劳动仲裁委及部分律师所设立“法律援助便民爱心岗”和在边远乡村及困难群众较为集中的场所设立“法律援助流动受理点”试点工作；渭南市协调电信部门，统一了“148”法律援助专线；榆林市进一步拓宽法律援助工作领域，在公安、消防、信访等部门设立了工作站，进一步畅通了法律援助渠道。

二、大力推行便民举措，彰显法律援助职能作用

为贯彻第五次全国法律援助工作会议精神，大力开展法律援助便民活动，2009年8月，省司法厅制定下发了《关于在全省开展法律援助便民服务主题活动实施方案》，明确了活动任务、目标和要求，各市也结合实际，制定了具体的实施方案。全省法律援助工作以改善民生、直接服务困难群众为出发点和落脚点，推行了一系列的便民服务措施，加大了对未成年人、残疾人、老年人、妇女、农民工、下岗职工、城市低保户等社会特殊群体的维权工作力度。向困难群众发放“特困户法律援助爱心卡”，对部分行动不便的残疾人和老年人实行“预约服务”和“上门服务”，为农民工开辟了维权服务“农民工绿色通道”和“农民工接待岗”等。省法援中心自7月以来，在省政府信访接待室挂牌安排专人接待来访群众，提供法律援助咨询，得到了信访部门的充分肯定；商洛市以“维权卡”形式告知外出打工农民工基本权利和维权方式、途径、联系方式等；省工会、省妇联和省残联法律援助工作站结合各自实际，为困难群众提供了大量法律援助，取得了显著社会效果。

三、积极争取领导重视与支持，加强法律援助宣传工作

一年来，在各级司法行政机关的领导下，法律援助宣传工作进一步加强，宣传方

式灵活多样,宣传效果明显提高。一是制作法律援助年历年画。1月,以陕西知名户县农民画为蓝本,以宣传教育、普及法律援助常识为目标,制作了数十万份色彩鲜艳、民风浓郁、形象生动的法律援助年历年画。省、市司法行政机关领导携带年画到陕西革命老区蓝田县慰问赠送,《春暖人心》、《庭院法庭》等年画深受群众喜爱;二是围绕新修订的《陕西省法律援助条例》开展宣传活动。各市采取举办讲座、散发宣传资料、现场咨询、解答群众疑问、回访当事人、征求困难群众意见、了解法律援助需求等多种方式宣传条例,取得了很好的社会效果;三是通过报道典型案例宣传法律援助工作。4月,中央电视台"社会与法"频道《中国法治报道》栏目以"法律援助在行动"为主题,首期报道了渭南市澄城县王宏武人身损害赔偿案件、蒲城县赵金锁工伤赔偿案件,展现了法律援助机构和法律援助律师服务为民的良好形象。省司法厅法律援助工作处将两起典型案例制成光盘,免费下发各市、县法援中心供学习使用。汉中市法援中心与市电视台联合制作法律援助专题节目,宣讲法律援助案例,起到了典型示范的引导作用。各法律援助机构都与当地新闻媒体建立了长期协作机制,开展了多层次、多角度的新闻宣传报道,扩大了宣传面,提高了群众知晓率;四是在普法宣传活动中大力宣传法律援助。利用节假日、宣传日、农村集贸日等悬挂横幅、展板,散发宣传资料,提供咨询解答,举办讲座等,深入企业、农村、学校、社区开展法律援助宣传工作。商洛市常年坚持举办电视专题讲座,普及法律援助知识,在当地深受群众称赞;五是积极主动向党委、政府汇报,以工作简报、邀请视察等形式宣传法律援助工作,争取领导重视与支持;六是大力宣传先进典型,弘扬正气,鼓舞士气。在3月召开的全省法律援助工作会议上,省司法厅对全省法律援助工作37个先进集体、36名先进个人进行了表彰,鼓舞了士气,促进了队伍建设。

四、加强规范化管理,提高法律援助工作质量

为了加快推动法律援助机构规范化建设步伐,制定下发了《陕西省法律援助案件质量检查办法》、《关于申报规范化法律援助机构的通知》和《关于开展全省法律援助案件质量检查和对规范化法律援助机构申报单位进行抽查的通知》,明确了检查方式、检查内容、检查程序、评比标准等,于11月下旬和12月上旬组织人员对渭南市、铜川市、咸阳市、宝鸡市的法律援助机构、12个县的法律援助机构进行抽查,共抽查案卷1050个,其中优秀卷450个,合格卷592个,不合格卷8个。共抽查了54个规范化法律援助机构,已初步筛选了38个法援中心为规范化法律援助机构。安康、汉中等市司法局在法律援助案件质量检查工作中,司法局领导亲自带队深入到县、区开展检查工作,认真分析总结,及时通报检查情况。

五、积极开展法律援助培训工作和业务交流工作

为推动全省法律援助信息网络化建设,省司法厅在10月底举办了全省法律援助信息网络管理培训班,共有各市法援中心主任、网络管理人员及各县(区)法援中心管理人员140余人参加了培训。培训班邀请了江苏省法援中心信息软件管理人员为培训学员现场演示软件管理技能技巧,开展培训测评,取得了良好的效果。此外,咸阳、延安组织了部分法律援助管理人员赴外省学习考察,进行业务交流,开阔视野、查找不足、学习经验,增强信心。

六、大力开展法律援助调查研究,为法律援助工作指明方向

根据司法厅党组安排,由党组成员、副

厅长带队一行4人组成调研组，于7月中旬先后到商洛、铜川、汉中、西安4个市、8个县（区）的12个法援中心，12个乡镇（街道办事处）法律援助工作站以及3个村法律援助联络点进行深入调研，形成了《关于全省法律援助工作的调研报告》，全面阐述了全省法律援助工作的基本情况、存在的问题、原因分析及对策建议等。此外，还撰写了《陕西省法律援助宣传工作的经验及存在的问题》、《陕西省农村法律援助工作调研报告》、《法律援助财政专项资金管理问题研究》、《西安市城乡法律援助发展状况实证研究调研报告》等，为今后全省法律援助工作发展指明了方向。

陕西省法律援助工作大事记

3月中旬，全省法律援助工作会议召开。会议总结交流了2008年法律援助工作，研究探讨了全省法律援助工作面临的困难问题及解决办法，安排部署了全省法律援助工作，会议表彰了全省法律援助先进集体和先进个人。

4月，中央电视台“社会与法”频道《中国法治报道》栏目以“法律援助在行动”为主题，报道了渭南市澄城县王宏武人身损害赔偿案件、蒲城县赵金锁工伤赔偿案件，两例案件作为《全国百件优秀案例》两次播出，在全国产生了很大的社会影响。

6月，省政府办公厅下发的司法厅“三定”方案中确定省法援中心更改为“法律援助处”。省司法厅决定法援中心搬入司法厅机关办公，人员增至8人。

7月中旬，司法厅党组成员、副厅长孔德勤，副巡视员田萍带领省法援中心同志就全省法律援助工作现状展开调研，取得显著效果，省司法厅决定拨出110万元改善11个市、区的办公条件，以加强基层基础建设。

10月，全省法律援助信息网络管理培训班举办，共有各市法援中心主任、网络管理人员及各县（区）法援中心管理人员140余人参加了培训。

11月，《关于申报规范化法律援助机构的通知》下发，经审议，以上报的54个法律援助机构中确定38个法援中心为规范化法律援助机构。

11月下旬，《关于开展全省法律援助案件质量检查和对规范化法律援助机构申报单位进行抽查的通知》下发，组织专人对5市、12县的法律援助机构进行抽查，收到良好效果。

（陕西省法律援助中心）

甘肃省法律援助工作概况

2009年，全省法律援助机构按照司法厅党委“求实、创新、团结、提高”的总体工作方针和年初确定的各项工作目标要求，紧紧围绕构建和谐社会，努力为困难群众提供法律援助这一根本任务，广泛开展法律援助宣传，积极争取政策、经费支持，努力扩大法律援助受援范围，较好地完成了年初确定的各项工作任务。据统计，截至11月底，全省各级财政法律援助经费投入615.32万元（其中，中央转移支付资金400万元，省级财政经费100万元,14个市州地方财政经费50.54万元,86个县区地方财政经费64.78万元);全省共设立基层法律援助工作站1671个,(其中依托司法所建站1266个,占乡镇街道总数的92.95%,依托工、青、妇、老、残等社团组织建站232个,依托高校、监所等其他部门建站173个);全年共办理各类法律援助案件7094件,(其中刑事案件1897件、民事案件5169件、行政案件28件),受援人数达8193人次,受理接待咨询人数52517人次。6月,省法律援助中心荣获省政府残工委"甘肃省扶残助残先进集体"。

一、认真开展理论学习,不断提高政治业务素质

2009年是我国经济社会发展克服金融危机影响,努力实现中央"保增长、保民生、保稳定"目标任务的关键一年。新的形势、新的任务,对法律援助工作提出了新的更高要求。为统一思想,服务大局,切实做好全省法律援助工作,各法律援助机构认真学习领会党的十七届三中、四中全会精神、中央《关于进一步加强干部管理的意见》和全国政法工作会议讲话精神,紧密联系全省法律援助工作和个人思想实际,针对制约和影响我省法律援助工作发展,与科学发展观要求不相适应、不符合的突出问题,采取措施,积极开展工作。一年来,通过各类不同形式和内容的理论学习活动,进一步提高了法律援助人员对做好新形势下法律援助工作重要性、紧迫性的认识,增强了做好法律援助工作的自觉性和主动性。

二、认真贯彻落实第五次全国法律援助工作会议精神

为认真贯彻落实第五次全国法律援助工作会议精神,加快推进全省法律援助工作的发展,认真做好了以下五方面的工作:一是结合全省实际提出贯彻落实意见,及时向省委、省政府领导汇报;二是在广泛了解各省法律援助机构性质、职能设置情况的基础上,配合司法厅政治部完成省法律援助中心性质由事业单位向行政内设处室转变,强化法律援助机构监督管理职能;三是在开展基层调研,广泛征求各市州、司法厅机关各处室及有关财政、编制部门意见的基础上,完成了《关于进一步加强和改进法律援助工作的意见》的起草、修改和上报工作,为推动全省法律援助工作发展提供了有力地政策支持;四是认真完成了全省法律援助工作会议筹备、组织工作,确保了会议按期召开;五是及时完成了对全省法律援助工作会议相关信息、简报材料的报送及报刊宣传工作。

在全省范围内认真落实《关于开展新形势下农村法律援助工作的调研工作》、《关于进一步做好预防和解决企业工资拖欠法律服务和法律援助工作》、《关于开展法律援助宣传作品征集评选活动》等通知要求和为期一年的"法律援助便民服务"主题活动,并制定了十项便民服务措施。进一步拓宽法律援助申请渠道,简化审批程序,扩大法律援助范围,方便困难群众就近获得法律帮助;组织完成"148"法律援助专线情况调查、法律援助图书"三下乡"活动、西部基层法律援助志愿者服务照片及论文征集等。

三、认真做好法律援助咨询接待、案件指派等相关工作

继续做好省法律援助中心的咨询接待、案件指派等日常工作。省法律援助中心全年共受理指派法律援助案件71件,其中刑事案件54件,民事案件17件,解答群众来人来电咨询约1540余人次,发放律师办案补贴3.35万元;主动与省高院和新疆法律援助中心联系协调,及时帮助受援人解决财产继承案件中的管辖及本省农民工伤残赔偿问题;配合司法厅办公室和律师处完成了近三年省法律援助中心档案归档和2009年度法律援助专职律师年检注册工作;完成了全省第五次律师代表大会法律援助律师代表和理事候选人的组织推荐工作；认真组织、积极参与开展了全省农民工维权日法律宣传咨询活动。

四、切实做好法律援助业务骨干培训工作

8月，为做好全省法律援助业务骨干培训工作，省法律援助中心积极联系协调，认真制定培训方案，配合部法律援助中心在兰州举办了全省法律援助机构业务骨干培训班。全省各市州、县区130多名法律援助机构业务骨干接受了司法部和外省市专家学者的系统培训。针对全省基层法律援助机构工作人员学习资料缺乏现状，7月份，省法律援助中心组织人员完成《法律援助工作手册》编印工作，并下发到各市州、县区法律援助机构和全省乡镇街道法律援助工作站，有效配合地方培训工作的开展，帮助法律援助机构人员提高了工作能力。

甘肃省法律援助工作大事记

2月，在全省范围内安排部署开展了“关于开展新形势下农村法律援助工作”的调研工作。

2月，安排部署全省关于“进一步做好预防和解决企业工资拖欠法律服务和法律援助工作”。

3月，省法律援助中心积极与部法律援助工作司、中国法律援助基金会和团省委联系协调，组织完成了西部基层法律援助志愿者甘肃省服务岗位的申报及落实工作，积极帮助基层解决办案力量不足的困难。

6月，司法厅厅长王禄维等同志分别向省委、省政府分管领导专题汇报第五次全国法律援助工作会议精神。省委政法委书记罗笑虎，省政府副省长张晓兰分别作出重要批示和指示。

6月，全省开展法律援助宣传作品征集评选活动。

7月，在全省范围内安排部署开展“法律援助便民服务”的主题活动，并提出十项便民服务措施。

7月，省法律援助中心制定下发《法律援助工作手册》。

7月，部法律援助工作司王军益副司长一行就《法律援助类民办非企业单位登记管理办法》到甘肃省进行工作调研。

12月，中共甘肃省委办公厅甘肃省人民政府办公厅联合下发了《关于进一步加强和改进法律援助工作的意见》。

12月，召开全省法律援助工作会议，总结近年来的工作，部署当前和今后一个时期的工作任务。会议表彰了16个“全省法律援助工作先进集体”和28名“全省法律援助工作先进个人”。省委常委、省委政法委书记罗笑虎，副省长张晓兰及省委有关部门领导同志参加会议。

（甘肃省司法厅法律援助工作管理处）

青海省法律援助工作概况

2009年，全省各法律援助机构紧紧围绕“保增长、保民生、保稳定”，坚持以人为本、服务为民，坚持把困难群众满意不满意作为衡量法律援助工作成效的根本标准，扎实推进各项工作，取得明显成效。

一、各级党委、政府重视，法律援助整体建设稳步推进

全省各级党委、政府高度重视法律援助工作，认真贯彻落实《法律援助条例》和第五次全国法律援助工作会议精神，强化政府责任落实，加大工作支持力度，法律援助工作整体水平显著提高。12月，青海省委、省政府办公厅转发了省司法厅制定的《关于进一步加强和改进法律援助工作的意见》，明确要求各级党委、政府要加强对法律援助工作的领导，切实将法律援助工作列入为民办实事项目，把法律援助事业纳入经济社会发展规划，把法律援助纳入党和政府主导的维护群众权益机制，建立法律援助“三项标准”动态调整机制，确保各项工作任务落实。经省编委批准，省司法厅成立了法律援助工作处，明确了行政管理职责。各级司法行政机关普遍高度重视法律援助工作，切实摆上重要议事日程，采取多种形式和渠道，积极向党委、政府反映情况、争取支持，同时，加大对法律援助工作的检查、指导和保障力度，有力促进了各项目标任务的完成。西宁市委、市政府年初召开专题会议，研究部署全市法律援助工作；海东地区综治办对所属六县法律援助经费的落实、管理和使用情况进行了督促和检查，促进了政府责任的落实；海西州委、州政府将法律援助工作列入全州重点目标考核内容，与其他工作同部署同考核；玉树州委、政府把加大经费投入作为促进法律援助工作的重要举措，将全州法律援助经费标准由人均0.30元提高到人均0.50元，有效解决了经费紧张的问题。

二、坚持围绕中心服务大局，法律援助服务职能得到充分发挥

各级司法行政机关和法律援助机构紧紧围绕青海经济社会发展大局，坚持以人为本、服务为民，关注困难群众和弱势群体，充分发挥法律援助职能作用，扎实开展各项法律援助工作，营造了和谐稳定的社会环境。据统计，全年全省共办理法律援助案件5102件，接待服务咨询2万余人次，直接或间接受援人达3万多人次。省法援中心接待大厅充分发挥自身优势，积极开展法律咨询、案件审查指派、法律援助宣传等活动，全年办理法律援助案件43件，接待来电来访5000余人次，发放各类宣传资料2万多份；西宁市法援中心将为农民工提供法律援助作为工作重点，加大办案力度，全年共办理农民工案件201件。5月，湟源县法援中心多次与青海某硅业公司沟通协商，解决了刘某等15名农民工欠薪问题，避免了一次可能发生的群体性事件；玉树州法援中心将维稳工作作为法律援助的一项重要职能，积极参与群体性涉法涉诉事件，成功办理了一次工程承包合同纠纷案、成功调解了一次农民工工伤纠纷案，及时化解了矛盾，防止了事态的进一步扩大。海东、海南、果洛、黄南、海北等地区法律援助机构将维护困难群众合法权益作为做好法律援助的根本出发点，积极开展法律援助，办案数量较上年有了明显增长，为经济社会平稳较快发展作出了贡献。

此外，各地大学生法律援助志愿者和“1+1”法律援助志愿者律师，充分发挥专业优势，积极开展办案和咨询活动，得到社会各界的好评，尤其是3名“1+1”法律援助志愿者律师，在开展法律知识讲座、宣传法律援助、办理疑难复杂案件、参与政府工作决策等方面发挥了突出作用，得到当地政府和司法行政机关的高度评价。

三、强化服务措施，法律援助便民服务主题活动成效显著

根据司法部要求，省司法厅研究制定了《青海省法律援助便民服务主题活动实施方案》，并召开专题会议进行动员部署。各地采取多种便民措施,积极开展法律援助便民服务活动。截至2009年底,全省县区以上在临街建立法律援助便民服务接待大厅31个,占应建数的56.4%,接待大厅的建成使用对规范法律援助工作、提高法律援助社会知晓率、方便困难群众申请法律援助等发挥了积极作用。为了进一步提高服务管理水平,在全省开通了"148"法律援助专线咨询电话,开通了《青海法律援助网》,进一步拉近了法律援助与困难群众的距离。省司法厅针对2010年"两节"期间农民法律援助需求大、工作任务重的实际,制定下发了《关于做好2010年"两节"期间农民工法律援助工作的通知》,提出具体目标措施。为做好残疾人法律援助工作,省司法厅与省残联联合下发了《关于建立残疾人法律援助工作站的通知》,依托司法所新建立残疾人法律援助工作站285个,为残疾人寻求法律援助提供了便利。海东地区司法局根据实际,将土地承包经营权、宅基地使用纠纷、家庭暴力等纳入援助范围;海西州司法局针对企业多、劳资纠纷多的实际,积极与当地经委协商成立了企业法律援助工作站,及时解决工资拖欠问题;与驻军单位协商,成立了军人军属法律援助工作站;与残联协商,成立了44个残疾人法律援助工作站;海南州司法局开展法律援助"五进"活动,即"进乡镇、进社区、进农村、进工地、进厂房",把十项便民措施落到了实处。全省各级法律援助工作站以"法律七进"为载体,深入社区、农牧区、企业等基层单位,开展法律援助宣传和现场咨询活动,有效化解了矛盾纠纷,营造了良好的社会氛围。

四、加强制度机制建设,法律援助规范化建设水平明显提高

制度机制建设是法律援助工作的重要内容。各地围绕法律援助工作出现的新情况新问题,注重从制度上解决问题、取得了良好成效。西宁市法援中心针对工作中存在的问题,制定完善了法援中心主要职责、法律援助事务承办人员守则、申请法律援助流程图等二十余项制度规定,规范了法律援助案件审批、指派、质量监管、经费管理等内容;海东法援中心出台了案件咨询登记、接待值班、重大疑难案件讨论等十多项制度,规范了法律援助办案环节;海西州法援中心健全完善了法律援助监督员、案件质量监督检查、公开承诺、经费监督管理等多项制度,进一步提高了法律援助规范化建设水平。各地普遍采取案件质量评估检查、案件回访,邀请人大、政协领导开展执法检查等活动,进一步规范了法律援助工作,有效促进了法律援助工作质量的提高。

五、加强业务培训,法律援助人才队伍素质有了新提高

各地司法行政机关和法律援助机构采取多种方式加强业务培训,法律援助人才队伍整体素质有了明显提高。7月,省司法厅根据部法援中心西部培训计划,对全省法援中心主任进行了为期2天的专题业务培训,共有68人参加,部法援中心副主任桑宁、司法厅副厅长石乐生到会指导。7月24日,省法援中心对35名法律援助志愿者、部分法援中心主任进行了专题培训,并对19名优秀志愿者进行了表彰;西宁市司法局对四区三县370名法援中心主任、工作站负责人和法律援助联络员进行了业务培训,培训率100%;海东和果洛司法局对所属各县法援中心主任进行了业务培训;海西、海北、海南、黄南、玉树等州法律援助机构采取业务学习、专题研讨等形式,加强法律援助业务知识学习。据统计,全省共培训法律援助工作人员达1513人次,通过专题业务培训、交流工作经验、实地观摩等方式,达到了统一思想、开阔视野、提高素质的目的。

六、积极开展宣传工作，法律援助社会知晓率明显提升

各级司法行政机关和法律援助机构按照“善于策划、广泛传播、简约生动、持之以恒”的工作原则，坚持面向基层，不断加大法律援助宣传工作力度，为推动法律援助事业实现新的发展发挥了重要的促进作用。据统计，全年在主要媒体刊发宣传稿件200余篇条，开展宣传活动600多场次，发放各类宣传资料100余万份，进一步提高了法律援助社会知晓率。省法援中心编发了4期《青海省法律援助》信息专刊，组稿刊登文章80余篇，印发1200余册，达到了互通信息、交流经验的目的。

各地也采取多种形式，开展了丰富多彩的宣传活动。西宁市法援中心采取播放典型案例和公益广告、举办法制文艺演出、开展送法下乡；海东地区法援中心通过平安县中心广场超大电子显示屏播放公益广告、印制法律援助扑克牌、发放宣传资料，重点宣传《法律援助条例》、《劳动合同法》、《土地承包法》等基本法律知识；海西州法援中心制作了“共享阳光”、“法律援助在身边”等公益广告，播放“援手”、“十大优秀法律援助工作者巡回演讲”等专题片；海北、果洛、玉树、黄南、海南等地区法律援助机构采取发放藏、汉文字的宣传资料、开展法律援助宣传月活动、现场宣传咨询等方式，宣传法律援助工作。各地乡镇法律援助工作站走村入户，采取上门服务、张贴标语、发放宣传资料等方式，积极开展法律援助宣传，法律援助社会知晓率稳步提升，困难群众依法维权意识明显增强。

青海省法律援助工作大事记

1月9日，全省司法行政工作会议召开，省司法厅副厅长石乐生与省法援中心负责人签订了2009年度法律援助工作目标责任书。

2月中旬，省法援中心安排专人参与宣讲中央和省委1号文件，并在黄南州尖扎县开展法律援助宣传和现场咨询活动。

3月18日至27日，省法援中心负责人一行5人赴法国、德国等国家学习考察法律援助制度。

4月22日至24日，省司法厅厅长毋法祥在海北州调研时强调指出，要抓好法律援助工作，切实体现社会公平正义，对弱势群体法律援助应做到“应援尽援”。

6月22日，省司法厅与省残联联合下发《关于设立乡（镇、街道）残疾人法律援助工作站的通知》，依托基层司法所建立残疾人法律援助工作站。

7月3日，省司法厅举行“青海省法律援助便民服务主题活动启动暨省法律援助便民服务大厅揭牌”仪式。省委常委、政法委书记李鹏新、省人大常委会副主任刘晓、省司法厅厅长毋法祥、央视《今日说法》栏目主持人撒贝宁以及公检法等单位领导出席仪式。李鹏新书记和毋法祥厅长分别讲话。

7月3日，中央电视台《今日说法》栏目主持人中国法律援助形象大使撒贝宁就青海省法律援助工作专题采访了李鹏新书记，并在中央电视台1台和12台法制频道连续播放3天。

7月18日，部法律援助西部培训计划青海培训班在西宁举办，对68名法援中心主任进行了为期2天的专题业务培训。部法援中心副主任桑宁、司法厅副厅长石乐生到培训班指导。

7月24日，省法援中心对全省35名法律援助志愿者和部分法援中心主任进行了专题业务培训，并对徐静等19名优秀志愿者进行了表彰奖励。

8月1日，中国法律援助基金会首批3名“1+1”志愿律师分赴海东互助县、海南州共和县、黄南州同仁县开展为期1至3年的法律援助志愿服务工作。

8月28日，省政府办公厅下发《关于印发青海省司法厅主要职责内设机构和人员编制规定的通知》，司法厅增设法律援助工作处，并明确其行政管理职责。

9月1日，全省统一开通了“148”法律援助专线咨询电话。

9月17日，省司法厅、省法学会组织召开了纪念建国六十周年法律援助理论研究座谈会，省社科联、省社科院、省委党校、省民族大学法学院等单位的专家、学者以及法律援助工作者共20余人参加了座谈。省司法厅副厅长、省法学会副会长王建荣到会并讲话。

9月25日，《小撒印象》西部行“法律援助”专题采访了司法厅厅长毋法祥，并在中央电视台法制频道播放。

9月21日—10月12日，省法援中心组织纪检、财务人员对西宁市、海东地区、海西州、海北州、黄南州等地区法律援助经费落实和使用管理情况进行了抽查。

11月10日，省法援中心配合中央电视台《“12·4”法律服务动车行》拍摄“突围法律援助”专题宣传片，并对司法厅副厅长石乐生就青海法律援助工作进行了专访，在中央电视台“社会与法”频道播放。

11月26日，省司法厅制定下发《关于做好2010年“两节”期间农民工法律援助工作的通知》，对做好“两节”期间农民工法律援助工作进行了安排部署。

12月24日，青海省委、省政府办公厅转发了省司法厅制定的《关于进一步加强和改进法律援助工作的意见》，进一步明确了各级党委、政府抓好法律援助工作的责任和目标要求。

12月30日，省法援中心被司法厅评为2009年度重点目标完成“先进单位”。

（青海省法律援助中心）

宁夏回族自治区法律援助工作概况

2009年，在司法部和自治区党委、政府的领导下，全区各法律援助机构以保民生、保稳定、促和谐为出发点和落脚点，与时俱进，开拓创新，全面推进法律援助工作科学协调发展。全年全区共办理各类法律援助案件6977件，为近10万人次提供了法律援助，避免或挽回经济损失千余万元。在第五次全国法律援助工作会议上，宁夏司法厅参与了经验交流，有2个单位、2名法律援助人员被评为全国法律援助先进集体和先进个人。司法厅被评为全国“法律服务和法律援助工作为构建社会主义和谐社会服务”主题实践活动先进集体。自治区领导陈建国、王正伟、苏德良、李锐先后对全区法律援助工作做出重要批示。法律援助成为全区司法行政工作服务改善民生、维护社会公平正义的一道亮丽风景。

一、找准提升法律援助工作的支撑点，满足党委、政府新要求、人民群众新期待

自治区党委、人大、政府连续两年把法律援助列为民生工程。司法厅以此为契机，把法律援助作为司法行政系统的“一号工程”，以做好抓实法律援助民生工程，提升法律援助办案质量为工作方向，成立了以王正升厅长为组长、李春劳副厅长为副组长的法律援助民生工程领导小组，与五市司法局签订了目标责任书，建立了一级抓一级、层层抓落实、人人有责任的法律援助工作机制。五市司法局积极协调，将法律援助纳入到当地党委政府的民生工程和重点工作，以民生工程带动和推进司法行政各项工作的全面发展。

二、找准推进法律援助工作的关键点，加强法律援助规范化、信息化建设，强化便民措施

针对国际金融危机的重大影响，结合全国、全区司法行政工作会议对法律援助工作的新要求、新提法，宁夏司法厅通过召开座谈会，深入实地调研等形式，对全区法律援助工作存的问题、基层意见需求等进行了全面细致的调查研究，撰写了《我区法律援助机制体制存在的问题及对策》、《宁夏法律案件质量评估工作调研报告》、《如何做好新形势下农村和农民工法律援助工作的调研报告》等调研文章，为做好法律援助工作提供了现实的理论依据，找准了工作的突破口。一是从制度层面进行规范，出台了法律援助案件质量评估标准、办案程序规则、法律援助人员执业规范等规范性文件，建立起具有宁夏特色的案件质量评估管理体系；二是构建信息平台，全力推进法律援助标准化、网络化和智能化发展。将法律援助信息化建设列入重要议事日程，通过培训、调试、试运行等工作，10月份正式启用了信息化管理系统，提前完成全区推广使用任务；三是立足群众需求，强化便民利民举措。在全区开展为期一年“法律援助便民服务”主题活动。推出扩大法律援助覆盖面和知晓率、建立健全法律援助便民服务窗口、拓宽法律援助申请渠道、简化法律援助受理审查程序等10项便民服务措施，改进服务作风，创新服务方式，不断提高法律援助服务质量和效率。

三、找准做好法律援助民生工程的着眼点，实现法律、政治、社会效果相统一

一是扩大法律援助覆盖面，将农民因土地承包经营权流转、征地、拆迁合法权益受到损害、各级党委政府交办的有一定社会影响的案件等八类事项纳入法律援助范围，进一步在围绕中心服务大局中彰显司法行政的风采，在为政府分忧为民解难中彰显法律援助的价值，二是进步一规范办案程序，细化了法律援助对象范围、受理、审批、指派、承办及结案归档等各个环节的工作要求和标准，三是创新服务形式，将人民调解和法律援助进行对接，贯彻调解优先原则，促进当事人和谐解决纠纷。四是强化台账管理，统一了全区《法律援助案件受理登记册》、《经济困难证明》、《案件旁听记录》、《法律援助质量征询意见卡》等格式文书，使要求更清晰，标准更严格，工作更有条理。五是建立了办案质量科学评估及补贴管理机制，将案件进行分类，坚持以案定补、以质定补，奖优罚劣，将案件质量与办案补贴紧密挂钩，对于不合格案件，一律不予办案补贴，较好地解决了干多干少一个样、干好干坏一个样的问题。并将过去200元/件的办案补贴标准，提高到200元—800元/件。还建立了超额补贴制度，对超出义务量承办案件的社会律师增加补贴，极大提高了律师等人员办理高质量法律援助案件的积极性。六是通过发挥律师主力军作用提升办案质量。将律师事务所办理法律援助案件情况与评选优秀律师事务所、“五好党支部”挂钩，与年度考核挂钩。在《宁夏回族自治区律师事务所年度检查考核办法》和《宁夏回族自治区律师事务年度检查考核办法》中增加对承办法律援助案件的考核。科学核定律师义务量，完不成及完成不好任务的一律不予注册。七是强化案件质量监管，通过设立重大疑难案件集体讨论、庭审旁听、当事人回访等制度对案件办理质量进行全程动态监控。实行季度检查,逐案验收的工作制度。组成专门检查组,每季度到全区各地对已结归档案件进行逐一审查,对查验的案件加盖印章,并逐一登记记录。由省级机构对全区案件进行个案审查。八是强化经费管理使用,实行跟踪反馈责任制,将办案补贴透明化、公开化,司法厅每季度对法律援助案件办理及补贴发放情况进行通报,各级司法行政机关在系统内公示一周办案补贴发放明细,确保法律援助经费专款专用。通过上述举措,全区法律援助办案质量得到进一步提高,案件代理(辩护)意见采纳率达80%以上,群众满意率达90%以上,已结案件合格率达到100%。办结了一批有重大社会影响的法律援助案件,树立了党委政府和司法行政关注民生、保障民生、服务民生的良好形象,实现了全区法律援助工作者从重视法律援助案件数量向重视法律援助案件质量的态度转变,从重视法律援助法律效果向重视法律援助的法律、政治和社会效果相统一的态度转变。

四、找准加强法律援助工作的基本点,不断提高队伍整体素质和服务水平

一是建立完善人员管理制度,出台法律援助人员执业规范,明确了人员资格条件、服务形式、执业纪律、行为规范等内容,将责权利相统一,最大限度地维护受援人的合法权益。二是有的放矢开展多层次培训工作。利用近一个月的时间,深入五市对各市、县(区)司法局局长、分管局长、法援中心主任及全体工作人员,工、青、妇、残等社会团体及农民工、监狱劳教等法律援助工作站负责人,各律师事务所、公证处负责人300余人进行了全员巡回培训。指导各地通过组织讲师团、开展专题业务培训班、以会代训等方式对基层法律援助工作站点人员进行培训。组织业务骨干深入各地就案件办理、归档等工作进行实地指导示范。积极争取部法援中心专程来宁夏对全区法援中心主任进行了系统业务培训。三是加大创新力度,不断充实壮大队伍力量。进一步简化新申请律师执业人员进入法律援助机构实习程序,给予实习人员相应办案补贴。对全区贫困地区法律援助机构人员考取法律职业资格申请为法律援助专职律师的,开通绿色通道,取消实习一年的限制,使其能尽快走上服务岗位。积极争取到团中央“大学生志愿服务西部计划”志愿者30余名到基层法律援助机构;争取到司法部“1+1”志愿律师3名,到金凤、盐池、贺兰等律师资源较少的法律援助机构指导志愿者开展服务;争取到“中国法学会公益法律服务志愿者项目”,极大缓解了本区法律援助人力资源不足的突出问题,确保了法律援助民生工程有人干,干得好。

五、找准扩大法律援助知晓率的辐射点,进一步加大法律援助宣传力度,提升法律援助宣传层次

一是努力创新载体,创办了《宁夏法律援助为民办实事工作动态》,及时反映了各地为民办实事工作好做法、好经验及典型案例,并对各地宣传工作进行每月通报,极大地提高了各地对宣传工作的重视程度。二是开展主题宣传活动。结合“三下乡”、“综治宣传月”、“三·八妇女维权周”、“9月1日条例实施纪念日”等活动开展大型集中宣传活动,组织全区法律援助机构从8月—10月开展了“法律援助百日宣传”活动,受益群众50万余人次,参与律师200余人次、法律援助工作者300余人次。三是充分发挥电视、电台、报刊、网络的宣传主渠道作用,重视法制新闻宣传,确定了新闻宣传通讯员,进一步提升法律援助宣传层次。在《法制日报》、《宁夏日报》、宁夏网、《宁夏法治》、《中国法律援助》、宁夏电视台等区内外有较大影响力的媒体宣传法律援助工作，在《法治新报》设立专栏，进行集中报道；在国庆期间与宁夏电视台《法治视线》合作制作《厅长专访》，集中展播 12 期专题节目；与宁夏广播电台新闻频道合作制作《与法同行——法律援助在你身边》专题节目。全年在各类媒体上刊发稿件 150 余篇。四是组织各地采用文艺演出、有奖问答等形式将法律援助宣传工作向乡村、工地、社区倾斜。利用公交车车载电视，乡村告知栏等有效载体，宣传法律援助，极大地提高了法律援助知晓率。

宁夏回族自治区法律援助工作大事记

1 月 22 日，司法厅出台了《宁夏回族自治区法律援助办案程序规则》，进一步扩大法律援助覆盖面，规范法律援助案件办理程序。

1 月 22 日，自治区十届人大二次会议上，自治区 2008 年民生计划情况与 2009 年民生计划草案首次提交大会审议并通过，法律援助连续两年被列入自治区民生计划。司法厅下发了《关于 2009 年为困难群众办理 1000 件为民办实事法律援助诉讼案件的实施方案》，对办实事工作进行全面部署。

1 月 22 日，创办《宁夏法律援助为民办实事工作动态》，大力宣传法律援助工作中的感人事迹，先进经验和典型案例。

2 月 18 日，司法厅和财政厅联合出台《宁夏回族自治区法律援助案件质量评估及补贴管理办法》，建立起法律援助案件质量科学评估机制。

2 月 11 日—24 日，创新培训方法，巡回全区举办法律援助业务培训班，改集中培训为分散培训，送培训到基层，将参训人员集中到各市进行统一培训。

3 月 26 日—4 月 2 日，正式启动法律援助案件季度检查制度。组织专人对全区所有法律援助归档案卷逐一进行审核，并加盖检查印章。

3 月 17 日—5 月 19 日，通过召开律师座谈会、实地调研等形式，对全区法律援助工作全面细致的调查研究，并对农村和农民工法律援助工作、“148”法律援助专线运行情况、全区法律援助工作机制体制进行了深入分析，撰写调研文章，为完成法律援助为民办实事工作提供了现实依据。

5 月 13 日，司法厅第 11 次厅长办公会审议通过《宁夏回族自治区法律援助人员执业规范》（下简称《规范》），以第 19 号《宁夏回族自治区司法厅令》予以发布。《规范》规定了援助人员资格条件、服务形式、执业纪律、行为规范等内容，将责权利相统一，强调最大限度地维护受援人的合法权益，进一步完善了质量管理体系。

6 月 16 日—19 日，自治区人民政府组成督查组对 2009 年 10 项民生计划 30 件为民办实事工程进展情况进行了督查。

6 月 27 日，王正伟主席在自治区政府督查室《关于执法为民实事的督查报告》上批示：“法律援助要抓出品牌、抓出声响，要让老百姓真心满意，要树立这方面的典型。此事，要实实在在的抓。”

7 月 1 日—7 月 3 日，司法部在银川举办首期西部省份法律援助轮训培训班，对全区法援中心主任进行培训。期间，法援中心副主任桑宁等还对全区法律援助案件质量评估、“148”专线等进行了调研，并对案件质量评估机制、经费管理及案件逐案审查等做法给予了充分肯定。

7 月 3 日，自治区领导在司法厅《关于第五次全国法律援助工作会议有关情况的专题汇报》上分别作出重要批示：陈建国书记：“请德良同志听听汇报，帮助解决一些实际问题，把我区的法律援助工作搞好。”王正伟主席：“同意贯彻意见。请李锐同志协调司法厅做好准备。”苏德良常委：“我们要认真贯彻此次会议精神，尤其是永康同志的重要讲话，进一步加强我区法律援助工作，特别要在为困难群众提供法律援助上下工夫、务实效。要切实落实‘三个纳入’要求，提高服务保障能力。同意年内召开会议。报李锐主席阅示。”李锐副主席：“请司法厅按王正伟主席批示进一步优化措施，明确责任，结合实际抓好落实。”

7月23日，为促进法律援助工作方法和工作机制的改革创新，推进现代信息技术在法律援助工作中的应用，制定下发了《关于推广使用法律援助信息管理系统的实施方案》，启动信息化建设工作。

7月30日，在全区开展“法律援助便民服务”主题活动。制定下发《自治区司法厅关于开展“法律援助便民服务”主题活动的实施方案》，推出了“努力扩大法律援助覆盖面和知晓率、建立健全法律援助便民服务窗口”等10项便民服务措施，进一步提高服务质量和效率。

8月1日，由司法部、团中央、全国律师协会及中国法律援助基金会共同组织的“1+1”中国法律援助志愿者行动启动，争取到的3名志愿律师分别到贺兰县、盐池县、金凤区法援中心开始进行为期一年的志愿服务。

8月1日—10月30日“法律援助百日宣传”活动启动，为国庆60周年、全区法律援助工作会议、司法行政恢复重建30年营造良好氛围。

8月26日，司法厅下发了《关于评选表彰全区法律援助工作先进集体和先进个人的通知》，对近年来在全区法律援助工作，特别是在法律援助民生工程中涌现出来的先进集体和先进个人进行评选。

9月1日，在《宁夏回族自治区法律援助条例》实施三周年纪念日来临之即，司法厅下发了《关于开展法律援助条例宣传活动的通知》，结合法律援助10项便民主题活动，全区各地开展了形式多样的宣传活动。

9月1日，从“中国法学会公益法律服务志愿者项目”中争取到3名公益律师，被分派到自治区法援中心和西夏区法援中心提供两年的公益服务。

9月2日，与宁夏广播电台新闻频道联合制作《与法同行——法律援助在你身边》20集专题节目开播，通过每周一期的法律援助典型案例介绍，广泛深入地宣传法律援助制度。

9月16日，西夏区司法局举办“法律援助便民服务”主题活动启动仪式，司法厅副厅长陈福勇出席仪式并对主题活动做出部署。同时，还派专人对西夏区法律援助服务人员进行了培训。

9月28日—10月16日，与宁夏电视台公共频道《法治视线》联合制作“司法为民”法律援助专题节目，在国庆期间进行集中展映。

12月1日，在“12·4法治宁夏”大型主题晚会上，上演的“民心工程”章节全面反映了法律援助工作成就，受援人上台发表感言，引起轰动效应。

12月26日，王正伟主席在《扎实推进党的建设，确保律师行业健康发展》一文上批示：我区律师行业要推出这样的好典型，走在全国前列。法律援助要总结经验，寻找不足，有所创新。

（宁夏回族自治区司法厅法律援助工作管理处）

新疆维吾尔自治区法律援助工作概况

2009年,全区法律援助机构在自治区党委、政府和司法厅党委领导下,认真贯彻落实党中央关于"保增长、保民生、保稳定"决策部署,坚持以邓小平理论和"三个代表"重要思想为指导,深入贯彻落实科学发展观,坚持以人为本,服务为民,以满足人民群众合法权益为主线,以方便群众、服务群众为重点,全面提升法律援助服务能力和水平,为维护困难群众合法权益,促进法律援助工作又好又快发展作出了积极贡献。全年全区各级法律援助机构共办理各类援助案件8772件,其中刑事案件2309件、民事案件6443件(农民工法律援助案件1930件,其中涉及讨薪案912件、工伤索赔161件、其他857件),行政案件20件,受援人共计9122人,接受法律咨询46922人次。

一、加强学习教育,不断提高政治素质,牢固树立民族团结和服务大局意识

各级法律援助机构认真组织法律援助人员学习中央和自治区政法工作会议、司法行政工作会议和胡锦涛总书记等领导视察新疆时的讲话精神,区法援中心还积极参加司法厅机关组织的"自治区第27个民族团结教育月"等活动。通过一系列学习教育活动,进一步坚定了全区法律援助人员维护民族团结、反对民族分裂的决心和信心,真正做到政治上靠得住、作风上过得硬、信念坚定、品行端正。特别是"7·5"事件发生后,通过认真学习党中央、国务院、自治区党委政府文件以及胡总书记、王乐泉书记讲话和自治区党委第26次常委会精神,进一步增强了法律援助人员的政治敏锐性和鉴别力,在大是大非面前不动摇、不传谣、不信谣,思想与行动上坚决同党中央、自治区党委保持高度一致,认真开展法律援助工作,努力建设平等、团结、互助、和谐的民族关系。

二、以人为本,服务为民,全面提升法律援助服务能力和水平

全区各级法律援助机构全面贯彻落实《法律援助条例》和《新疆维吾尔自治区实施〈法律援助条例〉办法》,不断拓展法律援助业务领域,完善便民措施,依法为符合条件的困难公民提供法律援助。采取多项措施降低门槛,使更多的困难群众在更多广泛的领域享受到法律援助服务。

(一)为贯彻落实中央关于保持经济平稳较快发展和"保增长、保民生、保稳定"的决策部署,进一步加大法律援助工作力度,更好地维护困难群众的合法权益,根据司法部《关于在全国开展"法律援助便民服务"主题活动的意见》要求,在全区开展了"法律援助便民服务"主题活动,研究制定了《"法律援助便民服务"主题活动实施方案》,活动受到了司法厅领导的肯定。

(二)转发了司法部《关于加强和改进法律援助工作的意见》(以下简称《意见》),使全区各级法律援助机构进一步明确了新形势下法律援助工作的目标和任务,对更好地满足困难群众的法律援助需求,进一步健全法律援助网络、提高服务质量,进一步增加法律援助经费投入,进一步完善基础设施,进一步壮大法律援助队伍,进一步提高法律援助工作者政治业务素质具有很强的现实指导意义。

（三）自“7·5”打砸抢烧严重暴力犯罪事件以来，组织各级法律援助机构，按照中央、国务院和自治区党委、政府及司法厅党委的安排部署和要求，积极为“7·5”事件受害群众开辟“绿色通道”，提供优质高效服务。选派一批政治素质高、业务能力强的援助人员，组成强大的法律援助顾问团，接受现场或电话咨询，帮助政府对受害群众及家属进行宣传疏导及安抚工作，努力协调解决受害群众的诉求，更好地维护受害群众的合法权益。同时，要求各级法律援助机构工作人员暂时取消休假，加强“148”专线值班，随时为人民群众提供法律咨询和援助服务，受到了自治区党委、政府和司法厅党委的肯定。

（四）为了让法律援助制度更广泛地惠及经济困难公民，4 月，制定了《关于大力推进法律援助工作的若干意见》，成立以司法厅厅长为组长的“自治区法律援助工作协调领导小组”，进一步整合司法行政系统内部法律服务资源，建立各法律服务管理部门协调统一、相互配合、运行有序、便捷高效的“大法律援助”工作格局，实现了法律援助无缝衔接目标。

三、积极推动法律援助工作规范化建设

根据司法部关于推动法律援助机构规范化建设要求和全区规范化建设运行情况，结合全区实际，重新修订下发了法律援助规范化建设标准，从制度上对基础设施建设、经费保障、队伍建设等进一步提出了明确要求，有利于改善办公、接待条件，强化工作规范，完善服务功能，提高办事效率，提供优质服务，促进法律援助人员的“三项建设”（思想建设、政治建设、业务能力和职业道德建设），新的规范化标准更科学更贴近实际。

四、积极争取各级政府和社会各界支持，法律援助经费得到进一步保障

在各级司法行政部门和法律援助机构的努力下，经费保障得到进一步落实。各级司法行政机关和法律援助机构积极推进政府责任落实，协调各级财政加大法律援助投入，广泛筹集法律援助资金，保障了法律援助工作的开展。全区法律援助经费共投入 967.09 万元，同比增长 6.5%。为确保专款专用，自治区法援中心按照《新疆维吾尔自治区法律援助经费管理暂行办法》要求，切实加强对各级法律援助经费管理使用情况的检查和监督，有效地保证了法律援助经费的规范使用。

五、加大法律援助宣传力度，进一步提高法律援助公众知晓率

一是开展“法律援助宣传月”活动。按照司法部要求，结合全区实际，制定下发了《关于开展法律援助宣传月活动的通知》、《关于组织开展法律援助宣传月活动的通知》和实施方案，指导全区积极开展法律援助宣传月活动，落实各项活动内容，取得实际效果；出动法律援助宣传车 213 辆（次）；印发《法律援助条例》、《土地承包法》、《律师法》、《公证法》等相关法律、法规宣传材料 64 万余份；悬挂民、汉双语横幅及张贴标语 2792 幅；展出宣传板面 396 块；向社区群众播放宣传光碟 5 场次；举办法制讲座及培训 29 期，参加培训人数 569 人；广播、电视宣传报道 103 次；网络报道 12 次；简报宣传 9 次；发布相关新闻稿件 30 余篇；举办法律咨询服务活动 400 余场次，现场接待法律咨询 21082 余人（次），现场受教育群众 657000 人，现场受理法律援助案件 72 件，现场办理“爱心卡”、“惠民卡”2023 张，代写法律文书 63 份，化解民间纠纷 42 件，大大提高了法律援助公众知晓率。

二是利用广播、电台、报刊进行法律援助宣传。参与新疆人民广播电台新广行风热线 6 次，接受新闻采访 3 次，在《新疆日报》、《新疆法制报》刊发专题报道各 1 期。3

月,新疆电视台就法律援助发展采访了司法厅阿不力孜·吾守尔厅长。6月,司法厅张国勋副厅长和区法援中心负责人等在乌鲁木齐市二道桥参加"法律援助宣传月"活动,张国勋副厅长和亚合甫·肉斯坦木主任接受了记者的采访。11月,中心任国慎副主任就省际法律援助协作事项和甘肃省农民工付孝孝案件,接受新疆电视台采访。

三是召开了"新疆法律援助十周年座谈会"。为纪念新疆法律援助工作开展十周年,6月25日,区法援中心在乌鲁木齐举办了"新疆法律援助十周年座谈会",杜建锡书记总结回顾了新疆十年来法律援助工作,自治区副主席、政法委副书记贾帕尔·阿比布拉发表重要讲话,充分肯定了新疆法律援助工作10年来的工作成果,并提出了希望和要求。司法厅党委书记杜建锡总结回顾了新疆法律援助十周年的历程,对今后法律援助工作的开展提出具体要求。阿布力孜厅长主持座谈会。应邀代表60余人,陕西省、四川省、湖北省也派代表参加,司法部及全国30多个省市发来了贺信或贺电,座谈会还邀请了自治区部分厅局领导共60余人参加,11家媒体单位对座谈会进行了报道。

六、积极开展新形势下调研工作,完善法律援助政策措施

为认真贯彻落实中央关于"保增长、保稳定、保民生"的决策部署,在全区范围内有组织、有计划地开展了一系列调研活动,撰写并上报了调研报告,为上级党委、政府和业务部门提供决策依据。

一是开展了新形势下农村法律援助工作调研活动。2008年,全区共办理涉及农民工法律援助案1544件;解答法律咨询16237人次,为农民、农民工解答咨询占总咨询数的41%,有效维护了农民、农民工的合法权益。根据调研情况,研究提出了做好新形势下农村和农民工法律援助工作的意见和建议。

二是开展了"148"法律服务专线调研活动。目前,全区已设立"148"法律服务专线304部,参与服务总人数1074人。专线没有覆盖的市、县、区有20个,专线未划归法援中心的市、县、区有53个。专线经费全由各级司法行政业务经费支出,专线经费缺口达125万元,从事专线服务人员没有任何补贴。

三是开展了法律援助案件质量评估调研活动。从调研情况看,除个别地区制定和实施有法律援助案件质量评估标准和评估方法外,全区尚未制定统一的案件质量评估标准和评估办法等。下一步将根据司法部统一要求,研究制定全区法律援助案件质量标准。

四是根据司法部法律援助工作司《关于开展依托司法所设立的法律援助工作站有关情况调研报告的通知》要求,组织全区15地州市司法局就依托司法所设立法律援助工作站有关情况进行了认真调研,根据各地调研情况,上报了《新疆维吾尔自治区依托司法所设立的法律援助工作站有关情况调研报告》。全区现有乡镇、街道司法所1034个,截至6月30日,依托司法所设立法律援助工作站970个,建站率为93.8%。

(新疆维吾尔自治区法律援助中心)

新疆生产建设兵团法律援助工作概况

2009年，兵团各法律援助机构认真学习贯彻党的十七大精神，坚持以邓小平理论和"三个代表"重要思想为指导，深入贯彻落实科学发展观，把服务兵团经济平稳较快发展、保障民生、促进社会和谐稳定作为法律援助工作的首要任务，不断增强法律援助服务能力，整体推进法律援助工作。据统计，全年兵团各法援机构共办理各类援助案件2127件，同比增长了21.12%，已结案2106件，占案件总数的99.01%。民事法律援助案件1961件，占案件总数的92.19%，同比增长24.04%，非诉讼案件1285件，占案件总数的60.41%，同比增长36.41%。挽回损失或取得利益共计2355.35万元，同比增长39.94%。刑事法律援助案件166件，占案件总数的7.8%。刑事案件中，承办人意见全部采纳的为49件，部分被采纳的为113件，避免损失或取得利益146.4万元。按时收集数据，完成了月统计、半年及全年统计和统计分析工作。向司法局内外网报送信息90余条、简报10期。

一、认真贯彻落实第五次全国法律援助工作会议精神

主动向兵团领导汇报第五次全国法律援助工作会议精神及贯彻落实意见，积极组织全系统认真学习贯彻第五次全国法律援助会议精神，切实解决好制约法律援助工作发展的重要问题。在兵团党委支持下，7月份，《新疆生产建设兵团实施〈法律援助条例〉办法》颁布实施。这是第一个以兵团名义出台的法律援助规范性文件。

二、积极开展法律援助便民服务活动

制定了《关于在兵团开展"法律援助便民服务"主题活动的实施方案》，启动了"法律援助便民服务"主题活动。一是开展法律援助便民服务窗口建设；二是开通法律援助专线电话；三是依托律师事务所等法律服务机构建立法律援助点，代为申请法律援助；四是依托团场（社区）人民调解委员会设立法律援助联络点。通过积极构建师法律援助中心—团场法律援助工作站—连队（社区）法律援助联络点三级服务网络，方便基层群众就近申请法律援助。

根据兵团领导将法律援助列入兵团"十件实事"的重要批示，与发改委等部门沟通协调，制定了《落实兵团为职工群众办实事项目"为困难职工群众提供法律援助"实施方案》，积极推动将法律援助工作纳入兵团"十件实事"并出台了法律援助保民生十条便民利民措施。

三、开展案件质量检查工作，加强法律援助质量监管

根据《兵团法律援助案件质量检查评估办法》，建立了每年一次的法律援助案件质量检查和评估工作机制。7、8月份，组成两个工作组，对1师至12师2008年度和2009年上半年法律援助办案数量、质量、办案补贴发放等工作进行了全面检查，并向全系统通报了检查结果。这种进一步规范法律援助办案服务和办案补贴发放起到了积极的促进作用。

四、组织开展法律援助宣传月活动和调研工作

印发了《兵团司法局关于开展法律援助宣传月活动的实施方案》。配合宣传月活动，兵团司法局编印了12种类型法律援助维权宣传卡（册）共计84000册下发到基层，下发了法律援助宣传挂图1500份；组织人员到基层督导宣传月活动开展情况，及时上报相关信息和总结。据统计，在宣传月活动中，兵团各法律援助机构共发放法律援助宣传资料69120余份，其中维文宣传资料2000余册，组织宣传120场次，展出宣传板及宣传挂图1300幅，举办法律援助知识讲座100场次；在师团交通主干道上悬挂法律援助宣传横幅1000余条，组织宣传车走进田间地头宣传法律援助知识300余车次；在师团电视台累计播放法律援助电视专题片365小时，受教育人数21万余人；集中受理法律援助申请188起，解答群众法律援助咨询12300人次。编印了《兵团2009年度法律援助案例选》和《法律援助工作手册》。

组织开展法律援助调研工作。按照司法部要求，组织开展了新形势下农村和农民工法律援助、法律援助案件质量评估、法律援助工作站运行状况三个方面的调研活动，并提交了调研报告。还组织调研了兵团"148"法律援助（法律服务）专线情况及设立法律援助咨询热线平台的途径和方法。

五、做好与相关部门之间的协调配合工作

参加妇女儿童工委关于2008年《两纲评估报告》中就妇女儿童与法律援助、法律知识普及、维权站点等相关情况的报送工作，并参加相应的培训活动；参加残联召开的联席会议、座谈会等，报送贯彻落实《残疾人保障法》履职情况报告；与发改委沟通落实将法律援助列入"十件实事"事宜；与财务局沟通落实法律援助专项经费，会签《兵团实施〈法律援助条例〉办法》；与各师及兵团团委协调，完成了2009年度法律援助大学生志愿者招募及2008年志愿者延长服务期上报工作（新招募志愿者13人，延长服务期志愿者14人），与团委联系协调完成了2009年大学生法律援助志愿者培训和安置工作等。

新疆建设兵团法律援助工作大事记

1月4日，兵团司法局向兵团党委提出《关于将党政主导"为困难职工群众提供法律援助"纳入兵团党委、兵团为职工群众办实事的"民心工程"的请示》。2月12日，兵团司令员华士飞作出重要批示："资金应列入预算，如不够，应该适当增加，'十件实事'已经党委审定下发，是否今年做些准备，明年再列"。王继亮副政委也对《请示》作了重要批示。

3月6日，兵团司法局下发《关于印发〈保民生，为困难职工群众提供法律援助十条措施〉的通知》。

4月27日，司法局向兵团党委报请《关于报请兵团颁布实施〈法律援助条例〉办法的请示》（兵司请〔2009〕11号），兵团司令员华士飞批示"同意以兵团名义行文"。经兵团审核，7月13日，兵团办公厅印发了《关于印发新疆生产建设兵团实施〈法律援助条例〉办法的通知》。

6月18日，向各师司法局法律援助科下发了《关于开展法律援助案件质量检查的通知》。7月25日至8月24日，司法局组成两个组，对1师至12师2008年度和2009年上半年法律援助案件办案质量和数量、办案补贴发放、经费使用等工作进行了检查。13师和14师提交了自查报告。9月7日，印发了《关于法律援助案件质量检查情况的通报》，对检查情况进行了通报。

6月18日，根据部法律援助中心《关于开展法律援助宣传月活动的通知》的统一安排，经研究决定，于8月份组织开展了法律援助宣传月活动。9月23日，总结各师活动情况，形成书面材料上报部法律援助中心。

6月30日，拟定下发了《关于印发〈关于在兵团开展“法律援助便民服务”主题活动的实施方案〉的通知》，决定自2009年6月至2010年6月，在全兵团开展“法律援助便民服务”主题活动。

7月20日，兵团司法局刘钊局长、鲜辉书记向兵团分管政法工作领导王继亮副政委汇报了第五次全国法律援助工作会议精神及贯彻落实意见。王继亮副政委批示：“所拟八条贯彻意见符合兵团实际，请司法局认真逐项落实。当前，特别要抓好《兵团实施〈法律援助条例〉办法》的实施工作，力求服务困难群众，促进和谐稳定的社会效果。”

7月26日，13名大学生志愿者到达兵团。与团委联系协商2009年大学生法律援助志愿者培训和安置工作，并向各师下发《关于做好法律援助志愿者安置工作的通知》。

12月7日，下发《关于做好评选2007—2009年兵团法律援助先进集体和先进个人工作的通知》。2010年1月6日，兵团司法局印发《关于表彰兵团法律援助工作先进集体和先进个人的决定》，对11个先进集体和20名先进个人进行表彰通报。

12月11日，下发《关于召开法律援助业务工作座谈会的通知》，组织各师司法局法律援助科科长以及垦区司法局法律援助中心负责人于12月21日至23日参加法律援助业务工作座谈会。兵团司法局分管法律援助工作领导纪委书记鲜辉出席座谈会并讲话。会议总结了2009年度工作，安排部署了2010年度工作，对“法律援助建设”纳入兵团为职工群众办“十件实事”实施工作提出具体要求。

12月23日，兵团党委召开六届三次全委（扩大）会议。会上，兵团政委聂卫国作重要讲话，强调要继续办好包括“法律援助建设”在内的“十件实事”，推动社会事业全面进步。

（新疆生产建设兵团法律援助中心）

第三部分　中国法律援助基金会工作概况

2009年，中国法律援助基金会在司法部党组的正确领导下，认真学习实践科学发展观，坚持围绕中心，服务大局，以满足困难群众法律援助需求为核心，围绕不断增强法律援助物质保障能力的工作目标，进一步理清工作思路，加强重点项目攻坚，并实现历史性突破，截至12月31日，接受各类资金6241.79万元，有力地支持了我国法律援助事业的发展。

一、国家彩票公益金的支持增强了法律援助资金保障能力。2009年7月，经国务院批准，财政部决定将中央专项彩票公益金法律援助项目正式立项，2009年安排彩票公益金5000万元，专项用于农民工、残疾人、老年人、妇女家庭权益保障和未成年人五类群体的法律援助工作，每年至少办理法律援助案件25000件。将法律援助纳入国家彩票公益金支出范围，充分体现了党中央、国务院对法律援助事业的高度重视和亲切关怀，体现了财政部对法律援助工作的大力支持。这笔资金的使用，对于增强法律援助经费保障能力，促进法律援助尤其是中西部贫困地区法律援助工作的发展具有非常重要的意义。司法部对中央专项彩票公益金项目高度重视。吴爱英部长批示："这件事情做得好。好事要办好。要切实做好彩票公益金的使用、管理和监督工作。"赵大程副部长批示："国务院同意将法律援助事业纳入中央专项彩票公益金使用范围，对法律援助工作、法律援助基金会工作都是重要支持政策，法律援助基金会应切实管好用好这笔基金，为落实中央指示、推动法律援助事业发展服务。"为了管好用好国家彩票公益金，财政部、司法部颁布了《中央专项彩票公益金法律援助项目实施与管理暂行办法》，对资金使用范围、补贴标准、监督管理等作出明确规定，严格规范彩票公益金使用和管理，明确项目管理职责和程序，强化项目监督检查，确保资金使用的公益性、安全性和有效性，充分发挥彩票公益金社会效益，促进法律援助事业特别是中西部贫困地区法律援助事业的发展。

二、"1+1"志愿者项目有力推动中西部地区法律援助工作的发展。根据我国目前仍有210个无律师县缺乏法律援助人才的现状，中国法律援助基金会会同部律师公证工作指导司、法律援助工作司、团中央青年志愿者工作部、法律援助中心和中华全国律师协会组织开展了"1+1"中国法律援助志愿者行动项目，选拔了100名志愿者，包括30名律师志愿者和70名大学生志愿者，派遣到13个省(区、市)的70个无律师县和律师资源短缺的西部贫困县，从事基层法律援助志愿服务工作。该项目于7月30日正式启动，顾秀莲名誉会长和赵大程副部长等领导同志出席会议并作重要讲话。截至2009年底，30名律师志愿者共办理各类法律援助案件270余件，开展法制讲座近百场，接待法律咨询近万人，参与化解、处理了十多起群体性案件，受到当地党委、政府和人民群众的欢迎。“1+1”志愿者项目开辟了执业律师参与法律援助工作的新形式，发挥了执业律师传帮带的积极作用，弘扬了法律援助志愿服务精神，有效满足了贫困地区群众的法律援助需求，促进了服务地的社会和谐稳定。“1+1”活动引起了社会广泛关注，中央电视台、《人民日报》等各大新闻媒体均作了专题报道。

三、法律援助公益项目进一步扩大实施。为贯彻中央“保增长、保民生、保稳定”决策部署，中国法律援助基金会进一步扩大实施老年人、妇女家庭、农民工等法律援助项目。司法部会同全国老龄办下发《关于开展“夕阳幸福工程·法律援助在行动”活动的通知》(司发通〔2009〕208号)，该《通知》提出在全国范围内开展“夕阳幸福工程法律援助在行动”活动，广泛动员社会各界支持老年人法律援助和老年人权益保障事业，搭建爱心奉献平台，募集社会资金，资助办理老年人法律援助案件，特别是城市空巢老人和农村贫困老人法律援助案件，维护老年人合法权益。中国法律援助基金会和全国老龄办老年人才信息中心负责具体组织实施。会同全国妇联权益部、全国妇联法律帮助中心和全国律协等单位共同组织开展了“中国妇女法律援助(2009—2010年)行动”，旨在凝聚社会资源，共同支持帮助广大妇女运用法律援助手段维护自身合法权益。同时，资助423.5万元支持四川地震灾区孤残人员法律援助和重灾县(市、区)法律援助机构的重建工作；资助新疆50万元用于“7·5”事件有关案件法律援助办案补贴；应解放军总政司法局要求，赠送新疆维稳部队价值200万元的法律图书。

四、秘书处规范化管理水平进一步提高。高度重视加强秘书处自身建设，进一步提高规范化管理水平，不断完善工作体制机制。进一步加强党建工作，充分发挥党支部的战斗堡垒作用和党员先锋模范作用。研究制定了《中国法律援助基金会人力资源管理规定》，建立竞争和激励约束机制，优化队伍结构，提高工作效率。制定《中国法律援助基金会项目管理办法》和《中国法律援助基金会募集资金和物资管理办法》等管理制度，规范项目管理，提高资金使用效益。

近年来，中国法律援助基金会围绕服务“保增长、保民生、保稳定”大局，不断提高募集资金和项目管理水平，进一步加强自身建设，完善内部制度，规范运作程序，有力推动了基金会可持续发展，在经济社会发展中发挥了积极作用，树立了良好的社会形象。2009年底，中国法律援助基金会被司法部推荐为“全国先进社会组织”，2010年2月，被民政部正式授予“全国先进社会组织”荣誉称号。

第四部分 领导讲话

周永康同志在会见第五次全国法律援助工作会议代表时的讲话

（2009年6月9日）

第五次全国法律援助工作会议今天就要开幕了，这是一次重要会议，很高兴在会前与大家见面。首先，我代表党中央、国务院和中央政法委，向这次受到表彰的102个先进集体、100名先进个人表示热烈祝贺！向全国广大法律援助工作者表示亲切慰问！向关心支持参与法律援助工作的社会各界和广大人民群众表示衷心感谢！

法律援助制度是中国特色社会主义司法制度的重要组成部分，法律援助工作是体现社会主义制度优越性的崇高社会事业。近年来，在党中央、国务院领导下，各地区、各部门认真贯彻落实《法律援助条例》，加强领导，加大投入，不断扩大覆盖面，法律援助工作取得了显著成绩，较好地维护了困难群众的合法权益，促进了和谐稳定。广大法律援助工作者兢兢业业、尽职尽责，想方设法为困难群众排忧解难，为密切党和政府同人民群众的血肉联系作出了重要贡献。同志们辛苦了！

当前，在党中央、国务院领导下，全党全国各族人民正在积极应对国际金融危机的冲击，全力以赴保增长，千方百计保民生，加大力度保稳定，总的形势是好的。但由于经济发展遇到困难，就业形势严峻，城乡居民增收压力加大，各种社会矛盾还比较多。做好新形势下的法律援助工作，对于依法维护好困难群众的切身利益，保障和改善民生，促进社会和谐稳定，具有特殊的重要意义。

借此机会，我提四点希望。

第一，要切实服务困难群众。法律援助工作直接为困难群众提供法律服务，是一项重要的民生工程、德政工程。我们要坚持全心全意为人民服务的根本宗旨，带着对困难群众的深厚感情做好法律援助工作，尽心竭力为他们提供帮助，切实维护他们的合法权益，让他们实实在在地感受到党和政府的温暖，享受到改革发展的成果。希望各级司法行政机关和法律援助机构从困难群众的实际需要出发，推出更多的便民利民措施，进一步强化服务意识，完善工作网络，改进工作作风，创新服务方式，提高服务水平，不断满足困难群众的法律需求。也希望律师协会、法律援助基金会和工、青、妇等社会组织和热心人士发扬中华民族扶危济困的传统美德，共同关心支持参与法律援助工作，共同办好这项利民惠民的社会事业。要切实加强宣传，让法律援助家喻户晓、深入人心，使更多的困难群众了解并能实际运用法律援助维护自己的合法权益。

第二，要切实保障公平正义。实现公平正义是中国特色社会主义的内在要求。建立法律援助制度的目的，就是为了落实“法律面前人人平等”的宪法原则，让困难群众平等享受法律保护，享受社会公平正义。要始终把保障公平正义作为法律援助工作的首要价值追求，根据当地经济发展水平，逐步降低法律援助门槛，不断扩大法律援助覆盖面，确保每个公民不因经济困难而请不起律师、打不起官司；要充分调动广大法律工作者特别是律师参与法律援助的积极性，不断提高法律援助工作的水平；要进一步完善各相关部门的协作机制，畅通法律援助渠道，提高法律援助工作的效率。

第三，要切实促进和谐稳定。法律援助是构建社会主义和谐社会的一项基础性工作。当前，我国的社会矛盾主要表现为人民内部矛盾，其中相当一部分涉及到困难群众的切身利益。法律援助工作要始终着眼于最大限度地减少不和谐因素、最大限度地增加和谐因素，充分发挥其在维护社会稳定中的职能作用；要把实施法律援助的过程，变成既保障群众合法权益又增强群众法治观念的过程，引导群众依法理性表达诉求、依法维护自身权益；要加强与调解、信访等工作的衔接配合，形成中国特色的多元矛盾纠纷调处化解机制，共同促进社会和谐。

第四，要切实加强组织领导。做好法律援助工作，是各级党委、政府的重要职责。各地区、各部门要从贯彻落实科学发展观，践行以人为本、执政为民理念，巩固党的执政基础的高度，增强做好新形势下法律援助工作的责任感、使命感，加强组织领导，把法律援助事业纳入各地经济和社会发展规划，把法律援助纳入党和政府主导的维护群众权益机制，把法律援助经费纳入同级政府财政预算，确保法律援助事业与经济、社会协调发展。司法行政机关要认真履行监督管理职责，理顺法律援助工作管理体制，加强法律援助机构建设，加大教育培训力度，不断提高法律援助队伍的素质和水平。各级人民法院、人民检察院和有关部门，要加强协调配合，形成工作合力，推动法律援助事业又好又快发展。

法律援助是一项光荣而崇高的事业。希望广大法律援助工作者以先进集体和先进个人为榜样，深入学习实践科学发展观，牢固树立社会主义法治理论，胸怀大局、心系人民，锐意进取、扎实工作，不断开创法律援助工作新局面，以优异成绩迎接新中国成立60周年！

孟建柱同志在第五次全国法律援助工作会议上的讲话

（2009年6月9日）

司法部召开第五次全国法律援助工作会议，总结工作，交流经验，表彰先进，部署今后一个时期工作任务，对于推动法律援助工作进一步发展，具有重要意义。刚才，中共中央政治局常委、中央政法委书记周永康等领导同志亲切会见了会议代表，周永康同志作了重要讲话，充分肯定了近年来法律援助工作取得的成绩，对做好新形势下法律援助工作提出了明确要求。我们一定要认真学习领会周永康同志重要讲话精神，结合实际，坚决抓好贯彻落实。

近年来，在党中央、国务院的正确领导下，各级司法行政机关和法律援助机构紧紧围绕党和国家工作大局，认真贯彻实施《法律援助条例》，大力推进法律援助事业发展，法律援助制度不断完善，法律援助队伍不断壮大，法律援助覆盖面不断扩大；广大法律援助工作者立足本职、恪尽职守、无私奉献，努力为困难群众提供法律帮助，为维护困难群众合法权益、保障社会公平正义、促进社会和谐稳定作出了积极贡献。下面，我就进一步做好法律援助工作讲三点意见。

一、要从党和国家工作大局的高度，充分认识做好新形势下法律援助工作的重要意义

法律援助制度是维护困难群众合法权益、保障社会公平正义的一项重要法律制度，是中国特色社会主义司法制度的重要组成部分。我们一定要从全局和战略的高度，充分认识做好新形势下法律援助工作的重要意义。

第一，做好新形势下法律援助工作，是践行我们党以人为本、执政为民理念的迫切要求。改革开放以来，我国社会主义现代化建设取得了伟大成就。同时，还要看到，我国正处于社会主义初级阶段和社会转型时期，经济发展快、社会矛盾多、体制不完善，是这一时期的重要特征。法律援助直接面向困难群众提供免费法律服务，帮助他们依法维护和实现自身合法权益，使他们能够共享改革发展成果，充分体现了贯彻落实科学发展观的要求，体现了我们党以人为本、执政为民的理念，对于进一步密切党同人民群众的血肉联系、巩固党的执政基础具有重要意义。

第二，做好新形势下法律援助工作，是促进经济平稳较快发展的迫切要求。当前，受国际金融危机的影响，我国经济发展遇到困难，民生问题日益凸显，影响社会稳定的不确定因素增多。为有效应对国际金融危机、保持经济平稳较快发展、维护社会稳定，中央作出了“保增长、保民生、保稳定”的重大决策和部署。法律援助是维护困难群众合法权益、促进解决民生问题的重要途径和手段。通过法律援助帮助困难群众依法解决就业、就医、就学等切身利益问题，对于促进社会和谐稳定，温暖和凝聚民心，充分调动广大人民群众的积极性、创造性，在党的领导下努力实现经济社会又好又快发展的目标任务具有重要意义。

第三，做好新形势下法律援助工作，是促进实现司法公正、保障社会公平正义的迫切要求。社会公平正义是社会主义法治的价值追求，是广大人民群众的强烈愿望。法律援助通过依法履行辩护和代理职责，帮助困难群众平等参加诉讼活动，促进案件公正审理，使他们的合法权益得到有效维护，对于维护司法公正、保障社会公平正义具有重要意义。总之，我们一定要进一步提高思想认识，切实增强做好新形势下法律援助工作的责任感、使命感和紧迫感。

二、认真研究新情况、新问题，进一步提高新形势下法律援助工作水平

当前，随着经济社会发展和社会主义民主政治进程的加快，法律援助工作面临着新形势、新问题，需要我们认真研究解决，不断提高维护困难群众合法权益的能力和水平。

一要进一步做好为困难群众提供法律

援助的工作。保障困难群众获得必要的法律服务，是法律援助工作的基本职责。要积极为符合条件的困难群众提供诉讼和非诉讼代理，帮助他们及时有效地运用法律武器维护自身合法权益，促进解决涉及基本生存、生产生活方面的问题，使他们能够安居乐业。要依法为经济困难的刑事案件当事人提供辩护和代理，维护犯罪嫌疑人、刑事被告人和被害人的诉讼权利，保障刑事审判活动的顺利进行，维护司法人权。要广泛开展法律咨询服务，积极传播法律知识和权利义务观念，引导和帮助困难群众提高法律意识，依法表达利益诉求。

二要努力扩大法律援助覆盖面。满足困难群众不断增长的法律需求，是法律援助工作的一项紧迫任务。要紧密结合经济社会发展实际，适应困难群众的现实需要，及时调整法律援助经济困难标准，降低法律援助门槛，使更多的困难群众能够得到法律援助。要积极做好残疾人、老年人、妇女、儿童等特殊群体的法律援助工作，切实维护他们的合法权益。

三要进一步提高法律援助工作质量和效率。法律援助工作质量和效率，直接关系法律援助服务群众的效果。要加强法律援助工作制度建设，健全完善工作标准，进一步规范法律援助服务行为，促进法律援助工作的规范化。要健全完善法律援助服务质量监督机制，建立案件质量评估体系，确保办案质量，提高法律援助的社会公信力。要认真开展“法律援助便民服务”主题活动，不断完善便民利民措施，创新服务方式，畅通申请渠道，不断提高法律援助效率。

四要全力促进社会和谐稳定。法律援助从根本上说是依法化解矛盾纠纷的有效途径。要坚持把稳定作为第一责任，充分发挥法律援助在党和政府主导的维护群众权益机制中的作用，积极开展各种形式的法律援助服务，全力促进社会和谐稳定。要把调解优先原则落实到法律援助工作中，在办理法律援助案件时，积极开展调解、和解，做到定分止争、案结事了，努力实现法律效果和社会效果的统一。要积极参加涉法涉诉案件的处理工作，及时疏导化解矛盾纠纷，减少社会不稳定因素。

三、切实加强对法律援助工作的领导

做好法律援助工作，事关国家长治久安，事关社会和谐稳定，事关人民群众切身利益。各级政府一定要高度重视，切实加强领导，采取积极措施推动法律援助工作，保障法律援助事业与经济社会协调发展。一是各级政府要把法律援助工作摆到重要位置。各地要把法律援助工作作为政府的一项重要责任，列入议事日程，纳入经济社会发展的总体规划，列入为民办实事项目。要经常听取法律援助工作汇报，及时研究解决法律援助事业发展中的困难和问题。要把法律援助经费列入财政预算，不断提高保障水平。要进一步加强司法行政机关法律援助管理机构建设和队伍建设，支持司法行政机关更好地履行监督管理职责。要大力加强法律援助机构建设，不断提高办理法律援助案件的能力和水平。二是各级司法行政机关要切实履行监管职责。各级司法行政机关是法律援助工作的监督管理部门，要依法履行职责。要加强对法律援助机构和各类参与法律援助的社会组织的监督管理，建立健全法律援助人员准入标准。要整合资源，组织引导律师、公证员、基层法律服务工作者和司法鉴定人员等自觉履行法律援助义务，鼓励支持社会组织利用自身资源参与法律援助，动员社会力量捐助法律援助事业，不断壮大法律援助工作力量。要建立健全激励机制，吸引更多优秀法律人才加入法律援助队伍，表彰奖励法律援助先进集体和先进个人，推动法律援助事业不断发展。三是各有关部门和全社会要积极支持配合。

法律援助工作涉及面广、政策性强。有关部门要和司法行政机关相互配合，加强协调，制定和完善加强法律援助工作的政策措施，共同做好法律援助工作。社会各界要理解、关心并积极支持、参与法律援助工作，努力形成党委政府重视、有关部门支持、全社会广泛参与的良好局面。

法律援助工作是一项顺民意、解民困、暖民心的重要工作，任务艰巨，责任重大。我们要以这次会议为新的起点，进一步做好新形势下的法律援助工作，切实维护困难群众合法权益，保障社会公平正义，促进社会和谐稳定，以优异成绩迎接新中国成立60周年！

吴爱英同志在第五次全国法律援助工作会议上的讲话

（2009年6月9日）

这次全国法律援助工作会议是一次很重要的会议。会议的主要任务是：深入学习贯彻党的十七大和十七届三中全会精神，以邓小平理论和"三个代表"重要思想为指导，深入贯彻落实科学发展观，总结近年来法律援助工作，部署当前和今后一个时期法律援助工作任务，表彰全国法律援助工作先进集体和先进个人，进一步推进法律援助工作改革发展，为构建社会主义和谐社会和全面建设小康社会作出新贡献。

党中央、国务院十分重视、关心法律援助工作和法律援助队伍。刚才，中央政治局常委、中央政法委书记周永康同志，国务委员、中央政法委副书记孟建柱同志，最高人民法院院长王胜俊同志，最高人民检察院检察长曹建明同志，在百忙之中亲切接见了出席会议的全体代表并合影留念，周永康同志作了重要讲话。周永康同志的重要讲话，深刻阐述了法律援助制度在中国特色社会主义司法制度中的重要地位和作用，充分肯定了近年来法律援助工作取得的显著成绩，对做好新形势下法律援助工作，切实服务困难群众、切实保障公平正义、切实促进和谐稳定、切实加强组织领导提出了明确要求。孟建柱同志出席了会议，并发表重要讲话，深刻论述了做好新形势下法律援助工作的极端重要性，进一步明确了法律援助工作的主要任务，就推动法律援助工作又好又快发展，充分发挥法律援助工作在维护社会公平正义、维护社会和谐稳定、服务经济社会发展中的作用提出了明确要求。周永康、孟建柱同志的重要讲话，高屋建瓴，思想深刻，内涵丰富，具有很强的思想性、针对性和指导性，充分体现了党中央、国务院对法律援助工作的高度重视，体现了对广大司法行政干警和法律援助工作者的亲切关怀，为我们进一步做好新形势下法律援助工作、推进法律援助事业发展指明了方向。我们一定要认真学习、深刻领会周永康、孟建柱同志重要讲话精神，采取有力措施，切实抓好贯彻落实。

第四次全国法律援助工作会议以来，在

党中央、国务院的正确领导下，在各级党委、政府的高度重视和有关部门的大力支持下，各级司法行政机关和法律援助机构坚持围绕中心、服务大局，坚持以人为本、服务为民，认真履行职能，扎实开展工作，法律援助工作改革发展取得了明显成效。

法律援助服务困难群众成绩显著。各级司法行政机关和法律援助机构认真贯彻落实国务院《法律援助条例》，紧紧围绕党委、政府的中心工作，围绕促进民生问题解决，依法履行职责，认真组织律师、公证员、基层法律服务工作者、司法鉴定人员以及社会组织人员、法律援助志愿者，积极为农民工、残疾人、妇女儿童等困难群体提供法律援助，有效地维护了困难群众的合法权益。广大律师等法律服务工作者积极履行社会责任，为困难群众提供了大量减免收费的法律服务。2004 年以来，办理的法律援助案件平均每年以 30% 的幅度递增，2008 年办理案件近 55 万件，提供法律咨询超过 430 万人次。

法律援助制度化建设取得重要进展。各级司法行政机关认真贯彻落实中共中央转发的《中央司法体制改革领导小组关于司法体制和工作机制改革的初步意见》和国务院《法律援助条例》，积极推进法律援助工作改革和制度建设，法律援助经济困难标准、法律援助事项补充范围和办案补贴标准等“三项标准”制定任务基本完成，确立了法律援助机构受理案件和支付办案补贴的依据。会同公检法部门联合制定规范性文件，建立了民事诉讼法律援助与司法救助的衔接机制，形成了刑事诉讼法律援助中公检法司部门的配合工作机制。各地加快立法步伐，全国已有 25 个省（区、市）制定了地方性法规或规章，完善了法律援助工作管理和案件质量管理等工作制度，保障了法律援助工作的顺利开展。

法律援助经费保障能力明显提高。《法律援助条例》颁布实施以来，各级政府认真落实法律援助责任，各级财政部门加大对法律援助工作的支持力度。截至 2008 年，全国有 88% 的地方将法律援助业务经费纳入财政预算，2004 年以来，法律援助财政拨款年均增长 30% 左右，2008 年，全国财政拨款达到 6.7 亿元；2005 年中央财政开始下拨中央补助地方法律援助办案专款，目前，有 19 个省（区、市）建立了省级财政法律援助专项资金，初步建立了中央、省级财政对贫困地区法律援助经费转移支付制度；社会筹资渠道不断拓宽，中国法律援助基金会和地方法律援助基金会积极筹措资金，有力地扶持了贫困地区法律援助工作。

法律援助机构和队伍建设不断加强。各级司法行政机关在当地党委、政府的领导下，依法推进法律援助机构和队伍建设。截至 2008 年底，全国已组建法律援助机构 3268 个，依托乡镇街道司法所等设立法律援助工作站 55708 个，法律援助机构工作人员总数达到 12778 人。法律援助工作已经成为服务保障和改善民生的一项重要工作，在维护社会公平正义、维护社会和谐稳定、促进经济社会发展方面发挥了重要作用。广大法律援助工作者，忠于职守、无私奉献，尽心尽力为困难群众服务，涌现出了昆明市盘龙区法律援助中心、佟丽华等一大批先进典型，今天受到表彰的先进集体和先进个人就是其中的优秀代表。在此，我代表司法部向受到表彰的先进集体和先进个人表示热烈祝贺！向全国广大法律援助工作者致以亲切的问候和崇高的敬意！

下面，我就贯彻落实周永康、孟建柱同志重要讲话精神，进一步做好新形势下法律援助工作，讲几点意见：

一、进一步增强做好新形势下法律援助工作的责任感和使命感

法律援助制度是维护困难群众合法权

益、保障社会公平正义的一项重要法律制度，是中国特色社会主义司法制度的重要组成部分。监督管理法律援助工作，是司法行政机关的法定职责，是党和国家赋予我们的光荣使命。当前，我国正处于改革发展的关键时期，"保增长、保民生、保稳定"的任务艰巨繁重，法律援助工作既面临难得机遇，也面临新的挑战。各级司法行政机关一定要充分认识加强法律援助工作的重要性，把思想和行动统一到党中央、国务院的重大战略部署上来，统一到周永康、孟建柱同志的重要讲话精神上来，充分认识法律援助工作面临的新形势新任务，进一步增强做好新形势下法律援助工作的责任感、使命感。

（一）深入贯彻落实科学发展观对做好新形势下法律援助工作提出了新的更高的要求。科学发展观是发展中国特色社会主义必须长期坚持和贯彻的重大战略思想，是我国经济社会发展的重要指导方针，也是法律援助工作的根本指导方针。科学发展观的核心是以人为本。维护人民权益，是党的宗旨的要求，也是做好法律援助工作的根本目的。法律援助直接面向社会困难群众，提供免费法律服务，帮助他们依法维护和实现自身合法权益，充分体现了我们党以人为本、执政为民的理念。深入贯彻落实科学发展观，法律援助工作必须进一步牢固树立以人为本、服务为民的理念，坚持把维护人民权益作为法律援助工作的根本出发点和落脚点，把困难群众是否满意作为衡量法律援助工作的根本标准，围绕困难群众的法律援助需求，不断改进和创新服务方式手段，完善便民利民措施，提升服务效果，切实维护好困难群众合法权益，努力使发展成果惠及广大人民群众。

（二）保障和实现社会公平正义对做好新形势下法律援助工作提出了新的更高的要求。胡锦涛总书记指出，实现社会公平正义是中国共产党人的一贯主张，是发展中国特色社会主义的重大任务。困难群众的合法权益得到平等保护，是社会公平正义的重要标志。随着社会发展和人民物质生活水平的不断提高，广大人民群众对平等享有、平等保护、平等参与、平等发展的要求越来越强烈，特别是困难群众更加希望公平、更加渴望公正，不仅要求有效解决问题，还期待感受法律的公平正义；不仅要求实体权益得到最大限度的保护，还期待程序公正；不仅要求合法权益得到维护，还期待降低维权成本、减少讼累。我们一定要顺应人民群众对社会公平正义的新要求新期待，把维护社会公平正义作为法律援助工作的首要价值追求，使困难群众平等享有获得法律援助的机会，使有理无钱的人一样享受法律的公正；依法履行辩护和代理职责，维护法律正确实施，促进案件的公正审理和判决；坚持依法执业、依法办事，使人民群众切身感受到社会主义社会的公平正义。

（三）贯彻落实中央"保增长、保民生、保稳定"的决策部署对做好新形势下法律援助工作提出了新的更高的要求。当前，受国际金融危机影响，我国经济发展面临困难，因经济关系调整引发的民生问题增多，社会和谐稳定面临新的压力。中央提出了保持经济平稳较快发展的首要任务，出台了一系列"保增长、保民生、保稳定"的政策措施。越是困难的时候，越要重视保障和改善民生。法律援助是维护困难群众合法权益、促进民生问题解决的重要途径和手段，在贯彻落实中央"保增长、保民生、保稳定"的决策部署中负有重要职责。我们一定要认真贯彻中央"保增长、保民生、保稳定"的决策部署，紧紧围绕困难群众的民生需求，及时为困难群众提供涉及就业、就学、就医等民生事项的法律服务，推动党和政府有关保障和改善民生政策的落实，调动人民群众同心协力、迎难而上、共克时艰的积极性，为促进经济平稳较快发展、维护社会和谐稳定提供有力保障。

总之，做好新形势下法律援助工作是当前司法行政工作的一项重要任务。各级司法行政机关一定要从政治和全局的高度，切实增强做好新形势下法律援助工作的责任感和使命感，采取更加有力的措施，加大工作力度，努力推进法律援助工作迈上新台阶，再上新水平。

二、进一步明确新形势下法律援助工作的目标和主要任务

根据中央关于“保增长、保民生、保稳定”的决策部署和周永康、孟建柱同志对法律援助工作的要求，结合法律援助工作实际，当前和今后一个时期，法律援助工作总的要求是：认真学习贯彻党的十七大和十七届三中全会精神，坚持以邓小平理论和“三个代表”重要思想为指导，深入贯彻落实科学发展观，认真贯彻中央“保增长、保民生、保稳定”的决策部署，全面贯彻实施《法律援助条例》，坚持围绕中心、服务大局，坚持以人为本、服务为民，努力为困难群众提供法律援助，不断扩大法律援助覆盖面，努力提高法律援助工作质量，大力加强法律援助机构和队伍建设，大力加强法律援助经费保障能力建设，大力加强法律援助工作制度建设，坚持和完善中国特色社会主义法律援助制度，推动法律援助事业又好又快发展，为保障社会公平正义、促进社会和谐稳定、促进经济平稳较快发展作出新的更大贡献。

根据上述总体要求，当前和今后一个时期法律援助工作总的目标是：法律援助覆盖面进一步扩大，提供能力进一步增强，更好地满足困难群众的法律援助需求；法律援助网络进一步健全，质量进一步提高，为困难群众提供更加优质高效的法律援助服务；法律援助经费投入进一步增加，基础设施进一步完善，物质保障水平明显提高；法律援助队伍进一步壮大，法律援助工作者政治业务素质进一步提高，法律援助工作水平显著提高。

根据上述总的要求和目标，当前和今后一个时期，要着重抓好以下七个方面的工作：

（一）切实做好为困难群众及特殊群体提供法律援助的工作。认真贯彻国务院《法律援助条例》，保障困难群众获得必要的法律服务，是法律援助工作的基本职责。要积极为符合条件的困难群众提供诉讼和非诉讼代理，帮助他们依法维护自身合法权益，促进解决涉及基本生存、生产生活方面的问题，使他们能够安居乐业。当前，要特别围绕特殊群体的法律援助需求，努力做好下岗失业人员、零就业家庭、返乡农民工等法律援助工作。要认真办理好刑事法律援助案件，做好盲聋哑人、未成年人以及可能被判处死刑的被告人的刑事指定辩护工作，依法为经济困难的刑事案件当事人提供辩护和代理，维护犯罪嫌疑人、刑事被告人和被害人的诉讼权利。要广泛开展法律援助咨询服务，切实做好法律援助专线咨询工作，为群众解疑释惑。各地法律援助机构要按照规定的条件和程序，认真审批法律援助申请，及时指派或者安排合适的人员办理案件，使符合条件的困难群众都能够及时获得法律援助。

（二）不断扩大法律援助覆盖面。随着经济社会不断发展，困难群众对法律援助的需求不断增加，逐步扩大覆盖面、更好地满足困难群众需求，已经成为法律援助工作的一项重要任务。要全面、准确了解困难群众在民生问题方面的法律需求，推动地方政府根据当地经济社会发展水平，不断扩大法律援助覆盖面，让更多的困难群众获得法律帮助。要鼓励、支持有条件的地方，综合考虑公民法律援助需求、法律服务市场价格、法律援助资源状况等因素，适度放宽法律援助经济困难标准，逐步降低法律援助门槛；适应困难群众的法律援助需求，按照权利保护优先顺序和需求迫切程度，将就业、就医、就学、劳动报酬、社会保障等与民生问题紧密相关的事项，纳入法律援助补充事项范围。要推动政府建立法律援助"三项标准"动态调整机制，促进法律援助工作与经济社会协调发展。

（三）健全完善法律援助便民措施。完善法律援助便民措施，是适应新形势下人民群众对法律援助工作新要求新期待，充分发挥法律援助工作在保障和改善民生中职能作用的重要举措。为进一步做好法律援助工作，司法部决定自 2009 年 6 月至 2010 年 6 月，在全国开展"法律援助便民服务"主题活动。各地要以此为契机，积极探索完善法律援助便民措施，进一步规范服务行为，完善工作制度，促进法律援助便民工作常态化。要建立健全法律援助便民服务窗口，扩大基层法律援助服务网络覆盖范围，拓宽申请渠道，方便困难群众及时就近申请法律援助。要简化法律援助受理审查程序，为符合条件的特定困难群体发放法律援助卡（证），免除经济困难审查，对情况紧急的案件，可以先行受理，事后补办手续。要建立完善法律援助异地协作机制，方便群众异地申请获得法律援助，降低群众维权成本。要创新服务方式，减轻受援人讼累，提高服务效果。

（四）切实提高法律援助工作质量和效率。法律援助质量是法律援助工作的生命线。提高法律援助质量，对于法律援助事业发展至关重要。要依据《条例》规定，完善法律援助受理、审批、指派、承办等各个环节的工作程序、工作制度和服务标准，提高法律援助规范化水平。要严格按照最高人民法院和司法部联合印发的《关于充分保障律师依法履行辩护职责确保死刑案件办理质量的若干规定》，指派具有刑事案件出庭辩护经验的律师担任死刑案件的辩护人，确保辩护质量。要健全完善法律援助服务质量监督机制，建立健全服务质量检查公布制度、质量跟踪检查制度、投诉处理制度，探索建立法律援助服务质量评估体系，提高办案质量。要努力提高法律援助工作效率，按照规定期限，及时办理法律援助案件，实行限时办结。要加快法律援助信息化建设，以信息资源的整合与开发利用为重点，全面提高法律援助管理效率和服务水平。

（五）努力促进社会和谐稳定。法律援助是依法化解矛盾纠纷的重要途径，在维护社会和谐稳定中具有重要作用。要坚持把维护社会和谐稳定作为第一责任，充分发挥法律援助工作在党和政府主导的维护群众权益机制中的积极作用，在党委和政府的领导下，努力做好化解社会矛盾纠纷的工作，维护受援人合法权益，维护法律权威和尊严，促进社会和谐稳定。要把调解优先原则落实到法律援助工作中，在办理法律援助案件时，根据案情需要，引导当事人采取调解、和解等非诉讼方式解决纷争，化解矛盾。要在法律咨询、案件办理等工作中开展法制宣传教育，注重做好理顺情绪、安定人心的工作，引导公众理性表达利益诉求，依法维护自身合法权益。要认真办理食品药品安全和生产安全等社会敏感性、群体性案件，准确把握国家有关政策，加强与相关部门的协调配合，妥善处理，依法维护受害人合法权益。要积极参与处理涉法涉诉信访案件，有效疏导化解矛盾纠纷。要做好舆情分析工作，及时向党委政府和有关部门提供决策依据，努力促进从源头上解决问题。要高度警惕、严密防范境内外敌对势力打着所谓"维权"旗号，插手我人民内部矛盾，对政府施压，与我争夺民心、争夺群众；坚决防止个别人以提供"法律援助"为名,炒作社会热点,恣意扩大事态,影响社会稳定。

(六)认真做好法律援助监督管理工作。去年国务院新批准的司法部"三定"方案,决定设立法律援助工作司,强化了司法行政机关监督管理法律援助工作的职能。各地要根据司法部"三定"方案精神,结合实际,建立健全组织机构,进一步理顺法律援助工作管理体制,配齐配强管理人员,更好地履行监督管理职责。要加强对法律援助机构工作的监督和管理,保证其严格按照《条例》规定的范围和程序,为受援人提供优质高效便捷的法律援助;要督促律师等法律服务人员自觉履行法律援助义务,指导律师协会积极协助法律援助的实施;要鼓励引导律师事务所、公证处、司法鉴定机构等法律服务机构减免服务收费,努力满足困难群众的法律服务需求。要支持社会组织开展与其能力相适应的法律援助活动,加强对社会组织和志愿者参与法律援助工作的监督和管理,依法规范机构设置,严格职业准入标准,规范法律援助服务,维护法律援助秩序。要加强法律援助人才队伍建设,健全人才培养、竞争、考核、评价和激励机制,逐步建立一支高素质的法律援助人才队伍。要按照《司法部关于法律援助事业"十一五"时期发展规划》的要求,加快制定法律援助配套规章,对办案程序、质量控制、经费使用、人员管理等方面作出规定,不断提高法律援助规范化管理水平。

(七)努力提高法律援助保障水平。法律援助是政府责任,法律援助经费要纳入同级政府财政预算。要继续推动将法律援助经费纳入同级政府财政预算,加大投入力度,建立法律援助经费动态增长机制,不断提高法律援助经费保障水平。要推动建立中央和地方按比例分担的法律援助经费保障体制,设立省级法律援助专项资金,推动中央和省级财政加大对贫困地区经费支持力度,提高贫困地区法律援助经费保障水平。要不断拓宽社会捐资渠道,充分发挥中国法律援助基金会和地方法律援助基金会的作用,广泛吸纳社会资金,支持法律援助工作。要抓住各地积极落实中央扩大内需一揽子计划的有利时机,推动将法律援助业务用房、办案设施和法律援助专线等基础设施建设纳入投资建设规划,促进解决地市、县区法律援助机构业务用房紧张和基层法律援助办案设备紧缺的问题。要加强对法律援助经费使用管理的监督,建立完善内部监督机制,加强审计监督,加大司法行政系统纪检监察机关监督力度,畅通监督渠道,主动接受社会监督,坚决防止并严肃查处挤占、截留和挪用法律援助经费的行为,确保专款专用,确保资金使用安全。

三、全面加强法律援助队伍建设建设

高素质法律援助队伍,是做好法律援助工作的组织保证。各级司法行政机关一定要把法律援助队伍建设作为一项长期的战略任务,以更高的认识、更大的力度、更实的举措,坚持不懈地抓紧抓好,努力建设一支高素质的法律援助队伍。

(一)切实加强思想政治建设。思想政治建设是法律援助队伍建设的根本。要把思想政治建设放在首位,坚持用马克思主义中国化最新成果武装头脑,坚持不懈地用社会主义核心价值体系教育广大法律援助人员。要在法律援助队伍中开展深入学习实践科学发展观活动,认真学习和深刻领会科学发展观的科学内涵、精神实质和根本要求,切实增强贯彻落实科学发展观的自觉性和坚定性。要深入开展"大学习、大讨论"活动,进一步坚定广大法律援助人员的政治信念,坚定不移地做中国特色社会主义的建设者、捍卫者。要深入持久地开展社会主义法治理念教育,使广大法律援助人员进一步端正执业理念、规范执业行为，打牢服务为民的思想根基。要引导广大法律援助人员坚持中国特色社会主义法律援助制度的本质属性，始终做到党在心中、人民在心中、法在心中、正义在心中，始终坚持党的事业至上、人民利益至上、宪法法律至上，努力实现法律效果、社会效果和政治效果的统一。

（二）切实加强业务能力建设。法律援助队伍业务能力建设，事关法律援助人员的服务水平和法律援助服务质量，必须下大力气抓紧抓好。要切实提高依法执业的能力。法律援助专业性、政策性都很强，法律援助人员一定要认真学习法律政策知识和法律实务知识，更好地适应法律援助工作的专业化要求。要切实提高群众工作的能力。法律援助工作直接面对困难群众，实际上是一项群众工作，法律援助人员一定要熟悉群众工作特点，把握群众工作规律，学会做群众工作，切实提高联系群众、服务群众、引导群众的本领。要切实提高应对突发事件的能力。参与处理群体性、敏感性案件是法律援助的一项经常性工作，法律援助人员要切实增强政治意识和大局意识，准确把握处置突发事件的原则方法，依法参与突发事件的处理，维护困难群众合法权益，维护社会和谐稳定。要加大法律援助队伍培训力度，落实各项培训制度，制定法律援助教育培训规划，加强培训教材、师资、经费等基础建设，提升培训效果，进一步提高法律援助队伍服务水平。

（三）切实加强作风和行风建设。法律援助工作是司法行政直接面向社会、面向群众的重要窗口，法律援助行风建设是树立法律援助行业良好社会形象、促进法律援助事业又好又快发展的重要保障。要教育引导法律援助人员牢固树立群众观念，带着对群众的深厚感情开展法律援助工作，保持与群众的血肉联系，倾听群众呼声，关心群众疾苦，注重疏导群众情绪，维护受援人合法权益。要教育广大法律援助人员依法执业，牢固树立宪法意识和法律意识，自觉遵守宪法和法律，正确理解和运用法律，依法维护受援人合法权益。要强化责任意识，脚踏实地，真抓实干，努力办理好每一个案件，处理好每一件事情。要大力倡导无私奉献精神，立足本职，不计名利得失，全身心投入到法律援助这一光荣的事业之中，切实帮助困难群众解决实际问题。要大力加强职业道德教育，强化执业纪律，引导法律援助人员把公正、廉洁作为最基本的职业道德，始终保持高尚的道德追求，树立和弘扬优良作风，坚决防止和杜绝办理法律援助案件收取财物、或假借办理法律援助案件之名从事有偿服务等严重违反职业道德和执业纪律的行为。要从政治上、工作上、生活上真诚关心、真心爱护法律援助人员，积极改善他们的工作和生活条件，调动好、发挥好他们的积极性。要切实加强对法律援助队伍的管理，确保依法执业、规范办案。

四、切实加强对法律援助工作的领导

做好新形势下法律援助工作，领导是关键。各级司法行政机关要高度重视法律援助工作，切实担负起领导责任，不断提高领导法律援助工作的能力和水平。

（一）把法律援助工作摆在更加重要的位置。各级司法行政机关要充分认识做好新形势下法律援助工作的重要性和必要性，切实把法律援助工作摆上更加重要的位置，列入议事日程，加强组织领导。要积极主动地向党委、政府汇报法律援助工作情况，进一步争取党委、政府的重视和支持，争取将法律援助工作列入当地党委、政府为民办实事项目，把法律援助事业纳入各地经济和社会发展规划，把法律援助纳入党和政府主导的维护群众权益机制，把法律援助经费财政纳入同级政府财政预算。要深入研究法律援助工作的重要理论和实践问题，认真解决法律援助工作遇到的实际困难和问题。要建立和落实工作责任制，建立健全抓落实的工作机制，确保法律援助工作的各项任务和措施落到实处。要认真学习贯彻中央关于深化司法体制和工作机制改革精神，在有关部门的支持下，扎实做好法律援助工作改革的各项任务，坚持和完善中国特色社会主义法律援助制度。

（二）加强与有关部门的协调配合。法律援助工作是一项社会工作，需要有关部门的支持和参与。要大力加强与编制、人事、财政、发改委等部门的协调，积极争取支持，帮助解决法律援助工作中遇到的实际困难和问题。大力加强与公检法部门的协作配合，完善民事诉讼法律援助与司法救助的衔接机制和刑事诉讼法律援助中公检法司部门的配合工作机制，使各部门在法律援助工作中的衔接配合有序通畅。要探索建立规范化、制度化的工作衔接机制，把发挥法律援助机构自身职能作用与争取相关部门的支持配合结合起来，努力形成工作合力，共同做好法律援助工作。

（三）进一步加大宣传工作力度。要采取多种形式，广泛宣传党中央、国务院有关法律援助工作的重要部署和举措，宣传法律援助工作在维护社会稳定、促进经济社会发展、服务人民群众和国家法治建设中的重要地位和作用，宣传司法行政机关推进法律援助工作的措施和成效，让社会各界更多地了解支持法律援助工作。要大力宣传法律援助工作先进典型，展现新时期法律援助工作者的良好形象和精神风貌。要创新宣传形式，拓宽宣传渠道，增强法律援助宣传工作的针对性、实效性，营造有利于法律援助事业发展的社会氛围。

做好法律援助工作是一项艰巨而又光荣的任务。让我们在以胡锦涛同志为总书记的党中央坚强领导下，高举中国特色社会主义伟大旗帜，以邓小平理论和“三个代表”重要思想为指导，深入贯彻落实科学发展观，锐意进取，扎实工作，推进法律援助事业又好又快发展，以优异成绩迎接新中国成立60周年！

赵大程同志在第五次全国法律援助工作会议上的讲话

（2009 年 6 月 10 日）

第五次全国法律援助工作会议即将结束。在中央领导同志的亲切关怀下，在与会同志的共同努力下，会议开得圆满成功，达到了预期目的。受吴部长的委托，现在我对会议作一简要总结，并就贯彻落实会议精神讲些意见。

一、关于会议的主要收获

这次会议是在全国上下全面贯彻落实中央“保增长、保民生、保稳定”战略部署的形势下召开的一次重要会议。党中央、国务院对这次会议高度重视。会议开始时，中央政治局常委、中央政法委员会书记周永康同志，国务委员、中央政法委员会副书记孟建柱同志，最高人民法院院长王胜俊同志，最高人民检察院检察长曹建明同志，在百忙之中亲切接见与会代表并合影留念，周永康同志发表了重要讲话。孟建柱同志出席大会，为全国法律援助先进集体和先进个人代表颁奖，并作重要讲话。周永康、孟建柱同志的讲话，高屋建瓴，总揽全局，思想深刻，内涵丰富，为法律援助事业发展指明了方向，是在新的历史起点上推进法律援助工作、开创法律援助工作新局面的重要指导性文件，充分体现了党中央、国务院对法律援助工作的高度重视，对全国广大法律援助工作者的亲切关怀，使我们备受鼓舞，倍感振奋。

司法部为开好这次会议，做了大量的调查研究和较长时间的准备。部党组全体同志自始至终参加会议，吴部长在大会上作了重要讲话。吴部长的讲话，坚持以邓小平理论和“三个代表”重要思想为指导，深入贯彻落实科学发展观，全面贯彻落实党的十七大和十七届三中全会精神，深入贯彻党中央、国务院关于法律援助工作的重要指示和决策部署，学习贯彻周永康、孟建柱同志的重要讲话精神，全面总结了五年来法律援助工作，深刻阐述了当前法律援助工作面临的新形势新任务，对当前和今后一个时期法律援助工作作出了全面部署。吴部长的讲话主题鲜明，重点突出，措施有力，反映了近年来对加强和改进法律援助工作的新探索、新认识，符合法律援助工作实际，对于进一步深入推动法律援助工作改革发展，具有重要的指导意义。

在一天半的时间里，与会同志认真学习周永康、孟建柱同志的重要讲话，认真学习吴部长的讲话，围绕贯彻落实中央领导同志重要讲话和吴部长讲话精神，推动法律援助工作深入发展，进行了热烈深入的讨论。刚才，江苏省司法厅等 10 个单位和先进个人代表，作了大会发言，各有侧重，各具特色，讲得都很好。会议主要有四大收获：

（一）提高了认识，统一了思想。通过学习领会周永康、孟建柱同志的重要讲话和吴部长的讲话精神，大家认识到，法律援助制度集中体现了我们党立党为公、执政为民的理念，集中体现了法律面前人人平等的宪法原则，集中体现了社会主义制度的优越性。大家认为，当前，受国际金融危机影响，我国经济发展面临困难，越是困难时刻，越要高度关注民生。法律援助让困难群众同样享受法律公正，本身就是保障和改善民生的重要内容，对于维护社会公平正义、维护社会和谐稳定、促进经济平稳较快发展具有重要意义。在这样的形势下，召开这次会议，时机很重要，对于司法行政机关在党委、政府领导下，进一步落实监督管理责任，进一步提高工作水平，进一步发挥法律援助工作服务构建社会主义和谐社会的职能作用，十分重要。同志们一致表示，一定要把思想统一到党中央、国务院的决策部署上来，进一步增强做好新形势下法律援助工作的使命感和责任感，把维护困难群众合法权益作为法律援助工作的根本出发点和落脚点，把维护社会公平正义作为法律援助工作的首要价值追求，充分发挥职能作用，为“保增长、保民生、保稳定”提供有力的保障。

（二）开阔了思路，明确了任务。大家认为，周永康、孟建柱同志的重要讲话，站在党和国家工作全局的高度，强调法律援助工作要切实维护困难群众合法权益、维护社会公平正义、维护社会和谐稳定。吴部长的讲话紧紧围绕中央关于“保增长、保民生、保稳定”的决策部署，明确了做好当前和今后一个时期法律援助工作的总体要求和目标任务。通过学习讨论，大家一致认为，周永康、孟建柱同志的重要讲话和吴部长的讲话对于我们以更加宽广的视野审视法律援助工作、以更加开拓的思路加强法律援助工作，在更高起点上、以更高标准和要求完成好法律援助工作任务，具有重要指导意义。大家表示，一定要全面落实会议的各项部署和要求，始终牢记“三个至上”，注重“三个效果”，以对党、对人民高度负责的态度，忠实履行职责，推动法律援助工作实现新发展。

（三）总结了工作，交流了经验。同志们围绕学习贯彻中央领导同志重要讲话精神、学习领会司法部关于法律援助工作部署、学习借鉴各地推进法律援助工作经验做法，进行了讨论。大家各抒己见、畅所欲言，普遍感到收获很大，同时就完善法律援助制度提出了一些意见、建议，对于我们进一步了解掌握全国工作情况、提出解决措施很有帮助。与会同志就进一步深入学习贯彻党的十七大精神，切实担负起党和人民赋予的神圣职责交流了新认识、新体会；就进一步准确把握中央领导同志对法律援助工作提出的新要求，完善中国特色社会主义法律援助制度形成了新观念、新思路；就进一步发挥法律援助工作在构建社会主义和谐社会中的职能作用，推动法律援助事业又好又快发展提出了新举措、新办法。大家一致认为，通过讨论交流，相互启发，学习借鉴，对于进一步加强和改进工作具有积极作用。

（四）振奋了精神，增强了信心。中央领导同志在会议讲话中，充分肯定了五年来法律援助工作取得的优异成绩，使代表们深受鼓舞，更加深刻地认识到中央关于建立法律援助制度的决策是完全正确的，更加深刻地认识到法律援助工作使命光荣、责任重大。大家一致认为，法律援助是司法行政机关服务困难群众的重要窗口和平台，工作涉及面广，关系维护困难群众合法权益，做好法律援助工作，对于发挥司法行政职能作用具有重要作用。当前法律援助工作既面临挑战，更面临机遇。通过学习讨论，同志们对推进新形势下法律援助工作有了更加深入的思考，方向更加明确，精神更加振奋，信心更加坚定，表示一定要把中央领导同志的重要讲话和吴部长的讲话以及这次会议的精神学习好、领会好、贯彻好，积极应对挑战，切实抓住机遇，乘势而上，开创法律援助事业新局面。

二、关于会议精神的传达贯彻落实

这次会议对进一步加强新形势下法律援助工作作出了全面部署。贯彻落实好这次会议精神，事关法律援助工作全局，事关法律援助事业长远发展。各级司法行政机关和法律援助机构一定要高度重视，精心研究，周密部署，切实抓好会议精神的传达贯彻落实工作。要迅速向省（区、市）党委、政府汇报这次会议精神，重点是周永康、孟建柱同志的重要讲话和吴部长的讲话精神，以及本地贯彻落实会议精神的措施打算，进一步争取各级党委、政府的重视和领导。要尽快把这次会议精神传达到各级司法行政机关和法律援助机构，传达到全体法律援助工作者。要组织学习领会周永康、孟建柱同志的重要讲话和吴部长的讲话，进一步统一思想和行动，进一步凝聚智慧和力量，进一步调动广大司法行政干警，特别是法律援助工作者的积极性、主动性和创造性，更加自觉地为完成会议确定的各项目标任务努力工作。

在贯彻落实会议精神过程中，要抓住关键环节，明确工作重点，注重实际效果，主要是要认真研究解决好以下五个问题：

（一）切实抓好“三个纳入”要求的贯彻落实。周永康同志在讲话中明确指出，要把法律援助工作纳入地方经济社会发展整体规划，纳入党委、政府主导的维护群众权益机制，纳入同级政府财政预算。“三个纳入”高度概括了法律援助政府责任的基本内涵，对解决制约法律援助工作长远发展的突出问题、促进法律援助事业健康发展具有重要意义。各地区向党委、政府汇报会议精神时,要积极争取党委、政府和相关部门的支持,把法律援助工作纳入当地经济社会发展规划之中,纳入"为民办实事"项目或"民生工程",纳入财政预算,切实把"三个纳入"的要求落到实处,努力为法律援助工作发展创造良好的政策条件。要抓住深化司法体制和工作机制改革的有利契机,落实国家政法经费保障体制改革的有关政策,推动建立中央和地方按比例分担的法律援助经费保障体制。

(二)切实加强组织机构建设。监督管理法律援助工作是司法行政机关的法定职责。国务院新批准的司法部"三定"方案,确定增设法律援助工作司,进一步强化了司法行政机关法律援助监督管理职能。这是国务院根据司法行政机关有效履行法律援助工作监督管理职责的实际需要作出的一项重要决策。各地要向党委、政府汇报好国务院批准的司法部"三定"方案精神,积极同编制部门沟通协调,把法律援助管理机构纳入到司法行政机关序列,为司法行政机关发挥法律援助监督管理职责奠定坚实的组织基础。

(三)切实解决好业务用房、办案设施。业务用房和办案设施不足是影响和制约当前法律援助工作发展的一个突出问题。各地要根据法律援助机构在业务用房、办案设施等方面的工作需求,积极争取财政、发改委等部门努力改善法律援助工作机构的业务用房和办案设施,为方便困难群众,提高工作水平创造物质条件。

(四)切实履行好司法行政机关的监督管理职能。法律援助监督管理对于法律援助工作发展至关重要。各地要着眼于维护法律援助秩序,保障法律援助工作健康发展,认真研究解决监督管理工作中的问题,切实履行好监督管理职能。做好法律援助工作法律法规和政策执行情况的指导、检查工作,确保依法履行法律援助职责。做好法律援助事业规划布局工作,促进实现法律援助事业全面协调可持续发展。做好法律援助机构、法律援助工作人员的监督管理工作,确保机构规范运行,人员依法执业。做好社会组织和志愿者开展法律援助工作的指导和管理工作,明确社会组织参与法律援助工作的准入条件、方式和业务范围,有效监管其法律援助活动。加强法律援助制度化建设,明确法律援助工作程序、工作制度和服务标准,提高法律援助规范化水平。大力推进法律援助队伍建设,加强队伍的教育、管理和服务,努力建设一支高素质的法律援助工作者队伍。

(五)切实研究好贯彻落实会议精神的各项工作措施。各省(区、市)司法厅(局)要按照周永康、孟建柱同志的重要讲话和吴部长的讲话要求,围绕会议确定的各项目标和任务,紧密联系当前形势,从本地实际情况出发,找准工作的切入点和着力点,确定工作重点,提出针对性强、可操作的贯彻落实措施。要及时跟踪这次会议精神的贯彻落实情况,强化工作指导,能够短期见效的工作要尽快破题,需要分阶段逐步推进的工作要尽早取得阶段性成果,一时难以完成的工作要加紧调研,拿出落实方案。要加强督促检查,确保一件一件抓落实,一件一件见成效。

完成好这次会议确定的工作目标和任务,需要全系统共同努力。让我们更加紧密地团结在以胡锦涛同志为总书记的党中央周围,以邓小平理论和"三个代表"重要思想为指导,深入学习实践科学发展观,大力推进法律援助工作,为维护社会公平正义、维护社会和谐稳定、促进经济平稳较快发展作出新贡献,以优异成绩迎接新中国成立60周年!

顾秀莲同志在"1+1"中国法律援助志愿者行动启动仪式暨新闻发布会上的讲话

（2009年7月30日）

正当举国上下深入贯彻落实科学发展观，坚定信心、团结奋战迎接新中国成立60周年之际，司法部、共青团中央共同发起了"1+1"中国法律援助志愿者行动，这对于落实科学发展观的"以人为本、维护人民权益、保障和实现社会公平正义"的核心，实现我们党的宗旨要求，贯彻落实中央"保增长、保民生、保稳定"重大决策部署具有十分重要的意义。在此，我向参加中国法律援助志愿者行动的同志们，以及为中国法律援助事业的建设与发展作出贡献的朋友们致以崇高的敬意！

法律援助制度是中国特色社会主义司法制度的重要组成部分，法律援助工作是体现社会主义制度优越性的崇高社会事业。近年来，在党中央、国务院高度重视下，在社会各界的大力支持下，通过各级司法行政和广大法律援助工作者的共同努力，我国的法律援助事业得到了长足的发展，为密切党和政府同人民群众的血肉联系作出了重要贡献。

当前在党中央、国务院领导下，全党全国各族人民正在积极应对国际金融危机的冲击，全力以赴保增长，千方百计保民生，加大力度保稳定。但由于经济发展遇到困难，就业形势严峻，城乡居民增收压力加大，各种社会矛盾还比较多。做好新形势下的法律援助工作，对于依法维护好困难群众的切身利益，保障和改善民生，促进社会和谐稳定，具有特殊的重要意义。

法律援助是政府的重要职责，也是全社会的共同责任，我国是一个发展中国家，其经济社会发展的现实状况决定了发展法律援助事业的任务很重，维护社会公平与正义的道路很长。这就要求我们以更大的热情、更多的投入、更加有效的方法推动法律援助工作实现又快又好的发展，以适应社会和人民群众的需要。"1+1"中国法律援助志愿者行动就是整合社会资源，支持法律援助事业的一个实际行动。它既是解决经济欠发达地区法律援助人才短缺的重要措施，也为有志于法律服务事业的同志们提供了参加国家法治建设的重要途径，是一项光荣而崇高的事业。希望各位志愿者朋友，通过致力于法律援助志愿者行动，为中西部地区的经济发展与和谐社会建设，发挥自己的聪明才智，展现自己的人生价值，努力创造无愧于时代和人民的业绩！

我相信，有全社会的积极支持和参与，我国的法律援助事业必将迎来更加健康、快速的发展。

最后，祝愿"1+1"中国法律援助志愿者行动圆满成功！

赵大程同志在“1 + 1”中国法律援助志愿者行动启动仪式暨新闻发布会上的讲话

（2009 年 7 月 30 日）

今天，由司法部和共青团中央发起，司法部律师公证工作指导司、法律援助工作司、团中央青年志愿者工作部、司法部法律援助中心、中华全国律师协会、中国法律援助基金会共同组织开展的“1 + 1”中国法律援助志愿者行动正式启动了。这是贯彻落实党的十七大精神，凝聚社会各界的力量，共同推进我国法律援助事业发展的一项重要举措。我代表司法部和吴爱英部长对顾秀莲名誉会长和各位领导、各位来宾出席此次会议表示热烈的欢迎！对为这次活动提供大力支持的国家开发银行、国家电网公司、中国工商银行、中国烟草总公司北京公司、上海烟草集团北京卷烟厂、中国烟草总公司内蒙古公司、北京市德恒律师事务所、上海市司法局、浙江信达化纤有限公司表示衷心的感谢！对积极参加法律援助志愿者行动的各位律师和学子表示崇高的敬意！

法律援助制度是维护困难群众合法权益、保障社会公平正义的一项重要法律制度，是中国特色社会主义司法制度的重要组成部分。胡锦涛总书记指出：“实现社会公平正义是中国共产党人的一贯主张，是发展中国特色社会主义的重大任务。困难群众的合法权益得到平等保护，是社会公平正义的重要标志。”做好法律援助工作，是认真贯彻党的十七大精神，全面落实依法治国基本方略，践行我们党以人为本、执政为民理念，促进经济平稳较快发展，实现司法公正、保障社会公平正义的迫切要求，是维护困难群众合法权益，促进解决民生问题的重要途径和手段。党中央、国务院历来高度重视法律援助工作。在不久前召开的第五次全国法律援助工作会议上，中央政治局常委、中央政法委员会书记周永康同志强调：“要做好新形势下的法律援助工作，服务困难群众，保障公平正义，促进和谐稳定。”胡锦涛总书记等中央领导同志的重要指示精神，为我们进一步做好新形势下的法律援助工作，推进法律援助事业发展指明了方向。

当前，我国正处于改革发展的关键时期，法律援助工作面临难得的机遇，也面临新的挑战。法律援助事业的发展不仅需要各级政府高度重视、积极推动，也需要全社会的共同参与和大力支持。组织开展“1 + 1”法律援助志愿者行动，汇集社会各界的力量共同做好法律援助工作，对深入贯彻落实科学发展、保障和实现社会公平正义、推进我国法律援助事业发展具有重要意义。

一、组织开展“1 + 1”法律援助志愿者行动，是贯彻落实中央“保增长、保民生、保稳定”决策部署的实际行动。当前，在国际金融危机的影响下，我国经济发展面临着现实困难，因经济关系调整引发的问题增多，社会和谐稳定承受着新的压力，在这一特殊时期，法律援助工作在维护困难群众合法权益、促进民生问题解决方面具有重要作用。组织开展“1+1”中国法律援助志愿者行动，正是贯彻落实中央“保增长、保民生、保稳定”决策部署的实际步骤。通过集合社会资源、调动法律人才力量共同参与支持法律援助工作，及时为贫困地区群众和基层人民提供涉及就业、就学、就医等民生事项的法律援助，有助于推动有关保障和改善民生政策的落实，促进经济平稳较快发展，维护社会和谐稳定。

二、组织开展“1+1”法律援助志愿者行动，是促进法律援助事业科学发展的重要措施。这些年，在党中央、国务院的高度重视下，在社会各界的广泛参与和支持下，我国法律援助事业有了较好的发展。特别是在2003年《法律援助条例》颁布实施后，法律援助制度建设取得明显进展，法律援助工作机构、队伍建设和经费保障不断加强，法律援助为维护困难群众的合法权益、维护社会公平正义、促进社会和谐稳定作出了积极贡献。但是，由于受地域和经济发展差异等因素影响，我国法律援助事业发展不平衡问题仍然比较突出，特别是西部地区和经济欠发达地区法律援助人才短缺，全国至今还有210个县没有律师。如何缓解这些地区法律援助供需矛盾是摆在司法行政机关面前一个亟待解决的重要问题。这次“1+1”法律援助志愿者行动的一个亮点，就是组织100名志愿者，派遣到13个省(区、市)的70个无律师县和律师资源短缺的西部贫困县，从事基层法律援助工作。这就为无律师县和律师资源短缺的地区开展法律援助工作提供了专业人才支持，进一步满足困难群众的法律援助需求，促进我国法律援助事业区域协调发展。以后我们还要进一步扩大规模，不断增加对欠发达地区法律人才的覆盖面。

三、组织开展“1+1”法律援助志愿者行动，是进一步提高律师队伍素质的创新举措。周永康同志在第七次全国律师代表大会上指出：律师要做中国特色社会主义的法律工作者、经济社会又好又快发展的服务者、当事人合法权益的维护者、社会公平正义的保障者、社会和谐稳定的促进者。我国律师是法律援助工作的重要力量，在教育、就业、医疗卫生、社会保障、劳资纠纷、安全生产等方面，广大律师做了大量的法律援助工作，在改善和保障民生方面发挥了重要作用。“1+1”中国法律援助志愿者行动，以一名律师志愿者和一名大学生志愿者联动的方式，突破了单一派遣学生志愿者的传统思路，开辟了一条执业律师参与法律援助工作的新途径。执业律师加入志愿者队伍，不仅可以发挥指导、帮助学生志愿者的积极作用，提升志愿者队伍的整体专业素质，而且能够有效地增强贫困地区法律援助能力和法律服务水平，带动当地法律援助队伍发展。这次加入志愿者行列的律师们，发扬奉献精神，舍弃优越物质生活，志愿到贫困的地方，施展专业才能，服务困难群众，充分展示了当代律师心系人民、无私奉献的精神风貌，树立了良好的社会形象，对推动律师队伍建设将起到积极作用。

总之，“1+1”法律援助志愿者行动是一项很有意义的活动。各级司法行政机关、各主办单位和相关组织实施单位要充分认识开展“1+1”法律援助志愿者行动的重要性，进一步加强组织领导，确保活动取得实实在在的效果。要积极引导志愿者牢固树立群众观念，带着对人民群众的深厚感情，开展法律援助工作，努力办好每一个案件，处理好每一件事情。要密切配合，加强管理和服务保障工作，积极协调、及时帮助解决志愿者在工作、学习、生活中遇到的实际困难和问题。要加强对志愿者先进事迹的宣传，努力营造社会各界支持志愿者工作的良好氛围，最大限度引导好、发挥好志愿者的积极作用，为推进中国特色法律援助事业又好又快发展作贡献。

高素质的法律援助志愿队伍和高水平法律援助服务，是志愿者行动能否取得实效的关键。希望各位志愿者始终坚持党的事业至上，人民利益至上，宪法法律至上，情系人民，服务人民，满腔热情地为困难群众提供法律援助，让人民群众切实感受到党和政府的温暖，享受到社会主义民主法制建设的进步成果。始终心怀公益，秉持"维护司法公正、促进社会公平"的信念，发扬"奉献、友爱、互助、服务"的志愿精神，脚踏实地，积极进取，全身心地投入到志愿服务这一光荣的事业中。始终加强学习，努力向基层人民群众学习，向实践学习，在艰苦的环境和法律援助工作实践活动中经受锻炼，磨砺意志，增长才干。让我们在以胡锦涛同志为总书记的党中央坚强领导下，高举中国特色社会主义伟大旗帜，以邓小平理论和"三个代表"重要思想为指导，深入贯彻落实科学发展观，振奋精神，坚定信心，锐意进取，扎实工作，促进法律援助事业又好又快发展，以优异成绩迎接新中国成立60周年！

最后，预祝"1+1"法律援助志愿者行动取得圆满成功。

卢雍政同志在"1+1"中国法律援助志愿者行动启动仪式暨新闻发布会上的讲话

（2009年7月30日）

今天，由司法部和共青团中央发起，司法部、团中央有关单位共同组织开展的"1+1"中国法律援助志愿者行动在这里正式启动了。这是共青团组织围绕党政工作大局，加强部委间合作，发挥志愿服务的社会化动员优势，深化大学生志愿服务西部计划法律援助专项行动和青年志愿者扶贫接力计划，进一步引导、凝聚社会各方面力量，共同推进我国法律援助事业发展的一项重要举措。在此，我代表团中央书记处，对顾秀莲名誉会长和长期以来关心支持共青团工作和青年志愿者事业的各级领导，向为这次活动提供宝贵支持的社会各界朋友们表示衷心感谢，向积极参加"1+1"中国法律援助志愿者行动的各位律师和大学生志愿者朋友们表示热烈的祝贺，并致以崇高的敬意！

刚才，张秀夫会长全面介绍了这项工作的部署安排，一会儿，顾秀莲名誉会长，赵大程副部长还将就如何深入推进这项工作发表重要讲话。在此，我代表团中央书记处讲两点，供大家参考。

一、法律援助志愿者服务计划和西部基层法律援助专项行动实施以来，各项工作进展顺利，取得了积极成效。从2002年开始，司法部和共青团中央共同实施法律援助志愿者服务计划，动员社会各界特别是青年法律人才通过志愿服务方式投身法律援助事业。2005年以来，司法部、共青团中央共同组织实施大学生志愿服务西部计划西部基层法律援助专项行动，至今已选派615名左右大学生志愿者，到中西部12个省（区、市）的基层法律援助机构开展为期1—2年的法律援助志愿服务。今年，将新选派146名志愿者，加上延长服务期的志愿者，共有200名左右大学生志愿者继续从事基层法律援助工作。

通过西部基层的志愿服务磨炼，一批又一批了解国情、勇担责任、善于创造的青年正在茁壮成长，也充分展现了当代大学生积极进取、勇于实践的精神风貌，深刻揭示了广大青年学生扎根基层、锻炼成长的成才之路。回顾4年来的工作，有几点值得总结：一是唱响了到西部、到基层、到祖国最需要的地方建功立业的青春主旋律。通过专项行动的实施、政策的引导、媒体的宣传，高校毕业生充分认识到在基层大有可为，在西部基层法律援助工作中可以学以致用，在高校毕业生中形成了到西部基层锻炼成长的积极导向。二是探索了为西部基层提供人才和智力支持、促进西部基层法律援助事业发展的新渠道。通过这项工作，及时将大学生志愿者补充到基层法律援助队伍中来，为基层带来了活力，增添了力量，并通过4批志愿者不断加入，形成了有效的定期轮换、接力服务的长效机制。三是搭建了培养既具有扎实专业知识，又具有基层工作经验和社会责任感的法律援助工作者的新平台。大学生志愿者在西部基层志愿服务实践中进一步了解了国情、懂得了责任，在各方面得到了历练成长，政治觉悟、综合素质、专业能力等得到了较大提高，一部分志愿者还通过了国家司法考试，成长为专业司法人才。

二、实施“1+1”中国法律援助志愿者行动，将进一步创新法律援助志愿服务的工作模式，也将为推进法律援助工作更加深入开展作出新贡献。实施“1+1”中国法律援助志愿者行动，建立青年法律人才由东部和城市向西部基层有序流动的新渠道，将在职律师与大学生志愿者的各自特点有机结合起来，将进一步充实西部基层法律援助的工作队伍，为法律援助事业的更大发展，为保障社会公平正义、促进社会和谐稳定作出新贡献。

各级团组织将进一步加强与司法行政部门、法律援助机构的合作，建立健全工作联络和信息交流制度，坚持“谁用人、谁受益、谁负责”和“培养与使用并重”的原则，继续完善和落实服务期满志愿者在西部参加国家司法考试等方面的优惠政策，形成工作合力，推动各项工作扎实开展。将进一步突出这项工作的志愿服务特性，把尊重志愿者的服务意愿与西部基层的实际需求有机结合起来，不断激发他们的工作创造性，并通过“1+1”的模式，组织律师志愿者对大学生志愿者给予专业知识、工作经验等方面的指导和帮助，加大对志愿者的培养力度，引导志愿者在西部基层建功立业。

最后，预祝“1+1”法律援助志愿者行动取得圆满成功。

张秀夫同志对“1+1”中国法律援助志愿者行动筹备工作和总体规划的情况介绍

（2009年7月30日）

“1+1”中国法律援助志愿者行动，是由司法部和共青团中央发起，由中国法律援助基金会会同团中央青年志愿者工作部、司法部律师公证工作指导司、司法部法律援助工作司、司法部法律援助中心、中华全国律师协会，在全国范围内共同组织开展的一项法律援助爱心奉献活动。简单来说，就是给律师资源严重短缺至今仍没有律师的西部县，各派一名律师和一名法学院校应届毕业生，开展法律援助志愿者活动，以满足基层人民群众的法律援助需求，维护社会公平正义。下面，我代表各主办单位将此次活动的筹备工作情况和整体计划安排向大家作简要汇报。

近年来，在党中央、国务院和各级党委、政府的高度重视和正确领导下，经过社会各界和广大法律服务、法律援助工作者的共同努力，我国法律援助事业得到了长足发展。但是，由于地域和经济发展不均衡等原因，我国西部经济欠发达地区法律援助缺资金、少律师的问题仍然比较突出，尤其是210个至今没有律师的县，困难群众寻求法律援助十分困难，妨碍了群众合法权益的保护，制约了当地的经济和社会的发展。为了有效地解决这个问题，满足基层人民群众对法律援助的强烈愿望，同时为律师、政法院校毕业生志愿者提供一个锻炼自我、提高自我的良好途径，并为社会力量参与我国法律援助事业搭建一个奉献爱心的平台和桥梁，由司法部、团中央发起，团中央和司法部六个单位共同组织，从今年开始，开展“1+1”中国法律援助志愿者行动。每年从全国律师队伍和政法院校毕业生中招募一批具有奉献精神的律师和优秀学子，到全国无律师的贫困县开展志愿服务。暂定每个县派遣一名律师志愿者、一名大学生志愿者，在志愿服务期内，每名律师志愿者每年至少无偿办理法律援助案件20件以上，大学生志愿者从事与能力相适应的法律援助和法制宣传工作。明年，将在总结经验的基础上，随着赞助资金的增多，由少到多，逐步扩大援助的县数和志愿者人数，以增强无律师县和贫困地区法律援助工作能力，促进当地经济和社会发展。

“1+1”中国法律援助志愿者招募选拔工作自今年5月启动以来，得到全国广大律师和各地法学院校学子们的积极响应和踊跃参与，志愿者电话报名、网络报名和咨询络绎不绝，许多律师和学子都表示愿意到祖国和人民最需要的地方、最艰苦的地区去锻炼、去奉献。截至6月20日，大学生志愿者报名人数为3600余人，律师志愿者报名500余人。

根据《“1+1”中国法律援助志愿者行动实施方案》和现有赞助资金的支持能力，本着“公正、公平、公开、择优”的原则，通过基层推荐、选拔，在全面考察报名志愿者政治思想素质、法学专业水平、实际工作能力和对公益事业的奉献精神等情况的基础上，最终从各地推荐的志愿者后备人选库名单中，挑选了姚永亮等30名律师和周研等70名大学生为首批志愿者。这些入选的志愿者将在集中培训、学习后，于8月初分别派遣到青海、宁夏、新疆、四川等13个省(区)的70个县。在派遣地区的选择上，以尊重志愿者意愿为前提，努力将志愿者的服务意愿和服务地的需求结合起来，力争做到双方满意，以确保志愿者真正在服务县发挥作用，以求实现本行动的目标任务。

同志们，朋友们，“1+1”中国法律援助志愿者行动的筹备工作得到了司法部、共青团中央领导的高度重视和有力指导，得到了各级司法行政机关、共青团组织、各法学院校及新闻媒体的大力支持，得到了全国广大律师和大学生们的热情参与，尤其是得到了国家开发银行、国家电网公司、中国工商银行、中国烟草总公司北京公司、上海烟草集团北京卷烟厂、中国烟草总公司内蒙古公司、北京市德恒律师事务所、上海市司法局、浙江信达化纤有限公司的鼎力相助，在此，我们表示最诚挚的感谢！同时，也对一直关注、支持并参与法律援助公益事业的各界朋友，特别是新闻界的朋友们表示诚挚的感谢！我们将认真、细致、周到地做好每一项工作，最大限度地保护好、引导好、发挥好志愿者的积极性，最大限度地宣传、动员、凝聚社会各界的参与支持，使“1+1”这一实实在在的法律援助项目扩大到更多的县，增加更多的律师和政法院校大学生志愿者，为困难地区的群众提供更多的法律援助。

我们深信，在司法部和共青团中央的指导下，在社会各界的大力支持和广大志愿者的积极支持下，“1+1”中国法律援助志愿者行动一定能够取得圆满成功。

赵大程同志在第二届“全国维护职工权益杰出律师”座谈会上的讲话

(2009年10月12日)

今天，我们在这里召开第二届“全国维护职工权益杰出律师”座谈会，为获得“维护职工权益杰出律师”光荣称号的十名律师颁发荣誉证书和奖牌，在此，我谨代表司法部向获此殊荣的各位律师致以热烈的祝贺！向多年来关心和支持律师工作的全国总工会表示诚挚的谢意！

这次受到表彰的10位“全国维护职工权益杰出律师”是全国律师群体的杰出代表和优秀典范。从你们的事迹材料中，从刚才两位律师代表的发言中，我们深深地感受到了广大律师牢记使命、心系群众、服务社会的高尚情怀。你们用自己的实际行动，向社会展现了我国律师贯彻落实科学发展观，以人为本，竭诚为维护职工权益服务的时代风貌，体现了我国律师作为中国特色社会主义法律工作者，推进社会主义法治、维护社会公平正义的价值追求，弘扬了扶弱助困、促进社会和谐的职业风尚。你们的先进事迹，对广大律师积极投身于维护职工合法权益的光荣事业，具有重要的示范导向作用，你们是全国律师学习的榜样。

实现好、维护好、发展好包括广大职工在内的最广大人民群众的合法权益，是贯彻落实科学发展观、构建社会主义和谐社会的内在要求，是广大职工的迫切愿望，也是司法行政机关、律师协会和广大律师的职责所在。维护职工权益关系到职工个人的切身利益，是民生工作的重要方面；关系到职工家庭、所在单位以至社会的和谐稳定，是和谐社会建设的基础之一；关系到企业的正常生产、经营秩序，是保持经济平稳较快发展的重要因素。特别是，由于受国际金融危机的影响，我国经济社会发展面临着诸多困难和挑战，经济关系、劳动关系发生着重大的调整和变化，由此引发的职工的劳动就业、收入分配、社会保障等问题日益增多。在当前形势下，充分发挥律师职能作用，维护职工的合法权益，促进稳定协调劳动关系的建立，对于认真贯彻落实党中央、国务院的部署，完成"保增长、保民生、保稳定"的任务，实现经济平稳较快发展的目标尤为迫切和重要。

党的十七届四中全会决定指出，要坚持全心全意为人民服务根本宗旨，坚持以人为本，贯彻马克思主义群众观点和党的群众路线，实现好、维护好、发展好最广大人民根本利益。我国律师是中国特色社会主义法律工作者，为广大人民群众提供法律服务是律师的职责，全国广大律师要牢记使命，充分发挥专业知识和职业技能，更加自觉主动地参与维护职工合法权益的工作。要积极参与制定协调劳动关系、维护职工权益的法律、法规和政策，帮助企业依法开展经营管理活动，防范和控制各种法律风险；充分运用诉讼和非诉讼服务方式，指导职工依法建立劳动关系，积极参与劳动关系矛盾纠纷调解，主动配合工会组织、党政部门妥善处理职工信访突出问题及群体性事件，促进引导职工自觉、合法、理性表达诉求，促进社会和谐稳定；坚持面向基层开展法律援助活动，重点为困难职工、农民工提供及时有效的帮助，促进实现社会公平正义；充分发挥职业优势，在职工中大力开展法制宣传教育，努力促进在全社会形成人人尊重法律、人人遵守法律、人人维护法律的良好氛围；大力加强自身建设，不断提高思想政治素质、职业道德素质和业务素质，切实强化政治意识、大局意识、责任意识，刻苦钻研专业知识，满腔热忱地开展服务，努力做维护职工合法权益的合格法律工作者。

胡锦涛总书记在同全国总工会新一届领导班子成员和中国工会十五大代表座谈时指出："要把维护职工群众具体利益同维护全国人民根本利益紧密结合起来，把服务职工、维护职工合法权益同组织职工、教育引导职工紧密结合起来，不断提高为职工群众服务的能力和水平。"维护职工权益是律师工作的重要责任，各级司法行政机关和各地律师协会要认真贯彻落实胡总书记的重要指示精神，高度重视做好律师维护职工权益的工作，不断增强律师服务的能力，提高服务的水平。要深入实际、调查研究，及时把握职工群众最期盼、最迫切、最急需解决的问题，有针对性地加强工作指导，认真探索律师工作为职工群众服务的业务领域和服务的方法、途径，努力满足职工群众对法律服务的需求；不断总结推广先进典型和先进经验，形成服务职工权益的良好工作局面；积极主动与各级工会组织配合，及时研究解决律师在维护职工权益中遇到的问题和困难，支持律师依法开展维护职工权益的活动，为他们充分发挥作用创造良好的环境和条件。

同志们，维护职工权益工作使命光荣，责任重大，让我们在以胡锦涛同志为总书记的党中央领导下，高举中国特色社会主义伟大旗帜，以邓小平理论和“三个代表”重要思想为指导，深入贯彻落实科学发展观，振奋精神，锐意进取，扎实工作，促进维护职工权益工作又好又快发展，为全面建设小康社会和加快构建社会主义和谐社会作出新的更大贡献。

赵大程同志在法律援助工作司领导班子年终述职评议会议上的讲话

（2009 年 12 月 30 日，根据录音整理）

刚才，剑英、军益、高贞同志进行了述职，大家展开了评议，述职和评议都很好，达到了交流思想、改进工作的目的。把年度述职会议开好很重要，既总结已经过去了的工作，又思考即将到来的工作，梳理思想，明确思路，改进作风，这将有力地加强和改进工作。一年来，全司同志在部党组的领导下，团结一致，勤奋工作，取得了较好的工作成绩。下面，我讲三点意见：

一、2009 年法律援助工作取得了新成绩、实现了新发展，为保增长保民生保稳定作出了积极贡献

在即将过去的一年里，法律援助工作司边组建、边开展工作，努力加强自身建设，积极主动开展工作，较好地完成了部党组部署的各项工作任务。

（一）深入贯彻落实科学发展观，精心谋划、积极推进法律援助工作。2009 年，法律援助工作司坚持以科学发展观统领法律援助工作，按照部党组关于深入贯彻落实科学发展观及整改落实“回头看”的要求和部署，把科学发展观的要求贯彻落实到法律援助工作的各方面和各环节，在服务科学发展和实现自身科学发展方面取得了明显成效。

1. 提高认识，树立贯彻落实科学发展观的思想理念。法律援助制度是中国特色社会主义法律制度的重要组成部分，在维护困难群众合法权益、保障社会公平正义方面发挥着十分重要的作用。通过学习实践活动，同志们对法律援助工作贯彻落实科学发展观树立了正确的思想理念并逐步转化为自觉行动。一方面，法律援助工作要自觉为科学发展提供服务和保障。要坚持以人为本，以困难群众的法律援助需求为根本出发点和落脚点，最大限度地维护困难群众的利益，及时化解矛盾纠纷，维护社会和谐稳定，为经济社会又好又快发展创造良好的社会环境。另一方面，要不断探索法律援助工作自身发展规律，推进法律援助事业全面发展。认真总结我国法律援助制度建立和实施以来的成功经验，深入分析影响法律援助工作发展的各方面因素，努力把握法律援助工作发展的规律性，进一步明确新的工作思路，完善新的工作机制，丰富新的工作方法，做大做强法律援助事业。

2. 以科学发展观为指导，进一步明确目

标任务。按照学习实践科学发展观的要求，明确了新形势下推进法律援助工作发展的工作思路，就是要解决好法律援助物质保障、组织建设、管理工作、服务工作和社会宣传等五个能力的建设。按照这个思路，进一步明确了法律援助工作的目标任务：一是在援助对象范围上主要把握扩大覆盖面的要求；二是在落实经费保障上解决持续有力的保障问题；三是在加强人员队伍建设上突出诚信和专业要求；四是在加强组织机构建设上注重系统性和协调性；五是在完善工作制度上着力研究推进法律援助立法；六是在把握工作重点上始终注意突出基层基础建设。

3. 狠抓落实，积极推进法律援助工作科学发展。努力适应法律援助工作发展的新形势新任务，把在深入学习实践活动中形成的科学发展理念和工作思路落实到工作实践中，取得了明显成效。2009 年 6 月，司法部成功召开了第五次全国法律援助工作会议，周永康、孟建柱等中央领导同志作了重要讲话，为我们做好新形势下法律援助工作指明了方向。吴爱英部长代表部党组在讲话中充分肯定了法律援助工作取得的成绩，分析了面临的形势，对今后一个时期法律援助工作作出了全面部署，提出了明确要求，对于我们进一步推进法律援助工作具有重要指导意义。会后，法律援助工作司加强工作督促检查，狠抓会议精神的贯彻落实，及时下发了《司法部关于加强和改进法律援助工作的意见》，积极推动“三个纳入”要求的落实，大力推进法律援助信息化建设，认真做好监督管理工作，有力地促进了法律援助事业的新发展。

（二）服务党和国家工作大局，认真做好“保增长、保民生、保稳定”相关工作。认真贯彻落实中央关于“保增长、保民生、保稳定”的决策部署以及中央领导同志对法律援助工作的一系列要求，积极行动，迅速安排部署，制定有力措施，狠抓工作落实，有重点、有亮点，取得了明显成效。

1. 努力扩大法律援助覆盖面。全面贯彻实施《法律援助条例》，指导各地认真总结经验，相互学习借鉴，积极推动政府根据本地经济社会发展状况，建立“三项标准”动态调整机制。许多省（区、市）积极创造条件，适度放宽法律援助经济困难标准，降低了法律援助门槛，扩大了法律援助事项范围，使更多的困难群众获得了法律援助。

2. 及时出台十项便民措施。围绕落实中央关于“三保”的重大决策部署，针对企业和群众在生产生活方面困难增多、返乡农民工急剧增加、残疾人等特殊群体生活困难加剧等情况，在全国及时部署开展了“法律援助便民服务”主题活动，提出建立健全法律援助便民服务窗口、拓宽法律援助申请渠道、简化法律援助受理审查程序等十项便民措施，并进行广泛深入的宣传动员。主题活动扎实推进，既适应了积极应对国际金融危机影响的要求，也适应了困难群众的法律援助需求，是一项得民心、顺民意的重大措施，取得了阶段性成果。

3. 积极服务特殊困难群体。加大协调力度，会同有关部门出台了相关政策，积极做好下岗失业人员、零就业家庭、农民工、老年人、残疾人、留守儿童等困难群体的法律援助工作，做到“宣传进家庭，服务到身边”，使困难群众通过法律援助服务，实实在在感受到党和政府的温暖。

（三）进一步完善法律援助制度，不断提高法律援助管理水平和服务能力。认真贯彻部党组部署，注重加强法律援助基础建设，监督管理职能进一步强化，工作保障水平进一步提高，为法律援助工作顺利开展奠定了良好基础。

1. 认真落实国务院“三定”方案，进一步理顺管理体制。2009 年，顺利完成了法律援助工作司组建任务，为各地进一步理顺法律援助工作管理体制起到了示范作用。法律援助工作司抓住落实国务院"三定"方案的良好契机，积极指导地方法律援助管理机构建设。目前，已有20个省(区、市)法律援助管理机构纳入司法行政机关序列，为更好地履行监督管理职责、推动法律援助工作发展创造了有利条件。

2. 健全规章制度，进一步促进工作规范化、制度化。研究起草了《法律援助程序规定》、《法律援助类民办非企业单位登记管理办法》等与《法律援助条例》相配套的规章和规范性文件，目前虽然没有出台，但已经完成了相关论证准备，为下一步工作奠定了良好基础。同时，还制定了12项司内工作制度，规范化、制度化水平进一步提高。

3. 加强调查研究，进一步推动法律援助基础建设政策出台。认真研究提出解决法律援助经费困难的意见，争取到法律援助业务经费正式列入中央政法经费保障预算。在广泛深入调研的基础上，提出了基层法律援助机构业务用房建设标准意见，为司法部制定司法行政业务用房标准做了基础性工作。

以上成绩是在部党组的直接领导下取得的，是法律援助工作司、法律援助中心、法律援助基金会相互支持、相互配合的结果，是全国广大法律援助工作者共同努力的结果。事实证明，部党组组建法律援助工作司的决策是完全正确的。司领导班子和全司干部讲大局、讲服务、讲奉献，工作有思路、有措施、有干劲，贯彻落实党中央、国务院有关方针政策和部党组的工作部署卓有成效。在此，我代表部党组，对同志们的辛勤付出表示感谢！

二、振奋精神，扎实工作，努力推进法律援助工作迈上新台阶

2010年是夺取应对国际金融危机冲击新胜利，加快转变经济发展方式，推动经济社会又好又快发展的重要一年。法律援助工作要认真贯彻落实中央经济工作会议和全国政法工作电视电话会议精神，按照中央决策部署和部党组的要求，以更加振奋的精神、更加有力的措施、更加出色的作为，为保障社会公平正义、促进社会和谐稳定、促进经济平稳较快发展作出新的更大贡献。

(一)进一步认清形势，明确工作任务。周永康同志在全国政法工作电视电话会议上对明年政法机关要深入推进三项重点工作作了全面部署。孟建柱同志对贯彻落实这次电视电话会议精神提出了具体要求。吴爱英部长在讲话中明确提出了明年和今后一个时期司法行政工作的七项工作任务。周永康、孟建柱同志的重要讲话和吴部长的讲话，为我们做好法律援助工作指明了方向。我们要按照这次会议的部署，紧紧围绕深入推进三项重点工作，找准结合点和切入点，充分发挥法律援助职能作用，着重在服务保障和改善民生上下工夫，在维护社会和谐稳定上下工夫，在推动公正廉洁执法上下工夫。

(二)坚持巩固提高，突出工作重点。明年的法律援助工作，要在今年工作的基础上，巩固已有成果，突出重点工作，推进法律援助事业再上新台阶。

1. 进一步贯彻落实第五次全国法律援助工作会议精神。要把第五次全国法律援助工作会议部署的各项任务真正落到实处。元旦后司里要专门开一次工作形势分析会，对各地贯彻落实第五次全国法律援助工作会议精神的情况作一次总结，对薄弱环节和存在的问题认真加以分析，有针对性地提出对策措施，切实把会议精神贯彻落实到当前和今后一个时期的各项工作中去，不留死角，见到实效。

2. 继续深化便民服务主题活动。"法律

援助便民服务”主题活动广泛开展,在社会上产生了良好反响。当前,要把深化主题活动作为积极推进三项重点工作的重要抓手,努力把便民理念落实到工作的每个环节和各个方面,全面提升法律援助服务困难群众的能力,全面提升法律援助化解社会矛盾的水平。主题活动将延长至2010年底,以更有效地推进十项便民措施的落实并形成长效机制。春节前后,法律援助工作司要组成工作组,深入基层开展调查研究,了解主题活动进展情况,督促便民措施的落实,总结经验,发现典型,为2010年4月份召开便民服务主题活动座谈会打好基础。要把座谈会和贯彻落实全国政法工作电视电话会议精神紧密结合起来,把主题活动推向一个新的高潮。

3. 积极推进地方法律援助管理机构建设。要加大指导力度,上下共同努力,推进地方法律援助管理机构建设,进一步理顺管理体制,强化监督管理职能。

4. 不断提高法律援助工作质量。质量是法律援助工作的生命线。法律援助中心按照部领导要求,已经着手研究建立法律援助案件质量评估体系。法律援助工作司要充分利用法律援助中心研究形成的成果,全面抓好法律援助质量监督工作。要做好以下三个方面的工作:一是加强对法律援助工作的业务指导,研究制定进一步提高法律援助工作质量的意见。二是切实履行好监管责任,有效监督法律援助法律、法规和政策的执行,强化职业道德和执业纪律教育,绝不允许侵害人民群众合法权益的事情发生。三是要加强培训,围绕提高法律援助工作质量和管理水平,举办法律援助业务示范培训班,组织人员编写培训教材,供广大法律援助工作者学习和各地开展培训使用。

5. 扎实推进信息化建设。利用现代化科技手段实行监督管理,是提高法律援助管理效率和服务水平的有效途径。要加快推进法律援助信息化建设,为法律援助管理工作和组织实施工作搭建技术平台,促进法律援助工作规范发展,更好地满足人民群众法律援助需求。

6. 健全完善工作制度。要进一步加强制度建设,在完善申请受理、审查指派等工作程序、案件质量监督管理和违法违纪行为投诉处理等方面,都要建立规章制度,逐步实现法律援助工作的制度化、规范化、标准化。同时,要加强制度的执行力,确保每一项制度真正落到实处。

7. 深入开展理论研究。新形势下的法律援助工作,新情况新问题不断出现,需要我们认真研究解决。要立足我国国情,学习借鉴国外先进做法,不断完善中国特色社会主义法律援助制度。“十二五”期间,要下更大力气加强法律援助基础理论和应用对策研究,在自身加强研究的同时,注重借助有关院校和专家学者力量,形成研究合力,为法律援助科学决策提供强有力的理论支持。

8. 加大法律援助宣传力度。要按照吴部长提出的进一步扩大法律援助宣传声势,增强宣传效果的要求,结合法律援助工作特点,从形式到内容认真进行策划,有计划、分步骤地开展宣传,形成几个大的宣传高潮。明年部里将以法律援助基金会为主,组织举办“法律援助与困难职工同行”大型公益晚会,法律援助工作司也要积极参与组织工作。要深入开展面向困难群众的宣传,注意简约生动、贴近群众,让群众听得懂、看得进、记得住。通过宣传,提高法律援助公众知晓率,扩大社会影响,努力营造有利于法律援助事业发展的良好氛围。

(三)加强队伍建设,提供组织保障。做好法律援助工作,建设一支高素质的法律援助队伍是关键。要坚持用中国特色社会主义理论体系武装头脑、指导实践、推动工作,深入学习实践科学发展观，牢固树立和自觉践行社会主义法治理念，始终坚持法律援助工作的正确方向。切实加强业务能力建设，进一步提高法律援助队伍的服务水平。大力加强职业道德教育和执业纪律教育，引导法律援助工作者把公正廉洁作为最基本的职业道德，树立法律援助行业良好社会形象。加强各级法律援助机构党的建设，在抓好组织建设的同时，进一步加强思想、作风、制度和反腐倡廉建设，进一步增强法律援助机构党组织的创造力、凝聚力和战斗力。

三、加强自身建设，发扬团队精神，以昂扬向上的精神风貌推进法律援助工作

2010 年，法律援助工作司要在巩固现有成绩的基础上，努力把法律援助工作司建成一个讲大局、善服务、能力强、作风硬的工作团队。

（一）加强学习，提高工作水平。每位同志都要树立崇高的使命感和责任感，把自己有所作为和推动事业发展紧密地结合在一起。不仅要按照部党组要求去做，更要自我加压，以对党、对人民、对司法行政事业高度负责的态度，以时不我待、只争朝夕的精神，加强学习、善于学习。学习中国特色社会主义理论体系，学习履行职责所需的各方面知识，不断提高理论素养和分析解决问题的能力。认真学习法律援助业务知识和业务技能，熟练掌握有关法律援助工作的法律、法规和政策，潜心钻研业务，努力成为法律援助工作的行家里手。

（二）与时俱进，勇于开拓创新。法律援助制度是在改革发展中逐渐形成的制度，任何满足现状的理念和行动都是对事业的危害。要着眼于新的实践和新的发展，把创新作为法律援助工作发展的不竭动力，深入研究回答法律援助工作改革发展中的重要理论和实践问题，不断有所发现、有所创新、有所前进。要准确把握时代发展变化趋势，进一步深化对法律援助工作规律的认识，创新工作思路、机制和方式，增强工作的主动性、预先性和创造性。

（三）求真务实，扎实推进工作。要以奋发进取的工作状态和不达目的誓不罢休的精神，坚决贯彻执行中央决策和部党组的工作部署。只要看准了，就要以坚忍不拔的毅力，脚踏实地、真抓实干，把决策变成行动，把部署落到实处，不做表面文章，不搞形式主义，努力使每一项措施都符合实际，每一项工作都见到实实在在的成效。

（四）团结协作，形成工作合力。吴部长多次强调“团结出凝聚力、出战斗力，团结出人才、出工作成果。”同志们要在剑英同志的带领下，进一步增强做好法律援助工作的责任感和使命感，加强团结，相互支持，相互配合，心往一处想，劲往一处使，共同做好各项工作。要加强与其他兄弟单位的沟通协作，讲风格，讲协作，共同推进法律援助工作。要注意和部机关各司局、各有关单位以及全系统同志们通力合作，胸怀更加宽广，视野更加开阔，协作更加有效。

（五）廉洁自律，严格遵纪守法。我们是党的干部，又身居中央国家机关，要始终保持高度的廉洁意识，讲党性、重品行、做表率，廉洁自律，廉洁从政，加强自我管理，严格要求自己，自觉接受监督，始终做到为民务实清廉。

最后，祝愿法律援助工作在新的一年获得更大发展、取得更大成绩！

第五部分　工作部署

2009 年全国法律援助工作要点

（司法部法律援助工作司　司法部法律援助中心）

根据《司法部关于法律援助事业“十一五”时期发展规划》和 2009 年司法行政工作要点，制定 2009 年法律援助工作要点。

2009 年法律援助工作的指导思想、总体思路是：全面贯彻党的十七大、十七届三中全会、全国政法工作会议和全国司法厅（局）长会议精神，坚持以邓小平理论和“三个代表”重要思想为指导，深入学习实践科学发展观，全面实施《法律援助条例》，认真落实《司法部关于法律援助事业“十一五”时期发展规划》，按照司法部统一部署，继续抓住“推动政府责任的落实，提高法律援助公众知晓率，扩大法律援助覆盖面”三个工作重点，始终紧扣“不断增强法律援助的物质保障、组织建设、管理工作、服务工作和社会影响等五项能力建设”的工作目标，着力完成“理顺管理体制、完善工作机制、提高保障能力、健全配套规章制度”的工作任务，以满足困难群众法律援助需求为核心，提高认识、强化责任，全面履行法律援助管理职能和组织实施职能，推进法律援助事业深入发展，为维护困难群众合法权益，促进社会公平正义，保障经济平稳较快发展，构建社会主义和谐社会作出新贡献。

2009 年法律援助重点工作任务是：

一、以深入学习实践科学发展观活动为契机，在新的起点上推动法律援助工作深入发展

总结学习实践科学发展观活动的成果，就解决当前工作中的突出问题，提出进一步推进法律援助工作的对策措施。

二、加强协调，增强法律援助保障能力

1. 争取财政投入稳步增加。抓住中央着力解决民生问题、农村改革、农民工问题和深化司法体制改革等有利形势，争取中央补助法律援助办案专款和省级法律援助专项资金中增加农民工法律援助专项经费和死刑二审开庭审理法律援助专项经费，实现中央补助款和省级专项资金明显增加。

2. 加强与国家发改委等部门沟通协调，落实中央关于扩大内需，保持经济平稳较快发展的决策部署，争取将法律援助机构业务用房建设、办案设施和“148”法律援助专线基础设施建设纳入地方建设项目总体规划。各地要积极争取有关部门支持改善业务用房和办案设施，在临街、一层设立独立的接待咨询办公室，建设和改善便利残疾人的无障碍服务设施。

3. 推进法律援助工作信息化建设。总结江苏、广东、上海、安徽等省市法律援助信息管理系统经验，启动全国法律援助信息管理系统项目建设，争取在东部地区和部分具备条件的中西部地区率先使用，逐步向中西部推广。各地要加快办公自动化建设，提高法律援助工作信息化水平。

三、健全法律援助工作体制机制，提高法律援助管理能力和水平

1. 完善法律援助管理体制。进一步理顺管理体制，争取相关政策，解决基层法律援助机构人员短缺问题。

2. 推动建立“三项标准”动态调整机制。拟出台指导意见，指导地方围绕解决涉及群众利益的难点热点问题，推动政府科学制定法律援助经济困难标准和事项补充范围，从制度层面解决扩大法律援助覆盖面问题，为保障和改善民生服务，让更多的困难群众获得法律援助，努力做到应援尽援；指导地方会同同级财政部门根据实际需要调整法律援助办案补贴标准。

3. 进一步完善法律援助经费保障机制。积极配合有关部门落实中央司法体制改革意见（中发〔2008〕19 号），建立中央和地方财政分担法律援助经费机制，保证法律援助经费增长与经济社会发展相协调。探索建立中央办案专款的使用监管机制，确保专款专用，提高资金使用效益。

四、加大组织实施力度，提高法律援助服务能力

1. 加强农村法律援助工作。组织开展农村法律援助工作调研，研究制定加强农村法律援助工作的指导意见，推动农村法律援助工作的发展，为促进农村改革和基层稳定发挥职能作用。组织开展法律援助专项行动，为农民转移就业和返乡农民工就业提供法律援助。加强对内蒙古等省区正在执行的内地—香港大学农村法律援助项目执行的指导、监督。

2. 加强“148”法律援助专线指导工作。组织开展“148”法律援助专线工作专题调研，指导各地加强和规范“148”法律援助专线工作，科学整合“148”法律援助专线与法律援助中心现有法律咨询工作，研究提出加强和规范“148”法律援助专线工作的意见。

3. 进一步加大办案力度。采取各种便民利民措施，进一步畅通法律援助渠道，方便困难群众申请和获得法律援助。切实加强对残疾人、老年人、妇女、儿童、下岗失业人员、农民工的法律援助。积极采用解答咨询、代书、代理受援人一方进行协商、参与调解等方式，满足困难公民多层次的法律援助需求。组织办理好群体性、敏感性法律援助案件，努力维护社会稳定。研究提高法律援助办案数量和质量的机制和办法。

4. 切实加强案件质量评估，加快健全完善法律援助案件质量评估体系。组织开展案件质量调研，指导各地健全完善案件质量检查、评估和通报等各项案件质量保证制度，研究起草法律援助案件质量评估标准和评估办法。

5. 继续实施志愿者计划，缓解西部法律援助人力资源缺乏问题。

6. 落实《关于民事诉讼法律援助工作的规定》和《关于刑事诉讼法律援助工作的规定》。争取与有关部门组成联合调研组，就一些地方民事法律援助与司法救助不衔接、刑事法律援助工作中公检法司配合不畅等问题进行调研分析，提出对策，完善法律援助工作中相关部门的协调配合机制。

7. 落实司法部与财政部等九部门联合下发的《关于贯彻落实〈法律援助条例〉，切实解决困难群众打官司难问题的意见》。争取与政府相关部门组成联合调研组，就法律援助人员办案中涉及的相关部门减免调查取证费用问题、鉴定费的减免问题等进行调研，解决法律援助办案工作中有关部门之间的相应配合与支持问题。

五、加强政策理论研究，不断完善法律援助制度

1. 围绕出台法律援助政策和法律法规、健全配套规章制度开展研究。会同法制司，尽快出台法律援助程序规定，并研究制定规范社会组织和志愿者开展法律援助工作相关规定等规章和规范性文件。落实中央司法体制改革意见，会同法制司，配合全国人大有关机构进行调研，提出完善法律援助制度意见。

2. 研究法律援助工作重大问题，为完善工作体制机制提供理论支持。重点研究法律援助管理体制问题、法律援助的覆盖面问题、法律援助资源调配及基层法律援助资源整合问题。总结一些地方开展的值班律师试点、法律援助工作考核等工作经验，研究建立相关工作机制和制度。

3. 研究法律援助制度发展方向性问题，不断完善法律援助制度。推动法律援助提供模式问题、法律援助专业化发展问题、法律援助费用分担问题等课题研究。

4. 认真办好《中国法律援助》和《中国法律援助年鉴》，进一步加大理论研究和调研成果交流应用力度。

六、加强法律援助宣传工作，增强法律援助社会影响力

1. 进一步贯彻落实司法部《关于进一步加强法律援助宣传工作的通知》要求，指导各省集中宣传法律援助在扶贫困、暖民心、保民生中的作用。

2. 开展面向困难群众的免费法律教育。各地要重点加大对各类特殊群体的法律教育力度，提高法律援助知晓率，提高困难群众法律意识和维权能力。组织编印针对农民工、妇女、未成年人、残疾人、老年人等群体的法律教育读本，争取在中央级电视台开辟法律援助专题栏目。

3. 创新宣传渠道和方式。以历届法律援助先进集体和先进个人及首届全国十佳法律援助工作者的先进事迹为载体，大力宣传法律援助先进典型。积极利用主流网络媒体宣传法律援助制度，进一步发挥“中国法律援助网”的宣传功能。

七、加强法律援助培训工作，提高法律援助人员素质

1. 进一步贯彻落实《司法部关于加强法律援助干部队伍教育培训工作的意见》，推动地方结合本地实际制定实施办法或培训办法，加强各级培训者队伍建设和管理，加大法律援助培训经费投入，创新培训方式，提高培训效果。

2. 探索建立分层级的培训机制，努力实现全员培训的目标。实施为期三年的“西部省份法律援助轮训计划”。部、省两级大力开展示范培训，地市、县区重点开展针对县区法律援助工作人员和法律援助工作站人员的基层基础培训。

八、加大监督力度，确保法律援助工作健康发展

1. 争取与人大、政协、国务院法制办等相关部门就《法律援助条例》的执行情况进行专项检查，推动各级政府落实法律援助责任。

2. 组织对法律援助业务经费的管理与使用、法律援助机构和法律援助人员依法行政的情况进行专项检查。

3. 进一步加大对投诉案件的处理力度，司法部法律援助工作司公布法律援助监督电话和电子邮箱，接受公众投诉。

九、认真筹备第五次全国法律援助工作会议

认真筹备第五次全国法律援助工作会

议，请各地认真总结第四次全国法律援助工作会议以来的工作情况，特别是要认真检查《法律援助条例》的实施情况、《司法部关于法律援助事业"十一五"时期发展规划》的执行情况。总结并推介地方工作经验。找出工作中存在的问题，认真分析原因，提出对策。

2009年是法律援助工作在深入学习实践科学发展观活动中迎来新发展的重要一年，也是到2010年实现法律援助事业"十一五"规划目标的关键一年。我们要在部党组领导下，抓住机遇，乘势而上，解放思想、开拓创新、加强管理、狠抓落实，努力完成全年工作任务，以优异成绩迎接新中国成立60周年。

孙剑英同志在全国法律援助处长（主任）会议上的讲话

（2009年3月13日）

全国法律援助处长（主任）会议今天就要结束了。昨天一天，各省交流了去年的工作情况和今年的打算，并围绕筹备第五次全国法律援助工作会议、信息化建设方案和两个规范性文件征求意见稿进行了讨论，观看了江苏省法援中心信息化管理系统的现场演示。尽管会期很短，但很好地实现了会议预期目标。

去年9月，根据国务院三定方案，司法部成立法律援助工作司，目的就是为了进一步加强法律援助监督管理工作。这次会上，听了大家发言和讨论，我了解了许多情况，学到了很多东西，很受启发，信心倍增。

刚才午光同志对去年全国法律援助工作作了全面总结，可以看出，法律援助工作这些年发展很快，取得了很大成绩，积累了很多成功经验，为深入推进法律援助事业发展打下了扎实基础。当前，法律援助工作面临很好的发展机遇：一是按照中央的统一部署，全国上下都在认真贯彻落实党的十七大、十七届三中全会精神，深入开展学习实践科学发展观活动，进一步深化了对加快推进以改善民生为重点的社会建设重要性的认识，营造了有利于法律援助事业发展的政策和社会环境。二是30年来的改革开放，大幅度提高了我国的经济实力和综合国力，为法律援助事业的发展壮大奠定了坚实的物质基础。三是党的十七大作出了深化司法体制改革的战略部署，中央政法委员会关于深化司法体制和工作机制改革若干问题的意见提出要完善法律援助制度，为进一步解决法律援助工作发展中的体制、机制障碍，建设中国特色社会主义法律援助制度指明了方向。四是各级党委、政府越来越重视法律援助工作，法律援助政府责任进一步落实。

在认清法律援助工作面临的良好发展机遇的同时，也要正视法律援助发展过程中长期积累的深层次矛盾和新形势下出现的新情况和新问题。当前，法律援助的提供能力与困难群众的实际需求相比还存在较大差距；法律援助经费保障水平总体上仍然偏低，中西部地区和基层表现尤为突出；法律援助管理体制尚未理顺，一些重要的工作机制尚未建立健全等。这些问题需要我们在下一步工作中认真研究解决。

2009年,我国经济发展面临进入新世纪以来最为严峻的挑战。越是在经济困难的时候,越要高度重视做好法律援助工作,充分发挥法律援助在扶贫困、暖民心、保民生中的重要作用。根据司法部的统一部署,今年法律援助工作的总体要求是:全面贯彻党的十七大、十七届三中全会、全国政法工作会议和全国司法厅(局)长会议精神,坚持以邓小平理论和"三个代表"重要思想为指导,深入学习实践科学发展观,全面实施《法律援助条例》,认真落实《司法部关于法律援助事业"十一五"时期发展规划》,按照司法部统一部署,继续抓住"推动政府责任的落实,提高法律援助公众知晓率,扩大法律援助覆盖面"三个工作重点,始终紧扣"不断增强法律援助的物质保障、组织建设、管理工作、服务工作和社会影响等五项能力建设"的工作目标,着力完成"理顺管理体制,完善工作机制、提高保障能力、健全配套规章制度"的工作任务,以满足困难群众法律援助需求为核心,提高认识、强化责任,全面履行法律援助管理职能和组织实施职能,推进法律援助事业深入发展,为维护困难群众合法权益,促进社会公平正义,保障经济平稳较快发展,构建社会主义和谐社会作出新贡献。

刚才,午光主任就部中心有关工作作了安排部署,大家要抓好落实。下面,我结合法援司的工作安排,就做好今年的工作,讲几点意见。

一、健全法律援助工作体制机制,推动法律援助事业快速发展

法律援助工作实现大发展,必须积极探索建立符合国情的法律援助工作体制机制。

(一)理顺法律援助管理体制。长期以来,我国法律援助制度运行中存在机构性质不统一,管理体制不顺畅的问题。一些地方事业性质的机构行使管理职能存在诸多障碍,导致管理无强制力或管理不到位;上下级管理机构之间业务指导关系不顺,影响了决策顺利执行和职能的有效发挥;不同的机构性质导致各地法律援助机构在工作经费、人员待遇等方面存在较大差别,影响法律援助队伍稳定。因此,明确机构性质和职能定位,理顺管理体制是当前的重要任务。

会前,我们就法律援助机构现状和管理体制问题与各省(区、市)作了初步了解和沟通。截至2008年底,全国已建的机构中,行政占51%,参公管理的事业单位占18%。34个省级机构中,9个是行政性质,21个是参公管理的事业单位,还有4个是全额拨款事业单位,北京、重庆两市设有两套机构,其余省份都是一套机构。从目前了解的情况看,各地对于法律援助机构设置有几种不同的考虑和做法:一是正在协调编制部门将法律援助中心整体改为内设处(科);二是正在协调编制部门增设法律援助管理处(科),少数地市在已设有法律援助科的情况下,争取增设参公管理的法律援助中心,这两种结果都是形成两套机构;三是维持目前一套机构的现状。大部分地方认为设立行政性质的一套机构体系更符合本地工作要求,也有的地方为了增加更多的编制,倾向推动成立两套机构,还有些地方认为如果中心不能整体转为行政机构,维持目前相对独立的参公管理的事业单位也能满足履行职能的需要。另外,在法律援助机构应当成为司法行政机关的内设机构还是直属单位的问题上,各地也有不同考虑。这次会上,大家提出问题最集中的也是在机构设置及定性定职能等问题上,大家介绍了各自目前的机构改革的进展情况及厅里的思路。

综合各地情况,我们认为,关于法律援助机构设置及定性问题,应当把握一个大的原则,就是推动事业性质的省级法律援助管理部门和各地事业性质的法律援助机构转变为行政性质。至于设置一套机构还是两套机构，争取内设机构还是直属单位要因地制宜，不搞一刀切。要从本地法律援助工作发展的实际需要出发，遵循工作传统及发展规律，密切关注事业单位改革的政策大环境对法律援助管理体制的影响，对各种可能的影响因素通盘考虑，统筹兼顾，抓住机遇，作出对事业发展最有利的选择。要先易后难，分解目标、分步推进管理体制改革。有些全额拨款的事业单位直接转为行政机构确有困难的，可以先推动转变为参公管理的单位。各位要向厅领导多汇报、多沟通，争取他们的理解和支持。我们最终要达到的目标是，法律援助管理部门有效履行管理监督职能，法律援助机构有效组织实施法律援助。

（二）推动建立法律援助“三项标准”动态调整机制。在去年全国法律援助工作调研中，各地反映比较集中的问题是，法律援助经济困难标准过低、援助事项范围偏窄，难以满足困难群众的法律援助需求。办案补贴标准偏低。为此，应尽快推动调整“三项标准”，使之适应工作发展的需要，同时推动建立起“三项标准”的动态调整机制，使法律援助工作发展与经济社会发展相协调。今年，我们拟就建立“三项标准”动态调整机制研究出台指导性意见，立足国情，借鉴国外境外相关立法和制度，提出确定“三项标准”的依据和方法以及建立动态调整机制的具体要求。各省（区、市）要推动地方政府及相关部门将“三项标准”调整工作提上日程，加强调研论证，加快建立本地“三项标准”动态调整机制。可以通过推动修订地方条例的方式，也可以通过推动省级政府制定规范性文件的方式来启动此项工作。要研究提出“三项标准”动态调整的整体方案，包括对现行标准的调整建议及论证，以及调整标准的启动方式、调整时限、实施步骤等工作程序，保证“三项标准”发布的权威性和调整工作的灵活性。此外，还要制定配套措施，保障调整后的标准或范围能够切实得到落实。

（三）完善法律援助经费保障机制。近年来，法律援助经费增长很快，中央财政和多数省级财政设立了法律援助专项资金，多数地方已将法律援助经费纳入财政预算，但法律援助经费保障机制尚需进一步完善。当前完善法律援助经费保障机制面临大好机遇。从目前了解的情况看，财政部正在会同中央各政法机关落实中央深化司法体制改革的任务，由中央、省级和同级财政分担政法业务经费，将是政法经费保障机制改革的一个大趋势。我们要紧紧抓住这一有利时机，积极主动地配合财政部门，推动尽早建立完善法律援助经费保障机制。要指导基层地方尽快就法律援助办案业务经费支出项目、业务办案量、业务办案经费测算以及按照工作规范化要求配齐业务设施所需成本测算等作全面调研，掌握充分的数据材料，为中央和省级司法行政部门配合财政部门制定相关标准提供基础支持。要指导地方争取在政府财政预算时明确法律援助经费额度，解决与司法行政其他经费“打捆”拨付的问题。探索建立科学合理的法律援助经费增长机制，确保法律援助经费的增长速度不低于同级财政收入增长的幅度，稳步提高法律援助经费保障水平。

（四）完善与相关部门的衔接配合机制。法律援助机构与公检法以及民政、档案等政府部门的衔接配合机制已经通过一系列规范文件确立起来。目前反映比较集中的问题是相关文件落实不到位。针对这一情况，我们将适时与相关部门分别组成联合调研组，就衔接机制不畅、费用减免等问题等进行调研，研究解决有关部门之间的配合与支持问题。据了解，有些地方针对衔接配合机制不顺畅的问题已经积极行动起来，通过地方立法明确规定相关部门协助调查取证、减免缓收有关费用的义务，还有些地方通过与公检法部门协调，在公检法部门对当事人的告知单上增加了可以申请法律援助的内容，这些做法值得借鉴推广。有条件的地方可以借修改立法的契机对相关部门在法律援助中的义务作出规定，在更高的效力层级上构建法律援助机构与相关部门衔接配合机制；可以通过邀请相关部门人员共同调研、由司法行政机关和相关部门组成联席会议等方式，加强沟通协调，合力解决问题；此外，还可联合相关部门共同组织培训，增强有关人员对有关法律法规规范性文件的理解，提高他们履行职责的意识。

二、加大对外协调力度，进一步提升法律援助物质保障能力

随着困难群众法律援助需求的快速增长，法律援助经费、业务用房、办案设备压力不断加大，提高法律援助工作物质保障水平已经成为当前一项十分紧迫的任务。我们要利用各种有利条件和因素，加强协调，突出重点，进一步增强法律援助物质保障能力。

（一）争取财政投入稳步增加。据了解，目前全国还有394个法律援助机构的业务经费没有列入财政预算，部分中西部法律援助机构基本依赖中央和省拨付的转移资金，一些经济发达地区也反映由于案件数量快速增长，经费紧张问题日趋突出。各级法律援助管理部门要把争取经费作为重中之重，想尽一切办法解决经费难题。要抓住国家重视农民工问题和深化司法体制改革等有利形势，争取中央补助法律援助办案专款和省级法律援助专项资金中增加农民工法律援助经费和死刑二审开庭审理法律援助经费，实现中央补助款和省级专项资金明显增加。尚未将法律援助业务经费纳入财政预算的市、县，要加紧与当地财政部门协调，力争在年内把这项工作抓出成效。经费已经纳入财政预算的地方，要根据当地经济社会发展水平，争取党委、政府通过把法律援助纳入“为民办实事”项目、民心工程或出台有关政策措施，相应增加经费投入。

（二）加快推进基础设施建设。目前，法律援助机构基础设施建设还处于非常低的水平，全国法律援助机构办公用房平均建筑面积仅为62平方米，有629个法律援助机构没有专门的接待场所，有2656个法律援助机构的设备配置不齐全。为了从根本上解决这些问题，我们已会同部计财司加强与国家发改委等部门沟通协调，落实中央关于扩大内需，保持经济平稳较快发展的决策部署，争取将中西部地区法律援助机构业务用房、办案设备、“148”法律援助专线基础设施等纳入国家扩大内需整体投资建设规划。东部和有条件的中部地区要依靠当地政府，向有关部门积极争取改善业务用房和办案设备。西部经济欠发达地区，在争取中央支持的同时，要立足自身条件，逐步改善法律援助基础设施。在与有关部门进行沟通协调的时候，要向这些部门讲清楚，法律援助机构需要接待、咨询、受理、审查、会谈等专门的业务用房，需要“148”法律援助专线、法律援助信息管理系统以及其他的必要办案设备，这是法律援助工作正常开展的基本保障，也是更好地服务困难群众的需要。通过上下努力，力争法律援助基础设施建设上一个新水平。

三、加紧规章立法工作，推进法律援助工作制度化建设

法律援助事业的发展离不开完善的制度保障。今年法援司将围绕推动出台两个规范性文件，落实中央司法体制改革任务，加强法律援助规章制度建设。

（一）推动出台《法律援助程序规定》和《法律援助类民办非企业单位登记管理办法》。根据部领导指示，部中心在前期起草的《法律援助人员行为规范》、《法律援助经济困难条件审查办法》、《法律援助服务标准及评估办法》等规范性文件的基础上，形成《法律援助程序规定》（征求意见稿）。这是实施《条例》的重要配套规章，它的颁布实施，将进一步增强法律援助服务的规范性，进一步增强法律援助实施管理的可操作性。目前，这个稿子已经反复研究论证，比较成熟，可以推动尽快出台。《法律援助类民办非企业单位登记管理办法》也是历经两年多的论证、起草、修改过程。目前，各级司法行政机关缺乏审批社会法律援助组织的法律依据，在行使社会组织法律援助监管职责时无章可循，有必要出台相关文件，加强对社会组织法律援助工作的管理。近期，我们将会同法制司与民政部有关部门联合组织一次专题调研，争取在论证充分、内容成熟之后早日出台。这次会上，大家对两个文件征求意见稿进行了深入讨论，提出了很多好的修改意见和建议。会后，我们将认真研究，充分吸收，力求相关规定更完善。

（二）落实中央司法体制改革意见，完善法律援助制度。按照中央政法委关于深化司法体制和工作机制改革若干问题的意见，“完善法律援助制度”是由全国人大常委会法工委牵头，司法部、中央政法委、最高法、最高检、公安部等部门共同参与的一项重要改革任务，也是司里今后几年的一项重点工作。根据国家立法的进展情况，今年我们考虑集中力量就完善刑事法律援助制度进行研究论证，促成刑诉法修改中将现行刑诉法第34条规定的应当指定辩护提前至侦查阶段，扩大刑事法律援助受援面，更好地维护犯罪嫌疑人、被告人权利。

（三）指导各地加快法律援助制度建设。近年来，各地法律援助制度建设成效显著，制定修订了地方性法规、规章和规范性文件，建立完善了法律援助工作管理和案件质量管理等规章制度，法律援助工作有法可依，有章可循。前一段，我注意到河北省在2008年出台了一批规范性文件，进一步健全了法律援助规章制度。安徽省建立了法律援助工作综合评价体系，得到了赵副部长的肯定。其他地方也在制度建设方面有创新有突破，对法律援助工作规范化制度化起到了很好的促进作用。各地要继续按照《司法部办公厅关于“十一五”时期健全完善法律援助规章制度体系的实施意见》的要求，结合本地实际，围绕机构、人员、经费、工作规程及服务机制等方面，进一步健全完善相关制度，推进法律援助工作健康有序发展。

四、加快信息化建设，提高法律援助工作效率和管理水平

信息化是当今世界发展的大趋势，已经成为政务活动、执法工作和社会管理的重要手段。近几年来，一些地方也对推进法律援助信息化进行了一些有益的探索。江苏、上海、安徽、广东等省（市）已逐步在本省（市）范围内建立了法律援助信息管理系统，初步形成了办公自动化的格局。特别是江苏省在2007年初开发的法律援助信息管理系统，已平稳运行了两年多的时间，成效明显，为建立全国法律援助信息管理系统提供了很好的借鉴。但从总体上讲，法律援助信息化建设还相对滞后，基础比较薄弱，与法律援助工作的实际需要相比还有较大差距。大力推进法律援助信息化建设，建立全国法律援助信息管理系统，是当前法律援助工作面临的一项重要而紧迫的战略任务。我们要切实增强责任感和紧迫感，把建立全国法律援助信息管理系统摆上重要议事日程，切实抓紧抓好。

（一）建立法律援助信息管理系统的基本思路。部法援中心前期对信息管理系统做了大量的研究论证工作，为做好这项工作奠定了很好的基础。这次会上大家就信息化建设进行了广泛的交流，更加坚定了我们加快推进全国信息管理系统的决心和信心，也进一步明确了工作思路。前不久，法援司专门成立了法律援助信息管理系统项目组。下一步，我们将以部法援中心前期开发的管理系统软件为基础，充分吸收各地有益经验，深入调研、论证，研发全国法律援助信息管理系统，通过统一标准的信息交互，保证系统内能够进行信息交换和数据传输，为法律援助管理工作和组织实施工作搭建技术平台。各级法律援助管理部门和法律援助机构将作为系统的主要用户，争取年内在东部地区和部分具备条件的中西部地区率先使用，用两到三年时间在全国全面推开。通过这个平台，我们能够及时、准确地掌握各地工作进展情况，高效、规范地履行指导、管理和监督职责，提高法律援助管理的效率和水平。同时，通过正常运行信息管理系统，促进法律援助信息资源共享，提高法律援助服务的规范和质量。

（二）建立法律援助信息管理系统的主要原则。建立全国法律援助信息管理系统，要遵循以下几个原则：首先，要坚持整体规划，要有一定的超前性，对信息管理系统通盘考虑，准确定位，整体推进，分步实施，确保信息管理系统的科学性和可操作性。其次，要坚持从实际出发，突出实用性和实效性，使信息管理系统的应用能够大幅度提高工作效率和社会效益，大幅度提高法律援助工作服务群众的能力和水平。第三，要坚持勤俭节约，走低成本路子，尽可能利用已有资源，避免低水平重复建设和资源浪费。最后，要坚持统筹兼顾，实现独立性和关联性相结合。既要解决各地、各层级之间的互联互通，又要与司法行政其他部门、政法部门互联互通，推进信息交换，实现资源共享。

（三）切实抓好法律援助信息管理系统的组织实施。各地要按照今年工作要点的安排，加快推进法律援助信息化建设步伐。东部地区和有条件的中西部地区要做好实施全国法律援助信息管理系统的准备。要积极争取和落实信息化建设资金，主动向司法厅（局）领导汇报，积极争取把法律援助信息化建设经费纳入预算。要采取多种渠道，加大资金筹措力度，为实施法律援助信息管理系统做好相关准备。要尽快建立一支高素质的信息技术人才队伍。选调既懂信息技术、又懂法律援助业务的专业技术人员，并加以培训，以适应实施法律援助信息管理系统的需要。部法援司和部法援中心计划今年内举办一期培训班，为实施法律援助信息管理系统培养一批专业技术人员。有条件的省（区市）也要加强对本地区法律援助机构工作人员培训工作，使他们都能熟练掌握有关应用软件的操作技能，为加快法律援助信息化建设提供强有力的组织保障。

尚不具备条件的中西部地区也要将推进信息化建设提上议事日程，法律援助处（中心）的处长（主任）一定要首先带头转变思想观念和工作方式，努力学习掌握现代信息技术基础知识，积极推进法律援助信息化建设。要深入开展调查研究，摸清基层真实情况，尽早规划，拿出科学可行的信息化推进方案。本着循序渐进的原则，积极创造条件，不等不靠，逐步解决影响信息化建设的难题，按计划、分阶段、有步骤地推进法律援助信息管理系统的实施。

五、突出重点，进一步做好法律援助实施工作

今年工作要点中明确了法律援助组织实施中的重点工作，这里我想强调以下几项工作：

（一）加强农村和农民工法律援助工作，积极服务农村改革发展。今年的中央一号文件提出，要搭建农村社区综合服务平台，为农村提供法律援助等多方面的服务。各地要针对农村法律需求量不断增加的趋势，组织力量办理好涉农案件，及时为农民、农民工提供法律援助服务。

年初，司里下发了《关于开展新形势下农村法律援助工作调研的通知》，各地的调研工作正在有序开展。我们拟在此次调研的基础上研究出台加强农村法律援助工作的意见，针对农村法律援助工作中存在的问题，提出对策措施。各省也要加大工作指导力度，充分考虑农村和农民的实际情况和特点，推动把家庭暴力、虐待、遗弃等婚姻家庭纠纷以及涉及征地拆迁、土地流转、坑农害农等案件纳入法律援助范围。继续加强农村法律援助工作网络建设，保证困难群众能在最短的时间内就近申请法律援助。积极发挥基层法律工作者熟悉农村情况的优势，指导他们办理法律援助案件。充分发挥非诉讼调解的作用，探索建立法律援助与人民调解的衔接机制，节约法律援助资源，增强办案效果。

进一步做好农民工法律援助工作。要继续落实国务院5号文件，贯彻落实好国办《关于切实做好当前农民工工作的通知》精神，积极稳妥地做好农民工法律援助工作。要及时了解金融危机对农民工造成的不利影响，全面掌握当前经济形势下农民工法律援助新的需求，研究提出做好农民工法律援助工作的思路和措施。根据当前形势，重点办理拖欠农民工工资和农民工返乡出现的土地承包和流转纠纷案件。积极探索建立完善农民工法律援助案件异地协作机制，《法律援助程序规定》出台后，要落实好相关规定，确保省际、城际异地协作机制运行畅通。要加强对办理农民工案件的法律援助人员的专业培训，指派擅长办理劳动纠纷案件的律师办理重大疑难案件，确保农民工法律援助案件质量和效果。

（二）着力做好特殊人群法律援助工作，促进社会和谐稳定。当前，中央高度重视保障和改善民生，采取多种措施扶持困难群体。司法部今年的工作要点中明确要求，要切实加强对残疾人、老年人、妇女、儿童、下岗失业人员、农民工等的法律援助。要及时了解特殊人群的法律援助需求，创造条件便利他们求助。比如建立网络咨询平台，扩大法律援助咨询工作覆盖面，进一步延伸法律援助服务。针对不同特殊群体的特点，积极探索个性化专业化服务。对一些行动不便的孤寡老人、残疾人，实行上门服务。做好下岗失业人员的法律援助工作，帮助其解决劳动争议等法律问题，维护其合法权益。充分发挥法律援助机构接待窗口和“148”法律援助专线贴近群众的优势，建立社情民意分析报告制度，及时向党委政府提出对策建议。

（三）探索研究提高法律援助办案数量和质量的机制和办法。法律援助案件的数量和质量是检验法律援助工作成效最直接的标准。长期以来，各级司法行政部门在对下指导工作时，都把提高办案数量和质量放在重要位置，这是正确的，应当继续坚持。但是，如何正确认识提高数量以及数量和质量的关系问题，如何有效推动地方提高办案数量和质量，需要认真研究。这些年，从上到下推动办案的主要办法就是通过层层下达办案指标，督促地方加大办案力度。从我们了解的情况看，这个办法对于提高办案量起到了一定的积极作用，但存在的问题也逐步显现。由于一些地方确定办案指标缺乏科学性，导致基层单位完不成指标，到处拉案子，有的把人民调解案件也拿来充数，有些地方甚至把劳动部门办理的劳动纠纷案件算作法律援助案件。这种为了达到办案指标而虚报案件数的作法与提高办案量的初衷背道而驰。有的只注重办案的数量，忽视对质量的要求。这种现象一定要引起各地的高度重视。要深化对办案数量和质量的规律性认识,研究提高法律援助办案数量和质量的机制和办法,防止片面追求办案数量。

此外,今年的志愿者工作也已开始。西部省份要抓紧做好基层法律援助志愿服务岗位申报、志愿者接收和管理工作,为志愿者提供必要的工作和生活条件,切实发挥志愿者的积极作用,缓解西部法律援助人才资源不足的矛盾。

六、加大监督力度,确保法律援助工作规范运行

多年来,各地积极探索机构、人员、经费、案件质量等方面的监督工作,取得了一些成绩,但与组织实施工作相比,监督工作仍相对滞后,挪用法律援助经费、办理有偿案件等现象时有发生,社会组织开展法律援助工作监督不到位,迫切需要进一步加大监督工作力度。为落实国务院"三定"方案明确法律援助工作司"承担法律援助机构、法律援助工作人员的监督管理工作"的职责定位,司法部专门在司里设立了监督管理处,主要负责检查法律援助法规和政策的执行情况、检查地方法律援助工作情况、监督法律援助经费的使用情况、监督法律援助机构的规范运行和人员依法行政、接受和处理法律援助投诉、查处违反《条例》和有关规定的行为等方面的工作。地方各级司法行政机关也承担着相对应的监督职责。

根据2009年法律援助工作要点,今年法律援助监督工作任务主要包括以下三个方面:

(一)着手研究建立法律援助监督工作机制,指导地方开展法律援助监督工作。为切实履行好法律援助监督职责,今年司里将着手研究健全法律援助监督机制,构建法律援助工作监督体系。包括研究建立经费使用管理的监督机制、法律援助机构和工作人员的奖惩机制、投诉处理机制、检查公布制度等工作机制和制度,并研究制定相应的实施办法,实现法律援助监督工作制度化。各省(区、市)也应当进一步完善相关工作制度和机制,切实履行监督职责。在探索建立机制的同时,各地司法行政机关法律援助管理部门要切实履行监督职责,做好对法律援助机构和工作人员的日常监督管理,保障法律援助机构规范运行和人员依法开展法律援助工作。还要加强对社会组织参与法律援助工作情况的监督,警惕境外组织利用"维权"之名,进行危害国家安全的活动。按照有关规定,监督社会组织遵守有关法律法规和政策,按照章程开展活动。

(二)争取组织与人大、政协、政府法制办、财政部门联合开展法律援助工作专项检查。司法部计划今年联合全国人大、全国政协、国务院法制办等相关部门就《法律援助条例》的执行情况进行工作检查,针对检查中发现的问题,提出对策措施,推动各级政府落实法律援助责任。各省也要积极争取省人大、政协、政府法制办等部门开展联合检查,促进解决完善地方立法、理顺管理体制、建立省级专项资金、增加财政拨款额度等重要问题。市、县也可以通过这种形式的检查解决机构、人员、业务用房等方面的实际问题。司法部今年还要会同财政部开展对中央补助地方法律援助办案专款分配、使用、管理情况以及其他法律援助财政性资金管理与使用情况的专项检查,确保法律援助经费专款专用。各省要会同财政部门检查中央补助款和省级专项资金的使用管理情况,及时向财政部和我部反映资金分配、使用中的问题,提出切实可行的政策措施建议。

(三)切实做好投诉处理工作。投诉处理工作是加强与法律援助当事人的联系,了解法律援助服务效果和存在的问题,改进法律援助工作的重要窗口和渠道。为做好投诉处理工作，法援司今年将公布法律援助监督电话和电子邮箱，接受公众投诉。转交有关省法律援助处（中心）调查处理的投诉，各地要按照要求的时限进行查处，及时向当事人反馈结果。法援司将通报各省投诉处理、反馈情况。各地也要公布监督电话，接受公众投诉，畅通投诉渠道。对于投诉中涉及到法律援助机构及其工作人员侵占、挪用法律援助经费，从事有偿服务，拒绝为符合条件的公民提供法律援助的，律师事务所拒绝指派或律师不履行义务等行为，经查证属实，要依据《律师法》、《法律援助条例》的有关规定予以处罚。

刚才，我就2009年的重点工作讲了一些意见，会上大家还有很多工作建议，我们将补充到具体工作任务中。各地要按照今年的工作安排，全面抓好各项任务的落实。今年司里的任务很重，很多工作要请地方参与一起完成，会后，我们会就具体工作的落实与有关同志商量，请各位多支持。今年还有一项重要任务，就是筹备召开第五次全国法律援助工作会议。昨天的交流中，大家就五次会议需要解决的问题和对会议的预期，提出了很多好的意见和建议。会后，我们将认真进行研究，在适当的时候下发第五次会议的筹备工作方案。请大家回去后也早做计划，特别要认真总结第四次全国法律援助工作会议以来的工作成效和经验，深刻分析面临的形式和存在的问题，为筹备好第五次全国法律援助会议积极准备。

2009年是法律援助工作在深入学习实践科学发展观活动中迎来新发展的重要一年，也是司法部法律援助工作司成立后正式开展工作的第一年，我们要在部党组的坚强领导下，抓住机遇，乘势而上，按照全国政法工作会议和司法厅局（长）会议的要求，解放思想、开拓创新、加强管理、狠抓落实。要牢固树立服务大局意识，切实增强责任感和使命感，服务好保持经济平稳较快发展这个全党全国的首要任务。要以深入学习实践科学发展观活动为契机，努力在思想认识上有新的提高，增强法律援助服务科学发展和实现自身科学发展的能力和水平。要针对当前工作的新形势、新特点，理清工作思路，突出工作重点，强化工作措施，努力完成全年的工作任务，以优异成绩迎接新中国成立60周年。

贾午光同志在全国法律援助处长（主任）会议上的讲话

（2009年3月13日）

按照这次全国法律援助处长（主任）会议议程安排，我代表部法援中心对2008年全国法律援助工作作一个简单总结，对法援司和部法援中心分设后部党组确定的部法援中心6项工作职责的定位、发展目标和方向作一个简单说明，对2009年全国法律援助工作要点中涉及部法援中心分管工作中需要强调说明的几个重点问题谈几点意见。

一、2008年全国法律援助工作情况

2008年，全国各级司法行政机关和法律

援助机构认真贯彻落实《国务院2008年工作要点》要求，围绕关注民生、服务和谐这一主题，突出理顺管理体制、提高保障能力、完善工作机制、健全配套制度四个重点，切实加强物质保障、组织建设、管理工作、服务工作和社会影响五项能力建设，使法律援助工作保持了良好发展势头，取得了新的进展。据统计，2008年，全国共办理法律援助案件54.6万件，比2007年增加30.2%；受援人数达到67万人，比2007年增加27.9%；各级政府拨付法律援助经费达6.83亿元，比2007年增加28.4%，基本实现连续三年办案数和经费数双达30%的目标。突出表现在六个方面：

（一）深入学习贯彻党的十七大精神取得积极成果

按照中央政法委和司法部统一部署，精心组织，周密部署，积极开展“大学习、大讨论”活动、“法律援助工作为构建社会主义和谐社会服务”主题实践活动、深入学习实践科学发展观活动三大活动，取得了重要成果，具体表现在：一是法律援助人员高举中国特色社会主义伟大旗帜的自觉性和坚定性得到增强，法律援助工作的政治方向进一步坚定。二是坚持以科学发展观指导法律援助工作、以人民满意与否作为工作最终目标的自觉性得到加强。三是在事关法律援助工作科学发展重大问题上形成了共识，一致认为，部党组自2005年以来形成了一系列法律援助工作思路、发展规划、典型经验、工作机制和工作基本原则，这就是我们印发给大家参考的“2008年全国法律援助工作情况”中提到的“一个规划”、“两个规章”草案、“两个经验”、“两个奖励机制”、“三项标准”、“三个意见”、“三个重点”、“四项工作”、“五项能力”和“八项基本原则”。这些法律援助工作思路、发展规划、典型经验、工作机制和工作基本原则，经过实践充分检验，符合科学发展观的基本要求，符合法律援助工作发展的基本规律，是司法部党组坚持贯彻落实科学发展观的重要实践，对于保证我国法律援助事业健康有序快速发展，起到了重要作用，一定要在今后的工作中倍加珍惜、长期坚持并不断完善。四是根据科学发展观的要求，认清了当前影响和制约法律援助事业发展的突出问题，就如何扩大法律援助覆盖面以满足困难群众的新要求新期待、如何增强法律援助经费保障能力、如何加强基层法律援助机构业务用房和办案设施建设、如何提高法律援助办案质量、如何理顺法律援助工作体系等五大突出问题，研究提出了相应的解决思路和措施，为下一步法律援助工作又好又快发展打下了基础。

（二）围绕国家大局提供紧急法律援助取得显著成效

2008年是全面贯彻落实党的十七大作出的战略部署的第一年，也是非同寻常、极不平凡的一年。在我国发生春节前后冰雪灾害、“3·14”拉萨打砸抢烧严重暴力犯罪事件和汶川特大地震等重大事件和奥运期间，灾区、藏区、奥运举办协办地区和各级司法行政机关及法律援助机构，积极响应党中央和国务院号召，紧紧围绕党和国家工作大局，为灾区群众和来自灾区的农民工、拉萨打砸抢烧严重暴力犯罪事件犯罪嫌疑人以及奥运安保相关工作，及时提供紧急法律援助，积极引导相关人员通过合法途径维护自身合法权益，努力维护社会稳定，收到良好效果。据统计，四川共办理涉灾法律援助案件6678件，西藏办理16件“3·14”法律援助案件，有效地维护了社会稳定。

（三）服务解决民生问题和构建和谐社会取得新成效

各级司法行政机关和法律援助机构坚持把服务经济社会发展大局与关注解决具体的民生问题结合起来，为各类贫弱群众提供了优质高效的法律援助服务。一是越来越多的地方党委政府将法律援助列入为民办实事项目或“民心工程”，法律援助工作发展环境进一步优化。全国“两会”代表和委员提出涉及法律援助工作的提案和议案继续维持在23件，全国人大内司委将制定《法律援助法》的两份议案确定为直接审议议案，充分显示法律援助工作已经引起各界高度重视。二是特殊群体法律援助工作继续加强。认真贯彻落实党中央国务院关于进一步做好农民工、残疾人工作的意见，切实做好司法部农民工工作、残疾人法律救助工作联络协调和农民工、残疾人、妇女、农村留守少年儿童等特殊群体法律援助工作。2008年全国共办理农民工案件19.1万件、残疾人案件4.5万件、妇女案件12.4万件、未成年人案件8.9万件。三是继续推进法律援助进基层、进乡村。农村法律援助网络进一步健全，基层法律援助工作站点作用进一步发挥。四是继续加大以非诉讼方式尽快实现受援人合法权益的工作力度，非诉讼调解结案越来越多。据不完全统计，仅农民工法律援助案件的调解结案率就已超过10%。

（四）法律援助基础建设工作扎实推进

一是完成法律援助基础信息调研。围绕法律援助经济困难标准、事项范围、办案补贴、办案经费、业务用房和办案设施、机构体制等六大问题，组织开展了大规模的法律援助专项调研活动，委托国家统计局社情民意调查中心在北京、云南等10个省区市开展“法律援助知晓度和需求情况调查”，并在此基础上研究提出了加强和改进法律援助工作的政策建议。二是法律援助机构组织建设能力进一步加强。截至2008年底，全国共设立法律援助机构3268，比2007年增加0.2%，其中地市和县区级机构3234个。各地法律援助机构还依托乡镇街道司法所和工、青、妇、老、残、高校等社会组织设立法律援助工作站55708个，极大地方便了贫弱群众就近申请获得法律援助。河北、内蒙古等9省区重点开展规范化法律援助中心创建工作，法律援助机构组织建设能力进一步加强。三是认真落实法律援助政府责任，法律援助物质保障能力进一步增强。全国有25个省（区、市）建立了省级法律援助专项资金，有10个省（区、市）拨付了农民工法律援助专项经费，一半的省（区、市）建立或增加了死刑二审案件专项经费，有力地保障了法律援助工作的开展。以地市、县区级财政拨款与中央、省级财政转移支付经费相结合的法律援助经费保障体系已经逐步形成。四是法律援助信息化建设试点顺利。江苏、广东、上海、安徽等地相继建成法律援助案件管理信息体系，部中心设计开发了“全国法律援助信息管理系统”，经过培训在贵州、湖南、广西、江西等省部分法律援助机构投入使用，为提高法律援助办案流程管理水平和办案质量，推进法律援助信息化建设积累了经验。

（五）法律援助管理体制和工作机制进一步完善

一是法律援助管理体制进一步理顺。司法部根据国务院新“三定”方案，顺利组建法律援助工作司，形成了法律援助工作司和部法律援助中心两个机构共同推动全国法律援助工作的格局。二是部法援中心组织起草了《法律援助程序规定》草案和《法律援助类民办非企业单位设立审查与管理暂行办法》草案，报送法制司审议，为从规章层面健全完善法律援助管理体制和工作机制打下了基础。三是法律援助值班律师制度试点初见成效。河南省11个地市县区积极探索在公安局、法院设立法律援助值班律师办公室，提前介入为犯罪嫌疑人和有需要的当事人提供法律援助服务。四是各项法律援助工作制度逐步完善。各地采取切实措施完善各项便民利民措施、法律援助质量监控制度、投诉查处制度、案件讨论制度、优秀案件评比制度、异地工作交叉检查制度等各项工作制度,促进提高法律援助办案质量。五是法律援助地方立法工作进一步加强,已制定或者修改地方立法的省份达到27个,有31个省级地方按照《条例》的规定制定了法律援助办案补贴标准,30个省级地方制定了公民经济困难标准,29个省级地方补充了法律援助事项范围。

(六)法律援助宣传、培训及理论研究工作取得新进展

法律援助宣传工作继续深化,成功举办纪念《法律援助条例》颁布实施五周年座谈会、法律援助宣传周等活动,电台、电视台播出法律援助新闻1.95万余次,报纸、杂志刊登法律援助信息3万余篇,法律援助的社会影响力进一步扩大。法律援助培训工作扎实推进,按期举办了新任省级法律援助中心主任培训班等8期全国培训班和4331期地方培训班,培训法律援助机构工作人员和工作站点人员达24.8万人次,法律援助队伍人员素质进一步提高。法律援助理论研究工作取得新进展,编辑出版《法律援助管理技能》、《国外境外法律援助制度新编》等四本书籍共1.6万册,全部免费发到各省、市和县级法律援助机构,顺利完成"我国三级法律援助机构垂直设置及两级经费保障体制问题探讨"部级科研项目撰写任务,发表了一批有影响的研究论文。法律援助对外交流合作工作进展顺利,中加法律援助项目和联合国开发计划署值班律师试点项目顺利结项。《中国法律援助》杂志扩容改版工作进展顺利,"中国法律援助网"运转正常。

总之,2008年全国法律援助工作围绕关注民生、服务和谐,围绕国家工作大局,积极提供法律援助,取得显著成效;围绕理顺管理体制、提高保障能力、完善工作机制、健全配套制度,取得新进展;尤其是围绕深入贯彻落实党的十七大精神,深入学习实践科学发展观,更好地满足人民群众对法律援助工作的新要求新期待,实现新时期法律援助工作又好又快发展,做了大量基础性工作,研究提出了加强和改进法律援助工作的政策措施建议。

二、关于部法援中心各项工作职责的说明

2008年12月23日,司法部根据国务院办公厅《司法部主要职责内设机构和人员编制规定》(国发办〔2008〕64号),印发《关于司法部法律援助工作司主要职责和内设机构的通知》,将司法部监督管理全国法律援助工作的职能细化为10项,并设立法律援助工作司,负责指导、检查法律援助的法律法规和政策的执行工作,规划法律援助事业发展布局,承担法律援助机构、法律援助工作人员的监督管理工作,指导社会组织和志愿者开展法律援助工作4项主要职责;部法援中心负责法律援助宣传工作,组织实施法律援助培训,负责法律援助案件质量评估,组织法律援助国际项目交流与合作,管理全国"148"法律援助专线工作,开展法律援助理论研究6项主要职责,外加负责编辑出版《中国法律援助》杂志、《中国法律援助年鉴》和管理"中国法律援助网"3项具体工作。部领导强调,过去是由部法援中心一家代表司法部监督管理全国法律援助工作,现在变成了由法援司和部法援中心两家共同代表司法部监督管理全国法律援助工作,要在工作效果上努力争取达到1+1>2。

新的职责划分给部法援中心带来了新的发展机遇,也对部法援中心工作提出了新的更高的要求。我们面临的任务不仅没有减轻,反而因为职责细化变得更加繁重。部党组确定的部法援中心6项工作职责,有些

是我们过去一直在做的，但司和中心分设后存在一个怎么做大做强做细的问题；有些是我们过去囿于精力有限没有深入开展的，这就需要我们重新论证设计。为履行好这6项工作职责，为司法部今后研究制定"十二五"法律援助事业发展规划做好准备，1月15日—16日，部法援中心组织全体人员召开了工作研讨会，对部法援中心各项工作的定位、发展目标和方向、工作思路和工作措施，进行了充分讨论，形成了会议纪要。在这里，我愿意把我们研讨的情况，主要是部法援中心的职责定位和6项工作职责的定位，给大家作一个简要的介绍和说明。

研讨会首先对部法援中心的职责定位进行了分析论证。经过研讨，大家达成了三点共识：一是部党组决定赋予部法援中心6项工作职责和3项具体工作，充分体现了部党组对部法援中心工作的肯定和重视，体现了部党组理顺法律援助管理体制的决心。二是部法援中心的6项工作职责和3项具体工作，都是经过长期的实践探索并在充分借鉴世界各国法律援助制度的成功经验的基础上逐步完善和确定的，都属于监督管理全国法律援助工作的重要方面，都是事关法律援助事业发展的全局性、综合性和专业性工作，都需要我们根据形势发展的需要进行详细论证和重新设计定位。做好今后部法援中心的工作，不啻是第二次创业。我们要切实增强做好新形势下部法援中心工作的责任感和使命感，继续发扬艰苦创业的精神，自觉坚持解放思想、改革创新，不断加深对法律援助工作客观规律的认识和把握，努力使部法援中心成为一个与法援司共同履行监管全国法律援助工作职责、高效有力和具备长久发展能力的机构。三是按照政府管理"科学规划、完善政策、强化服务、加强监管"的职责定位，按照全国司法厅(局)长会议关于"进一步增强服务基层意识，把服务基层作为基本职责，不断优化基层工作环境"的要求，部法援中心的6项工作职责都明确体现了"强化服务"的要求。司和中心分设后，部法援中心的各项工作都要强化服务基层观念，树立服务基层意识。

基于对部法援中心的职责定位的这三点总认识，我们对部法援中心的6项工作职责进行了逐项论证分析，得出了如下新的认识。

第一，明确了案件质量评估工作的性质和目的。法律援助案件质量评估是一种政府行政管理行为，与行政检查、监督相联系，是行政控制的重要环节，是绩效管理的重要方面。它的实质是对案件质量进行日常检查和监管。开展案件质量评估的目的是推动法律援助办案质量评估制度化、规范化，确保法律援助案件质量等同于，至少是不低于社会律师办理收费案件的质量，确保受援人不因不付费而享受低质法律服务，确保社会公平正义。

第二，明确了"148"法律援助专线在法律援助工作中的定位和目的。"148"法律援助专线是法律援助机构通过电话为贫弱群众提供免费法律咨询和免费法律教育服务的一种方式。它的性质是政府为满足公民对法律信息的需求而提供的一种公共法律服务行为和行政服务行为，而不是原来的"协调联动指挥枢纽"。根据这一定位，我们今后应当将其整合为真正为困难群众提供免费法律咨询服务及免费法律教育的平台，根除收费现象。"148"法律援助专线工作的目的是丰富法律援助咨询形式，促进法律援助咨询工作规范发展，充分发挥法律援助咨询在化解矛盾纠纷、维护贫弱群众合法权益中的积极作用，使法律援助更加符合构建和谐社会的要求。

第三，明确了法律援助宣传的性质。根据人民群众对法律援助的新要求新期待以及法律援助宣传工作的发展规律，法律援助宣传应当定位为政府通过法律援助机构为困难群众提供免费法律教育即简易和常用法律知识及法律事务处理技巧的一种公共法律服务行为，是法律援助机构除诉讼、非诉讼法律援助事务之外的一种重要业务服务形式（在国外被称为“公共法律教育”）。它包括面向困难群众的免费法律教育和向党政领导和社会各界宣传法律援助制度的传统新闻宣传报道两种形式。在一定意义上讲，免费法律教育也可以包含“148”法律援助咨询。根据这种法律援助宣传的新定义和新定位，法律援助宣传与普法有相似之处，但是又不等同于普法。普法的范围非常广泛，是体系性的法律宣传，而法律援助宣传是针对特定人群（即困难群众）的、专业化（即专注于困难群众的常见法律问题）的宣传，有自己的体系，发挥着普法工作无法替代的功能。

第四，进一步明确了法律援助培训的特点和重点。法律援助培训是对全体法律援助人员进行法律援助知识、管理技能、办案技能、服务意识方面的宣传、教育和训练活动，是法律援助管理工作的一项十分重要的内容。法律援助培训具有专业性和特殊性的特点。法律援助培训工作要抓住示范培训和基层基础培训、制度建设、队伍建设、经费保障“四个重点”，做到“四个转变”，即转变培训工作理念、转变培训思路、转变培训方式和方法、转变培训内容，努力实现全员培训目标。

第五，明确了法律援助国际项目交流合作的性质和目的。法律援助国际项目交流合作是组织引导我国法律援助机构与国外境外政府部门、法律援助机构和非政府组织之间开展法律援助交流合作的一项重要工作，是法律援助管理部门履行管理职责的一种重要方式，也是司法行政外事工作的一个重要组成部分。法律援助国际项目交流合作目的是学习借鉴国外境外法律援助制度发展经验、发展完善我国法律援助制度，加深国内外法律援助机构之间的了解，宣传我国法律援助事业在保障困难群众人权、维护社会公平正义方面取得的成就。主要形式是围绕法律援助管理和服务各项业务工作开展的需要，积极争取国际合作项目、监督检查合作项目执行情况、研究国外法律援助制度等。

第六，明确了法律援助理论研究的实质和目的。司法部继续赋予了部法援中心负责组织开展法律援助理论研究的职责。这种由法律援助管理部门组织开展的法律援助理论研究，实质就是法律援助政策研究，是组织开展法律援助管理工作的一种重要手段。它包括基础理论研究、应用理论研究和比较研究三个方面，涉及法律援助监督管理和具体组织实施各个方面的内容。其研究成果直接为建立、发展和完善法律援助制度服务，为法律援助决策、政策制定和立法以及执行政策提供理论参考，具有很强的实际应用性。法律援助理论研究目的是构建、完善中国特色社会主义法律援助理论体系，为法律援助决策提供理论支持。

对于以上关于部法援中心的职责定位和6项工作职责的定位，部领导在我们报送的《部法援中心2009年工作研讨会纪要》上批示：“午光同志：研讨得很好，重点突出，思考深入，富有创新。党组确定的中心各项工作职责都是推进法援事业发展的重要保障措施，要抓得紧而又紧，要做得实而又实，长远设计，分步实施，坚持几年，必见成效。”部领导的批示肯定了我们的这些新认识和新定位，是对部法援中心工作的极大鼓励和支持，也体现了部领导对我们做好这些工作的殷切希望。希望各级司法行政机关和法律援助机构，希望在座的各位省级法律援助机构处长和主任们，在部党组的领导下，一如既往地关注和支持部法援中心的各项工作，与我们一道，共同努力做好这些工作。

三、关于部法援中心 2009 年工作要点的说明

2009 年，是部法援中心和法律援助工作司两个机构共同承担指导监督全国法律援助工作职责的第一年，也是部法援中心按照部党组赋予的 6 项工作职责正式运作的第一年。为了履行好各项工作职责，部法援中心已经制定了“部法援中心 2009 年工作要点”，并已经部领导批准，与法援司工作要点合并形成了全国法律援助工作要点。我在这里再花一点时间，对部法援中心工作要点中的几项重点工作，给大家做一个简要提示。

2009 年部法援中心的工作重点，按照部领导批示精神，就是“六个切实加强”，即切实加强法律援助案件质量评估监管，切实加强和规范“148”法律援助专线咨询工作，切实加强法律援助宣传工作，切实加强法律援助教育培训工作，切实加强法律援助国际交流合作工作，切实加强法律援助理论研究工作。赵副部长說，这“六个切实加强”，非常明确、非常鲜明、非常有力。明确在于它与部党组确定法援司和部法援中心分设的职责分工相吻合；鲜明在于它不仅覆盖了各项工作，而且重点突出；有力在于通过这些措施能够解决问题。希望切实抓好落实。

第一，关于法律援助案件质量评估工作。今年的工作重点是加快健全完善法律援助案件质量评估体系，主要做好三件事：一是组织开展一次全国范围的法律援助案件质量评估专题调研，全面深入了解法律援助案件质量评估和管理工作的现状及存在的问题；二是研究起草《法律援助案件质量评估标准和评估办法》或者开展案件质量评估工作指导意见，推动法律援助办案质量评估向制度化、规范化方向发展；三是指导各地健全完善各项案件质量保证制度，完善法律援助案件质量评估工作机制。这三件事尤其是专题调研和起草评估标准及评估办法，是做好案件质量评估工作的前提和基础。部法援中心已经于 2 月 18 日给各省发出了调研通知并附有详细调研提纲，希望各地抓紧落实，争取 5 月 25 日前向部法援中心提交书面调研报告。部法援中心将在 4 月下旬至 5 月底，组成 2—3 个调研组，选择案件质量评估工作基础较好的若干省份进行实地调研，并在分析汇总各地情况报告的基础上，撰写综合调研报告提交部领导。6 月初开始到 9 月底前组织起草（委托某省）《法律援助案件质量评估标准和评估办法》（草稿），在发送给各省讨论修改后于 11 月份报部审议。

第二，关于“148”法律援助专线咨询工作。“148”法律援助专线的前身是“148”法律服务专线，司法部于 2004 年 9 月就已专门发文明确由部法援中心管理。今年“148”工作的重点是完善“148”法律援助专线咨询工作体制和机制，主要做好四件事：一是组织开展一次“148”法律援助专线咨询工作专题调研，摸清底数；二是研究起草“148”法律援助专线咨询专线平台升级改造和建设方案；三是研究提出加强和规范“148”法律援助专线咨询工作的意见；四是引导各地科学整合“148”法律援助专线咨询热线与法律援助中心现有法律咨询工作。关于“148”工作的调研通知和调研提纲，即将由司法部办公厅下发，要求各司法厅（局）于 5 月底前提交调研报告；部法援中心也将组织 3 个调研组，到部分地方进行实地调研，于 6 月份完成全国调研报告，11 月底前完成“‘148’平台升级改造方案”设计初稿和《加强和规范“148”法律援助咨询工作的意见》起草工作。希望各地积极配合，抓好落实。

第三，关于法律援助宣传工作。在对法律援助宣传进行重新定位后，必须正确处理坚持传统与改革创新的关系。一方面，我们要继续注重对党政领导和社会各界进行宣传，积极争取利用主流媒体，以新闻报道、专题访谈等多种形式，全面宣传法律援助制度，争取各级领导重视，支持法律援助工作顺利开展。另一方面，我们也要根据形势发展的需要，转变观念，重点做好对困难群众、特殊群体的法律援助宣传工作，两者不可偏废。今年的法律援助宣传工作主要要做好三件事：一是设计、印制、拍摄录制专门针对农民工、妇女、未成年人、残疾人、老年人等特殊群体常见法律问题的免费法律教育系列宣传产品，包括宣传册、宣传折页及法律援助申请程序电视短片等，免费提供给各地法律援助机构，供公众免费取阅。各地法律援助机构也要积极开展面向困难群众的免费法律教育，丰富和完善法律援助服务内容和形式，充分发挥法律援助宣传在提高法律援助公众知晓率，提高公众法律意识、自我维权能力，帮助困难群众以更加便捷和经济的方式解决法律问题等方面的积极作用。二是在4月至10月全国分区域、分时段、分不同主题，组织开展法律援助宣传月活动。具体安排是，请海南、广西、江西、云南、贵州、四川、重庆等地4月份开展以维护妇女、未成年人合法权益为主题的法律援助教育宣传月活动；请山东、上海、江苏、浙江、安徽、广东、福建等省（市）5月份开展以针对农民工劳动关系权益保护为主题的法律援助教育宣传月活动；请河南、河北、湖南、湖北、山西、内蒙古在6月份依托和发动法律援助工作站开展以法律援助服务“三农”问题为主要内容的法律援助教育宣传月活动；请甘肃、宁夏、青海、新疆、西藏、新疆兵团在8月份开展以法律援助维护社会稳定，保障社会公平正义，服务科学发展为主题的法律援助教育宣传月活动；请北京、天津、辽宁、吉林、黑龙江等地10月份开展维护老年人、残疾人合法权益为主题的法律援助教育宣传月活动。宣传月结束后两个月之内各地要作出全面总结报部法援中心。三是继续开展“9·1”法律援助宣传日活动。希望各省（区、市）法律援助机构在9月1日《法律援助条例》颁布实施纪念日当天，以“开展法律援助，服务科学发展”或“发展法律援助事业，促进公民权益保护”为主题，统一开展集中宣传活动，努力扩大法律援助宣传效应和覆盖面。

第四，关于法律援助培训工作。今年的工作重点是四个：一是进一步贯彻落实《司法部关于加强法律援助干部队伍教育培训工作的意见》，推进建立部、省、市、县分级负责的四级法律援助教育培训体系，推动各地结合本地实际制定实施办法或培训办法，加强各级培训者队伍建设和管理，加大法律援助培训经费投入，努力实现培训工作制度化。二是开始实施为期三年的“西部省份法律援助轮训计划”，计划今年分别在宁夏、青海、甘肃、云南、新疆等五省区举办五期法律援助管理能力培训班，培训对象为该省份内的地市、县级法援机构全体主任。三是大力开展示范培训和基层基础培训，努力实现全员培训目标。部法援中心将联合法援司举办法律援助信息化建设培训班、法律援助志愿者培训班和培训者培训工作研讨班等示范培训。部法援中心工作要点中也对省级地方如何开展示范培训、市县级地方如何开展基层基础培训提出了明确的要求，希望各地切实抓好落实。四是进行法律援助管理能力课程和法律援助律师办案技能培训课程的设计和课件开发，聘请专家学者对课程研究和设计、开发相关课件、出版相关培训图书和音像资料，供各地培训使用。

第五，关于法律援助国际交流合作工作。部领导高度重视法律援助对外交流合作工作，曾多次指示部法援中心要切实做好这项工作，积极学习借鉴国外境外法律援助制度发展先进经验和对外宣传好我国法律援助制度。为此，部法援中心设立了专门处室负责这项工作。今年，这项工作的重点是做好中加法律援助项目二期规划、立项和项目执行工作；监督好内蒙古等省区正在执行的内地—香港大学“农村法律援助项目”；编译国外境外法律援助工作信息资料，开始每季度编译一期《国外境外法律援助工作信息》内部资料，供部领导决策和各地工作参考。在这里，我想强调四个原则：一是各地在对外交往和联络过程中，一定要严格遵守外事纪律，按照规定程序办事，主动向省一级司法行政机关和外事部门报告，并征求部法援中心的意见；二是与国外境外组织开展项目合作要尽量不涉及具体办案资助，不涉及敏感事项；三是要坚持立足我国法律援助工作实际，坚持以我为主、为我所用，不附带任何条件，不接受违法资金；四是要严格项目管理，完善项目合作工作制度，确保项目执行取得实效。

第六，关于法律援助理论研究。今年的主要工作是组织召开一次全国法律援助理论研讨会、研究起草《司法部关于进一步加强法律援助理论研究工作的意见》和组织编辑出版《法律援助理论研讨会论文集》和《法律援助法律法规汇编》、《各地法律援助法规规章汇编》、《党的十六大以来法律援助理论研究论文汇编》“法律援助管理文件丛书”四本，继续免费发放各地参考。部法援中心已经于本月初给各省发出了征集研讨会论文的通知，希望各地尽快组织本省内司法行政机关和法律援助机构管理人员、法律援助律师、相关社会组织人员、法学专家，围绕今年全国法律援助工作要点提出的重点研究课题，踊跃撰写论文，按规定时间提交。部中心将根据收到的论文情况，选择确定研讨会参加人和发言人。

最后，关于《中国法律援助》杂志、《中国法律援助年鉴》和“中国法律援助网”这三项具体工作，由于它们也都是涉及法律援助方方面面工作的全局性和综合性工作，政策性和时效性都很强，需要各地积极支持配合。希望各地积极主动向我们报送工作信息和动态，以便我们能够及时刊载和反映各地的工作信息和动态，并及时免费提供给各地使用。在这里，我想重点说明的是，为做好《年鉴》编辑出版工作，司法部即将成立《年鉴》编委会，由赵大程副部长担任编委会主任，我和剑英同志担任编委会副主任，我担任主编，法援司、部法援中心、中国法援基金会有关领导和各省（区、市）法律援助处（中心）处长（主任）担任编委。《年鉴》设立编辑部，由部法援中心相关工作人员组成。部法援中心将在今年适当时候召开《年鉴》工作会议，对这项工作作出安排和部署。成立《年鉴》编委会和编辑部，充分体现了部领导对这项工作的高度重视，希望各地充分认识做好这项工作的重要性，一如既往地积极支持和参与这项工作，共同努力把《年鉴》办成一部全面、系统、准确地记载全国法律援助工作发展状况、反映法律援助工作全貌和各年度法律援助工作发展成就的综合性、权威性、资料性工具书。

同志们，2009 年是深入贯彻落实党的十七大精神、深入学习实践科学发展观和贯彻中央关于保增长、保民生、保稳定政策见实效的重要一年，也是到 2010 年实现法律援助事业“十一五”规划目标的关键一年。让我们紧密团结在以胡锦涛同志为总书记的党中央周围，在部党组的坚强领导下，继续深入学习实践科学发展观，用科学发展观武装头脑，指导实践，推动工作，以更加昂扬向上的精神状态和锐意进取的创新精神，进一步解放思想,转变观念,创新机制,努力开创法律援助工作新局面,为实现法律援助事业又好又快发展作出新的贡献。

贾午光同志在2009年度全国法律援助研讨会结束时的讲话

(2009年11月6日)

为期两天的2009年度全国法律援助研讨会马上就要结束了。在这里,我代表部法援中心对湖南省司法厅和省法援中心全体工作人员为保障本次研讨会圆满召开付出的辛勤努力和大力支持表示衷心的感谢!

本次研讨会从发布征文通知到会议的举办,得到了全国各级司法行政机关和法律援助机构的大力支持。自3月份下发《关于征集法律援助理论研讨会论文的通知》以来,我们共收到各地报送的法律援助理论研究文章超过200篇。由于各种原因,有些省份没有收到征文通知,因此没有提交论文。会议召开之前,我们又收到一些省市补报的论文。在此,我也要代表部法援中心向各位被选派发言的论文作者表示热烈的祝贺,对各级司法行政机关和法律援助机构对组织召开本次研讨会给予的大力支持表示衷心的感谢!

在本次研讨会上,大家围绕贯彻落实科学发展观、服务保障和改善民生,如何扩大法律援助覆盖面,加强法律援助制度建设,健全完善法律援助工作机制,加强法律援助经费保障能力和队伍建设,法律援助案件质量管理与评估等六个专题进行了广泛深入的交流和讨论。每一个专题,既有优秀论文作者的发言,也有主持人点评,既有分组讨论,也有各小组反馈本组讨论情况,还有全体讨论与问答。每一个环节大家都积极参与、认真思考、热烈讨论,场面令人难忘。通过研讨,大家就法律援助制度改革发展过程中涉及到的许多问题都提出了很多富有建设性的意见和建议。这些意见和建议既是你们对法律援助工作的理性思考结晶,也凝聚了你们多年来从事法律援助工作的宝贵经验和深刻体会。论文和研讨中提出的很多观点对于我们从中把握法律援助工作发展的重点和规律,更好地做好法律援助决策、政策制定和立法以及执行工作,都具有重要的参考价值。会后,我们还会对这次研讨会的成果进行梳理,及时向部领导报告,供领导决策参考。

与司法行政领域的其他工作相比,法律援助是一项年轻的朝阳事业。十多年来,在党中央、国务院的坚强领导下,在各级党委、政府的高度重视和有关部门的大力支持下,法律援助事业实现了跨越式发展,生动体现了我国民主法制建设的伟大成就和我们党将改革发展成果惠及人民群众的政治主张。当前,我国正处于改革发展的关键时期,"保增长、保民生、保稳定"的任务艰巨繁重,法律援助工作既面临难得机遇,也面临新的挑战。新形势新任务对法律援助工作提出了新的更高要求。如何进一步发挥法律援助的职能作用,促进法律援助的科学发展是当前法律援助工作面临的一项重大任务。要完成好这一任务,就必须继续加强法律援助理论研究工作,继续加大对法律援助工作中的难点和热点问题进行研究和探讨的力度,不断丰富和完善中国特色社会主义法律援助理论体系,为我国法律援助制度的发展完善提供更加有力的理论支持。

司法部党组一直高度重视法律援助理论研究工作。2006 年 12 月,司法部《关于法律援助事业"十一五"时期发展规划》明确提出,要加强法律援助理论研究和调查研究工作,不断探索出适合国情社情民情的法律援助工作机制和模式,进一步增强工作的预见性、科学性和前瞻性。2008 年 12 月,司法部在落实国务院批准的司法部"三定"方案决策中明确将组织开展法律援助理论研究作为司法部监督管理全国法律援助工作的一项重要职责。这种由法律援助管理部门组织开展的法律援助理论研究,实质上就是法律援助政策研究,是组织开展法律援助管理工作的一种重要手段。它包括基础理论研究、应用理论研究和比较研究三个方面,涉及法律援助监督管理和具体组织实施各个方面的内容。其研究成果直接为建立、发展和完善法律援助制度服务,为法律援助决策、政策制定、立法以及政策执行提供理论参考,具有很强的实际应用性。

近年来,各级司法行政机关和法律援助系统坚持通过理论创新实现实践创新,立足国情,借鉴国外境外先进经验,紧紧围绕法律援助制度建设的重大理论问题和工作中的热点、难点问题,积极开展法律援助理论研究和调查研究,取得了一大批具有较高质量和价值的科研成果。部法援中心坚持每年或每两年举办一次全国性法律援助理论研讨会,组织撰写和编译出版了一系列法律援助专著和译著,取得了丰硕的研究成果。我们在《中国法律援助》杂志开设了"理论园地"、"调查与研究"、"探索与争鸣"、"实务研讨"等专栏,为各地法律援助机构和广大法律援助工作者提供了交流和分享理论研究成果的阵地。最近,我们精选了各地在党的十六大以来形成的部分优秀法律援助论文,编辑出版了 130 万字的《党的十六大以来法律援助理论研究文集》(上下册),已经免费发放到县区级法律援助机构参考。司法部赵大程副部长亲自为该书作序。赵副部长的序言,认真贯彻党的十七大精神,坚持以邓小平理论和"三个代表"重要思想为指导,深入贯彻落实科学发展观,扼要回顾了党的十六大以来法律援助理论研究工作取得的成绩,深入分析了法律援助理论研究工作面临的形势,明确提出了当前和今后一个时期法律援助理论研究工作的要求,对做好新形势下法律援助理论研究工作作出了全面部署,方向明确、措施具体,对我们做好当前和今后一个时期的法律援助理论研究工作,具有重要的指导作用。各级司法行政机关和法律援助工作系统的同志们要认真学习领会,坚决贯彻落实。要紧紧围绕司法部党组关于加强和改进法律援助工作的决策部署,按照赵副部长的要求,坚持正确的政治方向,坚持围绕中心、服务大局,坚持紧密联系法律援助工作实际,积极探索新形势下加强和改进法律援助工作的新方法、新途径,不断推出有质量、有特色、有水平的研究成果,为法律援助科学决策提供理论支持,促进法律援助工作又好又快发展。要进一步健全法律援助理论研究工作机制,为法律援助理论研究提供有力的物质和组织保障。在组织动员法律援助系统从事实际工作的同志做好理论研究的同时,要采取切实措施,充分调动广大律师和基层法律服务工作者的积极性,引导和吸收一些法学专家和学者都来参与法律援助理论研究，不断壮大法律援助理论研究力量，活跃法律援助理论研究气氛。要采取切实措施保证和提高法律援助理论研究水平。我们每一个从事法律援助理论研究的同志要本着对党和人民负责、对法律援助事业负责的态度，以科学、严谨、求实的作风，认真负责地对待自己所写论文的每一句话、每一个观点，严禁文字、观点抄袭、以旧充新、以次充好，保证法律援助理论研究水平和质量。要高度重视理论研究成果的转化和应用，善于利用理论研究成果推动实际工作，通过实际工作检验理论研究成果，在工作实践中不断丰富、完善和发展法律援助理论。

为做好下一步的法律援助理论研究工作，部法援中心将按照部党组要求，继续深入贯彻落实第五次全国法律援助工作会议精神，适时研究起草进一步加强法律援助理论研究工作的规范性文件，为法律援助理论研究工作健康发展提供政策指引。通过加强与有关社会团体特别是与法学研究组织合作、争取设立法律援助理论研究课题项目经费等途径，推动对法律援助工作重大课题的研究，拓宽理论研究的视野，提高法律援助理论研究的层次和质量。继续通过组织开展法律援助理论研究征文和全国性研讨会、编辑出版论文集等方式，努力促进在全国法律援助系统形成更加繁荣和活跃的法律援助理论研究局面，为推动法律援助工作又好又快发展发挥更加积极的作用。

第六部分　全国法律援助统计数据及分析

(一)2009 年全国法律援助统计数据

项目		单位	2008 年	2009 年	增长数	增长比例
一	法律援助机构	个	3268	3274	6	0.2%
二	法律援助工作人员	人	12778	13081	303	2.4%
三	法律援助工作站	个	55708	58031	2323	4.2%
四	受理法律援助案件	件	546859	641065	94206	17.2%
	民事法律援助案件	件	418419	515414	96995	23.2%
	刑事法律援助案件	件	124217	121870	-2347	↓1.9%
	行政法律援助案件	件	4223	3781	-442	↓10.5%
	法律援助咨询	件	4322329	4849849	527520	12.2%
五	法律援助机构人员承办法律援助案件	件	138708	154806	16098	11.6%
	社会律师承办法律援助案件	件	162267	184575	22308	13.7%
	基层法律服务工作者承办法律援助案件	件	9438	12792	3354	35.5%
	注册法律援助志愿者承办法律援助案件	件	5912	6350	438	7.4%
六	受援人	人	670821	736544	65723	9.8%
	农民工	人	243671	259213	15542	6.4%
	残疾人	人	50075	51805	1730	3.5%
	老年人	人	69556	76027	6471	9.3%
	未成年人	人	98053	94853	-3200	↓3.3%
七	法律援助经费收入	万元	68249.86	75760.37	7510.51	11%
	法律援助财政拨款	万元	66947.58	74875.03	7927.45	11.8%
	法律援助经费支出	万元	61383.76	70500.78	9117.02	14.9%

(二)2009年全国法律援助统计分析

根据各省、自治区、直辖市法律援助机构上报数据汇总报表,对2009年全国法律援助工作数据指标分析如下:

一、法律援助机构情况

(一)机构数和机构性质

2009年底,全国已建法律援助机构总数为3274个,比2008年增加6个。其中,经编制部门批准成立的机构数为3129个,145个未经编制部门批准的机构主要集中在县区级(133个)。全国法律援助机构中,行政性质机构为1679个,参照公务员管理的事业单位为648个,分别比2008年增加了10个和73个,这两类机构占机构总数的71.1%,与2008年相比上升了2.4个百分点。省级法律援助管理机构中上述两类性质机构比例达91.7%,市级法律援助机构为82.9%,县区法律援助机构为69.3%。全额拨款事业单位(不含参照公务员管理的事业单位)882个,占机构总数的26.9%。

(二)机构建设情况

2009年,全国业务经费纳入财政预算机构数为2891个,增加了0.59%;有专门接待场所机构数为2720个,增加了3.07%;平均办公用房面积由2008年的63平方米增加到67平方米;设备或主要设备配置齐全机构数1581个,增长了7.3%。法律援助机构建设水平与2008年相比有所提高。具体情况见下表:

比例	业务经费纳入财政预算机构数占该类机构数的比例	同级财政拨付独立办案经费机构数占该类机构数的比例	有专门接待场所机构数占该类机构数的比例	平均办公用房面积(平方米)	设备或主要设备配置齐全机构数占该类机构数的比例	有法律援助专职律师机构数占该类机构数的比例
省	94.4%	69.4%	86.1%	257	86.1%	72.2%
地市	92.4%	64.8%	86.7%	128	65.6%	79.9%
县区	87.7%	53%	82.6%	57	45.6%	61%
全国	88.3%	54.5%	83.1%	67	48.3%	63.3%

东、中、西部①法律援助机构建设情况也存在一定差异。中部地区在业务经费纳入财政预算、同级财政拨付办案经费以及专门接待场所建设等方面优于东部和西部地区;东部在办公用房建设和办案、办案设备配备方面领先。具体情况见下表:

① 东部地区包括北京、天津、河北、辽宁、上海、江苏、浙江、福建、山东、广东和海南等11个省(市);中部地区包括山西、吉林、黑龙江、安徽、江西、河南、湖北、湖南等8个省;西部地区包括重庆、四川、贵州、云南、西藏、陕西、甘肃、青海、宁夏、新疆、广西、内蒙古等12个省(市、区)。

比例	业务经费纳入财政预算机构数占该类机构数的比例	同级财政拨付独立办案经费机构数占该类机构数的比例	有专门接待场所机构数占该类机构数的比例	平均办公用房面积(平方米)	设备或主要设备配置齐全机构数占该类机构数的比例	有法律援助专职律师机构数占该类机构数的比例
东部	91.7%	54.2%	90.3%	96	62.5%	69.5%
中部	95.9%	68%	92.3%	65	54.8%	75.4%
西部	79.8%	44%	70%	46	31%	48.4%
全国	88.3%	54.5%	83.1%	67	48.3%	63.3%

(三)法律援助工作站

2009年,全国共设立法律援助工作站58031个,比2008年(55708个)增长4.2%。其中有全职法律援助工作人员的工作站36080个,占62.2%。依托司法所设立工作站37755个,在工、青、妇、老、残、信访、高校、监狱、劳教所等设立工作站20276个。

(四)开展宣传、培训和受表彰情况

2009年,各地电台、电视台播出法律援助节目共计21816次,报纸、杂志刊登涉及法律援助的信息19892篇。各级司法行政机关和法律援助机构共举办法律援助培训班5392个,培训人员总数达219564人次,培训总学时达3670321小时。平均每个机构举办培训班1.6个,平均培训67人次,受培训人员平均培训学时为17小时。法律援助律师共参加培训11398人次,比2008年增长6%,总学时达147025学时,增长6.3%;其他工作人员参加培训32167人次,增长11%,总学时达288587小时,法律援助培训工作力度进一步加大。2009年受到省部级以上表彰的机构和个人分别为386个和395个,受地市级表彰的机构和个人分别为773个和766个。

二、法律援助机构工作人员情况

截至2009年底,法律援助机构工作人员共有13081人,比2008年(12778人)增加2.4%,其中女性工作人员5187人,占人员总数的39.7%。法律援助机构编制数为11931个,比2008年增加了184个,超编人员数为1031人,达人员总数的8.8%。

30周岁以下工作人员、31—50周岁工作人员和51周岁以上工作人员分别占人员总数的21.4%,68.7%和9.9%,30周岁以下的人员数量与2008年相比基本持平,31周岁以上人员数量增幅不大,为2.9%。在法律援助机构工作2年以下人员、3—5年人员、6年以上人员数分别占人员总数的19%,37.1%和43.9%,工作3年以上人员数基本保持稳定。

法律专业人员数为10337人,在人员总数中所占比例为79%。具有法律职业资格或律师资格人员数为5866人,占人员总数的44.8%。本科及以上学历人员数为8894人,所占比例为68%。在法律援助机构注册律师数为4185人,占工作人员总数的32%。法律专业人员数、具有法律职业资格或律师资格人员数和本科以上学历人员数在近三年中持续上升,但在法律援助机构注册律师数逐年下降,具有法律职业资格或律师资格人员所占比例连续三年呈下降趋势(见下表):

	法律专业人员		具有法律职业资格或律师资格人员		在法律援助机构注册律师		本科以上学历人员	
	数量	比例	数量	比例	数量	比例	数量	比例
2007年	9971	79.6%	5791	46.2%	4349	34.7%	7960	63.5%

续表

	法律专业人员		具有法律职业资格或律师资格人员		在法律援助机构注册律师		本科以上学历人员	
	数量	比例	数量	比例	数量	比例	数量	比例
2008 年	10250	80.2%	5856	45.8%	4237	33.2%	8466	66.3%
2009 年	10337	79%	5866	44.8%	4185	32%	8894	68%

三、法律援助经费情况

(一)法律援助经费收入情况

1. 法律援助经费收入总体情况

2009 年法律援助经费收入总额为 75760.37 万元，比 2008 年(68249.86 万元)增长 11%。其中财政拨款额为 74875.03 万元，比 2008 年(66947.58 万元)增长 11.8%，占经费收入总额的 98.8%，所占比例与 2008 年略有上升。社会捐助收入为 266.42 万元，行业奉献收入为 71.07 万元，另有其他收入 547.85 万元。人均法律援助财政拨款 0.56 元①，最高的省份为青海省，达到(1.72 元)，其次为上海市(1.55 元)、重庆市(1.3 元)和北京市(1.16 元)。

2. 法律援助财政拨款情况

在法律援助财政拨款中②，同级财政拨款额为 62937.41 万元，占 82.2%；中央补助地方法律援助办案专款为 6041 万元，占 7.9%；省级法律援助专项资金 7586.50 万元，占 9.9%。中央和省级法律援助专款比 2008 年增长 21.1%，同级财政拨款比 2008 年(55759.08 万元)增长 12.9%，是 2009 年法律援助经费增长的主要因素。

同级财政拨款中，人员经费、基本公用经费和业务经费分别为 28055.5 万元、8042.21 万元和 26839.7 万元，与 2008 年相比分别增长 15.7%、11.2% 和 10.5%，分别占同级财政拨款总额的 44.6%、12.8% 和 42.6%，同级财政拨款结构基本保持不变，业务经费所占比例略有减少。省、地市、县区机构平均同级财政拨款额见下表：

	平均同级财政拨款总额(万元)	平均业务经费拨款额(万元)	人均人员经费拨款额(元)	人均基本公用经费拨款(元)
省	197.94	115.77	50071	29876
地市	45.47	19.78	33731	9800
区县	13.61	5.36	17903	4560

与 2008 年相比，各级财政对本级法律援助机构的拨款额均有较大幅度的增加，其中省级、地市级财政拨款均增长 13.6%，县级财政拨款增长 12.7%。

同级财政拨款最多的省份是广东省，拨款额达到 7322.94 万元，其次是山东省(4296.04 万元)、江苏省(4084.94 万元)、浙江省(3769.89 万元)、河南省(3392.01 万元)。同级财政拨款额超过 2000 万元的省份还有上海、四川、辽宁、重庆、湖南、湖北、

① 此处所指的人均，是根据 2010 年 1 月国家统计局提供的各省区市常住人口数量计算的，下同。

② 2009 年，法律援助财政拨款总额为 76564.91 万元。由于统计上的原因，在计算法律援助经费收入时，各地只统计实际到账的财政拨款数额。

福建等。与2008年相比,同级财政拨款减少省份增加,达到4个,分别为吉林、海南、西藏和兵团,其余省份则均有不同幅度的增加,增幅最大的是江西省(达到30.4%),其次为广西(30.2%),增幅超过20%的省份还有安徽、甘肃、贵州、湖北、天津、福建等省市。

目前,建立省级法律援助专项资金的省份有重庆、黑龙江、吉林、辽宁、山西、江苏、浙江、安徽、福建、江西、山东、河南、湖北、湖南、广东、广西、海南、四川、云南、陕西、宁夏等21个省(区、市),与2008年(19个)相比有所增加。重庆市的专项资金最多,为1237万元,江西省为1100万元,广东省为1020万元,江苏、浙江两省均为1000万元。

(二)法律援助经费支出情况

1. 经费支出基本情况

2009年,法律援助经费支出总额为70500.78万元,比2008年(61383.76万元)增长14.9%,高于经费收入增幅3.9个百分点。在经费支出构成中,人员经费、基本公用经费和业务经费分别为28004.42万元、7978.46万元和34517.9万元,在经费支出总额中所占比例分别为39.7%、11.3%和49%,与2008年相比,人员经费所占比例不变,业务经费所占比例略有提高,基本公用经费所占比例略有减少。人员经费比2008年(24368.22万元)增长15%,高出人员数量增幅12.7个百分点,表明法律援助机构工作人员待遇稳步提高。

2. 业务经费支出情况

业务费用支出比2008年(29636.81万元)增长16.5%。办案补贴及支出达23983.67万元,占业务经费支出的69.5%,所占比例下降1.6个百分点,比2008年(21074.24万元)增长13.8%。宣传费用支出和培训费用支出分别为3384.13万元和2475.36万元,分别占业务经费支出的9.8%和7.2%。另有其他费用支出4674.74万元,占业务经费支出的13.5%。

3. 办案补贴及支出情况

办案补贴及支出占整个法律援助经费支出总额的34%,与2008年相比下降了0.3%。法律援助机构工作人员、社会律师、基层法律服务工作者、社会组织人员和注册法律援助志愿者的办案补贴数额分别为5252.9万元、11880.1万元、6156.86万元、336.25万元和357.56万元,分别占办案补贴及支出总额的21.9%、49.5%、25.7%、1.4%和1.5%,根据上述五类人员办结案件情况计算平均办案补贴或支出额分别为339元、644元、329元、263元和563元。与2008年相比,社会律师、社会组织人员和注册法律援助志愿者所获补贴额增加,而法律援助机构工作人员和基层法律服务工作者补贴额减少。刑事案件补贴额、民事案件补贴额和行政案件补贴额分别为6569.15万元、16525.26万元和210.31万元,在假定已结案件全部支付补贴的情况下,大致计算各类案件的平均补贴为:刑事案件634元,民事案件376元,行政案件697元,与2008年相比,除民事案件补贴略有下降外,刑事案件和行政案件补贴均有所上升,其中行政案件平均补贴额增加11.7%。2008年,法律援助人员提供咨询服务补贴为467.11万元,比2008年增长32%;提供代书服务补贴为200.28万元,增长18.4%。

四、法律援助办案情况

(一)法律援助案件量总体情况

2009年共批准办理法律援助案件数为641065件,比2008年(546859件)增长17.2%。已办结案件数为545894件,比2008年(466921件)增长17%。刑事案件、民事案件、行政案件分别占案件总数的19%、80.5%和0.5%。民事案件仍然是法律援助案件总量增长的主要因素,其所占比例增加了4个百分点。从案件涉及人群看,涉及农民工案件(包括涉及农民工的民事、刑事、行政案件)数最多,达234849件,占案件总数的36.6%;受援人为妇女的案件数为144697件,占案件总数的22.6%;涉及残疾人的和涉及未成年人的案件数分别为46435件和86590件,分别占案件总数的7.2%和13.5%。

从各级机构办案量看,省、地市、县区法律援助机构办案量分别占案件总量的2.5%、14.2%和83.3%,县区机构办案量所占比例上升了0.7个百分点。省机构平均办案量为440件,地市机构平均办案量为248件,县区机构平均办案量为186件。

从各省办案量看,超过30000件的省份有8个,其中江苏省办案量最高,达53450件,其次为广东省(46457件)、河南省(39469件)、辽宁省(38220件)、浙江省(37730件)、四川省(37494件)、重庆市(31347件)、云南省(30868件)。办案量在20000件以上的省份还有山东、安徽、湖南、湖北、河北、江西六省。从每10万人平均办案量来看,宁夏回族自治区最高,为131件,其次为重庆市(111件)、北京市(93件)、青海省(92件)、辽宁省(89件)和海南省(82件)。

(二)刑事法律援助案件数量情况

刑事法律援助案件总数为121870件,比2008年(124217件)下降1.9%。值得关注的是,超过半数的省份刑事法律援助量出现了负增长,其中北京、重庆、江苏、宁夏和湖南五省份降幅均超过10%,分别为22.8%、22.5%、18.2%、17.6%和11.6%。从案件类型看,法院指定案件数为100425件,占刑事案件总数的82.4%,比2008年(103868件)下降3.3%;申请并获得批准刑事案件数为21445件,占刑事案件总数的17.6%,比2008年(20349件)增长5.4%。法院指定辩护案件仍然是刑事法律援助案件的主要来源,但申请刑事案件数及所占比例均有上升。从受援对象看,共为犯罪嫌疑人、刑事被告人提供法律援助115021件,占刑事案件总数的94.4%,为被害人、自诉人提供法律援助6849件,占刑事案件总数的5.6%。

被告人为未成年人的指定辩护案件为58045件,比2008年(61784件)下降6%;其次是可能被判处死刑案件,为21523件,比2008(20055件)年增加了7.3%,近几年来死刑指定辩护案件数持续下降的趋势有所改变;盲聋哑人指定辩护案件为4576件,与2008年相比略有下降;一般贫困者指定辩护案件为8999件,比2008年减少8%;基于其他原因指定辩护案件为7282件,减少2.2%。

2009年,刑事法律援助申请共有26629件,比2008年略有增加。从案件来源途径看,通过公检法机关转交6115件,公民直接申请20514件,分别占刑事法律援助申请的23%和77%,转交申请量比2008年(7677件)下降20.3%,直接申请仍然是刑事法律援助申请的最主要类型。公检法机关转交申请量分别为1086件、2204件和2825件,分别占转交申请数的17.8%、36%和46.2%。从申请人所属类别看,犯罪嫌疑人、被告人、被害人和自诉人直接申请刑事法律援助数分别为5632件、7642件、4741件和2499件。犯罪嫌疑人、被告人申请刑事法律援助量占申请刑事法律援助总量的64.7%,被害人、自诉人申请刑事法律援助量占申请刑事法律援助总量的35.3%,被害人、自诉人申请刑事法律援助量比2008年增长2.2%。从申请所属阶段看,犯罪嫌疑人申请刑事法律援助数(包括转交申请和直接申请),即在刑事审判程序以前申请法律援助数为8922件;被告人申请刑事法律援助(包括转交申请和直接申请),即刑事审判程序启动后申请法律援助数为10467件。

获得批准刑事法律援助申请数21445件。其中犯罪嫌疑人、被告人、被害人和自诉人申请获得批准数分别为7343件、7253件、4481件和2368件。犯罪嫌疑人、被告人刑事法律援助申请被获批准数占申请并获批准刑事案件总数的68.1%，被害人、自诉人刑事法律援助申请被获批准数占31.9%，与2008年比例基本保持一致。

（三）民事法律援助案件数量情况

2009年，民事法律援助申请数为567015件，比2008年（474148件）增长19.6%。获得批准民事法律援助案件数为515414件，比2008年（418419件）增长23.2%。受援人为农民工的案件数为212047件，占民事案件总数的41.1%，比2008年（168874件）增长25.6%。涉及农民工的案件类型集中在申请支付劳动报酬案件（130051件）、工伤案件（20597件）、请求社会保险待遇案件（14327件）和交通事故案件（13582），这四类案件占农民工案件数的84.2%。以案件类型划分，数量最大的民事案件类型是请求支付劳动报酬案件，达170783件，占民事案件总数的33.1%；其次是请求给付赡养费、抚养费和扶养费案件，为58327件，占11.3%；婚姻家庭案件（不含请求给付赡养费、抚养费和扶养费案件）、交通、工伤案件数分别为51093件、45368件和33786件，随着更多地方将婚姻家庭案件和交通事故案件纳入法律援助事项范围，这两类案件分别比去年增长32.1%和27.3%；请求社会保险待遇案件为38196件，医疗事故案件为6969件，主张见义勇为产生的民事权益案件为361件。属于《法律援助条例》规定的民事援助事项范围内的案件数占民事法律援助案件总量的58.5%，41.5%的案件属于各地补充的事项范围，补充事项范围内案件所占比例下降了7.8个百分点。

（四）行政法律援助案件数量情况

行政案件申请数为4889件，比2008年（5580件）下降12.4%。获得批准行政法律援助案件数为3781件，比2008年（4223件）下降10.5%。以案件类型划分，数量最大的行政案件是请求给予最低生活保障待遇案件，为692件，比2008年下降20.1%；其次为请求工伤保险待遇案件，为591件，增长9.9%；请求给予社会保险待遇的案件（不含请求给予工伤保险待遇案件）、请求国家赔偿案件、请求发给救济金、抚恤金案件分别为521件、379件和347件。以上均属于《法律援助条例》规定行政法律援助事项范围，占行政法律援助案件数的66.9%。另有1251件行政案件属于地方扩大的援助事项范围，占行政案件总数的33.1%，比2008年所占比例增加了2.6个百分点。

五、法律援助案件申请批准及承办情况

（一）法律援助申请批准情况

刑事案件申请批准率为80.5%，比2008年上升了3.7个百分点；民事案件申请批准率为90.9%，上升了2.7个百分点；行政案件申请批准率为77.3%，上升了1.6个百分点。民事案件申请批准率几年来持续上升，与刑事、行政案件相比批准率最高。民事法律援助申请中，因不符合经济困难标准未获批准申请数占未批准数的44.9%，因不属于法律援助事项范围未获批准申请数占43.3%。行政法律援助申请中，因不符合经济困难标准未获批准申请数占未批准数的34.2%，因不属于法律援助事项范围未获批准申请数占45.3%。

（二）法律援助案件承办情况

在已办结的103633件刑事案件中，承办人意见全部采纳和部分采纳的案件数占已办结案件总数的90.3%，比2008年下降了0.8个百分点。刑事法律援助共为当事人取得利益（或避免损失）66948.81万元。被投诉刑事案件数为1件，比2008年（15件）有大幅下降。

在已办结的439244件民事案件中，诉

讼案件数为234091件，占53.3%；非诉讼案件205153件，占46.7%。非诉讼案件数比2008年（154385件）增长32.9%，在民事案件中所占比例提高了3.4个百分点。民事案件胜诉率①为92.5%，与2008年相比上升了1.1个百分点；诉讼调解结案数为64279件，占民事诉讼案件总数的27.5%，所占比例上升了2.9个百分点。非诉讼案件和诉讼调解案件数仍保持较高增长趋势。民事法律援助共为当事人取得利益（或避免损失）539065.25万元。被投诉民事案件数为192件，比2008年（16件）有大幅上升。

在已办结的3017件行政案件中，诉讼案件数为2166件，占71.8%；非诉讼案件数为855件，占28.3%，所占比例上升0.7个百分点。行政案件的胜诉率为81.8%，比2008年下降了3.3个百分点。行政法律援助中，共为当事人取得利益（或避免损失）17183.1万元。无被投诉行政案件。

六、法律援助咨询情况

2009年，法律援助机构接受来访、来信、来电咨询合计4849849人次，比2008年（4322329人次）增长12.2%。其中，通过148专用电话提出咨询数达1268546人次，比2008年下降了3个百分点。咨询案件总数达4946108件，其中请求支付劳动报酬咨询数最多，为991474件；婚姻家庭（不含请求给付赡养费、抚养费和扶养费）咨询数其次，为769468件；请求给付赡养费、抚养费和扶养费咨询数为378875件，交通事故咨询数为360404件，工伤咨询数为387997件。另外，有关刑事问题的咨询数311217件，请求社会保险待遇（不包括工伤保险待遇）咨询数244990件，请求最低生活保障待遇咨询数为184432件，请求发给抚恤金、救济金咨询数为136058件，医疗事故咨询数为110049件，请求国家赔偿咨询数为49469件，与见义勇为有关的咨询数为12606件。其他事项的咨询为1009069件，占咨询总数的20.4%。与2008年相比，只有见义勇为咨询数与2008年相比有所下降，咨询请求支付劳动报酬、请求发给抚恤金、救济金、婚姻家庭、工伤、交通事故、医疗事故、刑事案件、请求国家赔偿、请求给付赡养费抚养费扶养费、请求最低生活保障待遇、请求社会保险待遇的咨询数普遍上升。其中，咨询支付劳动报酬、最低生活保障待遇、国家赔偿、刑事案件、婚姻家庭和工伤的分别上升了22.9%、23.8%、17%、15.5%、24.3%和17.9%。

在对咨询的处理方式上，以口头形式予以答复的占69.4%，引导向其他途径解决的占12.7%。在咨询中提出法律援助申请数为441211件，占咨询案件总数的8.3%。

七、法律援助受援人情况

2009年各类受援人总数为736544人次，比2008年（670821人次）上升了9.8%。女性受援人为181937人次，占受援人总数的24.7%。

按案件类型划分，刑事案件受援人为125212人次，比2008年下降2.6%；民事案件受援人为606296人次，增长13.1%；行政案件受援人为5036人次，下降21.4%。刑事、民事和行政案件的受援人分别占受援人总数的17%、82.3%和0.7%，民事案件受援人所占比例提高了2.4个百分点。

按受援人身份划分，农民和农民工受援人次分别为239119和259213人次，农民工受援人次与2008年相比增加6.4%。残疾人受援人为51805人次，比2008年增长3.5%。未成年人受援人为94853人次，下降3.3%，老年人受援人为76027人次，增长9.3%。

① 胜诉率＝胜诉案件数÷（胜诉案件数＋败诉案件数）。

八、各类法律援助人员办理法律援助事项情况

法律援助机构工作人员办理案件量为154806件，比2008年（138708件）增长11.6%；社会律师办理案件量为184575件，比2008年（162267件）增长13.7%；基层法律服务工作者办案量达187375件，比2008年（150596件）增长24.4%。社会组织人员办案量为12792件，比2008年（9438件）增长35.5%。注册法律援助志愿者办案量为6350件，比2008年（5912件）增长7.4%。基层法律服务工作者办案量再次超过法律援助机构工作人员办案量。其中，办案量增幅最大的是社会组织人员。法律援助机构工作人员、社会律师、基层法律服务工作者、社会组织人员和法律援助志愿者办案量分别占办结案件的28.4%、33.8%、34.3%、2.3%和1.2%。

从各类人员所办案件类型来看，刑事案件由社会律师和法律援助机构工作人员办理，这两类人员办理刑事案件量分别占刑事案件总量的64.7%和35.3%；42.5%的民事案件由基层法律服务工作者办理，法律援助机构工作人员和社会律师办理民事案件量分别占民事案件总量的26.6%和26.5%；法律援助机构工作人员是办理行政案件的主要力量，其办案量占行政案件总量的46.7%。

从纠纷处理途径选择上看，基层法律服务工作者、社会组织人员和注册法律援助志愿者利用自身优势，更倾向于运用非诉讼的方式，该类人员办理的非诉讼案件数远远超过诉讼案件数；法律援助机构工作人员办理的民事、行政案件，诉讼案件和非诉讼案件的比例大致为2∶1；社会律师办理的民事、行政案件中诉讼案件占绝大部分。

九、统计数据反映的工作情况分析

（一）法律援助机构建设情况

近年来，行政性质和参公管理机构数量及在机构总数中所占比例呈逐年增长趋势，表明法律援助机构性质正在逐步朝与职能相适应的方向转变，但仍有3.7%的县区机构未经编制部门正式批准。在机构建设方面，全国法律援助机构建设整体水平有所提高，但省、市、县法律援助机构和东、中、西部法律援助机构之间发展差距较大，尤其是西部基层地区，绝大多数机构不具备基本的办公、办案条件，机构建设水平有待进一步提高。

（二）法律援助机构工作人员情况

法律援助机构工作人员中，本科以上学历人员和法律专业人员数量及所占比例进一步上升，法律专业人员占实有人数的比例为79.02%，一定程度上反映队伍素质提高。另外，虽然法律援助机构人员中具有法律职业资格或律师资格的人员数量逐年上升，但其增幅远远小于法律援助机构人员的增幅比例，造成具有法律职业资格或律师资格的人员比例逐年下降，说明法律援助律师流失问题仍然存在，法律援助机构人员业务素质还有待进一步加强。同时，在法律援助机构注册律师数量减少现象依然比较明显。

（三）法律援助经费情况

法律援助经费收入方面，在中央补助地方法律援助办案专款和省级法律援助专项资金基本不变的情况下，地方同级财政拨款增长了10.5%，成为2009年法律援助财政拨款增幅达到11.7%的最主要因素。西部地区同级财政拨款增幅为14.6%，比2008年（50.7%）增幅下降了36.1个百分点；中部地区为10.6%，比2008年（39.4%）增幅下降了28.8个百分点；东部地区为8.8%，比2008年（27.4%）增幅下降了18.6个百分点。除个别地区外，中西部大多数地区地方财政立足自身条件，加大了法律援助经费投入力度，同级财政拨款增幅超过全国平均水平，法律援助财政保障能力进一步加强。

但还要看到，还有 4 个省份的同级财政拨款出现下降，比 2008 年增加了 3 个省份，建立法律援助经费正常增长机制的任务非常艰巨。

法律援助经费支出方面，虽然 2009 年比 2008 年增长 14.9%，但办案补贴及支出占整个法律援助经费支出总额同比下降了 0.3%，在全年已办结案件数量增长 17% 的情况下，表明或者是部分案件未能及时足额支付补贴，或者是案件整体补贴标准有所下降。而根据 2009 年办案补贴及支出数额与已结案件总数，可以大致测算出每件案件的平均补贴额为 427 元，低于 2008 年的 440 元。因此，为充分调动法律援助人员工作积极性，提高法律援助案件办理质量和效率，要在不断提高案件补贴标准的同时，还要及时做好案件补贴发放工作。至于刑事案件平均补贴额 634 元高于民事案件平均补贴额 376 元，与大部分省份规定的刑事案件补贴标准低于民事案件补贴标准的情况不一致，部分原因是民事案件的数量统计与补贴支付不是一一对应关系，很多地方对群体性案件支付的案件补贴数大大少于案件统计数。另外，基层法律服务工作者的办案补贴额 329 元和社会律师的办案补贴额 644 元有较大差距。

（四）法律援助案件情况

2009 年法律援助办案量增长 17.2%。从案件类型看，民事法律援助案件量大幅上升增幅 23.3% 是整个办案量上升的最主要因素。反映出各地近年来不断扩大法律援助覆盖面，特别是对涉及农民工等特殊类型案件放宽审查标准，农民工民事法律援助案件数增长 22.8%，《法律援助条例》规定事项范围内的案件数和各地根据《条例》授权补充事项范围内的案件数基本相当。与民事案件数大幅增长相对比，刑事案件总量下降，全国有半数以上的省份刑事法律援助案件数量下降，说明刑事法律援助工作有待进一步加强。从各省办案情况看，东部省份办案量（279364 件）要高于中部（174131 件）和西部省份（184965 件），2009 年东部地区办案量增幅为 18.3%，中部地区为 24.3%，西部地区为 9.6%。东部省份办案量增幅下降，西部省份办案量增幅仍然落后于东部和中部，需要进一步加大工作力度，促进西部地区办案数量的进一步提高。需要指出的是，从每 10 万人的平均办案量来看，排名前 4 位的省份中，西部省份占了 3 个，说明西部一些地区在法律援助物质保障基础相对薄弱的情况下，在满足困难群众法律援助需求方面作了积极努力，取得较为明显的效果。

第七部分　法律援助工作大事记

1月5日，赵大程副部长在《中央领导同志在人力资源和社会保障部等部门〈关于印发进一步做好预防和解决企业工资拖欠工作的通知的请示〉一文上的批示》上作出批示，要求律师公证工作指导司和法律援助工作司研究贯彻落实意见。按照批示要求，两司研究起草了《司法部关于进一步做好预防和解决企业工资拖欠法律服务和法律援助工作的通知》，于1月22日下发各省（区、市）司法厅（局）和新疆生产建设兵团司法局、监狱局。

1月8日，部法援工作司高贞副司长参加最高人民法院召开的工作协调会，讨论修改《关于开展刑事被害人救助工作的若干意见（征求意见稿）》，就涉及法律援助机构工作的有关条款提出修改意见和建议。

1月9日，赵大程副部长赴山西省开展对包括法律援助机构在内的基层单位慰问活动，部法援工作司高贞副司长陪同

1月14日至15日，部法援中心组织召开2009年工作研讨会，主要内容是落实司办通〔2008〕100号文件确定的部法援中心六项工作职责，研究部法援中心各项工作的定位、发展目标和方向、工作思路和工作措施，为司法部研究制定“十二五”法律援助事业发展规划做好准备；针对深入学习实践科学发展观活动分析检查报告提出的问题，结合部法援中心的六项职责，研究提出具体整改思路和方案。研讨会围绕部法援中心的职责定位和法律援助案件质量评估、“148”法律援助咨询专线、法律援助宣传、法律援助培训、法律援助国际项目交流与合作、法律援助理论研究六个专题进行了深入探讨。

1月16日，部法援工作司组织召开法律援助信息管理系统专家论证会，主要任务是了解上海、江苏、安徽和广东四省（市）法律援助信息管理系统软件运行情况和实际效果，研究论证建立全国法律援助信息管理系统。部法援工作司司长孙剑英、副司长王军益、高贞出席。

2月10日至15日，部法援工作司组成调研组赴江苏省、浙江省调研法律援助信息化建设工作，王军益副司长带队。

2月20日，部法援工作司召开党员干部会议，选举成立法援工作司党支部。选举孙剑英司长为支部书记，王军益、高贞副司长为支部委员。

2月20日，《2009年法律援助工作要点》下发，提出2009年法律援助工作的指导思想、总体思路和工作任务。指导思想、总体思路是：全面贯彻党的十七大、十七届三中全会、全国政法工作会议和全国司法厅（局）长会议精神，坚持以邓小平理论和“三个代表”重要思想为指导，深入学习实践科学发展观，全面实施《法律援助条例》，认真落实《司法部关于法律援助事业“十一五”时期发展规划》，按照司法部统一部署，继续抓住“推动政府责任的落实，提高法律援助公

众知晓率,扩大法律援助覆盖面”三个工作重点,始终紧扣“不断增强法律援助的物质保障、组织建设、管理工作、服务工作和社会影响等五项能力建设”的工作目标,着力完成“理顺管理体制、完善工作机制、提高保障能力、健全配套规章制度”的工作任务,以满足困难群众法律援助需求为核心,提高认识、强化责任,全面履行法律援助管理职能和组织实施职能,推进法律援助事业深入发展,为维护困难群众合法权益,促进社会公平正义,保障经济平稳较快发展,构建社会主义和谐社会作出新贡献。重点工作任务是:以深入学习实践科学发展观活动为契机,在新的起点上推动法律援助工作深入发展;加强协调,增强法律援助保障能力;健全法律援助工作体制机制,提高法律援助管理能力和水平;加大组织实施力度,提高法律援助服务能力;加强政策理论研究,不断完善法律援助制度;加强法律援助宣传工作,增强法律援助社会影响力;加强法律援助培训工作,提高法律援助人员素质;加大监督力度,确保法律援助工作健康发展;认真筹备第五次全国法律援助工作会议。

2月下旬至3月上旬,为更好地宣传法律援助制度和法律援助系统先进人物事迹,部法援中心组织首届“十佳”和历届“双先”的优秀代表接受《走进中国法律援助工作者》一书编创人员采访,为此书出版做准备工作。

3月2日至6日,部法援工作司派员赴泰国曼谷参加联合国开发计划署组织的“贫困人口法律权益地区对话”国际研讨会,高贞副司长出席。

3月12日至13日,部法援工作司和部法援中心在南京市召开全国法律援助处长(主任)会议。会议的主要任务是总结回顾2008年法律援助工作,分析当前法律援助工作面临的形势,对2009年全国法律援助工作进行了安排部署;研究推进法律援助信息管理系统建设;讨论《法律援助程序规定》(征求意见稿)和《法律援助类民办非企业单位设立审查与管理暂行办法》(征求意见稿);确定第五次全国法律援助工作会议筹备事宜。

3月25日至28日,部法援中心副主任桑宁等与香港大学傅华伶教授赴内蒙古检查农村法律援助合作项目执行情况。

3月30日至31日,部法援工作司副司长王军益参加在浙江省宁波市召开的全国农民工工作办公室主任会议。

3月30日,部法援工作司印发《2008年全国法律援助工作统计分析》,从机构、人员、经费、办案、案件申请批准及承办、咨询、受援人、各类法律援助人员办理法律援助事项和统计数据九个方面,对2008年全国法律援助工作数据指标进行了分析。

4月至10月,部法援中心组织各地开展分片(区)的法律援助宣传月活动,集中宣传法律援助在扶贫困、暖民心、保民生中的作用。

4月2日至7日,部法援中心派员赴新西兰参加第八届国际法律援助会议,并在会议上介绍了中国法律援助制度及法律援助工作开展情况。

4月5日至8日,海南省举行法律援助宣传月启动仪式,部法援中心副主任桑宁等出席。

4月8日至9日,部法援工作司在北京组织召开《法律援助程序规定》修改论证会,部法援工作司、部法援中心、上海市、辽宁省法援中心、广东省法律援助处有关人员参加会议。

4月10日,部法援工作司组织召开新闻媒体通气会,部署关于“法律援助便民服务”主题活动的宣传工作,部法援工作司副司长王军益主持。

4月20日至24日,部法援中心组织人

员赴吉林省与中加法律援助合作二期项目设计团磋商有关项目具体合作内容，桑宁副主任带队。

4月26日至29日，部法援中心组织人员与中加法律援助合作二期项目设计团赴云南省磋商有关项目具体合作内容，桑宁副主任带队。

4月29日至30日，高贞同志参加河南省法律援助应援尽援工作会议。

4月，部法援中心自2006年4月起在《农民日报》开设了“司法促进和谐　法援服务农民”专栏已3年时间，共开办70多期，刊登了大量有关农民工的法律援助真实案例。据统计，案例中共有3万余农民工得到法律援助，法律援助律师为农民工期挽回经济损失达490多万元。专栏开办以来受到广大农村群众的欢迎。

5月4日，共青团中央志愿者工作部、司法部律师公证工作指导司、司法部法律援助工作司、司法部法律援助中心、全国律师协会、中国法律援助基金会联合下发《关于组织开展“1+1”中国法律援助志愿者行动的通知》。

5月6日，中国残疾人联合会、司法部联合下发《关于加强残疾人法律救助工作的意见》。

5月11日，部法援中心接待到访的美国律师协会全球法制项目中国项目办公室副主任张美玲等，桑宁副主任等参加会见。

5月12日，司法部法制宣传司、司法部律师公证工作指导司、司法部法律援助工作司联合下发《关于认真履行职责进一步做好残疾人法制宣传法律服务和法律援助工作的通知》。

5月24日至6月4日，赵大程副部长赴芬兰、德国访问，部法援中心主任贾午光等陪同。

5月31日，司法部下发《关于在全国开展“法律援助便民服务”主题活动的通知》。《通知》要求自2009年6月至2010年6月在全国开展“法律援助便民服务”主题活动，并提出了主题活动的指导思想和目标要求，对活动内容、实施步骤等均作出具体安排。

6月1日至9日，法援中心组织内蒙古、上海、河北、广东、浙江、天津六省（市）司法厅（局）在《法制日报》介绍本省（市）法律援助工作发展情况。

6月9日至10日，司法部在北京召开第五次全国法律援助工作会议。中共中央政治局常委、中央政法委书记周永康，中央政法委副书记、国务委员、公安部部长孟建柱，最高人民法院院长王胜俊，最高人民检察院检察长曹建明等领导出席会议。周永康、孟建柱在会议上作重要讲话并在会前接见了全体会议代表。司法部党组书记、部长吴爱英在会议上讲话，部党组成员、副部长赵大程作会议总结，部党组副书记、副部长陈训秋主持会议。会议表彰了全国法律援助先进集体和和先进个人，孟建柱等领导为先进集体和先进个人代表颁奖。江苏、浙江、江西、河南、湖北、重庆、青海等省（市）司法厅（局）和福州市、深圳市宝安区法援中心及黄石市法援中心主任王林10个单位和先进个人代表发言。中央政法委秘书长周本顺、国务院副秘书长汪永清、民政部副部长姜力、财政部副部长李勇、人力资源和社会保障部副部长杨士秋、司法部副部长张苏军、郝赤勇、中纪委驻司法部纪检组组长韩亨林、政治部主任李如林出席会议。中央办公厅、中宣部、中央政法委、中编办、全国人大常委会法工委、国务院办公厅、民政部、财政部、人力资源和社会保障部、国土资源部、住房和城乡建设部、卫生部、国家工商行政管理总局、国务院法制办、全国总工会、共青团中央、全国妇联、中残联等单位有关部门负责同志应邀出席会议。各省（区、市）司法厅

(局)长、新疆生产建设兵团司法局局长、副省级市司法局局长,全国法律援助工作先进集体和先进个人代表、司法部机关各司局、直属单位主要负责同志参加会议。

6月24日至27日,部法援中心与法援工作司共同在福建省举办"全国法律援助信息网络管理技术培训班",培训的主要内容是:介绍中国法律援助信息管理系统软件的开发设想及基本操作;详细讲解软件的操作和使用技巧;软件所收集信息在法律援助案件办理及管理工作中的运用等。各省(区、市)法律援助处(中心)主管信息化建设的领导及负责信息网络化的专业工作人员等参加培训。

6月24日至7月1日,部法援中心组织人员赴江西、上海对"12348"法律援助咨询专线和法律援助案件质量评估情况进行调研,培训处负责人带队。

6月26日,部法援中心召集北京市办理农民工法律援助案件的律师召开"公共教育宣传品讨论会",桑宁副主任主持讨论会。

6月30日至7月3日,由部法援中心统一支付培训经费的"西部省份法律援助轮训计划"正式启动,首个西部法援中心主任培训班在银川市举办,宁夏回族自治区各地市、县区的32名法援中心主任及工作人员参加了培训。培训班设置了如何当好市县法援中心主任、如何发挥法律援助在"三保"中的职能作用、法律援助管理理论以及法律援助申请、审查和实施,异地办案协作、案卷档案资料收集、案件质量评估、创新法律援助宣传服务形式共8个法律援助管理理论与实务专题课程,由部法援中心业务骨干及培训讲师团成员系统讲授。

7月2日,部法援工作司下发《关于推广使用法律援助信息管理系统的通知》。

7月4日至6日,部法援中心组织人员对宁夏"12348"法律援助专线和法律援助案件质量评估情况进行调研,桑宁副主任带队。

7月7日,司法部下发《关于进一步加强法律援助经费使用管理监督工作的通知》(司发通〔2009〕101号)。《通知》强调,要进一步增强做好法律援助经费使用管理监督工作的责任感,严格经费使用管理,坚决杜绝违法违纪现象。要加强对经费使用的监督,严格责任追究。

7月7日至18日,部法援中心组织人员赴福建、湖北对"12348"法律援助专线和法律援助案件质量评估情况进行调研,宣传处负责人带队。

7月8日至12日,部法援工作司组成调研组赴甘肃省就制定《法律援助类民办非企业单位登记管理办法》进行调研,民政部民间组织管理局有关同志参加,王军益副司长带队。

7月9日,第七届全国城际间法律援助工作交流会在郑州召开。在郑州市法援中心的积极倡导和组织下,北京、上海、广州、重庆等36个城市的司法局领导及法律援助机构负责人齐聚郑州,共同在《全国城际间农民工法律援助工作协作郑州协议》上郑重签字。

7月10日,司法部下发《关于加强和改进法律援助工作的意见》(司发〔2009〕12号)。《意见》强调:要进一步增强做好新形势下法律援助工作的责任感和使命感;着力提高新形势下法律援助工作水平;提高法律援助经费保障能力;全面加强法律援助队伍建设;切实加强对法律援助工作的组织领导。

7月16日,部法援工作司司长孙剑英、副司长高贞到北京市农民工法律援助工作站调研。

7月22日至24日,部法援中心在西宁市举办西部省份法律援助轮训计划青海培训班，青海省各州（地、市）、县（区）的法援中心主任参加了培训。培训的主要内容是：法律援助的管理；法律援助的申请、审查、实施；法律援助异地协作；法律援助案件质量管理与评估、法律援助档案管理及法律援助宣传的创新等。

7月29日，部法援工作司会同法制司联合民政部民间组织管理局在北京召开“制定法律援助类民办非企业单位登记管理办法座谈会”。部法援工作司孙剑英司长、部法制司薛春喜副司长分别主持座谈会，民间组织管理局戚景芳巡视员介绍了民办非企业管理方面的情况，全国总工会等社会团体、北京等地法律援助处（中心）、北京青少年法律援助与研究中心等民办非企业单位参会代表围绕《法律援助类民办非企业单位登记管理办法（征求意见稿）》发表了意见。

7月30日，由司法部、共青团中央发起，中国法律援助基金会、司法部律师公证工作指导司、司法部法律援助工作司、团中央青年志愿者工作部、司法部法律援助中心、中华全国律师协会联合举办的“1+1”中国法律援助志愿者行动启动仪式暨新闻发布会在北京京东宾馆举行。全国人大常委会原副委员长、中国关心下一代工作委员会主任、中国法律援助基金会名誉会长顾秀莲和司法部副部长赵大程、共青团中央书记处书记卢雍政出席会议并讲话。

7月30日上午，中国法律援助基金会在京东宾馆举行形象大使授予仪式，聘请香港著名影星吕良伟先生担任中国法律援助基金会形象大使。中国法律援助基金会会长张秀夫、副会长高文远、岳宣义等出席仪式，仪式由中国法律援助基金会秘书长周院生主持。

8月4日至6日，部法援中心在兰州市举办西部省份法律援助轮训计划甘肃培训班，甘肃省各市（州）、县（区）的法援中心主任参加了培训。培训的主要内容是：法律援助的管理、法律援助异地协作、法律援助档案管理、信息化对法律援助工作的影响、法律援助工作站规范化建设、法律援助宣传的创新、英国法律援助质量监督管理制度介绍等，这是该轮训计划的第三期培训班。

8月13日，部法援工作司司长孙剑英、副司长王军益到北京市平谷区调研法律援助工作。

8月上旬，由部法援中心和阳光法律系列丛书编委会联合编辑的《大爱——走进中国法律援助工作者》一书出版，此书宣传了法律援助工作者的奋斗经历和感人事迹，是第一本深入全面描绘法律援助工作者的专著，赵大程副部长为此书作序。

8月24日至29日，部法援中心人员赴山东对法律援助办案质量评估进行专题调研。

8月27日至29日，部法援工作司组成调研组赴河北省廊坊市、唐山市调研第五次全国法律援助工作会议精神落实情况，王军益副司长带队。

8月30日，由部法援中心与中央电视台联合制作的法律援助公益广告片正式开机，中央电视台主持人敬一丹和撒贝宁（法律援助形象大使）义务担任代言人。

8月31日至9月2日，部法援工作司组成调研组赴黑龙江省调研第五次全国法律援助工作会议精神落实情况，高贞副司长带队。

9月10日，赵大程副部长在《河南省司法厅关于对南阳市法律援助中心存在问题的处理意见》上批示，要求部法援工作司严格法援经费管理、使用，一要完善制度，二要加强监管，结合此事件及相关事件所暴露出的问题，研究采取措施，努力从源头上解决问题。按照赵副部长批示要求，部法援工作司组织多个调研组赴各地进行调研、检查，指导各地认真落实第五次法援工作会议精神和《司法部关于进一步加强法律援助经费使用管理监督工作的通知》内容，确保经费管理和使用的规范、安全。

9月18日下午，部法援中心副主任桑宁到中央电视台“社会与法”频道录制反映新中国法治进程和立法成就的特别节目。

9月27日，部法援工作司副司长王军益赴上海出席长三角地区法律援助协作会议。

10月10日至14日，部法援工作司组成调研组赴广东省调研法律援助工作，高贞副司长带队。

10月12日至20日，部法援工作司组成调研组赴四川、云南省调研法律援助工作，王军益副司长带队。

10月21日至23日，部法援中心在云南省大理市举办西部省份法律援助轮训计划云南培训班，云南省各州(市)，县(市、区)法律援助机构负责人、省级社会组织法律援助机构负责人参加了培训。培训的主要内容是：法律援助管理、案件质量评估、信息管理系统建设与应用、规范化操作、公共法律教育、异地协作问题研究、英国法律援助同行审查制度介绍等，这是西部轮训计划的第四期培训班。

10月27日，吴爱英部长、张苏军副部长与应邀来访的芬兰司法部长图伊亚·布拉克斯一行座谈并陪同部领导出席《中华人民共和国司法部和芬兰共和国司法部合作与交流谅解备忘录2010—2012年执行计划》的签署仪式，部法援工作司司长孙剑英等陪同。

10月28日，中芬两国司法部2007—2009年合作总结研讨会召开，部法援工作司司长孙剑英出席并作会议发言。

10月，由法援中心编辑、贾午光同志担任主编的《我为西部法律援助放飞理想》一书出版，此书收录了40多名法律援助志愿者的工作和生活情况。

11月4日至5日，部法援中心和法援工作司在湖南省长沙市共同举办2009年度全国法律援助研讨会，来自全国各省(区、市)的法律援助工作者、有关法学研究人员、司法实务工作人员等共80余名代表参加了研讨。部法援中心主任贾午光、副主任桑宁，部法援工作司副司长王军益，湖南省司法厅厅长夏国佳、副厅长唐云景出席研讨会。研讨会的主题是法律援助制度的改革与发展，主要内容涉及贯彻落实科学发展观、服务保障和改善民生，如何扩大法律援助覆盖面，加强法律援助制度建设，健全完善法律援助工作机制，加强法律援助经费保障能力和队伍建设，法律援助案件质量管理与评估六个方面。2009年度，部法援中心共组织各地撰写法律援助理论研究文章220多篇，成果明显。研讨会的主要目的是通过研讨和交流，分享这些法律援助理论研究成果，鼓励更多的法律援助工作者和社会各界人士更加积极、自觉地参与法律援助理论研究，促进法律援助理论研究更加活跃和繁荣，为探索新形势下法律援助工作发展的新思路、新措施，推动法律援助工作又好又快发展发挥积极作用，做出新的更大的贡献。

11月6日至7日，赵大程副部长赴浙江省、上海市调研法律服务和法律援助工作，部法援工作司司长孙剑英等陪同。

11月18日至20日，部法援中心在南宁市举办西部省份法律援助轮训计划广西培训班，广西各市(州)、县(区)法律援助机构负责人参加了培训。培训的主要内容是：法律援助的管理、法律援助案件的管辖和受理、法律援助信息管理系统建设与应用、法律援助案件质量评估、公共法律教育、法律援助异地协作问题研究、法律援助培训创新与组织管理、英国法律援助同行审查制度介绍等，这是西部轮训计划的第五期培训班。

11月25日，孙剑英同志赴中央电视台参加《关注法律援助》专题访谈节目录制。

11月26日至27日，部法援中心在江苏省南通市召开全国法律援助宣传工作经验交流座谈会，各省（区、市）法律援助处（中心）负责宣传工作的领导、部分省（市）法律援助机构宣传员、江苏省各市法律援助机构负责人、南通市各区、市、县司法局局长和法援中心主任，《法制日报》政法部负责人等参加会议。会议期间，各地总结并交流了2009年法律援助宣传工作，对在新形势下如何做好法律援助宣传工作的新思路和进一步提高法律援助社会知晓率的有效方法和途径进行了深入探讨。各地展示了法律援助宣传作品，评选出平面类法律援助优秀宣传品31件。参会人员实地考察了南通市法律援助宣传工作，观看了南通市司法局编排的法律援助文艺演出。部法援工作司副司长王军益在会议上讲话，要求进一步创新宣传形式，拓宽宣传渠道，增强法律援助宣传工作的针对性、实效性，提高法律援助的社会知晓率，营造有利于法律援助事业发展的社会氛围。部法援中心副主任桑宁作会议总结。

11月26日起，部法援中心与中央电视台联合录制的法律援助公益广告在中央电视台一、二、三、七套节目大循环随机播出。

11月27日至29日，部法援工作司组成调研组赴江苏省调研法律援助工作，王军益副司长带队。

11月30日至12月2日，部党组成员、中纪委驻司法部纪检组组长韩亨林赴山西省开展国务院农民工工作第二联合督察组督察工作，部法援工作司副司长高贞等陪同。

12月3日至4日，部法援工作司组成调研组赴山西省太原、阳泉市调研法律援助工作，高贞副司长带队。

12月20日，部法援工作司司长孙剑英、副司长王军益、高贞出席“致诚公益十年暨中国公益法论坛”活动。

12月22日，部法援中心组织召开优秀法律援助宣传品评委会议，《法制日报》、法律出版社、中央电视台相关人员及中国人民大学、中国政法大学有关专家参加。

12月24日，部法援工作司在海南省三亚市组织召开部分省（区、市）法律援助信息化建设研讨会，孙剑英司长、王军益副司长出席。

12月25日至28日，赵大程副部长赴安徽省检查监狱劳教场所安全稳定隐患专项排查整治活动开展情况和法律援助工作情况，并慰问基层司法行政干警，部法援工作司司长孙剑英等陪同。

第八部分 文件选载

（一）法律援助工作文件选载

关于切实做好春节前后农民工工作的通知

（2009年1月7日 司发通〔2009〕2号）

各省、自治区、直辖市司法厅（局），新疆生产建设兵团司法局、监狱局：

根据《国务院办公厅关于切实做好农民工工作的通知》（国办发〔2008〕130号，以下简称《通知》）精神，为做好农民工权益保障法律服务、法律援助、法制宣传和人民调解等项工作，促进春节期间社会生产和生活秩序稳定，现就有关问题通知如下：

一、积极开展法律服务和法律援助工作。各级司法行政机关要组织引导法律服务机构和从业人员，围绕企业和农民工的法律需求，提供优质、高效的法律服务，帮助企业应对危机，依法维护农民工权益。要积极开展农民工义务法律咨询活动，鼓励有条件的法律服务机构开通农民工法律咨询热线，免费解答法律问题。要发挥法律援助联系点、咨询点的作用，方便农民工就近快捷地获得法律服务和法律援助。法律援助机构要保持咨询电话、“148”法律服务专线全天候畅通，随时向农民工提供咨询服务。要贯彻调解优先原则，在办理农民工案件中，尽可能以调解方式解决纠纷，促进农民工和用工单位达成和解，增进相互理解和信任。要加强对代理涉及农民工的群体性、敏感性案件律师的指导管理，防止激化矛盾纠纷，维护社会和谐稳定。

二、认真做好法制宣传工作。各地要加大农民工法制宣传工作力度，广泛宣传中央的支农惠农政策和促进返乡农民工创业等多项政策措施，引导农民工正确看待当前经济形势和企业经营困难，促进做好农民工稳定就业工作。要利用农民工喜闻乐见的形式，开展形象生动的法制宣传，教育引导农民工遵纪守法，通过合法渠道反映诉求，依法维护自身权益。要继续做好灾区法制宣传教育工作，让返乡农民工及时了解相关法律法规和政策，正确使用法律手段解决遇到的困难和问题，确保灾后重建社会秩序稳定。

三、切实抓好矛盾纠纷排查调处工作。要发挥基层人民调解组织作用，组织人民调解员和信息员进村入户了解农民工返乡情况，及时发现化解涉农纠纷，特别要深入排查影响当地社会稳定和可能引发群体性事件、越级上访事件的矛盾纠纷，加强疏导并做好稳控工作，努力把不安定因素化解在基层。要做好春节前后矛盾纠纷预防排查工作，重点做好农民工劳资纠纷调处工作，努力做到应调尽调，及时化解矛盾纠纷，维护社会和谐稳定。

四、加强农民工信息统计分析和报告工作。要密切关注经济形势变化对农民工工作的影响，充分利用司法行政工作贴近群众、网络健全的优势，做好农民工返乡信息统计工作，及时了解农民工的法律需求，研究制定有针对性的对策措施。要加强与相关部门的信息交流和数据共享，定期沟通情况，掌握动态，作出分析研判，及时上报，为党委、政府制定农民工工作措施提供依据。各级司法行政机关要充分认识做好春节期间农民工工作的重要性，认真贯彻落实国办《通知》精神，在各级党委、政府的领导下，进一步加强组织领导，周密部署，围绕各地政府出台的扩大内需、促进经济平稳较快发展的政策措施，积极履行司法行政职能，切实维护农民工合法权益，切实维护社会稳定。各地贯彻落实情况及时报部。

关于进一步做好预防和解决企业工资拖欠法律服务和法律援助工作的通知

（2009 年 1 月 22 日　司办通〔2009〕9 号）

各省、自治区、直辖市司法厅（局），新疆生产建设兵团司法局，总政司法局：

近期，受国际金融危机的影响，企业生产经营困难加剧，部分企业停产倒闭，拖欠职工工资甚至欠薪逃匿问题突出。为贯彻落实党中央、国务院应对当前经济形势作出的一系列决策部署，进一步做好预防和解决企业工资拖欠工作，依法维护职工合法权益，维护社会稳定，现通知如下。

一、努力为预防和解决企业工资拖欠工作提供优质高效的法律服务

积极引导和组织律师接受企业职工的委托，通过代理职工参加劳动仲裁、诉讼、劳动争议调解或与用人单位进行协商等方式，把解决企业工资拖欠问题纳入法制化轨道。进一步加强企业法律顾问工作，充分发挥企业法律顾问的作用，协助和指导企业建立和完善各项规章制度，帮助企业建立权责明确、科学规范的长效管理机制。充分发挥公证工作职能，运用公证法律手段规范劳动合同关系，提高劳务合同的履约率，保证职工工资得以及时足额兑现。积极探索并推广针对劳资双方达成的偿还欠款协议及兑现农民工工资协议的强制执行公证制度。进一步畅通为企业职工提供法律服务的渠道，在企业职工较为密集的区域设立工作站，鼓励支持有条件的法律服务机构开通法律咨询热线，免费解答企业职工的法律问题。通过电视、报纸、杂志、网络等媒体公示法律服务机构、人员的执业信息，便于企业职工遇到困难及时获取法律帮助。对经济确有困难又达不到法律援助条件的农民工，要酌情减收或免收服务费用。

二、认真做好解决工资拖欠问题有关法律援助工作

进一步畅通法律援助渠道，简化办理程序，努力为企业职工提供便捷高效的法律援助服务，特别是做好被拖欠工资的困难职工、农民工的法律援助工作，依法维护他们的合法权益。努力提高为解决拖欠工资提高法律援助工作的水平，加强有关办理欠薪案件法律知识和诉讼技能的培训，有条件的地方可以指派或安排具有办理欠薪案件专长的法律援助人员或以组建专门律师志愿团等形式提供援助。法律援助机构要加强对办案环节的质量监控，确保为劳动者提供符合标准的法律援助服务。

三、大力倡导以调解协商方式解决企业工资拖欠问题

充分发挥法律服务人员的调解功能，引导法律服务人员在代理职工参加劳动仲裁、诉讼时，积极通过诉前和解、诉讼调解等方式，促成当事人与企业和解，争取调解结案。对小额、简单案件以及涉及人数较多的案件，尽可能通过协调有关主管部门和欠薪单位，以调解方式平稳解决纠纷。要在地方各级人民政府的统一领导下，依法参与处理因拖欠工资问题引发的群体性事件的应急工作，在提供法律服务和法律援助的同时，深入细致地做好疏导工作，稳定职工情绪，协助有关部门妥善、快速处置因企业无力支付拖欠工资或欠薪逃匿问题引发的群体性事件。

四、积极配合有关部门做好打击欠薪逃匿行为工作

要配合有关部门加大对欠薪逃匿行为的防范、打击力度，依法引导法律服务机构和人员协助职工和债权人向人民法院申请对企业资产进行保全。对于非正常撤离中国的外资企业，要按照商务部、外交部、公安部、司法部联合印发的《外资非正常撤离中国相关利益方跨国追究与诉讼工作指引》的精神，配合有关部门依法追究逃匿者的经济、法律责任。

五、加大法律咨询和法律宣传力度

要组织和引导法律服务、法律援助机构和人员，通过咨询热线、法律讲堂、以案说法等形式，利用报刊、网络、电视、社区宣传栏等各种媒介普及有关职工权益保障的法律知识，特别是加大对《劳动法》、《劳动合同法》、《劳动合同法实施条例》等与预防和解决拖欠工资问题密切相关的法律法规的宣传，提高企业守法意识，增强广大职工依法维护自身合法权益的意识和能力，为预防和解决拖欠工资工作营造良好的法制氛围。

各级司法行政机关、各地律师协会、公证协会要从深入贯彻落实科学发展观，实现好、维护好、发展好人民群众最关心、最直接、最现实的利益的高度，把预防和解决企业工资拖欠法律服务和法律援助工作摆在突出位置，切实加强组织领导。要在地方党委、政府的统一领导下，做好相关法律服务、法律援助工作的组织领导、统筹协调工作。各地司法厅（局）和律师协会、公证协会要成立专门的工作小组，围绕做好预防和解决企业工资拖欠法律服务和法律援助工作有针对性地开展调查研究，预测、分析企业拖欠职工工资的新情况、新问题，研究制定指导性意见。要进一步加强与劳动保障、建设、工会、共青团、妇联、残联等部门、单位以及社会团体、组织的协调配合，建立信息共享交流机制，积极争取社会各方对解决企业拖欠工资法律服务和法律援助工作的支持，建立健全解决企业拖欠工资法律服务和法律援助工作长效机制，确保广大企业职工、农民工获得更加便捷有效的法律服务和法律帮助。

关于做好"法律服务和法律援助工作为构建社会主义和谐社会服务"主题实践活动总结表彰工作的通知

（2009 年 2 月 26 日　司发通〔2009〕16 号）

各省、自治区、直辖市司法厅(局)，新疆生产建设兵团司法局、监狱管理局：

自 2007 年 4 月以来，各地按照司法部的部署和要求，组织开展了"法律服务和法律援助工作为构建社会主义和谐社会服务"主题实践活动，广大律师、公证员、基层法律服务工作者、司法鉴定人员和法律援助工作者，立足本职，勤于奉献，为推动经济社会又好又快发展、促进社会和谐稳定作出重要贡献，各项工作取得明显成效。各省(区、市)司法厅(局)要对开展主题实践活动的基本情况、主要做法和成效进行全面总结，在此基础上形成书面材料，于 2009 年 3 月 20 日前报送司法部律师公证工作司。总结材料要突出实践主题，体现工作特色，真实反映工作业绩和社会评价，字数一般不超过 5000 字。

在这次主题实践活动中，各地涌现出一大批积极参与、竭诚服务、成效显著的先进典型。为鼓励先进、交流成果、推动工作，司法部将表彰一批先进集体和先进个人。

一、评选范围和表彰名额

主题实践活动先进集体和先进个人评选范围主要包括：律师、公证、基层法律服务、司法鉴定和法律援助机构及其工作人员，司法行政机关、有关行业协会及其工作人员。

主题实践活动先进集体和先进个人表彰名额共 210 名。省(区、市)司法厅(局)推荐先进集体和先进个人各 100 名(名额分配表见附件 1)。司法部研究确定表彰省级司法行政机关、行业协会 10 名。

二、评选条件

主题实践活动先进集体评选条件：

1. 深入学习贯彻科学发展观，认真落实各项工作部署；

2. 工作实绩突出，在促进社会和谐和加强自身建设方面取得明显成效；

3. 创造性地开展工作，总结探索出服务和谐社会建设的有效做法和先进经验；

4. 人民群众和社会各界给予好评。

主题实践活动先进个人评选条件：

1. 政治坚定，具有强烈的政治意识、大局意识、责任意识；

2. 积极投身主题实践活动，在工作中起到骨干和模范带头作用；

3. 工作扎实，奋发进取，作出突出贡献。

三、评选工作要求

各省(区、市)司法厅(局)要认真做好先进集体和个人推荐及典型材料的报送工作。评选工作要坚持实事求是和公平、公正、公开的原则，坚持条件，保证质量，充分发扬民主，接受群众监督。评选重点要面向基层一线，采取自下而上、上下结合的方法进行。

各省(区、市)司法厅(局)于2009年3月31日前将推荐先进集体和先进个人申报表(见附件2、附件3)一式四份报送司法部政治部,先进事迹3000字左右。

附件:1. 主题实践活动先进集体和先进个人名额分配表
2. 主题实践活动先进集体申报表
3. 主题实践活动先进个人申报表

司法部

二〇〇九年二月二十六日

附件1

主题实践活动先进集体和先进个人名额分配表

省份	先进集体	先进个人	省份	先进集体	先进个人
北京	4	4	海南	2	2
天津	3	3	重庆	3	3
河北	4	3	四川	5	4
山西	3	3	贵州	3	2
内蒙古	3	3	云南	3	3
辽宁	4	3	西藏	1	2
吉林	3	3	陕西	3	3
黑龙江	3	3	甘肃	2	3
上海	4	4	青海	2	2
江苏	4	4	宁夏	2	2
浙江	4	4	新疆	2	3
安徽	4	3	新疆兵团	1	1
福建	3	4			
江西	3	3			
山东	4	4			
河南	4	4			
湖北	3	4			
湖南	4	3			
广东	4	5			
广西	3	3			

附件 2

主题实践活动先进集体申报表

所在省(市、区)____________　　　　　　　　　　　　　填报时间_____年_____月_____日

单位名称	
主要事迹	
主要事迹	单位签章　　_____年_____月_____日
主管司法行政机关意见	单位签章　　_____年_____月_____日
市级司法行政机关意见	单位签章　　_____年_____月_____日
省级司法行政机关意见	单位签章　　_____年_____月_____日

附件3

主题实践活动先进个人申报表

所在省(市、区)__________　　　　填报时间_____年_____月_____日

<table>
<tr><td>姓　名</td><td></td><td>性　别</td><td></td><td rowspan="4"></td></tr>
<tr><td>民　族</td><td></td><td>政治面貌</td><td></td></tr>
<tr><td colspan="4">所在单位</td></tr>
<tr><td colspan="4">职　务</td></tr>
<tr><td>主要事迹</td><td colspan="4"></td></tr>
<tr><td>主要事迹</td><td colspan="4">单位签章　_____年_____月_____日</td></tr>
<tr><td>主管司法行政机关意见</td><td colspan="4">单位签章　_____年_____月_____日</td></tr>
<tr><td>市级司法行政机关意见</td><td colspan="4">单位签章　_____年_____月_____日</td></tr>
<tr><td>省级司法行政机关意见</td><td colspan="4">单位签章　_____年_____月_____日</td></tr>
</table>

关于开展“148”工作调研活动的通知

（2009 年 3 月 17 日　司办函〔2009〕66 号）

各省、自治区、直辖市司法厅（局），新疆生产建设兵团司法局：

为了加强和规范“148”法律援助专线工作，丰富法律援助咨询形式，充分发挥法律援助咨询在化解矛盾纠纷、维护困难群众合法权益中的积极作用，根据部党组有关加强法律援助工作的精神，决定在全国范围内组织开展“148”法律援助咨询工作专题调研，现将调研提纲引发给你们，请围绕调研提纲，摸清本地“148”现状，找出存在的问题及原因，并提出加强和规范“148”工作的对策和建议，形成调研报告，于 5 月 31 日前报送部法律援助中心。

附件：“148”法律服务专线调研提纲

司法部办公厅
二〇〇九年三月十七日

附件：

“148”法律服务专线调研提纲

一、“148”法律服务专线现状

（一）“专线”设立

1. 本省已设立“148”法律服务专线数量；

2. 本省“148”法律服务专线平台建设情况，其中：覆盖全省的平台数，覆盖地、市的平台数，覆盖县（市）、区的平台数各是多少；

3. 本省“148”法律服务专线没有覆盖的地市、县（市）、区；

4. 本省“148”法律服务专线尚未划归法律援助部门的市、县、区。

（二）“专线”机构

5. 本省“148”法律服务专门机构的数量：其中，经编制部门批准的机构数和司法局设立的机构数分别是多少；

6. 本省“148”法律服务专门机构的情况（行政、全额事业、差额事业、自收自支、其他，各是多少）；

（三）“专线”人员

7. 本省现有从事“148”法律服务专线的专职人员总数（包括专职管理人员和专职提供法律咨询服务的人员）；

8. 本省参与“148”法律服务的法律工作者总人数；

9. 本省经编制部门批准的“148”专职工作人员编制数。

（四）“专线”经费

10. 本省“148”法律服务专线年度经费总数；

11. 本省“148”法律服务专线实行经费单列的部门数；

（经费单列的部门总数，占已设立“专线”部门的比例）

12. 本省参与“148”法律服务的人员有无补贴及有、无补贴人员的比例；

13. 以地级、县级为单位，根据目前受话量、设备维护等因素测算，每年各需多少经费。

（五）运转机制

14. 针对“148”机构设置和工作的开展，曾制定下发了哪些规章制度和规范性文件；

15. 划归法律援助中心（处）管理后，对原有的“148”管理制度和运作程序规则作了哪些修改，目前，执行情况如何；

16. 省、市、县“148”专线电话平台（总台与分台）之间在电讯技术上是何关系；

17. 省、市、县“148”专线电话平台（总台与分台）之间在电话咨询工作任务分配上是何关系。

（六）其他方面情况

二、“148”工作存在的问题和原因

本省在机构设置、人员编制、设备现状、职能范围、运转机制、经费保障等方面的突出问题和矛盾有哪些，并分析原因。

三、加强和规范“148”的对策和建议

围绕怎样整合、定位，怎样更好地发挥效能，如何解决目前突出矛盾和问题，实事求是、具体详实地拿出本省关于加强和规范“148”的对策和意见。

1. 将“148”法律服务专线从名称、工作方式、工作内容等各个方面加以整合，使其成为符合法律援助本质要求的“148”法律援助专线，需要从哪些方面着手。

2. 如何对“148”的职能范围进行重新定位和界定，对此有何建议。

（如，将“148”法律援助专线做这样的定位是否合适：“148”法律援助专线是通过电话服务方式为贫弱群众提供的免费法律咨询和公共法律教育的一种方式，是政府为满足公民对法律信息的需求而提供的一种公共法律服务，而不是原来的“协调联动指挥枢纽”。因此，应将“148”整合为为困难群众提供免费法律咨询服务及公共法律教育的平台）

3. 针对目前复杂的“148”管理体制，应当怎样进行整合。对此有何建议。

4. 目前“148”的经费渠道各式各样，要解决根本问题，争取把“148”业务经费纳入到各级政府的财政预算。各地如何将“148”法律援助专线机构和人员业务经费作为法律援助经费的一个单独科目列入到各级政府的法律援助经费预算和开支范围，对此有何建议，或好经验。

5. 目前“148”法律服务专线建设参差不齐，加强和规范“148”法律援助专线建设势在必行。如何设计“148”的工作程序、服务标准、咨询解答口径、行为规范，对此有何建议。

6. 目前“148”法律服务专线的组网方式各不相同，有的还较落后，为全面落实司法部关于启用统一短号码（12348）的工作要求，应当如何研究设计及升级改造“148”法律援助咨询平台，启用“12348”短号。对此有何建议。

7. 其他方面。

关于认真履行职责进一步做好残疾人法制宣传法律服务和法律援助工作的通知

（2009年5月4日　司发通〔2009〕78号）

各省、自治区、直辖市司法厅（局），新疆生产建设兵团司法局：

做好残疾人法制宣传、法律服务和法律援助工作，是司法行政机关担负的重要职责。为认真贯彻落实中央领导同志重要讲话和国务院残疾人工作委员会第四次全体会议精神，促进残疾人事业发展，现就做好有关工作通知如下：

一、认真学习贯彻中央领导同志重要讲话精神，进一步增强做好残疾人工作的责任感和使命感。残疾人事业是中国特色社会主义事业的重要组成部分，党中央、国务院高度重视残疾人事业发展。去年，胡锦涛总书记主持召开中央政治局常委会议，对残疾人事业发展做出战略部署。党中央、国务院下发了《关于促进残疾人事业发展的意见》，全面阐述了促进残疾人事业发展的重要意义、指导思想、目标任务和工作原则，为残疾人事业发展指明了方向。全国人大常委会通过了《残疾人保障法》修订案，批准我国加入《残疾人权利公约》，为保障残疾人权益和发展残疾人事业提供了有力的法制保障。温家宝总理在今年的政府工作报告中，强调要"支持残疾人事业加快发展"。这些重要举措的实行，使残疾人事业呈现出蓬勃发展的新局面。但也要看到，残疾人工作面临许多困难和问题，尤其是国际金融危机还在发展和蔓延，对我国经济的影响还在加深，给残疾人在就业、权利保障等方面带来新的压力，要求提供法律服务和法律援助的残疾人群将会比以往增多，对做好残疾人法制宣传、法律服务和法律援助工作提出新期待、新要求。最近，国务院残疾人工作委员会召开第四次全体会议，回良玉副总理在会上作了重要讲话，深刻分析了当前残疾人工作面临的形势，对做好今年残疾人各项工作提出明确要求。各级司法行政机关要认真贯彻落实中央精神，认真学习贯彻回良玉副总理重要讲话，切实把思想和行动统一到中央的决策部署上来，进一步增强责任感，认真履行工作职责，切实做好残疾人法制宣传、法律服务和法律援助工作，为促进残疾人事业发展贡献力量。

二、进一步扩大法制宣传、法律服务和法律援助的覆盖面。加强法制宣传教育，将《残疾人保障法》和相关法律法规作为全民"五五"普法的重要内容，纳入"法律六进"等主题教育活动，广泛开展送法进机关、乡村、社区、学校、企业、单位活动，把《残疾人保障法》等法律法规送到广大干部、职工和人民群众手中，不断增强全社会依法维护残疾人权益的意识。切实加强各级领导干部残疾人法律法规的宣传教育，不断增强各级领导干部依法保障残疾人合法权益的观念。切实加强残疾人法制宣传教育，特别是加强《残疾人保障法》、《律师法》和《法律援助条例》的宣传教育,提高他们依法维权的意识和能力,促进残疾人普遍知晓获得法律服务、法律援助的方式和途径。

进一步拓宽为残疾人提供法律服务的领域,着力在医疗、保险、救助、住房等领域开展法律服务,努力为残疾人提供法律帮助。对经济困难又达不到法律援助条件的残疾人,律师事务所要创造条件,减少或免除服务收费;公证机构要按照有关规定减免公证费。积极组织推荐律师参与残疾人权益保障有关法律、法规、政策的制定和修改论证工作,推进残疾人权益保障制度建设。

根据当地经济社会发展水平,针对残疾人生产生活等方面出现的新情况、新问题,推动地方政府进一步扩大法律援助覆盖面。努力把劳动就业、社会保障、婚姻家庭、教育等与残疾人权益紧密相关的事项纳入补充事项范围。放宽法律援助经济困难标准,降低法律援助门槛,将更多的残疾人纳入法律援助的服务对象。学习借鉴一些省(区、市)扩大覆盖面的做法,积极创造条件,尽快将残疾人请求侵权赔偿等事项纳入法律援助补充事项范围,明确重残、智残等无固定生活来源的残疾人可直接认定为经济困难,使得更多的残疾人能够获得法律援助。

三、进一步提高残疾人法制宣传、法律服务和法律援助工作质量。要深入学习昆明市盘龙区法律援助中心以残疾人为本,开辟"信息无障碍、设施无障碍、交流无障碍、程序无障碍"通道,为残疾人提供无障碍法律援助的盘龙经验,建立完善各项"便残助残"措施。法律援助机构要积极创造条件,在临街一层设置专门的接待场所,配备必要的无障碍服务设施。要为残疾人提供贴身服务。继续深入开展"残疾人维权示范岗"活动,确定一批律师事务所、公证处和基层法律服务所,相对集中地为残疾人提供法律服务。倡导律师事务所与当地残联签订服务协议,在残联设置法律服务办公室,派专职律师免费为残疾人提供法律服务。在各级残联和基层社区、福利企业、特殊教育学校等设立法律援助工作站、联络点,推动残疾人法律援助工作向基层延伸。要为残疾人提供语音和文字提示、手语、盲文等信息交流服务,并提供优先服务和辅助性服务。开通残疾人"绿色通道",优先受理、审查残疾人的法律援助申请,优先办理残疾人法律援助案件。要为残疾人提供个性化服务,适应各类残疾人的不同需求,尽量借助电话、邮寄、网络等方式进行联系,办理有关申请、受理等事项,必要时上门为残疾人提供服务。

要切实提高残疾人法制宣传、法律服务和法律援助工作质量。法制宣传部门要充分利用广播、电视、报刊、网络等各类媒体开展宣传教育,增强残疾人法制宣传教育的针对性、实效性。法律援助机构、律师事务所、基层法律服务所要安排对残疾人有深厚感情、熟悉相关法律和政策、擅长办理有关案件的人员为残疾人提供法律帮助。要选择对残疾人最有利的方式解决纠纷,坚持调解优先原则,对于案情简单、事实清楚、争议不大的案件,根据残疾人意愿,尽量采用调解方式结案,及时解决纠纷。对于疑难复杂的诉讼案件,可与残疾人组织共同研究,必要时进行专家论证,保证受援人获得有效的帮助。要在案件办理过程中坚持以案释法,以案析理,做到案结事了。

要加大对残疾人法制宣传、法律服务和法律援助工作的检查和监督。畅通残疾人举报投诉渠道,设立监督电话,公布邮箱,向残疾人发放监督卡,及时听取残疾人对法律服务和法律援助工作的意见。要督促各地落实"便残助残"措施。开展残疾人法制宣传工作检查、法律服务及法律援助案件质量评估活动,针对发现的问题,研究采取对策。

加大对违法案件的查处力度，对不按照规定减免服务费、拒不为符合条件的残疾人提供法律援助以及案件质量不符合要求的，要依法严肃处理。

四、进一步加大残疾人法制宣传、法律服务和法律援助工作经费保障力度。各级司法行政机关要积极争取法制宣传经费和法律服务、法律援助办案业务经费，为开展残疾人法制宣传、法律服务和法律援助提供良好的物质保障。要充分考虑当地残疾人数量及其法律援助需求状况，增强残疾人法律援助经费保障能力。逐步提高对残疾人法律援助案件补贴标准，切实保证办案成本开支。充分发挥中国法律援助基金会和地方法律援助基金会的作用，动员、鼓励社会各界捐赠支持残疾人法律援助事业，不断扩大残疾人法律援助专项基金。律师事务所、公证处、基层法律服务所为残疾人办理有关案件或事项的，要保证承办人员开展工作所需费用。探索建立对律师事务所、公证机构和法律服务所减免费用为残疾人提供法律服务给予适当经济补偿的资金渠道。

五、进一步加强组织领导。各级司法行政机关要高度重视残疾人法制宣传、法律服务和法律援助工作，把这项工作作为一项重要任务来抓，纳入司法行政工作总体安排中，同部署、同落实、同检查、同考核。要加强与残联、法院等部门的配合，建立高效、便捷、完善的残疾人维权工作衔接机制。要加强综合协调和工作指导，整合好法制宣传、法律服务和法律援助各方面的力量，形成工作合力。要适时开展督促检查，研究解决工作中的困难和问题。法制宣传部门、法律服务和法律援助机构要切实履行工作职责，相互支持，密切配合，齐心协力做好为残疾人服务的工作。要及时总结推广为残疾人服务的好经验、好做法，以点带面，推动整体工作上水平。要大力宣传、表彰在残疾人法制宣传、法律服务和法律援助工作中做出突出成绩的先进典型，弘扬关心、帮助残疾人的良好风尚。

关于做好2009年农民工工作的通知

（2009年5月13日　司发通〔2009〕77号）

各省、自治区、直辖市司法厅（局），新疆生产建设兵团司法局：

2008年以来，各级司法行政机关根据中央的统一部署，坚持围绕中心、服务大局，立足于关注民生、服务“三农”，将农民工列为重点服务对象，以为农民工办实事为抓手，建立健全农民工维权机制，采取有效措施，加大工作力度，涉及农民工的法制宣传、法律服务、法律援助和人民调解工作取得新的进展。据不完全统计，全国有近70%的农民工接受了不同形式的法制宣传教育；各地法律援助机构共办理涉及农民工的法律援助案件191，182件，农民工受援人达到243，771人次，为1，422，273名农民工提供了法律咨询服务；人民调解组织调解涉及农民工劳动争议纠纷约27.5万件，调解成功率达96.9%。

根据党的十七届三中全会精神和《国务院农民工工作联席会议2009年工作要点》的要求,2009年司法行政机关农民工工作的总体思路是:坚持以邓小平理论和"三个代表"重要思想为指导,深入贯彻落实科学发展观,认真贯彻落实党的十七届三中全会和《国务院办公厅关于切实做好当前农民工工作的通知》精神,积极应对国际金融危机对我国经济发展的影响和挑战,把加强农民工权益保护放在更加突出的位置,拓展服务领域,健全工作机制,提高服务能力,为农民工平等实现基本权益提供优质高效的法律服务和法律保障。

一、充分认识做好农民工工作的重要性,切实增强责任感、使命感

农民工是我国工业化、城镇化进程中涌现的一支新型劳动大军,是推动我国经济社会建设的重要力量,改革开放30多年来为社会主义现代化建设作出了重要贡献。同时,农民工又是社会困难群体,在工作和生活中有不少困难,农民工权益被侵害的现象也不同程度地存在,需要社会的扶持和关爱。特别是在当前国际金融危机的形势下,大批农民工面临返乡、重新择业等许多问题,农民工工作面临前所未有的挑战。做好农民工工作,解决农民工面临的突出问题,是贯彻落实科学发展观、促进经济平稳较快发展的必然要求,是维护社会公平正义、保持社会和谐稳定的重要举措,是统筹城乡发展、稳步推进工业化和城镇化的重要保证。各级司法行政机关要从政治和全局的高度,充分认识做好农民工工作的重大意义,认真贯彻落实党中央、国务院关于农民工工作的战略部署,着眼于保增长、保民生、保稳定工作大局,充分发挥司法行政职能作用,为农民工提供优质高效的法律服务和法律保障,推动解决农民工最关心、最直接、最现实的利益问题,促进农民工劳动关系和谐,维护社会和谐稳定。

二、加大工作力度,全力维护农民工合法权益

(一)努力增强农民工法制宣传教育工作的实效性。紧密结合当前经济形势,围绕与农民工生产生活密切相关的问题,大力加强农民工权益保护法律法规的宣传教育。在农民工输出地,积极宣传国家的强农惠农政策措施,引导返乡农民工积极投入社会主义新农村建设。深入农民工比较集中的企业,积极宣传国家拉动内需的一系列政策措施,引导农民工正确看待当前的经济形势和企业的经营困难,增强战胜困难的信心,与企业共克时艰、共渡难关。加强对用工单位的法制宣传教育,明确用工单位开展农民工法制宣传教育的责任与义务,提高企业经营者的法律素质,规范企业用工行为,从源头上避免侵犯农民工权益现象的发生。普法依法治理工作部门要充分发挥组织协调、指导检查职能作用,积极调动各有关部门和行业的积极性和主动性,形成农民工法制宣传教育工作合力,广泛深入地开展农民工权益宣传教育活动,使社会各界和广大群众树立理解、尊重、保护农民工的意识,积极营造关心农民工的良好社会氛围。

(二)注重提高农民工法律服务工作的有效性。继续鼓励支持有条件的法律服务机构设立法律咨询热线,通过各种媒体公示法律服务机构、人员执业信息,印制名录免费发放,深入社区、工地、企业等农民工聚集地设立法律服务联系点、咨询点,便于农民工遇到困难及时获取法律帮助。鼓励律师事务所、公证处对不符合法律援助条件的农民工减免服务费用。注重发挥法律服务人员的调解功能,积极倡导和推进以调解协商方式解决涉及农民工的法律纠纷。继续探索并推广针对劳资双方达成的偿还欠款协议及兑现农民工工资协议的强制执行公证制度，进一步发挥公证工作在维护农民工合法权益方面的职能作用。加强对法律服务人员办理农民工维权案件的指导，建立重大案件报告制度、信息沟通制度，及时掌握情况，做好相关工作。

（三）不断强化农民工法律援助工作的针对性。及时了解掌握新形势下农民工法律援助的新需求，研究放宽法律援助经济困难标准，进一步降低法律援助门槛。针对农民工生产生活等方面出现的新情况，努力把劳动就业及权益保障、土地承包、征地拆迁等与农民工紧密相关的民生事项纳入补充事项范围。根据当前形势，将长期被拖欠工资、人身损害和医疗事故得不到赔偿、家庭零就业和无法返回生产岗位的四类农民工列为重点援助对象，进一步简化程序，优先受理，快速办理。在办理农民工案件过程中，尽可能选择对农民工最有利的方式解决纠纷，确保农民工利益最大化。对于案情较简单、事实清楚的案件，根据农民工意愿，尽量采用调解方式结案，快速解决纠纷。

（四）着力发挥农民工纠纷调解工作的预防性。进一步强化人民调解预防矛盾纠纷的功能，针对近期大批农民工离城返乡过程中矛盾纠纷上升的特殊形势，加大涉及农民工纠纷的定期排查工作力度，努力把纠纷消灭在萌芽状态，防止纠纷激化引发恶性案件和群体性事件。充分发挥人民调解工作在农民工维权服务中的职能作用，积极化解农民工下岗失业、再就业过程中出现的劳动争议、拖欠工资、工伤损害赔偿纠纷，做好返乡农民工土地承包流转纠纷以及婚姻家庭等纠纷的调解工作，努力做到妥善处置，案结事了。不断提高涉及农民工纠纷的调解率、调解成功率和调解协议的履行率，切实维护农民工合法权益和社会和谐稳定。建立健全矛盾纠纷情报信息网络，及时上报涉及农民工纠纷的信息和可能导致纠纷的潜在因素，为基层党委、政府和有关职能部门做好农民工工作提供有效帮助。

三、优化相关政策和措施，增强农民工工作实际效果

（一）多渠道开展农民工法制宣传教育工作。积极探索农民工法制宣传教育的有效途径，结合“法律六进”活动，开展法律进乡村、进企业、进工厂、进宿舍的农民工专题法制宣传教育活动，引导农民工学法守法用法，依法理性维护自身合法权益。结合中宣部、司法部、民政部、农业部、全国普法办组织开展的“提高农民法律素质，促进农村改革发展”大型主题宣传教育活动，集中开展系列专题活动，提高农民工维护自身合法权益的能力。组织编写《农民工法律知识读本》，对涉及农民工日常生产、生活和工作中的法律问题进行通俗易懂的讲解，免费发放到农民工手中。在灾区继续深入开展灾区恢复重建法制宣传教育，积极主动帮助受灾地区农民工解决实际困难，及时发现和化解各种不稳定因素，维护好灾区社会秩序和灾区农民工的生产生活稳定。

（二）进一步做好重点领域农民工法律服务工作。引导律师、公证、基层法律服务机构及其人员密切关注、及时了解掌握农民工法律服务需求，通过多种方式，为农民工提供及时、便捷、有效的法律服务。进一步推进律师、公证工作向农村延伸，充分利用基层法律服务工作者贴近农村、了解农民的优势，积极为返乡农民工生产生活服务。组织引导法律服务人员积极为调整农业产业结构、发展农村经济以及农民工转移就业和返乡创业提供法律服务。根据当前经济社会发展形势，重点做好解决农民工工资拖欠、劳动合同纠纷、工伤赔偿以及土地承包经营等问题的法律服务工作。继续做好农村留守儿童、留守老人的法律服务工作，依法维护他们的合法权益。

（三）切实加大农民工法律援助工作力度。要进一步完善法律援助便民措施，畅通农民工申请渠道，加强基层法律援助机构和工作站点建设，方便农民工就近申请和获得法律援助。在农民工聚集的劳动力市场、城乡结合部、企业集中的工业区设立“148”便民指示牌，提高“148 法律援助专线”服务能力，做好农民工法律援助咨询工作。有条件的地方，开通农民工法律咨询专线。加强对办理农民工案件的法律援助人员的专业培训，指派擅长办理劳动纠纷案件的律师办理重大疑难案件，确保农民工法律援助案件质量和效果。引导和帮助农民工依法在义务人所在地申请法律援助，建立完善法律援助异地协作机制，就异地调查取证等开展协作，降低农民工维权成本。制定《法律援助程序规定》，确立法律援助各环节的实施标准，为农民工提供合格的法律援助服务。继续推动有条件的地方设立农民工法律援助专项资金，推动各级地方政府将农民工法律援助所需资金纳入财政预算，为农民工法律援助工作提供经费保障。

（四）积极创新农民工纠纷调解工作机制。大力推进在农民工聚居区、聚集区以及农民工较为集中的企业建立人民调解组织。鼓励和提倡有条件的人民调解委员会设立农民工纠纷调解室，专门负责涉及农民工矛盾纠纷的调解工作。健全完善人民调解员选任制度，广泛吸纳具有一定文化知识和政策法律水平、热心人民调解工作、有威望的农民工代表担任人民调解员，落实人民调解员误工补贴。推进人民调解与司法调解、行政调解相互衔接配合，推进人民调解制度与司法制度、仲裁制度的衔接配合，实现职能互补，形成合力，完善“大调解”工作体系。

四、加强组织领导，确保农民工工作各项任务落到实处

各级司法行政机关要高度重视农民工工作，把维护农民工合法权益作为司法行政系统深入学习实践科学发展观、服务保障和改善民生的一项重要任务摆上议事日程，统筹部署，突出重点，整体推进。要密切关注农民工工作出现的新变化，深入研究分析当前经济形势对农民工工作的影响，针对侵害农民工权益的易发领域和突出环节，强化工作措施，因地制宜、因时制宜地解决好农民工问题。要加强经常性工作指导，使从事农民工工作的司法行政人员准确把握国家有关政策方针，熟练掌握司法行政各项业务，充分履责、认真履责、有效履责，不断提高做好农民工工作的能力和水平。要注重搞好思想政治教育，特别是要做好对律师的引导工作，防止因为工作不当激化矛盾，影响社会稳定。要坚持工作重心下移，关口前移，充分发挥基层司法行政机关的作用，把能否切实为农民工办实事作为衡量司法行政机关贯彻落实中央有关决策部署实效的重要标准。要着力培育不同层次、不同类型的典型经验，并通过各种形式推广交流，发挥典型的示范带动作用。要加强与相关农民工维权机构、部门的沟通，建立健全信息交流和工作衔接配合机制，增强农民工工作的实际效果。

关于在全国开展“法律援助便民服务”主题活动的意见

（2009 年 6 月 1 日　司发通〔2009〕93 号）

各省、自治区、直辖市司法厅（局），新疆生产建设兵团司法局：

为贯彻落实中央关于保持经济平稳较快发展和“保增长、保民生、保稳定”的决策部署，进一步加大法律援助工作力度，更好地维护困难群众合法权益，司法部决定，自2009 年 6 月至 2010 年 6 月，在全国开展“法律援助便民服务”主题活动。现就有关问题提出如下意见：

一、指导思想、目标要求

开展“法律援助便民服务”主题活动，要认真贯彻落实党的十七大和十七届三中全会精神，坚持以邓小平理论和“三个代表”重要思想为指导，深入贯彻落实科学发展观，坚持以人为本，服务为民，以满足人民群众法律援助需求为目标，以维护人民群众合法权益为主线，以方便群众、服务群众为重点，全面提升法律援助服务能力和水平，让更多的困难群众方便快捷地获得法律援助，切实维护社会公平正义，促进社会和谐稳定。

通过开展“法律援助便民服务”主题活动，推动各地完善便民利民措施，督促法律援助机构和法律援助人员进一步强化服务意识，改进服务作风，创新服务方式，提高服务质量和效率，探索构建法律援助便民长效机制，建立高效规范的法律援助实施体系，努力为困难群众提供优质高效的法律援助服务。

二、活动内容

活动期间，在全国范围内进一步推行法律援助十项便民措施，具体包括：

（一）努力扩大法律援助覆盖面。各级司法行政机关要根据当地经济社会发展水平，针对困难群众生产生活等方面出现的新情况，推动地方政府及时放宽法律援助经济困难标准，进一步降低法律援助门槛，努力把劳动就业、社会保障、土地承包、征地拆迁等与民生问题紧密相关的权益保护事项纳入补充事项范围，及时满足困难群众法律援助需求。

（二）建立健全法律援助便民服务窗口。各级司法行政机关和法律援助机构要积极创造条件，在临街、一层等方便人员来往的地点设置专门接待场所。在醒目位置设立便民指示牌，统一服务标识。设立公示栏，列明法律援助条件、申请程序、无偿服务原则、监督投诉电话等基本内容。完善无障碍配套服务设施，为残疾人、老年人等提供方便。

（三）拓宽法律援助申请渠道。各地法律援助机构要广泛建立法律援助工作站、联络点，扩大基层法律援助服务网络覆盖范围，使困难群众法律援助申请及时就近得到受理。根据需要到信访、劳动保障和法院等与困难群众联系密切的部门接受申请。探索法律援助机构授权律师事务所等法律服务机构代为受理公民申请。在偏远地区和困难群众集中的区域设立流动工作站，巡回受案。对老弱病残等有特殊困难的受援对象推行电话申请、邮寄申请、上门受理等服务方式。有条件的地方开展网上受理申请。

（四）做好法律援助接待咨询工作。各地法律援助机构要对来访人员免费提供法律咨询。来访咨询事项属于法律援助范围的，应当一次性告知申请程序，指导来访人提出申请；对不属于法律援助范围的，要告知有关规定，指引来访人寻求其他解决渠道。对疑难问题实行预约解答。向社会公布“148”法律援助专线电话，安排专业人员值守咨询专线，确保线路畅通，处理及时。有条件的地方，开通农民工法律咨询专线。

（五）简化法律援助受理审查程序。各地法律援助机构要为低保人群、零就业家庭、有特殊困难的残疾人、老年人，发放法律援助卡（证），对持卡（证）人免除经济困难审查。对农民工申请支付劳动报酬和工伤赔偿案件，不再审查经济困难条件。将特困企业职工、返乡农民工、生活困难的被征地农民以及新失业人员等，纳入重点范围，简化审批程序。对情况紧急或者即将超过仲裁或诉讼时效的法律援助案件，可以先行受理，事后补办手续。

（六）方便群众异地申请获得法律援助。各地法律援助机构要引导和帮助当事人依法在义务人所在地申请法律援助，建立完善法律援助异地协作机制，就异地调查取证等开展协作，降低群众维权成本。

（七）建立受援人联系告知制度。各地法律援助机构应当告知受援人在法律援助过程中的权利与义务，并及时向受援人通报办理法律援助事项的进展情况。法律援助事项为诉讼案件的，应当告知受援人在诉讼中的权利义务，提示可能产生的法律风险。

（八）选择有利于受援人的服务方式。各地法律援助机构要引导法律援助人员选择对受援人最有利的方式解决纠纷，对于案情简单、事实清楚、争议不大的案件，根据受援人意愿，尽量采用调解方式结案，减轻受援人讼累。

（九）提高法律援助服务质量。各地法律援助机构要实行首问负责制、服务承诺制、限时办结制。在援助前、援助中、援助后等各个环节强化办案质量管理，实行全程跟踪，重点督办重大疑难案件，保证受援人获得优质、高效的法律服务。

（十）主动接受受援人和社会监督。各地法律援助机构应当发放监督卡，做好受援人跟踪回访工作，接受受援人监督。设立投诉电话，公开网络邮箱，规范投诉处理反馈工作，促进改进作风、完善服务。

三、实施步骤

（一）动员部署阶段。各省（区、市）司法厅（局）要从领会《通知》精神、制定实施方案、搞好思想发动等方面入手，扎实做好动员部署工作。要在广泛征求各方面意见、认真开展调查研究的基础上，结合本地区实际，尽快研究制定具体实施方案。要进行广泛深入的思想发动和部署，充分调动广大法律援助工作者参与主题活动的主动性和积极性。

（二）组织实施阶段。各级司法行政机关和法律援助机构要按照《通知》和本地实施方案的要求，细化实化工作措施，全面抓好落实工作。要在活动过程中认真查找为群众服务的差距，进一步规范服务行为，完善工作制度，努力为群众解决一些实际问题。司法部将适时对各地主题活动开展情况进行督查或抽查。各级司法行政机关也要组织对所属地区的检查工作，查找薄弱环节，采取有效措施，积极加以推进。

（三）总结表彰阶段。各省（区、市）司法厅（局）要认真总结分析本地区主题活动开展情况，并向司法部提交书面报告。及时推广活动中创造和积累的好经验好做法，进一步巩固活动成果,探索建立法律援助便民工作长效机制。对活动中涌现的先进集体和个人,司法部将进行通报表彰。

四、组织领导

(一)高度重视,周密部署。开展"法律援助便民服务"主题活动是司法行政系统贯彻落实党的十七大和十七届三中全会精神的重要举措,是新形势下法律援助工作服务党和国家工作大局的切入点,也是为困难群众排忧解难的实事、好事。各级司法行政机关和法律援助机构要充分认识做好这项工作的重大意义,摆上重要日程,高度重视,周密部署,切实做到认识到位、组织到位、措施到位、工作到位。

(二)精心组织,务求实效。要把开展主题活动与落实中央提出的全力做好保增长、保民生、保稳定的各项政策措施和工作部署结合起来,与开展深入学习实践科学发展观活动和"大学习、大讨论"活动结合起来,确保主题活动有组织、有计划、有步骤地进行。要针对不同情况,鼓励和支持各地在开展主题活动的具体方式方法上因地制宜地作出安排。要深入基层调查研究,加强督促检查和工作指导,确保主题活动按照司法部统一要求扎实推进。要强化创新意识,坚持以已有的实践经验为基础,下大力气完善工作方法和手段,不断推出新举措,让群众切身感受到主题活动成效,防止搞形式主义和"政绩工程"。

(三)注重宣传,营造氛围。要大力宣传开展主题活动的重大意义、指导思想和目标要求,为活动的顺利开展营造良好舆论氛围。要充分利用电视、广播、报刊、网络等舆论阵地,及时报道主题活动的新进展、好做法和取得的实际成效,不断扩大社会影响力。要及时搜集汇总活动进展情况,定期交流上报活动信息和经验。要善于发现典型,着力培育不同层次、不同类型的典型经验,并通过各种形式推广交流,充分发挥典型引路的作用。

(四)加强保障,提升能力。要积极争取各级党委政府和相关部门的支持,帮助解决法律援助工作中存在的实际困难,把这项惠及广大困难群众的工作做好做实。要紧紧抓住当前国家扩大内需的有利契机,根据当地经济发展水平、法律援助需求量以及办案成本等,积极争取政府加大法律援助经费投入,加快改善法律援助基础设施,为落实十项措施提供必要保障。要建立健全法律援助便民服务长效机制,把主题活动中创造和积累的好经验、好做法用制度和规范固定下来,为法律援助便民工作常态化提供制度保障。

关于进一步加强法律援助经费使用管理监督工作的通知

(2009年7月7日 司发通〔2009〕101号)

各省、自治区、直辖市司法厅(局),新疆生产建设兵团司法局:

为进一步加强司法行政机关和法律援助机构对法律援助经费使用的管理和监督,

切实做到法律援助经费专款专用，提高经费管理水平和资金使用效益，保障法律援助事业健康发展，现就做好有关工作通知如下：

一、进一步增强做好法律援助经费使用管理监督工作的责任感。法律援助经费是政府援助困难群众的专项经费，加强对此项经费使用的管理监督，是司法行政机关的一项重要职责，是提高经费使用效益、做好法律援助工作的重要保证。近年来，各级司法行政机关和法律援助机构认真贯彻实施《法律援助条例》，严格执行国家有关财务管理的法律法规和财政部、司法部有关规定，在法律援助经费紧缺的情况下，合理安排使用资金，努力提高资金使用效益，为困难群众服务，树立了法律援助工作的良好形象。各级司法行政机关和法律援助机构要进一步统一思想认识，从法律援助工作大局和维护人民群众利益出发，切实加强法律援助经费的管理、监督工作，将有限的资金管好用好，努力发挥经费使用的最大效益，为更多困难群众提供优质高效的法律援助服务。

二、严格经费使用管理，坚决杜绝违法违纪现象。各级司法行政机关要认真执行财政部、司法部印发的《中央补助地方法律援助办案专款管理暂行办法》(财行〔2005〕191号)，使用好中央补助地方法律援助办案专款、地方法律援助专项资金等各项法援资金。要按照国家和地方有关财政资金管理的要求，严格执行会计制度和财务制度，依法管理法律援助经费，确保专款专用。要重点加强法律援助办案经费的管理，不得将法律援助办案专款用于弥补县(区)司法局和法律援助机构人员经费和公用经费的不足。对符合办案经费使用范围的各类支出，应按照经费使用审批的程序办理。要提高法律援助经费中办案费用的支出比例，尽力满足办案需要。要建立法律援助办案经费拨付、复核、稽核和单位主管领导审核把关的分工责任制。要实行严格的内部稽核制度，建立规范的内部制约和纠错机制。要加强对法律援助资金使用的控制，严格执行各项费用的开支标准和审批权限，财务人员要依法理财，保证账目真实、完整、规范。要建立健全并切实执行财务管理制度及经费管理使用考评制度和奖惩制度，严格经费使用管理，坚决杜绝违法违纪现象发生。

三、加强对经费使用的监督，严格责任追究。各级司法行政机关要建立完善内部监督机制，加强审计监督，加大纪检监察机关监督力度，畅通监督渠道，主动接受社会监督。各级司法行政机关纪检监察部门要把法律援助经费使用监督检查工作，作为党风廉政建设和法律援助行风建设的一项重要内容来抓，维护资金安全。省(区、市)司法厅(局)要会同财政、审计部门加强对法律援助经费使用情况的审计和监督检查，对没有建立法律援助办案费台账的单位，要督促其尽快建立。对经费管理存在的问题，要限期进行整改。属于违法违纪问题，对负有责任的领导干部和直接责任人员，按照有关党纪政纪规定，坚决严肃处理，情节严重构成犯罪的，移送司法机关依法追究刑事责任。要进一步加强对中央补助地方法律援助办案专款使用情况的监督管理，实行跟踪反馈责任制，切实做到补助专款拨付到哪里，监管责任就延伸到哪里。接受中央补助地方法律援助办案专款的省(区、市)司法厅(局)，要继续严格按规定定期向财政部和司法部报送办案专款的安排和使用情况。下半年，司法部将对各地法律援助经费使用情况进行专项检查。各地要先行开展自查，司法部将在各地自查的基础上，组织进行重点抽查，并将检查情况予以通报。对有令不行、有禁不止、违法违纪的典型事例，公开曝光，严肃查处。

关于加强和改进法律援助工作的意见

（2009年7月14日　司发〔2009〕12号）

各省、自治区、直辖市司法厅（局），新疆生产建设兵团司法局、监狱管理局：

为认真贯彻落实党的十七大和十七届三中全会精神，进一步做好新形势下法律援助工作，努力为“保增长、保民生、保稳定”服务，现就加强和改进法律援助工作提出如下意见。

一、进一步增强做好新形势下法律援助工作的责任感和使命感

（一）充分认识做好新形势下法律援助工作的重要意义。党的十七大明确提出加快推进以改善民生为重点的社会建设，着力保障和改善民生，为法律援助工作发展提供了难得的发展机遇。同时，随着依法治国基本方略的实施，公民法律意识不断提高，法律服务需求日益增长，困难群众的法律援助需求也随之大量增加。做好新形势下法律援助工作，是深入贯彻落实科学发展观的必然要求，是保障和实现社会公平正义的必然要求，是贯彻落实中央“保增长、保民生、保稳定”决策部署的必然要求。各级司法行政机关一定要从政治和全局的高度，进一步增强做好新形势下法律援助工作的责任感、使命感，抓住机遇，迎接挑战，推进法律援助工作深入发展。

（二）全面把握加强和改进法律援助工作总的要求。当前和今后一个时期法律援助工作总的要求是：认真学习贯彻党的十七大和十七届三中全会精神，坚持以邓小平理论和“三个代表”重要思想为指导，深入贯彻落实科学发展观，认真贯彻中央“保增长、保民生、保稳定”的决策部署，全面贯彻实施《法律援助条例》，坚持围绕中心、服务大局，坚持以人为本、服务为民，努力维护困难群众合法权益，不断扩大法律援助覆盖面，努力提高法律援助工作质量，大力加强法律援助机构和队伍建设，大力加强法律援助经费保障能力建设，大力加强法律援助工作制度建设，坚持和完善中国特色社会主义法律援助制度，推动法律援助事业又好又快发展，为保障社会公平正义、促进社会和谐稳定、促进经济平稳较快发展作出新的更大贡献。

（三）进一步明确加强和改进法律援助工作总的目标。当前和今后一个时期法律援助工作总的目标是：法律援助覆盖面进一步扩大，提供能力进一步增强，更好地满足困难群众的法律援助需求；法律援助网络进一步健全，质量进一步提高，为困难群众提供更加优质高效的法律援助服务；法律援助经费投入进一步增加，基础设施进一步完善，物质保障水平明显提高；法律援助队伍进一步壮大，法律援助工作者政治业务素质进一步提高，法律援助工作水平显著提高。

二、着力提高新形势下法律援助工作水平

（四）进一步做好为困难群众及特殊群体提供法律援助的工作。积极为符合条件的困难群众提供诉讼和非诉讼代理，帮助他们依法维护自身合法权益，促进解决涉及基本生存、生产生活方面的问题，当前要特别围绕特殊群体的法律援助需求，努力做好下岗失业人员、零就业家庭、返乡农民工等法律援助工作。认真办理好刑事法律援助案件，做好盲聋哑人、未成年人以及可能被判处死刑的被告人的刑事指定辩护工作，依法为经济困难的刑事案件当事人提供辩护和代理，维护犯罪嫌疑人、刑事被告人和被害人的诉讼权利。广泛开展法律援助咨询服务，切实做好法律援助专线咨询工作，为群众解疑释惑。

（五）不断扩大法律援助覆盖面。全面、准确了解困难群众在民生问题方面的法律需求，推动地方政府根据当地经济社会发展水平，不断扩大法律援助覆盖面。鼓励、支持有条件的地方，综合考虑公民法律援助需求、法律援助资源状况等因素，适度放宽法律援助经济困难标准，逐步降低法律援助门槛。适应困难群众的法律援助需求，按照权利保护优先顺序和需求迫切程度，将就业、就医、就学、劳动报酬、社会保障等与民生问题紧密相关的事项，纳入法律援助补充事项范围。推动政府建立法律援助"三项标准"动态调整机制，促进法律援助工作与经济社会协调发展。

（六）健全完善法律援助便民措施。建立健全法律援助便民服务窗口，扩大基层法律援助服务网络覆盖范围，拓宽法律援助申请渠道。简化法律援助受理审查程序，为符合条件的特定困难群体发放法律援助卡（证），免除经济困难审查，对情况紧急的案件，可以先行受理，事后补办手续。建立完善法律援助异地协作机制，方便群众异地申请获得法律援助，降低群众维权成本。选择有利于受援人的服务方式，减轻讼累，提高服务效果。

（七）切实提高法律援助工作质量和效率。依据《法律援助条例》规定，完善法律援助受理、审批、指派、承办等各个环节的工作程序、工作制度和服务标准，提高法律援助规范化水平。严格按照最高人民法院和司法部联合印发的《关于充分保障律师依法履行辩护职责确保死刑案件办理质量的若干规定》，指派具有刑事案件出庭辩护经验的律师担任死刑案件的辩护人，确保辩护质量。健全完善法律援助服务质量监督机制，建立健全服务质量检查公布制度、质量跟踪检查制度、投诉处理制度，探索建立法律援助服务质量评估体系，提高办案质量。推行限时办结制度，按照规定期限，及时办理法律援助案件，提高法律援助工作效率。加快法律援助信息化建设，以信息资源的整合与开发利用为重点，全面提高法律援助管理效率和服务水平。

（八）全力维护社会和谐稳定。坚持把维护社会和谐稳定作为第一责任，充分发挥法律援助工作在党和政府主导的维护群众权益机制中的积极作用，在党委和政府的领导下，努力做好化解社会矛盾纠纷的工作，促进社会和谐稳定。坚持把调解优先原则落实到法律援助工作中，在办理法律援助案件时，根据案情需要，引导当事人采取调解、和解等非诉讼方式解决纷争，化解矛盾。在法律咨询、案件办理等工作中开展法制宣传教育，引导公众理性表达利益诉求，依法维护自身合法权益。认真办理食品药品安全和生产安全等社会敏感性、群体性案件，准确把握国家有关政策，加强与相关部门的协调配合，妥善处理，依法维护受害人合法权益。积极参与处理涉法涉诉信访案件，有效疏导化解矛盾纠纷。做好舆情分析工作，及时向党委政府和有关部门提供决策依据，努力促进从源头上解决问题。

（九）积极服务农村改革发展。把服务"三农"放在更加突出的位置，适应农村法律援助需求量不断增加的趋势，采取有效措施，及时为农民、农民工提供法律援助服务，促进农民增收、农业发展和农村进步。重点做好涉及农村土地承包经营权流转、农村土地征用、资源纠纷和拖欠农民工工资、工伤赔偿等的法律援助工作,促进农村社会和谐稳定。探索建立法律援助与人民调解等其他纠纷调处手段的衔接机制,增强农村法律援助服务的实际效果。

三、提高法律援助经费保障能力

(十)加大法律援助经费财政投入力度。继续推动地方政府将法律援助经费列入同级政府财政预算,加大投入力度,建立法律援助经费动态增长机制。推动建立中央和地方按比例分担的法律援助经费保障体制,设立省级法律援助专项资金,推动中央和省级财政加大对贫困地区经费支持力度,提高贫困地区法律援助经费保障水平。

(十一)多渠道筹集法律援助资金。不断拓宽法律援助经费筹措渠道,鼓励社会各界自愿捐资支持法律援助。积极发挥中国法律援助基金会和地方法律援助基金会的作用,探索建立社会化法律援助资金筹措机制,增强筹资能力,扩大可用资金规模,努力为更多的贫困地区法律援助工作提供支持。

(十二)加强法律援助经费使用管理的监督。加强对法律援助经费使用管理的监督,建立完善内部监督机制,加强审计监督,加大司法行政系统纪检监察机关监督力度,畅通监督渠道,主动接受社会监督,坚决防止并严肃查处侵占、截留和挪用法律援助经费的行为,确保专款专用,确保资金使用安全。

(十三)加快法律援助机构业务用房和办案设施建设。抓住各地积极落实中央扩大内需一揽子计划的有利时机,推动将法律援助业务用房、办案设施和法律援助专线等基础设施建设纳入投资建设规划,促进解决县区、地市法律援助机构业务用房紧张和基层法律援助办案设备紧缺的问题。

四、全面加强法律援助队伍建设

(十四)切实加强思想政治建设。把思想政治建设放在首位,坚持用马克思主义中国化最新成果武装头脑,坚持不懈地用社会主义核心价值体系教育广大法律援助人员。在法律援助工作队伍中开展深入学习实践科学发展观活动,认真学习和深刻领会科学发展观的科学内涵、精神实质和根本要求,切实增强贯彻落实科学发展观的自觉性和坚定性。深入开展"大学习、大讨论"活动,进一步坚定广大法律援助人员的政治信念,坚定不移地做中国特色社会主义的建设者、捍卫者。深入持久地开展社会主义法治理念教育,使广大法律援助人员进一步端正执业理念、规范执业行为,打牢服务为民的思想根基。引导广大法律援助人员坚持中国特色社会主义法律援助制度的本质属性,始终做到党在心中、人民在心中、法在心中、正义在心中,始终坚持党的事业至上、人民利益至上、宪法、法律至上,努力实现法律效果、社会效果和政治效果的统一。

(十五)切实加强业务能力建设。认真学习法律政策知识和法律实务知识,更好地适应法律援助工作的专业化要求,不断提高依法执业能力。熟悉群众工作特点,把握群众工作规律,学会做群众工作,切实提高联系群众、服务群众、引导群众的本领,不断提高群众工作能力。增强政治意识和大局意识,准确把握处置突发事件的原则方法,依法参与突发事件的处理,不断提高应对突发事件的能力。加大法律援助队伍培训力度,落实各项培训制度,制定法律援助教育培训规划,加强培训教材、师资、经费等基础建设,提升培训效果,不断提高法律援助队伍服务水平。

(十六)切实加强作风和行风建设。教育引导法律援助人员牢固树立群众观念,带着对群众的深厚感情开展法律援助工作,保持与群众的血肉联系，倾听群众呼声，关心群众疾苦，注重疏导群众情绪，维护受援人合法权益。教育广大法律援助人员依法执业，牢固树立宪法意识和法律意识，自觉遵守宪法和法律，正确理解和运用法律，依法维护受援人合法权益。强化责任意识，脚踏实地，真抓实干，努力办理好每一个案件，处理好每一件事情。大力倡导无私奉献精神，立足本职，尽职尽责，切实帮助困难群众解决实际问题。大力加强职业道德教育，强化执业纪律，把公正、廉洁作为最基本的职业道德，始终保持高尚的道德追求，树立和弘扬优良作风，坚决防止和杜绝办理法律援助案件收取财物、或假借办理法律援助案件之名从事有偿服务等严重违反职业道德和执业纪律的行为。

五、切实加强对法律援助工作的组织领导

（十七）把法律援助工作摆在更加重要的位置。各级司法行政机关要充分认识做好新形势下法律援助工作的重要性和必要性，切实把法律援助工作摆上更加重要的位置，列入议事日程，加强组织领导。要积极主动地向党委、政府汇报法律援助工作情况，进一步争取党委、政府的重视和支持，争取将法律援助工作列入当地党委、政府为民办实事项目，把法律援助事业纳入各地经济和社会发展规划，把法律援助纳入党和政府主导的维护群众权益机制，把法律援助经费纳入同级政府财政预算。深入研究法律援助工作的重要理论和实践问题，认真解决法律援助工作遇到的实际困难和问题。建立和落实工作责任制，建立健全抓落实的工作机制，确保法律援助工作的各项任务和措施落到实处。认真学习贯彻中央关于深化司法体制和工作机制改革精神，在有关部门的支持下，扎实做好法律援助工作改革的各项任务，坚持和完善中国特色社会主义法律援助制度。

（十八）切实履行监管职责。根据国务院2008年批准的司法部“三定”方案精神，结合实际，建立健全组织机构，进一步理顺法律援助工作管理体制，配齐配强管理人员，确保更好地履行监督管理职责。加强对法律援助机构的监督和管理，保证其严格按照《法律援助条例》规定的范围和程序，为受援人提供优质高效便捷的法律援助；督促律师等法律服务人员自觉履行法律援助义务，指导律师协会积极协助法律援助的实施；鼓励引导律师事务所、公证处、司法鉴定机构等法律服务机构减免服务收费，探索建立法律援助与公证、司法鉴定服务衔接机制，努力满足困难群众的法律服务需求。支持社会组织开展与其能力相适应的法律援助活动，加强对社会组织和志愿者参与法律援助工作的监督和管理，依法规范机构设置，严格职业准入标准，规范法律援助服务，维护法律援助秩序。加强法律援助人才队伍建设，健全人才培养、竞争、考核、评价和奖励机制，逐步建立一支高素质的法律援助人才队伍。按照《司法部关于法律援助事业“十一五”时期发展规划》的要求，加快制定法律援助配套规章，对办案程序、质量控制、经费使用、人员管理等方面作出规定，不断提高法律援助规范化管理水平。

（十九）加强与相关部门的协调配合。大力加强与编制、人事、财政、发改委等部门的协调，积极争取支持，帮助解决法律援助工作中遇到的实际困难和问题。大力加强与公检法部门的协作配合，完善民事诉讼法律援助与司法救助的衔接机制和刑事诉讼法律援助中公检法司部门的配合工作机制，使各部门在法律援助工作中的衔接配合有序通畅。探索建立规范化、制度化的工作衔接机制，把发挥法律援助机构自身职能作用与争取相关部门的支持配合结合起来，努力形成工作合力，共同做好法律援助工作。

（二十）进一步加大宣传工作力度。采取多种形式，广泛宣传党中央、国务院有关法律援助工作的重要部署和举措，宣传法律援助工作在维护社会稳定、促进经济社会发展、服务人民群众和国家法治建设中的重要地位和作用，宣传司法行政机关推进法律援助工作的措施和成效，让社会各界更多地了解支持法律援助工作。大力宣传法律援助工作先进典型，展现新时期法律援助工作者的良好形象和精神风貌。创新宣传形式，拓宽宣传渠道，增强法律援助宣传工作的针对性、实效性，营造有利于法律援助事业发展的社会氛围。

关于表彰全国“法律服务和法律援助工作为构建社会主义和谐社会服务”主题实践活动先进集体　先进个人的决定

（2009 年 9 月 8 日　司发通〔2009〕128 号）

各省、自治区、直辖市司法厅（局），新疆生产建设兵团司法局、监狱管理局：

2007 年 4 月至 2008 年底，各级司法行政机关按照司法部的部署和要求，认真组织开展“法律服务和法律援助工作为构建社会主义和谐社会服务”主题实践活动，指导和推动律师、公证、基层法律服务、司法鉴定和法律援助工作充分发挥职能作用，积极为构建社会主义和谐社会服务。各地法律服务和法律援助机构，以及广大律师、公证员、基层法律服务工作者、司法鉴定人员和法律援助工作者积极参与主题实践活动，围绕“促进和谐 · 保障和谐 · 建设和谐”这一活动主题，规范工作体系，加强队伍建设，积极开展法律服务和法律援助工作，为构建社会主义和谐社会作出了积极贡献。为表彰先进，推动工作，司法部决定，对这次活动中的 110 个先进集体和 100 名先进个人予以表彰。

希望各级司法行政机关特别是法律服务和法律援助机构，以及广大律师、公证员、基层法律服务工作者、司法鉴定人员和法律援助工作者，要以受表彰的先进集体和先进个人为榜样，全面贯彻党的十七大和十七届三中全会精神，坚持以邓小平理论和“三个代表”重要思想为指导，深入贯彻落实科学发展观，围绕中心，服务大局，不断开拓创新，进一步推进法律服务和法律援助工作，努力发挥法律服务和法律援助工作在服务“保增长、保民生、保稳定”中的职能作用，为夺取全面建设小康社会新胜利、开创中国特色社会主义事业新局面作出新的贡献。

二〇〇九年九月八日

法律服务和法律援助工作为构建和谐社会服务主题实践活动先进集体名单(110 个)

北京市司法局
北京市延庆县司法局
北京市朝阳区法律援助中心
北京市潮阳律师事务所
北京市致诚律师事务所
天津市北方公证处
天津天一律师事务所
天津市东丽区华明街法律服务所
河北省司法厅河北世纪联合律师事务所
河北省石家庄市平安公证处
河北省衡水市法律援助中心
河北省武安市武安镇法正法律服务所
山西科贝律师事务所
山西省太原市城西公证处
山西省阳泉市法律援助中心
内蒙古自治区赤峰市司法局
内蒙古东日律师事务所
内蒙古自治区锡林郭勒盟西乌旗法律援助中心
辽宁省沈阳市司法局
辽宁省大连市司法局
辽宁省锦州市公证处
辽宁省盘锦市法律援助中心
吉林省司法厅
吉林省司法鉴定协会
吉林功承律师事务所
吉林省吉林市丰满区第三法律服务所
黑龙江孟繁旭律师事务所
黑龙江省佳木斯大学司法鉴定中心
黑龙江省哈尔滨市第二公证处
上海市君悦律师事务所
上海市德尚律师事务所
上海市南汇公证处
上海市黄浦区法律援助中心
江苏省南通市司法局
江苏省南京市鼓楼区法律援助中心
江苏省无锡市滨湖区华宇法律服务所
江苏省盐城市农业科学院司法鉴定所
浙江省司法厅浙江省余姚市
司法局浙江省舟山市律师协会
浙江省苍南县法律援助中心
浙江金道律师事务所
安徽省司法厅安徽高速律师事务所
安徽省蚌埠市众信公证处
安徽省滁州市法律援助中心
宿州市第二人民医院
福建龙岩金磊律师事务所
福建省福州市鼓楼区公证处
福建省厦门市法律援助中心
江西华星律师事务所
江西省赣州市赣南公证处
江西省萍乡市法律援助中心
山东省司法厅山东众成仁和律师集团(济南)事务所
山东省济南市法律援助中心
山东省淄博市张店区南定法律服务所
青岛正源司法鉴定所
河南省许昌市司法局
河南金博大律师事务所

河南紫弦律师事务所
河南省郑州市黄河公证处湖北维力律师事务所
湖北省南漳县法律援助中心
湖北省大冶市灵乡镇法律服务所
湖南省郴州市律师协会
湖南省长沙市公证处
湖南天地人律师事务所
湖南省长沙县兴湘法律服务所
广东省司法厅
广东省广州市法律援助处
广东省佛山市三水区司法局
广东省东莞市公证处
广东陈梁永柜律师事务所
广西王莹文律师事务所
广西壮族自治区南宁市竭诚法律事务所
广西壮族自治区南宁市法律援助中心
海南省海口市椰城公证处
海南泽田律师事务所
重庆市垫江县司法局
重庆市公证处
重庆光界律师事务所
四川省司法厅
四川省成都市司法局
四川省广安市司法局
四川省绵阳市司法局
四川省达州市司法局
四川省自贡市司法局
贵州省平坝县司法局
贵州省沿河县法律援助中心
贵州辅正律师事务所
云南省大理白族自治州司法局
云南省昭通市法律援助工作管理局
云南省昆明市真元公证处
甘肃省兰州市司法局
甘肃勇盛律师事务所
陕西省司法厅
陕西省司法厅律师管理处
陕西省法律援助中心
陕西永嘉信律师事务所
西藏自治区央金法律援助中心
宁夏回族自治区司法厅
宁夏回族自治区固原市法律援助中心
宁夏宁人律师事务所
青海省法律援助中心青海竞帆律师事务所
新疆元正律师事务所
新疆维吾尔自治区乌鲁木齐市第二公证处
新疆生产建设兵团农一师司法局

法律服务和法律援助工作为构建社会主义和谐社会服务主题实践活动先进个人名单(100名)

左燕芹(女)　北京市方圆公证处主任
侯海霞(女)　北京市怀柔区汤河口地区公益法律服务中心理事长
连　艳(女)　北京市贝朗律师事务所律师
常　林　法大法庭科学技术鉴定研究所主任
马芳菲　天津市法律援助中心律师
陈绵麓　天津诺信律师事务所律师
李德庄　天津市天通司法鉴定中心痕

迹室主任
张江涛 河北省法律援助中心科员
赵丽平(女) 河北燕赵众诚律师事务所主任
许光辉 河北省定州市司法医学鉴定中心主任
高剑生 山西中吕律师事务所主任
霍佩应 山西省晋城市"148"法律服务中心副主任
梁凤恕 山西省司法鉴定工作管理委员会矿业司法鉴定专家委员会主任
王新芳(女) 内蒙古自治区阿拉善盟额济纳旗公证处主任
王新胜 内蒙古自治区包头市"148"协调指挥中心第一法律服务所主任
袁 梅(女) 内蒙古自治区呼伦贝尔市司法局法律援助中心主任
吴 哲 辽宁汇铎律师事务所主任
李 斌 辽宁省丹东凤城市凤凰城司法所所长
郭 桦(女) 辽宁省抚顺阳光法医司法鉴定所鉴定人
赵春芳(女) 吉林泉成律师事务所主任
王 虹(女) 吉林省抚松县法律援助中心主任
王 兵(女) 吉林省长春市北方公证处主任
曹 丽(女) 黑龙江海天庆城律师事务所主任
刚金仆 黑龙江省佳木斯市桦南县石头河子法律服务所主任
刘 敏 黑龙江省齐齐哈尔市法律援助中心负责人
韩明志 上海韩明志律师事务所主任
盛雷鸣 上海市中茂律师事务所律师
徐时放 上海市东方公证处公证员
杨 浏(女) 上海市奉贤区法律援助中心副主任
朱国庆 江苏省南通市崇川区法律援助中心主任
吴志波 江苏省无锡市锡城公证处主任
王博文 江苏省赣榆县青口法律服务所主任
王玉琦(女) 江苏联盛律师事务所律师
姚武强 浙江子城律师事务所主任
竺灵英(女) 浙江省宁波市司法局法律援助工作处处长
陶 靖 浙江省临安市公证处主任
徐力辛 温州医学院司法鉴定中心副主任
李有胜 安徽南宣律师事务所律师
王 斌 安徽省芜湖市法信公证处公证员
张显准 安徽省六安市施桥镇法律服务所主任
王 平 福建厦门联合信实律师事务所主任
赵 庸 福建中证司法鉴定中心主任
林志军 福建省泉州市泉港区南港法律服务所主任
王家郎 福建省晋江市司法局副局长兼法律援助中心主任
迟 非 江西盛义律师事务所主任
熊五根 江西省南昌市"148"法律服务所主任
杨庆春 江西济源司法鉴定中心主任
刘 澜 山东省青岛市司法局公证管理处处长
李国庆 山东交院交通司法鉴定中心常务副主任
提瑞婷(女) 山东省莱州清业法律服务所

栾少湖　山东德衡律师集团事务所主任
杜保金　河南天然律师事务所主任
丁欲晓(女)　河南省商丘市司法局法制仲裁与司法鉴定科科长
郭有才　河南省焦作市高新区“148”法律服务所法律服务工作者
程卫平　河南省浑河市司法局法律援助中心主任
李水平　湖北省武汉市司法局基层工作处处长
刘劲松　湖北省荆州市沙市区司法局法律援助中心主任
冯佳启　湖北九通盛律师事务所主任
赵厚裕　湖北省人民医院法医精神病司法鉴定所教授
罗良方　湖南省司法厅司法鉴定管理处副处长
高建湘(女)　湖南省长沙市法律援助中心副主任
戴事雄　湖南严明律师事务所主任
何旅华　广东省深圳市龙岗区司法局局长
王慧君(女)　南方医科大学司法鉴定中心主任
詹礼愿　广东博厚律师事务所主任
梁健伟　广东省肇庆市公证处主任
李仕文　广东省深圳市宝安区观澜街道法律服务中心副主任
李　煌　广西灵丰律师事务所律师
廖刚强　广西壮族自治区北海市公证处主任
李扬进　广西壮族自治区桂林市法律援助中心主任
王汉梅(女)　海南省法律援助中心副主任
刘万富　海南省三亚市荔枝沟法律事务所主任
王忠汉　重庆市南川区法律援助中心律师
严云华　重庆市北暗区东阳法律服务所主任
易　昊　西南政法大学司法鉴定中心副主任
李拴明　四川英特信联合律师事务所主任
王晓翠(女)　四川省德阳绵竹市公证处主任
龚　强　四川省巴中市南江县正直法律服务所所长
田志明　四川省绵阳维意司法鉴定中心主任
王定科　贵州省余庆县法律援助中心主任
王　军　贵州省纳雍县司法局阳长镇司法所所长
郝　耀　云南省司法厅律师工作处处长
胡小红(女)　云南省司法厅基层工作处主任科员
李利华　昆明医学院司法鉴定中心主任
阮卫东　甘肃省张掖市忠信公证处副主任
李西宝　甘肃省平凉市公证处主任
陈纳贤　甘肃白银大公律师行事务所副主任
刘孟华(女)　陕西省司法厅公证管理处主任科员
李生斌　西安交通大学法医学司法鉴定中心主任
陈　庆　陕西省宝鸡市太白县司法局黄柏源司法所所长
王　晓(女)　西藏自治区拉萨市法律援助中心主任
温吕方　西藏自治区阜康医院法医临床司法鉴定中心鉴定人
郝有宁　宁夏辅德律师事务所主任
雷　达　宁夏回族自治区银川市金凤

区良田镇法律服务所副主任
白延东　青海省红十字医院司法鉴定所主任
张县利　青海树人律师事务所律师
马丽萍(女)　新疆维吾尔自治区乌鲁木齐市法律援助中心副主任
隋元武　新疆金陆司法鉴定所主任
图尔逊 · 司马依力　新疆维吾尔自治区轮台县铁热克巴扎乡法律服务所主任
侯玉兰(女)　新疆生产建设兵团农八师司法局法律援助中心副主任

财政部　司法部关于印发《中央专项彩票公益金法律援助项目实施与管理暂行办法》的通知

(2009 年 12 月 30 日　财行〔2009〕554 号)

各省、自治区、直辖市财政厅(局)、司法厅(局),新疆生产建设兵团财务局、司法局:

经国务院批准,财政部从中央集中彩票公益金中安排法律援助项目,用于资助开展针对农民工、残疾人、老年人、妇女权益保障和未成年人的法律援助。法律援助项目由中国法律援助基金会负责项目的具体实施。为规范项目的管理和实施工作,保证资助的法律援助工作顺利开展,发挥资金的使用效益,根据国家有关法律法规,我们制定了《中央专项彩票公益金法律援助项目施与管理暂行办法》。现印发给你们,请遵照执行。

附件:中央专项彩票公益金法律援助项目实施与管理暂行办法

二〇〇九年十二月三十日

附件:

中央专项彩票公益金法律援助项目实施与管理暂行办法

第一章　总　　则

第一条　为规范中央专项彩票公益金法律援助项目(以下简称项目)的实施和管理,确保项目资金使用的公益性、有效性和安全性,使更多困难群众通过法律援助的途径维护和实现自身的合法权益,根据有关法律、法规制定本办法。

第二条 本办法所称的项目是指使用中央专项彩票公益金开展的针对农民工、残疾人、老年人、妇女家庭权益保障和未成年人法律援助的项目。

第三条 项目实施和管理要遵循公开透明、专款专用、严格监管、广泛覆盖、突出重点的基本原则。

第二章 项目资助案件的范围和类型

第四条 项目资助案件范围：

（一）当事人经济状况和申请事项符合《法律援助条例》（国务院令第385号）和本省（区、市）补充规定的法律援助事项范围，但当地法律援助经费确实存在困难的；

（二）当事人的经济状况符合当地法律援助经济困难标准，其申请法律援助的事项虽不属于《法律援助条例》和本省（区、市）补充规定的法律援助事项范围的，但属于本办法第六条规定的案件类型的；

（三）当事人经济状况高于当地法律援助经济困难标准，低于地城镇职工最低工资标准，其申请法律援助的事项符合《法律援条例》和本省（区、市）补充规定的法律援助事项范围的；

（四）当事人经济状况高于当地法律援助经济困难标准，低于地城镇职工最低工资标准，其申请法律援助的事项属于本办法第六条规定的案件类型的。

第五条 项目资助的地域包括31个省（区、市）和新疆生产建设兵团，重点是中西部地区。根据各地经济发展水平的不同，分别执行不同的案件资助范围。

（一）东部的北京、天津、上海、江苏、浙江、广东等6省（市）可以申请办理本办法第四条中的（二）（三）（四）项规定的案件。

（二）除上述东部6省（市）以外的其他省（区、市）和新疆生产建设兵团可以申请办理本办法第四条中第（一）（二）（三）（四）项规定的案件，但办理第（一）项规定的案件不超过本地区使用该项资金办理案件总数的1/3。

第六条 项目资助的案件类型主要是：

（一）民事案件。

1. 生命权、健康权、身体权纠纷。道路交通事故人身损害赔偿纠纷、医疗损害赔偿纠纷、工伤事故损害赔偿纠纷、触电人身损害赔偿纠纷等。

2. 婚姻家庭纠纷。婚约财产纠纷、离婚纠纷、离婚后财产纠纷、离婚后损害赔偿纠纷、同居关系析产、子女抚养纠纷、婚姻无效纠纷、撤销婚姻纠纷、夫妻财产约定纠纷等。

3. 抚养、赡养纠纷。抚养费纠纷、变更抚养关系纠纷、扶养纠纷、监护权纠纷、探望权纠纷；赡养费纠纷、变更赡养关系纠纷等。

4. 收养关系纠纷。确认收养关系纠纷、解除收养关系纠纷、分家析产纠纷等。

5. 继承纠纷。法定继承纠纷、转继承纠纷、代位继承纠纷、遗嘱继承纠纷、被继承人债务清偿纠纷、遗赠纠纷、遗赠扶养协议纠纷等。

6. 产品质量损害赔偿纠纷。

7. 高度危险作业损害赔偿纠纷。

8. 环境污染侵权纠纷。大气污染侵权纠纷、水污染侵权纠纷、噪声污染侵权纠纷、放射性污染侵权纠纷等。

9. 地面、公共场所施工损害赔偿纠纷。

10. 建筑物、搁置物、悬挂物塌落损害赔偿纠纷。

11. 劳动争议、劳动合同纠纷。

12. 社会保险纠纷。养老金纠纷、工伤保险待遇纠纷、医疗费、医疗保险待遇纠纷、生育保险待遇纠纷、失业保险待遇纠纷、福利待遇纠纷等。

13. 消费者权益纠纷。

14. 涉农纠纷。因购买、使用种子、农药、化肥等农业生产资料而产生的纠纷、土地承包经营权纠纷等。

(二)刑事案件。

1. 农民工、残疾人(盲、聋、哑除外)、老年人、妇女作为犯罪嫌疑人、被告人的刑事案件。

2. 农民工、残疾人、老年人、妇女、未成年人作为刑事被害人的刑事案件。

(三)执行案件。

(四)其他可以由本项目资助办理的案件。

第三章 组织管理

第七条 本项目由财政部、司法部委托中国法律援助基金会负责项目实施的管理工作。财政部、司法部有关司局、单位对项目实施给予指导。具体职责分别是:

(一)财政部行政政法司、司法部计财装备司负责项目资金分配方案的审批和使用的指导监督工作;

(二)司法部法律援助工作司负责项目业务指导和监督工作,参与项目实施单位立项审批;

(三)司法部法律援助中心参与组织项目培训、调研、监督检查、评估工作;

(四)中华全国律师协会负责推荐优秀律师事务所参与项目实施。

第八条 中国法律援助基金会设立中央专项彩票公益金法律援助项目管理办公室(以下简称中央项目管理办公室),在基金会理事会的领导下具体负责项目实施和管理的日常工作。

第九条 各省(区、市)司法厅(局)所属的法律援助机构组织成立本省(区、市)项目管理办公室(以下简称省级项目管理办公室),具体负责本辖区内的项目实施和管理工作。

第四章 项目实施单位的申报

第十条 本办法所称的项目实施单位是指接受项目资助办理或指派案件承办单位办理法律援助案件的单位。项目实施单位包括:

(一)地(市)和县(市、区)法律援助机构;

(二)北京、天津、上海、江苏、浙江、广东等6省(市)的热心公益并擅长办理农民工、残疾人、老年人、妇女家庭权益保障和未成年人法律援助案件的优秀律师事务所;

(三)法律援助类民办非企业单位;

(四)高等法学院校学生社团组织和妇联等社会团体的法律帮助中心(维权机构)。

地(市)和县(市、区)法律援助机构是主要项目实施单位。

第十一条 各省(区、市)项目实施单位的数量及资金分配额度,由中央项目管理办公室根据各省(区、市)的法律援助需求量、资金缺口以及办案能力、质量等实际情况提出建议,经司法部审核并报财政部批准后确定,并抄送省级财政部门备案。

第十二条 中央项目管理办公室统一发布《立项申请公告》。各类项目实施单位的立项申请和审批执行下列规定:

(一)各省(区、市)司法厅(局)所属的法律援助机构接受本辖区内地(市)和县(区)法律援助机构的立项申请,并提出审核意见,报中央项目管理办公室审批。

(二)中华全国律师协会负责推荐北京、天津、上海、江苏、浙江、广东6省(市)热心公益并擅长办理农民工、残疾人、老年人、妇女家庭权益保障和未成年人法律援助案件的优秀律师事务所,报中央项目管理办公室审批。

(三)法律援助类民办非企业单位以及各社会团体的法律帮助中心(维权机构)直接向中央项目管理办公室提出立项申请并由其审批。

第十三条 中国法律援助基金会与各省(区、市)司法厅(局)所属的法律援助机构签订《项目执行协议书》,明确省(区、市)司法厅(局)所属的法律援助机构对项目实施单位的管理职责。

第十四条 各省(区、市)司法厅(局)所属的法律援助机构与各项目实施单位签订《项目执行协议书》,明确办案质量要求、办案数量等方面的权利义务,并于签订之日起10日内报中央项目管理办公室备案。

第五章 项目案件的办理

第十五条 当事人向项目实施单位提出法律援助申请的,应当如实填写《中央专项彩票公益金法律援助项目法律援助申请表》,并提供其申请事项和经济状况符合本办法第二章规定范围的证明材料。

第十六条 项目实施单位应当在规定时限内对当事人提出的法律援助申请进行审核,并填写《中央专项彩票公益金法律援助项目法律援助受理意见表》,对符合本办法第二章规定的,应当受理申请并指派案件承办单位或承办人具体承办法律援助案件;对不符合本办法第二章规定的,不予受理并说明理由。

律师事务所和社会团体的法律帮助中心(维权机构)作为项目实施单位的,其受理的法律援助申请应当报所在地的县(市、区)法律援助机构审查。县(市、区)法律援助机构应当在规定时限内完成审查,对符合本办法第二章规定条件的,应当做出提供法律援助的决定并出具办理公函。

第十七条 地(市)和县(市、区)法律援助机构作为项目实施单位的,应当尽量指派律师事务所承办本项目资助的案件。东部地区的法律援助机构不得指派本单位专职法律援助人员办理本项目资助的案件;中西部地区的法律援助机构指派本单位专职法律援助人员办理本项目资助的案件原则上不超过本单位办理本项目资助案件总数的30%。

第十八条 案件承办单位或承办人应当在接受指派后的规定时限内与受援人签订委托代理协议。

第十九条 案件承办单位或承办人应当依据有关法律援助工作的要求,遵守执业纪律和职业道德,为受援人提供符合标准的法律服务,并不得以任何理由、任何形式收取受援人的财物。

第二十条 案件承办过程中,如发现受援人申报的案情或经济状况等失实的,或发现受援人有《法律援助条例》第二十三条规定列举的情形时,承办单位或承办人应当及时向项目实施单位反映,项目实施单位视情况可以终止对受援人的法律援助。律师事务所和社会团体的法律帮助中心(维权机构)认为应当终止对受援人法律援助的,还须报所在地的县(市、区)法律援助机构审查批准。

第二十一条 对重大、复杂、疑难的法律援助案件,项目实施单位、案件承办单位应当组织集体研究,确定承办方案,确保办案的质量和效果。

第二十二条 案件承办单位或承办人自案件办结后15日内,应当填写《中央专项彩票公益金法律援助项目结案审查表》,与下列材料一并提交项目实施单位进行结案审查。

(一)法律援助申请表、受理审核表以及证明案件符合本办法第二章规定的资助案件范围的有关资料;

（二）法律援助指派函或其他公函；

（三）委托代理协议、授权委托书等委托手续；

（四）起诉书、上诉书、申诉书或者行政复议（申诉）申请书、国家赔偿申请书等法律文书副本；

（五）会见委托人、当事人、证人谈话笔录和其他有关调查材料以及主要证据复印件；

（六）答辩状、辩护词或者代理词等法律文书；

（七）判决（裁定）书、仲裁裁决书、调解书（包括法院调解书、仲裁调解书和当事人在经律师见证达成的调解协议）或者行政处理（复议）决定等法律文书副本；

（八）结案报告；

（九）其他与承办案件有关的材料。

第二十三条　律师事务所和社会团体的法律帮助中心（维权机构）作为项目实施单位的，经本单位审查准予结案的案件，还应当将本办法第二十二条规定的结案材料报所在地县（市、区）法律援助机构审查。法律援助机构应当在3日内完成审查。

第二十四条　法律援助类民办非企业单位和高等法学院校学生社团组织应当接受所在省项目管理办公室的业务指导和监督。按照《法律援助条例》和有关法律、法规以及本办法的规定，严格进行案件受理、指派、办理和结案审核工作。办理群体性法律援助案件，须报中央项目管理办公室审查。

第二十五条　项目实施单位应当按照有关法律援助档案管理的规定将案件材料立卷存档。本办法第二十二条规定的结案材料应当作为卷宗材料的重要内容予以存档。

第六章　项目资金的拨付与管理

第二十六条　项目资金在财政部拨付司法部后，由司法部拨付中国法律援助基金会。中国法律援助基金会根据项目实施的进度将办案补贴直接拨付项目实施单位。

第二十七条　中国法律援助基金会、各项目实施单位应当为项目资金设立专户，实行独立核算，分账管理，不得与其他资金混合管理使用。

第二十八条　本项目资助的各地区的办案补贴标准分别是：

（一）西部的重庆、四川、贵州、云南、西藏、陕西、甘肃、青海、宁夏、新疆、广西、内蒙古等12省（区、市）和新疆生产建设兵团办理本区域内刑事案件、执行案件的办案补贴为1000元，办理本区域内民事、行政案件的补贴为1500元；疑难案件和跨地区办理的案件可以适当提高，最高不超过4000元。

（二）中部的河北、山西、吉林、黑龙江、安徽、江西、河南、湖北、湖南、海南等10省和东部的山东省、辽宁省、福建省办理本区域内刑事案件、执行案件的办案补贴为1200元，办理本区域内民事、行政案件的补贴为2000元；疑难案件和跨地区办理的案件可以适当提高，最高不超过4500元。

（三）东部的北京、天津、上海、江苏、浙江、广东等6省（市）办理本区域内刑事案件、执行案件的办案补贴为1600元，办理本区域内民事、行政案件的补贴为2800元；疑难案件和跨地区办理的案件可以适当提高，最高不超过5000元。

第二十九条　各项目实施单位办理的法律援助案件中，疑难案件和跨地区办理的案件原则上不超过10%。

第三十条　刑事侦查阶段、审查起诉阶段的案件和刑事、民事、行政二审案件，以及以调解结案的案件，如案情简单，工作量小，应在本办法第二十八条规定的资助标准基础上降低支付金额。

第三十一条　项目实施单位每季度向

省级项目管理办公室提交《中央专项彩票公益金法律援助季度结案统计表》、《中央专项彩票公益金法律援助项目××单位项目执行情况报告》和《项目资金申请报告》。

第三十二条　各省级项目管理办公室汇总、统计本省(区、市)各项目实施单位的项目执行情况,每季度向中央项目管理办公室提交《中央专项彩票公益金法律援助项目季度结案统计表》、《中央专项彩票公益金法律援助项目××省(区、市)项目执行情况报告》以及《项目资金申请报告》。中央项目管理办公室审核上述材料后向项目实施单位拨付项目资金。

第三十三条　地(市)和县(区)法律援助机构作为项目实施单位的,要及时向案件承办单位或承办人发放办案补贴,并将《中央专项彩票公益金法律援助项目办案补贴发放情况表》报省级项目管理办公室。

第三十四条　各项目实施单位申请的项目资金,只能用于向案件承办单位或承办人发放办案补贴,不得用于除此之外的其他支出。

第三十五条　项目资金的使用应当严格执行国家有关法律、法规和财务规章制度,任何人、任何部门不得截留、挤占或拖延支付、抵扣项目资金,不得贪污挪用、虚报冒领、挥霍浪费项目资金。

第三十六条　由本项目资助的案件,不得再申请其他财政法律援助经费或其他办案补贴。

第三十七条　有下列情形之一的不予支付办案补贴:

(一)项目实施单位、案件承办单位或承办人员收取受援人财物的;

(二)擅自终止或者转委托他人办理法律援助案件的;

(三)办理案件不合格或者不负责任给受援人造成损失的;

(四)有事实证明法律援助人员不履行职责而被更换的;

(五)案件承办单位或承办人员所提交的案件材料不符合项目要求的;

(六)虚构案件冒领办案补贴的。

第三十八条　由于出现本办法第二十条规定的情况而终止法律援助的,如案件承办单位或承办人未开展实质性工作的,不予支付办案补贴;如已开展实质性工作的,可以按本办法第二十八条规定的标准减半支付办案补贴。

第三十九条　中央项目管理办公室接受相关部门审计并将审计结果报财政部和司法部。中央项目管理办公室建立信息数据管理系统,对项目资金的使用实行实时监控和数据统计,并委托有关审计机构对项目实施单位的资金使用情况进行审计。

第七章　监督检查

第四十条　各级项目管理办公室、各项目实施单位应当建立健全内部监督、检查制度,严格执行本办法和有关法律、法规,主动接受财政、审计、监察等相关部门的审计和检查。

第四十一条　各省级项目管理办公室负责对本省(区、市)项目执行情况进行经常性检查;中央项目管理办公室会同有关部门进行阶段性集中检查。项目检查的方式有:卷宗抽查、当事人回访、接受举报、实地考察、组织审计等。

第四十二条　项目监督检查的重点是:

(一)项目资助办理案件的质量;

(二)各项目实施单位是否设立专项账户,是否与其他资金混淆使用;

(三)资金使用中是否有违反本办法有关规定的行为;

(四)项目实施单位是否将办案补贴如数发放给案件承办单位或承办人。

(五)其他认为应确定为重点检查的内容。

第四十三条 如发现项目实施单位未按要求执行项目或项目管理中存在较大问题以及未及时报告项目执行情况和资金使用情况的,中央项目管理办公室应当对有关单位和个人予以批评并责令其改正,同时可视情况扣减或暂停下一阶段项目资金;如发现项目实施单位有严重违反本办法的行为,可以暂停项目在该单位的实施,责其限期整改,整改期满仍未改善的,取消其作为项目实施单位的资格,并追究有关人员的责任,情节严重涉嫌犯罪的,移送司法机关依法追究刑事责任。

第四十四条 中央项目管理办公室建立项目评估系统,对项目实施情况进行评估,评估结果将作为下期项目资金分配的重要依据。对于表现突出的项目实施单位、案件承办单位、承办人,中央项目管理办公室将会同有关部门给予表彰奖励。

第四十五条 中央项目管理办公室每半年向财政部、司法部报告项目实施和管理等有关情况,每一年向社会公开项目实施情况。

第四十六条 中央项目管理办公室设立举报监督电话,受理群众举报,接受社会监督。

第八章 附 则

第四十七条 各省级项目管理办公室可以根据本办法和当地实际情况,制定具体实施细则,报中央项目管理办公室备案。

第四十八条 本项目所使用的《法律援助申请表》等一切表格和宣传材料,均需注明“本项目由中央专项彩票公益金资助”字样。

第四十九条 本办法由财政部、司法部负责解释。

第五十条 本办法自发布之日起实行。

最高人民法院 最高人民检察院 公安部 司法部 民政部 人力资源和社会保障部 教育部 卫生部 中国残疾人联合会印发《关于加强残疾人法律救助工作的意见》的通知

(2009年5月6日 残联发〔2009〕10号)

各省、自治区、直辖市及计划单列市人民法院、人民检察院、公安厅(局)、司法厅(局)、民政厅(局)、人力资源社会保障(人事、劳动保障)厅(局)、教育厅(教委、教育局)、卫生厅(局)、残联,新疆生产建设兵团残工委,黑龙江农垦总局残工委:

为贯彻落实《中共中央国务院关于促进残疾人事业发展的意见》和《中国残疾人事业“十一五”发展纲要》、《残疾人法律救助“十一五”实施方案》、《〈残疾人法律救助

“十一五”实施方案〉实施办法》的要求，切实推进残疾人法律救助工作，制定了《关于加强残疾人法律救助工作的意见》，现印发给你们，请认真贯彻执行。

二〇〇九年五月六日

关于加强残疾人法律救助工作的意见

党和国家高度重视残疾人法律救助工作。2008年3月28日，《中共中央国务院关于促进残疾人事业发展的意见》（中发〔2008〕7号）中指出：“建立残疾人法律救助体系，做好残疾人法律服务、法律援助、司法救助工作。加大对侵害残疾人合法权益案件的查处力度。”2008年4月24日，十一届全国人大常委会第二次会议通过修订后的《中华人民共和国残疾人保障法》，强化了相关单位和部门维护残疾人权益的职责，规定了残疾人法律救助的相关内容。国务院批转的《中国残疾人事业“十一五”发展纲要》中要求建立残疾人法律救助体系，解决残疾人的实际困难。最高人民法院、最高人民检察院、公安部、司法部、民政部、劳动和社会保障部、教育部、卫生部、中国残联联合制定下发《残疾人法律救助“十一五”实施方案》及《〈残疾人法律救助“十一五”实施方案〉实施办法》，明确规定了“十一五”期间残疾人法律救助工作的任务目标和主要措施，明确了各相关单位和部门的法律救助职责，为残疾人法律救助工作的顺利开展奠定了坚实基础。2008年6月26日，十一届全国人大常委会第三次会议批准我国加入联合国《残疾人权利公约》，该公约要求缔约国采取有效措施，保障残疾人获得平等司法保护。为切实维护残疾人的合法权益，进一步做好残疾人法律救助工作，使残疾人能够切实获得法律救助服务，提出以下意见：

一、从构建社会主义和谐社会的高度，充分认识开展残疾人法律救助工作的重要意义

我国有8300多万残疾人，涉及2.6亿家庭人口。残疾人是一个数量众多、特性突出、特别需要帮助的社会群体。党和政府历来十分关心残疾人，高度重视发展残疾人事业，特别是改革开放以来，采取了一系列重大措施，推动残疾人事业不断发展壮大，残疾人参与社会生活的环境和条件明显改善，法律意识普遍提高，依法维护自身权益的能力显著增强。但是，残疾人在社会中的弱势地位并未得到根本改变，他们仍然是社会弱势群体中最为困难的群体。残疾人的总体生活状况与社会平均水平仍然存在较大差距，歧视残疾人、侵害残疾人权益的现象时有发生，许多残疾人仍然面临着咨询难、请律师难、打官司难、无力支付法律服务费用等问题，残疾人的法律服务需求还不能得到充分有效满足，依法维护残疾人权益依然是残疾人事业发展中一项根本而长远的任务。

为残疾人提供法律救助服务是构建社会主义和谐社会的一项重要内容。党中央从中国特色社会主义事业总体布局和全面建设小康社会全局出发，提出了构建社会主义和谐社会的重大战略任务。构建社会主义和谐社会的首要原则是以人为本，始终把最广大人民的根本利益作为党和国家一切工作的出发点和落脚点，实现好、维护好、发展好最广大人民的根本利益。残疾人作为社会弱势群体中最为困难的群体，其权益保障状况对社会主义和谐社会建设具有非常重要的意义。为残疾人提供法律救助服务，是依法维护残疾人权益的科学方法和有效手段，有助于充分发挥国家司法救助、法律援助、法律服务的功能和作用，使残疾人享受服务门槛更低、服务内容更多、服务范围更广的法律服务。切实保障残疾人的合法权益、为残疾人提供法律救助服务是构建社会主义和谐社会的一项重要内容。

目前，我国正处在改革发展的关键时期，经济体制深刻变革，社会结构深刻变动，利益格局深刻调整，思想观念深刻变化。这种空前的社会变革，给我国发展进步带来巨大活力的同时，也必然带来这样那样的矛盾和问题。残疾人抵御风险的能力较低，保障自身权益的能力和途径有限，因此残疾人在经济变革和社会变动中比其他人面临更多的困难和障碍。为残疾人提供法律救助服务，是社会主义和谐社会建设的一项必然要求，是依法治国理念和人权保障事业在残疾人工作领域的生动体现，能够提高残疾人依法保障权益的意识和能力，使残疾人充分享受经济社会发展和改革开放成果。各级人民法院、人民检察院、公安、司法行政、民政、人力资源社会保障、教育、卫生、残联等单位和部门要切实提高对残疾人法律救助工作的认识，把残疾人法律救助工作纳入重要工作议程，出台相关政策和有效措施，推进残疾人法律救助工作的深入开展。

二、以科学发展观为指导，全面推进残疾人法律救助工作

残疾人法律救助工作需要各级政府发挥主导作用，相关部门分工负责、综合协调、共同推进。建立残疾人法律救助工作协调机构有助于协调相关部门共同开展残疾人法律救助工作，研究制定残疾人法律救助的政策和计划，妥善处理残疾人法律救助工作中的重大疑难问题。2008 年 2 月 19 日，最高人民法院、最高人民检察院、公安部、司法部、民政部、原劳动和社会保障部、教育部、卫生部、中国残联成立了残疾人法律救助工作协调领导小组及办公室，并通过召开会议、重点调研等多种形式，积极研究、部署全国范围内残疾人法律救助工作的有序开展。辽宁、湖北、甘肃、广东、贵州、新疆生产建设兵团、河南、新疆、黑龙江、山西、河北、天津、黑龙江农垦总局、内蒙古等地方也都先后成立了残疾人法律救助工作协调机构，河北省将残疾人法律救助工作协调机构的组成单位扩大到省人大内务司法委员会、省政协社会和法制委员会、省财政厅，内蒙古自治区将残疾人法律救助工作协调机构的组成单位扩大到自治区政法委，有力地促进了当地残疾人法律救助工作的开展。

各级人民法院、人民检察院、公安、司法行政、民政、人力资源社会保障、教育、卫生、残联等单位和部门在各自职责范围内承担着不同的残疾人法律救助工作任务。最高人民法院、最高人民检察院、公安部、司法部、民政部、人力资源和社会保障部、教育部、卫生部、中国残联都通过不同途径，采取不同方式，部署残疾人法律救助工作的深入、有序开展，并积极出台相关政策措施，保证残疾人享受内容更多、质量更高的法律救助服务。同时，还通过《中华人民共和国最高人民法院公报》、《检察日报》、《中国法律援助》等报刊对残疾人法律救助工作进行宣传报道，营造了残疾人法律救助工作的良好社会氛围。地方人民法院、人民检察院、公安、司法行政、民政、人力资源社会保障、教育、卫生、残联等单位和部门也通过多种方式，积极加强对本地残疾人法律救助工作的研究、部署和宣传，有力地推动了残疾人法律救助工作的全面开展。

各级人民法院、人民检察院、公安、司法

行政、民政、人力资源社会保障、教育、卫生、残联等单位和部门应当根据《中共中央国务院关于促进残疾人事业发展的意见》要求，结合当前开展深入学习实践科学发展观活动的有利时机，用科学发展观指导残疾人法律救助工作的有效开展，及时成立残疾人法律救助工作协调机构，加强沟通协调，认真履行职责，不断完善残疾人法律救助工作体系，努力解决工作中出现的各种困难和障碍，避免工作走过场、形式化，真心实意地为残疾人提供法律救助服务。

三、以残疾人为本，充分发挥残疾人法律救助工作站的作用

残疾人法律救助工作站是为残疾人提供法律救助的协调服务机构，也是保证残疾人获得法律救助服务的具体实施机构。切实做好残疾人法律救助工作站建设工作，有助于建立服务残疾人的有效渠道，了解残疾人诉求，解决残疾人面临的法律服务困境。

为推进残疾人法律救助工作站建设工作，残疾人法律救助工作协调领导小组决定在全国范围内建立一批残疾人法律救助工作站（见附件1），并制定了《残疾人法律救助工作站管理规定》（见附件2）。批准建立残疾人法律救助工作站的地区，要有专人负责残疾人法律救助工作站的日常管理工作，并通过社会化工作方式积极为残疾人提供法律救助服务。同级人民法院、人民检察院、公安、司法行政、民政、人力资源社会保障、教育、卫生、残联等单位和部门要共同制定工作规程，向社会公示能够直接为残疾人提供法律救助服务的案件范围和条件，指定本单位、本部门负责残疾人法律救助工作站的联络人，共同做好残疾人法律救助工作站建设工作。

未批准建立残疾人法律救助工作站的地区，同级人民法院、人民检察院、公安、司法行政、民政、人力资源社会保障、教育、卫生、残联等单位和部门应当认真做好调查研究，根据本地实际情况，因地制宜地开展残疾人法律救助工作站建设工作。

最高人民法院、最高人民检察院、公安部、司法部、民政部、人力资源和社会保障部、教育部、卫生部、中国残联要共同做好对地方残疾人法律救助工作的指导、监督和检查，做好残疾人法律救助工作人员的培训，推进残疾人法律救助工作站的规范化和网络化建设，不断开创残疾人法律救助工作的新局面。

附件1：

残疾人法律救助工作站名单

北京市西城区
北京市昌平区
天津市河东区
天津市大港区
河北省
河北省秦皇岛市
山西省太原市
山西省忻州市
内蒙古自治区呼和浩特市
内蒙古自治区包头市
辽宁省
辽宁省大连市
吉林省吉林市
吉林省延边朝鲜族自治州

黑龙江省牡丹江市
黑龙江省哈尔滨市道里区
上海市
江苏省常州市
江苏省通州市
浙江省宁波市
浙江省杭州市余杭区
安徽省铜陵市
安徽省舒城县
福建省莆田市
江西省南昌市
江西省九江市
山东省东营市
山东省滕州市
河南省郑州市
河南省焦作市
湖北省武汉市
湖北省黄石市
湖南省
湖南省张家界市
广东省广州市
广东省东莞市
广西壮族自治区
广西壮族自治区梧州市
海南省海口市
海南省琼海市
四川省
四川省达州市
重庆市江北区
重庆市涪陵区
贵州省遵义市
云南省
云南省曲靖市
陕西省
陕西省咸阳市
甘肃省
甘肃省天水市
青海省西宁市
宁夏回族自治区银川市
新疆维吾尔自治区乌鲁木齐市
新疆维吾尔自治区阿克苏地区
新疆生产建设兵团农八师

附件2:

残疾人法律救助工作站管理规定

第一条 残疾人法律救助工作站是对符合条件的残疾人提供法律救助的协调服务机构。

第二条 残疾人法律救助工作站由残疾人法律救助工作协调领导小组批准设立。

最高人民法院、最高人民检察院、公安部、司法部、民政部、人力资源和社会保障部、教育部、卫生部、中国残联对残疾人法律救助工作站进行指导和监督。

同级人民法院、人民检察院、公安部门、司法行政部门、民政部门、人力资源社会保障部门、教育部门、卫生部门、残联共同负责残疾人法律救助工作站的相关业务工作和管理。

残疾人法律救助工作站设在同级残联。

第三条 残疾人法律救助的内容包括但不限于咨询、代书、调解、协调、代理等。

第四条 残疾人可以通过书面或者口头形式向残疾人法律救助工作站提出法律救助申请。对于残疾人的法律救助申请,残疾人法律救助工作站应当认真处理。

第五条 如果认为案件符合法律援助、

司法救助条件，残疾人法律救助工作站应当将案件转介到相关机构，并协助残疾人获得相应的法律援助和司法救助。

应当由相关单位或部门为残疾人提供法律服务和帮助的其他案件，残疾人法律救助工作站应当协助残疾人获得相应法律服务和帮助。

第六条　除第五条规定的案件外，残疾人法律救助工作站应当根据本地的实际情况，直接为残疾人提供法律救助服务。

对于能够直接提供法律救助服务的案件范围和条件，残疾人法律救助工作站应当公示。

对于下列残疾人案件，残疾人法律救助工作站应当直接提供法律救助服务：(1)残疾人经济困难（具体标准由残疾人法律救助工作站根据本地实际情况确定）；(2)侵犯残疾人群体利益；(3)案情复杂、涉及面广、社会影响较大。

残疾人法律救助工作站应当不断扩大为残疾人提供法律救助服务的范围和内容。

第七条　残疾人法律救助工作站应当有专职人员负责残疾人法律救助工作。鼓励通过社会化的工作方式，聘请律师、法律工作者、志愿者等人员为残疾人提供法律救助服务。

第八条　残疾人法律救助工作站应当建立健全案件登记制度、档案制度和统计制度。

第九条　残疾人法律救助工作站应当加强宣传工作，重点宣传具有重大社会意义的典型案件。

第十条　残疾人法律救助工作站应当在每年度末，将年度工作开展情况报送同级残疾人法律救助工作协调领导小组、相关单位和部门。

第十一条　残疾人法律救助工作站的经费由同级人民政府财政支付。中国残联等相关单位和部门应当通过多种渠道对残疾人法律救助工作站提供经费支持。

残疾人法律救助工作站应当建立完善的财务制度，规范经费的使用。

第十二条　残疾人法律救助工作协调领导小组批准设立的残疾人法律救助工作站，遵照上述规定开展工作。

地方残疾人法律救助工作协调领导小组可以参照上述规定，在本行政区域内开展残疾人法律救助工作站建设工作。

附件3：

残疾人法律救助工作协调领导小组及办公室组成人员名单

（2009年5月6日调整）

一、残疾人法律救助工作协调领导小组

组　长：

奚晓明　最高人民法院副院长

朱孝清　最高人民检察院副检察长

王新宪　中国残联理事长

赵大程　司法部副部长

执行组长：

申知非　中国残联副理事长

成　员：

罗东川　最高人民法院研究室副主任

穆红玉　最高人民检察院法律政策研究室副主任
徐　沪　公安部治安管理局副局长
王军益　司法部法律援助工作司副司长
闫　湜　民政部政策法规司副司长
尚建华　人力资源和社会保障部劳动监察局副局长
李天顺　教育部基础教育二司副司长
汪建荣　卫生部卫生政策法规司副司长
薄绍晔　中国残联维权部主任

二、残疾人法律救助工作协调领导小组办公室

主　任：
薄绍晔(兼)
副主任：
马玉娥　中国残联维权部副主任
成　员：
吴兆祥　最高人民法院研究室法官
王　莉　最高人民检察院法律政策研究室民事行政法律研究处处长
沈　萱　公安部治安管理局一处调研员
王旺林　司法部法律援助工作司监督管理处主任科员
吴　明　民政部政策法规司二处处长
林淑莉　人力资源和社会保障部劳动监察局稽查和制度处副处长
谢敬仁　教育部基础教育二司特殊教育处处长
赵　宁　卫生部卫生政策法规司法规处处长
王治江　中国残联维权部法规处主任科员

司法部律师公证工作指导司　司法部法律援助工作司　团中央青年志愿者工作部　司法部法律援助中心　中华全国律师协会　中国法律援助基金会　关于组织开展“1+1”中国法律援助志愿者行动的通知

(2009 年 5 月 4 日　中法援基联发〔2009〕2 号)

各省、自治区、直辖市司法厅(局)律师管理处、法律援助处(中心)、律师协会,团委,新疆建设兵团司法局律师管理处、法律援助处(中心)、律师协会,团委:

近年来,在党中央、国务院和各级党委、政府的高度重视和正确领导下,经过社会各界和广大法律服务、法律援助工作者的共同努力,我国法律援助事业得到了长足发展。但是,由于地域和经济发展不均衡等原因,我国法律援助事业发展不平衡问题仍然比较突出。西部地区和经济欠发达地区法律援助人员严重短缺,当地困难群众大量的法律援助需求得不到满足。目前,全国有 15 万多名律师,但是全国仍有一些县没有律师,无法满足当地法律援助需求,严重制约了当地的经济和社会发展。如何有效解决这一问题，不仅是深入落实科学发展观的迫切要求，也是这些年来司法行政系统和律师工作关注的一个重要课题。

为深入贯彻落实科学发展观，积极为解决民生、促进社会和谐发展服务，有效解决经济欠发达地区法律援助资源严重不足的问题，促进法律援助工作区域协调发展，满足基层人民群众法律援助的强烈需求，同时为律师、大学生志愿者提供一个锻炼自我、提高自我的良好途径，并为社会力量参与我国法律援助事业搭建一个奉献爱心的平台和桥梁，中国法律援助基金会会同司法部律师公证工作指导司、司法部法律援助工作司、团中央青年志愿者工作部、司法部法律援助中心、中华全国律师协会联合开展"1+1"中国法律援助志愿者行动。现将有关事项通知如下：

一、行动宗旨

整合社会资源，通过行业互助和招募志愿者的形式，动员律师和法学院校毕业的优秀学子到全国无律师县或中西部律师人才短缺的地、市、县开展志愿服务，增强当地法律援助能力，为促进当地经济和社会发展，为构建社会主义和谐社会做出贡献。

二、行动主题

携手志愿行动　共享法治阳光

三、行动时间和范围

"1+1"中国法律援助志愿者行动拟从2009年开始实施。2009年按照公开招募、自愿报名、定期轮换的机制，从全国律师行业招募具有奉献精神的律师志愿者30名，从全国法学院校招募品学兼优的法学专业应届毕业生志愿者70名，派遣到无律师县或中西部律师人才短缺的地、市、县专门从事法律援助工作。以后逐年扩大志愿律师、志愿者队伍规模和覆盖范围，为尽快实现无律师县或中西部律师人才短缺的地、市、县的法律援助的全覆盖而努力。

四、行动目标任务

（一）建立"法律援助志愿者工作站"

依托司法行政部门和共青团组织，在无律师县或中西部律师人才短缺的地、市、县设立"法律援助志愿者工作站"，每个工作站视情况派遣1名律师志愿者、1名大学毕业生法律志愿者或择一选派。

（二）为当地困难群众提供法律援助

每位志愿者服务期限为1—3年。在服务期内，每名律师志愿者每年至少无偿办理法律援助案件20件，大学生志愿者从事与其能力相适应的法律援助工作，促进无律师县或中西部律师人才短缺的地、市、县法律援助事业的发展。

（三）推动无律师县或中西部律师人才短缺的地、市、县的法律人才队伍建设

项目实施后要加强对服务县的指导力度，及时总结经验，逐步扩大服务地点和志愿者规模，推动无律师县或中西部律师人才短缺的地、市、县逐步建立自己的法律援助人才队伍。

（四）培养法律援助人才，充实法律援助队伍

通过逐步推广和坚持，培养一批既具有扎实专业知识、又有基层工作经验和社会责任感的法律援助人才，不断充实法律援助队伍，让法律援助志愿者遍布中华大地，成为推进法律援助事业发展和中国民主法制建设进程的重要力量。

五、组织管理

1. 中国法律援助基金会主要负责本项目的日常管理工作，负责制定本项目每年的实施总体规划，确定项目实施地点、落实服务需求人数，监督和落实项目经费到位；协助司法部法律援助工作司、法律援助中心对律师志愿者组织专业培训工作；协助司法部律师公证工作指导司、中华全国律师

协会做好律师志愿者的招募工作和经费筹措工作。

2. 团中央青年志愿者工作部主要负责每年将本项目计划实施人数的大学生志愿者列入“西部计划”,协助宣传、落实相关政策保障和参与培训派遣等方面的组织实施工作。

3. 司法部律师公证工作指导司、中华全国律师协会共同负责律师志愿者的招募和经费筹措工作。

4. 司法部法律援助工作司负责大学生志愿者的岗位申报、派遣和业务指导工作,法律援助工作司和法律援助中心负责对法律援助大学生志愿者的专业培训工作。

5. 各省(区、市)司法厅(局)、团委具体负责有关工作的组织实施,同时负责协调、指导服务县开展宣传、组织工作。县司法局指定专人负责志愿者日常管理、为志愿者提供食宿和办公条件保障,并和团委互相配合,按照“谁用人、谁受益、谁负责”的原则,切实做好志愿者的日常管理和服务工作。

六、经费来源与管理

1. 中国法律援助基金会通过筹集社会资金,用以支持大学生志愿者办理案件和开展业务所需的宣传、培训、交通、通讯、生活补贴等费用。同时,负责筹集部分律师志愿者开展业务所需经费(2009 年筹集支持律师志愿者业务经费 20 万元)。

2. 司法部律师公证工作指导司会同中华全国律师协会组织开展行业互助,整合业内公益活动资源,动员地方律师协会、律师和律师事务所积极提供资金资助,用以支持律师志愿者开展业务所需经费。

3. 在中国法律援助基金会设立本项目的专项基金账户,对筹集的所有资金,实行统一入账、统一管理、统一审计。严格执行单独核算,专款专用,并严格接受捐赠人、支持单位及社会各界的监督,接受审计部门的审计。

七、志愿者待遇

(一)政策支持

1. 大学生志愿者享受的待遇

除享受团中央、教育部、财政部、人事部《关于实施大学生志愿服务西部计划的通知》(中青联发〔2003〕26 号)和《关于做好 2004 年大学生志愿服务西部计划工作的通知》(中青联发〔2003〕16 号)规定的政策外,同时享受司法部、共青团中央《关于实施西部基层法律援助志愿服务行动的通知》(中青联发〔2005〕23 号)规定的政策。

2. 律师志愿者享受的待遇

(1)可享受中央文明办、共青团中央、人事部、国务院西部地区开发领导小组办公室《关于配合实施西部大开发战略全面推进青年志愿者扶贫接力计划的通知》(中青联发〔2001〕22 号)规定的政策,同时享受司法部、共青团中央《关于实施法律援助志愿者计划的通知》(司发通〔2002〕124 号)规定的政策;

(2)凡参加该行动的律师志愿者,在志愿服务期间,免除律师执业年度考核所需费用;

(3)凡参加该行动的律师志愿者,在服务期及服务期满后三年内不再承担法律援助案件义务;

(4)律师管理部门评选优秀律师时,将参与此次志愿行动的行为,作为重要考核条件;

(5)凡连续三年选派律师志愿者或一次性选派三名以上律师志愿者参与此次志愿行动的律师事务所,在评选优秀律师事务所时作为重要考核条件;

(6)由司法部律师公证工作指导司、司法部法律援助工作司、团中央青年志愿者工作部、司法部法律援助中心、中华全国律师协会、中国法律援助基金会联合颁发法律援助志愿者荣誉证书。

（二）费用补贴

1. 大学生志愿者享受“西部计划”的有关优惠政策，其经费补贴按照“西部计划”的有关规定标准，由中国法律援助基金会负责筹集划拨。

2. 律师志愿者每人每年交通、通讯等办案补贴及保险费30000元，即每人每月享有1000元生活、保险费用补贴，1500元的交通、通讯等办案补贴。

八、志愿者招募条件

（一）律师志愿者

1. 要求政治过硬、热心公益事业，具有奉献精神；

2. 具有律师执业证，并有1年以上工作经历；

3. 身体健康，年龄在25—55岁之间，具有特殊经历的人员可适当放宽条件。

（二）大学生志愿者

本科及本科以上学历，高等院校法学专业应届毕业生，要求政治过硬、品学兼优、具有奉献精神、身体健康。

九、发起单位

司法部

共青团中央

十、承办单位

司法部律师公证工作指导司

司法部法律援助工作司

团中央青年志愿者工作部

司法部法律援助中心

中华全国律师协会

中国法律援助基金会

十一、公益回报

向中国法律援助基金会奉献爱心的社会各界爱心人士、企事业单位，均可享受有关优惠政策和中国法律援助基金会的公益宣传回报。

十二、行动要求

各地要认真贯彻此《通知》的精神和要求，切实把组织开展“1＋1”中国法律援助志愿者行动作为进一步推动法律援助事业均衡发展的一项重要任务抓紧抓好，积极配合承办单位做好此项行动的有关宣传、组织和实施工作，为行动的顺利开展提供必要保障。对热心法律援助事业，为此次行动做出突出贡献的单位和个人，给予鼓励和表彰。

司法部律师公证工作指导司

司法部法律援助工作司

团中央青年志愿者工作部

司法部法律援助中心

中华全国律师协会

中国法律援助基金会

二〇〇九年五月四日

（二）2009年《中国法律援助》总目录

卷首语

君(4.1)

构建法律援助宣传体系 让法律希望工程深入民心/李言静(5.1)

法律援助要服务大局服务民生(6.1)

加强法律援助信息化建设 提高法律援助管理服务水平/许同禄(7.1)

落实"五项举措"着力打造"12348"法律援助咨询平台品牌/马安骏(8.1)

贯彻五次会议精神重在抓好落实(9.1)

奋力开拓创新 全力推进新形势下法律援助工作又好又快发展/王大为(10.1)

围绕法援制度改革发展 认真做好法援理论研究工作(11.1)

积极开展规范化建设活动 促进法律援助工作又好又快发展/徐呼和(12.1)

要闻

中国法学会第六次全国会员代表大会在京开幕 胡锦涛、吴邦国、温家宝、习近平出席周永康代表党中央国务院致祝词(1.4)

吴爱英部长强调切实加强领导干部作风建设深入开展司法行政系统党风廉政建设和反腐败斗争(1.5)

吴爱英部长强调为保持经济平稳较快发展作出新贡献(1.6)

赵大程副部长出席部法援中心学习实践活动专题民主生活会暨领导班子年终述职总结会(1.7)

周永康:为经济又好又快发展创造和谐稳定社会环境(2.4)

2009年中央一号文件公布加大对农业的支持保护力度(2.5)

司法部发出通知对司法行政工作为农村改革发展服务作出部署(2.6)

全国普法办印发2009年全国普法依法治理工作要点(2.7)

发挥制度优势 推动科学发展(3.4)

第十一届全国人民代表大会第二次会议通过关于政府工作报告的决议(3.5)

司法部召开党组会议 认真学习贯彻全国"两会"精神(3.6)

司法部召开全国司法行政系统宣传工作会议研究部署司法行政宣传工作(3.7)

司法部 全国普法办组织开展主题法制宣传活动(4.4)

中宣部 司法部 全国普法办表彰全国"五五"普法中期"双先"(4.5)

国家人权行动计划将法律援助列入未来两年中国政府促进保护人权工作目标(4.6)

吴爱英:加强司法行政理论研究促进司法行政工作发展(4.7)

中宣部 司法部等五部门部署开展农村法制宣传主题活动(4.8)

纪念四川汶川特大地震一周年活动隆重举行(5.4)

《中国的减灾行动》白皮书发表 减灾工作纳入法制轨道(5.5)

司法部 全国普法办 做好防控甲型H1N1流感法宣教育工作(5.6)

司法部加强改进司法行政系统领导班子思想政治建设(5.7)

中共中央政治局召开会议研究建立促进科学发展的干部考核评价机制(7.4)

十一届全国人大常委会第九次会议闭会(7.5)

胡锦涛在建党88周年前夕举行的中共中央政治局第十四次集体学习时强调 高度重视积极推进党内民主建设 充分发挥全党积极性主动性创造性(7.7)

中央政法委出台工作意见深入推进打黑除恶专项斗争 严防黑恶势力寻找"保护伞"(8.4)

加强"7·5"事件舆论引导 坚持及时准确公开透明方针(8.5)

五部委要求进一步加强流浪人员救助管理 先救治后救助探索家庭寄养(8.5)

第二期全国县(市、区)司法局长培训班结业 吴爱英强调 切实加强学习努力提高政治业务素质(8.6)

周永康在第二次司法体制和工作机制改革汇报会上强调 扎实推进司法体制和工作机制改革 努力在完善社会主义司法制度上取得新进展(9.4)

吴爱英在司法部党组(扩大)会议上强调 贯彻十七届四中全会精神加强司法行政系统党的建设(9.5)

吴爱英在北京调研时强调 充分发挥司法行政职能作用维护社会稳定(10.4)

吴爱英在司法部党组理论学习中心组学习时强调 推进司法行政系统和律师行业党的建设(10.5)

两高补充规定13刑法罪名 新增利用影响力受贿罪(10.6)

中央经济工作会议在北京召开 胡锦涛、温家宝作重要讲话 吴邦国、贾庆林、李长春、习近平、李克强、贺国强、周永康出席会议(12.4)

重要讲话

周永康同志在会见第五次全国法律援助工作会议代表时的讲话(6.4)

孟建柱同志在第五次全国法律援助工作会议上的讲话(6.6)

吴爱英同志在第五次全国法律援助工作会议上的讲话(6.8)

赵大程同志在第五次全国法律援助工作会议上的讲话(6.14)

专稿

赵大程副部长在第二届“全国维护职工权益杰出律师”座谈会上的讲话(10.7)

做好法律援助理论研究工作 为推进法援工作体系进一步创造理论条件/赵大程(12.8)

司法厅(局)长座谈会

全国司法厅(局)长座谈会召开 吴爱英强调 认真做好司法行政各项工作 努力在服务保增长保民生保稳定上取得新成效(8.7)

全国司法厅(局)长座谈会结束 吴爱英出席 张苏军作总结讲话(8.9)

上半年全国办理法律援助案件27万多件(8.9)

省级领导谈法援

海南省副省长李国梁谈法律援助(5.19)

河南省委政法委书记李新民要求政法委书记要为法援“代言”(5.19)

江西省副省长史文清提出要组织实施好法律援助民生工程(8.10)

湖北省副省长赵斌强调 大力开展法律援助意义重大 要全面落实法律援助的政府责任(8.13)

贵州省委常委、副省长黄康生强调 关注法律援助就是关心困难群众 开展法律援助工作就是为群众办实事(8.14)

浙江省委书记赵洪祝充分肯定“12348”舆情分析工作(8.16)

重庆市副市长刘学普提出 法律援助工作要做到“三个统一”(8.17)

厅(局)长谈法援

河北省司法厅副厅长王大为提出:要切实建立以办案为中心的法律援助工作格局(4.10)

山东省司法厅副厅长齐延安在全省法律援助工作会议上的讲话摘登(4.11)

会议专题

2009年全国法律援助处长(主任)会综述(3.9)

(7.10)

重庆市司法局采取四项措施贯彻落实第五次全国法律援助工作会议精神(7.11)

山东省迅速传达贯彻落实第五次全国法律援助工作会议精神(7.12)

山西省司法厅贯彻落实五次会议精神的主要举措(7.13)

浙江省司法厅采取八项措施贯彻落实第五次全国法律援助工作会议精神(7.14)

中国法律援助基金会认真学习贯彻第五次全国法律援助工作会议精神(7.15)

贵州、吉林、天津、重庆、江苏召开法律援助工作会 认真贯彻落实五次会议精神(8.18)

各地采取多项措施贯彻落实第五次全国法律援助工作会议精神(9.6)

广东省贯彻第五次全国法律援助工作会议精神取得初步成效(10.9)

浙江省制定法律援助区域协作规定解决群众打官司难问题(10.12)

全面推进规范化管理不断提高法律援助服务能力/蒋春林 滕利平 王翔华(10.13)

关于云南、四川贯彻落实第五次全国法律援助工作会议精神情况的调查报告/王军益 王伟 李雪莲(12.12)

法援便民服务主题活动

北京市司法局认真贯彻落实第五次全国法律援助工作会议精神 积极部署开展“法律援助便民服务”主题活动(7.16)

上海市法律援助中心积极贯彻落实司法部“法律援助便民服务”主题活动(7.17)

河北省司法厅制定《关于开展“法律援助便民服务”主题活动的实施方案》(7.18)

内蒙古自治区司法厅十项举措积极开展“法律援助便民服务”主题活动(7.20)

青海省法律援助便民服务接待大厅揭牌(8.35)

广东深圳市积极探索将社工引入法律援助工作(8.36)

武汉市洪山区成立老年人法律援助联络站(8.37)

广州市海珠区为便利群众申请法律援助启动法律援助基层网点建设(8.37)

打造法律援助形象 方便困难群众求助(9.16)

浙江法律援助全面打造便民服务体系(9.17)

法援之光照进劳教场所(9.19)

北京市东城区法援中心积极实施十项便民措施(9.20)

青岛市北区法律援助工作出实招 多措并举打造法律援助便民服务功能(9.22)

石家庄市构建“半小时法律援助服务圈”(10.15)

南京市雨花台区积极采取措施 保证农民工法律援助及时高效/汪晨(10.17)

浙江奉化市扎实开展“法律援助便民服务”主题活动成效显著(10.19)

四川绵阳市盐亭县“六举措”预防农民工非正常上访(10.20)

广东省积极开展法律援助便民服务主题活动(11.4)

江苏省积极推进法律援助便民服务活动(11.5)

北京朝阳区进一步畅通法律援助渠道服务朝阳民生工程(11.8)

江西瑞金多措并举深入开展“法律援助便民服务”主题活动(11.9)

内蒙古赤峰市红山区推出“七结合”法律援助便民新举措(11.10)

广州市荔湾区与佛山市南海区签订法律援助合作方案 深入开展法律援助便民服务(12.16)

立足自身职能 服务百姓民生——河北邢台市“百名律师办百案 法律援助惠民生”

经验交流

统计分析

报纸看法援

基金会工作

工作交流

河南省全面推进法律援助应援尽援工作(9.23)

创新机制 确保死刑第二审指定辩护案件的效率和质量(9.25)

浙江省要求各级法律援助机构进一步做好"12348"舆情分析工作(9.27)

以各类主题活动为载体 促进法律援助工作发展/赵宏伟(10.21)

十余寒暑扶残助残 倾心援助情暖人间(10.24)

广东佛山市司法局从五方面规范办理群体性敏感性法律援助事项(10.27)

做实服务 充分履职 依法维护和保障农民工合法权益/刘春颖(10.29)

安徽省阜阳市"一把手"负责制推进法律援助快速发展/张杰(11.11)

加强改革和机制创新 深入推进法援工作站建设(11.13)

强化法律援助职能 彰显真情服务理念/刘美香(11.15)

《广州市法律援助实施办法》述评(12.40)

创新载体 立体覆盖 以宣传为翼推动法律援助工作新发展(12.43)

工作动态

浙江"农民工讨薪专项行动"成效显著(1.40)

支持起诉加法律援助=百分百胜诉——苍南县检察院、司法局联手推新机制为农民工讨薪(1.41)

广东省举办法律援助宣传工作培训班(1.42)

中央电视台报道陕西法律援助"三秦行"情况(1.43)

安徽法律援助年办案量首次突破二万件(1.43)

浙江省法律援助中心召开省直律师法律援助工作座谈会(1.44)

浙江召开全省法律援助管理信息系统工作会议(1.45)

云南省司法厅召开法律援助工作座谈会(1.45)

河南省第四届法律援助十大精品案件评选活动呈现新特点(2.39)

浙江加大法律援助便民指示牌在农村的覆盖面(2.40)

北京市司法局就法律援助与相关部门衔接工作召开座谈会(2.40)

辽宁省法律援助中心荣获"辽宁省农民工维权先进集体"(2.41)

江浙沪三省市建立法律援助区域一体化协作机制(2.42)

部法援中心组织专家审读公众法律教育手册(2.42)

重庆市委办公厅、市政府办公厅出台《意见》加强法律援助工作(3.40)

河南省修武县等地法律援助值班律师试点项目取得良好社会效果(3.41)

天津市司法局召开专题会议研究部署法律援助民心工程项目实施工作(3.41)

新疆生产建设兵团司法局出台为困难职工群众提供法律援助十条措施(3.42)

天津市扩大法律援助范围 更多困难群众受益(4.13)

江西省司法厅召开实施法律援助民生工程工作会议(4.13)

浙江省实施"四大工程"推进法律援助工作向前发展(4.14)

山东泰安市政府把开展老年人、残疾人等百万特殊对象法律援助活动列入2009年为民要办的十二件实事之中(4.15)

新疆生产建设兵团农二师司法局开展"法律援助进监狱"系列活动(4.16)

浙江金华市政府高度重视农村法律援助工作 全面启动农村法律援助体系建设

(4.17)

广东佛山市顺德区法律援助处积极化解群体性劳资纠纷维护社会和谐稳定(4.18)

宁夏青铜峡市“六个一”强化法律援助工作(4.19)

辽宁省制定《规范化法律援助机构建设指导标准》(5.20)

黑龙江省首家“公证法律援助工作站”在大庆市挂牌成立(5.21)

温州与黄石开展以农民工维权和服务经济建设为主题的异地法律援助互动活动(5.21)

辽宁大连市法律援助中心迅速落实“为民办实事”项目(5.22)

青岛崂山区将全区妇女纳入法律援助对象范围(5.22)

大连西岗区司法局积极采取有效措施做好法律援助工作(5.23)

广东汕头、广州两市做好金融危机下农民工法律援助工作(5.24)

广东佛山市南海区成立职工法律援助特约律师库 为企业和困难职工提供法律援助(5.24)

浙江省法律援助机构近期办理农民工案件情况分析(7.26)

四川省法律援助中心聘任首席律师新闻发布会在成都举行(7.27)

哈尔滨市司法局 市民政局联合出台《关于深化为城乡低保人员提供法律援助服务的实施意见》(7.28)

湖南省浏阳市司法局出台法律援助规范化建设的实施意见(7.29)

苏州市相城区坚持以人为本 深入推进法律援助工作(7.30)

调查与研究

法律援助 服务农村——安庆市法律援助服务新农村建设的做法与思考/朱小红 李立辉(1.17)

西安市城乡法律援助发展状况实证研究调研报告/梁高峰 王改周 魏娟 李全荣(3.52)

上海市浦东新区关于金融危机后农民工法律援助工作的调查(4.23)

金融危机影响下农民工法律援助需求特点及对策(5.25)

浅析新形势下农村法律援助工作的障碍及对策/单展华(5.30)

服务社会主义新农村建设 加强农村法律援助工作/刘文丰 牛春莉(5.37)

江苏省法律援助知晓率和需求情况调查报告/嵇苏红(9.28)

理论园地

法律援助文化建设实践与思考/陈 皞(10.32)

坚持贯彻科学发展观 提升法律援助服务民生的能力/农荣生(10.35)

坚持用科学发展观指导法律援助工作/张玉森(10.38)

保障和改善民生要成为法律援助工作的不懈追求/庄树栋(10.41)

论构建和谐社会对开展法律援助工作的需求/王冰玉(10.43)

完善法律援助应援尽援体系的思考/吕文建 张代明(11.20)

重构法律援助范围之思考/黄丽娥(11.27)

关于扩大法律援助覆盖面的几点思考/刘趁华(11.30)

论法律援助法律关系及各方责任/耿胜先(11.35)

关于完善我国法律援助制度的几点思考/申玉恩(12.45)

关于完善法律援助程序制度的若干思

探索与争鸣

实务研讨

案件质量评估

信息广角

维权案件(1.51)

新疆吐鲁番地区举办法律援助统计员培训班(1.51)

农民及农民工是2008年浙江嘉兴法律援助的最大受益者(1.52)

贵州余庆法律援助赶大集(1.52)

四川绵阳“民生工程”助推法律援助再上新台阶(1.53)

福建南平法律援助中心召开受援对象新春座谈会(2.43)

四川西充春节期间开展“法律援助与农民工心连心”活动(2.43)

贵州省司法厅厅长刘伟春节期间到遵义回访慰问受援人(2.44)

浙江省三门县建立劳动争议案件提前介入机制(2.44)

江苏省常州市法律援助中心荣获市“政法工作创新创优奖”二等奖(2.45)

江苏沛县司法局与劳动保障局联办农民工法律援助知识培训班(2.45)

广东佛山积极探索多种形式的质量监督机制(2.46)

新疆吐鲁番地区法律援助工作取得新进展(2.47)

深圳市探索法律援助新模式——社会工作与法律援助相结合(2.48)

北京市丰台区召开检、法、司法律援助联席会议 着重探讨更好实现被害人的实体利益(2.48)

浙江省慈溪市法律援助中心四项抓手扎实开展法律援助工作(2.49)

福建三明“三提高、三监督”提升办案质量(2.49)

江苏如东出台五项措施加固农村法律援助根基(2.50)

河南新密法律援助中心招聘会场服务农民工(2.50)

浙江临海巾帼普法讲师团送法到乡村(3.44)

山东威海法律援助进社区关注妇女维权(3.44)

宁夏青铜峡市司法局开展送“妇女法律援助知识”进家庭活动(3.44)

山东胶南法律援助案获“文明胶南”十件好事之一(3.45)

江苏泰兴开展“法援案件质量管理年”活动(3.45)

贵州水城开展返乡农民工法律援助调研活动(3.46)

北京市丰台区三大措施建立农民工法律援助长效机制(3.46)

深圳市组建专业律师团队(3.46)

安徽滁州五项举措做好法律援助“进万村大服务”活动(3.47)

贵州遵义召开异地联络员座谈会(3.47)

湖南石门县人大开展执法调研 力促法律援助工作(3.48)

昆明市盘龙区参与“《未成年人保护法》你我同行”活动(3.48)

江苏沛县推出六项法律援助新举措(3.49)

内蒙古鄂尔多斯市准格尔旗法援推行三调联动以民调降低诉讼成本(3.49)

河南漯河市召陵区对村干部进行法律援助培训(3.49)

北京市东城区法律援助“移动超市”推动《北京市法律援助条例》宣传(3.50)

河南偃师扎实做好农民工法律援助工作(3.50)

河北正定法援中心服务返乡农民工家乡务工创业(3.51)

浙江绍兴市采取四项措施加强妇女儿童法律援助工作(3.51)

甘肃白银申请法律执业人员先到法律援助中心实习(3.51)

江苏启东扎实开展“3·15”维权活动(4.33)

山东青岛成立法律援助监督团(4.33)

安徽合肥推出法援新方式 公示栏上点律师(4.34)

四川绵阳盐亭县开展法律援助“三进”活动(4.34)

广东河源推出法律援助咨询接访新措施(4.34)

贵州遵义进一步加强农民工法律援助工作(4.35)

四川绵阳市法律援助中心为就业创业招聘会提供法律咨询服务(4.35)

江苏海门组建法律援助应急服务队(4.35)

江苏铜山积极开展法律援助“进乡村大服务”活动(4.36)

辽宁大连建立五条法律援助“绿色通道”加大便民利民惠民力度(4.36)

吉林省延吉、龙井、图们三市推进法律援助一体化(4.37)

江苏扬中实现援调与访调有效对接(4.37)

湖南宁乡县老龄协会法律援助工作站正式运行(4.37)

湖北省人民政府成立省法律援助工作协调小组(5.41)

山东省2008年度优秀论文、优秀案例揭晓(5.41)

新疆积极构筑“大法援”工作格局(5.41)

浙江为省武警总队推荐免费法律顾问(5.42)

安徽安庆在司法所建立“妇女儿童维权工作站”(5.42)

贵州瓮安县为困难群众设立法律援助基金(5.42)

江苏东台组织法律援助需求调查(5.43)

北京昌平区北七家镇建立村社区妇女法律援助工作站(5.43)

新疆兵团农八师石河子市以稳定为中心 积极做好法律援助工作(5.43)

浙江象山县“五结合”提升法律援助服务和谐社会能力(5.44)

北京大兴区在律师事务所确定法律援助协调员(5.44)

温州鹿城区积极采取措施加强农村法律援助工作(5.45)

福建泉州提高部分法律援助案件补贴(5.45)

宁夏中宁开展法律援助进企业活动(5.45)

山东青岛维护农民工合法权益法律援助工作站挂牌成立(5.46)

北京延庆为重度残疾人发放“法律援助一本通”(5.46)

南京雨花台区在经济适用房小区设立首个法律援助工作站(5.46)

云南丘北县设立巡回法庭(5.46)

北京市推出新举措 公交车成流动宣传架(7.35)

广东省司法厅出台支付死刑第二审指定辩护案件补贴办法(7.35)

云南省人民检察院与省司法厅联合出台加强民事行政申诉案件法律援助协作意见(7.35)

宁夏扩大法律援助范围(7.36)

山东青岛市维护农民工合法权益法律援助工作站挂牌成立(7.36)

湖北鄂州市法援中心与市科协联合开展“送法下乡”活动(7.36)

北京市宣武区赴监狱开展“一对一”法律援助活动(7.37)

山东青岛市司法局、市残联联合开展“关爱残疾人 法律援助卡进万家”活动

(7.37)

宁夏青铜峡市推行法律援助案件“案前提醒制”(7.38)

山东聊城市阳谷县实施“隐私案件”专人接待制度(7.38)

贵州遵义市汇川区开展法律援助大回访活动(7.38)

江苏盐城市阜宁县六措并举强化老年人维权工作(7.39)

江苏常州市沧浪区成立首支大学生法律援助志愿者队伍(7.39)

安徽巢湖市开通网上申请法律援助业务(7.39)

湖南益阳市资阳区推行多种便民措施(7.40)

安徽马鞍山市法援牵手人民检察　为贫困民众维权提供强力支持(7.40)

河南郑州市中原区积极建立基层法律援助受理点(7.40)

安徽阜阳在全市实施“法律援助村村通”工程(7.41)

广东广州市越秀区再次调整法律援助经济困难审查标准(7.41)

沈阳市沈河区将心理疏导引入法律咨询(7.41)

福建龙岩市新罗区成立法律援助人民调解委员会(7.42)

江苏泰兴市启动援裁对接机制(7.42)

山东胶州市法律援助五项措施拥军拥属(7.42)

新疆政府新闻办:“7·5”事件嫌犯被告人可获法援(8.41)

新疆为“7·5”事件受害群众提供优质高效的法律服务(8.41)

全国人大内司委检查青铜峡市残疾人法律援助工作(8.41)

黑龙江落实政府责任　加强区级法律援助机构建设(8.42)

温大学子情系法律援助　暑期实践收获多(8.42)

西藏那曲地区法律援助中心获地区级“青年文明号”称号(8.42)

湖北宜都市枝城镇实行法律援助事项补贴制度(8.43)

深圳龙岗区八项措施加强法律援助质量监督(8.43)

浙江嘉兴构建法律援助三级平台　叫响“三零服务”(8.44)

温州市洞头县司法局在法院设立法律援助联络点(8.44)

安徽巢湖市无为县加强民事行政检察与法律援助工作协作配合(8.45)

江苏盐城阜宁县“四联机制”构筑大法援格局(8.45)

福州市闽清县联合建立“法律援助与司法救助”衔接机制(8.45)

上海普陀区建立职工劳动法律援助“律师坐堂服务日”制度(8.46)

北京昌平区司法局创新宣传形式　送法律援助进民俗村(8.46)

沈阳市沈河区拓展法律援助惠民工程　实现网上视频审批(8.46)

《大爱》一书获良好反响(9.33)

广东省法律援助处更名为广东省法律援助局(9.33)

云南省司法厅对管理使用中央补助法律援助办案专款及省财政配套资金情况进行检查(9.33)

贵州省启动“1+1”中国法律援助志愿者行动(9.34)

海南法律援助工作将重点关注困难群众(9.34)

江苏东台“软、硬”并施　提升法律援助服务水平(9.34)

安徽蚌埠市固镇县向村法律援助联络员发出公开信(9.35)

山西太原市小店区法援中心制定突发事件应急预案(9.35)

湖南邵阳市邵东县将法律援助工作列入社会治安综合治理考评范围(9.35)

青海海西州采取多项方式 开展“送法下乡”活动(9.36)

成都市双流区法律援助与大学生创业“联姻”(9.36)

法律援助律师从2009年10月1日起持律师工作证执业(10.45)

天津市民心工程指挥部督查法律援助民心工程完成情况(10.45)

广东组织专家论证法律援助经济困难标准(10.45)

湖南省人民政府成立法律援助工作领导小组(10.46)

青海省司法厅 省法学会召开纪念建国六十周年法律援助理论研究座谈会(10.46)

浙江省召开法律援助工作十周年座谈会(10.47)

青海省统一开通“12348”法律援助专线电话(10.47)

河北正定县延伸法律服务 法律援助牵手交警队(10.47)

云南曲靖采取“三项措施” 加强法律援助廉政建设(10.48)

四川首家劳教系统法律援助工作站揭牌成立(10.48)

北京通州区建立法律援助行风监督员制度(10.49)

四川绵阳三台县“五个着力”强力推进法律援助工作大发展(10.49)

北京宣武区“12348”法律援助专线实现视频通话(10.49)

河北邢台举行“百名律师办百案、法律援助惠民生”主题活动启动仪式(10.50)

青岛崂山区在律师事务所、基层法律服务所建立法律援助联络员队伍(10.50)

黑龙江佳木斯市归侨侨眷法律援助工作站挂牌成立(11.40)

宁夏原州区开展法律援助进宗教场所宣传活动(11.40)

江西鹰潭召开全市法律援助民生工程工作调度会(11.40)

河北承德全市开展“法律援助进千村、入万户”大行动(11.41)

三亚市扩大法律援助事项范围 放宽经济困难审查标准(11.41)

安徽蚌埠五河县积极开展法律援助入园进村(居)活动(11.42)

南京市为第二批老年人法律援助服务站授牌(11.42)

重庆乐山《现场说法》栏目荣获2009年度第三届“记录·中国”银牌栏目(11.43)

湖南常德司法局组织拍摄《农村法律援助指南》教育片(11.43)

浙江宁波启动农村法律援助联络点示范化创建活动(11.43)

佛山禅城区法律援助参与信访接待维护社会稳定成效显著(11.44)

广州、佛山两地法律援助加快同城化建设(11.44)

天津召开法律援助规范化建设检查部署会(12.54)

郑州在全市五家律师事务所设立首批法律援助受理点(12.54)

安徽蚌埠固镇县成立低保人员法律援助工作站(12.54)

浙江永康市扩大法律援助志愿者范围(12.55)

浙江宁波镇海区司法局发布《法律援助案件办理情况通报》(12.55)

安徽蚌埠妇联官方网站妇女儿童维权直接连线12348(12.55)

江苏徐州铜山县法官、法律援助律师召开座谈会(12.55)

浙江安吉县推进法律援助工作　为“中国美丽乡村”服务(12.55)

重庆市垫江县四措施实现网上申请法律援助(12.56)

湖南省双牌县机构编制委员会批复成立乡镇街道法律援助工作站(12.56)

山东东营河口区法律援助立足实际创新举措确保受援人应援优援(12.57)

湖北咸宁嘉鱼县开通首条异地农民工法律援助协作绿色通道(12.57)

办案与思考

民工赔偿奔波难　法援全力帮维权/刘建鹏　马虎山(1.61)

让灾区农民工带着工钱回家/施正义　沈建新(1.62)

女童遭遇交通事故后……/姜保东(1.63)

法律援助为79名赴俄民工成功维权(2.51)

简化程序　快速办理　农民工人身损害赔偿案(2.52)

用爱心履行诺言——山西省灵石县法律援助中心办案纪实(3.60)

律师办案手记:一个民工之死/俞肃平(3.61)

王某劳动争议纠纷案(4.60)

求职路上飞来横祸　法律援助彰显人文关怀(4.61)

蹊跷的户口本(4.63)

揭开法人面纱　追讨工伤赔偿(5.58)

魏某工伤事故损害赔偿案(5.59)

林某人身损害赔偿案(5.61)

韩资非法撤离职工群访讨薪案(7.49)

84名农民工追索劳动报酬纠纷案(7.50)

讨要工资起冲突　法律援助建和谐(7.53)

割稻农民命殒他乡　援助律师千里驰援(8.58)

邓某交通事故损害赔偿纠纷案(8.60)

农历错当阳历算　无罪险按有罪判　法律援助让少年免受刑事追究(9.49)

年少无知多次抢劫　援助律师帮教辩护(9.51)

少年误入迷途　法律援助维权挽救(9.52)

播撒法律援助关爱　维护社会公平正义(10.54)

“歪脖子树”致伤　法律援助维权(10.55)

二十六名农民工被欠薪讨要无门　法律援助历尽艰辛讨说法千里维权(10.57)

洪某国家赔偿案/董亚民(11.50)

法援宣传

各地法律援助宣传月活动陆续启动(4.50)

辽宁省司法厅出台《法律援助宣传工作考评办法》(4.51)

河南省第四届法律援助精品案件评选活动揭晓(4.51)

福建省司法厅在省法律援助中心成立十周年之际开展系列宣传活动(4.52)

综治宣传月　法律援助唱主角(4.52)

江苏灌南播出法律援助广播节目(4.53)

安徽滁州市加强法律援助宣传工作(4.53)

江苏兴化市法律援助进社区活动成效明显(4.54)

湖北十堰市利用多种形式开展法律援助宣传活动(4.54)

重视宣传是做好法律援助工作的先导(4.55)

司法部法律援助中心和法制日报社共

培训园地

12348法援专线(4篇)

法援志愿服务

法援漫谈

域外纵览

法援文学

(注:括号中的数字,点前的为期数,点后的为页数)

(三)2009年司法部法律援助工作司《法律援助工作简报》目录

我国试行“点援制”的探索和实践(5月7日第16期)

山东省迅速传达贯彻落实第五次全国法律援助工作会议精神、山西省司法厅贯彻落实五次会议精神的主要举措(6月15日第17期)

北京市司法局认真贯彻落实五次全会精神积极部署“法律援助便民服务”主题活动(6月17日第18期)

浙江省司法厅采取八项措施贯彻落实第五次全国法律援助工作会议精神(6月18日第19期)

重庆市司法局采取四项措施贯彻落实第五次全国法律援助工作会议精神(6月22日第20期)

王军益副司长在全国法律援助信息网络管理技术培训班结束时的讲话(6月29日第21期)

河北省司法厅召开电视电话会议传达贯彻第五次全国法律援助工作会议精神(7月2日第22期)

河南省委常委会召开会议听取省司法厅关于第五次全国法律援助工作会议精神的汇报、甘肃省委省政府领导就贯彻落实第五次全国法律援助工作会议精神作出重要指示、江苏省委领导就贯彻落实第五次全国法律援助工作会议精神作出重要批示(7月2日第23期)

广东省司法厅召开电视电话会议传达贯彻第五次全国法律援助工作会议精神(7月8日第24期)

新疆兵团司法局认真贯彻第五次全国法律援助工作会议精神(7月10日第25期)

新疆维吾尔自治区司法厅召开纪念新疆法律援助十周年座谈会(7月13日第26期)

江西省司法厅印发《第五次全国法律援助工作会议精神传达贯彻提纲》(7月13日第27期)

甘肃省司法厅印发《关于在全省开展“法律援助便民服务”主题活动的通知》(7月14日第28期)

安徽省司法厅认真贯彻第五次全国法律援助工作会议精神(7月16日第29期)

浙江省司法厅办公室印发《关于开展“法律援助便民服务”主题活动的通知》(7月17日第30期)

河北省秦皇岛市健全网络完善机制全力做好农民工法律援助工作(7月20日第31期)

江苏省司法厅印发《关于开展“法律援助便民服务”主题活动的实施方案》(7月21日第32期)

河北省鹿泉市法律援助律师参与涉法涉诉信访工作成效显著(7月22日第33期)

湖南省委领导就贯彻落实第五次全国法律援助工作会议精神作出重要指示(7月27日第34期)

贵州省司法厅召开全省法律援助工作(7月28日第35期)

广东省司法厅创新机制 多措并举确保死刑第二审指定辩护案件的效率和质量(8月10日第36期)

重庆市委市政府召开全市法律援助工作会议贯彻落实第五次全国法律援助工作会议精神(8月10日第37期)

云南省司法厅采取多种开工学习宣传贯彻第五次全国法律援助工作会议精神(8月10日第38期)

宁夏回族自治区司法厅认真贯彻第五次全国法律援助工作会议精神自治区领导高度重视法律援助工作(8月10日第39期)

黑龙江省司法厅采取多项措施贯彻落实第五次全国法律援助工作会议精神(8月12日第40期)

第七届全国城际间法律援助工作交流

会在郑州召开(8 月 13 日第 41 期)

广西壮族自治区司法厅采取五项措施贯彻落实第五次全国法律援助工作会议精神(8 月 13 日第 42 期)

吉林省司法厅认真贯彻落实第五次全国法律援助会议精神(8 月 13 日第 43 期)

天津市司法局采取四项措施贯彻落实第五次全国法律援助工作会议精神(8 月 13 日第 44 期)

上海市司法局抓住机遇乘势而上认真贯彻落实第五次全国法律援助工作精神(8 月 13 日第 45 期)

北京市全面推广使用法律援助信息管理系统、山东省积极推进法律援助信息化建设(8 月 13 日第 46 期)

内蒙古司法厅认真贯彻落实第五次全国法律援助工作会议精神、福建省司法厅召开法律援助工作会议(8 月 20 日第 47 期)

四川省司法厅采取十项措施贯彻落实第五次全国法律援助工作精神(8 月 20 日第 48 期)

海南召开全省法律援助工作会议(8 月 20 日第 49 期)

西藏司法厅贯彻落实第五次全国法律援助工作精神(8 月 20 日第 50 期)

湖北省司法厅认真学习贯彻第五次全国法律援助工作会议精神(8 月 20 日第 51 期)

青海省司法厅贯彻第五次全国法律援助工作会议精神、辽宁省司法厅认真贯彻落实第五次全国法律援助工作会议精神(8 月 20 日第 52 期)

陕西省司法厅贯彻落实第五次全国法律援助工作会议精神(8 月 20 日第 53 期)

2009 年上半年全国法律援助工作统计分析(8 月 25 日第 54 期)

河南、陕西省法律援助管理机构建设取得积极进展(8 月 28 日第 55 期)

浙江省法律援助区域协作规定(9 月 2 日第 56 期)

江苏省开展法律援助知晓率和需求情况调查(9 月 4 日第 57 期)

上海积极开展"法律援助便民服务"主题活动、西藏部署开展"法律援助便民服务"主题活动(9 月 4 日第 58 期)

浙江对进一步做好"12348"法律援助专线舆情分析工作发出通知(9 月 11 日第 59 期)

浙江认真贯彻落实司法部工作意见努力实现法律援助工作六个新突破(9 月 11 日第 60 期)

山西省司法厅下发《"法律援助便民服务"主题活动实施方案》(9 月 15 日第 61 期)

省级法律援助管理机构建设取得积极进展(9 月 22 日第 62 期)

广东省贯彻落实第五次全国法律援助工作会议精神取得新进展(9 月 22 日第 63 期)

上海市司法局出台《关于加强和改进法律援助工作的若干意见》(9 月 22 日第 64 期)

湖南省加强法律援助机构人员申请律师执业实习管理(10 月 9 日第 65 期)

哈尔滨市司法局联合市民政局联合出台《关于深化为城乡低保人员提供法律援助服务的实施意见》(10 月 22 日第 66 期)

中山市人大常委会听取并审议 市政府关于法律援助工作情况的报告(10 月 30 日第 67 期)

广州市出台《法律援助实施办法》(10 月 30 日第 68 期)

创新服务方式提高服务效果广东省扎实开展法律援助便民服务主题活动(10 月 30 日第 69 期)

山东将法律援助工作纳入全省社会治

安综合治理考核内容(11月3日第70期)

浙江省领导高度重视残疾人法律援助工作(11月19日第71期)

江西实施法律援助民生工程取得新进展(11月20日第72期)

浙江统一启用法律援助标示(11月23日第73期)

四川召开全省法律援助工作会议(11月27日第74期)

浙江召开全省法律援助工作电视电话会议(12月1日第75期)

上海市黄浦区建立法律援助劳动仲裁联络点机制(12月8日第76期)

细化目标责任强化工作举措江苏省持续有力推进"法律援助便民服务"主题活动深入开展(12月8日第77期)

浙江法律援助拥军维权活动取得实效(12月15日第78期)

北京扎实开展法律援助便民服务主题活动(12月17日第79期)

河北省农民工法律援助工作取得显著成效(12月17日第80期)

(四)2009年司法部法律援助中心《法援中心快报》目录

河北省司法厅出台《法律援助服务质量监督考评办法》(2月9日第1期)

部法援中心组织专家审读公众法律教育手册(3月2日第2期)

2008年法律援助培训工作取得新进展(3月5日第3期)

宁夏司法厅 财政厅制定《法律援助案件质量评估及办案补贴管理办法》、辽宁省司法厅出台《法律援助宣传作考评办法》(3月5日第4期)

司法部法律援助中心2009年工作要点(3月16日第5期)

福建省泉州市法援中心荣获中央文明办命案名表彰"全国精神文明建设工作先进单位"、四川省乐山市法援中心开办贴近群众的电视栏目(3月17日第6期)

在全国法律援助处长(主任)会议上的讲话(3月20日第7期)

法律援助值班律师试点项目取得良好社会效果(3月25日第8期)

河南省司法厅提出建立法律援助案件质量评估制度(4月1日第9期)

各地法律援助宣传月活动陆续启动(4月10日第10期)

"西部省份法律援助轮训计划"正式启动宁夏首开西部省份法援中心主任培训班(7月15日第11期)

浙江省委书记赵洪祝充分肯定"12348"舆情分析工作(7月29日第12期)

部法援中心连续三年在《农民日报》开设专栏取得良好社会效果(7月30日第13期)

湖北省召开"12348"平台建设现场暨经验交流会 全面推进法律援助专线工作(10月29日第15期)

第九部分 理论研究

做好法律援助理论研究工作 为推进法援工作体系进一步创造理论条件

司法部副部长 赵大程

理论是行动的先导。做好法律援助工作,理论建设是基础。党的十六大以来,在党中央、国务院的坚强领导下,在各级党委、政府的高度重视和有关部门的大力支持下,法律援助工作得到迅速发展,在维护困难群众合法权益、维护社会公平正义、维护社会和谐稳定、服务经济社会发展方面取得了显著成绩,这与法律援助理论研究工作提供的支持作用是分不开的。

司法部高度重视组织开展法律援助理论研究和调查研究工作。2006 年 12 月,司法部《关于法律援助事业"十一五"时期发展规划》明确提出,要加强法律援助理论研究和调查研究工作,不断探索出适合国情社情民情的法律援助工作机制和模式,进一步增强工作的预见性、科学性和前瞻性。2008 年 12 月,司法部在落实国务院批准的司法部"三定"方案决策中明确将组织开展法律援助理论研究作为司法部监督管理全国法律援助工作的一项重要职责。

近年来,各级司法行政机关和法律援助系统坚持通过理论创新实现实践创新,立足国情,借鉴国外境外先进经验,紧紧围绕法律援助制度建设的重大理论问题和工作中的热点、难点问题,积极开展法律援助理论研究和调查研究,取得了一大批具有较高质量和价值的科研成果。司法部法律援助中心先后完成了国外法律援助制度比较研究、法律援助立法、法律援助管理、法律援助筹资方式、法律援助值班律师制度、农民工法律援助、法律援助案件质量管理、我国三级法律援助机构设置和两级经费保障机制问题、社会组织参与法律援助、法律援助体制改革等多个部级和涉外项目课题的研究工作,坚持每年举办一次全国性法律援助理论研讨会,组织撰写和编译出版了一系列法律援助专著和译著,取得了丰硕的研究成果。这些理论研究成果,为我国法律援助制度的创立和完善提供了理论支持,为我国法律援助理论体系的构建和法律援助政策制定提供了参考,为各地法律援助工作者开阔视野、拓展思路、提高认识水平和工作能力提供了帮助,对于推动中外法律援助的交流与合作、丰富世界法律援助制度的理论宝库也起到了积极作用。一个体系完备、内容科学的中国特色社会主义法律援助理论体系已经基本形成。

当前,我国正处于改革发展的关键时期,"保增长、保民生、保稳定"的任务依然艰巨繁重,法律援助工作既面临难得机遇,也面临新的挑战。一方面,法律援助制度在我国建立和发展的时间毕竟不长,许多问题还没有形成定论,已有的法律援助理论不仅不可能一成不变,还要根据不断发展变化的现实,不断进行创新、丰富和完善。另一方面,法律援助工作在服务困难群众、维护社会公平正义和维护社会和谐稳定中担负的任务越来越重,我们的工作方法和工作机制还存在一些不适应,需要在体制和机制上不断完善。进一步做好新形势下法律援助工作,坚持和完善中国特色社会主义法律援助制度,对法律援助理论研究工作提出了新的更高要求,迫切需要我们进一步加强理论研究工作,深入研究法律援助工作中带有全局性、宏观性、战略性和前瞻性的重大课题,拿出有价值、有影响的高水平研究成果,为推动法律援助事业又好又快发展提供更加有力的理论支撑和智力支持。

法律援助理论研究,包括法律援助基础理论研究、应用对策研究和比较研究,涉及法律援助组织实施和监督管理各个方面的内容。法律援助理论研究的成果直接为建立、发展和完善法律援助制度服务,为法律援助决策、政策制定和立法以及执行提供理论参考,具有很强的实际应用性,属于应用法学理论研究范畴。它既是司法行政理论研究工作的重要组成部分,也是法律援助工作的一项基础性工作。做好法律援助理论研究,对于改革完善法律援助工作体制和机制,坚持和完善中国特色社会主义法律援助制度,更好地发挥法律援助在"保增长、保民生、保稳定"中的职能作用,更好地维护困难群众合法权益、促进社会公平正义,具有重要意义。

做好法律援助理论研究工作,必须始终坚持坚定正确的政治方向。党的十七大明确提出,高举中国特色社会主义伟大旗帜,最根本的就是要坚持中国特色社会主义道路,坚持中国特色社会主义理论体系。在当代中国,坚持中国特色社会主义道路,就是真正坚持社会主义,坚持中国特色社会主义理论体系,就是真正坚持马克思主义。法律援助理论研究工作坚持正确方向,必须坚定不移地高举中国特色社会主义理论伟大旗帜,坚定不移地坚持中国特色社会主义道路,坚定不移地坚持中国特色社会主义理论体系。必须始终坚持党的事业至上、人民利益至上、宪法法律至上,始终做到党在心中、人民在心中、法律在心中、正义在心中,确保法律援助理论研究真正体现中国特色社会主义的正确方向,真正体现社会主义法治理念的根本要求,真正体现坚持和完善中国特色社会主义法律援助制度的实际需要。必须按照科学发展观的要求,坚持理论联系实际,坚持理论从实践中来,又用于指导实践,在实践中不断经历由此及彼、由表及里,去粗取精、去伪存真的过程,不断深化对法律援助工作的规律性认识,使我们关于法律援助工作的理论更加完备,使我们在新形势下推进法律援助工作更加富有成效。

做好法律援助理论研究工作,必须服从服务于党和国家工作大局。当前和今后一个时期,我国正处于全面建设小康社会、加快推进社会主义现代化的关键阶段。法律援助工作担负着服务困难群众、保障社会公平正义、促进社会和谐稳定的重要职责。围绕中心、服务大局,是法律援助工作改革发展的一条基本经验,也是法律援助工作必须始终坚持的一个重要原则。法律援助理论研究工作是法律援助工作的重要组成部分,必须牢固树立大局观念和服务意识,始终坚持围绕中心、服务大局，把理论研究工作放到党和国家工作大局中去思考、去谋划，把服务党中央、国务院的重大决策部署的贯彻落实作为理论研究工作的目标方向，把为实现党和国家重大工作任务提供智力支持作为理论研究工作的主要任务，使我们的理论研究工作始终从大局出发，做到高起点、大视野，最终形成有实际价值的研究成果。要切实加强中国特色社会主义法律援助制度基本理论问题的研究。立足我国基本国情，深入研究我国法律援助制度的基本理论、制度框架和主要功能，研究法律援助的历史渊源和本质特征，研究国外境外法律援助制度的制度设计、运行机制和发展趋势，研究借鉴国外境外法律援助制度中有益的做法，使法律援助制度更加适应我国国情，更加体现时代特征，更加符合我国民主法治建设实际，更加反映人民群众的愿望和要求。要切实加强法律援助工作贯彻落实科学发展观和服务科学发展观的理论和实践问题研究。从服务科学发展和推动自身发展的实际需要出发，围绕完善法律援助工作机制、提高服务科学发展水平，深入研究法律援助工作如何进一步牢固树立以人为本、服务为民理念，如何不断改进和创新服务方式手段、提升服务效果，深入研究法律援助的政府责任、法律援助管理体制和工作机制、法律援助业务用房和办案设施建设标准、经费保障机制、基层法律援助资源整合、法律援助队伍建设等影响和制约法律援助事业发展的突出问题，努力形成具有理论创新和实践价值的研究成果，为提高法律援助工作服务科学发展的能力和水平提供理论支持。要切实加强法律援助工作促进民生问题解决的理论和实践问题研究。紧紧围绕法律援助工作服务"保增长、保民生、保稳定"，紧紧围绕贯彻落实第五次全国法律援助工作会议精神、推动落实"三个纳入"要求，紧紧围绕推进社会主义民主法制建设，认真总结法律援助工作在促进民生问题解决方面取得的成功经验，深入研究法律援助工作促进民生问题解决的重点领域、途径方法和工作机制，深入研究扩大法律援助覆盖面、完善便民利民措施、案件质量管理和评估措施，进一步增强法律援助理论研究工作的实践性、针对性和前瞻性，促进法律援助工作为解决民生问题服务的能力和水平不断提高。要切实加强法律援助工作应用对策研究。坚持统筹兼顾、突出重点，有所为、有所不为，善于从法律援助工作实践中提炼课题，用理论研究成果推进实际工作，不断提高理论研究的针对性和实效性。深入研究办理刑事、民事与行政诉讼法律援助案件、办理非诉讼法律援助案件、开展法律援助专线咨询工作的特点与规律，深入总结各地在实践中创造的好经验、好做法，积极探索新形势下法律援助工作发挥职能作用的新方法、新途径，不断推出有质量、有特色、有水平的研究成果，为法律援助科学决策提供理论支持，促进法律援助工作又好又快发展。

做好法律援助理论研究工作，必须进一步建立健全法律援助理论研究工作机制。法律援助理论研究工作是提高决策科学化的重要保障，必须高度重视，深入推进。要切实加强组织领导。各级司法行政机关和法律援助机构要从繁荣理论研究和推动法律援助工作改革发展的高度，充分认识做好新形势下法律援助理论研究工作的重要性和必要性，切实把法律援助理论研究工作作为一项基础性工作，摆上重要工作日程，精心组织，加强领导。各级司法行政机关和法律援助机构的领导同志，要带头开展理论研究，经常过问研究工作，帮助解决理论研究工作中遇到的困难和问题。要建立健全法律援助理论研究工作机制。在组织动员法律援助系统从事实际工作的同志做好理论研究的同时，要采取切实措施，充分调动广大律师和基层法律服务工作者的积极性，引导和吸收一些法学专家和学者都来参与法律援助理论研究，不断壮大法律援助理论研究力量，活跃法律援助理论研究气氛。各级司法行政机关和法律援助机构要根据自身工作实际，自觉组织开展理论研究，完善工作机制，促进法律援助理论研究深入发展。要高度重视理论研究成果的转化和应用。既要紧密结合法律援助业务工作进行理性思考和理论研究，把理论研究作为业务工作的理论支撑，更要善于利用理论研究成果推动实际工作，通过实际工作检验理论研究成果，在工作实践中不断丰富、完善和发展法律援助工作理论。

（原载于《中国法律援助》2009 年第 12 期）

解放思想　开拓进取　做大做强法律援助事业

司法部法律援助工作司

当前，全党正在开展深入学习实践科学发展观活动。法律援助工作如何深入学习实践科学发展观，在服务和保障科学发展的同时推进自身科学发展，是法律援助工作部门必须思考和回答的重大而紧迫的问题。要求我们要全面了解法律援助工作的发展现状，认真分析当前法律援助工作发展中存在的突出问题，研究提出今后一个时期法律援助工作发展思路、目标任务和工作措施，推进法律援助事业全面协调可持续发展。

一、认识并把握发展机遇，进一步坚定做好法律援助工作的信心

经过十多年的努力，法律援助工作实现了从无到有、从小到大的飞跃，在政府责任的确立、经费保障、机构建设、工作机制和制度建设等方面取得了实质性的进展，法律援助工作已经进入到一个新的发展阶段，并已具备深入发展的良好基础。截至 2007 年底，各级政府已设立法律援助机构 3259 个，比 1999 年机构总数（1235 个）增加了 2024 个，各地普遍依托乡镇司法所、工会、共青团、妇联、残联等社会团体的维权部门设立了法律援助工作站，法律援助工作网络基本形成。2007 年全国各级财政拨付法律援助经费 51671.02 万元，是 1999 年的 27 倍，法律援助经费保障能力不断增强。《法律援助条例》（以下简称《条例》）的颁布实施，标志着我国法律援助制度体系构架基本形成，与《条例》相配套的法律援助工作规范和制度也逐步健全。地方法律援助工作积累了丰富的经验，先进人物不断涌现。这些年来，各级司法行政机关和法律援助机构按照党中央、国务院的要求，坚持围绕中心、服务大局，积极开展法律援助工作。1999 年到 2007 年，各地法律援助机构共组织安排法律服务人员为 352 万余名受援人办理了 224 万余件法律援助案件，解答法律咨询超过 2170 余万人次。法律援助职能的发挥，对加强我国民主法治建设、维护社会稳定、促进社会和谐产生了积极作用。

与此同时，法律援助事业迎来了前所未有的发展机遇。党的十七大提出的深入贯彻落实科学发展观，全面落实依法治国基本方略、加快推进以改善民生为重点的社会建

设的新要求，为完善法律援助制度，发挥法律援助在维护困难群众合法权益、促进社会公平正义等方面的职能作用开辟了广阔的发展空间和巨大的工作舞台。党中央、国务院高度重视法律援助工作。近几年，中央政治局常委会和国务院的年度工作要点都对法律援助工作提出明确要求。前不久国务院批准的司法部“三定”方案明确在司法部职能调整中“加强管理监督法律援助工作”，并增设法律援助工作司。各级党委、政府也把法律援助工作摆上重要议事日程，将法律援助工作列为工作计划或为民办实事项目。各省级政府普遍通过立法和颁布政府规章，扩大法律援助范围，落实法律援助办案补贴标准。各级政府及相关部门对法律援助工作的支持力度不断增强。当前正在开展的全党深入学习实践科学发展观活动，要求着力转变不适应、不符合科学发展观的思想观念，着力解决影响和制约科学发展观的突出问题，突出实践特色，让人民群众得实惠。这无疑是法律援助工作发展的大好时机。科学发展观的核心是以人为本，而关注并促进民生问题解决、切实维护困难群众的合法权益则是党和政府践行人本理念最直接的体现。法律援助在促进民生问题解决和维护困难群众合法权益方面具有独特作用，因此，推进法律援助事业发展，是党和政府贯彻落实科学发展观必不可少的重要内容，解决法律援助工作发展中的突出问题，也应当成为政府相关职能部门学习实践科学发展观的实际行动。机不可失，时不我待。各级司法行政机关和法律援助机构一定要抓住机遇，增强使命感和责任感，充满信心地做好法律援助工作。

二、找准并分析突出问题，进一步明确法律援助工作发展的总体思路

新形势给了法律援助工作新的发展机遇，同时也对法律援助工作提出了新的更高的要求。法律援助工作要以科学发展观为指导，服务科学发展，并在服务发展中实现自身发展按照学习实践科学发展活动的要求，就是要找准制约法律援助工作发展的突出问题，分析产生问题的深层次原因，科学制定法律援助工作发展思路。当前，法律援助工作存在的最突出问题表现为三个方面：一是法律援助的提供能力与困难群众的实际需求相比还存在较大差距，供需矛盾仍然十分突出。一些低收入人群因无法获得法律援助，面临无法平等实现自身合法权益的不利处境；法律援助工作效率和服务质量还不能完全满足困难群众的新要求。二是各地法律援助工作发展不平衡，西部地区和基层法律援助工作面临更大的困难，制约了全国法律援助工作的整体发展。三是法律援助职能作用的发挥与国家经济社会发展和民主法治建设的要求还有较大差距，法律援助制度在我国法律制度体系中以及在国家经济社会总体发展中尚未确立其应有的地位。这些问题根源于以下主客观两方面原因。

（一）认识问题依然是制约法律援助工作发展带有根本性的问题。尽管从总体上这些年中央和地方各级党委、政府越来越重视法律援助工作，但是，在一些地方，党委、政府及相关部门对法律援助重视不够，法律援助工作还未纳入视线，在涉及到解决法律援助工作面临的具体问题时往往困难重重。而一些司法行政机关的领导对法律援助工作认识不到位问题则是制约工作发展的更直接、更主要的原因。视法律援助工作为负担，在争取机构人员编制、经费等问题上不主动；不愿对外宣传，回避工作压力；把法律援助机构看成安置人员的场所；把法律援助只当一个招牌，不办实事等等。因此，推动法律援助工作发展，首先要解决司法行政内部的认识问题。事实证明，只要司法行政部门的同志能够讲清讲透法律援助制度的性质和职能作用,都比较容易得到地方党政领导、相关部门的理解和支持。

(二)困难群众法律援助需求不断增长,对服务质量的要求越来越高,法律援助工作面临新的挑战。我国正处于社会矛盾凸显期,各种矛盾纠纷量多复杂。随着国家民主法制建设不断深入,用法律解决矛盾纠纷已成为解决问题的主要渠道,加上法律援助知晓率不断提高,困难群众的法律援助需求急剧增长。与此同时,公众也越来越多地了解了法律援助是政府的责任、公民的权利,困难群众在寻求并获得法律援助过程中,不仅要求依法得到法律援助,而且要求法律援助服务态度好、质量高、效果好。

(三)法律援助经费、机构、人员问题严重制约法律援助的提供能力。从全国情况来看,尽管这些年法律援助经费在持续增长,但因基数低,法律援助经费保障水平总体上仍然偏低。这种情况在中西部地区和基层表现尤其突出。除少数经济发达地区外,一般的县本级财政年度拨款多则2—5万元,少则1000—2000元,甚至不拨款。目前全国还有18.5%的县(区)级政府未将法律援助经费纳入财政预算。一些经济发达的县(区)也随着案件数量的迅速增长,普遍感到经费紧张,只能靠降低办案补贴来达到平衡。如江苏南京市鼓楼区去年办案补贴为800—1000元/件,今年只能支付500—600元/件。案件办得越多,补贴就越少,由此产生法律援助机构不愿多办案的倾向。另外,县(区)法律援助机构的办公条件存在严重问题。据了解,陕西、青海各县(区)机构除极少数从司法局机关内部调剂1间办公室外,95%以上没有独立办公室,大部分县(区)机构只有电话一种办案设备,工作开展和职能发挥受到严重制约。

机构、人员编制问题是制约法律援助工作发展更加突出的问题。全国机构性质不统一、编制明显偏少。一般地市级法律援助机构多则5人,少则2—3人,县(区)级机构多则3人,1人机构相当普遍,不少地方一人兼几个科室的工作。新疆全区县(市、区)法律援助中心兼职人员占80%还有少数地方法律援助机构与律师事务所合署办工。另外,许多法律援助机构人员为事业编制、待遇差,缺少激励机制,留不住人才。据统计,2007年全国约7成人员在法律援助机构的工作年限为5年以下,法律援助专职律师比上年减少13%。人员短缺、素质偏低,很难应对日益繁重的法律援助管理和实施工作,服务态度和水平也大打折扣。

(四)法律援助工作发展还存在许多体制机制性障碍。法律援助管理体制尚未理顺,据一些省、市反映,由事业性质的法律援助机构行使管理职能,上下级法律援助机构之间无业务指导关系,出现管理无强制力,或管理不到位的现象。法律援助工作发展中一些重要的工作机制尚未建立或健全。如,法律援助经费保障机制,法律援助范围和标准的动态调整机制,与相关部门工作协调机制、法律援助资源调配机制和法律援助实施中的相关工作机制等等。这些机制的欠缺或不完善,直接制约了法律援助保障能力的提高和法律援助实施的规范化。

(五)对法律援助工作自身发展规律的掌握还不够充分健全完善体制机制,解决法律援助面临的经费、人员难题,很大程度上取决于对法律援助工作自身发展规律的认识和把握。比如一些地方政府在制定或调整法律援助经济困难标准和案件范围时,需要提供制定标准的依据和相应的论证以及调整标准后受援人数量、政府财政投入、法律援助队伍数量等相关数据的测算等等,由于我们对工作规律性掌握不够而提不出相应的论证材料，而导致相关规定难以出台。

总之，当前法律援助工作面临十分有利的发展机遇和环境，也具备了较好的工作基础。但从某种意义上讲，在这样一个好的基础之上要有新突破，实现新增长，其难度不亚于初建时期。特别是经费、机构编制等问题的解决，与初创时期相比，协调难度不相上下，甚至更大。比如，一些地方政府认为对法律援助的支持已经很不错了，不愿有更大的力度；一些地方财政拨款确立了基数后增长很慢；法律援助机构性质、编制等一旦确定就很难再变动。这些情况都表明，法律援助工作正处在发展的瓶颈阶段，要使法律援助事业继续深入发展，必须要解放思想、开拓创新，从观念上、体制机制上、管理能力水平上实现新的突破，才能实现法律援助工作人员有干劲、人民群众得实惠，法律援助事业发展上水平的良好局面。

2009 年和 2010 年是落实《关于法律援助事业"十一五"时期发展规划》的最后两年，也是完成规划任务的最后攻坚阶段。认真总结《条例》实施五年来、"十一五"规划实施三年来工作情况，客观分析当前存在的突出问题及原因，按照法律援助"十一五"规划的要求，根据司法部的统一部署，我们提出今后一个时期全国法律援助工作的总体思路是：坚持以邓小平理论和"三个代表"重要思想为指导，深入贯彻党的十七大和十七届三中全会精神，以科学发展观为指导，全面实施《法律援助条例》，认真落实《司法部关于法律援助事业"十一五"时期发展规划》，继续抓住"推动政府责任的落实，提高法律援助公众知晓率，扩大法律援助覆盖面"三个工作重点，始终紧扣"不断增强法律援助的物质保障、组织建设、管理工作、服务工作和社会影响等五项能力建设"的工作目标，着力完成"理顺管理体制、完善工作机制、提高保障能力、健全配套规章制度"的工作任务，以满足困难群众法律援助需求为核心，提高认识、强化责任，全面履行法律援助管理职能和组织实施职能，推进法律援助事业深入发展，为维护困难群众合法权益，维护社会公平正义，构建社会主义和谐社会作出新贡献

三、振奋精神，开拓创新，全面推进法律援助事业新发展

按照今后一个时期全国法律援助工作的总体思路，法律援助工作司明后两年工作的着力点和主要措施为以下五个方面：

（一）抓推动。法律援助制度创建时期经过系统内外上下推动，顺利完成了初建阶段的任务。当前，要突破法律援助工作发展的瓶颈，首当其冲的任务是全面启动新一轮的推动工作，提高认识、振奋精神、鼓舞士气。针对当前一些地方司法行政部门领导对法律援助认识不到位、工作摆不上日程，法律援助工作部门信心不足的问题，采取以下方式进行推动：

一是争取在部省两级司法行政机关的整体工作部署中把法律援助工作作为需要加强的职能予以强调。要求各级司法行政部门从深入贯彻落实党的十七大精神，深入学习实践科学发展观的高度，从充分发挥司法行政促进民生问题解决，维护社会公平正义，促进社会和谐稳定的职能角度，认识法律援助制度在国家民主法治建设中乃至在构建社会主义和谐社会中的重要地位和作用，抓住机遇，强化法律援助职能，促进司法行政事业发展。

二是把这次学习实践科学发展观活动的研究成果整理出来，以司法部的名义下发《进一步加强和改进法律援助工作的意》，强调进一步提高认识，就解决当前法律援助仁作的突出问题，提出进一步推进法律援助工作对策措施。

三是建议司法部在研究部署加强县(区)司法局建设工作时重点推动法律援助工作。县(区)法律援助工作是整个法律援助工作发展的基础,也是薄弱环节,是应当加强的重点。要求各级司法行政机关领导要充分认识到,加强县(区)司法局建设与加强县(区)法律援助工作之间相互依存的关系,一方面,加强县(区)司法局建设,是加强县(区)法律援助工作的前提保证,在一个少编制、少经费的县(区)司法局里根本不可能很好地解决法律援助工作的人员和经费问题。另一方面,法律援助工作容易得到党委、政府和群众的支持,往往是县(区)司法局争取政策和财力支持的重要理由。因此,要把加强县(区)法律援助工作作为强化县(区)司法行政职能的重要抓手,把改善县(区)法律援助业务用房和办案设施作为县(区)司法局办公业务用房建设的重要依据,把增加法律援助经费作为增强县(区)司法局业务经费保障的重要渠道。通过上下努力,使县(区)司法局建设和法律援助工作同步加强。

四是筹备召开第五次全国法律援助工作会议,总结四次会议以来的法律援助工作,研究部署未来几年的法律援助工作,为今后一个时期法律援助事业持续健康发展指明方向。

除了系统内的推动外,还应当通过加强宣传力度,向全社会进行广泛推动,营造法律援助事业发展的良好社会氛围。

(二)抓协调。法律援助工作涉及到方方面面,解决人、财、物问题都要依赖于政府相关部门的支持,无论是法律援助的管理部门,还是组织实施部门,协调工作始终是重要工作内容。尤其是省、部两级法律援助管理部门,协调工作的成效对于整个辖区的工作发展至关重要。要把对外协调作为法律援助管理工作的重点,为基层法律援助工作创造良好政策和工作环境。法律援助工作司明年和今后一个时期将协助政治部、计财司、法制司等部门,从以下方面开展协调工作,并力求抓出成效:

一是加大与财政部门的协调力度,借大势、争经费、推政策。借助中央着力解决民生问题、农村改革、农民工问题和深化司法体制改革等有利形势,争取中央补助法律援助办案专款中加入农民工法律援助专项经费和死刑二审开庭审理法律援助专项经费,实现中央补助款明显增加;或者争取在中央和省级财政拨付的解决农民工问题的专项经费中列入农民工法律援助经费。与财政部共同研究,建立中央和地方财政分担法律援助经费机制,推动法律援助经费增长与经济社会发展相协调;研究建立中央办案专款的监管机制,确保专款专用,提高资金使用效益。

二是加大与编制、人事部门的协调力度,加强法律援助机构建设。力争出台相关政策,或争取编制人事部门在其系统内部进行工作指导,推动解决省级法律援助管理机构为行政机构,推动解决法律援助机构为行政机构性质,至少为参照公务员管理的事业单位。争取相关政策,多方解决基层法律援助机构人员短缺问题,稳定法律援助队伍。

三是加强与国家发改委沟通协调,借助落实中央关于扩大内需,促进经济平衡较快增长的决策部署,争取将法律援助机构业务用房建设纳入地方建设项目总体规划。

四是加强与全国人大、国务院法制办沟通协调,推动将《法律援助法》列入国家立法计划。

(三)抓指导。指导地方开展工作是司法部法律援助管理工作最重要的内容。主要是通过制定中长期发展规划、年度工作计划、出台规范性文件以及阶段性的指导性文件等进行指导。除此之外,还通过日常行政管理手段、业务培训等方式进行指导。根据目前地方开展工作的实际情况，法律援助工作司在指导工作方面拟作如下计划：

一是制定下发《2009 年全国法律援助工作计划》，明确年度工作目标、任务和措施。二是指导地方推动政府科学制定法律援助经济困难标准和案件补充范围，从制度层面解决扩大法律援助覆盖面问题。近年来，地方普遍认为已制定的法律援助三项标准不尽合理，需要调整，但因一些地方司法行政部门无法给出相关数据测算和材料论证，政府立法部门和财政部门也无法启动此项工作。为此，司法部应当为各省级司法行政部门推动此项工作提供相关的业务指导。

二是研究制定《法律援助机构规范化指导意见》。根据法律援助"十一五"规划的要求，就法律援助机构设置、人员配备、办公用房和设备、经费保障、工作制度等规定指导性标准，在短时间内无法争取编制人事部门支持联合下发的情况下，建议以司法部名义下发，为地方争取相关部门支持提供政策依据（司法部作为全国法律援助工作管理部门，从业务指导的角度下发指导性意见应在职责范围内），加速推动法律援助机构规范化建设，健全完善法律援助实施体系，从工作保障上，促进扩大法律援助覆盖面的实现。

三是加强法律援助业务工作指导。研究制定加强农村法律援助工作的指导意见，促进农村法律援助工作的发展；推进农民工法律援助工作。指导地方继续加大办案力度，研究提高法律援助办案数量和质量的机制和办法。继续实施志愿者计划，解决西部法律援助人力资源缺乏问题。与公检法部门和政府相关部门沟通、协调，研究完善法律援助工作中相关部门之间的协调配合机制。总结一些地方开展的值班律师试点、法律援助异地办案协作、法律援助工作考核等工作经验．研究建立相关工作机制和制度。

四是推进全国法律援助信息管理系统的建设。总结江苏、广东等省市法律援助信息管理系统和部法律援助中心在贵州、湖南、广西、江西等省部分法律援助机构试运行的"全国法律援助信息管理系统"经验，在东部地区和部分具备条件的中部地区率先使用法律援助信息管理系统，逐步向中西部推广。

五是完善配套规章制度。配合法制司尽快出台《法律援助程序规则》（法律援助中心已经完成起草论证工作，等待法制司审核），并研究制定规范社会组织和志愿者开展法律援助工作相关规定、法律援助人员奖惩办法等，争取在"十一五"末期，基本完成与《条例》相配套的主要规章制度。

（四）抓研究。研究工作是管理工作的基础和保证。

一是政策法规的研究。围绕出台法律援助政策和法律法规、健全配套规章制度开展研究，以及对法律援助法律法规和规章执行中出现的问题进行研究，提出对策，及时指导地方开展工作。

二是对法律援助制度发展方向性的问题进行研究，形成中长期发展规划，引领法律援助事业健康发展。比如，法律援助管理体制问题、法律援助覆盖面问题、法律援助提供模式问题、法律援助资源调配问题、律师履行法律援助义务问题、法律援助专业化发展问题、法律援助多层次多样化服务方式问题、法律援助与其他法律服务的衔接问题、法律援助费用分担问题等等的研究成果，将直接推动法律援助事业的发展。

三是组织力量开展法律援助理论研究，为决策提供理论支持。组织系统内外专家、学者参与法律援助理论研究，就法律援助制度在国家法律体系中的地位、实施法律援助制度的社会价值和功能等深层次问题的研究成果，将对完善中国特色法律援助制度体系奠定坚实的理论基础。

（五）抓监督。法律援助管理的重要内容之一是监督，包括监督法律法规规章的执行、法律援助规划的落实、法律援助经费的管理和使用、法律援助工作质量以及法律援助机构和人员的依法行政等等。监督是保证法律援助管理工作落到实处的把关环节，对于整个法律援助制度的健康运行都非常重要。近一两年法律援助工作司将集中采取以下方式履行监督职责：

一是争取与人大、政协、国务院法制办等相关部门就《条例》的执行问题进行专项检查，重点推动各级政府落实法律援助责任。

二是组织对法律援助业务经费的管理与使用、法律援助机构规范运行和法律援助人员依法行政的情况进行专项检查。

三是建立投诉机制。司法部法律援助工作司开设法律援助监督电话，接受并处理公众投诉。

2009 年是法律援助工作在深入学习实践科学发展观活动中迎来新发展的重要一年，我们要在司法部党组坚强领导下，抓住机遇，乘势而上，按照司法部的统一部署和要求，解放思想、开拓创新、加强管理、狠抓落实，努力完成全年工作任务，为进一步推进法律援助事业发展打下坚实基础。

（原载于《中国司法》2009 年第 1 期）

新形势下法律援助宣传的创新性认识

司法部法律援助中心主任　贾午光
司法部法律援助中心法学博士　郑自文
司法部法律援助中心　刘帅克

长期以来，我国的法律援助宣传专注于向各级党政领导和社会各界宣传建立和实施法律援助制度的意义和作用，取得了良好效果。但这种宣传在一定程度上忽略了面向困难群众提供免费法律教育服务（在国外被称为“公共法律教育”）这一法律援助宣传的核心内容和主要形式，被当成了法律援助办案业务的一项辅助性工作。随着经济社会的发展和人民群众物质文化生活水平的提高，困难群众对法律援助工作提出了一系列新要求新期待，能够享受由政府法律援助机构提供的免费法律教育服务便是其中的一项重要内容。新的形势要求我们对法律援助宣传进行重新认识和定位。

最近，在深入学习实践科学发展观活动中，我们按照科学发展观的要求，对法律援助宣传进行了创新性的分析和思考。通过借鉴世界各国尤其是法律援助制度发展比较完善国家和地区的经验，结合我国实际情况，我们认为，在法律援助机构面向困难群众提供的各项法律援助服务中，除了诉讼、非诉讼法律援助服务之外，还有一项重要的业务服务形式，就是法律援助宣传服务。这种服务不是法律援助办案业务的辅助性工作，而是政府通过法律援助机构为困难群众提供免费法律教育即简易和常用法律知识以及法律事务处理技巧的一种公共法律服务行为，是法律援助服务的题中应有之义。

本文试图对重新认识法律援助宣传的必要性及其主要内容和形式、做好新形势下法律援助宣传工作的主要途径等问题作出探讨，以期引起各级司法行政机关和法律援助机构对这一问题的重视和关注，为做好新形势下法律援助宣传服务工作提供借鉴。

一、法律援助宣传是国外境外法律援助机构面向困难群众提供的一种重要服务

在世界上法律援助制度比较发达的国家和地区，法律援助宣传（在国外被称为“公共法律教育”）都被视为法律援助服务的一种重要形式，在帮助困难群众维护自身合法权益、扩大法律援助知晓率方面发挥着重要作用）。目前，由政府法律援助机构和由政府出资支持部分民间法律援助组织，开展面向困难群众的法律援助宣传服务，已经成为许多国家和地区法律援助制度的重要组成部分。根据我们掌握的资料，国外境外法律援助机构在法律援助宣传服务的目标、内容、服务提供者、经费来源等方面，已经形成一套比较成熟完善的工作理念和工作模式，主要表现在：

1. 关于法律援助宣传的基本理念和价值目标。国际社会已经达成共识，即通过适当的立法或者计划来对公众进行免费法律教育，帮助公众增长法律知识，提高法律意识和维权意识，提高他们利用法律手段“自助”解决自身遇到的常见法律问题和保护自身权益的意识和能力，以确保法律面前人人平等，促进司法公正。在社区中开展免费法律教育，还可以通过形成并表达对人们有影响的法律意见，倡导法律或社会变革，帮助社区公众参与社区建设。概括地讲，公共法律教育的目标就是促进公众获得司法公正、增长公众法律知识、“自助”和倡导法律或社会变革的社区建设四个方面。

关于法律援助宣传的内容和形式，各国都是丰富多样的，但主要集中在为低收入人群提供免费法律咨询和法律知识普及方面。在印度，国家法律援助局开展过大量普及法律读写能力的项目，他们在弱势群体中开办“法律读写能力营”（或称法律援助营），以进行弱势人群权利方面的教育，并鼓励他们通过调解去解决纠纷。在澳大利亚维多利亚州，法律援助署的工作主要有五种，除处理诉讼案件外，其中四种都是与免费法律援助咨询和法律教育有关的工作，包括由州法律援助署下属办事处为刑事法、家庭法、部分民事和人权法领域提供免费法律咨询和建议；通过免费电话为公众提供法律信息咨询服务；免费发放以各种语言印制的不同主题的法律出版物和小册子、到社区举办法律讲座和讨论会教导人们明白自己的权利和责任；在地方法院和监狱提供免费的值班律师，当事人也可以通过电话询问获得值班律师的帮助。在英国，法律援助机构设在警察局和法庭的值班律师为当事人当面或者通过电话提供免费的法律帮助。在加拿大安大略省，社区公共法律教育诊所专门致力于公共法律教育，具体负责撰写、编辑、免费发行与公众有密切联系的法律知识性书籍、小册子，同时，诊所的许多法律资料还在网站上公布，供相关人士和公众查看、免费下载。在我国香港，政府专门拨款支持香港律师会和大律师公会提供当值律师服务计划，以弥补政府法律援助署只提供诉讼法律援助的空隙。这一计划中的免费法律辅导计划是在民政事务总署辖下的民政事务处设立一个法律辅导中心，任何人如需要得到免费法律指导，无须经过任何审查，均可透过转介机构预约时间，并将欲咨询的问题通过转介机构交给所约见的律师，由该律师自愿免费服务；电话法律咨询计划则以粤语和英语电话录音形式，就日常生活中涉及到的法律问题，特别是针对当时的“热点”问题，免费为市民提供基础性的法律知识录音资料。

关于法律援助宣传服务的提供者，各国都是通过政府设立法律援助机构组织实施法律援助宣传服务，同时积极吸收社会组织、律师、大学生等志愿者参与。在法律援助下工作开展比较成功的加拿大安大略省，公共法律教育的实施工作都由法律援助署支持设立的地方组织来进行，他们设有安大略省社区公共法律教育诊所，这些地方和社区组织开展公共法律教育的形式多种多样，取得的效果也很明显。

关于法律援助宣传的经费来源，由于法律援助宣传是政府通过法律援助机构为困难群众提供免费法律教育的一种公共法律服务行为，因而各国都是由政府财政拨付专款从事法律援助宣传教育工作，开展各项公共法律教育活动。在加拿大安大略省，1998年设立了独立的法律援助署来管理和组织实施法律援助工作，包括法律援助宣传工作。安大略省86%以上的法律援助经费来源于联邦政府和安省政府的财政拨款，其余部分来自少量的律师信托账户利益、当事人分担费用。这些法律援助经费除了用于办案开支外，一个很重要的开支项目就是支持法律援助署设在各地的办公室及各个社区诊所开展各种形式的法律援助宣传（公共法律教育）服务。

二、重新认识新形势下法律援助宣传的必要性

中央关于深化司法体制和工作机制改革方案和司法部去年底召开的全国司法厅（局）长会议都明确提出，要进一步完善法律援助制度。新的形势和任务要求我们，做好新形势下的法律援助工作，必须坚持以人为本、服务为民，坚持改革创新，不断丰富和完善法律援助服务形式。当前，只有准确把握困难群众对法律援助的新要求和新期待，以创新性的思维，重新认识法律援助宣传的科学内涵，才能使法律援助宣传在完善法律援助制度、服务民生和构建和谐社会中发挥出更大的作用。

（一）深入学习实践科学发展观需要对法律援助宣传进行重新认识

科学发展观的本质和核心是以人为本。在法律援助工作中，以人为本的“人”无疑是广大困难群众。作为广大困难群众利益的坚定维护者和捍卫者，法律援助机构必须把维护困难群众的利益作为一切工作的出发点和落脚点，坚持执法为民、服务于民。法律援助通过帮助弱势群体实现法律赋予他们的合法权利，从而实现社会的公平正义，促进社会全面协调发展，体现了科学发展观的根本要求。在新形势下，继续深入贯彻落实科学发展观，更好地发挥法律援助工作在保增长、保民生、保稳定中的重要作用，必须不断推进法律援助各项工作协调发展。只有重新定位法律援助宣传工作，改变在法律援助宣传方面不符合科学发展观要求的思想认识和做法，才能更好地体现以人为本、执政为民的要求，更好地促进法律援助工作全面协调可持续发展。

（二）丰富和完善法律援助服务形式需要对法律援助宣传进行重新认识

在我国，为特殊刑事案件的当事人提供刑事辩护、为符合经济困难条件的困难群众提供法律代理、为社会公众提供法律咨询和代书，已经成为法律援助服务的主要形式。近年来，一些地方的法律援助机构在组织开展传统的法律援助宣传活动时，也面向困难群众提供了一些零星的免费法律教育服务，但规模不大、操作不规范、定位不明确、与法制宣传部门开展的普法宣传没有明显区别。同国外境外法律援助相比，同困难群众对法律援助的需求相比，我国目前的法律援助存在着服务形式不全、服务针对性不强的问题,法律援助宣传形式单一、定位不准确、没有体现出服务的功能。为了使法律援助更加贴近困难群众的需求、更加符合构建和谐社会的要求,我们必须按照科学发展观关于全面协调可持续的要求,按照科学发展观关于统筹兼顾的方法,认真思考如何加强和规范各地法律援助机构目前开展的法律援助咨询和公共法律教育工作,将法律援助宣传改造成法律援助的一种重要业务服务形式,有重点、有针对性地加强对困难群体的免费法律教育,对不同群体采取不同的教育模式和教育内容,丰富和完善现有法律援助形式,切实增强法律援助的提供能力,充分发挥法律援助宣传在提高法律援助公众知晓率、提高公众法律意识的作用,使困难群众通过"自助"或者咨询帮助便能以便捷和经济的方式解决自己遇到的法律问题,预防和减少需要进入诉讼程序的法律援助案件。

(三)维护人民权益、促进社会公平正义需要对法律援助宣传进行重新认识

维护人民权益,是党的宗旨的根本要求,也是做好法律援助宣传工作的根本目的。法律援助宣传直接为维护困难群众权益服务,是党和政府主导的维护群众权益机制的重要组成部分,是法律援助服务困难群众的重要形式,对于维护人民权益具有重要作用。同传统的普法宣传相比,法律援助宣传由于具有专业性和直接面向困难群众的特点,可以通过法律援助机构直接组织广大律师等法律服务工作者和本机构的专业法律援助人员,针对困难群众的特殊需求,以面对面、交互式和个案办理等形式,直接为困难群众提供民事、刑事、行政和法律援助基本常识方面的宣传服务,帮助他们提高利用法律手段"自助"解决自身遇到的法律问题和保护自身权益的意识和能力,这对于确保法律面前人人平等、促进司法公正具有重要意义。只有坚持把维护人民权益作为法律援助宣传工作的出发点和落脚点,坚持改革创新,不断丰富和完善法律援助宣传的内容和形式,才能满足困难群众多方面的法律需求,才能充分发挥法律援助宣传在法律援助制度中的应有作用。

三、新形势下法律援助宣传的主要内容和形式

按照前述对法律援助宣传的重新认识和定位,我们认为,在新形势下,法律援助宣传应当包括面向困难群众的免费法律教育和传统的新闻宣传报道两种形式。

法律援助宣传的服务对象主要是困难群众,服务内容专注于与困难群众有关的常见法律问题,因此与一般意义上的普法有所区别,是一种更加专业化的法律援助服务形式。法律援助宣传服务的主要内容包括三大类:一是为公众提供基础法律知识,即以宪法、刑事、民事等基本法律知识的法律援助宣传服务;二是与社会公众主要是困难群众生产生活密切相关的法律知识,即结合人民群众最关心、最直接、最现实的利益问题,针对不同群体的不同关注,提供《劳动法》、《消费者权益保护法》、《妇女权益保障法》、《老年人权益保障法》、《残疾人保障法》、《农村土地承包法》等方面的法律援助宣传服务;三是为公民特别是弱势群体提供获得法律帮助途径方面的法律援助宣传服务,主要包括法律救济和法律援助的范围、条件、申请渠道等内容。

根据国内外经验,在新形势下开展法律援助宣传工作可以采取如下形式和手段:

1. 免费发放简易公共法律教育资料。针对法律援助宣传的重点人群,特别是低保人群、低收入水平人群、农民和农民工、老年人、文化程度较低人群等,提供免费法律教育。定期设计、印制和更新专门针对农民工、妇女、未成年人、残疾人、老年人等特殊群体常见法律问题的法律教育系列宣传产

品，免费提供给法律援助机构，供公众免费取阅。

2. “148”法律援助专线服务。“148”法律援助专线承载着为全体公众提供法律咨询和免费法律教育的双重功能，是法律援助宣传服务的重要内容和形式。要通过加强对各地已有“148”专线的规范和监管，将“148”法律援助专线办成面向全体公众的国家法律咨询热线，充分发挥“148”法律援助专线在提供法律援助咨询和进行免费法律教育方面的积极作用

3. 送法律咨询到基层。采取进农村、进社区、进学校、进企业、进车站等形式，在接近困难群众的地方，定期组织开展面向困难群众的法律援助咨询教育活动。

4. 集中宣传。围绕一定时期党和国家的仁作重心，采取开展法律援助宣传月、宣传周等形式，或者利用重大节假日和庆典活动，组织开展大型法律援助宣传活动，集中宣传法律援助制度在促进公平正义、构建和谐社会中的作用，努力扩大法律援助宣传效应和覆盖面。

5. 媒体宣传。通过文学、电视电影创作、网络媒体等形式，宣传法律援助制度和先进典型在当今的信息化时代，尤其要注重充分利用互联网这一特殊传媒来进一步提高法律援助宣传的效果。可以通过网络将与特殊群体利益相关的法律法规进行全民公开，使困难群众可以随时通过网络找到自己所需要了解的法律法规，从而变被动接受法律为主动寻找法律，提高他们自主维权的积极性和主动性。

必须指出的是，在为特殊群体提供法律援助宣传服务时，要切实坚持以人为本、服务为民，认真考虑困难群众的特殊需求，从他们的实际需要出发，对不同群体采取不同的宣传教育政策和方式，比如对青少年要加强其对法律社会价值的认知，教育形式应该符合趣味性、直观性、互动性的要求；而对于农民工群体，则要加强对民事、劳动合同法等的宣传教育。在教育引导的同时，还要尊重他们的自主选择，切实增强法律援助宣传服务的效果。

四、做好新形势下法律援助宣传服务工作的主要途径

做好新形势下的法律援助宣传服务工作，需要从思想观念、工作机制、资金、人力资源等方面着手，有序规划，逐步推进。

（一）转变思想观念，强化法律援助宣传的服务功能

要切实改变旧观念旧意识，摒弃将法律援助宣传工作简单等同于普通新闻普法报道的观点和做法，充分认识开展面向困难群众的免费法律教育和“148”法律咨询等形式对于扩充法律援助宣传工作内涵、强化法律援助宣传服务功能、促进法律援助制度发展的重要意义。要认真借鉴国外境外尤其是法律援助制度比较发达国家和地区在法律援助宣传工作中的先进经验，加大省际间、地区间法律援助机构的宣传产品资源共享和交流合作力度，共同促进我国新形势下法律援助宣传工作的发展。

（二）找准工作切入点，丰富法律援助宣传服务困难群众的形式

要尽快改变过去单一的法律援助宣传方式，找准新形势下法律援助宣传工作服务困难群众的切入点，将为困难群众提供免费法律教育作为法律援助宣传工服务的主要形式，切实履行好政府责任、保障好困难群众获得多方面法律教育服务的权利。要坚持通俗、准确、实用、有效的原则，认真编发面向困难群众的免费法律教育资料，帮助困难群众有效获得法律知识，提高自我维权能力。要充分运用好电视、广播、报纸等传统媒介的作用，注重运用群众喜闻乐见的形式，如举办法制讲座、法制竞赛、文艺演出

等，深入乡村和社区主动提供法律援助宣传服务。要积极探索通过大学生志愿者、法律诊所、网站、电话咨询、面对面咨询等多种形式，灵活有效地开展面向困难群众的免费法律教育工作，在人民群众中尤其是基层困难群众中宣传与群众日常生活密切相关的法律法规和法律援助制度，不断提高群众的维权意识，使法律援助宣传真正成为法律援助服务的重要业务形式。

（三）健全法律援助宣传工作机制，努力扩大法律援助宣传服务覆盖面

要按照善于策划、广泛传播、简约生动、持之以恒的工作方法，不断健全完善法律援助宣传工作长效机制，努力扩大法律援助宣传服务覆盖面。认真研究面向困难群众的免费法律教育的规律和特点，采取符合本地实际的宣传教育工作方式，使面向困难群众的免费法律教育能够覆盖最广大的困难群众，使有需要的困难群众都能得到高效便捷的法律援助宣传服务，力争以最小的投入达到最佳的宣传教育效果，更好地发挥法律援助宣传保增长、保民生、保稳定中的职能作用。改变过去组建法律援助宣传员负责宣传报道协调联络五作的做法，切实教育广大律师和基层法律服务工作者、法律援助机构工作人员等法律援助人员转变观念，将法律援助宣传作为每一位法律援助人员尤其是法律援助专业服务人员为困难群众提供法律援助业务服务的一种形式，摆上与诉讼、非诉讼法律援助服务同等重要的位置。健全完善法律援助宣传服务流程，规范法律援助宣传服务行为，切实保障法律援助宣传服务质量。健全完善法律援助宣传服务志愿者工作机制，充分发挥工会、妇联、残联、院校法律专业学生参与法律援助宣传服务的积极性，形成工作合力，共同做好法律援助宣传服务工作。要将法律援助宣传服务技能作为法律援助培训的一项重要内容，列入培训课程，切实提高法律援助人员提供法律援助宣传服务的专业水平和服务技能。

（四）加大经费投入力度，为法律援助宣传服务提供经费保障

为困难群众提供免费法律援助宣传服务是政府承担法律援助责任的一种重要形式。各级司法行政机关和法律援助机构要积极争取当地政府充分认识由政府法律援助机构面向困难群众提供免费法律援助宣传服务的重要意义，在法律援助经费中列支专门科目，用于开展免费法律援助宣传服务。中央财政应当在每年拨付的法律援助办案专款中列出二分之一用于支持全国尤其是中西部地区法律援助机构开展面向困难群众的免费法律援助宣传服务。省级法律援助专项资金也应专门列支面向困难群众的免费法律援助宣传服务经费，用于支持本省法律援助机构开展面向困难群众的免费法律援助宣传服务。充分发挥法律援助基金会在募集社会资金中的作用，加强对社会资金的监管和合理使用，动员社会各界力量支持法律援助宣传服务工作。积极探索建立法律援助宣传服务补贴机制，充分调动广大法律服务人员参与提供法律援助宣传服务的积极性，保障法律援助宣传服务质量。

（原载于《中国司法》2009年第5期）

深入学习实践科学发展观 努力提高法律援助科学发展水平

司法部法律援助中心主任 贾午光

科学发展观是我国经济社会发展的重要指导方针，也是加强和改进法律援助工作必须坚持和贯彻的重要指导方针。当前，如何按照科学发展观的要求，认真分析和研究解决法律援助工作面临的突出问题，切实加强法律援助工作，是需要各级司法行政机关和法律援助机构管理者们认真思考的问题。

一、建立和完善法律援助制度是坚持贯彻落实科学发展观的重要实践

科学发展观是以胡锦涛同志为总书记的党中央在党的十六大以来提出并不断丰富和完善。在这一过程中，我国的法律援助工作坚持贯彻落实科学发展观，服务国家经济社会发展，获得了快速发展。2003 年，国务院颁布施行《法律援助条例》，党的十六大和近年来的政府工作报告都明确要求"加强和改进法律援助工作"，中央政治局常委会年度工作要点均对法律援助工作提出明确要求，号召全党和各部门重视和加强法律援助工作。党中央、国务院领导同志多次对法律援助工作作出重要指示和批示，为做好法律援助工作指明了方向，奠定了坚实的法制和政策基础。

2005 年以来，司法部党组全面贯彻落实党中央、国务院要求，高度重视法律援助工作，形成了一系列符合科学发展观的法律援助工作思路和政策措施，推动法律援助事业获得了新的大发展。这主要表现在：明确提出了法律援助工作要抓住"三个重点"（努力落实法律援助政府责任，提高法律援助公众知晓率，扩大法律援助覆盖面）、做好"四项工作"（理顺管理体制，完善工作机制，提高保障能力和健全配套制度）、增强"五项能力"（增强物质保障、组织建设、管理工作、服务工作和社会影响能力）的科学发展总体工作思路。

作出了"一个规划"，即法律援助事业"十一五"时期发展规划。

出台了"三个意见"，即围绕"一个规划"，制定下发了"十一五"时期健全完善法律援助规章制度体系的实施意见、加强法律援助干部队伍教育培训的指导意见、加强法律援助宣传工作的意见。制定完善了"三项标准"，即指导各省依据《条例》授权，制定完善了法律援助经济困难标准、事项补充范围和办案补贴标准"三项标准"。

推广了"两个经验"，即为残疾人提供无障碍法律援助的"盘龙经验"、构筑法律援助机构、人员、经费"三条保障线"的"重庆经验"。

确立了"两个奖励机制"，完善了法律援助考核管理手段和措施，即每 3 年进行 1 次由司法行政系统内部推荐评选的"全国法律援助先进集体和先进个人"奖励机制、每 3 年进行 1 次由社会各界投票评选的"全国十佳法律援助工作者"奖励机制。正在研究制定"一个规章"，即《法律援助程序规定》。

通过《法律援助条例》的实施，我们还立足国情，借鉴国外先进经验，科学分析和深刻把握法律援助工作面临的阶段性特征和发展规律，确立了我国法律援助制度和法律援助工作的“八项基本原则”：一是法律援助是政府责任和公民权利的原则；二是律师必须履行法律援助义务的原则；三是法律援助必须坚持免费的原则；四是各级政府财政拨款和社会捐助相结合的经费保障原则；五是专职法律援助人员和社会法律服务人员相结合提供法律援助的原则；六是法律援助机构统一组织实施的原则；七是量力而行、尽力而为的原则；八是法律援助事业发展要与经济社会协调发展的原则。

这些工作思路、基本原则，经过实践充分检验，符合科学发展观的基本要求，符合法律援助工作发展的基本规律，是司法部党组坚持贯彻落实科学发展观的具体实践，对于保证我国法律援助事业健康有序快速地发展，起到了重要作用，必须在今后的工作中继续坚持和完善。

二、以科学发展观为统领，努力把法律援助工作服务科学发展提高到新水平

吴爱英部长明确指出，要从服务科学发展和推动自身发展的实际需要出发，以“完善司法行政工作机制、提高服务科学发展水平”为实践载体，努力解决突出问题。这为我们深入贯彻落实科学发展观，做好新形势下法律援助工作点明了主题。我认为，当前主要有以下几个影响和制约法律援助事业发展的突出问题需要深入研究，提出符合科学发展观的解决思路和措施。只有解决了这些问题，才能解决法律援助工作科学发展观的问题，使法律援助工作上水平；只有法律援助工作科学发展和上水平了，人民群众才能通过法律援助获得实惠，也就是做到中央要求的“党员干部受教育，科学发展上水平，人民群众得实惠”。

一是要科学调整和扩大法律援助覆盖面。扩大法律援助覆盖面，使更多的困难群众和困难群众更多的法律事项能够得到法律援助，是法律援助工作深入贯彻落实科学发展观、充分发挥法律援助在党和政府主导的维护人民权益机制中的积极作用，必须首先解决的问题。但是，如何扩大覆盖面？扩大到什么人群？到底依靠什么样的经济困难标准，来确定哪些人群是属于没有能力支付法律服务费用、需要提供政府法律援助的，才符合人民群众对法律援助的新期待和新要求？法律援助经济困难标准到底是参考低保线还是参考法律服务市场收费的最低政府指导价格，才更加真正符合解决困难群众请不起律师、支付不起法律服务费用这一本质？当这些覆盖人群申请法律援助时，如何证明他们的收入和财产是否符合法律援助经济困难标准？到底应该将哪些与民生密切相关的事项纳入到法律援助的事项范围之中？等等这些问题，都需要我们按照科学发展观的要求，去认真思考、研究并加以解决。

二是要健全法律援助经费保障体系。当前法律援助财政保障能力不能满足困难群众的法律援助需求仍然是法律援助工作面临的主要矛盾，法律援助办案补贴水平仍然很低，这些都需要我们按照科学发展观要求努力争取解决。

三是要加强基层法律援助机构业务用房和办案设施建设。加强中西部基层县区法律援助机构的业务用房和办案设施建设，改善中西部法律援助工作发展条件，缩小东中西部法律援助工作发展差距，既涉及到法律援助工作全面、协调、平衡发展的问题，也是保证不同地区之间的公民平等地享有法律援助资源，必须尽快解决的当务之急。据调查，中西部县区法律援助机构的业务用房和办案设施难以满足法律援助机构作为面向特殊群众的特殊工作机构的实际需要，有必要对各级尤其是县区法律援助机构的业务用房和办案设施进行重新配备和规划安排。但是,业务用房和办案设施定在什么标准,才能满足法律援助机构的各项工作职能需要、才算功能齐全、才算实用,资金来源怎么解决,都需要司法部会同有关部门,按照科学发展观的要求,一起下工夫研究。

四是要正确处理办案质量与办案数量之间的辩证关系。深入贯彻落实科学发展观,要求我们坚持统筹兼顾的根本方法,按照全面、协调、可持续发展的要求,既要加大办案力度,使更多的困难群众获得法律援助,又要不断健全完善法律援助案件质量评估监督体系,保证法律援助办案质景,努力实现法律效果与社会效果的最佳统一。办案质量是法律援助事业的生命线。由于法律援助具有无偿性、强制性的特点,加上各地存在办案补贴标准较低和支付不到位的现象,使得法律援助的办案质量面临着一些基础性的风险,需要法律援助管理者采取有力的质量监控措施,来消除影响办案质量的不利因素。我们要充分认识提高法律援助质量,对于提升法律援助公信力,推动法律援助事业发展的重要意义。严格按照相关要求,完善法律援助案件受理、审查、决定、指派、承办、监督等各个环节的程序规则,从援助前、援助中、援助后等各个环节,强化对办案过程的监督。要借鉴国外境外经验,科学确立法律援助案件质量评估标准,强化法律援助质量监督机制,完善奖惩机制,不断健全完善我国法律援助案件质量管理体系,切实保障法律援助办案质量。但是,如何科学确立法律援助案件质量评估标准?可否考虑建立一个每年或者每2年进行1次法律援助案件质量检查和评估并在全国范围内进行通报的工作机制?是否需要或者如何加强对案件办理工作的指导,使我们的指导工作更加专业化?这些都需要我们按照科学发展观的要求认真思考解决

五是要健全完善法律援助工作体系。胡锦涛总书记指出,贯彻落实科学发展观,推动科学发展,必须有科学的体制机制作保障。法律援助工作体系涉及法律援助机构性质、职能定位,还涉及到法律援助工作机制如何和配套规章制度如何健全等问题。在这一问题上各地反映比较强烈的还是各地法律援助机构之间性质不统一、机构职责定位不清、与司法行政机关之间的职能划分不合理等问题。如何尽快划清法律援助工作司和法律援助中心之间的职责边界,建立起和谐顺畅、运转高效的全国法律援助工作指挥系统;如何尽快将各地法律援助机构确定为行政机构性质,使其切实承担起《条例》赋予的职责任务;如何尽快研究出台《法律援助程序规定》等规章,健全完善体现科学发展观要求的法律援助规章制度和工作机制,已成为必须按照科学发展观的要求,采取措施加以解决的重要问题。

当前,司法部法律援助中心正在按照科学发展观的要求,认真思考如何做大做强做细法律援助案件质量监管、法律援助培训、法律援助理论研究、法律援助宣传(包括面向社会宣传法律援助制度和面向困难群众开展公共法律教育两个方面)、"148"法律援助咨询、法律援助国际交流合作等各项工作。其实,在印度、英国、加拿大、新加坡、澳大利亚、新西兰和我国香港特区等国家和地区,由政府法律援助机构或者由政府出资支持开展面向困难群众的法律援助咨询和公众法律教育,都是其法律援助制度的一个重要组成部分。在印度,在社会弱势群体中开展提高法律读写能力和培养其法律意识的活动是其法律援助制度的一个重要组成部分。印度法律援助界人士认为,法律援助面临的最大问题是法律普及教育问题,约有60%的人没有意识到自己享有法律援助权利。印度国家法律援助局在各地区法律援助局、塔路克法律援助委员会,以及退休法

官、辩护律师、法律教师、社会工作者和法律学生的帮助下，开展过大量普及法律读写能力项目，开办“法律读写能力营”（或称法律援助营），以进行弱势人群权利方面的教育，并鼓励他们通过调解去解决纠纷。这些活动已经遍及各部族和落后地区。在新加坡，国会在1995年通过的《法律援助与咨询法》及《法律援助与咨询条例》，明确规定，法律援助局为低收入者提供的服务包括三类：法律咨询（legal advice）、法律帮助（legal assistance）和法律援助（legal aid）。“法律咨询”是指就新加坡法律和有关法律程序为申请人提供口头指导；“法律帮助”是指为申请人书写简单的文件，包括遗嘱、改名契据、分居协议书以及协助申请人达成庭外和解；“法律援助”是指代表申请人办理在民事法庭进行的诉讼案以及帮助申请人办理诉讼前的手续或因诉讼所引起的问题，即我们常说的诉讼法律援助。当然，新加坡的口头指导（法律咨询）并不是面向所有人的，申请者必须具备两个条件：一是申请人必须是新加坡居民以及居留在新加坡；二是必须使法律援助局局长相信申请人没有能力向私人律师求得口头指导。在澳大利亚维多利亚州，法律援助署的工作主要有5种，除处理诉讼案件外，其中4种都是与免费咨询有关的工作，即一是由法律援助署下属的办事处提供为刑事法、家庭法、部分民事和人权法领域提供免费法律咨询和建议；二是通过免费电话为公众提供法律信息咨询服务（只是客观地告诉法律体系、法律知识或律师电话让当事人自己去联系，而不针对个案）；三是开展免费法律教育，包括免费发放大量以各种语言印制的、不同主题的法律出版物和小册子，教导人们明白自己的权利和责任、到社区举办法律讲座和讨论会，告诉人们怎么处理自己的案件而不请律师，以节约成本，不过这种讨论并不提供对具体案件的具体建议；四是在地方法院和监狱提供免费的值班律师，当事人也可以通过电话询问获得值班律师的帮助。目前，维多利亚州法律援助署的200名专职律师中约有150人在各值班律师办公室工作，也就是说，值班律师98%是由法律援助署的专职雇员担任。在新西兰，其刑事事项法律援助主要包括3类计划：刑事法律援助计划、值班律师计划和警察拘留法律帮助计划。在英国，法律援助机构设在警察局和法庭的值班律师为当事人当面或者通过电话提供免费的法律帮助，设在全英警察局的电话中心，负责组织安排值班律师向犯罪嫌疑人提供电话咨询服务，值班律师根据名单轮流接听电话或会见当事人。在加拿大，值班律师主要有几类，一是刑事电话咨询值班律师；二是法院值班律师；三是提供其他延伸服务的值班律师。加拿大电话值班律师的一个重要特点就是其咨询集中，一个省的咨询电话都由一个机构负责值班，值班律师相对固定，具有更高的专业化程度，同时可以保证咨询服务质量。在加拿大安大略省，为了增加公众的法律知识，提高他们的维权意识，设有专门的安省社区公共法律教育诊所，专门致力于公共法律教育，具体负责撰写、编辑、发行与公众有密切联系的法律知识性书籍、小册子（主要是有关社会帮助、屋主和租客的法律、难民和移民法、工人的权利、家庭法、虐待老人、消费者权利、妇女问题及有关青年人的法律问题等内容的法律资料），同时也出版发行其他性质的法律书籍等宣传印刷品，并根据法律的变化，随时更新宣传内容。该诊所印制发行的书籍、小册子大多是免费发放，由各类法律服务机构、法律援助机构根据需要索取，摆放在适当的位置，供公众取阅，以帮助他们更好地理解法律并运用好他们的法律权利，同时，诊所的许多法律资料还在网站上公布，供相关人士和公众查看、免费下载在香港,政府专门拨款支持的当值律师服务现设有专项计划:当值律师计划、免费法律辅导计划、电话法律咨询计划。当值律师计划在所有的裁判法院均设有法庭联络处,符合资格的被告人会由法庭联络处主任提供当值律师服务,得以在所有法庭聆讯中由当值律师代表,被告人须同时通过经济审查和案情审查,才可获得上述法律协助;但是,免费法律辅导计划在民政事务总署辖下的民政事务处设立一个法律辅导中心,任何人如需要得到免费法律指导,无须经过任何审查,均可透过转介机构预约时间,并将欲咨询的问题通过转介机构交给所约见的律师,由该律师自愿免费服务。所有民政事务处、明爱中心、社会福利署各附属办事处都是这项计划的转介机构;电话法律咨询计划以粤语和英语电话录音的形式,就日常生活中涉及到的法律问题,特别是针对当时的"热点"问题,免费为市民提供基础性的法律知识录音资料。录音资料包括婚姻家庭、楼宇租务、刑事、金融、雇佣、环境、和行政等方面的69个课题,资料内容会定期或根据市民的普遍性需要而更新。向电话法律咨询计划和免费法律辅导计划寻求法律咨询的市民,无须经过任何审查,即获得录音资料或律师提供的免费指导。

在我国,各地法律援助机构近年来也开始注重开展法律援助咨询和公共法律教育,但各地的做法并不统一,也不规范。在今后的工作中,要按照科学发展观关于全面协调可持续的要求,按照科学发展观关于统筹兼顾的方法,加强对这方面工作的研究,认真思考如何科学整合和做大做强做细,现在的"148"法律援助咨询和面向困难群众的公共法律教育,加强和规范各地法律援助机构目前开展的法律援助咨询和公共法律教育工作,丰富和完善现有法律援助形式,使法律援助咨询和公共法律教育真正成长为法律援助的两种重要工作形式,发挥出他们在提高法律援助公众知晓率、提高公众法律意识、帮助困难群众通过自助或者咨询帮助便能以更加便捷和经济的方式解决自己遇到的法律问题,预防和减少需要进入诉讼程序的法律援助案件,使法律援助更加符合构建和谐社会的要求。

总之,以科学发展观指导法律援助工作,内容丰富,内涵深刻,需要我们在今后的工作作中继续不断探索。我们一定要认真学习胡锦涛总书记一系列重要讲话精神,按照吴部长重要讲话的要求,进一步解放思想,转变观念,创新机制,坚持围绕中心、服务大局,认真研究解决影响法律援助工作发展和事关维护困难群众利益的突出问题,统筹兼顾,重点突破,整体推进,努力实现法律援助事业又好又快发展。

(原载于《中国司法》2009年第1期)

十六大以来法律援助工作新进展

司法部法律援助司副司长　高　贞

党的十六大以来,在党中央、国务院和各级党委政府的重视和关怀下,法律援助事业迅速发展，法律援助在党和国家工作大局和民主法制建设中的地位不断提升，关系法律援助工作发展中的一些重大问题有了实质性的突破，各级司法行政机关和法律援助机构创造性地开展工作，展现了丰富多彩的工作亮点和值得总结的经验做法。法律援助制度已经在维护贫弱群众合法权益、维护社会公平正义和促进社会和谐稳定中发挥着越来越显著和不可替代的重要作用。

一

随着"依法治国"方略实践的不断推进，构建和谐社会目标的提出，"以人为本"理念的逐步确立，法律援助工作日益受到重视，实施法律援助制度的重要性在国家决策层面得以体现。

党的十六大报告中明确提出"拓展和规范法律服务，积极开展法律援助"，这是党的最高权威文件中首次出现"法律援助"。党的十六届六中全会通过的《中共中央关于构建社会主义和谐社会若干重大问题的决定》要求"加强和改进法律援助工作"。近年来的政府工作报告都明确要求"做好法律援助工作"，2007 年中央政治局常委会工作要点中要求"加强法律服务和法律援助工作"。全国人大将改进法律援助工作作为 2005 年重点落实的十项建议案之一，到各督促检查。近两三年，"两会"代表提出涉及法律援助工作的提案和建议案每年都有二十余件，显示出法律援助工作已经引起全国人大代表和政协委员们的高度重视和关注。2005 年 3 月，温总理和周永康同志就做好法律援助工作作出了重要批示，表明高层领导关注和重视法律援助工作。2005 年《中央司法体制改革领导小组关于司法体制和工作机制改革的初步意见》提出"加大法律援助工作力度，明确规定法律援助和司法救助的对象、范围、形式，完善经济确有困难当事人的证明制度和具体操作程序"，作为司法部牵头的五项改革任务之一，法律援助制度改革极大地推进了法律援助事业的发展。2006 年 1 月，国务院下发《关于解决农民工问题的若干意见》（简称国务院 5 号文件），明确要求要做好对农民工的法律服务和法律援助工作，政府要为农民工法律援助工作提供必要的经费支持，对于扩大法律援助工作覆盖面，以及法律援助在党和国家大局工作中发挥职能作用产生了广泛而深远的影响。

地方党委、政府也高度重视法律援助工作。截至 2008 年底，全国已有 13 个省级地方人民政府和一大批市县级人民政府纷纷将法律援助工作纳入本地经济社会发展规划之中，或者将法律援助作为党和政府为民办实事的民心工程各级政府加大了对法律援助的财政支持力度。

这些都表明，法律援助工作已经成为当前我国经济社会发展和构建社会主义和谐社会的一项重要工作，纳入到了党和国家的工作大局之中，法律援助工作面临着重要的发展机遇。

二

良好的发展环境促进了法律援助工作健康发展。十六大以来，随着《法律援助条例》（以下简称《条例》）的颁布实施，中央司法体制机制改革的不断推进，法律援助工作力度进一步加大，司法部先后会同有关部门制定下发了《关于贯彻落实〈法律援助条例〉切实解决困难群众打官司难问题的意见》（以下简称九部门意见）、《关于民事诉讼法律援助工作的规定》和《关于刑事诉讼法律援助工作的规定》（以下简称刑事规定和民事规定）、《中央补助地方法律援助办案专款管理暂行办法》（简称补助款办法）、《关于贯彻落实〈国务院关于解决农民工问题的若干意见〉的意见》（以下简称农民工意见）等，法律援助工作实现了立法、重大政策以及工作体制机制等方面的重大突破，法律援助事业以前所未有的速度向前发展。

——2003 年国务院颁布实施《条例》。这是第一个全国性的法律援助专项立法。《条例》总结了我国近十年来开展法律援助工作的成功经验，吸收和借鉴了各国法律援助立法的有益做法，以法律的形式确立了我国法律援助制度的整体框架、基本原则和制度，标志着我国法律援助工作走上了法制化轨道。《条例》的颁布实施，为建设有中国特色法律援助制度提供了法律依据和新的发展起点。

——确立法律援助政府责任原则。《条例》明确规定，法律援助是政府的责任，县级以上人民政府应当采取积极措施推动法律援助工作，为法律援助提供财政支持，保障法律援助事业与经济、社会协调发展。以此为标志，我国法律援助正式从律师个人慈善和社会道义行为发展到国家对公民的一项法定义务，为从根本上解决影响和制约法律援助事业发展的突出问题，为促进和规范法律援助工作提供了可靠的法律依据。可以说，这些年法律援助工作在很大程度上是围绕"推动政府责任的落实"而展开的，所取得的成绩也与此紧密相关。

——扩大了刑事法律援助的对象范围。《条例》对《刑事诉讼法》关于刑事法律援助的规定进行了重要补充。获得刑事法律援助的对象不再仅限于审判阶段的法院指定辩护的被告人，犯罪嫌疑人、被害人及其法定代理人或者近亲属，自诉案件的自诉人及其法定代理人，都可以申请法律援助。犯罪嫌疑人在侦查阶段就可以申请获得法律援助。

——扩大了民事法律援助事项范围。各地在《条例》规定的六项民事法律援助范围的基础上，规定了法律援助补充范围。包括残疾人、未成年人、老年人、妇女请求侵权赔偿的事项，交通事故、医疗事故、因环境污染、公共卫生、安全生产、产品质量等产生的民事权益事项，家庭暴力、虐待、遗弃等事项，大大减少了对公民申请民事法律援助事项范围的限制。民事法律援助数量大幅上升。2002 年民事法律援助占整个法律援助案件 48%，2008 年已上升为 77%。

——确定农民工为特殊法律援助对象。国务院国发〔2006〕5 号《关于解决农民工若干问题的意见》（以下简称国务院 5 号文件）规定：对农民工申请支付劳动报酬和工伤赔偿法律援助的，不再审查其经济困难条件。实践中，农民工案件主要集中在请求支付劳动报酬和工伤赔偿两类，意味着只要农民工申请法律援助，几乎都符合条件，从而在民事法律援助中确立了农民工这一特殊对象。执行国务院 5 号文件的第一年，农民工受援人数迅速上升，同比增长 65%。以后每年农民工案件都以幅度增长。为保证农民工法律援助工作顺利开展，司法部、财政部于 2006 年联合下发的农民工意见，制定了农民工法律援助经费保障的政策，一半以上的省级地方建立了农民工法律援助专项经费，成为法律援助工作新的增长点。

——明确法律援助业务经费纳入各级政府财政预算 2004 年下发执行的九部门意见规定，各级人民政府要"将法律援助所需要的经费数额，逐步纳入年度财政预算"。这一规定突破了《条例》的相关内容，把各级政府要为法律援助提供"财政支持"发展为"纳入预算"，从而将法律援助的经费保障政策向前推进了实质性的一大步。目前，除少数经济欠发达地区外，全国绝大部分县以上政府都将法律援助业务经费纳入财政预算，法律援助经费保障有了基本的政策依据。

——初步建立中央、省级财政对贫困地区法律援助经费转移支付制度。九部门意见规定，"省级财政部门应设立法律援助专项经费，对本行政区域内的贫困地区予以补助;中央财政根据财力可能积极支持贫困地区开展法律援助工作。"2005 年中央财政正式向 25 个省(区、市)下拨 5000 万元中央补助地方法律援助办案专款,开创司法行政部门同公检法各家同样获得政法补助专款之先例。各省级财政陆续建立法律援助专项资金,从根本上改变了长期以来建立在我国财政"分灶吃饭"体制下的同级政府财政负担法律援助经费的保障体制,为缓解中西部基层贫困地区的法律援助经费压力,促进不同地区法律援助协调发展产生了积极影响。

——制定了法律援助办案补贴标准。各省级地方落实《条例》规定,普遍制定了办案补贴标准。多数地方规定,一般案件平均补贴标准:300—700 元/件(刑事)、600—900 元/件(民事),最低的每件案件 200 元;最高的达到 3500 元/件(刑事)、4500 元/件(民事),集团诉讼代理最高补贴不超过 2 万元。补贴标准的执行,规范了对律师等办案人员的补贴支付行为,根本上改变了过去普遍规定律师承担一定的法律援助义务量而不支付办案补贴的状况,有利于鼓励法律服务人员积极参与法律援助工作。

——初步建立了与政府相关部门的协作机制。九部门意见规定,各级人民政府有关部门应当积极支持和配合法律援助工作,法律援助在劳动仲裁、国土资源、建设、卫生、工商、档案管理等部门调查取证,应当获得减免收费和提供方便等支持,并规定法律援助案件所涉及的仲裁费、鉴定费由政府财政支出,这一规定在 2005 年司法部和财政部下发的补助款办法中得以进一步明确,为加大法律援助业务开支提供了政策依据。

——初步建立了法律援助和司法救助的衔接机制。2005 年司法部和最高法联合下发的民事规定,明确法律援助机构和人民法院就符合条件的当事人获得法律援助和司法救助互免审查,实现了法律援助与司法救助的对接,减少了审查环节,方便了受援人,有利于提高法律援助工作效率。还规定,对于人民法院裁定先予执行的,可以不要求受援人提供相应的担保,解决了实践中受援人因交不起担保费无力通过诉讼实现自身合法权益的问题。

——初步建立了刑事诉讼中法律援助与司法部门的协作机制。2005 年司法部与最高法、最高检、公安部联合印发的刑事规定,明确了公检法机关对当事人申请法律援助权利的告知义务和转交申请的程序,以及公检法机关与法律援助机构在法律援助实施过程中的协调配合机制。

三

党的十六大以来,在党中央、国务院和各级党委政府的重视、支持下,各级司法行政部门和法律援助机构开拓进取、扎实工作,法律援助工作取得重大进展,创造了许多新鲜经验,为推进法律援助事业深入发展打下坚实基础。

——不断丰富和发展法律援助工作发展思路。为全面贯彻落实党中央、国务院关于法律援助工作的指示要求,结合法律援助工作的实际,十六大以来,司法部党组先后提出法律援助工作要抓住"三个重点"、增强"五项能力"、完成"四大任务"的总体工作思路。"三个重点"是:争取政府责任的落实,提高法律援助公众知晓率,扩大法律援助覆盖面;"五项能力"是:物质保障、组织建设、管理工作、服务工作和社会影响能力。"四大任务"是:理顺管理体制、完善工作机制、提高保障能力、健全配套规章制度。这些发展思路对于推动全国法律援助工作实现新发展起到了重要指导作用。

——制定了《关于法律援助事业"十一五"时期发展规划》。提出了 2006—2010 年法律援助工作的发展目标、主要任务、指导原则和工作措施,是法律援助"十一五"

时期发展的纲领性文件。

——开展“法律援助工作为构建社会主义和谐社会服务”主题实践活动。2007年至2008年，司法部部署在全国开展“法律援助工作为构建社会主义和谐社会服务”主题实践活动，各地围绕党委、政府的中心工作，围绕促进民生问题解决，突出工作重点，充分发挥职能作用，积极为农民工、残疾人、妇女儿童等特殊群体提供法律援助，组织办理好群体性、敏感性法律援助案件，有效地维护了困难群众的合法权益。

——积极配合死刑二审开庭审理工作。最高人民法院要求，从2006年7月1日起，省高级人民法院死刑二审案件将全部开庭审理。为切实做好指定辩护工作，确保指定辩护法律援助工作质量，司法部和公检法部门先后两次联合下发文件，就人民法院审理死刑案件、律师依法履行辩护职责的具体问题和逐步提高法律援助工作经费问题作出明确规定，建立健全了死刑案件指定辩护法律援助工作机制。各省区市积极做好相关准备工作。一些省级地方增加了法律援助人员编制，超过半数的省设立了死刑二审案件专项经费，确保死刑二审法律援助工作顺利开展。

——第一次进行全国“法律援助知晓度和需求情况调查”、委托国家统计局社情民意调查中心在北京等10个省区市开展“法律援助知晓度和需求情况调查”，形成数据翔实、系统分析、对于制定法律援助相关决策极具参考价值的调研报告。

——推进信息化建设。江苏、广东、上海、安徽等地相继建成法律援助案件办理和相关数据统计分析网络体系，部法援中心设计开发了“全国法律援助信息管理系统”软件，在贵州、湖南、广西、江西等省部分法律援助机构试运行，为提高法律援助办案流程管理水平和办案质量，推进法律援助信息化建设积累了经验。

——实施志愿者计划。2002年底司法部和共青团中央共同实施法律援助志愿者服务计划，动员和组织法律界以及热心法律援助的各界人士自愿报名登记，作为志愿者参与法律援助工作。目前，全国登记注册的志愿者为7万多人。中央财政每年拨付200万元支持法律援助西部志愿者计划，用于向西部地区法律援助机构派出大学生志愿者，弥补西部法律援助专职人员不足。

——完善便民利民措施。实行公示制度，向社会公开法律援助的范围、条件、程序和工作流程，公开咨询电话和办公地址。推行首问责任制、一次性告知制度等，保证困难群众申请法律援助及时快捷。拓宽法律援助申请的渠道，探索在城市社区、农村乡镇、有关社会组织建立法律援助工作站，方便公民就近申请。对行动不便的孤寡老人、残疾人，提供上门服务。最近，浙江等地推行“一小时服务圈”，进一步完善了法律援助便民措施。

——发展非诉讼代理。近年来各地法律援助机构在引导当事人选择以非诉讼方式解决纠纷方面进行了有益的探索。针对赡养等家庭纠纷中当事人不愿对簿公堂的特点，采取调解的方式，通过说服教育工作，在化解矛盾过程中努力增进家庭成员间的感情，促进良好家庭关系的形成。针对涉及农民工案件仲裁、诉讼程序复杂，维权成本高的特点，通过对劳资双方进行沟通协调，促进纠纷及时解决。实践表明，对于不必要通过诉讼渠道解决的案件，以非诉讼方式解决不仅节省成本，而且易于执行。非诉讼代理在法律援助服务中的比重逐步加大。2005—2008年办理的案件中，非诉讼案件占已结案件总数的26%、29%、37%、43%，呈逐年增长趋势。

——探索多层次多样化服务方式。一些地方探索诉讼指引的服务方式，对案情较简单、事实清楚的，或者标的较小的案件，由承办人员给予适当的法律建议，指导当事人自己主张权利。还有的采取代书形式提供法律援助，为当事人代为书写劳动仲裁申诉书或者民事诉状，并提供相关材料，指导申请人到相关部门申诉或者诉讼。

——探索异地协作机制。为节省办案资源，实现资源整合，提高法律援助的质量和效率，河北、河南、北京、上海等省通过自行协商的方式，就为农民工法律援助异地协作问题达成协议，为探索建立法律援助异地协作机制提供了有益的经验。

——探索点援制。广州市最早推行点援制，建立律师名录，允许受援人自行选择律师，积极探索和改革传统的法律援助案件指派方式，为受援人提供满意的法律服务。目前已有济南、合肥等地探索。

——开展值班律师制度试点。联合国发展署支持在河南省修武县开展探索建立法律援助值班律师制度试点项目，由法律援助中心派律师到法院、公安部门值班，为当事人免费提供即时法律咨询、指导，或者代理犯罪嫌疑人、被告人、被害人申请延期审理、进行保释听证或者处理其他法律事务。这一制度的建立，将通过创新法律援助服务方式扩大法律援助服务对象，方便群众获得及时法律帮助，具有十分积极意义。

——探索引入社会工作者参与法律援助工作。2008 年深圳市开展社会工作者参与法律援助服务的试点工作。法律援助处通过福彩中心支付工资从社工团体引进具有法律、心理学、社会学教育背景的社会工作者参与服务，他们利用自身的专业知识开展一些辅助性工作，如参与调解、开展社会调查、对受援人进行心理疏导等，有利于增强法律援助服务效果。

——“盘龙经验”。2006 年 5 月，司法部下发《关于学习盘龙经验进一步做好残疾人法律援助工作的通知》，在全系统部署学习云南省昆明市盘龙区法律援助中心创造出的为残疾人提供“信息无障碍、设施无障碍、交流无障碍、程序无障碍”法律援助的“盘龙经验”。

——“三条保障线”。2007 年 7 月，司法部下发《关于学习重庆市构筑法律援助“三条保障线”加强法律援助基础建设工作的通知》，在全系统部署学习重庆市创造出的构筑法律援助机构、人员和经费“三条保障线”的“重庆经验”。

（原载于《中国司法》2009 年第 9 期）

以科学发展观为统领
推进法律援助事业又好又快发展

河北省司法厅副厅长　王大为

胡锦涛总书记在党的十七大报告中强调指出：科学发展观，第一要义是发展，核心是以人为本，基本要求是全面协调可持续，根本方法是统筹兼顾。法律援助工作直接为维护困难群众权益服务，是党和政府主导的维护群众权益机制的重要组成部分，对于维护人民权益具有重要作用。就法律援助工作而言,以人为本,其实质就是要以人民群众为本,时刻关注他们的切身利益;全面协调可持续发展,就是要不断满足人民群众日益增长的物质文化生活等方面的利益需求;统筹兼顾,就是要兼顾和协调好社会成员各方面的利益,调动各方面的积极性。当前,推进法律援助工作又好又快发展,就必须以科学发展观为统领,抓住影响法律援助工作发展全局的重要环节和事关维护困难群众利益的突出问题,统筹兼顾,重点突破,整体推进,实现法律援助工作的科学发展。

一、用科学发展观分析把握阶段性特征

马克思主义的真理观认为,真理是具体的历史的,是绝对真理与相对真理的统一。因此,马克思主义的普遍真理必须与具体实际相结合,同样,贯彻落实科学发展观也必须同法律援助实践密切联系起来。运用科学发展观来研判法律援助工作,首要的在于认清大势,判定方位,清醒分析和正确把握法律援助事业发展的阶段性特征,从而创新理念,转变思路,破解难题,实现法律援助工作又好又快发展。就我省法律援助工作来看,1997 年河北省法律援助中心揭牌成立,我省法律援助工作已走过十多年历程,取得了很大的发展。总结概括当前我省法律援助工作的阶段性特征,主要有三个明显特点:一是法律援助制度已完成创制,但仍处于幼稚发育时期,需要与时俱进地创新和完善。二是法律援助覆盖面逐步扩大,但人民群众日益增长的法律援助需求仍是当前面临的主要矛盾。三是法律援助的社会影响力明显扩大,但如何积聚社会资源,加快形成"大法援"格局仍是面临的新课题,甚至存在深层次的体制机制问题。

我省法律援助工作尽管已取得较大成绩,但是与人民群众的期盼还有很大差距,还存在不少制约工作发展的问题,主要有以下五个方面的突出问题:一是工作理念的不适应。突出表现在仍有个别领导特别是基层领导对法律援助的重大意义和重要作用认识不清、不深、不透,在思想上重视不够,在措施上支持不力,在经费上保障不足,对求助的困难群众该援的未援,没有负起应有的责任。说到底这还是执政理念的问题,是对人民群众的态度和感情问题。二是服务提供能力的不适应。我省法律援助公民经济困难标准按公民住所地县级人民政府规定的最低生活保障标准执行。全省共有低保人口 180 多万人,2007 年全省共办理法律援助案件 11275 件,其中包含法院指定案件 2357 件,按申请受理法律援助案件情况来看,低保人口年人均案件数不足千分之五。我省农村现有贫困人口 411 万人,加上城市低保人数(91.8 万人),将近 500 万贫困人口,贫困人口年人均案件数不足千分之二,未能做到"应援尽援"。三是队伍正规化专业化水平的不适应。突出表现在全省法律援助队伍的数量规模、质量和水平都不够理想,特别是辅助人员过多、高素质人才偏少的结构性矛盾较为突出。我省现有法律援助专职人员 679 人,其中具有法律职业资格或律师资格人员占 53%,全部人员中有 30% 的人员是非法律专业人员。法律援助工作是一项业务性很强的工作,专职业务人员数量仅占一半,直接影响到业务工作的开展。另外,县区法律援助机构单独列编的较少,大多数为司法局内部调剂,全省法律援助机构中工作年限达到 6 年以上的人员不足 30%,队伍不稳定,正规化水平低。四是各地工作开展与当地经济社会发展水平的不适应。突出表现在全省各地工作开展不平衡,完成业务总量和增长幅度与当地经济社会发展水平不相适应。从全省来看,11 个设区市工作开展不平衡,存在一定差距。承德市经济发展水平较低,各级法律援助经费保障相对较低,但各级法律援助工作开展得较好，法律援助覆盖面广，办案数量多。一些经济发展水平较好的市，法律援助经济保障相对较好，但是法律援助工作整体发展水平较低，法律援助社会知晓率低，工作积极性较差，办案数量少。另一方面，同一个市，各县市区法律援助工作发展不平衡，一种现象是全市法律援助工作整体发展水平较低，确有一两个县区发展水平较高，在全省都属于优秀；另一种现象是全市绝大多数县区发展水平较高，确有一两个市发展水平极低，甚至排到全省后列。五是指导管理水平的不适应。突出表现在指导管理还不够科学化。提出的原则性要求多，而采取的有针对性的措施少。同时制度建设也相对滞后，管理指导上缺乏规范性、系统性；因地制宜，分类指导不够明确，工作评价指标制定得不够准确、精细。

二、用科学发展观统领法律援助工作

当前，随着我国经济社会的迅速发展，也出现了一些新的社会问题，如贫富差距过大、资源需求矛盾突出、人民内部矛盾复杂化等。人们的价值体现和追求也呈现出一些新的特点，人们在追求富裕物质生活的同时，也把公平、正义、共享改革发展成果等作为新时期的利益追求。

党的十七大报告指出："必须在经济发展的基础上，更加注重社会建设，着力保障和改善民生。"过去我们一说民生问题就是"衣、食、住、行"，现在时代发展了，"民生"的含义也在不断变化，其内涵和外延也在不断扩展，并且由单纯的物质生活转向全面化。诸如阶层差距和分配差距的扩大、就业难、看病难、上学难、买房难、安全生产等问题，这些都是当前民生的基本问题，都是需要重点解决的人民群众最关心、最直接、最现实的利益问题。法律援助工作，就是努力为促进民生问题解决提供优质高效的法律服务，围绕改善民生、维护民生、保障民生开展工作，研究制定为民、便民、利民的具体措施，促进解决人民群众最关心、最直接、最现实的利益问题，维护群众合法权益，维护社会的公平正义。

坚持以科学发展观统领法律援助工作，就要把科学发展观的要求贯彻落实到法律援助工作的各环节、全过程。用科学的理念谋划发展，用科学的制度保障发展，用科学的方法推动发展，切实提高管理指导工作的科学化、精细化、数字化和制度化水平。因此，开展并做好法律援助工作必须坚持党的领导，确保事业发展的正确方向；必须坚持以人为本、服务为民，着力促进人民群众最关心、最直接、最现实利益问题的解决；必须坚持从国情出发，落实法律援助政府责任，不断提高法律援助工作保障水平；必须坚持把队伍建设作为根本，不断提高法律援助队伍的政治业务素质。

同时，以科学发展观统领法律援助工作还要注重解决突出的实际问题，当前，则应突显并解决好三"主"问题，即：一是主流问题。绝大多数同志做事业的理想信念是坚定的，想干事，也干出了一些有影响的事。应注意引导好、利用好、发挥好这种主流作用，积极创造想事、干事、干成事的工作氛围。二是主题问题。即牢固树立以办案为中心的发展主题。进一步转变执政和执业理念，提高服务意识，通过办案来带动素质的提高，来展示法援人的作为，来促进法援事业的快速发展，实实在在为老百姓排忧解难。三是主调问题，即大家要团结协作，奋发向上，积极作为。坚持事业为重，高调做事、低调做人，通过干事、谋事，服务百姓，贡献社会，体现人生价值。

三、用科学发展观完善发展思路

一是围绕服务大局抓发展。科学发展观的第一要义是发展，法律援助工作必须强化服务发展意识，坚持围绕中心、服务大局，找准工作的结合点、切入点和着力点，积极发挥职能作用，维护人民利益、确保社会大局稳定。只有这样，才能得到各级党委、政府的关注和支持，才能得到群众的拥护和支持，也才能求得自身的长久发展。

二是围绕办案抓工作。办案量的多少是衡量法律援助开展好坏的重要标准，是法律援助存在和发展的源泉，只有加大办案力度，多办案、办好案，才能体现出法律援助制度的真正价值，才能真正实现党和国家设立法律援助的目的和初衷。要以办案统领一切，以办案带动一切，以办案衡量一切，继续放宽法律援助经济困难标准，扩充法律援助事项范围，不断扩大法律援助覆盖面和受援面，把工作重点放到业务大拓展、触角广延伸、服务全覆盖，全力实现办案服务的增量、提质，使困难群众及时获得热情主动的服务，尽可能得到更大范围的救助和最有利的结果。

三是围绕规范化管理抓制度建设。如果说办案量是法律援助的生命，那么规范的制度就是法律援助事业发展的保障，随着法律援助工作的深入发展，部、省、各市都制定了各种制度来规范发展，纠正工作中的偏差。但是制度的确立总是有其滞后的一面，尤其是法律援助这一新兴事物，面临着社会经济、人口素质、历史遗留等多方面的因素影响，在制度建设上不可能尽善尽美，必须多思考、多分析、多总结，制定出切实符合本地实际的规章制度来。

四是围绕便民、利民改进服务质量和方式。要不断扩大法律援助的事项范围，把服务触角更多地延伸到涉及民生问题的各个领域，对于经济状况的审查应采取就宽不就严、按照最低生活保障线适当上浮的原则执行，对于申请援助的低保人群和其他经济困难的残疾人、老年人、农民工应免予经济困难审查，使更多的经济困难群众共享到法律援助的救济与帮助。要创新服务手段，积极探索推行法律援助与人民调解、公证、司法鉴定工作的有机衔接和配合，广泛采用包括法制宣传、咨询代书、诉讼代理、非诉调解等形式，最大限度地办理法律援助事务。

五是围绕提高法律援助服务发掘法律援助潜在资源。促进法律援助工作全面、协调、可持续发展，就必须协调和调动一切积极因素。努力形成“大法援”格局。各级司法行政部门向上级党委、政府多汇报，使他们了解法律援助、理解法律援助，进而支持法律援助。要加大与公、检、法、财政等职能部门的沟通、协调，保证法律援助与相关部门在为困难群众提供服务方面协作顺畅。充分发挥工、青、妇、残以及高校等社会社团参与法律援助的积极性。通过与社会资源密切沟通协调，加快建立以司法行政部门为主导、社会组织参与的协作互补的工作机制。

（原载于《中国司法》2009 年第 3 期）

建立法律援助案件质量评估体系的初步构想

司法部法律援助中心　贺春云

法律援助案件的质量对于切实保障困难群众的合法权益，实现法律援助制度维护社会公平正义的价值目标，具有重要的意义和作用。随着法律援助工作的深入开展，如何确保和提高办案质量已经成为法律援助管理工作中亟待解决的重要课题。

法律援助案件质量评估，是加强法律援助案件质量管理的一项重要内容，是切实保障法律援助办案质量的重要环节。也是目前各国普遍采取的法律援助质量管理的核心内容。其性质和实质是对法律援助案件质量的一种控制措施和监管方法。

一、法律援助案件质量评估在法律援助案件质量管理体系中的地位

在法律援助实践中，法律援助案件质量管理体系包括下列七个方面的要素：

一是司法行政机关和法律援助机构。在目前我国法律援助的管理体制中，省级以下的法律援助机构一般兼具办案和管理的双重职责，在对法律援助案件的质量管理工作中，司法行政机关和法律援助机构常用的监管措施和监管方法主要有：检查和抽查案卷、旁听庭审、回访受援人、开展质量评比和表彰奖励活动，对违反法律援助法律法规的人员进行行政处罚等。

二是律师协会等行业组织。常用的监管措施和和方法主要有：年检注册、培训教育、表彰奖励、行业处分、投诉处理等。

三是律师事务所等法律服务机构。如安排调剂合适的办案人员、组织重大复杂疑难案件集体讨论等质量保证和把关措施。司法部《律师和基层法律服务工作者开展法律援助工作暂行管理办法》规定，对重大、复杂、疑难的法律援助案件，律师事务所、基层法律服务所应当组织集体研究，确定承办方案，确保办案的质量和效果。律师事务所、基层法律服务所应当对本所律师、基层法律服务工作者办理法律援助案件的质量进行监督，发现问题的，应当及时纠正。

四是法院、仲裁以及纪检监察等相关部门。如纪检监察部门开展的检查活动，法院、仲裁等部门对案件承办人员进行的意见反馈，人大等立法部门开展的执法检查活动等。

五是受援人对案件质量的监督。包括受援人对案件办理情况的意见反馈、受援人对服务质量问题的投诉意见等。

六是媒体等社会舆论对案件质量的监督。各种媒体对法律援助案件质量情况的反映和报道等，都属于质量监督管理的范畴。

七是专门的案件质量评估活动。案件质量评估工作是案件质量管理体系的构成要素之一，目前世界公认的开展法律援助质量评估工作最成熟的国家是英国，主要方式是由专门的案件质量评估机构和拥有丰富经验的法律专业人员，对法律援助人员的服务，从法律专业的角度进行的专业技术评估。主要是从法律援助人员法律专业知识的掌握情况、服务技能的发挥情况、以及服务态度等主要方面，测量评估各类案件质量标准的落实情况。具体方法是通过设置能反映案件质量的若干指标，建立指标体系，合理确定各项指标的分值和权重比例，利用多指标综合评价技术，对法律援助案件的办理质量进行综合等级评定，评出优秀、合格、不合格等，通过开展案件质量评估活动，达到促进和提高法律援助办案质量的目的。在英国，对案件质量的评估被视为法律援助服务质量管理战略的基础和重要组成部分。

二、法律援助案件质量评估体系的构成要素和主要内容

法律援助案件质量评估体系主要包括案件质量标准、评估主体、评估对象和评估方法等要素，本文结合各国法律援助案件质量管理的经验和做法，借鉴国际上先进的质量管理理念，对这些要素分别讲述。

（一）法律援助案件的质量标准

1. 制定法律援助案件质量标准的指导思想。开展法律援助案件质量评估工作的前提和基础，是要根据不同类型法律援助案件的性质和特点，研究制定全国统一的法律援助案件质量标准，建立不同类型法律援助案件的质量标准体系。这个案件质量标准的内容，应该吸收借鉴国际上先进的质量管理理念和质量管理经验，包括涵盖ISO9000质量管理和质量保证系列国际标准确立的原则和要求，符合法律援助工作的基本规律，能够对影响和制约法律援助案件质量的所有因素进行有效的控制和管理，有利于对法律援助案件质量进行量化评估，能够切实保证和提高法律援助案件的质量，有利于推动法律援助质量管理工作的制度化和规范化。

2. 确定法律援助案件质量标准的思路。制定法律援助案件质量标准的具体思路和要思考的问题应当是：

第一，在法律援助案件办理的各个过程和环节中，受援人的要求分别是什么？明确了受援人的各项具体要求，就明确了如何制定质量标准。

第二，在法律援助案件中法律、法规、行业组织及其他相关方的要求是什么？主要考虑民诉法的要求、刑诉法的要求、律师法的要求、法律援助条例的要求、律师执业道德和执业纪律的要求等。

第三，如何评估考察法律援助案件的质量特性，满足受援人要求的程度？可以借鉴前面讲述的服务质量五个方面的特性去考虑。比如，功能性，即指法律援助案件办理的效果和所发挥的作用，是否最大限度地维护了受援人的合法权益。时间性，即办案过程中是否做到了及时、准时、省时等。安全性，体现在法律援助案件办理中，是指是否有效地避免了受援人的诉讼风险。文明性，是指在办案过程中，法律援助人员的服务态度如何，对受援人热情、礼貌的程度以及受援人权利和利益受到关注和重视的程度等。

第四，为了满足受援人及相关方的要求，应当对办理法律援助案件的法律援助人员提出哪些要求？质的具体要求是什么？量的具体要求有哪些？并尽可能地量化，便于评估时的操作。

第五，虽然影响法律援助案件质量的因素很多，但概括起来，最直接的因素主要是两个方面，一个是法律专业人员的业务水平（主要是法律专业知识及执业技能或服务技能），另一方面是法律专业人员的服务态度，包括责任心、质量意识、敬业精神等。确定法律援助案件质量标准，应从影响案件质量的这两个主要方面入手。对关键环节和关键过程，比如，提供法律咨询、调查取证、会见被告、参加庭审活动、制作法律文书、发表辩护或代理意见等，从质和量两个方面提出具体要求，并采取措施使其满足质量标准要求，就可以达到控制和保证案件质量，达到最大限度地维护和实现受援合法权益的目的。

3. 确立法律援助案件质量标准应当注意和把握的问题。法律援助案件的质量标准应当是一个合格标准，即基本要求或最低要求。

根据国务院《法律援助条例》的立法精神以及政府免费公共法律服务的质量特性以及目前中国的国情和经费保障状况，决定了目前我们将要制定的法律援助案件的质量标准应当是案件质量的合格标准。《刑事诉讼法》第三十四条："应当指定情形"。《法律援助条例》第一条："为了保障经济困难的公民获得必要的法律服务"。第六条："律师应当依照律师法和本条例的规定履行法律援助义务，为受援人提供符合标准的法律服务"。

因此，在分析确定满足受援人的具体要

求和制定法律援助案件的质量标准的具体内容和要求时，应当把受援人的这种要求和质量标准的要求把握在合法、合理和适当的范围内。政府提供的公共法律服务的质量特性决定了受援人的质量要求与有偿法律服务中当事人对律师提出的过高质量要求的区别。

4. 对一些国家刑事法律援助案件的质量标准的简要介绍。以下是从各国律师业务指引所选取的律师办理刑事案件的业务标准，可供在确定质量标准时参考和借鉴：

提供刑事辩护的法律援助律师应当：

（1）与其所代表的当事人（犯罪嫌疑人/被告人）建立信任关系，并在法律允许的范围内，尽力代表当事人争取其合法权益。（挪威、欧洲律师协会和法律委员会、新西兰、美国的两个州）

（2）在收到指派后立即着手办理案件，并应于接到指派通知后尽快会见当事人，以及在诉讼过程中与之定期保持联系。法律援助律师在第一次会见当事人前，应通过查阅与案件有关的文件、材料，对案件进行准备；会见时，应向当事人了解他所知的所有与案件有关的情况。（日本、美国的两个州）

（3）在法律允许的范围内尽力为被羁押的当事人争取保释（了解各项保释条件），并在案件有可能符合保释条件时尽力为当事人争取保释。（加拿大、日本、美国的几个州）

（4）确保当事人在被拘留后能尽早得知其被拘留的原因以及了解其被控以的罪名及其性质。法律援助律师应告知当事人其案件的基本情况，随时向其通告案件的进展以及及时解答当事人与案件有关的问题。法律援助律师应告知当事人其享有的上诉权利，并在有需要时继续在上诉程序中代表该当事人。（挪威、美国的一个州）

（5）及时对当事人提出的会见辩护律师的要求作出回应，避免无故缺席已安排的会面并尽力履行其对当事人作出的承诺。在履行其义务时，法律援助律师应注意效率并避免任何不必要的延误。（新加坡、美国的一个州）

（6）协助当事人了解其诉讼权利、案件的法律争议点、诉讼程序、必要的安排以及与案件相关的法律。（澳大利亚、美国的几个州）

（7）在向当事人提供有关认罪以及是否向法庭作供的法律建议的同时，避免任何可能妨碍当事人对上述事项进行自由选择的行为。

（8）作为当事人的代表出席庭审并对之作充分全面的准备（除非遇到不可预见、无法避免的例外情况，并且已取得当事人同意及已安排合格的替代人，否则不得缺席任何庭审）此外，该名合格替代人必须对案件有所认识，并能回答庭审中各方提出的有关案件的疑问。

（9）除法律要求或经当事人授权外，法律援助律师应履行与当事人的保密义务，不得向他人披露任何于办理案件过程中取得的保密资料。此保密义务不因案件处理完结而终止。

（10）在接受案件指派前，向当事人披露任何可能存在的利益冲突，这些冲突可能来源于该律师与其所代表的当事人的关系或者该律师与其他案件当事人的关系。如有利益冲突在法律援助律师授受案件指派后才出现，则该律师应立即将其告知当事人并采取任何合法方法对之进行修正，例如根据当事人的意愿为其安排其他代表律师。

（11）避免涉及任何可能影响其独立身份或任何可能妨碍其自主实施为当事人争取合法权益的行为的关系和处境。

（12）以为当事人谋求最佳合法利益为

目标进行诉讼行为，这主要包括对案件进行充分准备，并尽力向司法机关提出所有有助于当事人的案件的合法主张和事实。

(13)确保当事人获得公正的审判，维护其所享有的程序权利，并尽可能于诉讼的各阶段代表当事人。

(14)除法律许可的代理费用外，不得收取任何与其当事人的案件有关联的人提供的金钱、服务、或其他有形或无形的利益。

(15)不分种族、性别、社会经济背景等因素，尽力为当事人提供最佳的法律服务对其代表的所有当事人一视同仁。

(16)不论个人认为当事人是否有罪，均尽力为其提供合格和全面的辩护。

(17)除非得到当事人的许可，不得向他人透露其因办理该案件而得知的任何能证明该当事人有罪的证据。

(二)评估对象或评估范围

构建比较完善的法律援助案件质量评估体系，制定了案件质量标准以后，还要明确评估的对象或评估范围是什么，是对法律援助人员办理个案的质策进行评估，还是对法律援助机构或法律服务机构办理案件的总体质量状况进行评估？咨询和代书是否要纳入案件质量评估体系之中？等等，在明确了评估的对象和评估范围之后，才能根据评估对象的不同特点，确定不同评估主体和评估方法等。

确定评估对象或范围，应该结合评估工作的性质、目的、功能以及我国法律援助工作的实际情况等各个方面综合考虑。同时，由于目前我们开展案件质量评估的工作尚处于起步阶段，限于时间和精力，本着先易后难的原则，我们重点研究和探讨对法律援助案件的个案质量进行评估，也就是主要从法律专业知识与服务技能以及服务态度两大方面对法律援助人员办理的法律援助案件的质量进行评估。进行专业质量评估的案件主要包括以下案件：(1)受援人对质量投诉的案件；(2)法律援助人员对司法行政机关或法律援助机构评议结果有争议的案件；(3)重大疑难复杂案件或群体性案件；(4)对某一法律援助机构或法律服务机构办理案件的整体质量状况或某一类案件的办理情况进行专业评估。

另外，关于咨询和代书是否要纳入评估范围的问题，因为在法律援助实践中，咨询和代书所占的比重较大，据统计，2008 年全国各地法律援助机构共提供法律咨询 4322329 人次(包括来访、来信、来电、通过“148”专用电话)，提供代书 234448 份；同时，接待咨询工作，也是法律援助机构的一个窗口工作，是法律援助案件办理过程中的一个重要阶段和环节，因此，应该把咨询和代书纳入质量评估的范围，加强监管，提高质量对咨询和代书的评估可以参照个案质量评估的标准和方法。

对法律援助机构或法律服务机构办案质量总体情况的评估，或是对某一类案件总体质量情况的评估是建立在对个案质量评估的基础之上，因此，在完善个案质量评估制度和工作的基础上，待积累经验条件成熟后，可以逐步扩大评估范围。

(三)评估主体

目前各地已经在探索开展法律援助案件质量评估工作概括各地的规定和做法，法律援助案件质量评估的主体主要是两个：司法行政机关和法律援助机构司法行政机关牵头负责的服务质量考评领导小组或评审委员会也是代表司法行政机关在这些评估活动中，没有统一的质量标准和评估依据，也没有统一的评估方法以及专门的评估机构和专业的评估人员。

比如宁夏规定，法律援助办案质量评估工作及办案补贴管理工作实行分级负责、层级管理原则。上一级司法行政机关对下一级司法行政机关承担指导监督职责。对于政府指派的、重大群体性等特殊案件，法律援助机构逐级上报，由自治区评审委员会进行评估量化。法律援助案件质量检查工作职责由本级司法行政机关承担，上级司法行政机关对其进行指导监督。广东省和贵州省规定：各级法律援助机构应对本机构指派办理法律援助案件的情况及案件质量进行监督、检查；上级法律援助机构可以对下级法律援助机构指派办理案件的情况及案件质策进行监督、检查。

实际上，从广义上理解，对法律援助案件负有质量管理和保证责任的各个机构和参与人都可以成为法律援助案件质量的评估主体。具体包括：(1)法律援助条例规定的县级以上司法行政机关；(2)各级法律援助机构；(3)律师事务所等法律服务机构；(4)律师协会；(5)律师以及其他参与法律援助案件办理的法律服务人员。所有案件的承办人可能首先是自己承办案件的自评人或初评人。这些不同的评估主体，都可以用不同的标准和方法，对法律援助案件质量作出不同的测量和评价。

而即将在全国开展的法律援助案件质量评估工作以及我们研究构建的法律援助案件质量评估体系中，为确保评估工作的权威性和公正性，评估的人员应该是符合一定条件和要求的由经验丰富的法律专业人担任，评估的机构也应该相对独立。只有这样，才能保证评估结论的客观、公正和公平这样的专门机构(专家评估委员会)只能另行组建，独立于各级司法行政机关和法律援助机构。同时，鉴于目前我国的国情和法律援助工作发展的实际情况，受经费、编制、人力等资源的限制，案件质量评估委员会不可能层层设立地市级以上的司法行政部门才可以根据需要，组建由资深律师、法官、法律专家、律师管理部门及律师协会人员等组成的案件质量评估专家委员会评估机构也不可能对所有的案件进行质量评估，只能对一些重点案件进行抽样调查，作出评估结论。

(四)评估方法

1. 专门评估机构同行审查的方法。案件质量评估的时间是在案件办结之后。摆在评估人员面前的主要就是案卷材料，可能还有受援人以及相关部门的意见反馈情况等专业评估机构和评估人员通过什么途径，从哪些方面判断法律援助人员所办理的案件是否达到质量标准的要求？质量标准和受援人的要求哪些方面达到了？哪些方面没有达到？达到什么程度是合格的或是优秀的，什么程度是不合格的？等等。这并不是一个简单的问题。借鉴各国质量管理的先进经验和有效方法，比较科学和可行的质量评估方法主要是英国的同行审查制度以及一些在政府绩效评估工作中普遍采用的综合指标技术。同行审查主要是由经验丰富的同行审查人员利用其丰富的执业经验和技能技巧，通过查找案卷材料所揭示出来的趋势和规律，针对法律援助人员提供的专业法律服务质量得出综合等级评定。

同行审查只是解决了评估的方法问题。还有一个重要问题是，如何得出这种综合评定结果的操作性和可行性必须结合法律援助案件办理的特点，设立能反映案件质量的若干指标，建立指标体系，利用多指标综合评价技术，对案件质量进行综合评估。

如前所述，影响和决定案件质量的直接因素主要是两个，一是法律援助人员的业务水平，另一个是法律援助人员的服务态度。案件质量评估指标就从决定和反映案件质量的这两个方面入手，设计若干能直接反映法律援助人员业务水平和服务态度的评估指标，合理确定各项指标在指标体系中的权重比例，建立指标体系，运用多指标综合评价技术，对案件质量作出综合评估，得出优秀、合格、不合格等评估结果。比如,能反映业务水平的主要指标有:辩护或代理的观点是否正确、适用法律是否正确、辩护或代理意见是否被采纳、是否最大限度地维护了当事人的合法权益、决定案件胜负的关键证据是否取到、当事人的诉讼风险是否得到控制、法律文书的制作水平、庭审中的表现情况、会见当事人或被告人的记录是否完整、全面等。反映服务态度的指标主要有:办理手续是否及时、会见、阅卷、开庭是否及时、是否与当事人及时沟通意见及办案进展情况、对当事人的权利是否及时履行了告知义务、各种法律文书的制作质量等。以上指标中,有些指标既可以反映业务水平,也可以反映服务态度。另外,受援人的反馈意见或相关部门的评价情况等,都是对案件综合评估时应当考虑的指标因素。

2. 对英国法律援助同行审查制度中的评定等级及各等级指标的简要介绍。在英国,接受同行审查的每一个民事档案中,案件质量的综合评估被分为1—5个评定等级。而对于刑事案件档案来说,1—5个评定等级是分阶段进行的(包括侦查阶段、治安法庭阶段及王室法庭阶段)。然后才对整个案件的办案质量进行综合评分。评定等级为优秀、良好、合格、不合格、完全不合格5个等级。

在法律援助服务工作中,"优秀"的指标包括:(1)能够全面适当地记录当事人的指示;(2)开展的沟通、咨询及其他法律服务工作符合每一个当事人的实际需要;(3)为当事人提供了准确而全面的咨询服务;(4)对所有问题的处理都能做到全面、适当且有效;(5)具有广博的知识,能够在较广泛的背景下理解问题;(6)为了使当事人得到最佳结果,能够很好地运用策略、手段、技能技巧及专业知识;(7)法律服务人员非常重视其所办理的案件,能够全面积极主动地采取措施处理案件。

在法律援助服务工作中,"良好"的指标包括:(1)能够适当地记录当事人的指示;(2)提供的咨询及其他法律服务工作符合每一个当事人的实际需要;(3)为当事人提供了准确而全面的咨询服务;(4)对所有问题的处理都能做到全面、适当且有效;(5)为了使当事人得到最佳结果,能够很好地运用方法策略;(6)法律服务人员非常重视其所办理的案件,能够全面积极主动地采取措施处理案件。

在法律援助服务工作中,"合格"的指标包括:(1)能够适当地记录当事人的指示;(2)能够适当但有限地与当事人沟通;(3)针对当事人提出的问题,能够适当但不够广泛的咨询和服务工作,且对于与当事人提出的问题有关联的其他问题没能予以解答处理;(4)为了达到"优秀"和"良好"的工作标准,法律服务工作者工作存在需要改进完善之处。

在法律援助服务工作中,"不合格"的指标包括:(1)不能准确记录、报告案件信息;(2)有时候,与当事人的沟通能力不强;(3)提供的咨询和其他法律服务工作不适当;(4)对一些案件的处理缺少正确的办案技能技巧及合理的谨慎义务;(5)有时候,开展的沟通不及时、提供的咨询和其他工作不适当;(6)与规定的标准之间存在差距。

在法律援助服务工作中,"完全不合格"的指标包括:(1)不能准确记录和报告案件信息;(2)有时候,与当事人沟通能力不强;(3)从总体上看,对案件的处理缺少正确的办案技能技巧及合理的谨慎义务;(4)经常出现不能及时开展的沟通和提供咨询或其他工作的现象;(5)提供的服务损害了当事人的利益,或者提供的服务没有任何意义,或者提供的服务可能会损害到当事人的利益。

（五）评估结果及其运用

将案件质量评估出各等次的结果，并不是建立案件案件质量评估体系的最终目的。开展案件质量评估的最终目的，是为了不断提高法律援助办案质量。在建立了案件质量评估体系之后，要着重求实上下工夫，要采取有效措施保证案件质量评估体系的规范运行。要保证案件质量评估体系规范运行，评估结果的有效运用和执行是一个重要方面。

一是要强化激励制约机制，做到奖优罚劣。要将案件质量评估结果，作为对案件承办人员下作实绩考核的主要依据之一，激励办案人员增强办案责任心，发挥办案积极性。

二是要加强案件质量分析，在案件质量评估的基础上，定期召开季度、半年度、年度案件质策通报会、质量分析会、培训班等，以总结通报形式，分析案件质量情况、反馈办案质量信息组织承办人员对自身办案质策实行自查自纠，并由相关负责人对办案质策进行讲评，总结经验，吸取教训，从多角度、全方位保证办案质量。

三是要将评估结果与办案补贴发放、评先奖励挂钩。评估结果为合格以上等级的，确认律师等法律服务人员的工作量，发放办案补贴。评估结果为不合格等级的，确认律师等法律服务人员没有履行法律援助义务，不予发放办案补贴，并以适当形式通报批评，并按照有关规定予以处罚。评估结果为优秀的，司法行政机关在对律师等法律服务人员进行表彰奖励时，应把评估结果作为表彰奖励的主要依据。

（原载于《中国司法》2009年第11期）

改革和完善刑事被追诉人法律援助的实践与思考

北京市司法局法律援助工作指导处 许 冷

1996年，我国重新修订的《刑事诉讼法》和《律师法》，首次将“法律援助”写入法律，此后的十几年，法律援助无论在国家立法还是司法实践中，在维护犯罪嫌疑人和被告人的诉讼权利方面取得了较为积极的进展。但是，无论理论界还是实务界，对被追诉人法律援助的期望没有止步于此。本文围绕维护犯罪嫌疑人、被告人诉讼权利这一命题，以北京市对被追诉人实施的法律援助实践为基本立场，分析被追诉人法律援助工作中存在的问题，揭示产生这些问题的各种原因，进而探讨改革和完善被追诉人法律援助的思路。

一、北京市犯罪嫌疑人、被告人法律援助实践和评述

（一）被追诉人获得法律援助的范围和时间

《刑事诉讼法》第三十四条规定：公诉人出庭公诉的案件，被告人因经济困难或其他原因没有委托辩护人的，人民法院可以指定承担法律援助义务的律师为其提供辩护。被告人是盲、聋、哑或者未成年人而没有委托辩护人的，人民法院应当指定承担法律援助义务的律师为其提供辩护。被告人可能

被判处死刑而没有委托辩护人的,人民法院应当指定承担法律援助义务的律师为其提供辩护。其中第一款称之为“可以指定”,第二、三款为“应当指定”。

1997年、2000年司法部与最高人民法院、最高人民检察院分别联合发文,对指定刑事辩护和刑事审查起诉活动中对犯罪嫌疑人的法律援助作出规定。

1998年,最高人民法院《关于执行〈中华人民共和国刑事诉讼法〉若干问题的解释》明确了“可以指定”的范围。

2003年国务院出台《法律援助条例》,根据《条例》法律援助机构不再对被告人的经济状况进行审查就应直接提供援助,还扩大了刑事法律援助的范围,对犯罪嫌疑人、刑事被害人、刑事自诉人的法律援助问题作出了明确规定。

2005年,最高人民法院、最高人民检察院、公安部、司法部联合发布《关于刑事诉讼法律援助工作的规定》,对法律援助介入刑事诉讼的时间明确下来。为贯彻这一文件精神,北京市高级人民法院、市检察院、市公安局、市司法局出台了进一步的落实意见2005年,北京市司法局下发《关于市法律援助中心开展对服刑人员法律援助工作暂行办法》,对“高墙”内服刑人员法律援助给予关注。

2007年,北京市高级人民法院、北京市人民检察院、北京市司法局联合下发《关于简化适用刑事普通程序审理被告人认罪案件实施细则(试行)》(京高法发〔2007〕416号),规定“为保障被告人的合法权利和理智地自愿认罪,人民法院应当为没有委托辩护人的认罪被告人指定辩护律师”,扩大了“应当指定”的范围。

2008年12月由北京市人大常委会第八次会议审议通过的《北京市法律援助条例》将刑事法律援助的发展成果巩固下来。

至此,法律援助已经在理论层面保证了更多律师参与诉讼,滞后的被追诉人法律援助逐步完善。但是理论上的“务虚”是否已经实现了向“务实”转化,则是社会各界所真正关注的。本文以2006—2008年3年间的数据对此问题进行说明,并予以评析。

1. 指定辩护分析

2006、2007、2008年,北京两级法律援助机构分别接受人民法院指定辩护1904、3531、5650件,分别占当年刑事法律援助案件的89.2%、90.8%、96.7%。其中2008年,指定辩护案件占同期人民法院审结案件数量的24.86%。与媒体报道的30%左右的刑事辩护率相比,北京显然不属于这一行列。不仅如此,指定辩护的数量已经远远超过8年前北京所有律师承办的全部刑事案件。

在指定辩护案件中,北京市具有与其他省市不同的显著特征,即一般贫困者获得指定辩护的比例远远高于“应当指定”的几类案件。以2007年数据为例,北京市“可以指定”的一般贫困者获得指定辩护的共1780件,占指定辩护案件总数的50.4%,高居全国榜首。而属于“应当指定”的“盲聋哑人”案件仅占2.8%;未成年人案件占29.1%;包括可能判处死刑的三类案件仅占指定辩护总数的35.8%。这一系列数据不仅在横向比较上具有鲜明特色,从历史数据来看,也已经发生了较大的变化。

在近两年的数据中,另一个值得注意的是“适应普通程序审理被告人认罪案件”指定辩护。这类案件已经占据了较高的比例。由于该指定辩护由人民法院启动,法律援助机构并不予以审查,因此在这一新型指定辩护的实践中也产生了一些问题,值得注意的一是为单位犯罪指定辩护的2009年上半年,北京市某中级法院为认罪的某单位犯罪(非其法定代表人或者自接责任人)指定辩护;二是不以被告人是否经济困难为前提;三是不以被告人是否自行聘请律师为前提。这些问题带来的直接后果即是超出了法律援助机构的承受能力,使得虽致力于满足刑事诉讼需要但又几乎在司法体制之外的法律援助颇为无奈。

2. 犯罪嫌疑人、被告人申请分析

2006 北京两级法律援助机构分别审批犯罪嫌疑人、被告人申请的法律援助为 231 件中,公安机关转交 93 件,检察机关转交 110 件,犯罪嫌疑人、被告人自行申请 28 件。

2007 年,北京两级法律援助机构分别审批犯罪嫌疑人、被告人中请的法律援助为 353 件其中,犯罪嫌疑人申请 352 件、被告人申请 1 件。

2008 年,公安机关和检察机关转交的犯罪嫌疑人法律援助申请分别为 2 件、151 件,犯罪嫌疑人和被告人直接申请的分别为 27 件、9 件最后审批决定给子法律援助的共计 185 件,其中犯罪嫌疑人申请 176 件,被告人申请 9 件。

作为犯罪嫌疑人、被告人自行申请法律援助的案件,法律援助机构依法对其进行经济状况的审查。因此并非所有申请法律援助的犯罪嫌疑人、被告人均能获得法律援助。但是从北京市的统计数据来看,2008 年申请法律援助的犯罪嫌疑人仅有 4 名没有获得援助,被告人则全部获得了援助。法援机构在审查过程中普遍遇到的问题是被羁押的犯罪嫌疑人无法提供经济状况证明,而联系上其家属的可能性几乎很小。因此在审查过程中,法律援助机构一般参照“本人确无经济来源,其家庭经济状况无法查明”为由予以援助。

但法援机构的积极努力却无法掩盖犯罪嫌疑人法律援助申请率低的事实。来自市检察院的数据表明,2008 年北京市检察机关共审查起诉 18700 件 26793 人。这一现象的内在原因是显而易见的。现行法律并没有强制力约束公安机关、检察机关告知犯罪嫌疑人可以申请法律援助,并转交其申请。

(二)提供法律援助的质量

目前人们对刑事法律援助了解较少,也有不少人尚不能理解为何要为“杀人犯”提供免费律师。但也不缺乏对刑事法律援助“走过场”的忧虑。

法律援助介入刑事诉讼的时间大都是在审判阶段,侦查、审查起诉时期,法律援助介入机会小。这必然会造成犯罪嫌疑人在侦控期间申请侦查、检察人员回避的权利、拒绝回答与本案有关的问题的权利等各项权利的正确表达其实在审判阶段,法律援助律师介入的时间也较晚。根据调查,1997—2002 年,北京市律师所接受的刑事法律援助案件中,43.9% 的律师是开庭 10 天前接到指定通知的,29.4% 的律师在开庭前 5—9 天,还有 10.3% 的律师在开庭前 2—4 天。其中,还有一部分案件(约占 0.3%),律师在开庭当天才接到提供法律援助的通知。2003 年国务院《法律援助条例》颁布实施以来,虽尚未开展社会调查,但根据各法律援助中心日常工作中的反映,人民法院发出指定辩护通知时间太短的时有发生。

对比外部环境,律师承办法律援助案件的责任心也直接影响到法律援助质量。2008 年,在 5133 件已结刑事案件中,承办人全部意见被采纳的 1401 件,占 27.3%,意见部分采纳的 3553 件,占 69.2%,意见未采纳的 3.5%。意见被采纳率固然也可以说明律师发挥的积极作用。但是根据法援机构随案跟踪的质量监督结果来看,也存在律师不会见当事人、不及时阅卷、开庭时不积极发表辩护意见、质证等现象。责任心不强的原因之一必然包括法律援助案件补贴较低的现实问题。

此外,律师不愿开展刑辩业务、专业刑辩律师缺乏也已经成为不争的事实,因此在刑事法律援助领域,把案件指派给合适的律师以提高刑辩质量也并不容易。

(三)法律援助资金及法律服务资源配置

针对被追诉人的法律援助在法律援助制度及理论上已经较为完备,改善了《刑事诉讼法》范围窄的状况。在实践中也以维护被追诉人的诉讼权利为核心逐步得以改善。但是法律援助制度本身还存在诸多问题需要改善。

北京市在2003年就完成了将法律援助经费纳入财政预算。但是由于案件数量的不可预知性,法律援助预算支出并无规律可言,因此往往出现预算编制不足问题。针对刑事法律援助案件而言,"适用普通程序审理被告人认罪案件"一项,即给各法律援助机构经费带来极大压力。

刑事法律援助一般实行属地管辖,由法院所在地的法援机构受理指定辩护和法律援助申请。因此对于律师资源缺乏的地区来讲,针对被追诉人实施法律援助,首当其冲是人员问题。例如某区只有3名律师,则没有能力为5人共同犯罪的刑事案件提供法律援助。

二、问题原因探析

(一)法律援助在刑事诉讼制度中缺乏应有地位

近年来,我国刑事司法改革积极引人对抗制理念,致力于打破原有的法官主导型诉讼模式。律师是否能有效地参与诉讼,直接决定了这一诉讼模式能否彰显其进步与积极意义。无疑,刑事法律援助是律师参与诉讼的重要保障。但是,现实并非如此。在我国刑事诉讼"分工负责、互相配合"的原则下,公检法三个部门凝结为共同体。被追诉人在诉讼中面临着巨大的压力在多数情况下法律援助也与被追诉人一道,成为被漠视的对象。究其原因,是因为法律援助在刑事诉讼中的地位并未确立,更具体地说,是刑事诉讼中关于法律援助的法律规范并不是一个完整的逻辑结构。虽然关于法律规范的逻辑结构法理学界有多种学说,但是无论参照何种学说,现行刑事诉讼法关于法律援助的规定,其授权条件不完整、缺少法律后果,无法构成一个完整的逻辑结构。

与此同时,有权机关或者主管部门对法律援助定位出现的偏差也影响到法律援助在刑事诉讼制度中作用的发挥。法律援助往往被视为一种社会救济工作,并没有从现代刑事诉讼制度发展的角度来认真审视其重要性,没有看到它也在拯救着整个诉讼程序、支撑着整个司法制度的一面。固然,法律援助在当前形势下,在完成维护和保证民生的政治使命中得到了一定的关注度。但是如果摒弃了法律援助在司法制度中的终极使命,长期看来并无益处。

(二)处于法律援助外部的刑事司法环境消极影响

除了由于案件补贴问题而导致律师积极性缺乏外,刑事司法环境也非常重要。被羁押的犯罪嫌疑人的法律援助能否被转交、律师能否顺利会见被追诉人,完整阅卷,充分进行质证、辩论以及提出辩护意见,这些则更为重要。虽然,我国刑事司法环境一直在向好的方面发展,但是法律援助、律师介入刑事诉讼难的问题依然存在。

(三)法律援助自身发展不足

作为法律援助从业人员,笔者虽然认为法律援助制度自身未必能达到充分地保护被追诉人的利益,让他们享受现代司法制度的惠泽的最终目的,但是也并不否定当前存在的各种问题影响了被追诉人法律援助制度的有效开展。

法律援助作为一项独立的法律制度出现远远晚于刑事诉讼的出现，其发展也相对滞后。首先是在政府投入方面。虽然国务院《法律援助条例》明确了法律援助是政府责任，但是在责任的落实上仅限于“财政支持”。但毫无疑问，法律援助是一个需要持续投入人财物的事业。其次，法律援助管理体制没有理顺。虽然法律援助是由政府设立的法律援助机构组织实施，但是在实践中法律援助机构大多是事业单位或者参照公务员管理的事业单位，由司法行政机关实施监督管理职责。在我国现行体制内，由法律援助机构实施被追诉人的法律援助，从世俗眼光来看不具备与公检法“协调配合”的资格地位。第三，法律援助激励机制和质量监管缺位。法律援助虽然在十年中实现了发展、进步，但是业内普遍认为，法律援助仍是新生事物。当前的主要任务仍是尽最大努力满足经济困难群众对就业等基本民生问题的需求。

三、改革和完善刑事法律援助的思路

（一）设置程序性制裁机制，确保法律援助在刑事诉讼过程中的地位

在刑事诉讼中应当确立具有完整逻辑结构的法律援助规范。前文提到，目前刑事诉讼中关于法律援助的规范并不是一个完整的逻辑结构，因此应当建立相关的程序性制裁机制。在刑事诉讼程序范围内，程序性制裁是指，针对参与诉讼的警察、检察官和法官违反法律所规定的诉讼程序的行为，确立相应的程序性法律后果。从制裁力式上看，主要是通过宣告程序违法者的证据、行为或裁决丧失法律效力的方式，来达到惩罚违法者的作用。其基本原理在于通过剥夺程序性违法者所得的不当利益，来促使其不得不遵守法律所规定的诉讼程序。具体到刑事法律援助，在刑事诉讼程序法中，对应当有律师帮助而没有律师的犯罪嫌疑人、被告人的侦查、起诉、审判行为扮以否定性的法律后果，建立这样的程序性制裁机制，将有利于促进公检法机关积极维护被追诉人诉讼权利和获得法律援助的权利。

当前，对于侦、控期间的法律援助，应推行“指定援助”，并纳入刑事诉讼规范中，而不是依赖于有关部门的“文件通知”。因为其法律效力大打折扣，在基层得到执行的机会很小。

（二）建立律师值班制度便于被追诉人获得法律援助

所谓值班律师，是指隶属于法律援助机构的律师，在刑事被告人初次出庭前，对被告人就起诉、诉讼程序和申请援助权利等提供咨询意见。由于这是由法律援助机构派专人执行于法院，故称其“值班律师”。值班律师首创于日本律师界。一种是由律师会事先根据律师本人的志愿和日期制作值班表。负责当日值班的律师依值班表在事务所等待，一旦受羁押的被疑人或其配偶、亲属等要求律师帮忙，值班律师经律师会转告他们后即速与被疑人会面。另一种是由律师会把志愿充任的值班律师的律师会员名单独立编制成册，由律师会按名册顺序向要求帮助的被疑人推荐值班律师。

建立我国值班律师制度，可以贯穿于侦控审三个阶段，由法律援助机构指派的律师执行于羁押场所，随时受理被羁押的犯罪嫌疑人、被告人的法律援助申请，随时就起诉、诉讼程序和申请援助权利等为他们提供咨询意见。对于符合法律援助条件的，由法律援助机构指派律师提供法律援助。

（三）改善法律援助提供模式，发展壮大法律援助公职律师队伍

如前文所述，我国从事刑辩的律师较少在一定程度上影响了被追诉人法律援助的实施。因此，发展法律援助公职律师，应当是一个有益的补充。目前，我国实行指派社

会律师和本机构律师承办案件的法律援助实施模式。但是从全国范围来看,法律援助公职律师承担的比例较小,其主要原因是公职律师常常忙于日常法律援助的实施工作,而再无力承办案件,其次法律援助公职律师的待遇与法律援助机构的普通工作人员没有差别,因此其积极性有待提高。

发展壮大公职律师队伍,可以参考美国的公设辩护人制度。公设辩护人是联邦的,是受美国政府雇佣的,分布在美国各州所属的各个区里。公设辩护人薪金大概是一年12万美元,他们的工作主要是做法律援助,为付不起律师费的穷人做辩护。公设辩护人事务所同时还设有助理公设辩护人,主要为公设辩护人提供助理服务。公设辩护人一般都是由上诉法院的法官代表政府所任命的,而不是他同一级的区法院任命;联邦公设律师每年都有预算,由国会拨钱。国会把钱给法院的行政主管,行政主管再把钱拨给公设律师组织。美国公设辩护人制度对于我国发展壮大公职律师队伍有借鉴意义,包括任命、报酬、预算和配备辅助人员方面。

(四)改善法律援助自身问题,提高法律援助维护公平正义和人权保障能力

在刑事领域改善法律援助自身问题,首先是对法律援助的定位。如前文所述,民事法律援助在我国法律援助体系中占了较大的比重,越来越倾向作为社会救济手段的功能,而忽视了其在刑事司法制度中的非常重要的地位。实践来看,针对被追诉人的法律援助在不少地区已经呈萎缩态势。从世界范围来看,《公民权利与政治权利国际公约》和人权事务委员会的决定所确立的都只是刑事法律援助,并不包括民事法律援助。《欧洲人权公约》也并未直接规定民事法律援助,直到欧洲人权法院对有关公正审判的保障条款进行解释后,民事法律援助才被确立为成员国的义务。欧洲人权法院确立了成员国的民事法律援助义务,但是同时维持了它只是一项有限制的义务,即只有在那些法律援助的有无与案件结果关系重大的复杂案件中,成员国才须提供援助。针对当前的形势,必须对法律援助事业的定位进行反思,从整个司法制度的框架内认识法律援助的角色,同时,应视之为一种不可缺少的法律制度建设,而不是社会救济中的一个分支。

法律援助自身建设还应包括以下几个方面的内容:一是加大投入力度,确保政府责任落到实处。法律援助的投入是持续的过程,政府责任的落实也并非一劳永逸。确保责任落实,必须加大督导力度,由中央和省级人民政府相关组成部门逐级核查落实情况,严格落实措施,加大惩处力度。二是强化人力资源配置,平衡区域发展人力资源具有趋利性的天然属性,而法律援助则是以区域而实施。因此,在律师资源较为紧缺的地区开展针对被追诉人的法律援助,建议由省级法援机构在全省范围内配置资源。三是加强质量监督,督促律师提供符合标准的服务。四是落实激励措施,使在法律援助中作出突出贡献的个人真正获得奖励。

(原载于《中国司法》2009年第9期)

探索建立中国法律援助值班律师制度

河南省法律援助中心主任　王淑华
河南省法律援助中心　张艳红

法律援助值班律师，是指由法律援助机构指派，在警察讯问、法庭审判等诉讼阶段免费为当事人提供即时法律咨询、指导、或者作为犯罪嫌疑人的代理人，帮助申请延期审理、进行保释听证、申请法律援助或者处理其他法律事务的律师。该制度最早起源于英国，目前已成为英国、加拿大、澳大利亚、新西兰和我国香港特区等国家和地区法律援助制度中的一个不可或缺的重要组成部分。2006 年联合国开发计划署、商务部、司法部联合在河南省修武县启动了 UNDP 法律援助值班律师制度试点项目，经过一年半的运行，取得了较好的效果，为探索建立中国特色的法律援助值班律师制度积累了宝贵的经验。项目结束后，河南省司法厅决定在全省进一步探索法律援助值班律师制度，试点工作扩大到河南省 20 个市县。目前各试点单位工作进展顺利，法律援助值班律师制度的独特价值已初步显现。

一、法律援助值班律师试点工作情况

2006 年 9 月至 2008 年 3 月，值班律师试点项目单位修武县分别设在县法院、县公安局、派出所、县看守所的 4 个值班律师办公室共接待咨询事项 1735 起、接待来访人员 1953 人。2008 年 3 月起，河南省先后有 20 个市县启动法律援助值班律师制度试点工作，截至 2008 年 12 月底，20 个试点单位共接待咨询事项 6569 起，接待来访人员 7586 人。

（一）法律援助值班律师制度试点项目前期筹备情况

1. 加强协调，为项目实施提供组织保障。经省政法委批准，河南省司法厅选择修武县作为试点单位，并协调省高级人民法院、省公安厅支持配合。修武县委政法委牵头，县司法局与公安局、法院共同制定了《值班律师办公室工作协调制度》，分别确定一名分管领导和一名联络员，定期与值班律师办公室负责人交换信息，重大或敏感问题及时相互告知，共同研究；每月召开一次座谈会，围绕试点项目的要求及运行情况，矫正工作偏差，共同探索试点项目的新举措。

2. 投入资金，为项目实施提供物质保障。按照项目要求，修武县分别在县法院、公安局和城关派出所、看守所设立了四个法律援助值班律师办公室，在硬件建设上实现"四统一"，即统一装修风格、统一办公设施、统一标识铜牌和公示栏、统一安装末位数字为"148"的固定电话，为项目顺利实施创造良好工作条件。

3. 健全制度，为项目实施提供机制保障。一是结合实际，制定一系列规章制度，并制成版面，挂在值班律师办公室；二是统一印制文书、表格，便于规范管理；三是将法律援助需知内容印制成彩色宣传单，深入群众发放宣传，提高群众对试点项目的知晓率；四是为每个值班律师制作了胸卡和座次牌,便于接受群众监督。

4. 强化培训,为项目实施提供人力保障。修武县在全县首期选聘18名律师(包括部分修武县籍在焦作市工作的律师)作为本项目的值班律师,先后举办两期培训班,对所有值班律师进行业务和法律援助制度培训。

(二)法律援助值班律师制度试点项目实施运行情况

1. 法律援助值班律师办公室管理模式。修武县法律援助中心明确专人具体负责管理四个值班律师办公室。每个办公室配备一名司法局机关人员作为内勤,负责值班考勤、各种报表的收集报送等事务,对值班律师考勤实行签到、点名和抽查制。县司法局每半月召开一次值班律师例会。试点项目的办公用房由所在单位免费提供,其余所有经费开支均由项目方提供的项目专项资金负担。

2. 法律援助值班律师办公室工作模式。每个值班律师办公室每个工作日有两名值班律师,主要职责是为来电、来访人员提供免费的法律咨询、指导,代书诉讼文书,定期对咨询结果进行回访等。值班律师不审查来访者的经济条件,也不审查咨询的案件是否符合法律援助案件范围,对来访者的问题有问必答。值班律师的工作内容包括七个方面:一是要佩戴胸卡,态度和蔼、用语规范;二是讲清自己的身份,告知来访群众自己是受县法律援助中心指派,代表政府免费为其提供法律咨询;三是指导来访人填写《来访人员登记表》,要求来访人提供真实个人信息,主要指户籍信息、有效的联系方式等内容;四是填写《来访接待咨询登记表》;五是依照法律法规、政策规定解答咨询;对来访人咨询事项属于法律援助申请事项范围的,在解答问题后告知其如果经济困难可以到法律援助中心申请法律援助,对不属于法律援助范围的,指引来访人前往相关部门解决问题;六是来访人希望聘请律师的,值班律师可向其提供本地《律师事务所及律师名册》,由来访人自行选择,值班律师不得向来访人推荐具体的律师事务所和律师;七是对来访人咨询情况定期进行回访。

3. 驻看守所法律援助值班律师办公室的工作模式。驻县看守所值班律师办公室设在一间审讯室中,安装同期录音录像设备,公示值班律师工作程序和制度。根据看守所实际情况,法律援助值班律师办公室每周工作两天,每天两名律师值班,由看守所根据犯罪嫌疑人的申请安排值班律师会见。值班律师的工作内容有三项:一是通过看守所向在押的犯罪嫌疑人和被告人发放《犯罪嫌疑人和被告人权益告知书》,告知他们什么是值班律师制度,如何申请值班律师服务,值班律师服务对象、服务方式、服务内容等;二是为在押的犯罪嫌疑人(被告人)提供法律咨询,咨询内容严格按照《刑诉法》规定;三是在咨询中发现有符合法律援助条件的犯罪嫌疑人或被告人,可以转交法律援助申请或代为申请法律援助。项目运行期间共为274名犯罪嫌疑人发放了《犯罪嫌疑人(被告人)权益告知书》,为46名犯罪嫌疑人提供了法律咨询。修武县看守所值班律师办公室的设立为侦查阶段律师提前介入的司法实践活动积累了宝贵的经验。

2008年7月,扩大试点单位焦作市司法局在焦作市看守所设立法律援助值班律师办公室,在修武县实践的基础上进一步探索看守所值班律师工作。与修武县看守所值班律师办公室相比他们有四点进步:一是办公条件更好,他们在看守所设立了独立的值班律师办公室,使值班律师的办公区与审讯室分离。二是延长了工作时间,每个工作日都有两名值班律师随时准备为犯罪嫌疑人提供服务。三是细化了服务对象：一类是侦查终结的犯罪嫌疑人和被告人可申请法律咨询，在会见值班律师时看守所要派人进行监督；另一类是少年犯，从侦查阶段第一次被询问后便可申请法律咨询，看守所不派人现场监督。四是增加了服务方式，除当面咨询外，还可以进行书面咨询，扩大了咨询覆盖面。值班律师运行的第一个月就为24名犯罪嫌疑人提供了咨询服务，协助5名犯罪嫌疑人申请并获得法律援助，给全部在押人员发放了《权利义务告知单》。

（三）法律援助值班律师制度试点项目运行效果

经过一年多运行，司法局、法院、公安局、派出所、看守所等项目参与各方和社会各界从不同角度切实感受到项目实施带来的变化，他们从疑惑到接纳，最终达成共识，一致认为值班律师制度能促进公正执法和社会和谐，是一项利国利民的好制度，极具推广价值。

二、开展法律援助值班律师试点工作的启示

（一）建立法律援助值班律师制度能够满足公民及时获得法律指导的需求，促进矛盾纠纷尽快解决

一是公民维权迫切需要法律指导。公民进入法院、公安局、派出所是为了维护自身的合法权益。许多公民由于法律知识欠缺或分析判断能力较弱等自身能力和条件限制，遇有法律事项或纠纷往往不知道该如何解决，盲目地在各个政府机构间奔波，迫切需要法律指导和帮助。据设在法院和公安局的值班律师办公室统计，62%的来访人只是需要简单法律咨询，希望给“指个路”，真正需要进入诉讼的只有21%。二是公民得不到及时法律指导。公民遇到法律纠纷或是直接找法院、公安机关的法官、警察直接咨询，或是寻求律师帮助。法官或警察因担心其对公民咨询的解释可能被当事人认为是对问题处理结果的一种暗示，为避免当事人误解，其解答咨询往往点到为止，因而使当事人感到“不解渴”。当事人只有去找律师。律师由于职业特点，习惯于用诉讼方式解决问题，对不能进人诉讼渠道的法律问题不愿涉及。还有的公民不信任律师，对律师的建议将信将疑不敢采纳。公民得不到正确及时的指导，不仅拖延了解决问题的时间，浪费社会资源，而且会对法律、司法机关或政府产生误解，影响社会稳定。三是在押犯罪嫌疑人特别需要法律帮助。在现行法律框架下，律师在侦查阶段发挥的作用非常有限，看守所内的在押犯罪嫌疑人对涉嫌犯罪的罪名、自己行为的性质以及应处以什么样的刑罚、要经历哪些诉讼环节、什么是立功及怎样立功、如何维护自己的合法权益等涉及切身利益的问题既十分关心又不清楚，无法有效预期自己的未来，内心非常焦虑不安，伴随而来的是各种各样负面情绪和心态，十分不利于看守所的安全管理和司法人权保障。四是值班律师办公室满足了公民的需求。值班律师办公室设在法院、公安局、派出所、看守所是法律服务需求者最集中的场所。值班律师是接受法律援助机构指派、代表政府在值班律师办公室为公民提供无偿服务，容易获得公民的信赖。值班律师追求法律的公正和社会的和谐，站在中立客观的角度解释法律，沟通协调，帮助公民选择最有利于解决矛盾的方式维权，促进了矛盾纠纷的尽快解决。看守所内在押犯罪嫌疑人通过与值班律师沟通，一方面了解了相关法律知识和诉讼程序，畅通了维权途径，另一方面真真切切体会到政府和社会对其权益保护的重视和人格的尊重，缓解了对抗情绪，既有利于保障司法人权，又有利于监所稳定。

（二）建立法律援助值班律师制度能够促进司法活动的公开、公正，有利于执法活动顺畅、高效进行

一是值班律师工作能有效提高司法效率，降低执法成本。在法院，值班律师的诉前指导，方便当事人了解法律程序、合理处分其诉讼权利，提高了立案工作效率；诉讼过程中值班律师作为超脱的第三方，比法官更容易与当事人沟通，促使很多案件在庭前调解，节约了法律资源；对执行难的问题，值班律师能很好地疏导当事人，避免发生涉法上访案件。二是值班律师工作能减少执法摩擦。公民通过值班律师办公室能够方便地获得各种法律信息，减少了公民因不了解法律法规而对司法机关的误解，促使公民对司法机关的处理结果更加信服，值班律师"给群众一个明白，还干警一个清白"，成为公民、司法机关、政府之间化解矛盾的缓冲带。三是值班律师的工作能促进文明执法，提高执法活动的透明度。公民了解了法律法规后，提高了维权意识，能够辨别执法活动是否规范，起到了监督作用。看守所在押犯罪嫌疑人能够通过值班律师提出控告和申诉，也有利于监督看守所内的执法活动。公民维权能力的提高促使执法者更加谨慎规范地执法，提高执法水平，保证执法活动更加公平、公开。

（三）建立法律援助值班律师制度能够促进法律援助体系的丰富和完善，带动基层司法行政工作整体向前推进

一是值班律师制度弥补了我国法律援助制度内容的不足，为需要法律帮助的公民提供了一条新的便捷渠道。社会律师提供有偿服务，其客户大多为富裕阶层；法律援助提供无偿服务，其服务对象大多为经济贫困者。社会中还存在相当多的公民，其经济状况优于经济贫困阶层，但又不富裕，他们在社会经济活动中经常遇到法律事务和纠纷，需要法律服务，可因经济条件有限对聘用律师又会掂量再三，能不聘用则不聘用，这一阶层公民有潜在着巨大的法律服务需求。据统计，进入法律援助值班律师办公室寻求帮助的公民有二分之一是这种类型。法律援助值班律师办公室面向全社会开放，提供无偿的法律咨询甚至代书等基本的法律服务，不设服务门槛，没有经济条件和案件类型的限制，一定程度上满足了处于贫困与富裕阶层之间大量"夹心层"基本的法律服务需求，弥补了我国目前法律援助服务构架上的不足。二是推动基层司法行政整体工作向前发展。值班律师办公室设立以来，法律援助案件数量成倍增长，法律援助知晓率大幅提高，党委、政府、司法机关、律师、群众等社会方方面面对法律援助的认识逐步加深，为法律援助工作的开展创造了良好地环境，促使法律援助工作更加规范有序。为了满足不断增长的法律援助需求，法律援助扩大范围降低门槛，向基层延伸，司法行政机关整合资源，普法、法制宣传、基层、律师等司法行政业务部门充分参与，带动了司法行政工作整体发展。修武县司法局在实施法律援助值班律师试点项目后，各项工作迅速发展，2008 年河南省社会治安综治管理委员会委托省统计局通过电话随机抽查公众对全省政法机关满意率，修武县司法局以 98.9% 的群众满意率在全省 158 个县（市、区）司法局中排名第一。

（四）建立法律援助值班律师制度是投入少、社会效益大的一项化解矛盾、维护社会稳定的措施

我国正处在改革攻坚阶段，社会矛盾高发期。司法机关是社会矛盾集中的地方，值班律师的工作虽然不能解决所有的问题，但能够科学地疏导、协调，使矛盾的解决渠道更加顺畅，减少公民在解决矛盾的过程中因为对法律法规和司法活动程序的不了解而产生新的矛盾，指导公民科学地处理权利义

务，促进社会和谐稳定。值班律师制度投入人力物力十分有限，即使经济不发达地区也能够建立，而值班律师办公室产生的社会效益却是非常大的，仅修武县短短一年半时间，值班律师办公室就息诉34起，罢访46起，为2000多人提供了咨询服务，其法制宣传和法制教育的影响将会更加深远。事实证明这是一项多赢的制度，是符合当前社会需求的制度，发展前景十分广阔。

三、建立法律援助值班律师制度的可能性

1. 建立法律援助值班律师制度的法律依据。从法律依据上来看，《刑事诉讼法》、《律师法》和其他部门法，以及《法律援助条例》已经对律师承担法律援助义务、法律援助的服务形式和服务范围等作出了明确规定，这些都为开展法律援助值班律师工作提供了基本的法律依据。

2. 法律援助值班律师制度有较好的社会效果。从试点结果看，值班律师制度得到了社会各界普遍认可和司法机关的大力支持，法律援助值班律师在警察讯问阶段为当事人提供一些即时法律帮助，能够以提供程序上的平等保护来消除当事人在实体方面产生的不平等感觉，同时可以节省大量的诉讼成本，有利于诉讼工作的顺利开展，符合目前法制社会发展的需求。

3. 法律援助值班律师制度有可靠的资金保证。政府关注民生，对法律援助制度重视，资金投入逐年加大。值班律师办公室运行经费并不高，不会给政府财政增加很大的负担，政府财政投入使法律援助值班律师制度有了长期可靠地资金来源。

4. 建立法律援助值班律师制度有基本的人力保障。经过十几年的发展，中国已经基本建立起遍布全国各地的法律援助机构网络，有近12万名社会律师和5000余名法律援助专职律师，这为法律援助值班律师制度的建立和推广提供了足够的指导管理机构和服务人才队伍。

5. 建立法律援助值班律师制度有成熟制度的可供借鉴。从国际上来看，许多国家和地区的法律援助值班律师制度发展都比较完善，这为中国建立法律援助值班律师制度提供了可资借鉴的经验。试点工作也积累了宝贵的实践经验，坚定了建立法律援助值班律师制度的信心。

四、建立法律援助值班律师制度的建议与设想

1. 值班律师制度应当明确纳入法律援助体系，成为中国法律援助制度的组成部分。值班律师代表政府为公民提供免费法律服务，与法律援助的基本特征——政府提供、无偿性法律服务一致，是法律援助服务的延伸和发展。目前法律援助机构设立与行政区划相对应，一般在一个行政区划内只能设立一个法律援助机构，难以满足社会需求。值班律师办公室的设立没有数量限制，在场所选择上针对性强，大都设在法律服务需求较突出的法院或公安机关，非常方便当事人，弥补了法律援助机构法律服务提供能力的不足。法律援助机构现有组织工作机制为值班律师制度建立和发展提供了基本条件。因此值班律师制度纳入法律援助体系既丰富完善了法律援助体系，又保证了值班律师制度长期健康发展。

2. 明确法律援助值班律师制度的法律依据。任何一个制度的建立和完善必然要依赖于立法。法律援助值班律师制度需要从法律层面明确性质、目的、管理方式、值班律师的权利义务职责范围、服务方式等详细内容，仅靠现有法律粗线条的框架式规定，不能满足规范值班律师制度的需求。试点阶段值班律师工作是靠政府协调开展工作。在全国推广和建立值班律师制度没有稳定的制度保障是不可能的，建议将值班律师制度写入《法律援助法》、《律师法》和《刑事诉讼法》，从法律上保障该制度的建设。

3. 法律援助值班律师办公室所需经费应当由政府财政保障。值班律师制度作为法律援助制度的重要组成部分，其正常运行资金应当由国家财政拨付，即由国家出资购买社会律师的服务提供给公民。政府资金的支持是法律援助值班律师制度长期健康发展的物质保障。

4. 法律援助值班律师办公室的组织管理机构。值班律师制度是法律援助制度的组成部分，法律援助管理机构对值班律师工作实行业务管理是其应该履行的职责。法律援助值班办公室应该由司法行政机关管理，法律援助机构进行具体业务指导。

5. 法律援助值班律师办公室应重点设立的场所。试点阶段我们在法院、公安局、派出所和看守所都设立了值班律师办公室，在扩大试点中 18 个市县选择了在法院设立，各有 1 个市县分别选择在看守所、公安局设立。由于我国律师资源的限制，在公检法机关均设立值班律师办公室是不现实的，根据试点运行情况和社会需求状况，我国的法律援助值班律师办公室的设立应首选看守所，其次是法院。

6. 法律援助值班律师办公室的服务对象。我国法律援助值班律师办公室的服务对象应当是广泛的，没有经济和案情审查标准，是全体公民人人均可享受的一种社会福利，尤其要保证向被羁押的犯罪嫌疑人或被告人提供法律咨询服务。

7. 法律援助值班律师办公室的服务范围。试点中，在法院和公安局的值班律师工作主要是咨询和代书；在看守所的值班律师，工作内容是咨询和指导申请法律援助。从实际运行情况看，法律援助值班律师办公室的服务范围应包括以下几方面：(1)告诉当事人所享有的法律权利及如何采取法律手段保护自己的权利；(2)告诉当事人与其有关的法律法规、国家政策和诉讼程序，消除当事人在诉讼过程中产生的疑虑；(3)帮助当事人准备和查阅诉讼文件和资料；(4)帮助刑事案件的犯罪嫌疑人提起申诉、控告；(5)帮助符合条件的被关押犯罪嫌疑人、被告人申请取保候审、监视居住；(6)协助当事人申请延期审理；(7)协助当事人参与诉讼和非诉讼调解、仲裁活动；(8)帮助贫困当事人书写法律文书；(9)帮助符合法律援助条件的当事人提交法律援助申请；(10)对于不符合法律援助条件而又确需法律帮助的当事人，可以告知当事人如何获得社会律师帮助。

8. 建立长效协调机制，明确警察、法官的告知义务。值班律师办公室设在法院、公安局、派出所、看守所内，法律援助机构与法院、警察机构之间建立了非常自然的工作协作关系，如果离开法院、公安部门的配合和支持，就无法真正为需要的当事人服务。因此，必须建立起法律援助机构、法院、公安部门之间的沟通与协作关系，明确相互之间在开展法律援助服务工作中的职责和义务。目前，相关部门之间的协作沟通主要是通过开协调会的方式展开的，为了使法律援助值班律师工作更好的长期稳定的开展，建立制度化的长效机制非常必要；而明确警察、法官应当履行对公民可申请法律援助告知义务，应是长效机制的重要组成部分。

认明确值班律师资质，保证服务质量。值班律师遇到的问题纷繁复杂，在没有亲自调查取证、充分查阅资料的情况下，对当事人提出的问题直接作出准确判断，没有一定的实践积累和较高的专业水平是难以胜任。值班律师的工作直接涉及到当事人权益的处分，为保证工作质量，应当明确规定律师准入门槛：一是在律师资源丰富的地方，值班律师资质应当符合连续执业满三年、且无被投诉记录的条件；二是在律师资源较少的地方，律师执业满一年不满三年者参加值班律师办公室实习满半年，方可取得值班律师资格，独立开展值班律师工作。

（原载于《中国司法》2009 年第 5 期）

法律援助申请人经济状况审查若干问题及对策

北京市法律援助中心主任　王学法
北京市法律援助中心　贾秋美
北京市司法局　郑惠云

一、问题的提出

经济困难条件，作为公民是否能够获得法律援助的必要条件，并且是最为关键的条件，一直是法律援助制度的议论焦点。申请人家庭经济状况在什么情况下符合经济困难标准、如何证明其符合经济困难条件，是法律援助经济困难制度的两大课题。法律援助申请人经济状况审查的程序，对于公民能否及时、便捷获得法律援助至关重要，关乎困难公民切实利益；其审查结果将直接决定是否给予法律援助，从而决定财政支出的数额。基于对法律援助具体实践的考察，我们认为完善法律援助中清人经济状况审查制度，对于将法律援助施与最需要它的人群、扩大法律援助规模、完善法律援助的实施，均其有重要意义。

在法律援助实践中，多年来以"低保标准"为法律援助经济困难的标准一直颇受诟病。因此在许多省市出台本地法律援助法规、规章或规范性文件时，首先便是对经济困难标准的质疑，并力图推动制定能够满足人民群众需求、与法律援助制度相适应的经济困难标准。但是迄今为止，全国仍有 23 个省市区采用低保标准作为法律援助经济困难标准针对这种情况，我们认为，制定适应于法律援助制度自身的经济困难标准，虽在客观条件上有一定难度，例如考察指标、标准划定等。但最主要的原因在于，我国公民收入和财产情况具有很大的神秘性，无法获知，一旦与具有严格审查办法的低保标准脱钩，对于法律援助申请人的经济条件审查将非常困难，这样有可能使法律援助的给予出现失控，会无谓浪费国家法律援助资源。政府法制部门、立法机关和社会有关人士均有此忧虑。不仅如此，我国法律援助申请人经济状况的审查确实存在先天不足，包括审查主体的不明、审查手段的缺失、骗取法律援助的归责不清晰等问题。

综上所述，应当对法律援助申请人经济状况审查制度进行重新审视，寻求解决之道。

二、相关概念及辨析

（一）经济困难的证明、查证和审查国务院《法律援助条例》关于法律援助申请人经济状况审查涉及三个概念，分别是"经济困难的证明"、"查证"、"审查"。

1. 经济困难的证明，系公民申请代理、刑事辩护的法律援助应当提交的材料之一

(《法律援助条例》第十七条)。此处经济困难的证明应当是指某组织或者个人用可靠的材料来表明或断定申请法律援助的公民经济状况符合经济困难标准的书面材料。

2. 查证,系法律援助机构认为申请人提交的证件、证明材料需要查证时采取的一种措施(《法律援助条例》第十八条)。此规定意味着在法律援助审查程序中,法律援助机构有权对经济困难证明内容真实性、准确性以及载体真实性调查。

3. 审查,仔细检查核对之意在法律援助程序中,审查是法律援助机构作出法律援助决定的行为手段,这就意味着法律援助机构是申请人的经济困难条件的终极裁定机关。

(二)经济困难证明的分类

在各省、自治区、直辖市的地方性法规、规章中,对《法律援助条例》第十七条规定的"经济困难的证明"的出具单位即证明主体作了具体规定,共包括二类:

1. 由住所地或者经常居住地的乡镇人民政府、街道办事处、县级人民政府民政部门出具。作此规定的有北京等19家省、自治区、直辖市由住所地或者经常居住地的居民(村民)委员会出具。作此规定的有广西、河南、福建等省份。

3. 由工作单位出具。作此规定的有广东、广西壮族自治区等。

4. 由有关机关出具,具体机关语焉不详作此规定的有湖南、湖北等省。

其中有一些省份规定乡镇街道以及居委会均可以出具证明;或者规定工作单位或者居委会均可以出具证明。

同时,《低保证》、《救助证》等证件可以直接作为经济困难的证明,无须由相关机关另行出具证明。

(三)不同主体出具经济困难证明的异同

前述三类主体作出的证明均具有相同的目的,但也有所不同:

1. 行为性质不同。行政机关出具的经济困难证明,即以观念表示为构成要素的行为,是将客观存在的情况向第三者进行权威性的陈述,以增加第三者的确信的行为,一般被认为是准行政行为。居(村)委会及工作单位出具的经济困难证明属于日常公文中证明文件。

2. 直接、相关程度不同。工作单位出具的证明能够较为直接反映经济状况,其他两类则是借助相关材料作出的判断。

3. 程序要求不同。行政机关出具经济困难证明在三个省地方性法规中规定了出具证明的期限,对于不出证明的程序要求,当出不出的救济途径。其他两类证明无此要求。

4. 法律后果不同。前述三个省份规定了行政机关的负责人及其工作人员当出不出、逾期不出经济困难证明以及出具虚假证明的法律责任。在其他省、市、区,即使没有此类规定,公民对行政机关出具经济困难证明的行为产生的法律后果也会有救济的诉求。因此,这类证明可能会引发行政诉讼或者行政复议。其他两类主体出具的证明则无这样的法律后果。

三、法律援助经济状况审查存在的问题

当前,法规规章设定的关于经济状况审查的法律规范包括两部分,一是有权单位为申请人出具证明的规范;二是法律援助机构审查经济状况(困难)证明的规范。两项法律规范同时存在已经给经济状况审查带来问题。

(一)少审查主体多重、程序复杂

公民申请法律援助,应当向法律援助机构提交证据以证明自己符合法律援助条件。由于法律援助程序的设置,公民应当先行获得法规设定的行政机关出具的经济困难证明,由于行政机关、居委会出具的经济困难证明(以下简称“有权机关出证”),并不是直接描述法援申请人的客观经济状况,而是历经一定程序作出的判断然后描述出来,这便意味着有权机关已经对申请人经济状况进行审查。

法律程序同时规定,法律援助机构作出法律援助决定应当对申请人提交的证据、证明进行审查,当然包括对经济困难证明的审查。不仅如此,还规定法援机构有权进行查证。因此,对于法律援助申请人的经济状况,法援机构不仅要针对有权单位出具的经济困难证明进行形式审查,即对书面证明的主体是否适格、鉴章真伪进行审查,还要对书面证明载明的各项内容做实质审查。

由于现行法律、法规、规章的规定,法定的有权机关和法律援助机构一并成为申请人经济状况审查的主体,法律援助审查程序变得复杂起来。

(二)出证有关权威、法援机构怠于审查

在各地出台地方性法规、规章时,将一级政府或者政府部门确定为出证机关,很大程度上是由于其权威性。为规范出证行为,获知申请人真实信息,不少省市区对经济困难证明应当载明的内容也作出规定,包括申请人、家庭成员及其收入、固定资产状况等等。

但是实践中,我们发现有权机关出具的证明仍然出现一些问题。一是出证存在一定的随意性。申请人住所地的政府或者政府部门在不了解、无法了解或者不进行全面了解申请人家庭经济状况下即出证。二是出证失范,出证机关并不对申请人家庭经济状况进行全面描述,仅以“经济困难”一笔带过,这样的情况屡见不鲜。

对于这样的情况,法律援助机构虽然可以依法对有权机关出具的证明进行查证、审查,但是受法定期限、办案条件、机关互信等主客观因素的影响,法援机构对于有权机关出具的证明一般不予进行实质审查,大多停留在形式审查,或者不审查。因此,申请人经济状况真实、可信程度大打折扣。

(三)审查手段缺失、审查对象真实性难以获知

虽然经过有权出证机关和法援机构的双重审查,但是申请人的家庭经济状况即审查对象难以获知的问题依然客观存在。主要表现在:

1. 有权机关和法援机构在审查申请人家庭经济状况上缺乏法律法规授权的措施。审查手段只是个人申报辅助适当查证,或者由居委会先行盖章再由基层政府予以肯认,并无实质的审查手段,例如申请人授权法援机构对自己家庭状况进行查询等

2. 我国公民经济状况并不与金融体制相衔接,因此金融体制缺乏有效的个人收入监督机制,即使获得授权,也无法确切获知申请人的家庭经济状况,也无法追踪调查申请人的收入、支出和消费情况。这一问题几乎存在于任何与救助有关的制度中。

(四)出证、审查归责不明确

国务院制定的《法律援助条例》未规定专门针对经济困难条件审查的法律责任。目前,地方性法规关于申请人经济困难条件审查的归责主要有以下几项内容:

1. 对于申请人以欺骗手段获得法律援助的法律责任,包括终止法律援助,追回法律援助机构的支出等等。

2. 对于有权机关的负责人或者工作人员出具虚假证明的行政责任实践中也还出现了申请人对有权机关不出具经济困难证明提请行政诉讼的案例。

3. 法律援助机构为不符合法律援助经济困难条件的申请人提供法律援助或者对符合条件的申请人决定不予援助的,也会产生法律责任。

以上三类责任有两个或者三者同时出现的可能性。如果有申请人采取欺骗手段获得有权机关的虚假证明,其责任自然容易断定,由各自承担责任即可。但是如果出现有权机关为申请人出具虚假证明,而申请人并无欺骗恶意的情况,或者有权机关出具虚假证明使得法援机构为不符合条件的申请人提供法律援助情况,归责问题将会变得复杂。

(五)法援机构完善审查机制和储备专业人才的主动性日益丧失

基层政府特别是民政部门在审查低保资格方面积累了丰富的经验,储备了开展家计调查的专业人才,建立健全了审查机制。也正是因为如此,各地在制定关于经济状况审查的法律规范时,自然将基层政府设定为出证机关。毋庸讳言,长期以来法律援助机构对申请人经济状况的审查一直严重依赖有权机关的出证。这种依赖性导致法律援助制度虽历经十几年发展,却并未储备自己的家计调查专业人才,在完善审查制度方面的努力也较为罕见。

四、完善法律援助经济状况审查制度对策建议

法律援助制度与医疗、教育、就业、住房等社会救助制度相比,虽然在保障手段、保障领域有较大不同,但是在保障对象上,都是经济困难的公民。经济困难应当是法律援助审查的优先步骤。缺乏完善的经济状况审查制度,有限的法律援助资源便有被滥用、用错的危险,以至于危害社会公正以及政府的公信力。我们认为,建立健全法律援助经济状况审查制度,应当具有以下几项内容。

(一)审查模式的选择

在对出证+审查模式进行了梳理和审慎批判的基础上,我们认为确定合理的审查模式是完善法律援助经济状况审查制度的基础。

1. 审查环节。前文提到,在法律援助关于经济状况审查的制度中,显现的环节是出证和审查,其中审查环节包含作为内部程序的查证,以及隐含其中的形式审查和实质审查。一个与经济状况审查最为直接相关的环节即申请人对自己经济状况的披露则没有体现。我们认为,法律援助经济状况审查,必须有明确的审查对象(下文将述及),而审查对象应当是申请人自行披露的经济状况,披露环节是审查的起点。其次是出证环节,目前由有权机关出证存在的问题前文已述及,在此不再赘述。但是由掌握申请人真实信息的单位出证,应当作为审查程序的可选环节,掌握申请人真实信息的单位,应当是指申请人工作单位的财务、人事部门等。第三,审查,依据法定程序和法定授权对申请人披露的内容进行真实性审查

2. 审查模式。包括目前实践中的审查模式在内,共有三种:

一是有权机关出证+全面审查,前文已述及。

二是披露+掌握信息单位出证(可选)+全面审查。所谓掌握信息机关出证与有权机关出证不同,掌握信息、单位出证是指掌握申请人家庭经济状况信息的有关单位出具的证明。出证主体和义务均应依法明示,才构成出证义务。不直接掌握被审查对象经济状况信息的单位不应当成为出证主体,出证主体的义务应当由法律法规予以明确,即只针对自己掌握的信息出证,具有真实出证的义务。虚假出证的应当承担法律责任。目前经济适用房和两限房经济状况审查,也是采取单位出证的方式。对于没有直接掌握申请人收入信息单位的,则属于非必选项。

三是披露+全面审查。申请人对自己家庭经济状况进行全面披露,然后由法援机

构进行全面审查。我们认为,这种方式程序简捷、权责明晰,应当予以推广。

(二)审查对象的确定

国务院《法律援助条例》中规定申请人提交"经济困难的证明",这一概念没有明确经济困难证明指向的人物对象,即是申请人个人以及与其共同生活的家庭成员;没有指向证明的内容,即劳动收入,财产性收入,家庭重大支出等以及家庭可处分的其他资产、财产等具体项目。在各地地方性立法以及实践过程中,法律援助经济困难标准大多规定为低保标准或者低收入家庭标准(仅北京实行该标准),而低保标准和低收入家庭认定标准内含了丰富的内容,因此法律援助经济困难审查对象逐步明晰为被审查的申请人家庭经济状况。

1. 家庭成员状况。家庭成员,应当是与申请人共同生活的家庭成员,包括父母、配偶,未成年子女、成年未婚与父母未分户子女。如果所申请法律援助讼争法律关系一方当事人是以上家庭成员的,可不计算在内。以上情况申请人应提供户口簿予以证明。

正在服兵役的、入狱服刑、因案羁押或依法被拘禁的、被宣告失踪的不计入家庭成员范围。

2. 家庭成员的收入及资产。包括申请人在内的家庭成员以下收入应当计入家庭收入:劳动收入,包括专职、兼职工作,定期、不定期工作,临时性工作收入;银行存款利息收入;股票、股份、股权交易所得;动产及不动产的租金收入;接受赠与收入;接受子女赡养费;其他可处分收入。

包括申请人在内的家庭成员的资产应当计入家庭资产:房屋,存款,股票、股权及相关具财产价值之权利,珠宝,古董,商标权、专利权或其他智能财产权,国债,汽车,其他可处分资产。

以下家庭成员应当认为没有家庭收入:接受国民教育序列博士研究生以下教育的在校学生;身心障碍致不能工作;患有严重伤、患病需要三个月以上之治疗或疗养人员;照顾罹患严重伤。申请人之全户人口中有重大伤病者,而需定期支付之必要费用,应自其收入扣除。

申请人下列资产可以从总资产予以扣除:申请人家庭所属的房屋如属于申请人全家共同居住惟一的房产,可不计入可处分之资产;全体家庭成员中有重大疾病,需支付的一次性必要费用;维持最低基本生活必要所需之款项。

以上各项收入、资产、得获扣减的项目均应提供证明,即申请人及其家庭成员的财产归属数据清单及最近12个月综合所得数据清单,详细填写《家庭财产申报单》,以供法律援助机构审查。

3. 审查情况之例外。申请人家庭经济状况,如由民政部门或者人民法院认定为经济困难,其所出具的低保证、救助证、以及司法救助等相关文书等资料,法律援助机构应当作为认定申请人符合法律援助经济困难标准的依据。

(三)审查形式和手段

法律援助机构对被审查人的家庭经济状况进行审查,虽然并非引发与相对人程序权利义务关系的外部行政程序,例如法律援助机构必须依法定期间法律援助决定的程序要求,但是对经济状况审查程序,是审核其是否符合法律援助条件、作出法律援助决定的必经程序,引起对其审查程序也有一定的要求。法律援助机构进行经济状况审查,必须依法进行,法律法规应当对其进行授权。

为确保法援机构的审查行为能实现审查的目的,即实现探究申请人真实经济状况的目的,法援机构应当有权对申请人提交的收入、资产清单项目进行逐个查证，对其买卖房屋，登记公司，银行存款，交税纪录等行为都应当有权查证，法律法规应当授权法援机构享受查询的权利。对于有关单位掌握以外的事实，申请人应当对法援机构作出授权，由法援机构依民事授权而得以完成审查行为。

（四）相关义务法援机构进行经济状况审查，应当恪守为申请人保密的义务，对于违反这一义务的行为，法援机构应当承担法律责任，直接责任人应当予以行政处分。

（原载于《中国司法》2009 年第 12 期）

完善法律援助应援尽援体系的思考

重庆市司法局法律援助工作管理处处长　吕文建

重庆市司法局法律援助工作管理处　张代明

法律援助制度作为维护困难群众合法权益、保障社会公平正义、促进社会和谐稳定的一项重要法律制度，是中国特色社会主义司法制度的重要组成部分。1996 年法律援助被正式写入了我国新刑事诉讼法，2003 年国务院颁布了《法律援助条例》，从而确立了我国法律援助制度的基本框架，实现了法律援助工作的法制化，法律援助事业蓬勃发展。2006 年 10 月，十六届六中全会通过的《中共中央关于构建社会主义和谐社会若干重大问题的决定》提出，加强和改进法律援助工作。2009 年 6 月，第五次全国法律援助工作会议确定了当前和今后一个时期法律援助工作的总要求，明确提出“坚持和完善中国特色社会主义法律援助制度”。当前，必须把构建和完善法律援助应援尽援体系，作为法律援助制度建设中的一项重要而紧迫的任务。

一、法律援助应援尽援的研究基础

法律援助应援尽援，是在法律援助事业蓬勃发展中出现的一个新名词，并迅速开启以应援尽援为标志的法律援助事业的“黄金时代”。2006 年，《中国司法》首次刊登了关于构建应援尽援法律援助体制的研究文章。目前，用百度搜索，可以在互联网上找到数万条关于法律援助应援尽援的信息。

（一）法律援助应援尽援的正式提出。2006 年 11 月 17 日，重庆市委二届十次全委会通过的《中共重庆市委关于构建和谐重庆的决定》提出，加强法律援助和司法救助，基本实现“应援尽援”。据调查，这是法律援助应援尽援首次在省级党委的重要文件中出现。2007 年 1 月 23 日，重庆市市长王鸿举在《政府工作报告》中提出“加强法律援助和司法救助，实现应援尽援”，率先将法律援助应援尽援纳入了省级政府的工作目标。2008 年 1 月通过的《重庆市政府工作报告》，将“法律援助做到应援尽援”列入了今后五年改善民生的“十件实事”。重庆市率先提出应援尽援，缘于其自 2003 年以来连年将法律援助列入为民办实事的八大“民心工程”，法律援助工作的法规制度体系、政策支撑体系、领导责任体系、监督管理体系、组织实施体系、经费保障体系、质量保证体系等逐步健全，为实现应援尽援提供了必要的保障。2007 年，重庆市办理法律援助案件达到28454件，比上年增长76.5%，居全国首位，率先实现了应援尽援目标。

（二）法律援助应援尽援的法律依据。实现公平正义是中国特色社会主义的内在要求。困难群众的合法权益得到平等保护，是社会公平正义的重要标志。国家设立法律援助制度的目的，就是要使符合条件的困难群众全部得到法律援助。根据国务院《法律援助条例》第二十六条明确规定，法律援助机构及其工作人员拒绝为符合法律援助条件的人员提供法律援助的，对直接负责的主管人员以及其他直接责任人员依法给予纪律处分。司法部《关于法律援助事业“十一五”时期发展规划》也明确要求：“保证符合《法律援助条例》和本省级人民政府规章规定的困难公民都能获得必要的法律援助”。据此，“应援不援”是一种被法律禁止的违法行为。所以说，应援尽援并不是制度创新，而是法律援助制度的应有之义。法律援助作为一项新生的法律制度，经历起步、探索、成长、壮大的过程，在发展中完善，必将达到或实现法律制度本身的价值取向和要求。

（三）法律援助应援尽援的科学内涵。从词义上理解，“应”是指应该、应当；“尽”是指全部，也含有竭力（或尽力）的意思表示。对于法律援助应援尽援，2007年5月，重庆市司法局在《关于进一步加强法律援助工作努力实现“应援尽援”目标的通知》中明确规定：“对符合法律援助范围和条件的申请人都要提供法律援助服务”。2009年4月，重庆市委、市政府作出的《关于建设平安重庆的决定》提出，对符合法律援助条件、有需求的困难群众提供法律援助保持100%。由此可见，重庆市法律援助应援尽援的定义是：对符合法律援助条件、有需求的群众全部提供法律援助。

继重庆市率先实现应援尽援之后，从2009年起，河南省全面开展法律援助应援尽援工作，计划用3年的时间在全省基本实现法律援助应援尽援五项目标。他们对于应援尽援的定义是：各级司法行政部门依照法律规定和党委、政府要求，通过加强和改进法律援助工作，扩大法律援助受援范围，放宽经济困难标准，提高法律援助维护社会困难群众合法权益的能力，使每一个符合法律援助条件的困难群众都能够得到及时无偿的法律帮助。

两地对应援尽援的定义相同之处有：（1）符合法律援助条件，即符合法律法规或政策规定的条件；（2）数量上达到100%，重庆称为“全部”，河南称为“每一个”，通俗地就是“一个都不能少”。但两地也有明显的区别：（1）河南突出了发展性，着眼于长远，明确提出要加强和改进法律援助工作，扩大法律援助范围，放宽经济困难条件，提高维护困难群众合法权益的能力。其路径是先完善“应援”内涵，后实现“尽援”目标，所以其准备期或者孕育期比较长。（2）重庆突出了现实性，立足于现有条件，这个现有条件包括现行法律、法规、政策规定的法律援助条件，现有的法律援助知晓率，现实的法律援助申请，我们把它看做是初级阶段的应援尽援。其路径是先实现“尽援”目标，后完善“应援”内涵。因此，2009年2月，重庆市委办公厅、市政府办公厅发出《关于进一步加强法律援助工作的意见》，再度扩大法律援助范围，适度放宽经济困难条件，使“应援”的内涵进一步丰富。

按照法律援助制度的内在要求，参考“重庆模式”和“河南模式”，法律援助应援尽援的科学内涵应当包括“一个确保、七个进一步”。即：确保对符合法律援助条件、有需求的群众全部提供法律援助，同时根据经济社会发展水平，进一步增强法律援助提供能力,进一步扩大法律援助覆盖面,进一步健全法律援助便民网络,进一步加强法律援助经费保障,进一步壮大法律援助人员队伍,进一步提高法律援助服务质量,进一步提升法律援助社会影响。"一个确保"是解决当前的"尽援"问题;"七个进一步"是解决今后"应援"内涵的丰富和发展问题。坚持"两手抓",做到"两手都过硬",才是科学意义的应援尽援。

二、影响法律援助应援尽援的变量分析

我国开展法律援助制度建设已经15年,《法律援助条例》颁布施行也已经6年多。在国家高度重视保障和改善民生的新形势下,尽快实现法律援助制度本身的价值取向和基本要求,做到法律援助应援尽援,是一项重要而紧迫的任务。为此,必须深刻分析法律援助工作的阶段性特征,找准影响和制约法律援助应援尽援的主要因素。

(一)法律援助法律制度对应援尽援的影响。完善法律援助法律制度是应援尽援的根本保证。客观地说,目前我国对法律援助制度的法律定位还有相当的差距。其一,许多国家已将法律援助制度写进了宪法,制定了专门的法律。而在我国虽然刑事诉讼法、律师法中涉及到法律援助制度的内容,但迄今尚无国家立法机关制定的有关法律援助制度的立法,全国性的专门立法只有一部作为行政法规的《法律援助条例》。其二,《法律援助条例》将立法目的表述为"为了保障经济困难的公民获得必要的法律服务,促进和规范法律援助工作",没有体现出法律援助制度维护公平正义,促进和谐稳定、保障公民人权等特殊使命的含义,容易使人们把法律援助制度与社会福利制度联系起来看待,不利于"应援"在内涵与外延上的发展和完善。其三,《法律援助条例》虽然强调了"法律援助是政府的责任",却没有明确提出"公民享有获得法律援助的权利"。因此,有人往往把提供法律援助看做是权力或"恩赐",这种现状不利于实现应援尽援。

(二)法律援助覆盖面对应援尽援的影响。扩大法律援助覆盖面是应援尽援的发展趋势。法律援助覆盖面是指按照法律法规或政策规定的范围和经济困难标准,有多少符合法律援助条件的公民可以享有法律援助的权利。我国的法律援助覆盖面正处于最活跃的发展时期。2003年,国务院《法律援助条例》授权省级人民政府对法律援助事项范围和经济困难标准作出补充规定。2006年,国务院《关于解决农民工问题的若干意见》明确规定,要把农民工列为法律援助的重点对象,对申请支付劳动报酬和工伤赔偿法律援助的,不再审查其经济困难条件。当前,我国乃至全世界正面临国际金融危机的严峻挑战,中央作出了"保增长、保民生、保稳定"的重要决定和全面部署,司法部发出了《关于进一步加强和改进法律援助工作的意见》,明确要求各地要不断扩大法律援助覆盖面。客观地讲,法律援助覆盖面越宽,实现应援尽援的困难就越大。但是,我们不能只看到困难和挑战,更要深刻认识到法律援助工作在党中央、国务院和地方各级党委、政府的高度重视下,正在进入有史以来最好的发展时期。我们一定要抓住新的机遇,迎接新的挑战,努力做到"应援尽援"。

(三)法律援助知晓率对应援尽援的影响。提高法律援助知晓率是应援尽援的必要前提。法律援助知晓率反映出法律援助制度在群众中的普及率,受到国家或地区对法律援助制度的宣传力度制约。法律援助活动一般根据公民提出的申请而启动。贫困群众经常遇到的问题是,当受到不法侵害时,不知道通过什么途径和方法进行救济。一些当事人不知道什么是法律援助,更不懂得什么样的法律问题可以得到法律援助。2008年，司法部和国家统计局联合开展了首次法律援助知晓率和需求调查。调查表明，在党政机关干部中法律援助知晓率达到了91.8%，高学历人群（大学本科）及较高收入家庭（每月8000元以上）的法律援助知晓率均为83.5%。而低收入群体的法律援助知晓率低于30%，家庭月收入300元及以下、未受义务教育、农村五保供养人员"听说过"法律援助的分别占31.6%、16.5%和25.5%，明显低于社会平均水平。法律援助制度的根本任务是为困难群众打官司提供无偿法律服务，如果困难群众对法律援助知晓率太低，必然难以真正实现法律援助应援尽援。司法部明确要求，"十一五"时期，大中城市法律援助知晓率达到90%，一般地区达到50%。可以预见，随着法律援助知晓率不断提高，反映到法律援助机构来的法律援助需求必将越来越多。

（四）法律援助需求量对应援尽援的影响。满足法律援助需求是应援尽援的核心任务。需求量是指符合条件的公民发生诉讼或者法律事务后，有多少人选择了法律援助作为权利救济方法和途径。从大的、宏观的社会背景方面分析，由于社会主义民主政治建设的不断进步发展，法治水平不断提高，公民的权利意识不断增强，会使贫困者对法律援助的需求大量增加。从具体的、阶段性的社会环境分析，贫困者的法律援助需求，又与一定时期的社会转型、变革，社会利益关系的调整而产生的比较突出的社会矛盾紧密相连。近年来，受国际金融危机影响，我国经济发展面临困难，因经济关系调整引发的民生问题增多，同时法律援助覆盖面不断扩大，法律援助需求呈现出较大增幅。资料显示，2008年，全国共办理法律援助案件54.6万件，比2007年增加30.2%，与总人口的比例达到万分之四点一，而在率先实现应援尽援的重庆市，这一比例超过了万分之十。

（五）法律援助经费保障对应援尽援的影响。加强法律援助经费保障是应援尽援的基本条件。法律援助机构建设、法律援助宣传工作、法律援助事项范围和经济困难标准扩大等都受到法律援助经费的影响和制约。目前，由于法律援助经费缺乏，许多地方不愿意扩大法律援助范围和降低经济困难标准，不积极提高法律援助知晓率，甚至有的地方还抬高法律援助"门槛"，对符合条件的申请人设置其他障碍。福建省三明市人大常委会调研组的调研文章深刻地揭示："因为经费和人员的不足，大多法律援助机构不敢大力宣传和开展法律援助工作，以至于法律援助的门槛过高，达不到应援尽援的要求。"资料显示，2008年，全国仍有12%的地方没有将法律援助业务经费纳入财政预算，按地方常住人口计算，达到1元以上的只有青海、重庆、北京3省市，低于0.50元的却有12个省市，甚至有3个省（江西、安徽、河北）低于0.30元，最大差距达到了5倍。这一经费保障水平产生的结果是，有相当一部分符合条件的困难群众还不能享受法律援助。据2003年8月新华社文章报道，司法部法律援助中心的统计数字显示，我国每年需要法律援助的案件超过70万件。到现在，随着国家和各地不断扩大法律援助覆盖面，需要法律援助的案件显然超过了70件，也许会达到100万件，而2008年实际获得法律援助的仍只有54万多件，可见供需矛盾大到何种地步。据调查，重庆市之所以能够率先实现应援尽援，关键在于建立了市、区县财政按比例分担的法律援助经费保障机制，财政经费投入不断增长。2008年，重庆市41个法律援助机构共获得各级财政拨款3351万元，比上年增长24%，比地方生产总值增幅高近10个百分点,比法律援助案件增幅高9个百分点,按全市总人口平均为1.04元/人,按常住人口平均达到1.19元/人,每个区县法律援助机构平均71万元,在全国处于较高水平。

(六)法律援助人力资源对应援尽援的影响。充实法律援助人力资源是应援尽援的迫切要求。人力资源是第一资源。法律援助的人力资源是法律援助制度体系中最活跃的因素,无论是法律援助申请的受理、审查,还是案件办理和监督管理,都离不开人的因素。当前,法律援助人力资源主要包括两大类。(1)法律援助管理人员,包括:司法行政机关的管理人员;法律援助机构的管理人员;其他组织中从事法律援助管理工作的人员。(2)法律援助服务人员,包括:法律援助机构的办案人员;接受指派办理法律援助案件的律师、基层法律服务工作者、社会组织人员和法律援助志愿者;提供其他形式法律援助的人员。法律援助人力资源配置主要存在两方面问题:一是法律援助机构编制缺乏问题。据司法部法律援助工作司统计,2008年底,全国法律援助机构总数为3268个,其中经编制部门批准成立的3090个,人员编制数为11747个,平均3.8个。如此小规模的法律援助机构编制,难以全方位履行越来越繁重的法律援助工作职责。二是律师资源逆向配置问题。2008年,全国律师办理的法律援助案件占总数的34.8%,堪称提供法律援助的主力军。然而,我国律师却集中在大城市和东部沿海发达地区,广大的西部地区律师资源十分缺乏,一些县区至今没有律师。资料显示,2008年,重庆市共有律师事务所350余家,律师4000余名,其中72%集中在主城九区,其余31个郊区县仅有28%。与此相对的是,主城九区的法律援助案件约占25%,其余31个郊区县约占75%。可以看出,律师资源与法律援助需求的逆向配置问题已经非常突出。三是基层法律服务队伍日益萎缩。另一支提供法律援助的重要力量,主要分布在农村地区的基层法律服务工作者,自2004年国务院取消基层法律服务所设立核准和基层法律服务人员资格考试的行政许可后,出现了“只出不进”的状况,基层法律服务队伍正在逐步削弱。以重庆市为例,全市现有基层法律服务所277个、基层法律服务工作者1468名,与2004年相比分别下降了40.6%和36.8%。由于法律援助人力资源短缺,广大的西部地区尤其是农村地区严重缺乏法律援助应援尽援的人力资源保障。

影响法律援助应援尽援因素,还包括法律援助工作便民程度、司法行政机关管理水平和法律援助工作人员的政治业务素质等许多方面,本文不一一赘述。

三、完善法律援助应援尽援体系的途径

当前,构建和完善法律援助应援尽援体系,实现法律援助应援尽援,是构建和谐社会的必然要求,是保障公平正义的客观要求,是保障和改善民生的迫切要求,是依法行政、贯彻落实国务院《法律援助条例》的基本要求。

体系(system)是一个科学术语。汉语词典释义,体系是指若干有关事物或某些意识相互联系而构成的一个整体。如:工业体系、思想体系等。法律援助“应援尽援”体系,应当是以“应援尽援”为核心、以体制机制为支撑、由若干小体系构成的一个科学的、完善的法律援助工作体系。

(一)完善应援尽援法律制度体系。针对法律援助立法的问题,我们应当按照完善中国特色社会主义法律援助制度的要求,认真总结建立法律援助制度特别是《法律援助条例》实施以来的实践经验,建立由全国人大或常委会制定的《法律援助法》为主体,由国务院及国家司法行政机关制定的行政法规和部门规章为支撑，由地方立法机关制定的地方性法规和规章为补充的法律援助法律体系，不断创新完善法律援助法律制度。一是要明确规定“公民享有依法获得法律援助的权利”，并明确规定不予法律援助的情形，同时建立对不予法律援助决定的行政诉讼法律制度，通过司法审查确保法律援助申请人依法获得法律援助。二是要建立法律援助工作者执业法律制度和考核准入制度，使法律援助执业区别于一般的法律服务活动，这既有利于体现法律援助的鲜明的政府行为特征和无偿性，又有利于建立专业化、社会化的法律援助执业队伍，壮大法律援助力量。三是进一步扩大法律援助覆盖面，在立法中确立根据经济发展定期或适时调整法律援助覆盖面的原则，适应困难群众和特殊群体的法律需求，建立科学的法律援助经济困难标准，降低经济困难门槛，并按照权利保护优先顺序和需求迫切程度，将就业、就医、就学、劳动报酬、社会保障等与民生问题紧密相关的事项，纳入法律援助补充事项范围，不断丰富和完善“应援尽援”的内涵和外延，实现与时俱进。这样，使困难群众不仅能够得到法律的承诺，而且能够在现实中监督承诺的兑现，保障应援尽援的实现。

（二）完善应援尽援组织领导体系。做好法律援助工作，完善法律援助应援尽援体系，是各级党委、政府的重要职责。一是把法律援助工作摆在更加重要的位置。2009年6月，周永康同志在会见第五次全国法律援助工作会议代表时明确指出：把法律援助事业纳入各地经济和社会发展规划，把法律援助纳入党和政府主导的维护群众权益机制，把法律援助经费纳入同级财政预算。“三个纳入”高度概括了法律援助政府责任的基本内涵，对解决制约法律援助工作长远发展的突出问题、促进法律援助事业与经济社会协调发展具有重要意义。各级司法行政机关应当抓住贯彻落实周永康等中央领导同志关于法律援助工作重要讲话精神的新机遇，积极主动地向党委、政府汇报法律援助工作情况，进一步争取党委、政府的重视和支持，切实把“三个纳入”的要求落到实处，努力为法律援助工作创造良好的政策条件和工作环境。二是落实应援尽援领导责任。从法律角度看，法律援助是政府责任，那么，应援尽援也是政府的义务。因此，应当将法律援助写入《政府工作报告》，列入政府工作目标考核和党政领导干部目标考核，逐级考核和自查。并将法律援助列入为民办实事的“民心工程”目标任务，向社会公开承诺，落实情况向社会公示，接受社会的监督。三是完善法律援助协作配合机制。着力构建“党委领导，政府主管，司法行政牵头，相关部门协作，社会各界参与”的法律援助工作新格局，完善由党委或政府分管负责人及相关部门负责组成的法律援助工作协调领导机构，及时研究解决制约法律援助应援尽援的困难和问题，深化相关部门在法律援助工作中的协作配合；完善法律援助诉讼活动中公检法司的协作机制，实现法律援助与司法救助的“互免审查”，畅通法律援助案件申诉、抗诉的渠道；完善法律援助异地协作机制，满足农民工等外出人员的法律援助需求，降低其维权成本。四是要完善奖惩激励机制，对法律援助工作中作出突出贡献的组织和个人，有关的人民政府应当按照国务院《法律援助条例》第九条的规定给予表彰奖励，还可以由党委、政府联名予以表彰奖励，进一步增强法律援助机构和人员的责任感、使命感、荣誉感和积极性、创造性，为进一步做好法律援助工作凝聚智慧和力量。五是进一步加大宣传工作力度。采取多种形式，广泛宣传党中央、国务院有关法律援助工作的重要部署和举措，宣传法律援助工作在维护社会稳定、促进经济社会发展、服务人民群众和国家法治建设中的重要地位和作用,宣传司法行政机关推进法律援助工作的措施和成效,不断提高法律援助社会影响力和知晓度,营造有利于法律援助事业发展和持续实现应援尽援的社会氛围。

(三)完善应援尽援管理实施体系。一是加强法律援助管理。根据《法律援助条例》规定,各级政府司法行政部门履行监督管理本行政区域法律援助工作的职责。这是实现应援尽援的重要保证。2008年,国务院批准的司法部"三定"方案,明确规定加强监督管理法律援助工作的职能,在司法部设立了法律援助工作司,为地方理顺法律援助管理体制、加强法律援助监督管理指明了方向。从应援尽援的角度出发,司法行政部门应当着力增强法律援助提供能力,依法审查法律援助申请人提出的异议,及时纠正"应援不援"的行为。二是完善法律援助机构。法律援助机构对于应援尽援负有首要责任。《法律援助条例》规定,直辖市、设区的市或者县级人民政府司法行政部门根据需要确定本行政区域的法律援助机构。从法律地位看,只有经政府编制部门批准设立的法律援助机构,才能够依法履行职责并承担法律责任。从工作实践看,全国现有法律援助机构3268个,其中经编制部门批准设立的为3090个(丛卉,《2008年全国法律援助工作统计分析》,载于《中国法律援助》2009年第3期),占94.5%。因此,有必要修改《法律援助条例》的有关规定,明确规定法律援助机构应当由政府设立,并进一步明晰法律援助机构的职能、权利和责任。三是畅通申请受理渠道。法律援助机构应当在临街、一层、方便人员来往的地点设置专门接待场所,在政府服务大厅设立法律援助服务窗口,在醒目位置设立便民指示牌,设立公示栏,完善无障碍服务设施;在联系困难群众较多的法院、检察院和信访、劳动保障等部门设立法律援助受理点,依托街道、乡镇司法所或综治办设立法律援助工作站,在村、社区设立法律援助联系点,在外出务工人员聚集的地方设立法律援助联络员,授权律师事务所和基层法律服务所代为受理法律援助申请,建立以"申请不出乡镇、咨询不出家门"为目标的法律援助信息管理系统和"148"专线,形成便民利民的法律援助申请受理平台。四是强化法律援助执业队伍。通过设立法律援助工作者执业制度,建立法律援助工作者考核准入机制,建立以司法行政部门和法律援助机构工作人员为主的专业化法律援助执业队伍,以热心于法律援助事业的律师和基层法律服务工作者为主、社会组织人员为补充的社会化法律援助执业队伍,并通过颁布政府法律援助工作执业证,确保法律援助执业活动的政府行为属性和无偿服务特征,确保法律援助质量。五是优化法律服务资源配置。引导和组织律师到偏远地区和基层执业或者开展一定期限的法律援助志愿服务活动,逐步做到"乡乡镇镇有律师";改革基层法律服务制度,解决"老、少、边、穷"地区法律援助人力资源紧缺的问题。六是严格应援尽援工作纪律。司法行政机关应当通过公布投诉举报电话、电子信箱等多种途径,畅通法律援助监督渠道,接受社会各界的投诉,严禁法律援助机构拒绝为符合条件的公民提供法律援助;严禁法律援助机构及其工作人员从事有偿服务;严禁在法律援助工作中收受当事人的财物或谋取其他不正当利益;严禁在法律援助工作中懈怠职责,致使当事人的合法权益受到损失;严禁侵占、挪用法律援助经费。各级司法行政机关和法律援助机构、各类法律援助人员违反规定的,都要坚决查处,切实维护法律援助工作秩序,杜绝法律援助资源流失,为实现应援尽援提供纪律保障。

（四）完善应援尽援经费保障体系。按照法律援助是政府责任的规定，并从实际出发，建立由中央与省、市、县按比例分担的法律援助办案经费和基本建设经费保障制度，切实提高法律援助经费保障水平。一是贯彻落实“保民生、保基层、保基本、保贫困”的原则，按适当的标准将法律援助经费列入各级财政预算，并通过追加预算和年度结算满足应援尽援的资金需求。二是优化贫困地区法律援助经费保障。对贫困地区的法律援助经费，实行中央和省级保障为主，地方配套为辅，通过科学的资金分配上增强统筹区域和城乡法律援助事业协调发展能力。三是提高法律援助办案经费保障标准。随着应援尽援的全面实现和案件不断增长，不可能无限制的增加法律援助机构编制，法律援助案件办理将逐步实现市场化，即政府以相近或相当于法律服务价格水平的法律援助办案经费，聘请高素质的社会法律援助人员办理法律援助案件。为此，法律援助办案经费保障必须具有前瞻性，积极改变“质量标准高、经费补贴低”的做法，逐步提高保障标准，为适应市场化购买服务的改革做好准备。四是保障法律援助经费专款专用。各级财政部门为法律援助机构设立专门账户，司法行政部门对法律援助经费进行专项监管，审计部门实行定期审计检查，确保法律援助经费全部用于以保障和改善民生为重点的法律援助事业。

（五）完善应援尽援评价指标体系。评价是管理目标落实的重要环节，要把应援尽援的目标落到实处，就必须建立一套行之有效的应援尽援评价指标体系。根据法律援助工作的实践，笔者认为，主要考察以下几个指标。一是受理情况，看符合条件的法律援助需求是否全部得到满足，有无“应援不援”问题。评价方式主要有：(1)异议审查；(2)投诉调查；(3)卷宗评审，重点是对不予法律援助事项档案资料的评审。二是案件数量，看法律援助案件数量与当地常住人口的比例，以此推测法律援助覆盖面是否需要进一步扩大，是否与潜在的法律援助需求相适应。资料显示，2008 年的案件与人口比，排名前四名的省市中，重庆为 1.16‰，北京为 1.08‰，宁夏为 0.97‰，青海为 0.89‰。三是知晓范围。司法部《关于法律援助事业“十一五”时期发展规划》明确规定，“十一五”时期，大中城市法律援助知晓率应达到 90%，一般地区达到 50%。从法律援助与经济困难的关系看，一般地区尤其是贫困地区的法律援助知晓率指标应当进一步提高，力争达到 80% 左右。对此，国家及各省市每年可委托权威的专业机构采用科学方法进行法律援助知晓率和需求调查，为完善应援尽援工作提供依据，同时调查活动也是宣传法律援助制度、提供知晓率的有效途径。四是保障水平。据测算，每个法律援助案件平均成本 1000 元以上，按每千人中产生一个法律援助案件算，法律援助经费保障至少应达到 1 元/人（按常住人口计算），如果加上法律援助机构运行和工作开展的其他必要开支，对法律援助经费保障的基本需求还要更高一些。五是工作力量。区县法律援助机构不仅组织实施法律援助受理、审查、指派、立卷归档等程序性工作，直接实施大量法律援助案件的办理工作，而且还承担监督管理方面的一系列具体工作。因此，必须进一步充实区县法律援助机构工作人员，一般不少于 5 名，人口多或法律服务人员较小的地方还应适当增加，其中法律专业人员达到三分之二，具有律师资格的达到 50% 以上，才能符合案件办理和业务指导、质量管理等要求。

总之，完善法律援助应援尽援体系，是一个有利于维护群众权益、保障公平正义、促进和谐稳定的重大问题,是司法行政改革的"亮点"和服务民生的"窗口"。各级司法行政机关应当在各级党委、政府的领导下,自觉接受各级人大、政协的指导和监督,争取有关部门的支持配合,广泛听取社会各界的意见,更加自觉地履行法律援助工作职责,不断提高法律援助工作的能力和水平,切实把应援尽援的法律要求落到实处。

(原载于《中国法律援助》2009 年第 11 期)

关于扩大法律援助覆盖面的几点思考

山东省法律援助中心　刘趁华

法律援助覆盖面是指根据法律、法规规定的法律援助标准、范围以及法律援助机构的提供能力,需要时能够获得法律援助的人口总数。通俗地讲,就是法律援助制度所能惠及的人群。

一、法律援助覆盖面的现状

法律援助覆盖面是衡量一个国家(地区)法律援助制度发达程度的重要尺度。西方发达资本主义国家经过几百年的发展,其法律援助覆盖面达到很高的程度,比如,法国的法律援助覆盖面达到总人口的70%,瑞典达到90%,英国达到60%,美国达到50%,荷兰达到45%。我国的法律援助事业刚刚起步,只有十多年的发展历史。根据2003 年实施的国务院《法律援助条例》规定的法律援助标准范围,当时我国的法律援助覆盖面仅能达到总人口的2%—3%。近年来,随着经济水平的不断发展和社会对法律援助需求的增长,各省(市、自治区)陆续出台地方性法规、政策,不断降低法律援助门槛,扩大法律援助的事项范围。尤其是国务院《关于解决农民工问题的若干意见》规定,对农民工申请支付劳动报酬和工伤赔偿的,不再审查其经济困难标准,直接给予法律援助。法律援助的覆盖面不断扩大,2008 年我国法律援助的覆盖面达到总人口的 8%—10%之间。

法律援助覆盖面有两层外延。一是指潜在的法律援助对象,即按照法律、法规规定的标准、范围,需要时能够获得法律援助的人口数量及其占总人口的比例。根据现行的法律、法规,低保人口、农民工是法律援助的对象。从全国来看,根据 2008 年国家统计局的《国民经济和社会发展统计公报》,全国农村低保人口为 2334 万人,城镇低保人口 4291 万,农民工 2 亿人,法律援助受援对象为 2.7 亿人,占人口总数的 21%。从山东省来看,山东省共有城镇低保人口61 万人,农村低保人口 187 万人,农民工1700 万人(金融危机后)—1450 万人(金融危机前)之间,法律援助的法定对象是 1948万人—1700 万人之间,占总人口的比例是18%—21%。二是显在的法律援助覆盖面。它是指实际上能够获得法律援助的受援人集合体。它可以用每万人获得的法律援助件数来衡量(原则上一人一件)。例如,2003 年全国每万人获得的法律援助案件数为 1.2 件,2008 年为 4.2 件。需要说明的是,由于受法律援助机构的提供能力、贫困人口对法律援助的知晓程度、法律援助的便民程度等因素的影响，法律援助的潜在对象并不等于显在的受援人，其转变需要一个过程。

二、扩大法律援助覆盖面的紧迫性和必要性

一是深入贯彻落实科学发展观、保障和改善民生工作的需要。党的十七大提出加快推进以改善民生为重点的社会建设，着力保障和改善民生，为法律援助工作指明了方向。吴爱英部长在纪念《法律援助条例》颁布五周年座谈会上说，"扩大覆盖面，更好地满足困难群众的需要，已成为法律援助工作的一项迫切任务，各地应当根据当地经济社会发展水平，及时调整法律援助经济困难标准，降低门槛。将涉及教育、就业、收入分配、社会保障、医疗卫生等于民生问题紧密相关的、困难群体迫切需要的事项都纳入法律援助补充事项范围上，进一步发挥法律援助在促进民生问题解决中的积极作用。"

二是满足社会公众法律援助需求的需要。当前和今后一个时期，我国仍然处于体制转轨和社会转型的关键时期，过去积累的深层次矛盾和随着改革深化出现的新问题相互交织。特别是受国际金融危机的影响，我国经济发展遇到一定的困难，就业形势严峻，城乡居民增收压力增大，一些新矛盾随之产生，深层次矛盾进一步凸现，困难群众的法律援助需求大幅增长。比如，农民工进城出现的工资、工伤、社会保险、人身伤害、婚姻抚养纠纷；新农村建设中出现的土地承包、土地流转纠纷，农村假冒伪劣生产资料纠纷；征地、拆迁纠纷；企业转制、工人下岗失业、大学生就业出现的劳动纠纷等等，这些都是法律援助工作面临的任务。

三是实现法律援助制度终极目的的需要。司法部一再提出"落实政府责任、扩大法覆盖面、扩大知晓率"是现阶段法律援助三大工作任务。这三者的关系，落实政府责任是保障，扩大知晓率是途径，扩大覆盖面才是目的。法律援助制度的社会意义、社会作用和社会影响，最终要落实在办案数量上，落实在受援人口的多寡上。让更多的困难群体享受到优质便捷的法律援助，不仅是制定法律援助制度的初衷，也是现实法律援助制度的终极目的的需要。

四是司法行政部门应对挑战的需要。《法律援助条例》明确规定"法律援助是政府责任"，并且把监督管理全国法律援助工作的职责赋予了司法行政部门，把"为公民提供法律援助"的职责赋予了法律援助机构。如果司法行政机关和法律援助机构不能抓住机遇，及时扩大覆盖面，满足人民群众对法律援助的需求，那么就会有其他部门或组织取代司法行政机关，为社会提供法律援助。2008 年 4 月，深圳市总工会拨款 300 万元通过招投标的方式聘请 7 个律师事务所，为那些达不到法定法律援助条件而又经济困难的职工提供法律援助。这 300 万元的经费与当年深圳市法律援助中心的业务经费持平，这些经费也是来源于财政拨款。以此类推，妇联、残联、老龄委、共青团等组织都有可能效仿这种做法，这实际上是对司法行政部门提出挑战。

三、扩大法律援助覆盖面面临的障碍

一是一些地区现行的经济困难标准不科学不合理。《法律援助条例》规定："公民经济困难标准，由省、自治区、直辖市人民政府根据本行政区域经济发展状况和法律援助事业的需要规定"。实际上，在《法律援助条例》出台以前，各省（自治区、直辖市）已经通过地方性法规、规章，把当地的最低生活标准作为申请法律援助的经济困难标准。例如，1999 年通过全国第一个法律援助地方性法规——《青岛市法律援助条例》规定："经济困难标准按照当地人民政府规定的最低生活保障线执行"。2000 年出台的《山东省法律援助条例》以及2007年新修改的《山东省法律援助条例》依然沿用这一标准。实践中，把最低生活保障标准作为经济困难标准是不科学不合理的。

最低生活保障标准和法律援助经济困难标准不是一个层面的问题。法律援助的本质是保障无力从法律服务市场上购买法律服务的人的合法权益。而最低生活保障标准是满足公民最基本的生存需求，它和法律援助所说的经济困难标准不在同一个层面上。社会上还存在一大批生活在最低生活保障标准之上的中低收入人群，他们无力支付法律服务费用，却被排除在法律援助门槛之外。比如，济南市2007年最低生活保障线为每月300元，一个三口之家，丈夫病退在家，每月领取600元的退休金，妻子做零活每月收入600元，孩子16岁在高中读书。他们显然不符合最低生活保障线，不可能享受法律援助。如果将这样的一批低收入群体挡在法律援助的门槛之外，既不符合社会对法律援助的实际需求，也违背了国家创建法律援助制度的初衷。

各地的法律援助工作实践中也没有执行这一标准。笔者曾就此作过调研。2008年笔者在济南市法律援助中心，随意抽取了27件民事法律援助的卷宗，发现只有2件中的受援人具有最低生活保障证，其比例为27∶2；莱芜市为19∶1，其余大多数是村（居）委会、乡镇出局书面经济困难证明。以此类推，我们目前所办理的民事法律援助案件有90%是在低保范围之外。那么是不是社会公众对法律援助就没有需求了呢？答案显然是否定的。这只能说明用低保线当作法律援助的标准不科学不合理，不符合工作实际。目前，各省已注意到这些问题，2008年，广东、上海、杭州已经把法律援助经济困难标准确定为最低生活保障标准的1.5倍。

二是法律援助事项范围偏窄。在刑事法律援助案件中，法律援助仅限于被告人是盲、聋、哑和未成年人，或者被告人可能被判处死刑而没有委托辩护律师的。尽管《法律援助条例》规定犯罪嫌疑人在侦查、起诉、审判阶段均可以（而不是应当）获得法律援助，而实际上这种情况所占的比例很低。2008年，山东省各级法院共审理各类刑事案件44935件，获得法律援助的有6289件，占14%。

在民事法律援助案件中，《法律援助条例》规定了六条事项。（1）依法请求国家赔偿的；（2）请求给予社会保险待遇或者最低生活保障待遇的；（3）请求发给抚恤金、救济金的；（4）请求给付赡养费、扶养费、扶养费的；（5）请求支付劳动报酬的；（6）主张因见义勇为行为产生的民事权益的。2007年通过的《山东省法律援助条例》又增加了六项。（1）因工伤、交通、医疗事故或者其他人身伤害事故受到人身损害要求赔偿或者补偿的；（2）因劳动合同关系使权益受到损害要求赔偿或者补偿的；（3）因遭受家庭暴力、虐待、遗弃受到损害要求赔偿或者补偿的；（4）因征地、拆迁使权益受到损害要求赔偿或者补偿的；（5）因假劣种子、农药、化肥以及环境污染使权益受到损害要求赔偿或者补偿的；（6）法律、法规规定的其他事项。即使以上这12项范围，也远远满足不了群众的法律援助需求，公民在诉讼中获得法律援助的比例是很小的。据统计，2008年山东省各级法院共有各类民事案件259623件，获得法律援助的21108件，占8.1%。

从局部来看，以山东省汶上县为例，汶上县法律援助工作起步早，基础好，其数据有代表性和真实性。全县人口75万，90%是农业人口。2008年共办理法律援助案件181件，其中刑事19件，民事162件。民事案件中家庭婚姻纠纷的63件，占39%；交通事故的24件，占15%；请求给予赡养费、抚育费的17件，占10%；请求支付劳动报酬的11件，占7%，工伤待遇的7件，占4%。医疗事故的1件，占0.6%；其他39件，占24%。也就是说，在《法律援助条例》范围之内的民事案件占17%，在《山东省法律援助条例》扩大的范围之内的占20%，在两个《条例》规定的范围之外的民事案件占63%。这一方面反映出我们的基层法律援助机构已经根据人民群众的实际需求，逐步扩大法律援助的案件范围；另一方面，也说明目前我们的法律援助案件范围太窄，不能满足人民群众对法律援助的需求。

三是部分地区法律援助机构力量薄弱，提供能力有限。时至今日，有些地方的法律援助机构仍然处在“一个人、一间房、一张桌子、一本卷宗”的办公条件，“开不了门、找不着人”的现象在个别地方仍然存在。2008年山东省尚有25县（市、区）的法律援助业务经费没有列入财政预算。其中，有13个县（市、区）的法律援助业务经费为零；有5个县（市、区）法律援助中心的工作人员不到3人；有7个县（市、区）的年办案量在50件以下，这些地方对法律援助标准卡的很严，只能接受法院指定的刑事案件，不能开门接受群众申请的民事法律援助案件。

四是法律援助的社会知晓率低。2007年底，司法部和国家统计局启动了“法律援助公众知晓率和需求调查”，调查社会公众，尤其是中低收入人群对法律援助基础知识的了解情况、需求事项，调查方式是入户面访和电话访问相结合。城市样本和农村样本分别占调查总数的45%和55%。调查结果显示，56%的居民知道（听说过）法律援助，44%的人没有听说过法律援助。河南省浑河市于2008年深入全市三区两县18个乡镇26个行政村，采取走村入户的方式逐一对292人进行询问调查。结果显示，知道或基本了解法律援助的村民占调查总数的22%。笔者认为，漯河市的调查结果基本反映出农村法律援助知晓率的状况。

五是法律援助的便民程度尚待提高。不少县（市、区）法律援助中心在县委、县政府的大楼里，当事人几次登记预约，都未必能找到人。有些地方的法律援助中心人员少，且主要精力放在办案上，老百姓千辛万苦找到法律援助中心，常常吃闭门羹，需要来回跑两三次才能递上申请。即使找到人了，也递交申请了，法律援助中心也常常以“不是低保人员，不符合援助条件”为理由拒之门外。

四、提高法律援助覆盖面的几点建议

1. 选定几种目标人群。从目前的实际情况看，无论是执行最低生活保障线的1倍或是1.5倍，还是采用某种方式计算其经济状况，都不具备现实操作性，实行起来难度大。鉴于此，笔者认为，将法律援助对象锁定几种目标人群，这几类人申请法律援助，不再审查其经济困难状况。（1）低保对象；（2）农民工，涉及农民工追索拖欠工资、工伤赔偿、劳动保险待遇的案件一律不再审查经济状况；（3）残疾人，尽管有部分先富裕起来的残疾人，但绝大部分残疾人生活是贫困的，其伸张法律诉求的难度和成本要比正常人大得多；（4）老年人，将65岁以上的老年人（离退休职工和有固定收入的除外）列入法律援助对象不仅是保护弱势群体的需要，也体现全社会尊老爱老的优良传统。

同时，对持有以下证件的，无须审查，就可认定符合条件。城市居民最低生活保障证；农村居民最低生活保障证；农村特困户救助证；农村五保供养证；工会组织发放的特困职工证；地方人民政府民政部门发放的其他社会救济、救助证明文件；人民法院已决定对申请人给予司法救助的证明文件；在社会福利机构中由政府出资供养或者由慈善机构出资供养的证明材料;重度残疾并无固定生活来源的证明材料;依靠政府或者单位给付抚恤金生活的证明材料。

2. 扩大法律援助事项范围。最彻底的办法就是取消事项范围限制。2008年底出台的《广东省法律援助条例》取消了法律援助事项范围,这意味着今后在广东省申请法律援助只有一个条件——经济困难条件,所有的案件范围都可以申请法律援助了。如果暂时达不到广东的水平,笔者认为,山东省目前的法律援助事项范围在《法律援助条例》和《山东省法律援助条例》的基础上扩大到以下范围:(1)农村土地、林地经营承包、流转中权益受到侵害的案件;(2)离婚、继承、劳动争议、宅基地纠纷、相邻权纠纷案件;(3)高危作业、产品质量损害赔偿案件。这些案件都是群众急需援助的。

3. 建立省级专项资金。随着法律援助工作的深入开展,部分县(市、区)法律援助办案经费不足、地区间发展不平衡的问题日益凸现,严重阻碍了法律援助事业的协调发展。据统计,2008年山东省140个县(市、区)法律援助经费不足5万元的有58个,其中13个为零经费。这些地区的法律援助机构自成立以来,地方政府的资金投入长期得不到解决。鉴于部分县级财政困难、增长潜力不大,短期内难有大幅度改善的情况。我们认为,应当按照中央的要求,参考外省市的做法,设立"山东省法律援助专项资金",与中央专款一起,对办案经费不足、基础薄弱的县(市、区)进行转移支付。保证每个县(市、区)每年都至少有5万—8万元的办案经费,保证法律援助业务的正常开展,保证困难地区也能开门接受人民群众的法律援助申请。

4. 推广便民措施。法律援助的接待场所应当在临街、一层等方便申请人员来往的地点设置。在醒目位置设立便民指示牌,统一服务标识。设立公示栏,列明法律援助条件、申请程序、无偿服务原则、监督投诉电话等基本内容。完善无障碍配套服务设施,为残疾人、老年人等提供方便。拓宽法律援助申请、受理渠道。依托司所,一乡(镇、街办)建立一个工作站,一村(居)设立一名信息员,力争法律援助基层服务网络覆盖面达到95%。加强与工、青、妇、老龄委、残联、信访、劳动保障和法院、派出所、看守所、交警队等与困难群众联系密切部门的沟通协调,有条件的地方,要在上述部门设立法律援助申请受理点,暂时没条件的要建立稳定的工作联系制度。建立全省统一的法律援助信息化管理平台,探索开展网上受理申请。

5. 扩大社会知晓率。除了常规的宣传形式、宣传途径之外,在提高法律援助知晓率方面还要勇于探索,确实使法律援助的宣传达到全覆盖,无死角。2007年—2008年,浙江省法律援助中心先后制作了4万个"法律援助便民指示牌",安装在全省所有的街道、居委会、乡镇政府、村两委办公楼、村头村口等醒目位置。2008年,山东日照市委、市政府向全市每户家庭发放了近10万册《日照市民生手册》,将法律援助的对象、条件、申请程序、受理机构作为一项内容列入其中。据日照市法律援助中心介绍,该手册一发,"法律援助中心的电话打爆了"。济南市平阴县2008年开展了"法援绿卡"活动,通过村民小组、村两委、镇政府层层发动、层层公示、层层筛选确定对象,发放法律援助绿卡8100张,使该县群众对法律援助的知晓率达到98%。

(原载于《中国司法》2009年第10期)

法律援助办案补贴理论和实践问题研究

广东省司法厅法律援助工作处　彭莉红

在《法律援助条例》实施以前，全国各地对法律援助人员是否领取办案补贴有不同的看法和做法。2003年《法律援助条例》的出台统一了认识，法律援助机构向承办法律援助案件的律师及社会组织人员支付办案补贴，这正是政府履行法律援助职责的具体表现之一，是政府应尽的义务。2005年广东省司法厅、广东省财政厅根据《法律援助条例》第24条规定联合下发了《广东省支付办理法律援助事项补贴暂行办法》（以下简称“《广东办案补贴办法》”）。《广东办案补贴办法》为法律援助机构承担政府责任提供了具体依据，更为政府增加法律援助办案经费提供了依据。但在实践中，对法律援助办案补贴的认识仍存在一些疑虑或者争议，使各地在执行规定过程中呈现不同的特点。本文结合《广东办案补贴办法》在实施过程中出现的一些现象或者问题进行阐述。

一、法律援助办案补贴的性质

在制定《广东办案补贴办法》的时候，广东省对法律援助办案补贴性质的认识较为统一，认为法律援助办案补贴就是法律援助人员的办案费用支出补贴，不含法律服务费。

（一）《法律援助条例》的依据。《法律援助条例》第24条第三款规定，“法律援助办案补贴的标准由省、自治区、直辖市人民政府司法行政部门会同同级财政部门，根据当地经济发展水平，参考法律援助机构办理各类法律援助案件的平均成本等因素核定，并可以根据需要调整”。可见，现行法律援助办案补贴标准的制定主要是参考办案的平均成本，而且是参考法律援助机构的办案成本。

（二）《广东办案补贴办法》确定了办案补贴的性质。在制定《广东办案补贴办法》过程中，我们统计了全省21个地级以上市法律援助机构办理各类法律援助案件的平均成本，并且在《广东办案补贴办法》中明确规定了“本办法规定的补贴标准已包含承办法律援助事项所需的交通费、差旅费、通讯费、复印费、误餐等费用。”从而确定了办案补贴的性质就是办案费用支出补贴。

（三）法律援助办案补贴与市场法律服务费用中的办案费用支出的比较。有些人认为广东规定的补贴标准较高，质疑法律援助办案补贴是否还包括律师的服务费？通过对法律援助办案补贴和市场法律服务费用的比较，我们将可以看到法律援助的办案补贴不仅不包括律师的服务费，还远远低于市场法律服务中的办案费用支出。

广东物价局、广东司法厅于2006年制定了律师服务政府指导价。从律师服务政府指导价中并不能直接看出市场法律服务的成本、办案费用支出的大小，这也是我国律师收费制度及律师行业服务特点所决定的。但是从律师纳税前扣除的费用中基本可以看出社会执业律师的办案成本和费用。根据国家税务总局《关于律师事务所从业人员取得收入征收个人所得税有关业务问题的通知》(以下简称《通知》)的规定,律师个人出资兴办的独资和合伙性质的律师事务所的年度经营所得,从 2000 年 1 月 1 日起,停止征收企业所得税,作为出资律师的个人经营所得,按照有关规定,比照"个体工商户的生产、经营所得"应税项目征收个人所得税。因此对出资律师征收个人所得税之前,应将律师事务所负担的律师办理案件支出的成本、费用(如交通费、资料费、通讯费及聘请人员等费用)和损失先行扣除。但出资律师的成本还包括交纳营业税、房租、水电等税费,所以出资律师的成本核算比一般律师的办案成本核算要高。至于律师事务所聘用的受薪律师,仅领取固定报酬,并不负担办案成本,受薪律师的办案成本由律师事务所负担。所以,分析律师事务所的分成律师的办案费用支出比例,可能更能与其承办法律援助案件的办案费用相接近。《通知》第五条规定,"作为律师事务所雇员的律师与律师事务所按规定的比例对收入分成,律师事务所不负担律师办理案件支出的费用(如交通费、资料费、通讯费及聘请人员等费用),律师当月的分成收入按本条第二款的规定扣除办理案件支出的费用后,余额与律师事务所发给的工资合并,按'工资、薪金所得'应税项目计征个人所得税。律师从其分成收入中扣除办理案件支出费用的标准,由各省级地方税务局根据当地律师办理案件费用支出的一般情况、律师与律师事务所之间的收入分成比例及其他相关参考因素,在律师当月分成收入的 30% 比例内确定。"可见,按国家政策规定,分成律师的办案费用可在其分成收入的 30% 以(广东按 30% 执行)。例如,某律师承办一宗民事案件,律师事务所收入 1 万元律师费,该分成律师与律师事务所约定按 6.5∶3.5 的比例分成,律师分成收入为 6500 元,按 30% 计算的办案费用支出 1950 元(6500 元 ×30% =1950 元)可在税前扣除。可能有些人认为律师办理案件的实际费用并不需要这么多,但我们认为,法律服务业是世界上公认的高收入的行业之一,对于律师的办案费用评估既要考虑办理案件过程所具有的复杂性和不可预见性,又要考虑律师的正常消费水平。例如,对律师办理案件所花费的交通费,不能仅以乘坐公共汽车的消费作为依据,可能要考虑乘坐出租车甚至自驾车的情形考虑其交通费支出。这样,我们就较易理解为何现行政策规定可以将分成律师的当月分成收入中的 30% 作为办案费用支出在税前扣除。

现在以一个分成律师为例子,根据广东省 2006 年的律师服务政府指导价,按律师与律师事务所约定的 6.5∶3.5 的比例分成,计算其办理不同类型案件收入所扣除的办案费用支出(按分成收入的 30% 扣除),比较其办理有偿案件的办案费用支出和法律援助案件办案补贴之间的差异(见《律师法律服务收费及法律援助办案补贴比较一览表》)。

律师法律服务收费及法律援助办案补贴比较一览表

单位:元/件

费用分项 案件类型	2006 年政府指导价	假设律师事务所实际收费	律师分成收入(按 65% 计算)	办案费用支出(按律师分成收入的 30% 计算)	法律援助办案补贴(按《广东办案补贴办法》一类地区标准)
刑事侦查阶段	2000—6000	4500	2925	877.5	800
审查起诉阶段	6000—16000	11000	7150	2145	800

续表

费用分项 / 案件类型	2006年政府指导价	假设律师事务所实际收费	律师分成收入（按65%计算）	办案费用支出（按律师分成收入的30%计算）	法律援助办案补贴（按《广东办案补贴办法》一类地区标准）
刑事审判阶段	6000—33000	16000	10400	3120	1000
民事行政诉讼、仲裁（不涉及财产）	3000—20000	12000	7800	2340	1500
民事行政诉讼、仲裁（以标的额20万元为例）	在收取1000至8000元的基础上再按标的额按比例累加计算，5万至10万按8%、10万至20万按5%计算收取	13000	8450	2535	1500

在该表中，可以看出，现阶段我省法律援助机构发放的办案补贴（而且还是最高的一类地区标准）远远低于政府规定的社会律师办理案件可以在税前扣除的办案费用支出。在该表中，假设中的“律师事务所实际收费”一项取在政府指导价的中间，并没有取最高价。况且律师事务所还可在政府指导价标准上下浮动20%。此外，有些提成律师与律师事务所的分成比例还超过65%。如果考虑这些因素，法律援助机构发放的办案补贴与社会执业律师办案费用支出之间的差距将更大。而实际上在正常情况下，同一律师不管是办理有偿案件，还是法律援助案件，其办理同一个当事人的同一类案件的成本应该是一样的，办理相同区域不同当事人的同类案件的成本也是相差不大的（办理有偿案件当事人有特别要求的除外）。在上述表格中，本人只是比较在本县（市、区）范围内办理有偿案件和法律援助案件的费用支出，没有将《广东办案补贴办法》中规定的跨省、市、县办案的补贴标准与有偿法律服务的各种收费进行比较，这是因为广东省物价局、广东省司法厅联合下发的《律师服务收费管理办法》中的律师服务费用中并不包含办案费（如查档费、异地办案差旅费、跨境通讯费等等），这些办案费用由委托人另行支付给律师事务所；而法律援助的办案补贴是包括了差旅费等费用的。所以比较县（市、区）范围内办理的有偿案件和法律援助案件的办案费用支出，更为准确。

比较后得出的结论是，在目前经济发展水平和制度体系下，法律援助办案补贴的性质仍只是法律援助办案费用支出补贴。

二、法律援助办案补贴是否与有偿法律服务一样纳税

在法律援助机构发放办案补贴的具体操作过程中，广东有两种做法，一种做法是由法律援助机构确定有关补贴金额后，由律师到司法厅（局）财务部门或者法律援助机构直接签收即可，另一种做法是法律援助机构确定有关补贴金额后，由律师事务所开具经营性发票，到司法局财务部门或者法律援助机构领取办案补贴。在实践中第二种做法主要是因为当地财政、税务或者监察审计等部门提出要求律师事务所领取办案补贴时开具发票。由律师事务所对法律援助办案补贴开具发票，意味着律师事务所就要按照有偿法律服务对办案补贴进行纳税（包括缴纳营业税、教育费附加、城市维护建设税、个人所得税等）。本人认为，律师领取法律援助办案补贴不应由律师事务所开具发票，或者说在目前领取法律援助办案补贴不应纳税。

（一）从律师事务所开具的发票内容来看，其体现的是有偿法律服务费用，与法律援助办案补贴性质不相符。计算有偿服务费用时，除了考虑必要的律师事务所的成本和费用外，更多的是考虑律师的服务收入，因为提供法律服务是律师的职业内容，也是律师的主要收入来源，并且因为律师的服务收入远高于其他许多行业的收入，律师才成为各国高收入人群之一。但是从本文前面的论述可知，法律援助办案补贴性质上只是办案费用支出补贴，不包含律师的劳务收入。所以，要求律师事务所对法律援助办案补贴开具有偿法律服务发票并按有偿法律服务纳税，出现了发票内容与法律援助办案补贴性质不相符的矛盾。

（二）从发票的用途来看，律师事务所开具的发票对象应是委托人（当事人），而不是政府法律援助机构。因为发票是律师事务所接受委托办理法律事务，向委托人收取服务报酬而向委托人开具的合法票据，而按照《法律援助条例》的规定，当事人获得的是无偿的法律服务，律师办理法律援助案件也不能向当事人收取财物，不需更不宜开具发票。将适用于有偿服务的当事人的发票用于政府法律援助机构，系适用发票不当。

（三）从法律援助办案补贴的金额上来看，法律援助办案补贴远低于办理有偿案件的规定比例的办案费用支出。既然现行政策规定可以在税前扣除律师分成收入30%的办案费用支出，同样性质的、用于支付法律援助律师办案费用支出且低于有偿法律服务办案费用支出标准的法律援助办案补贴理应免税。

（四）将法律援助办案补贴等同于有偿法律服务征税，实际上是对政府行政行为的征税。在我国，1996年的《律师法》就规定律师有承担法律援助的义务，如拒绝履行法律援助义务将受到行政处罚。现行律师承办的法律援助案件都是通过政府设立的法律援助机构来指派的。律师承办法律援助案件是代表政府履行法律援助的职责，其行为并非个人行为，更非有偿法律服务行为。虽然有些律师登记为法律援助志愿者，但律师所承担的法律援助义务使这种志愿性质并不纯粹，也并不普遍。而且律师对领取法律援助办案补贴的多少也没有发言权，完全由政府有关部门制定办案补贴标准。律师并不能以办理有偿法律服务的收费标准，按法律援助案件耗费的有效工作时间或者按件、按标的额比例向法律援助机构申请领取办案补贴。所以，我国现在的法律援助并不能完全说是政府向社会购买法律服务，因为并没有买卖双方的合意，更没有适用市场的价格标准。现行法律援助从各方面来说都更应是一种政府行为，从这个角度而言，对律师办理法律援助案件领取的法律援助办案补贴按照有偿法律服务进行征税，无异于向政府的行政行为征税。

本人建议由国家税务总局、财政部和司法部联合发文，规定对法律援助办案补贴免征所有税收。即使现实工作中其他有关部门认为需要律师开具发票，也只不过是为了体现法律援助机构按照专款专用的原则支付了办案补贴，而不应成为纳税的依据。如果法律援助事业得到了较大发展，法律援助办案补贴逐渐提高到已包含服务费的内容，再考虑是否纳税问题；但即使纳税，也要参照有偿服务收费标准扣除一定比例的办案费用支出。

三、法律援助机构工作人员能否领取办案补贴

法律援助机构工作人员能否领取办案补贴，在实践中是个争议较大的问题。不同意法律援助机构工作人员领取办案补贴的主要理由，不外乎以下几点：一是认为公务

员或者依照公务员管理的人员只能领取财政工资，不能领取工资外补贴；二是认为法律援助机构工作人员办理法律援助案件就是本职工作，不应领取补贴，否则对其他工作人员不公平；三是虽然同意法律援助办案补贴是办案费用性质，但认为法律援助机构工作人员可能仍占用政府资源（如用公车）办理案件，从而减少办案成本，致使实际上办案补贴大部分归个人所有，因此应适用实报实销制度。本人认为，法律援助机构工作人员领取办案补贴不存在法律障碍，在实践中也是可行的。

（一）法律援助办案补贴是办案费用支出补贴。法律援助案件与有偿案件一样需要办案费用支出，是一次性支付办案补贴还是实报实销，只不过是报销办案费用的不同方式而已，并不能将法律援助办案补贴的性质从办案费用支出改变为福利津贴或者奖金。一次性支付办案补贴是将办案费用按平均成本打包，而不管办案人员实际花销多少，实际上有些律师所花费的办案费用高于法律援助机构支付的办案补贴。办案费用实报实销，实际上仍是肯定了办理法律援助案件是需要费用这个基本前提的。

（二）法律援助办案补贴发给法律援助机构工作人员，有利于控制法律援助的办案成本。众所周知，我国行政成本的控制并不严格，实报实销制度也可能出现法律援助机构工作人员办案所支出的实际费用还高于按标准包干支付办案补贴的情形（特别是需要跨地区办案的情况下）。例如，在办案补贴实行实报实销制度的情况下，办案人员使用公车出差办案时，必然增加司机和交通费用的支出；在选择住宿条件时，一般人会选择条件好又不超标的酒店，但不会考虑如何节约办案成本。在法律援助办案补贴方面实行实报实销制度并不一定是最节约有效的。而将办案补贴发给法律援助机构承办案件的工作人员，法律援助机构工作人员更能从各方面控制办案成本，以最低成本核算实现法律利益和社会利益的最大化。不需过分担心法律援助机构人员可能会从办案补贴中“赚到钱”，即使是有所节余，可能更多基于省吃俭用节约出来的。有些人又担心，法律援助办案补贴发给法律援助机构工作人员，会不会导致法律援助工作人员偷工减料，为节约成本尽量不去调查取证，从而损害受援人的利益呢？如果有这种担忧，那么这种担忧也应当是及于社会律师的，因为社会律师也有可能为节约成本而不去调查取证。多年的法律援助实践表明，律师并没有因为节约费用而怠于调查取证，反而是不少律师自付费用、千辛万苦为受援人调查取证从而获得胜诉的报道很多。这说明在法律援助过程中，法律援助办案成本并不是决定办案效果的唯一重要因素，法律援助人员的职业素养和职业道德才是决定法律援助案件质量的最重要因素。要真正保证法律援助的办案质量，更重要的是建立法律援助案件的质量标准体系和评估、监督体系。

（三）法律援助机构工作人员一旦领取办案补贴，就不再将办案费用支出实报实销，也不能再占用法律援助机构的公共资源办理案件。这可以通过制度进行规范和监督，一旦发现法律援助机构工作人员使用公共资源为其办案使用，可要求其支付相关实际费用。这样确保法律援助办案补贴用于实际办案费用支出而不变样。当然，如属重大疑难复杂案件，办案成本确实明显超过补贴标准，承办人员仍可向法律援助机构申请适当提高补助标准。

（四）社会组织人员和基层法律服务工作者办理法律援助案件可以领取办案补贴，也为法律援助机构工作人员领取办案补贴提供了参考和支持。现阶段可以办理法律援助案件的社会组织人员主要是妇联、工会、残联等社会团体的工作人员等，这些社会组织人员在实践中参照公务员管理，领取财政工资，甚至有些具有律师资格或者法律职业资格的社会组织人员就在法律援助机构执业，与社会执业律师完全不同。《法律援助条例》第 24 条第二款明确规定法律援助机构应给社会组织人员发放办案补贴。至于基层法律服务工作者，与法律援助机构工作人员的相似之处就更多了。在我国许多地方，基层司法所和法律服务所仍是一套人马两块牌子，一些基层法律服务工作者本身就是司法所占编公务员，享有公务员的一切待遇，在办理法律援助案件时，法律援助机构还应按照司法部 2004 年《律师和基层法律服务工作者开展法律援助工作暂行管理办法》规定向基层法律服务工作者支付办案补贴。上述社会组织人员及基层法律服务工作者可以领取办案补贴，说明并非领取财政工资的人员就不能领取办案补贴，更说明了法律援助案件办案补贴的性质是办案费用补贴，而不是福利津贴、不是奖金，否则社会组织人员和基层法律服务工作者领取办案就没有合法理由和正确解释。

（五）《法律援助条例》并没有禁止法律援助机构工作人员领取办案补贴，而且司法部《律师和基层法律服务工作者开展法律援助工作暂行管理办法》第十七条规定，“法律援助机构安排本机构工作人员、指派社会组织人员承办法律援助案件的管理，参照本办法执行。”该规定为法律援助机构工作人员领取办案补贴扫除了制度上的障碍。

（六）法律援助机构人员可以领取办案补贴，是吸引、挽留基层特别是欠发达地区法律专业人员的有效途径。在广东省，律师主要集中在经济发达的珠江三角洲地区，一些边远、贫困地区长期缺乏法律专业人员，有些县（区）只有一家律师事务所，有些县律师人数不足 10 人，虽然有人员陆续考取法律职业资格，但一些人更愿意选择到经济发达地区从事有偿法律服务，而法律援助机构人员的公务员待遇以及办案补贴制度在某种程度上吸引和挽留了部分法律专业人员继续从事法律援助工作，并确保基层法律援助机构有专门人员和专业人员。有些人可能质疑既然法律援助办案补贴是用于办案费用支出，就不应该或者不可能会成为一种激励措施，所以法律援助办案补贴仍有可能超出成本的范围，即仍有可能包含服务费。实际上，我们所制定的办案补贴标准是参考平均成本计算的，不可能与现实的每一笔办案费用支出毫无差异；另外，每个人控制办案费用支出的能力和观念是有差异的，在实报实销制度和包干办案补贴制度下控制办案成本的结果又可能大不一样。而且，在实践中有些工作所付出的成本是无法准确计算的，有些付出的成本更没有票据。即使公务员出差的补贴标准，有些也并不是以实报实销为唯一标准，例如我省公务员出差的公杂费（用于补助市内交通费、文印传真、长途固话等支出）、伙食补助费就实行定额包干，并不是按实际支出计算。这说明有些工作成本很难准确计算，而适用包干支付费用制度是有效控制成本的一个手段。法律援助办案成本的计算同样具有相对性、复杂性和不确定性的特点，将法律援助办案的综合成本支出给予定额包干，与公务员的公杂费、伙食补助费补贴制度有类似之处。我们驳斥上述质疑的另外一个理由是，如果法律援助机构工作人员更愿意从事有偿法律服务工作，这种办案补贴制度并不能留住他继续从事法律援助工作。实际上在有些地方，法律援助机构就招聘不到律师，原因众所皆知。笔者认为，将办案补贴支付给法律援助机构工作人员，应当是法律援助机构满足法律专业人员特别是律师的工作需要并对法律援助事业有利的一种制度选择。

四、法律援助人员是否全额领取法律援助办案补贴

由于我国现行制度规定指派法律援助案件是通过律师事务所、基层法律服务所、社会组织安排律师、基层法律服务工作者、社会组织人员承办，所以在一部分法律援助机构是将办案补贴发放给律师事务所、基层法律服务所和社会组织，不是直接发放给承办人员本人。在实践中，我们发现在一些地方出现承办人员所在单位与承办人员约定按比例分配办案补贴的情形，这使承办人员直接获得的办案补贴更少了。事实上，法律援助案件的承办人员基本上对这种分配比例也是没有发言权的。本人认为，《法律援助条例》规定法律援助机构应当向律师、社会组织人员支付办案补贴，而不是向其所在单位支付办案补贴，因此应当全额支付办案补贴给承办人员，这是由办案补贴的性质所决定的。如果承办人员利用所在单位资源办理法律援助案件，其所在单位可以适当扣除其在单位所消耗的费用。当然，我们也发现有更宽松的做法，那就是承办人员所在单位给予法律援助大力支持，除了让承办人员获得全额补贴以外，还给予其他工作便利，主要还是法律援助人员所在单位了解办案补贴并不高甚至不够用于支付办案成本的缘故。

（原载于《中国司法》2009年第4期）

浅析新形势下农村法律援助工作的障碍及对策

广州市司法局法律援助工作处 单展华

建设社会主义新农村，是中央贯彻落实科学发展观，构建和谐社会的一个重大举措。随着农村改革和新农村建设的落实、推进，涉农法律纠纷日益增多，纠纷涉及的区域不断扩大。与此同时，农民工的劳务收入已经成为大多数农村家庭的主要经济来源，农民工成为新农村建设不可或缺的重要力量。然而，尽管农民工为我国的经济发展作出了巨大贡献，其在城市中仍然是弱势群体，受到种种不平等待遇，合法权益常常得不到有效保障，权益受侵害后又缺乏维权能力。2009年受全球金融危机冲击，部分中小企业倒闭，老板欠薪逃匿，农民工群体讨薪案件大幅上升。

法律援助如何更好地为建设社会主义新农村服务？笔者曾和同事就这个问题到市属区县进行农村法律援助工作调研。以下拟结合本次调研以及平时农民工法律援助工作中遇到的问题，分析新形势下农村和农民工法律援助工作的障碍，探讨解决问题的应对策略。

一、涉农法律纠纷现状

2008年6月和2009年3月广州市法律援助处组成五个调研小组，分赴南沙、花都、增城等八个区县进行农村法律援助工作情况调研。通过调研，我们了解到，农村涉法热点问题有了新的变化，除传统的邻里、债务、婚姻家庭、土地承包等方面纠纷外，因为城镇化建设、旧村改造、农村股份制改制等带来征地拆迁、环境污染、土地确权、村民待遇、经济联社股份分红等方面的纠纷也日益增多。由于企业开发占地、城镇住宅小区建设用地等非农业用地增多，致使大量农村土地被征用，失地农民或进厂进城务工，或靠出租房屋给外来务工者收取租金谋生。目前，征地补偿纠纷、宅基地纠纷和租赁合同纠纷是广州农村地区最为突出的三类涉农法律纠纷。

2006 年农业普查表明，农村外出务工劳动力有 1.32 亿人。广东省是农民工输入大省，2008 年仅纳入广州市流动人口备案登记的农民工就有一百多万人。农民工是城市化的直接动力，承担着城市中最累、最脏、最险的工作，却无奈地游离于城市社会正规组织和制度之外，合法权益被侵害现象严重。2008 年广州全市法律援助机构共承办农民工法律援助案件 12125 件，占所有法援案件的 84%。劳动争议案件总量居农民工法律援助案件首位，其中以追索劳动报酬纠纷案件最多，工伤保险待遇纠纷案件列第二位，主要表现为用人单位不为农民工购买社会保险、不签订劳动合同、随意延长劳动时间不支付加班工资、违法解除劳动合同不支付经济补偿金、不采取有效的劳动保护措施导致工伤事故频发，农民工工伤得不到及时治疗，难以获得合理赔偿。2008 年受国际金融危机影响，部分企业倒闭，欠薪老板逃匿，致使农民工群体性劳资纠纷案件总量上升，涉及的农民工人数增多，例如番禺区法律援助处在 2008 年承办了一宗农民工追索劳动报酬纠纷案，涉及 530 名农民工。交通事故人身损害赔偿纠纷是第二大类农民工法律援助案件，因农民工不熟悉城市交通规则、缺乏交通安全意识，交通事故频频发生在农民工身上。此外，医疗事故纠纷、婚姻家庭纠纷、刑事附带民事赔偿纠纷在农民工法律援助案件中也占有一定的比例。

二、新形势下农村法律援助工作的障碍

（一）仲裁、诉讼维权成本高、农民维权难

1. 仲裁、诉讼环节多，维权耗时费力

笔者在调研中了解到，农民遇到法律纠纷，倾向于选择民间调解和通过行政手段解决，而不愿意诉诸于法律程序。其中仲裁、诉讼环节多，维权成本高是农民厌诉的最主要原因。

2. 诉讼费用高、调查取证难

法律援助机构向经济困难的农民提供免费法律服务，为农民减免的主要是律师费部分，但农民自己还要交纳诉讼费。虽然《关于民事诉讼法律援助工作的规定》规定法律援助与司法救助对接（当事人以法律援助机构给予法律援助的决定为依据，向人民法院申请司法救助的，人民法院不再审查其是否符合经济困难标准，应当直接作出给予司法救助的决定），但实践中法院大多采取缓收受援人诉讼费的方式，很少做出减免决定。此外，为了收集证据材料，农民可能要到国土、房屋管理、工商等行政机关查询资料，交纳查询费；为了调查取证，农民也可能要进行工伤、交通事故、人身损害、医疗事故等各种鉴定，上述种种鉴定收费，少则数百元，多则数千元，对收入本来就不高的农民家庭来说，无疑是一笔不菲的费用。农民交不起相关费用，案件无法进入仲裁、诉讼程序，即使进入了司法程序，也会因为缺少关键证据而败诉。

我国法律援助实行属地管辖为主、属人管辖为辅的原则，受侵害的农民工可直接向事项发生地的法律援助机构申请援助。但农民工通常跨省市就业，其户籍地和工作地不在一地，为了诉讼不得不返乡准备资料，如出具家庭经济困难证明、亲属关系公证，这样不但费时费钱，还影响了案件的进程。农民工因工伤、交通事故等原因死亡后，他们的家属千里迢迢赶到案件发生地申请法律援助，需要支出交通费、住宿费、伙食费等差旅费，无疑给失去亲人陷入困境的农民家庭雪上加霜。实践中往往遇到应由甲地管

辖援助的案件,需要到乙地调查取证,也有农民工在输入地受到侵害后直接向家乡的法律援助机构求救,这两种情形都要求法援律师异地办案。由于法援律师不熟悉异地情况,不仅办案成本高、周期长,而且在异地调查取证往往难以达到预期的目的,增加了办案的难度。

3. 财产保全难,执行风险高

实践中,有不少农民工因工伤、交通事故受伤住院,用人单位和侵权人拒绝支付医疗费,农民工不得不拖着病残的身体提前离开医院。因为农民工交不起医疗费,有些医院拒绝为其开具疾病证明书、医疗费发票,导致农民工仲裁或诉讼时缺乏证据。虽然为了解决劳动者的燃眉之急,《劳动争议调解仲裁法》明确规定,仲裁庭对追索劳动报酬、工伤医疗费等案件,可以根据当事人的申请裁决先予执行,但前提条件必须是案件当事人之间的权利义务关系明确,并且是否要提供担保,仲裁庭有权自由裁量。在笔者接触过的农民工案件中,权利义务关系明确的并不多,而且农民工属于低收入群体,连医疗费都交不起,更不可能提供财产担保。

目前法律规定劳动争议案件必须经过劳动仲裁程序才能诉讼。2008 年由于《劳动合同法》的实施,全球金融危机的冲击等一系列因素,劳动争议纠纷案件成倍增长,导致劳动仲裁案件扎堆,许多案件排期半年才能开庭审理。在漫长的索赔过程中,一些无良的企业为规避法律责任,可能抽逃资金、变卖、转移财产,甚至人去楼空,使裁判结果无法执行。劳动仲裁阶段并未设置财产保全程序,而到诉讼阶段,农民工由于收入低,一般无法按照法律规定提供财产担保,财产保全程序也启动不了,因此农民工即使最后胜诉也可能面临无法执行的困境。仲裁和诉讼带来的时间损耗、金钱损耗和精神煎熬,让农民工感到"拿起法律的武器"的成本实在是太大了。维权成本过高这个农民维权的现实障碍,已经成为不少法律援助工作者的心中之痛。

(二)法律援助经费、人员不足,农村法律援助工作受制约

1. 农村法律援助经费短缺

2007 年全国用于法律援助经费保障的财政拨款为 5.2 亿元,人均法律援助经费不足 4 毛钱。虽然国务院《法律援助条例》明确规定法律援助是政府的责任,县级以上人民政府有义务为法律援助提供经费保障、机构保障和队伍保障,但《条例》没有规定法律援助经费必须列入本级财政预算以及在财政预算中所占比例,因此实践中各地法律援助经费的多寡,完全取决于当地政府的财政收入状况和对法律援助的重视程度。农村基层政府税源狭窄,财力有限,有些地方政府不重视对弱势群体的法律保护,导致农村法律援助经费普遍短缺,已经严重制约农村法律援助工作的发展。以广州市为例,2008 年老城区越秀区来源于财政拨款的法律援助业务经费达 51 万元,而同期以农业人口居多的增城和从化两个县级市分别只有 18 万元和 6 万元。从化市符合现行经济困难标准的人口总数约为 5 万人,但从化的法律援助业务经费已经连续四年未见增长。2007 年越秀区共办理各类法律援助案件 845 件,从化市则只有 48 件。

法律援助业务经费不足,抬高了法律援助的门槛,影响了法律援助的数量。为了惠及更多受援人,法律援助机构只好降低律师办案补贴标准,如从化目前刑事法律援助案件每件补贴 150 至 300 元,民事、行政法律援助案件每件 200 至 500 元,不仅与广东省律师服务政府指导价相距甚远,也远远低于《广东省支付办理法律援助事项补贴暂行办法》规定的标准。法律援助与有偿法律服务在办案的具体内容、操作程序上是基本相同

的,同样要支出交通费、通讯费等费用,办案补贴标准低,不能弥补支出的办案成本,既挫伤了律师办理法律援助案件的积极性,也导致律师为了节省办案成本而减少办案时间和精力,影响了法律援助的质量。广州作为经济发达的沿海城市,其农村基层法律援助机构的法律援助经费尚有待进一步落实,我国经济欠发达地区的农村法律援助经费短缺问题更加不容乐观。

2. 农村法律援助人力资源不足

除了法律援助资金短缺外,专业人员配置普遍较少,目前人员编制已经不能应付日益增加的法律援助工作是农村法律援助的另一大障碍。广州市法律援助机构的工作人员不足60名,而农民工就有数百万人。广州市下属12个区、县的法律援助机构,通常配备的人员只有2至3人,有的还和公职律师事务所、律师公证管理科等部门合署办公。法律援助人员不仅要承担大量群众来电、来访的接待工作,还要负责承办法律援助案件审查、受理、指派、监管、归档以及宣传等工作,各级政府在调处各种群体性纠纷、处理上访案件时也经常要求法律援助处派员参与,还有工作人员被借调到其他政府部门工作,造成人员不到位。人力资源的短缺在一定程度上影响了法律援助工作效率的进一步提高。

我国法律援助机构,多数建立在国务院《法律援助条例》颁布之前,各地在设置法律援助机构时无统一的法律依据,导致法律援助机构存在多种性质,如广州市的13家法律援助机构中,有3家属于行政机构,有8家属于参照公务员管理的事业单位,另有两家是非参照公务员管理的其他事业单位。不同的机构性质导致各法律援助机构在经费、待遇及管理制度等方面都存在差别,法律援助人员的身份也有三种类别:公务员编制、事业单位编制和政府雇员。我国至今尚未建立法律援助专职律师录用制度,广州市还有5家法律援助机构未配置专职的法律援助律师。由于事业单位改革、法律援助人员的身份界定不清等体制因素,导致人心不稳,人才流失,法律援助工作很难有效地开展,更谈不上发展。

(三)农民和农民工的法律援助知晓率有待提高

2008年司法部和国家统计局联合开展了法律援助知晓率和需求调查活动。调查报告显示,目前我国居民多数听说过法律援助,超过6成居民知晓法律援助,而家庭月总收入300元及以下者、未受义务教育者、农村五保供养人员"听说过"法律援助的分别占31.6%、16.5%和25.5%。这一调查结果表明,文化程度较低者、较低收入水平者对法律援助的知晓率明显低于社会平均水平。农民和农民工普遍属于低收入群体,受文化水平和生活环境的制约,信息渠道不通畅,对法律援助的知晓率不高。法律援助制度设立的目的是为了保障经济困难的公民可以获得必要的法律服务,低收入群体对法律援助的知晓率不高,无形中等同于把一部分没有法律服务购买能力的公民(包括相当一部分农民和农民工)排除在法律援助之外。

为了提高法律援助的知晓率,广州市各级法律援助机构近几年加大了宣传力度,创新宣传方式,例如开展送法进农村、送法进企业活动,举办大型法律咨询活动,以电视节目形式宣传典型法律援助个案,向群众派发环保袋等纪念品宣传法律援助,取得了一定的成效。笔者在调研中发现,尽管农民和农民工对法律援助的知晓率相对于前几年有明显提高,但总体上仍然偏低,主要有以下几个方面原因:1. 农村自然村庄分布较散,交通、通信条件相对较差,农民获得法律援助信息的渠道不通畅;2. 法律援助宣传地主要集中在市区和城镇，进村入户宣传较少，覆盖范围窄，造成人群知晓不平衡：城市居民知晓率高，农民和农民工知晓率低；3. 农村法律援助经费不足，人手短缺，基层法律援助机构无法开展大规模的宣传活动；4. 一些法律援助机构担心提高法律援助知晓率导致法律援助需求增加，目前的经费和人手难以应付，因此在宣传工作上患得患失。

三、新形势下农村法律援助工作的对策

（一）建立法律援助案件调解机制

1. 建立法律援助案件庭前、诉前调解机制

农民和农民工通过仲裁、诉讼方式维护自己的合法权益，维权成本高、执行风险大，因此不少农民和农民工宁愿采取围堵马路、越级上访甚至以死相逼等非理性的方式维权。农民工申请法律援助的事由主要集中在劳动报酬、工伤、人身损害赔偿等方面，其权益能否及时实现，直接关系到其生活状况。笔者认为，应当建立法律援助案件庭前、诉前调解机制：凡是民事类法律援助案件，法律援助机构受理申请后，认为可以以调解方式结案的，由承办律师征得双方当事人的同意启动调解程序，尽最大可能将纠纷解决于庭前、诉前。庭前、诉前调解必须遵循两大原则：一是自愿原则，即以当事人同意调解为前提；二是合法原则，调解必须依据法律法规和司法解释进行，达成的调解协议不得违反法律法规的强制性规定和社会公共利益。

广州市 2008 年开始实行"农民工法律援助案件仲裁、诉讼调解前置程序"。实践表明，这种结案方式不仅可以减少实现权益的环节、节省法律援助资源，也使受援人的实际利益得以尽快实现，为农民工所乐于接受。以增城市法律援助处受理的一宗群体性追索劳动报酬纠纷案为例，考虑到受援人全部是农民工，且已有两个多月没领过工资，经济上都十分拮据，承办律师根据掌握的案情及已收集的证据，主动启动庭前调解程序。在庭前调解的当天下午，厂方就一次性支付了所有赔偿款，使 20 名农民工在短时间内就实现了自己的权益。

2. 建立法律援助与人民调解衔接机制

笔者在调研中了解到，农民受自身法律意识和交通条件的限制，遇到纠纷后往往更愿意在自己熟悉的生活圈子内寻求帮助，例如选择村组调解和司法所调解。农村人民调解委员会是村民委员会下设的调解民间纠纷的群众性组织，乡镇司法所指导、管理人民调解委员会的工作，同时也直接参与疑难民间纠纷的调解。人民调解员生活在本地，熟悉农民的语言，了解本地的习惯和传统规则，善于与农民沟通，容易获得农民的信赖。而乡镇司法所覆盖面广，深入农村，熟悉农民经常面临的法律问题，积累了丰富的调解经验，可以作出较快的反应，能够避免矛盾的激化。建立法律援助与人民调解衔接机制，可以利用人民调解员和司法所工作人员的优势，充分发挥基层组织的纠纷解决功能，争取将大量矛盾纠纷化解在基层。

法律援助与人民调解相衔接可以通过以下四个途径：一是依托乡镇司法所成立法律援助工作站，作为当地与法律援助机构的联络点，负责受理农民的法律援助申请以及初审工作，对符合条件的申请报本辖区的法律援助机构审查；二是法律援助机构经审查后认为符合法律援助条件且可以以调解方式结案的，在征得当事人同意后，为当事人指派人民调解员、工作站工作人员或基层法律服务工作者作为受援人的代理人直接进行调解；三是人民调解委员会在受理调解申请时，如果当事人符合法律援助条件，告知当事人可以申请法律援助，并指导当事人提供有关材料，报送所在地的法律援助工作站；四是法律援助工作站或法律援助机构在

受理法律援助申请后,经审查认为当事人不符合法律援助条件的,告知其可以向人民调解委员会提出调解申请。

(二)建立法律援助经费、人才保障制度

1. 建立农村法律援助经费保障制度

经费短缺、人手紧张,已经严重制约农村法律援助工作的发展。要解决这个问题,必须建立法律援助经费、人才保障制度。首先,提高各级政府对法律援助的认识是当务之急。各级法律援助机构应该积极争取地方政府的支持,使政府明白法律援助是社会和谐的制度保障:法律援助通过向弱势群体倾斜,重新配置法律服务资源,改变弱势群体在司法上的劣势地位,使社会矛盾能够尽快通过正当途径解决,从而弱化困难群众对社会的排斥感和逆反心理,防止矛盾激化,减少群众的上访率;其次,法律援助是政府义不容辞的责任,应该从立法上强化政府的法律援助义务:一是规定将法律援助经费列入地方财政预算,建立法律援助最低经费保障制度。在经济发达地区,可以建立法律援助经费据实支付制度;二是在中央和省级财政设立农村法律援助专项经费,用于扶持财政困难的农村地区的法律援助工作,避免因经济发展不平衡影响农村地区法律援助的发展;三是对经费短缺的农村基层法律援助机构,允许经费充裕的上级法律援助机构向其转移经费。

国务院《法律援助条例》第七条规定:"国家鼓励社会对法律援助活动提供捐助。"但目前法律援助经费主要来源于政府拨款,其次是行业奉献,来自社会的捐助很少。法律援助本身具有公益事业的特性,需要通过多元化的社会资助,来解决资金缺乏问题。笔者认为,应当逐步建立政府投入为主、社会捐助为辅的资金保障机制,例如可以设立农村法律援助基金、农民工法律援助基金,广泛吸纳社会捐助,帮助农村贫困地区发展法律援助事业。目前法律援助仅免除受援人的律师法律服务费,案件受理费、鉴定费等诉讼费用主要由受援人承担,导致某些困难群众因交纳不起诉讼费用而无法进入司法程序。针对这种情况,可以设立法律援助专项慈善基金,由专项基金为受援人支付上述费用。

2. 建立农村法律援助人才保障制度

农村法律援助人员不足,人才流失,专职律师配置少,已经成为农村法律援助的发展瓶颈。目前承担农村法律援助工作的主要是基层法律援助机构工作人员(包括专职法援律师)、社会志愿律师、农村基层法律服务工作者。要解决人力资源短缺问题,必须针对不同类别的法律援助工作者,建立多层次的法律援助人才保障制度。

基层法律援助机构列编人员通常只有2到3人,却承担着整个区、县的法律援助工作,无法满足农村日益增长的法律援助需求。基层法律援助机构的性质不一,事业编制的法律援助机构工作人员在工资待遇上往往与行政编制人员有较大差距。法律援助机构的专职律师,与社会律师一样,都是通过国家司法考试或全国律师考试获得律师身份,但收入却远远不如社会律师,福利待遇甚至不如同级司法行政部门的其他机构的行政在编人员,难免心理不平衡和产生失望情绪,无法安心工作。笔者认为,针对上述情况,首先要增加法律援助机构的人员编制,容纳更多的法律援助人才,才能缓解法律援助的供需矛盾。基层法律援助机构至少要配备2至3名专职法援律师;其次,要对各级法律援助机构的性质做一个统一的定位。既然《法律援助条例》规定了法律援助是政府的责任,法律援助机构承担政府的行政职责,应直接定位为行政单位,法律援助机构的工作人员应全部纳入公务员管理体系。

虽然我国律师法规定律师必须按照国

家规定承担法律援助义务,但农村地区执业律师资源有限,而且律师办案补贴低,社会律师办理法律援助案件的积极性不高。笔者认为,要解决这个问题可以从以下几方面入手:一是争取更多的法律援助经费,在经费允许的情况下尽可能提高律师办案补贴;二是在经费有限的情况下,对办理法律援助案件的社会律师采取精神嘉奖的办法,例如定期评选"法律援助先进个人",增加社会律师的知名度,为其赢得社会声誉;三是依托司法所成立法律援助工作站,特别是对于经济落后确实无法增加法律援助机构人员编制的农村地区,可以通过司法所工作人员、基层法律服务工作者为农民提供咨询、代书、非诉讼调解等形式的法律援助。司法所工作人员、基层法律服务工作者通常没有律师执业资格,素质参差不齐,法律援助机构应将其列入年度培训计划,作为重点培训对象之一;四是扩大法律援助志愿者队伍,通过吸收从事或具有司法实践经验的工作、退休人员和基层从事法律相关工作的村、居、社区工作人员等途径来壮大农村法律援助志愿者队伍,建立法律援助志愿者个人资料和服务项目信息库。

(三)建立法律援助城际间协作制度

农民工普遍收入偏低,无能力到社会上购买律师法律服务,法律援助已成为农民工维权的重要途径。大部分农民工跨区域就业、流动性强,住所地与法律援助案件受理地多数情况下不在一个城市。为了避免农民工因申请法律援助来回奔波,保证异地调查取证和代理执行的有效性,节省法律援助资源,笔者认为,有必要建立法律援助城际间协作制度。

目前全国已有多个省市进行了异地协作的探索。1999 年天津、安徽等 12 个省级法律援助中心签署了《法律援助协作公约》,就申请人受援条件审查、案件调查取证、文书送达、执行等事务的相互协作进行了规定。2007 年 4 月由广东省牵头,10 省、自治区签订了《省际农民工法律援助合作协议》。同年 7 月,全国 35 个城市(区)的法律援助中心在重庆共同签署了《城际间农民工法律援助工作协作重庆协议》(以下简称《重庆协议》)。《重庆协议》为城际间开展农民工法律援助协作工作提供了依据和模式,揭开了大范围城际间法律援助协作的序幕。各地在协议的框架下进行了不少有益的尝试,但实践中也暴露出不少问题:首先是协议的效力层次低,无实质约束力。协作主要依赖双方的自愿,如果一方不积极配合,就可能导致协作的目的无法实现;其次,协作的地区和深度有限,参加协议的仅是全国部分省市,而农民工的来源地和输入地分布广泛,无法对所有农民工适用;再者,目前省际和城际协作都是自发式的,没有规范性的制度依据,导致协议的规定不统一,协作的开展缺乏经费保障。

随着农民工法律援助案件数量的不断上升,城际间法律援助协作的需求也不断增加。为了促进城际协作的持续健康发展,笔者认为,应该在总结分析农民工法律援助城际间协作的实践经验及存在问题的基础上,研究制订统一的法律援助城际协作办法,并以法律或行政规章的形式加以规定,使之成为一项有效力的规范性的法律援助制度。法律援助城际协作办法应包括如下主要内容:一是协作的程序,包括协作请求的提出、协作事项的办理、事项办结回复等程序。应该明确各法律援助机构之间可直接要求协作,无需经过上级法律援助机构协调。二是协作的内容,主要包括:1. 为当事人转交法律援助申请。当事人因经济、健康或其他客观原因不能前往事项发生地申请法律援助的,由所在地法律援助机构接受当事人的申请,并在了解申请人身份、经济困难状况、案件基本情况之后，向有管辖权的法律援助机构移送申请及相关材料，由后者审查批准；2. 接受受理地法律援助机构委托，了解申请人的家庭经济状况、调取经济困难证明材料；3. 协助异地法律援助机构进行调查取证、文书送达和代理执行；4. 为异地法律援助机构的案件承办人员提供地方法规、规章、政策等咨询。三是协作的经费保障。规定协作发生的经费承担办法，将城际协作开支纳入法律援助经费开支范围。四是协作的监督管理和法律责任。规定提供协作是法律援助机构的义务，各级司法行政部门对城际协作履行监督管理职责，对不履行协作职责的法律援助机构，司法行政部门要予以追究，使法律援助城际间协作成为一项真正有法律效力的制度。

（四）建立法律援助机构与相关维权部门的协调机制

法律援助的实施不仅仅是法律援助机构的事情，法律援助在宣传、调查取证、开展调解工作等方面都需要国家有关部门的相互配合。特别在当前金融危机形势下，农民工群体讨薪案件增多，法律援助机构与劳动、法院等相关部门充分沟通，建立良好的协调机制，畅通信息渠道，可以及时掌握农民和农民工的涉法信息，主动介入涉农纠纷中，尽早开展庭前、诉前调解工作。法律援助机构也可将已掌握的用人单位的违法信息及时反馈给劳动部门，充分发挥以劳动部门为主体的各职能部门在劳动监督、执法方面的作用；联合综治、信访、公安、司法、工会等职能部门，对用人单位在劳动用工、工资发放等方面进行监督，推动企业规范化经营的进程。

受金融危机影响，广州部分中小企业老板欠薪逃匿。为了预防类似事件发生，广州市的南沙、番禺、白云等地建立了欠薪预警机制，由区法律援助处、劳动部门、公安部门等政府部门与街道社区、村委会建立定期沟通机制，密切了解辖区企业的经营状况以及工资发放情况，及时互通信息，层层落实，责任到人。白云区由村委会出资聘请村民任协管员，协助劳动监察中队执法，对企业欠薪情况进行排查，及时发现线索，积极采取应对措施。由于建立了有效的协作互动机制，欠薪群体性案件发生之初，区法律援助处就与区劳动部门等政府部门同时介入，参与案件的调解工作，并在政府垫资的同时马上启动对农民工的法律援助程序，有效维护了农民工的合法权益和社会的稳定。

建立法律援助机构与相关维权部门的协调机制包括以下几个方面：1. 加强与劳动、建设等部门沟通协调，互通工作信息，建立良好的互动合作关系；2. 加强与人民法院、人民检察院和公安机关的联系，建立刑事诉讼法律援助与相关部门的工作配合协调机制和民事诉讼法律援助与司法救助的衔接机制；3. 进一步整合内部资源，探索建立司法行政内部“大法援”工作协调机制。在法律援助业务规范、质量管理及人员培训等方面与法律服务管理部门和律师协会建立协作机制，实现制度配套、资源共享；4. 充分发挥社会力量的作用，深入开展和老龄委、妇联、工会、残联等社团维权组织的联系，形成对特殊群体的服务联动机制。

（五）提高农民和农民工对法律援助的知晓率

农村地域辽阔，信息不发达，农民工流动性强，社会交往面狭窄，这些因素造成法律援助在农村中知晓率不高，农民和农民工遇到法律纠纷大都首先找信访或公安机关等部门。为了使法律援助惠及更多的农民和农民工，更好地为社会主义新农村建设服务，各级法律援助机构应该不断提高农民和农民工对法律援助的知晓率。

笔者在调研中发现，大企业用工制度相

对规范，注重员工保障，有自己的法制宣传科室，大企业的农民工对法律援助的知晓率较中小企业的要高。目前法律援助机构宣传的主要方式是向群众派发法律援助宣传资料、开展送法进农村、进企业等法律宣传咨询活动。这些宣传活动对提高法律援助知晓率起到了一定的作用，但宣传地点主要集中在大企业和较大的行政村，无法覆盖众多分散的中小企业和较小的行政村。笔者认为，法律援助机构应制订长效宣传计划，创新宣传工作方式，充分借助媒体和社会的力量进行法律援助宣传。

第一，鉴于人手和宣传资金不足，仅仅依靠司法行政部门一家来解决法律援助知晓率低问题，难度太大。法律援助机构应该联合工会、妇联、劳动部门等相关维权部门共同开展宣传活动，充分发挥其他部门的优势。例如，2009 年 2 月广州市法律援助处与广州市人力资源市场服务中心共同举办了"春风行动 2009"农民工维权咨询活动，结合在市人力资源市场服务中心举办的"春风行动 2009"现场招聘会，同时举办农民工就业指导、法律援助和权益保障咨询服务活动，收到了很好的宣传效果。

第二，根据 2008 年司法部的律援助知晓率调查报告，农民主要通过"广播"和"电视"知晓法律援助。电视、广播等现代传播媒介受众多、方便快捷，适应农村地域广，农民工流动分散的特点。法律援助机构要充分利用报纸、杂志、电台、电视、网络等媒体宣传法律援助。笔者认为，公益广告是最佳的宣传途径，具有播放频率高，覆盖范围广的特点。法律援助具有公益事业的特性，法律援助机构可以制作动态的公益广告，在电台、电视台播放，以及制作平面公益广告在公交车站、火车站、长途汽车站等农民工集中出入的地点张贴。

第三，在劳动力市场等农民工容易汇聚的部门和地区设立农民工法律援助工作站，接受农民工的法律咨询，向农民工宣传法律援助。聘请农民工代表和人民调解员作为法律援助联络员，广泛发动民间力量开展宣传工作。

第四，将《法律援助条例》列为"五五"普法的重要内容，组织村干部进行法律援助知识培训。制作法律援助宣传指示牌，发放到所有行政村。

第五，创新宣传工作方式，坚持广泛传播、简约生动、持之以恒的工作方法。注意运用群众喜闻乐见的形式，比如举办法制讲座、法制竞赛、文艺演出、以案说法等，既要宣传法律援助知识、典型案例，也要宣传法律援助中涌现的先进组织和个人。

（原载于《中国法律援助》2009 年第 5 期）

法律援助文化建设实践与思考

江苏省如皋市司法局　陈　皞

文化是民族生存和发展的根本力量，文化力日益成为现代社会发展的精神动力、智力支持和思想保证，是国家软实力的根本体现。党的十七大明确提出："要坚持社会主义先进文化前进方向,兴起社会主义文化建设新高朝,激发全民族文化创造活力,提高国家文化软实力”。可见,文化是竞争力的越来越重要的支撑,文化建设必将迎来前所未有的高潮。

从广义上讲,文化是指人类社会实践过程中所创造的物质财富和精神财富的总和。从狭义上讲,是指人类精神生产力和精神产品,包括一切社会意识形式:如自然科学、技术科学和社会意识形态等。中国古代,“文化”是文治、教化的总称。《易·贲卦》中说:“观乎天文,以察时变;观乎人文,以化成天下。”这是中国历史上文化概念的最早起源。在西方,“文化”的本义是指人对自然界的有目的的影响以及人类自身的教育、训练和培养。那么什么是法律援助文化呢?法律援助文化是法律文化的重要组成,是人们在法律援助实践中所创造的事与物,以及基于这些事与物而形成的习惯,其核心是这些事与物的汇集。简言之,法律援助文化就是关于法律援助的文化。

法律文化的研究在十几年前形成了一个高潮,后又逐渐式微,目前又有升温趋势。而法律援助文化的研究尚游离于人们的视野之外。今年以来,我们在此方面作了一些探索和实践的尝试,不揣卑陋,在此求教于同道。

我们认为,法律援助文化具有四大功能:凝聚功能、导向功能、激励功能、约束功能。法律援助文化有四个层次:精神文化、制度文化、行为文化和物质文化。

物质文化是基础

法律援助物质文化是指以物质形态体现出来的关于法律援助的文化,包括法律援助工作机构的外在容貌、内在布局、技术与装备特色及由此折射出的法律援助工作负责人的特点、风格和作风等。如皋市法律援助中心选址在如城镇福寿路南侧,处于城区交通要道边。临街是接待大厅,门面上方是中心匾牌,匾牌由三部分组成:最左侧是法律援助图标,中间主体部分是“如皋市法律援助中心”黑体中文字,中文下方是“如皋市法律援助中心英文”,右下侧是“服务热线:87288148”,整体格调为红底白字。通过无障碍通道进入侯谈和接待合二为一、面积40余平方米的大厅,整个大厅通透明亮。西侧和南侧放有三张三人沙发,配有立式空调、饮水机和报架、宣传资料架,为侯谈区。南面白墙上配有蓝色的“如皋市法律援助中心”黑体中文字,上方是法律援助图标,下方是“如皋市法律援助中心英文”。靠墙居中安放有一张接待台,台上配置2台电脑,可同时容纳3人接待。西侧墙上安有中心工作人员和值班律师公示栏和“如皋市法律援助工作流程”图;东侧墙上是一面电子显示屏,用于需公示的各项内容。大厅东侧有一间面积20平方米左右的“受理室”,系通过审查符合援助条件的人员进入受理室,由中心工作人员发放相关表格,由受援人在此填写。“受理室”配有电脑、桌、椅、资料橱和饮水机。由大厅往南即是两间咨询室即4名中心值班律师办公室,再往南是中心会议室,往南右侧是卫生间,左侧是调解室。从调解室往东即是微机房,微机房往南是中心工作人员办公室、主任室和档案室。中心办公用房10间、面积240平米左右,布局体现了“功能齐全、划分科学”,环境布置上凸显了温馨、和谐,具有文化品位。

制度文化是支撑

法律援助制度文化是指法律援助工作的行为规范的总和,包括制定的关于法律援助工作的规章、规范以及渗透到工作人员思想的道德观念、行为准则等。“一个好的制度可以约束坏人;一个坏的制度可以使好人变坏”。制度文化建设是法律援助文化的骨架部分,起到不可替代的支撑作用,任何一个组织离开了制度就会成为一盘散沙。文化的"柔"必须要由制度化管理的"刚"来支撑。为此,我们从如皋法律援助工作的现状和发展需求出发,以"大家认可"为基点,组织法律援助中心全体人员共同制定了《如皋市法律援助业务办理程序规则》、《如皋市法律援助案件质量检查办法》、《如皋市法律援助案件办案补贴发放办法》、《如皋市法律中心工作人员值班制度》等规章制度,并编印了《如皋市法律援助工作手册》,人手一册,在工作中严格按照《工作手册》要求检查、考核,确保制度的"刚"性。

行为文化是关键

法律援助行为文化是指法律援助工作者在工作、学习中所产生的文化。行为文化是核心价值观"内化于心、外践于行"的结果,是精神文化在行为方式上的外在表现。我们如皋法律援助中心着力构建"严谨规范、文明友善、学习互助、乐观向上"的行为文化。

严谨规范。认真执行法律法规规定,按照职责、规范、标准办事,坚持公平、公正、公开,在工作中严谨务实,认真负责,一丝不苟,把每项工作、每个环节做细、做实。

文明友善。在言行举止、工作交往、人际交往中合乎道德、法律、制度规范,坚持文明接待,平等待人、诚信待人、友善待人。

学习互助。构建学习型组织,营造终身学习、团队学习的氛围,做到业务精湛,工作高效,敬业奉献。

乐观向上。保持坚定的信念,健康的心态,阳光的心理,热情、主动、愉快地工作,坦然面对、积极应对各种困难、挑战和压力,始终保持乐观自信,心胸开阔,奋发进取,开拓创新的精神状态。

精神文化是核心

法律援助精神文化即有关法律援助工作的价值取向和精神,包括法律援助工作的运行哲学、战略、价值取向,以及由此体现的工作人员的共同追求、共同意志、共同情感等。我们积极引导如皋市法律援助中心全体人员确立"心怀仁爱,以人为本,担当责任,守护公平"的理念,急困难群众所急,想困难群众所想,用"爱心"使困难群众"暖心"、用"耐心"与困难群众"交心"、用"真心"换来困难群众"开心"。

心怀仁爱。仁爱,是儒家思想的核心内容,是中华文化的精华,也是构建和谐社会的道德理念。孔子认为,仁爱是做人的根本。"仁"即爱人,就是一种发自内心的善意,去对人好。法律援助是公平与善良的事业,须怀仁爱之心,方能从事此项公益事业。法律援助工作的"仁爱"既是感性的"爱",更是理性的"爱"。首先是体现在"无差别性",即不分亲疏,无差别地关爱别人。即无论面对是什么类型的人,喜欢还是不喜欢,只要他们以来访者或求助者的身份出现,都应该给予平等的关爱。这种"博爱",类似于墨家哲学"兼相爱"的思想。其次是体现在"无条件性",即来访者或求助者表现出各种不同的行为和情绪反应时,都要无选择接纳它们,而不是只接纳那些积极的情绪排斥另外一些消极的情绪。第三是体现在"无利己性",即这种仁爱"不以满足自身心理需要为目的",是职业使然,是代表政府行使职权的需要。

以人为本。坚持以人为本是科学发展观的核心,即在经济社会发展中,把关心人、尊重人、解放人、发展人作为发展的第一要义和根本目的。坚持以人为本,必须把执政为民作为最高价值取向,把人民群众作为最高价值主体,把人民利益作为最高价值追求,把实现人的全面发展作为最高价值理想。把"以人为本"的价值追求表述为政治学话语,就是要充分实现最广大人民的根本利益;表述为社会学话语,就是要全心全意为人民服务;表述为法学话语,就是要切实尊重和保障人权。具体体现在法律援助工作中,应有两层涵义:首当其冲的就是要以受援人为中心,急受援人所急,想受援人所想,在受援人“最急”上抓落实、在受援人“最怨”上促整改、在受援人“最盼”上动脑筋,切实提高工作水平和办案质量,努力实现受援人利益最大化。其次,以法律援助工作者为重,关心、爱护、培养他们,为他们工作、执业提供了良好的工作场所和环境,并在全省第一家组建了法律援助专家顾问团,为他们的发展提高搭建了良好的平台。

担当责任。什么是责任?责任就是分内应做的事情。也就是承担应当承担的任务,完成应当完成的使命,做好应当做好的工作。责任所系,人人有份;履责担责,人所必为。法律援助制度是指由国家设立专门机构,为经济困难或者特殊案件的当事人减免费用提供法律服务的一项法律制度。法律援助是政府和社会的共同责任。作为这项神圣事业具体的实施者,司法行政部门和法律援助工作者必须义不容辞地担起责任。责任是一种客观需要,也是一种主观追求;是自律,也是他律。无论是道德责任,还是法定责任,都不以个人意志为转移。不履行道德责任,会受到道德的谴责和良心的拷问;不履行法定责任,会受到法律的追究和制度的惩处。“苟利国家生死以,岂因祸福避趋之”。我们法律援助工作者理应有担当责任的勇气,更要有敢于负责的决心和能力。

守护公平。法律援助制度其实质是法律扶贫、扶弱,它使人人平等地站在法律面前,实现自己的法定权益。“公平正义”是社会主义和谐社会的题中之义。法律援助对关注民生,实现社会公平正义,维护社会稳定,促进和谐社会建设具有不可或缺的支柱作用。法律援助工作者必须通过自身的履职,为弱势群体守护他们应得到的“公平正义”。

法律援助文化建设并不是一朝一夕就能实施并见成效的,应始终贯穿于日常工作和生活中。有些方面如物质文化、行为文化等都应自上而下进行统一规范,以提升整体水平和形象。

一是要导入CI战略理念,努力提升法律援助工作的整体水平和形象。CI战略与企业文化建设密切相关。CIS是corporateidentitysystem的缩写,意思是企业形象识别系统,俗称CI。CI由MI(理念识别)、BI(行为识别)、VI(视觉识别)组成。对内,可通过CI设计办公系统、生产系统、管理系统以及营销、包装、广告等宣传形象形成规范设计和统一管理,由此调动每个职员的积极性和归属感、认同感,使各职能部门能各行其职、有效合作。对外,通过一体化的符号形式来形成企业的独特形象,便于公众辨别、认同企业形象,促进企业产品或服务的推广。法律援助机构建设应借鉴银行系统的做法,导入CI战略,自上而下出台一整套建设标准,规范全国或全省法律援助机构建设。

二是要引入ISO9002质量管理体系标准,切实提高法律援助案件办理质量。ISO(International Organizationfor Standardization,简称ISO)即国际标准化组织,其制定的系列标准,总结了世界各国在质量管理方面的实践经验,是一种结构完整、操作性强的体系标准。该标准不受具体行业和部门的限制,已经被广泛运用于各种类型和规模的组织,在经济和政府管理领域发挥着日益重要的作用。在法律援助机构贯彻质量管理和质量保证标准,是一项更新管理理念、规范办事程序、进行动态监控、提高工作绩效的全新探索。

三是要积极融入地方文明创建序列,真正树立法律援助工作的社会公正形象。文明创建各类先进，是经济、政治、文化、社会和党的建设协调发展，精神文明建设成绩突出，社会广泛认可，在同行业、单位、机关、窗口、村镇、社区中位居前列，由地方党委、政府命名表彰的全市综合性最高荣誉称号。法律援助中心作为政府为社会弱势群体提供法律服务的机构，其形象不仅事关自身形象，而且代表政府的形象，因此更应加强自身形象建设，积极参与地方文明窗口创建工作，以此推动自身规范建设，确立高大形象。

（原载于《中国法律援助》2009 年第 10 期）

论法律援助法律关系及各方责任

北京市朝阳区法律援助中心　耿胜先

法律援助是保障社会公平正义的一项重要制度，是中国特色社会主义司法制度的重要组成部分，在维护公民合法权益、发展社会公益事业，实现"公民在法律面前人人平等"原则，健全完善社会保障体系，健全社会主义法制，保障人权等方面有着极为重要的作用。近年来，我国法律援助工作成绩斐然，2008 年，全国法律援助机构共组织办理法律援助案件 54 万余件，是 2003 年的 3.3 倍，受援人数达 67 万余人，为当事人取得利益（或避免损失）55 亿多元，法律援助已成为困难群众寻求法律服务的重要渠道。

法律援助在我国发展的时间还不长，许多理论和实践问题都有待探讨。其中，法律援助法律关系及法律援助各主体所承担的责任问题对我国法律援助事业的发展具有重大理论和现实意义。

一、法律援助法律关系

法律关系是指法律规范在调整人们行为过程中形成的权利义务关系。法律援助法律关系是由有关法律援助法律规范所调整的，在管理、实施法律援助的过程中，法律援助机构、法律援助人员、受援人及国家之间所形成的权利义务关系。

法律关系包括三大要素：主体、内容和客体。法律援助法律关系也是如此。法律援助法律关系的主体，是指在管理、提供法律援助的过程中，依法享有权利和承担义务的法律援助机构、法律援助人员、受援人。法律援助机构和法律援助人员为实施主体，其中法律援助机构是管理、提供法律援助的主体，法律援助人员是具体实施法律援助、提供法律服务的主体。获得法律援助的公民为受援主体。法律援助法律关系的内容，是指由有关法律援助法律规范所规定的法律援助法律关系主体的权利和义务。法律援助法律关系的客体，是指法律援助法律关系主体的权利与义务所指向的对象，即法律援助行为的实施结果。法律援助法律关系是三方法律关系，包括法律援助机构与受援人之间的关系，法律援助机构与法律援助人员之间的关系，法律援助人员与受援人之间的关系。

二、法律援助中的法律关系

要想搞清法律援助中的三方关系，不能将法律援助作为一个整体来理解，而应当将其分解。法律援助行为包含了三个具体行为，法律援助机构决定给付法律援助的行为,法律援助机构指派法律援助人员具体实施法律援助的行为,法律援助人员为受援人提供法律服务的行为。虽然法律援助是政府的职责,但这并不意味着法律援助的每个环节都是政府行为。法律援助机构决定为申请人提供法律援助的行为是行政行为,但法律援助机构不能独立完成法律援助,必须要有法律服务机构的配合。我国法律规定律师事务所和律师负有法律援助的义务,法律援助机构有指派律师事务所提供法律援助的权力,法律援助机构与法律援助人员之间是依法的行政行为。接受指派后,法律服务机构和受援人之间建立委托关系,这种委托关系虽然和普通的民事委托关系有所不同,但本质上仍属民事关系。

（一）法律援助机构与受援人之间的法律关系

法律援助机构与受援人之间是一种行政给付关系。行政给付也叫给付行政,指行政主体在公民失业、年老、疾病或者丧失劳动能力等情况或其他特殊情况下,依照有关法律、法规、规章或政策的规定,赋予其一定的物质权益或与物质有关的权益的具体行政行为。它是通过授益性活动,积极地提高、增进国民福利的公行政活动。行政给付的特征有:1. 它是行政机关履行国家行政管理法定职责的活动,是一种具体行政行为;2. 行政给付的对象是特定的公民,即有特殊困难和特殊情况的公民;3. 行政给付是依据法律、行政法规实施的行政行为;4. 行政给付的内容是赋予被帮助人一定的物质权益或与物质相关的权益。从目前来看,不管是行政机关、参照公务员管理的事业单位还是全额拨款事业单位,政府确定的法律援助机构都是履行政府法律援助职责的部门,都是实施法律援助行为的行政主体。现代法律援助,是国家应尽的职责,行政给付就是这种国家责任的具体化。法律援助作为一种国家责任,通过对生活困难和其他处于弱势地位的当事人提供免费的法律服务,保证他们获得基本的生存权利,使其不因为贫穷而得不到法律上的帮助,符合行政给付的定义和特征。法律援助正日益成为一种重要的行政给付形式。

（二）法律援助机构与法律援助人员之间的法律关系

法律援助人员指具体实施法律援助、为受援人提供法律服务的人员。当前,在我国主要包括法律援助公职律师和法律援助机构的工作人员、承办法律援助事项的社会执业律师和基层法律服务工作者。法律援助公职律师是指专门办理法律援助案件、不承办有偿法律服务案件,由政府支付工资与法律服务费用的专职人员。社会执业律师和基层法律服务工作者主要从事有偿法律服务,只有在承办法律援助案件时才称之为法律援助人员。

法律援助人员根据法律援助机构的指派,为受援人提供法律服务。关于法律援助机构与法律援助人员之间的法律关系,有人认为是行政委托关系,即法律援助机构将为受援人提供法律服务的责任委托给法律援助人员实施。本文的观点是:法律援助机构与法律援助人员之间是行政命令关系。

行政命令指行政主体依法要求相对人进行一定的作为或不作为的意思表示。它的特征是:1. 行政命令由有权发布命令的行政主体作出;2. 行政命令属于行政主体的一种处理行为,表现为要相对人进行一定的作为或不作为;3. 行政命令是要相对人履行一定的义务,而不是赋予相对人一定的权利;4. 命令是为相对人设定的行为规则,属于具体规则,表现在特定时间内对特定事或特定人所作的特定规范;5. 相对人违反行政命令,可以引起行政主体对它的制裁;6. 命令是依法或依职权作出的。

法律援助机构的指派行为符合上述特征。根据《法律援助条例》，法律援助机构是政府履行法律援助职责的机构，负责受理、审查法律援助申请，指派或者安排人员为符合条例规定的公民提供法律援助。法律援助机构是享有法律援助指派权力的行政主体，有权作出行政命令。根据《律师法》和《法律援助条例》，律师事务所和律师有义务服从指派，为受援人提供法律服务；法律援助机构指派律师事务所安排律师或者指派其他人员为受援人提供法律服务，要求律师事务所履行义务，并遵从《法律援助条例》等特定规则；律师事务所拒绝法律援助机构的指派，不安排本所律师办理法律援助案件的，由司法行政部门给予警告、责令改正；情节严重的，给予 1 个月以上 3 个月以下停业整顿的处罚。

法律援助机构与法律援助人员之间不是行政委托关系。行政委托指行政机关委托行政机关系统以外的社会公权力组织或私权利组织行使某种行政职能、办理某种行政事务。行政委托的特征之一是由受委托人在委托的范围内以委托者的名义行使行政职权、实施行政管理，其行为效果也归属于委托者。委托的内容是行政行为，而不是民事行为或其他行为。律师为受援人提供法律服务的行为是履行自身义务的行为，其行为依据是与受援人之间的委托关系，这种委托关系并不是基于等价、有偿和完全自愿，但行为本质仍属民事行为，不是行政行为。既然接受指派的组织行使的不是行政行为，指派行为就不属于行政委托。

同样，根据司法部《基层法律服务工作者管理办法》和《律师和基层法律服务工作者开展法律援助工作暂行管理办法》及一些地方性法规，基层法律服务工作者也负有法律援助义务，法律援助机构对法律服务所的指派行为属行政命令。

至于法律援助公职律师和法律援助机构工作人员，由于目前我国的大部分法律援助机构集法律援助管理与法律援助实施于一体，因此，此类法律援助机构既可以受理、指派，又可以承办法律援助事项。如果法律援助机构安排本机构所属公职律师或工作人员办理法律援助事项，法律援助机构与法律援助人员之间是内部行为，是一种工作安排与分配，不是外部行政行为。

（三）法律援助人员与受援人之间的法律关系

接受指派后，法律援助人员应当与受援人签署委托协议，由法律援助人员免费为受援人提供法律服务，法律援助人员与受援人之间产生了民事委托与被委托关系。除了免费之外，这种法律服务协议与其他法律服务协议没有大的区别。他们之间的权利义务关系表现在：法律援助人员有义务为特定的受援人提供合格的法律服务，有义务向受援人报告案件办理情况，有义务为受援人保密。有权利要求受援人如实陈述与案件有关的情况，及时提供相关证据材料，协助、配合法律援助人员开展工作；受援人有权了解案件的进展情况，有事实证明法律援助人员没有尽职尽责、服务不合格的，可以依法解除协议，并申请法律援助机构更换法律援助人员。

如果法律援助机构安排本机构所属法律援助公职律师或工作人员办理法律援助事项，法律援助机构应当与受援人签订委托协议，法律援助机构与受援人之间是民事委托关系，法律援助公职律师或工作人员与受援人之间没有直接法律关系。

三、法律援助各方责任

有义务就有责任。从目前来看，虽然申请人或受援人要求法律援助机构、法律服务机构、法律援助人员承担行政责任、民事责任的例子还不多，但随着人民群众的法律意识和对法律援助要求的提高，法律援助机构、法律服务机构、法律援助人员承担责任的风险越来越大。如何界定法律援助各主体应当承担的责任，并有效地规避责任风险，是一个值得深入研究的问题。

（一）法律援助机构的责任

1. 不予提供法律援助或者非法提供法律援助的行政责任。

不给予法律援助的决定是具体行政行为，从理论上讲，对此决定不服的，可以提起行政复议和行政诉讼。但我国《法律援助条例》为了不至于使本该需要法律援助的贫弱者又因为法律援助申请未被批准而再提起一个诉讼，造成循环诉讼，并没有规定申请人可以提起行政复议和行政诉讼。从实践来看，这种限制是有必要的。《法律援助条例》规定：申请人对法律援助机构作出的不符合法律援助条件的通知有异议的，可以向确定该法律援助机构的司法行政部门提出，司法行政部门应当在收到异议之日起5个工作日内进行审查，经审查认为申请人符合法律援助条件的，应当以书面形式责令法律援助机构及时对该申请人提供法律援助。这里赋予申请人向司法行政部门提出再次审查的权利，这种权利可称之为申诉。申诉的结果为维持原法律援助机构的决定，或责令法律援助机构提供法律援助，法律援助机构并不需承担行政责任或赔偿责任。

反之，为不符合法律援助条件和法律援助精神的申请人提供法律援助的，虽然《法律援助条例》并没有涉及，但对方当事人也应当有提出申诉的权利。

2. 指派法律援助人员不当的行政责任。

虽然法律援助机构并不需要承担法律援助人员办理法律援助事项过错造成受援人损失的民事责任（见下文），但应承担指派法律援助人员不当而对受援人造成损失的行政赔偿责任。

受援人申请法律援助，是为了得到合格的法律服务。虽然受援人没有因此付出对价，但法律服务的质量一点也不能打折扣。法律援助机构仍应当承担对法律援助案件的质量监督职责。法律援助机构对法律援助人员的合格与否承担形式审查义务。律师和基层法律服务工作者取得了国家法律服务专业人才资格，指派他们进行法律援助，即使这些人员实际上并不胜任，法律援助机构也不应承担责任。但若指派其他组织的人员、法律援助志愿者甚至其他个人进行法律援助，如果法律援助机构工作人员没有尽到审查义务，指派根本不合格的人员承办法律援助案件，法律援助机构应当承担指派不当因而造成受援人损失的行政赔偿责任。

3. 本机构所属工作人员办理法律援助事项过错造成受援人损失的民事责任。

法律援助机构所属公职律师或工作人员办理法律援助事项时，基于替代责任，公职律师或工作人员因过错造成受援人损失的，由法律援助机构承担民事责任。公职律师或工作人员有重大过错时，法律援助机构可以向其追偿。

（二）法律服务机构和法律援助人员的责任

1. 不履行法律援助义务的行政责任。

《律师法》第五十条规定，律师事务所拒绝履行法律援助义务的，由设区的市级或者直辖市的区人民政府司法行政部门视其情节给予警告、停业整顿一个月以上六个月以下的处罚，可以处十万元以下的罚款；有违法所得的，没收违法所得；情节特别严重的，由省、自治区、直辖市人民政府司法行政部门吊销律师事务所执业证书；第四十七条规定，律师拒绝履行法律援助义务的，由设区的市级或者直辖市的区人民政府司法行政部门给予警告,可以处五千元以下的罚款;有违法所得的,没收违法所得;情节严重的,给予停止执业三个月以下的处罚。可见,律师事务所和律师不承担法律援助义务的,均应当承担行政责任。

2. 办理法律援助事项造成受援人损失的民事责任。

律师等法律援助人员在向受援人提供法律服务的过程中,违法执业或者因过错而致使受援人遭受损失的,应当由谁承担赔偿责任,目前尚未有定论。有人认为应当由法律援助机构承担第一赔偿责任,然后可以向法律援助人员追偿。其理由有:(1)法律援助律师是代表政府履行法律援助职责,不是个人行为;(2)法律援助管理行为和实施行为均是政府行为;(3)由律师承担法律援助过错赔偿责任不利于调动社会律师从事法律援助工作的积极性。有人认为不应当由法律援助机构承担第一赔偿责任,理由如下:(1)法律援助机构与社会律师之间并不形成委托关系,而是行政主体与相对人之间指派与被指派的关系;(2)公职律师办理法律援助案件的过错责任由法律援助机构承担,但这是因为法律援助机构是公职律师的执业机构,社会律师与此不同;(3)法律援助机构对法律援助人员办理案件没有质量担保义务,因此也不应承担民事责任;(4)法律援助机构应当保证律师为受援人提供法律服务的独立性,律师只对当事人和所在执业机构负责,法律援助机构的质量监督不能影响律师的独立性;(5)可以将法律援助律师的赔偿义务纳入律师执业责任保险制度。本文认为,律师办理法律援助事项中因违法执业或者因过错造成受援人损失的,应当由其所在的律师事务所承担民事赔偿责任。律师事务所赔偿后,可以向有故意或者重大过失行为的律师追偿。原因如下:

(1)基于法律援助法律关系。前文详细分析了法律援助法律关系:法律援助机构与法律援助人员之间是行政命令关系,法律援助人员与受援人之间是民事委托关系。接受指派后,律师并不是代表政府履行法律援助职责,而是在履行自己的义务。接受指派后,律师(以律师事务所名义)应当和受援人签订法律服务协议,明确双方的权利义务,一旦律师在服务过程中因违法执业或者过错导致受援人损失,属于没有尽到合同义务,律师应当为此承担违约责任。根据《律师法》,律师违法执业或者因过错给当事人造成损失的,由其所在的律师事务所承担赔偿责任。律师事务所赔偿后,可以向有故意或者重大过失行为的律师追偿。(2)法律援助机构对律师提供法律服务的行为有监督义务,但这种义务并不是为律师服务的质量提供担保。政府法律服务监督管理部门并不担保法律服务的质量,同样法律援助机构也不担保法律援助律师提供法律服务的质量。法律援助机构对受援人的法律援助义务仅体现在使其获得与一般经济能力的当事人同样的代理和辩护权,即接近正义(Accessto Justice),而非实质正义(Substantive Justice)。况且,实践中,法律援助机构也没有能力确保援助律师提供的法律服务的质量。既然法律援助机构没有质量担保义务,那么也没有对质量问题承担民事责任的义务。但正如前文所述,法律援助机构应承担指派法律援助人员不当而对受援人造成损失的行政赔偿责任。(3)想要调动律师参与法律援助的积极性,与其免除律师事务所的民事责任承担义务,不如提高律师的办案补贴,毕竟赔偿现象并不多。法律援助是政府的责任,但为每个当事人提供合格服务是律师的职责。律师事务所承担第一赔偿责任,会督促律师事务所加强对律师的管理,从而督促律师像对待普通当事人一样,更尽职尽责地为受援人提供服务。(4)从现实来看,由法律援助机构为所有法律援助律师承担民事赔偿责任使其潜在风险过大,而法律援助机构并没有充足的财力承担这种责任。为规避风险,法律援助机构势必会尽量避免为疑难、复杂问题提供法律援助,严格掌握为文化水平低的人、老年人、残疾人等提供法律援助,而这些事项、这些群体对法律援助的需要更迫切。

值得提出的是,我国目前课以律师实施法律援助的义务,但律师得到的报酬是微薄的。律师与受援人之间的民事委托关系并不是基于等价、有偿和完全自愿。根据民法中权利义务相一致的原则,在不能支付律师对等报酬的情况下,应当适当减轻律师事务所和律师的法律责任。即,律师事务所和律师不承担严格的过错责任,只有在律师违法执业或有重大过失的情况下才承担赔偿责任。

3. 安排法律援助人员不当的行政责任与民事责任。

律师事务所接受指派后,应当安排本所律师办理法律援助事项,如果安排非律师或者安排由于客观原因不能提供法律援助的律师去办理,律师事务所应当承担行政责任。因此造成受援人损失的,承担民事责任。

(三)受援人的法律责任

1. 不尽诚实义务的法律责任。

申请人应当向法律援助机构如实告知自己的经济状况和其他相关事项。以欺骗方式获得法律援助的,应当撤销法律援助,因提供法律援助而发生的费用,由受援人承担。今后,也可参考《城市居民最低生活保障条例》等规定,对违法申请人采取警告、罚款等行政处罚。

2. 不履行协助、配合义务的法律责任。

受援人应当如实陈述与案件有关的情况,及时提供相关证据材料,协助、配合法律援助人员开展工作。不履行此种义务的,法律援助机构可以撤销法律援助。

四、需要改进的一些做法

经过10多年的发展,我国的法律援助事业取得了巨大成就,为维护弱势群体合法权益、促进社会和谐与稳定作出了巨大贡献。法律援助事业的发展也为我国法律援助制度的进一步完善提出了要求。明确法律援助各方的责任是其中之一。根据本文观点,法律援助实践中尚有一些做法需要改进,在此仅举例如下:

一是指派对象方面。根据《法律援助条例》,法律援助机构应当指派律师事务所承办法律援助案件,然后由律师事务所安排律师具体办理法律援助事项。实践中,有一些地方直接将案件指派给律师,这样给律师事务所监督管理律师的办案造成了困难,而一旦律师遭到受援人索赔,律师事务所就不愿意承担第一赔偿责任。因此,正确的做法是,将律师事务所作为指派对象。

二是和受援人签订协议方面。实践中,一些地方要求法律援助中心与受援人签订法律援助协议,受援人委托法律援助中心提供法律服务,而未要求律师事务所与受援人签订委托协议。这实际上是对法律援助法律关系的性质认识不清,将给予法律援助的行政行为与提供法律服务的民事行为混同,从而增加了法律援助机构的责任。正确的做法应当是,要求律师事务所依照为普通当事人提供法律服务的程序,与受援人签订法律服务协议。法律援助机构可以与受援人签订法律援助议,约定双方相关权利义务,但这种协议不是民事委托协议,而是行政协议,约定的内容也不应当是委托行为;法律援助机构也可以和律师事务所、律师签订法律援助协议,但这种协议同样是行政协议。

三是法律援助的告知方面。既然给予法律援助的决定是行政行为,受援人、行政相关人(主要是受援人的对方)对这种决定有异议的,就有权提出申诉。这就要求,法律援助机构有义务通过法院等审理机构向受援人的对方当事人告知给予法律援助的事实,以保证对方的权利。

四是法律援助风险的规避方法方面。法律援助是一种授益行为,法律援助机构、法律服务机构、法律援助人员都未从中获利,却要承担一定的风险。化解这种风险的最好方法,是借助现代的风险防范制度。从目前来看,从法律援助经费中拿出专项资金,为法律援助人员建立法律援助责任保险,是一个值得考虑的方法。

总之,法律援助法律关系及各方责任承担是一个重要问题,必须由法律作出规定。本文对此问题进行粗浅探讨,仅供参考。以后我国制定法律援助法,应当对此进行周密论证并加以规定,从而促进法律援助事业的持续快速发展。

(原载于《中国法律援助》2009 年第 11 期)

关于完善我国法律援助制度的几点思考

福建省莆田市司法局副局长　申玉恩

国务院制定的《法律援助条例》(以下简称《条例》)颁布实施以来,我国法律援助制度逐渐走向成熟,法律援助在保障人权、促进司法公正、促进社会和谐中发挥了越来越重要的的作用,成为一项不可或缺的司法制度。但法律援助实践中也暴露出来一些制度上的问题,成为制约法律援助发展的障碍,必须认真加以总结和完善。

一、申请与受理制度

根据我国《刑事诉讼法》和《条例》规定,我国现行法律援助的提起主要有两种方式:一是申请人主动向法律援助机构申请;二是来自法院的指定。

(一)法院指定法律援助制度存在缺陷应废止

我国《刑事诉讼法》第 34 条、《条例》第 12 条采取列举方式明确赋予了人民法院可以或应当指定法律援助的权力。同时规定了对于来自人民法院的指定,法律援助机构必须予以援助。这一法律的强制规定,看似为了保护当事人的利益,其实存在着很多问题。

1. 申请法律援助是公民的一项自主选择权

法律援助是国家对公民应当承担的义务,反过来说就是公民的一项基本权利。义务必须履行,但权利可以放弃。法院指定法律援助的制度设计,虽然出发点是好的,但实质上却是对公民权利的干预。公民是否需要法律援助,完全应该由公民自己说了算。实践中就存在很多指定辩护,当律师会见被告人征求意见时,当事人明确拒绝律师的辩护,或者自己另聘律师为其辩护。

2. 指定援助制度实质上是赋予司法机关法律援助决定权

法律援助从某种方面说属于社会保障性质,应由政府具体实施。其决定权也应归属于政府。而法院是司法机关,应位于居中独立的地位,由其直接行使指定权是将司法权与行政权的混淆,一旦引起纠纷,司法机关将无法行使最终裁判员的职责。

3. 指定法律援助将使当事人无法行使司法救济权

既然法院是指定者，如果应该指定而没有指定，或可以指定的情况下不指定，当事人如果要行使救济，只能以法院为被告向法院提出，这显然不可能。

(二)应强化公检法机关告知义务制度

取消法院指定法律援助权，不代表完全取消其义务。取而代之的是告知义务，且这种义务要扩大到公、检、法等机关。即对于所有刑事案件的犯罪嫌疑人、被告人，公检法机关在侦查、审查起诉和审判中除了告诉他们有聘请律师权利以外，还要告诉他们有申请法律援助的权利。这当然包括《刑事诉讼法》和《条例》规定的几种应当或可以指定法律援助的刑事被告人或犯罪嫌疑人。

在程序上，对于有法律援助要求的犯罪嫌疑人、被告人，可采用《条例》第 15 条的规定，即统一由看守所将当事人的法律援助申请即时转交给法律援助机构，由法律援助机构负责审查决定是否援助。

虽然最高法、最高检、公安部、司法部在 2005 年发布的《关于刑事诉讼法律援助工作的规定》中也规定了公、检、法机关在办理案件中有告知被告人、犯罪嫌疑人有申请法律援助的义务，但因为只是几家的联合规定，效力层级较低，在实际实施中还不能引起足够的重视，实践中基本没有在侦查和审查起诉阶段指定法律援助的情形，当事人主动申请的也微乎其微。因此，应当强化这一规定，在今后的法律援助立法中正式引入这一制度。

(三)应建立法律援助统一申请与受理制度

法律援助应当是一种依申请的法律制度，无申请则无援助，当事人的申请是启动法律援助的唯一途径。而法律援助的受理则统一由法律援助机构实施，所以应予法律援助的事项均必须由其作出。

申请的形式和途径应灵活，既可书面申请，也可口头申请。既可到各法律援助机构申请，也可到法律援助站或有关联系点申请。既可现场申请，也可网上申请等。总的原则是要便民、利民。

二、经济状况审查制度

法律援助制度的核心是为真正需要法律帮助而无力支付律师费的人，由政府出钱为其请律师，维护其合法权益。它体现的是政府保障公民在法律实施上的平等权。因此，判断是否应予法律援助的惟一条件应该是公民的经济状况，即看他经济上是否有能力支付律师费。

基于上述判断，我国《条例》第二章关于法律援助范围的规定，就显得不太科学，因为决定法律援助的条件不是案件的性质，而是公民的经济能力。从技术上看，法律纠纷的种类丰富多样，用列举的方法显然是不能穷尽的。实践中的法律援助案件也早已突破了这一规定的范围，使其基本失去意义。建议从三个方面规范法律援助的条件审查制度：

(一)免予经济条件审查的法律援助案件

主要是我国《刑事诉讼法》第 34 条第二、三款，《条例》第 12 条第二款规定的几种应当法律援助的刑事案件犯罪嫌疑人、被告人等。只要申请，法律援助机构免予审查经济条件即直接决定受理。

(二)必须进行经济条件审查的法律援助案件

除前述以外的绝大多数案件，包括刑事、民事、行政、非诉讼等法律事务，均需审查申请人的经济状况，符合规定的经济困难标准的即援助，否则不予援助。

(三)应规定不予法律援助的案件范围

近几年在法律援助实施中有一个很突出的问题，不少申请人不管案件有无可诉性、有无胜诉可能等，只凭手中的“经济困难证明”，或法律援助机构向特殊人群发放的“法律援助证”，对于明明不能受理的案件，要求法律援助机构必须予以援助，否则就到处状告法律援助机构，造成很坏影响。究其原因，主要在于现行法律没有明确规定不予法律援助的情形。

从国外立法和现实需要出发，以下事项可以考虑规定为不予法律援助的范围：一是申请事项不属于人民法院或仲裁机构受理范围，或申请事项已超过诉讼或仲裁时效的；二是申诉案件未经公安机关、人民检察院、人民法院重新立案的；三是所申请事项已经审结或处理完毕，申请人就同一事项依同一理由申请法律援助的；四是明显没有胜诉机会的案件。

三、法律援助费用分担制度

我国《条例》在法律援助案件律师费的承担上，规定的是全免制度，即只要予以法律援助，就全部免除所有律师费用。这项制度的设计，对于刚刚起步并处在初级阶段的我国法律援助事业的发展起到了重要推动作用。但是随着我国法律援助的不断发展，特别是案件数量的快速增加，这种制度设计上的问题逐渐暴露出来。

问题之一，没有区分刑事与民事案件法律援助的不同。因为刑事案件涉及到公民的基本权利，应该重点予以保障，一般应全免律师费。而民事案件可灵活掌握。如美国即是严格区分刑事法律援助与民事法律援助的国家之一，因为其刑事法律援助是联邦宪法明确赋予公民的一项重要权利，因此，特别重视对刑事法律援助的保障工作，所需经费基本由联邦和州政府予以全额保障。

问题之二，造成民事案件援助上的不公平。因为我国法律援助实行的是经济困难标准审查制度，即只看经济上是否符合标准，不管案件性质、标的大小以及相对方的支付能力。而现实生活中，不同的公民贫困程度不可能一样；不同的案件由于标的大小不等，所需律师费也各不相同。比如，某个人可能支付得起一个律师费为1000元的官司，但如果遇到一个需要5000元律师费的官司，他可能就需要援助了。而我们的标准只有一个，要么全额援助，要么一分钱不给，显然太过死板。

问题之三，不能有效利用法律援助费用。因为有些案件受援人可以支付得起部分律师费用，有些案件可以判令对方当事人支付，相应的国家即可节省费用。目前世界上完全免费提供法律援助的国家已不多见，大多都采用了灵活的原则，包括全免、部分免与受援人分担、胜诉后从非援助败诉方收取等。如英国：对于民事法律援助案件，如果律师能从败诉方获得律师费，则法律援助委员会无须支付费用或只支付不足的部分。败诉方支付的费用多少由法庭判决，法律援助委员会支付多少由法律援助委员会决定。西班牙：如果受援人可能从判决中获得的金额超过了为其提供的法律费用的3倍，他就有责任支付律师的费用。如果受援人在诉讼终结后3年内其经济状况有所改善，则该偿付责任将持续3年。瑞典：受援人胜诉后，对方当事人一般有责任偿还其全部的法律援助费用，其中包括依照法律规定应由受援人分担的费用。如果对方当事人不能支付全部费用，或者法院判决他支付其中一部分费用，这时应支付国家的费用，剩下的部分才能用来补偿申请人分担的费用。

基于上述分析，我国法律援助在律师费用的承担上，也应适时建立起灵活的分担制度。

一是刑事与非刑事案件应当区别对待。

刑事案件特别是刑事辩护案件,由于其往往涉及基本人权,具有特殊性,应当规定为全免。而非刑事案件则应灵活掌握。

二是操作上可先缓交,再决定减或免。

首先,所有民事法律援助案件均缓交律师费。

其次,根据案件的胜诉情况和受援人从案件中获得的收益,决定是否减、免律师费。受援人胜诉的,根据受援人实际获得的经济利益大小,决定其是否支付律师费,以及支付的比例。也可由法院判决对方当事人支付律师费,能够得到执行的部分,此费用直接付于律师,国家不再支付援助费用;如不能得到全部执行,则国家补贴不足部分(此规定有待于相关法律的修改完善)。受援人败诉的,则由受援人与国家分担律师费用,即减交或免交律师费。

三是根据受援者的经济状况,决定分担比例。

对经济困难标准进行细化,划分出若干档,将受援人的家庭收入与各个档次的标准对应,决定减交的比例。如瑞典1973年《法律援助法》规定当受援人的年收入不超过37300瑞典克朗,或者其年收入不超过55000瑞典克朗且要抚养其配偶和2个孩子时,费用分担的数额是90瑞典克朗,这是最下限;受援人的年收入如果达到或者超过55000但又低于94400瑞典克朗时,费用分担的数额应为980瑞典克朗。

当然,实施这一制度还有很大难度,还要依赖于国家相关法律的完善,以及个人财产申报、登记等信息制度的完善。

四、办案补贴与法律援助机构办公经费分级保障制度

法律援助费用主要用于两个方面,律师的办案补贴和法律援助机构的办公等费用。办案补贴费用应该成为法律援助经费支出的重点。《条例》未对法律援助经费作出明确划分,只规定了经费的同级政府供给制度。具体做法是财政只预算总的法律援助经费,由法律援助机构用于发放办案补贴和办公费开支,对两者的开支比例则未作明确要求。

应适时建立法律援助办案补贴与法律援助机构费用分级保障制度,即由国家统一支付律师办案补贴,由地方政府承担有限的法律援助机构办公经费,国家承担主要负担,地方承担次要负担,这样才能从根本上改变法律援助的经费保障地区不平衡问题。

具体做法是,将全国各地的律师办案补贴费用统一由中央财政全额予以保障,中央可根据各地实际经济状况,批准执行不同的补贴标准,根据实际所支付数额,由下而上逐级上报,最后由中央财政统一转移支付,专款专用。这一举措可以有效地防止经费被挤占、挪用情况的发生。法律援助机构办公费用(含宣传、培训等)由机构所在地的各级政府按政府机构要求予以全额保障,可以参照同级行政机关办公经费进行管理。只有这样,才能从根本上解决贫困地区法律援助经费不足问题。

五、救济制度

无救济则无权利。法律援助资源的有限性,决定了并不是所有的法律援助申请都能获得批准。申请能否被批准将直接影响申请人的权益保护程度,如不能辅以顺畅、完善的救济程序,则法律援助制度的实施将大打折扣。

(一)现行异议审查制度存在的问题

《条例》第19条规定:“申请人对法律援助机构作出的不符合法律援助条件的通知有异议的,可以向确定该法律援助机构的司法行政部门提出,司法行政部门应当在收到异议之日起5个工作日内进行审查,经审查认为申请人符合法律援助条件的,应当以书面形式责令法律援助机构及时对该申请人提供法律援助。”

这一规定明显存在以下问题：一是审查程序的性质不明。从《条例》规定的法律援助救济制度的表述来看，救济程序有且只有一级，即向设定该法律援助机构的司法行政部门申请。在救济的性质上不能分清是何种程序。如果是行政复议，就应该有复议的期间和具体的复议程序以及行政诉讼程序，但条例没有规定。二是未规定最终司法审查程序，即申请人不能向法院提出审查请求。

（二）法律援助的决定属于行政行为

《条例》等规定的救济程序不规范的最根本原因，在于没有明确界定法律援助机构作出的“是否予以法律援助的决定”行为的性质。从法理上说，这一行为应当属于行政行为。理由是：

1. 法律援助属于行政给付

法律援助是国家对公民应尽的一项义务，形式虽是法律上的帮助，但实质是一种行政给付，相当于社会救济等保障制度，应同属于行政行为，且是依申请的行政行为。

2. 法律援助机构在性质上是行政机构

从法律援助机构的职能上看，它是由司法行政机关设立的专门履行法律援助申请的受理、审查，案件的指派等管理职能的职能机构。相当于司法行政机关的二级机构。《条例》第 4 条、第 5 条的表述清楚地表明了这一性质。实践上看，目前全国已成立的机构也大多定位为行政机关性质。虽然也有少数机构在人员、经费方面相对独立，或定位为事业性质，但应归结为各地对法律执行上的差异，不能以此来改变其行政性质。

3. 决定直接影响申请人的相关权益

法律援助机构的决定行为必然影响到申请人，即行政相对人的权益。

（三）应确立以复议和诉讼为双重保障的救济制度

只要法律援助决定属于行政行为的理论得以确立，其法律救济制度的问题也就迎刃而解了。应当规定：“申请人对法律援助机构作出的不予法律援助的决定有异议的，可以向确定该法律援助机构的司法行政部门提起行政复议，司法行政部门应按行政复议法的规定进行复议，经审查认为申请人符合法律援助条件的，应当责令法律援助机构对申请人提供法律援助。不符合法律援助条件的，决定维持。并告之申请人可以在法定期限内向人民法院提起诉讼。”

六、监督管理制度

监督管理在法律援助的实施中是非常重要的一环，决定了法律援助工作实施的效果。应在《条例》的基础上，对法律援助的监督管理加以完善，使之能够更加适应法律援助管理的需求。

（一）继续确立司法行政机关统一监督管理的原则

《条例》第 4 条规定：“国务院司法行政部门监督管理全国的法律援助工作。县级以上地方各级人民政府司法行政部门监督管理本行政区域的法律援助工作。”这一规定应予以保留。

（二）建立法律援助专门委员会

法律援助的管理权应属于司法行政机关内设的专门管理机构（目前为各级法律援助中心），这一规定应继续保留。但我国现行法律援助在实施中缺乏应有的监督，或者说监督还不够到位。援助经费的使用，申请的审查受理全由一个部门决定，很容易出问题。

美国刑事法律援助的一个特点，是一些州建立专门委员会对法律援助进行监督，以保障法律援助的高效、协调与经费开支合理。

我国也应借鉴西方先进的管理经验，设立一个以县级以上司法行政机关为依托、以相关职能部门参加的相对独立的法律援助专门委员会，专门行使法律援助实施监督权。

委员会的人员组成可考虑由司法行政机关、律师协会、法院、检察院、公安机关、财政部门、部分人大代表和政协委员等。总之是代表性越广越好，人员组成越专业越好。

专门委员会主要担负三个方面的职责：一是负责中央下拨的法律援助办案补贴发放情况的监管；二是对司法行政机关实施法律援助的质量进行评估，指出问题，提出建议等；三是对当地法律援助办案补贴标准进行调研，提出政策性调整建议。

（原载于《中国法律援助》2009年第12期）

关于完善法律援助程序制度的若干思考

辽宁省大连市法律援助中心　郭　皓

法律援助制度是维护社会弱势群体合法权益，实现“公民在法律面前一律平等”的宪法原则，确保司法公正的一项重要法律制度。该制度的完善程度，是衡量一国社会文明、法律文明进步程度的重要准绳。随着国务院《法律援助条例》的出台，我国已建立起比较完善的法律援助制度体系。但从程序上讲，仍然有若干地方需要不断完善。本文拟从法律援助机构具体实施法律援助的工作流程入手，将法律援助的程序分解为受理公民法律援助的申请、审查是否符合法律援助条件、指派或安排法律援助人员承办、对办理法律援助案件进行监督四个环节，并分别就完善该四个环节提出相应的制度建议，以期达到合理配置法律援助资源并最大限度的满足弱势群众法律援助需求的目的。

一、建立利益与负担并行的释明制度，引导法律援助潜在受援人选择合理方式维护合法权益

“有权利就有救济”是一项基本的法律原理。当弱势群体的合法权益受到侵害时，其有权利依据法律的规定向司法机关提出获得保护的请求。如果其因为经济困难无法购买法律服务，而出于知识的局限不能合理表达自己的诉求时，可以申请并获得法律援助，由专业人士无偿地为其提供法律服务，以便在将来的诉讼中获胜，实现自己的利益期望。从这种角度讲，法律援助对受援人来讲无疑是一种法律所赋予的利益，而这也正是法律援助制度建立的价值基础。但我们认为，这种利益和传统意义上的授益性行政行为（如行政救济）所赋予当事人的利益有很大不同。

首先，这种利益是间接利益。政府法律援助机构提供给受援人的是法律服务，而非直接的物质帮助，受援人只有利用这种法律服务在诉讼中获胜，才能实现自己真正的利益。

其次，这种利益是可能利益。诉讼总是和风险相连的。虽然法律援助增强了受援人维权的力度，但也无法保证案件必然胜诉。如果出现败诉的情况，则受援人无法真正满足自己的利益期望。

再次，这种利益仍然需要成本。法律援助是无偿服务，但受援人在诉讼中仍然会有

一些支出。如诉讼费（尤其是在法律援助与司法救助无法完全衔接的情况下更是如此）、鉴定费等费用成本以及时间成本（由于法律维权的程序性特征，难以期望即时获得利益）等。

最后，这种利益的实现方式会受到受援人主观意志的影响。权利实现的方式有多种，如可以通过诉讼解决或通过非诉讼的调解方式解决。法律援助机构及法律援助人员应当以专业的精神选择最好的方式维护受援人权利。但如果受援人坚持选择某种方式，基于法律援助代理服务的特征，在充分告知受援人法律后果的情况下，也应当尊重受援人的意志，以受援人选择的方式实现其利益。当受援人对诉讼利益的期望和法律援助人员的专业判断不一致的情况下，这一问题就更显得突出。

上述法律援助制度的特殊性使得公民在正式申请法律援助之前应当充分了解法律援助制度的相关内容，法律援助机构也应当充分进行说明，引导法律援助潜在受援人选择合理方式维护自己合法权益。否则，就会出现本不符合法律援助条件的人员“聚堆”申请法律援助、申请法律援助的范围超越法律援助机构职责权限、漠视诉讼风险与成本等的行为出现，不仅加大了法律援助工作的负担，而且也难以真正维护潜在受援人的利益。为此，应当建立在受理公民法律援助申请之前的利益与负担并行的释明制度。但目前，《法律援助条例》及地方性法规和规章对此均无规定。我们认为，在立法未做修正之前，各地可以以制度的方式先行确立，并在实践中逐步加以完善。现基于我们的认识，对此释明制度的具体内容简要说明如下：

一是充分告知申请人利益与负担，但重点要加强风险与成本的告知义务。法律援助的利益性显而易见，无须过多强调。法律援助机构只要充分告知申请人申请法律援助的条件和在法律援助过程中的权利就可以了。而法律援助受理前的负担提示则显得尤为重要。这可以使申请人全面了解维权过程中的风险和成本，决定是否以适当的方式申请法律援助，并对申请法律援助的最终后果有一个合理预期。在提示的具体内容上，可以结合《法律援助条例》中的义务性规定和《人民法院诉讼风险提示书》作出规定，包括因当事人虚假陈述导致终止法律援助或案件败诉、因不符合起诉条件无法立案并获得法律援助、诉讼请求明显不合理而不能得到支持、超过诉讼时效而实体权利得不到保护、不能要求法律援助人员作出胜诉承诺等。

二是释明制度的建立方式可以多样，但应当以适当方式向申请人公示。可以选择以公示板的方式将利益与负担一次性告知申请人；也可以选择在公示板上只列明法律援助制度的条件和程序（多属于法律援助的利益），而另制作风险提示书送达申请人；可以在受理申请之前制作询问笔录，结合案件情况对主要利益和负担进行重点提示。

二、建立法律援助的实质审查制度，实现法律援助效益最大化

公民向法律援助机构提出申请后，法律援助机构应当审查其是否符合法律援助条件，以决定是否给予法律援助。这事关法律援助制度的落实和目标的实现。从理论上及世界各国的普遍规定讲，法律援助的审查和提供应当遵守“优先原则”，即在法律援助资源有限的情况下，应当优先保障部分人获得法律援助的权利。换言之，从解决法律援助资源有限性和群众法律援助需求增长的矛盾讲，合理的审查制度应当是实质性的，即使现有法律援助资源能最大限度满足弱势群体的需求，并避免和限制无价值的法律援助资源浪费。但我国现有的法律援助立法中没有关于法律援助实质审查的完整规定,各地实践做法也不一致,并且在通常情况下导致了两种不合理矛盾的出现。

(1)严把形式审查关,实质上缩小了法律援助的受援范围。从《法律援助条例》的规定看,公民申请法律援助应当符合两项基本条件:一是经济困难,二是案件符合法律援助事项范围。但《条例》本身并没有规定经济困难的具体标准,而各地在实施《条例》的过程中基本将法律援助经济困难的标准近似地等同于最低生活保障标准。这样就将大量生活水平稍高于这些标准但却无力负担法律服务费用的相对贫困人口排除在法律援助之外。而且《条例》对法律援助事项的规定采用的是列举的方式,各地在实施《条例》的过程中虽然不同程度地扩大了事项范围,但基本上也是采取列举的方式,对特定几类案件给予法律援助。这就造成实际上符合特困标准和特定事项标准的公民更少的状况,和国家创设法律援助制度保障弱势群体能平等享受法律服务的初衷不符。

(2)从形式上简单理解法律援助条件,实质上滥用了法律援助资源。因为《法律援助条例》对法律援助的条件规定多是形式上的,这就会带来诸如此类的问题:如果申请人确实符合经济困难的条件,申请的事项也在法律援助范围内,但由于申请人主观原因(如本人对法律的理解)提出了明显不合法而必然败诉的请求,经法律援助机构充分说明后仍然坚持其主张的情况下,是否应当给予援助。如果简单理解《条例》的规定,将获得法律援助作为困难群众的一种抽象的基本权利,就会对此类申请给予援助,结果是既无法使受援人获得利益,又浪费了法律援助资源。

上述审查制度的缺陷使得建立实质审查制度成为必要。一方面突破形式标准的局限性,扩充法律援助的覆盖领域;另一方面为避免无价值的法律援助,赋予法律援助机构对案情进行必要实质审查的权限,对形式标准带来的过度需求进行合理限缩。实际上,在《法律援助条例》颁布实施之后,各地法律援助机构都在不同程度上运用了实质审查的标准,作出过一些有益的尝试。但我们认为,法律援助的审查标准问题,属于法律援助制度的核心,应当由法律法规作出明确的规定,而不应过多的诉诸地方实践。因为从《条例》的规定来看,案件范围和经济困难标准是授权地方政府进一步明确的,采用实质审查方式对形式标准的扩充既有上位法依据,同时也符合法律援助制度设立的宗旨。然而《条例》本身没有设置实质审查条件,对形式标准做合理限缩是没有上位法依据的,因此无法形成硬性的制度规定,只能在实践中灵活掌握。下面我们结合地方立法和工作实践将实质审查制度的应有内容简要阐述:

一是在法律援助的事项范围和经济困难标准问题上,以形式审查为基础,同时设立兜底条款,赋予法律援助机构实质审查权限,以扩大法律援助覆盖领域。一些地方的立法实践已经对此作出了规定。例如《辽宁省法律援助实施办法》就对事项范围问题作出扩充规定,不仅在国务院《法律援助条例》列举的六类事项之外以列举方式规定了三类事项,同时设立最后一款“与公民基本生存条件密切相关的并且法律援助机构认为确需提供法律援助的其他事项”作为兜底条款;而《大连市法律援助办法》则在经济困难标准问题上突破了要求申请人提供经济困难的证件或证明的形式审查标准,规定“经法律援助机构审查确实无力支付费用的”仍然符合经济困难条件。这种审查标准的完善,满足了社会发展对法律援助的需求，值得借鉴和采纳。

二是在对具体案件的审查上，应当强调当事人申请法律援助的合法性、合理性和经济性，合理限缩法律援助的实施，避免资源浪费。所谓合法性，是指申请人有证据证明自己的合法权益受到侵害，有采取诉讼并获得法律援助的必要，而缺乏基本证据或完全没有法律依据显然不符合该要求；所谓合理性，是指申请人的诉请合法恰当，而明显不合理的请求显然属于当事人的一种主观预期，不能符合该条件；所谓经济性，是指当事人获得了理应大于法律援助的成本，否则没有给予法律援助的必要。当然，除经济性以外，所谓合法性和合理性的设置，是为了达到当事人胜诉或能够实现其利益的目的。不能认为必须胜诉的案件才能给予法律援助，否则就过度剥夺了申请人的期待权。我们认为，法律援助机构必须在审查环节体现出一种专业判断，在合法性和合理性能够达到“有胜诉可能”的情况下就决定给予法律援助。而且，从某种程度上讲，“有胜诉可能”和“公民的合法权益受到侵害”所表述的内容是一致的，这种认定也符合法律援助制度设立的根本目的。

三、建立法律援助人员名册制度，实现法律援助资源的合理使用

对于经审查符合法律援助条件的，法律援助机构应当指派或安排法律援助人员及时提供法律援助。在《法律援助条例》之前，我国提供法律援助的模式主要有三种：一是专职律师模式，由法律援助机构中的专职法律援助律师承办法律援助案件；二是社会律师模式，由法律援助机构指派社会执业律师承办法律援助案件；三是混合模式，由法律援助机构的专职律师和社会执业律师共同承办法律援助案件。在《条例》颁布之后，随着法律援助需求的增加，专职律师模式已经无法满足实践要求；而随着法律援助机构的建立和完善，社会律师模式也无法真正发挥法律援助专职律师的能动性，且无法适应法律援助工作专业职能和管理职能并重的发展方向，因此，目前全国各地基本上采取了混合模式。但在具体实施上，则没有统一的制度，存在若干值得研究的问题。

首先，法律援助人员的概念不明确。法律援助机构的工作人员尤其是专职法律援助律师以及经法律援助机构指派承担法律援助义务的社会执业律师当然属于法律援助人员，但基层法律服务者、社团组织的成员、法律援助志愿者等是否属于法律援助人员，其应以何种方式参加到法律援助工作中，各地认识不一致，也影响到法律援助资源的发掘和利用。

其次，强制社会执业律师履行法律援助义务的规定没有达到理想的目的。按照《律师法》和《法律援助条例》的规定，执业律师必须接受法律援助机构的指派办理法律援助案件，否则将承担法律责任。虽然基本没有发生过律师拒绝法律援助义务的情况，但这种强制性规定的实际效果仍然不尽如人意。因为在律师资源丰富的地区，律师的数量往往多于法律援助机构办理诉讼案件的数量，部分律师想履行义务也无法实现。而且执业律师的专业特长不同，主观积极性也不同，如果仅仅由法律援助机构被动式的指派，则很难实现法律援助维护受援人利益的最终目的。

最后，简单的申请——指派模式很难体现律师代理制度相互信任的特点，使受援人和代理人同处于被动状态，严重影响案件办理质量。

上述缺陷实质上并非完全出于立法上的漏洞，而且也不必等待立法先行，完全可以由各地在实践中探索建立相应制度加以解决。

我们认为，可以建立法律援助人员名册

制度,规范法律援助的指派行为,实现法律援助资源的合理使用。所谓法律援助人员名册制度,是指将法律援助专职律师、部分申请登记的执业律师、社团组织中的维权人员、法律援助志愿者中具有较高程度法律专业知识和社会影响力的人员等的名单登记造册,按照职业特点以及专业领域进行分类,以便由法律援助机构在名册的范围内进行指派或安排,同时,也可以由受援人在必要条件下按名册的内容申请特定人员办理法律援助事项的制度。这一制度主要应当包含以下两个方面:

一是建立执业律师登记制度。在律师资源相对丰富的地区,强化政府责任,落实办案补贴,淡化强制指派制度,改而实行由律师按照其专业特长自愿到法律援助机构登记,约定每年愿意办理一定数量的法律援助案件的制度。由于登记的律师大多热爱法律援助事业,具有较强的工作责任心和适合法律援助专业需要,既有利于调动律师参与法律援助的积极性,抵消强制摊派案件的逆反心理,也有利于更好地为受援人提供符合标准的法律专业服务。当然,对于律师资源相对贫乏的地区,这一制度暂时无法实现。

二是实行"点援制",即受援人可以在法律援助人员名册中选择承办人员,再由法律援助机构指派的制度。这样做有利于在受援人和承办人之间形成相互信任的援受关系,保证法律援助工作和谐发展。但在具体实施中也必须考虑到援助人员的积极性以及工作量,不宜将"点援制"上升为一种强行缔结代理关系的制度规定,尤其不能赋予当事人无正当理由任意更换承办人员的权利。

四、建立法律援助案件督导制度,确保维权目的得以实现

法律援助实施的最后一环是法律援助案件的办理。法律援助机构不仅需要指派或安排法律援助人员承办法律援助案件,而且要对法律援助案件的办理过程进行监督检查,以保证受援人合法权益得到确实保障。《法律援助条例》只规定了律师具有法律援助的义务,但律师一旦接受了指派,对其办理的质量则缺乏有效的监督制约机制。而且,实践中各地法律援助案件的服务质量总体上低于有偿法律服务。这是因为案件的质量本就属于"软指标",法律援助人员无法确保案件必然胜诉,而在缺乏有效监督的情况下,办案质量的好坏主要依赖于律师履行法律援助义务的自觉性。这种个体差异较大的自觉性使得法律援助案件的服务质量参差不齐,势必影响法律援助的健康发展。同时,法律援助虽然建立在当事人授权基础上,但受援人往往文化水平较低,对法律事务的认知能力有限,加之法律事务又是专业性很强的事务,因此,他们通常无法真正识别法律服务的好坏并自行对律师进行监督;另一方面由于法律援助受援人会因为自己得到的是无偿法律服务,因此对法律援助服务人员的服务质量自觉或不自觉地降低了要求,这也影响到案件的质量。

解决以上问题,需要从多方面入手。首先要发挥律师等法律援助承办人员的积极性,将被动办理转化为主动实施,前述建立法律援助人员名册制度可以很好地解决这方面的问题。其次是加强对受援人的告知义务,让当事人明明白白地获得法律援助,前述建立对当事人的利益和负担释明制度也可以解决这方面问题。最后是要建立行之有效的法律援助案件督导制度,使法律援助政府责任的理念不仅停留在政府筹措资源提供法律援助的量的层面上,而且要深入到政府树立法律援助信誉品牌,保证法律援助案件办理质量的质的层面来。下面结合各地的实践对质量督导制度的应有内容简述如下:

一是要规定对法律援助人员向法律援

助机构履行报告义务进行监督。如通过报告受援人情况，对该承办人员终止正在进行的法律援助的合法性进行监督；通过报告案件的特殊情况，调整或增加承办人员、批准办案的特殊开支（如鉴定费的援助）；通过报告案件的办理结果（提交判决书等方式）来监督案件的质量等。

二是听取受援人的意见并建立投诉制度。受援人是法律援助的直接受益者，也是案件当事人，参与法律援助以及诉讼的整个过程，听取其意见是监督承办人员工作的主要渠道。同时，对于承办人员在办案过程中存在的问题（如超越代理权限为一定行为）受理当事人的投诉，并允许当事人在符合规定的情况下更换法律援助人员。

三是建立法律援助案件质量评估制度，在听取受援人意见和承办人员报告的同时，对指派的法律援助案件可以采取旁听的方式监督办案质量，旁听应当两人以上，制作旁听记录，对法律援助人员的工作进行评价，并聘请相关部门的人员作为社会监督员，及时反馈法律援助服务质量问题。每年至少进行一次整体评估。评估由法律援助管理部门、法律援助机构、律师协会、有关社会团体选派人员共同进行。

四是建立激励和惩戒机制。将法律援助办案质量作为法律援助人员奖惩的依据。对于办案质量高的律师可以采取给予荣誉、奖金或确定较高补贴档次等手段给予鼓励。对于没有达到质量要求的律师给予一定惩戒。但我们同时认为，法律援助案件质量问题不仅涉及法律强制规定和制度导向，以及法律援助机构、承办律师、受援人三方的主观意识以及其互动，并和案件的证据材料以及法院的审判行为有关，难以以单一的价值目标加以判断，而且也不宜都上升为硬性规定。尤其是《律师法》和《法律援助条例》没有对此作出处罚性规定的情况下，更不能以此为由苛责于律师。因此对达不到办案质量但没有违法行为的律师可以采取减少指派、确定较低补贴档次、取消评优资格等方式进行惩戒，而不应一并诉诸行政处罚。

以上是我们结合工作实际提出的几点认识，其目的是为了完善法律援助工作程序，畅通法律援助工作流程，实现法律援助的高效和实绩，希望能够为我国法律援助制度的完善和发展提供一点思路。

（原载于《中国法律援助》2009 年第 12 期）

法律援助欺诈现象的分析与思考

山西省太原市法律援助中心　马可健　陈　赟

法律援助作为政府的一项民心工程，公平的分配司法资源、化解矛盾纠纷，成为构建和谐社会的润滑剂，但在实践中常出现利用虚假材料骗取法律援助、试图无偿使用司法资源的行为，这种现象应引起重视，并加以遏制。

构建社会主义和谐社会，是我们党从全面建设小康社会、开创中国特色社会主义事业新局面出发提出的一项重大任务。在这项浩大的社会工程中，法律援助公平分配司法资源、普及法律政策、化解矛盾纠纷、应对突发事件的作用日益凸现,成为构建和谐社会的润滑剂。法律援助工作者不仅要用自己的法律知识服务群众,更要通过实践总结经验,对工作中出现的新现象、新问题积极思考,深入分析,从而探索法律援助工作的新方法。

本文所说的援助欺诈现象,是指申请人本人或伙同他人,利用虚假的、伪造的证明材料骗取法律援助,从而无偿使用司法资源的行为。法律援助作为一项保障弱势群体和特殊案件当事人合法权益的法律保障制度,是政府利用公权力调配社会司法资源,实现社会公平正义的国家行为,是律师秉承职业操守、履行法定援助义务、匡扶正义的公益行为,这项工作的社会价值和意义是不容亵渎和欺骗的。援助欺诈现象不仅干扰了法律援助工作的正常秩序,也是构建和谐社会过程中的不和谐因素,应引起重视,坚决遏制。

一、法律援助欺诈的表现形式

在援助实践中,多数援助申请人都能如实向工作人员陈述案件事实,提交真实有效的证明材料,配合办案律师做好援助案件,取得满意的效果。但也有少数的申请人出于各种原因,实施骗取法律援助的行为,总结起来,有以下几种。

(一)利用虚假的授权委托书代理他人申请,骗取法律援助

根据《法律援助条例》第 17 条规定,符合援助条件的当事人可以委托代理人向案件所在地的法律援助机构申请法律援助。条例之所以允许当事人委托代理人向法律援助机构申请,是考虑到盲聋哑人、未成年人以及行动不便的老年人、身患重病的贫困者的合法权益受到侵害时,是需要由其法定代理人或者近亲属来代理申请法援助维护其合法权益的,此时,应提供当事人的授权委托书,以证明其代理行为的合法性。但实践中,有人为了获取不当得利,利用虚假的授权委托书,骗取法律援助。例如,我们曾经受理过一例援助申请,一外地农民工在太原某工地受伤,应当获得赔偿十余万元,其妻持结婚证和按有他的手印的授权委托书前来申请援助。援助律师审查相关材料后受理了她的申请,并做了大量的前期工作,但在诉讼过程中发现,该农民工本人已与用工单位达成协议并放弃主张权利,两年前他与妻子已经诉讼离婚,并未委托其前妻申请法律援助,其前妻提供的授权委托书是虚假的,结婚证也是无效的。实践中,当事人因伤、病,近亲属不经本人同意代为申请法律援助的情形时有发生,此外,行动不便甚至思维不清的高龄老人的财产纠纷和赡养纠纷也最容易出现虚假的授权委托书的援助申请状况。

(二)提供虚假贫困证明申请法律援助

法律援助制度的设立主要是为了帮助因经济困难而打不起官司的弱势群体。因此,领取最低生活保障金的有效证件,或者乡(镇)人民政府、街道办事处出具的本人家庭经济状况证明是申请人应向法律援助机构提供的核心证明材料。但是,我们发现,实际工作中也有少数有经济能力的申请人凭借虚假的贫困证明前来申请法律援助。

笔者曾接待过一名申请人,是一家公司的高管人员,因工资报酬问题与单位发生争议,请求提供法律援助。在了解到申请法律援助需具备的条件后,此人在第三天便持低保证前来申请援助,审查发现其低保金存折上就在当天存入了第一笔发放的低保金。更意想不到的是,在与他交流的过程中,保安上楼通知这位“贫困”的申请人,交警正在给他违章停放的汽车贴罚单。以上案例比较极端,但在实践中,确实有少数经济状况不错,有车有房的申请人持困难证明前来

申请“免费的午餐”。更有甚者，个别申请人居然持盖有公章的空白信函现场填写经济困难证明。在这种情况下，不管申请人的经济状况是否真的如证明材料上的介绍，我们都会对证明的效力产生合理怀疑。但是由于办公经费和工作人员有限，法律援助机构无法一一进行核实，尤其是跨地区、跨省市的申请人的经济条件，更无从考证。

（三）利用法律援助谋求其他利益

利用法律援助谋求其他案外利益，是一种比较隐蔽的援助欺诈行为。例如笔者曾接待一名申请人，其第一次来申请援助的案由是与丈夫离婚，其诉讼请求未得到法院的支持。时隔不久，她又来到援助中心申请援助，要与公公分割丈夫的遗产。原来，她和丈夫的房产及房产证均被公公占有，她首次申请援助是与丈夫进行假离婚，目的是以判决形式确认他们的财产权，向公公要回属于他们的夫妻共有财产。但是法院判决不准离婚后，丈夫不幸身亡，她再次来申请援助要求分割遗产时，才说出第一次申请援助的真实目的。姑且不论此案申请人是否正确运用法律维护自己的合法权益的问题，单说其首次申请援助进行诉讼的必要性，她利用法律援助免费提供的司法资源谋求的离婚诉讼之外的财产确权目的，实为法律援助欺诈行为。

尽管党和政府高度重视法律援助，各地法律援助能力不断增强，但司法资源的有限性和法律援助需求之间的矛盾是客观存在的。有限的司法资源应当满足真正经济上有困难的群众在法律上的迫切需求，而不能成为某些人解决生活中琐事的方法和途径。如果诉讼本身不是必要，已经是在浪费司法资源，更何况这种企图利用国家法律援助制度达到其他正当或非正当目的的行为，实质上是一种法律援助欺诈行为，这不仅是对法律援助工作者的感情伤害，更是对法律援助制度本身所寄寓的公平正义价值理念的亵渎。

二、援助欺诈现象产生的原因

马克思主义哲学告诉我们，现象是本质的表现。虽然此类的援助欺诈现象浪费了有限的司法资源，干扰了法律援助正常的工作秩序，但是，存在即有原因，在对这些援助欺诈现象的分析和研究之后，笔者认为它的出现是由深层次的制度和社会因素决定的。

（一）审查标准不清导致经济困难证明的随意性

法律援助机构是否给予援助主要是看申请人是否经济困难，依据的主要申请材料是领取最低生活保障金的有效证件，对于不享受低保的人员，可以由乡（镇）人民政府、街道办事处出具的本人家庭经济状况证明。这种情况下便产生一些问题：首先，经济困难证明缺乏准确性、客观性。尤其是乡（镇）人民政府、街道办事处出具的本人家庭经济状况证明，一般都是在申请人向出具证明的有关单位陈述的基础上做出，主观随意性大。其次，经济困难证明缺乏真实性。对于本文中提到的吃低保的大款户和在盖有公章的空白信函出具的经济困难证明，其真实性可见一斑。利用不真实的证明材料骗得无偿的法律援助，使在法律援助资源分配上再次出现不公，不仅挫伤了援助律师的办案积极性，而且浪费了有限的司法资源。

（二）司法资源稀缺

司法资源稀缺是导致出现援助欺诈现象的本质原因。法律援助事业的大发展有赖于进步文明的社会氛围和丰富的司法资源。我国的法律援助事业经过十几年的探索，虽然取得了卓越的成就，但是不可否认的是，在社会主义法治社会的初期，受多种因素的影响，司法资源相对稀缺，远远不能满足社会需求。之所以有人利用虚假的、伪造的证明材料骗取法律援助，希望无偿使用法律援助资源，说明了目前使用司法资源的成本远远高于他们的一般生活水平，虽然他们的经济条件高于政府规定的参考值，但是仍然无法正常使用司法资源来维护合法权益。

（三）法律责任不明确

明确法律责任是杜绝违法行为的有效方法。现行的《法律援助条例》对欺骗法律援助的行为没有规定，而各地的具体实施办法对于援助欺诈现象都没有明确的界定，多数是笼统规定"受援人应当按照国家规定的法律服务收费标准向承办该案件的法律服务人员支付法律服务费用"并没有对此类行为应当承担什么样的法律责任加以规定，这使得有人抱着侥幸的心理前来以欺骗的方式申请援助，即便不能得逞对其也没有丝毫的不利后果，不能因此使其付出欺诈成本。而这种行为对我们的援助工作却产生了很大的负面影响。

三、对遏制法律援助欺诈现象的几点建议

近几年来，法律援助事业快速发展，深入人心，群众希望获得法律援助，分享法律资源的愿望越来越强烈，随之而来的是援助欺诈现象呈上升趋势，干扰了法律援助工作的正常秩序，应采取措施坚决制止。

（一）规范经济困难证明，形式审查和实质审查并重

法律援助审查的范围包括对象范围和事项范围，本文特指对援助对象范围进行形式和实质审查，即增加对申请人是否属于经济困难人群的实质性审查力度。

实践中大量存在的情形是，申请人由居（村）民委员会、乡镇政府等简单写明"兹证明×××经济困难"即被认定符合经济困难标准。这容易造成有关部门随意出证，不利于法律援助机构准确判断申请人经济困难状况，应对此进行规范。对于不持有低保证、特困户救助证等法定"证明文件"的申请人，可由申请人填写申请表申报经济状况，如实反映家庭收入、生活必要支出、不动产、价值较大的动产情况，并由村（居）民委员会对其申报状况出具证明意见。而有关单位只是对申请人申报状况是否属实出具证明意见，不对是否符合经济困难标准作出判断。法律援助机构从申请人的收入、可变现资产和生活必要支出等方面综合衡量申请人法律服务费用的支付能力。对于存在疑问的情况，法律援助机构必须进行实质审查，向有关机关单位或到申请人住所地查证。

（二）加强队伍建设，实行法律援助律师队伍专业化

由于法律援助社会知晓率的逐步提高，法律援助案件数量也在迅速增加，相比较而言，目前各级法律援助机构力量较为薄弱，相当一部分机构还存在组织不健全、人员不到位的现象。一是要加强法律援助公职律师队伍建设，落实机构人员编制，提倡援助机构专业律师承办援助案件，从而使法律援助机构在援助案件的办理过程中能够及时有效的掌握受援人的真实经济状况；在人员配备充足的前提下，援助机构也有能力开展对申请人经济状况的实质审查。二是建立法律援助志愿律师团，吸收有爱心、有责任心的社会律师参加，建立相对稳定的援助律师队伍。律师团律师以承办援助案件业务为主，对法律援助政策的掌握比较到位，与援助机构的联系也比较密切，便于与援助机构及时沟通信息，对办理援助案件过程中的欺诈现象能够及时反馈、及时处理。

（三）严格法律责任，强化法律监督

法律责任的缺失使得法律的实施在一定意义上流于形式。由于援助欺诈的法律责任不明确，让我们在日常工作中时常感到很无奈，明明知道是欺诈，也只能按照规定

拒绝援助;明明知道是被欺诈也不得不在其手续齐全的情况下给予援助。因此,以立法形式明确援助欺诈的法律责任,制定切实可行的处罚措施,是法律援助工作更加规范顺畅的必然要求,也是《法律援助条例》得以遵守的最根本保证。在严格法律责任的同时,也要加强对援助案件办理过程中的法律监督,及时发现问题,及时更正,避免不必要的损失。

总之,法律援助在我国和谐社会构建过程中的重要作用日益凸显,法律援助工作是否规范,决定了法律援助案件质量的高低。我们应采取多种措施规范法律援助工作,一方面合理运用政策,扩大援助对象覆盖面,实现应援尽援,另一方面要严格审查,杜绝援助欺诈现象,公正公平合理的分配有限的司法资源,使真正困难需要司法救助的群众有机会获得法律援助,将政府亲民惠民政策落到实处。

(原载于《中国法律援助》2009 年第 2 期)

第十部分 其 他

(一)各省、自治区、直辖市法律援助机构地址，处长、副处长(主任、副主任)名单

序号	单位	姓名	职务	通讯地址	邮编
1	北京市司法局法律援助工作处	许冷	处长	北京市西城区后广平胡同39号608室	100035
		任彦超	副处长		
	北京市法律援助中心	王学法	主任	北京市崇文区珠市口东大街3号楼	100062
2	天津市法律援助中心	彭联国	主任	天津市南开区水上公园北道52号	300050
3	河北省法律援助中心	崔振晓	主任	石家庄市城角街611号	500081
		王溪航	副处长		
		张仁礼	副主任		
		李向阳	副主任		
4	山西省法律援助中心	任晋昆	主任	太原市并州南路狄村北街75号	300012
5	内蒙古自治区法律援助中心	李学义	主任	呼和浩特市兴安南路182号黄金支队综合楼A楼3层	010010
		阿拉腾·巴根	副主任		
6	辽宁省法律援助中心	孙振西	主任	沈阳市于洪区崇山东路38号甲	110032
		韩文涛	副主任		
		肖春梅	副主任		
7	吉林省法律援助中心	付占国	主任	长春市宽城区嫩江路72号	130051
		刘洪岩	副主任		
8	黑龙江省司法厅法律援助工作处	杨宝剑	处长(主任)	哈尔滨市南岗区红旗大街433号	150090
		周侗	副处长		
	黑龙江省法律援助中心	张海燕	副主任		
		王瑞	副主任		

续表

序号	单　位	姓　名	职　务	通讯地址	邮编
9	上海市司法局法律援助工作处	关明泉	处长(主任)	上海市小木桥路268弄1号5层	200032
	上海市法律援助中心	孙　黎	副主任		
10	江苏省法律援助中心	翟洁君	主　任	南京市北京西路28号	210024
		诸建依	副主任		
		徐　旻	副主任		
		孙元明	副主任		
11	浙江省司法厅法律援助工作处	陈伟强	处长(主任)	杭州市体育场路498号新地勘大厦九楼	310005
	浙江省法律援助中心	李燕丽	副处长(副主任)		
		吴云燕	副处长(副主任)		
12	安徽省法律援助中心	陆勤玉	主　任	合肥市长江中路343号四联大楼14层	230061
		朱建华	副主任		
13	福建省法律援助中心	应岩林	主　任	福州市八一七北路190号闽星楼5层	350001
		林　坚	副主任		
		宋建炎	副主任		
14	江西省司法厅法律援助工作处	史方明	副处长	南昌市省政府大院南一路8号	330046
		姚莉莉	副处长		
15	山东省法律援助中心	于荣双	主　任	济南市经十路9号	250014
		吕家政	副主任		
		张　峰	副主任		
		于建军	副主任		
		熊中元	副主任		
16	河南省法律援助中心	鲁智玲	副主任	郑州市经四路8号	450003
		史雪梅	副主任		
17	湖北省法律援助中心	吴全柱	主　任	武汉市武昌水果湖洪山侧路22号	430071
		王运量	副主任		
		符毅武	副主任		
18	湖南省法律援助中心	蒋春林	主　任	长沙市韶山北路5号	410011
		滕利平	副主任		

续表

序号	单　　位	姓　名	职　务	通 讯 地 址	邮 编
19	广东省法律援助处	罗召元	负责人	广州市下塘西路5号	510091
		黄小川	副主任		
		黄启英	副主任		
20	广西壮族自治区法律援助中心	冯瀚德	主　任	南宁市星湖路北二里一号	530022
		黄素芬	副主任		
21	海南省法律援助中心	马月莲	主　任	海口市琼山区凤翔东路338号司法厅办公大楼309室	571100
		王汉梅	副主任		
22	重庆市司法局法律援助管理处	吕文建	处　长	重庆市渝北区龙溪街道黄龙路4号	401147
		朱小萍	副处长		
23	四川省法律援助中心	刘贵文	主　任	成都市上翔街24号	610015
		肖　南	副主任		
		周开琼	副主任		
24	贵州省司法厅法律援助处	李发富	处　长	贵阳市都司路188号	550002
		石　梅	副处长		
25	云南省法律援助工作管理局	张永华	局　长	昆明市西昌路26号省司法厅大楼一楼	650034
		李冬宏	副局长		
		钱　文	副局长		
26	西藏自治区司法厅法律援助处	鲁　生	处长(主任)	拉萨市夺底路8号	850000
	西藏自治区法律援助中心	刘建西	副主任		
27	陕西省法律援助中心	刘建鹏	主　任	西安市建国路六巷3号	710000
		王改周	副主任		
28	甘肃省司法厅法律援助工作管理处	周正斌	处长	兰州市城关区东方红广场统办一号楼12层	730000
		曹亚芹	副处长		
29	青海省法律援助中心	刘启贵	主　任	西宁市南山路11号	810000
30	宁夏回族自治区司法厅法律援助工作管理处	周　刚	处长(主任)	银川市长城东路339号	750001
	宁夏回族自治区法律援助中心				

续表

序号	单　位	姓　名	职　务	通讯地址	邮编
31	新疆维吾尔自治区法律援助中心	亚合甫·肉斯坦木	主　任	乌鲁木齐市人民路222号	830002
		任国慎	副主任		
32	新疆生产建设兵团司法局法律援助处	龙　琼	副处长	乌鲁木齐市建设路36号光明大厦兵团司法局	830002
		李　英	副处长		

（二）各省、自治区、直辖市法律援助机构《中国法律援助年鉴》联络员名单

单位	联络员
北京市司法局法律援助工作指导处	谢　颖
天津市法律援助中心	从　薇
河北省法律援助中心	杨蔚洁
山西省法律援助中心	贺高智
内蒙古自治区法律援助中心	王敬德
辽宁省法律援助中心	闫　琪
吉林省法律援助中心	赵宏伟
黑龙江省法律援助中心	王　鹏
上海市法律援助中心	郝红岩
江苏省法律援助中心	王　玲
浙江省法律援助中心	李　波
安徽省法律援助中心	丁　明
福建省法律援助中心	吴黎桥
江西省司法厅法律援助工作处	储丽娜
山东省法律援助中心	刘趁华
河南省法律援助中心	穆宇红
湖北省法律援助中心	陈继来
湖南省法律援助中心	傅文林
广东省法律援助处	邓　平　洪笃凯
广西壮族自治区法律援助中心	黄昱翚
海南省法律援助中心	王汉梅
重庆市司法局法律援助管理处	李梓童
四川省法律援助中心	彭　莉
贵州省司法厅法律援助处	孙秀文

云南省法律援助工作管理局	张　敏
西藏自治区法律援助中心	普布卓玛
陕西省法律援助中心	郑　雪
甘肃省法律援助工作管理处	许　峰
青海省法律援助中心	邓生鹏
宁夏回族自治区司法厅法律援助工作管理处	时晓雯
新疆维吾尔自治区法律援助中心	郭川江
新疆生产建设兵团司法局法律援助处	龙　琼